잠언 전도서·아가 주해

철학 박사 김수흥 지음

도서
출판 언약

Exposition

of

Proverbs, Ecclesiastes, The Song of Solomon

by
Rev. Soo Heung Kim, S.T.M., Ph.D.

Published by
Eonyak Publishing Company
Suwon, Korea
2020

"성경의 원어를 읽든지 혹은 우리 번역문을 읽든지,
성경을 읽는 것은 성부 하나님, 성자 예수님, 성령 하나님을 읽는 것이고,
본문을 아는 것이 하나님을 아는 것이며,
성경 본문을 붙잡는 것이 하나님을 붙잡는 것이고,
성경본문을 연구하는 것이 하나님을 연구하는 것(신학)이다".

1. 성경을 성경으로 해석해야 한다는 원리를 따랐다. 따라서 외경이나 위경에서는 인용하지 않았다.

2. 본 주해를 집필함에 있어 문법적 해석, 역사적 해석, 정경적 해석의 원리를 따랐다. 성경을 많이 읽는 중에 문단의 양식과 구조와 배경을 파악해냈다.

3. 문맥을 살펴 주해하는 일에 심혈을 기울였다.

4. 매절마다 빼놓지 않고 주해하였다. 난해 구절도 모두 해결하느라 노력했다.

5. 매절을 주해하면서도 군더더기 글이 되지 않도록 노력했다. 군더더기 글은 오히려 성경을 더 복잡하게 만들어 놓기 때문이다.

6. 절이 바뀔 때마다 독자의 편의를 위하여 한 줄씩 떼어놓아 눈의 피로를 덜도록 했다.

7. 본 주해를 집필하는 데 취한 순서는 먼저 개요를 쓰고, 다음 한절 한절을 주해했다. 그리고 실생활을 위하여 적용을 시도했다.

8. 매절(every verse)을 주해할 때 히브리어 원어의 어순을 따르지 않고 한글 개역개정판 성경의 어순(語順)을 따랐다. 이유는 우리의 독자들을 위해야 했기 때문이다.

9. 구약 원어 히브리어는 주해에 필요한 때에만 인용했다.

10. 소위 자유주의자의 주석이나 주해 또는 강해는 개혁주의 입장에 맞는 것만 참고했다.

11. 주해의 흐름을 거스르는 말은 각주(footnote)로 처리했다.

12. 본 주해는 성경학자들과 목회자를 위하여 집필했지만 일반 성도들도 얼마든지 이해할 수 있도록 평이하게 집필했다. 특히 남북통일이 되는 날 북한 주민들도 읽고 이해할 수 있도록 가능한 쉽게 집필했다.

13. 영어 번역이 필요할 경우는 English Standard Version(ESV)을 인용했다. 그러나 때로는 RSV(1946-52년의 개정표준역)나 NIV(new international version)나 다른 번역판들(NASB 등)을 인용하기도 했다.

14. 틀린 듯이 보이는 다른 학자의 주석을 반박할 때는 "혹자는"이라고 말했고 그 학자의 이름은 기재하지 않았다. 그러나 단지 필자와 다른 견해를 제시하는 학자의 이름은 기재했다.

15. 성경 본문에서 벗어난 해석들이나 주장들을 반박할 때는 간단히 했다. 너무 많은 지면을 쓰는 것은 바람직하지 않고 독자들을 피곤하게 만들기 때문이다.

16. 성경 장절(Bible references)을 빨리 알아볼 수 있도록 매절마다 장절을 표기했다 (예: 창 1:1; 출 1:1; 레 1:1; 민 1:1 등).

17. 가능한 한 성경 장절을 많이 넣어 주해 사용자들의 편의를 도모했다.

18. 필자가 주해하고 있는 성경 책명 약자는 기재하지 않았다(예: 1:1; 출 1:1; 막 1:1; 눅 1:1; 요 1:1; 롬 1:1 등). 제일 앞의 1:1은 욥기 1장 1절이란 뜻이다.

19. 신구약 성경을 지칭할 때는 '성서'라는 낱말을 사용하지 않고 줄곧 '성경'이라는 용어를 사용했다. '성서'라는 용어는 다른 경건 서적에도 붙일 수 있는 용어이므로 반드시 '성경'이라는 용어를 사용했다.

20. 목회자들의 성경공부 준비와 설교 작성을 염두에 두고 집필했다.

21. QT에도 적절하게 사용할 수 있도록 주해했다.

22. 가정 예배의 교재로 사용할 수 있도록 쉽게 집필했다.

23. 오늘날 믿음을 잃은 수많은 젊은이들이 주님 앞으로 돌아오기를 바라면서 주해를 집필하고 있다.

잠언 주해

Exposition of Proverbs

잠언 주해는 필자에게 매우 큰 흥미를 주는 것이었다. 왜냐하면 잠언은 어떻게 하면 구원을 받느냐도 말하지만 특별히 그리스도로 말미암아 의롭게 된 자라면 어떻게 사는 것이 바른 삶을 사는 것이냐를 우리에게 말해주고 있기 때문이다.

잠언은 이미 구원을 받은 사람이 어떻게 살아야 평화롭게 살 수 있는지를 말해주는 지혜서이다. 본서의 지혜는 하나님의 계시에 의한 지혜인데, 본서의 저자는 이런 지혜를 가지고 모세의 율법을 견지하면서 실제 생활에서 잠언 말씀의 실천을 가르치고 있다. 따라서 그리스도를 믿어 의(義)를 얻은 성도가 잠언의 말씀을 실천하면 그 생활이 더욱 윤택해지고 번영으로 나아갈 것을 믿기 때문에 필자는 잠언 주해에 큰 흥미를 가지게 된 것이다.

필자는 특히 다른 주석가들보다도 훨씬 늦은 나이에 주석을 쓰기 시작하여 잠언을 주해하기 시작할 때는 벌써 고령에 들어선 지 오래 지난 때가 되었다. 그러나 목회 생활을 은퇴한 지 오래 된 이때에 주해 작업을 하는 것에 대해서는 후회하지 않는다. 그 나이가 더 들어가는 동안 그 만큼의 세상을 더 경험할 수 있었고 또 목회 경험과 68세 이후 10년 신학교 교수 경력들을 통해 여러 가지를 알고, 배우며, 성장하고 성숙할 수 있었던 시간들이 있었는데, 그 모든 것들이 녹아든 주해서를 집필할 수 있기 때문이다.

더 감사하게도 하나님은 필자에게 놀라운 건강의 은총을 주고 계신다. 오늘날 많은 사람들이 두려워하는 암(cancer)과 뇌졸중(stroke)을 방지하면서 사는 비결을 알려 주셔서 하나님 앞에 감사하면서 그 방면의 염려를 하지 않고 살게 하셨으니 말이다. 그런데 두 가지 질병으로부터 해방 받고 살게 하신 것 말고도 매일 튼튼하게 사는 비결을 주셔서 건강하게 지내면서 주해를 쓰고 있는 중이다.

게다가 필자에게는 수많은 기도의 동역자들이 계시다. 필자의 건강과 주해 작업을 하는데 필요한 지혜를 구하는 기도로 섬겨주시는 분들이 많이 계신다. 그분들의 이름을 여기에 일일이 열거하기가 어려울 정도로 많은 분들이 필자를 위해 기도로 돕고 계신다.

그리고 동시에 훌륭하게 교정을 감당하시는 분들도 있는데, 경기도 안성의 진성교회 최재표 집사님, 분당의 지구촌 교회의 신영옥 권사님은 헌신적인 봉사자이시다. 그리고 필자의 주해를 위하여 아주 노련하신 이자영 사모님의 헌신적인 수고는 잊을 수가 없다. 이런 분들의 헌신적인 봉사를 받으면서 주해를 쓰고 있으니 하나님의 은혜가 넘치고 있는 것이다.

신약 주해를 마친 필자는 구약의 마지막 책인 말라기 주해까지 모두 잘 마치길 바라는 간적함이 있다. 정신이 흐려지기 전에 주해를 마치기 원한다. 소망하는 것은 이 주해를 통해 빛나는 주님의 크신 은혜의 역사가 세상을 밝혀주면 한다.

2020년 6월
수원 원천동 우거에서
저자 김수홍

■ 총 론

잠언의 책명은 어떻게 해서 생겼나

　잠언의 책명은 히브리 문학의 관례를 따라 제일 첫 낱말을 따서 "잠언"(מִשְׁלֵי), 혹은 "솔로몬의 잠언"(מִשְׁלֵי שְׁלֹמֹה)이라고 붙였다. 70인역(LXX)에서는 "솔로몬의 잠언"이라고 표기하고 있다. 그리고 벌게이트역(Vulgate)에서는 히브리인들이 '미쉘레라고 일컫는 잠언들의 책'이라는 긴 제목을 붙이기도 했다.

　현재 우리가 사용하고 있는 "잠언"이라는 제목의 타당성을 알기 위하여는 히브리어의 잠언(מִשְׁלֵי)의 뜻을 알아야 할 것이다. 이 낱말은 '마샬'의 복수형으로서 '속담들', '격언들'이라고 번역된다. '마샬'이라는 단어는 '...같다', '유사하다' 등의 뜻을 나타내는 어근에서 유래된 것으로 속담이나 격언(Proverb)이란 말보다 더 넓은 의미를 가지고 있다. 다시 말해 '마샬'은 인생의 경험을 압축하여 간결하게 표현한 경구(驚句)나 속담들뿐만 아니라 선지자적 예언이나 교훈시 또는 지혜자들의 변(辨) 등의 의미로도 사용되었다. 따라서 이 말은 일반적인 속담이나 격언보다 더 넓은 의미인 진리나 의미 깊은 개념이란 말로 이해할 수가 있을 것이다.

잠언의 저자는 누구인가

　교회의 오랜 전통은 잠언을 "솔로몬의 잠언"으로 받아들이고 있다(1:1: 10:1; 25:1). 여기에 덧붙여 아굴과 르무엘의 잠언이 첨가되고 있다(30-31장). 솔로몬이 청년기에 아가서를, 장년기에 잠언을, 노년기에 전도서를 저작했다는 것이 유대 랍비들의 전승이었다. 솔로몬은 3,000 잠언을 말하였고(본서에 357개 수록), 지혜의 왕이었으므로(왕상 4:32) 이런 저술을 남긴 것이다.

그러나 본서의 솔로몬 저작권에 대한 도전도 강하다. 1) 잠언서의 아람어 풍(10:1-22:16; 22:20)을 보면 이스라엘 백성들이 바벨론에서 귀환한 후에 기록한 것으로 말한다(Eissfeldt, Toy, Fritsch). 2) 동일한 말이 여러 번 반복한 것을 보면 솔로몬 이외의 다른 사람이 추가된 것으로 보는 것이다. 3) 잠언이 애굽의 지혜 문학과의 유사점이 있어서 본서가 애굽 문학의 영향을 받았다고 보는 것이다. 애굽에는 "아멘, 엠, 오페"(Amen-em-ope)(주전 1,000-600년)의 30장으로 된 격언집이 있었고(창 41:8; 출 7:11; 왕상 4:30), 그것과 잠언과의 유사점이 많으므로 본서가 그 영향을 받았다는 것이다. 4) 잠언은 종교 사상이 결해되어 있고, 현세적 좌우명이 주류이고 또 인과응보적인 교훈이 많으므로 잠언을 현세인들의 말들로서 현대인들이 활동한 포로기 이후인 주전 300-250 년경의 저작으로 보는 것이다. 따라서 현대 비판학자들의 다수가 본서의 솔로몬 저작권을 부인하나 본서를 솔로몬의 저작으로 인정하는 학자들도 많다(Wordsworth, Gray, K.&D. Aelders, Stanley 등). 우리는 본서를 솔로몬의 장년기의 저술로 보는 유대 랍비들의 오랜 전승을 그대로 받아들이는 것이 바를 것이다

잠언은 언제 저작 되었는가

우리가 솔로몬의 저작권을 인정한다면 본서의 저작 연대는 솔로몬의 시대부터 본서의 일부가 편집된 히스기야 시대(25:1)에 걸친 것이 분명함으로 주전 950-700년경으로 볼 것이다. 랑게(Lange)는 이 시대를 잠언의 황금시대라고 부르고 있다.

잠언은 정경에 속하는 성경인가.

잠언서가 정경으로 받아들여지기까지는 우여 곡절이 있었다. 그것은 본서에 모순되는 듯이 보이는 표현이 있다는 것(26:4-6)과 세속적인 표현 등이 있다는 것이었다(7:7-20). 그러나 우화적 해석으로 보는 관점에 의해 이런 문제들이 해결되었고(Toy), 또 본서가 신약 성경에 인용되었다는 점(아래

항목)과 초대 교회의 기록 등에 인용되었던 것을 통해 해결점을 찾게 되었다. 신약 성경은 잠언을 성경으로 인정하는가.

신약 성경은 지혜를 인격화한 8장(특히 22-31절)이 장차 오실 그리스도의 예언으로 믿고 있으며 또 롬 3:15에서는 본서 1:16을, 롬 12:30은 25:21을, 히 12:5-6은 13:11-12을, 약 4:6은 3:34을, 벧전 5:5은 3:34을, 벧후 2:22은 26:11을 인용하고 있다. 눅 14:7-9은 25:6-7을, 마 6:11은 30:8을, 눅 7:35의 지혜는 본서의 지혜를 반영하고 있다.

잠언의 특징은 무엇이 있는가

1) 본서의 문체는 대구법(대구형, distich)이다. 원래 잠언이란 말이 두 가지 사실을 "비교함으로" 그 뜻을 강조하는 형식이다. 이와 같은 대구법 혹은 평행법은 히브리 시 문학의 특징이다. 잠언에는 특히 대구법(어구가 비슷한 문구나 비슷한 어구를 나란히 놓아 문장에 변화를 주는 표현 방법)이 많다.

2) 본서의 윤리 또는 교훈은 교훈적이다. 이는 본서가 유대 민족에 국한된 것이 아니고, 전 인류적 교훈에 해당됨을 나타내는 것이다.

3) 잠언 또 격언은 세계 어느 민족이나 어느 사회에서도 존재한다. 성경의 잠언은 이와 같은 잠언 형식이 본서에 결집된 것으로 보면 되는 것이다.

잠언의 사상은 어떤가.

본서의 신학: 잠언서를 살피면 삼위일체 신관(8:22-9:12), 창조론(3:19-20; 8:22-31), 인간론(15:11; 16:9; 19:21; 20:27), 메시아관(8:22-31), 부활론과 영생론(11:7; 14:32; 15:24)을 찾을 수 있다(Lange).

본서의 신관은 유일신관이며, 하나님은 지혜와 능력과 선과 행복의 절대적인 근원으로 묘사되어 있다. 그러나 본서에는 천사와 마귀와 같은 초자연적 존재에 대해서는 언급하지 않는다. 죄(罪)란 율법을 범하는 것이고, 구원은 하나님을 신앙하는데서 얻어지는 은총이다.

그리고 인간은 완전히 하나님께 속하며, 하나님은 인간의 마음을 완전히 살피시고, 그 뜻을 인도하시며, 인간이 계획하나 그 성취는 여호와께 있음을 말씀한다(16:9; 19:21; 20:27). 또 본서는 사람의 사후에 대하여 악인은 죽은 후에 소망이 없으나 의인은 죽어도 소망이 있다는 것(14:32)과 음부를 떠나 영생에 이르는 길을 가르치고 있다(15:24).

본서의 윤리: 잠언은 유일신관 위에 수립된 윤리관이다. 잠언은 기독교 윤리의 근거가 되며, 윤리의 내용은 보다 구체적이며 세부적이다. 개인은 정직해야 하고 성실해야 할 것을 말한다. 그리고 잠언은 사회생활의 근본 윤리를 제시하고 있고, 권력자에 대한 순종(8:15; 14:28)과 사회 공의를 특히 강조한다. 이웃에 대한 사랑과 친절이 강조되고(3:3; 10:12), 용기가 장려되며 (3:11), 보복은 금지한다(24:7). 그리고 특히 음란함이 강하게 경계되고 있다 (22:14; 23:27; 30:20).

가정 윤리의 표준은 아주 높고(1-9장; 25-29장), 모친은 부친과 함께 존경 되어야 하고, 여성은 아내와 가정주부로서 거론되고, 여성은 가정의 안정과 행복의 근원으로 묘사되어 있다(18:22; 31:28-29).

잠언은 어떤 목적을 가지고 기록 되었는가

잠언은 단순히 생활 실천적 지혜를 말하는 것이 아니라 구원을 위한 지혜에 대해서도 힘주어 말한다. 그러나 이미 구원을 받은 사람이 어떻게 살아야 평화롭게 살 수 있는지를 말해주는 지혜서인 것이다. 따라서 본서의 지혜는 하나님의 계시에 의한 지혜이며, 본서의 저자는 이런 지혜로 모세의 율법을 견지하면서 잠언을 실천 생활에 적용할 것을 가르치고 있다. 그리스도 를 믿어 의(義)를 얻은 성도가 잠언의 말씀을 실천함으로써 그 생활이 더욱 윤택해지고 지혜 가운데 번영을 누리게 되는 것이다.

저자들은 잠언의 내용을 어떻게 전개 했는가

잠언은 하나님을 신앙하는 자들이 알아야 할 지혜의 본질을 밝혀주며 더 나아가 일상생활 가운데서 지켜야 할 실제적인 교훈들을 제시하고 있다. 그러나 잠언은 일관성 있는 주제를 논리적 순서에 따라 편집했다거나 역사적 사실을 시간 순서에 따라 기록한 책이 아니다. 각기 다른 저자가 하나님을 경외하는 신앙을 기반으로 오랜 경험과 냉철한 관찰, 그리고 탁월한 지식을 통해 얻은 여러 분야의 삶의 지혜를 제시한 것을 편집한 것이 성경의 잠언이다. 따라서 본서에는 동일한 내용의 교훈이 여러 곳에 산재하여 등장하며 그 구성이 체계화되어 있지 않으므로 그 구조를 내용만으로 분석하기는 어렵다고 보아야 한다. 이에 본서는 저자와 표제에 따른 개괄적인 구분이 불가피한바 이제 본서의 내용을 저자별로 또 표제에 따라 구분하여 간략히 서술하려 한다.

1) 제 1 솔로몬 잠언 모음집(1:1-9:18).

솔로몬 잠언의 둘째 모음집인 10:1-22:16이 짧은 격언 체 형태로 기록된 반면 잠언의 첫째 모음집인 이 부분은 다소 긴 강화 형식을 취하고 있다. 그 뿐만 아니라 그 내용에 있어서도 삶을 성공적으로 이끄는 실천적 지혜를 제시하는 데 머무는 것이 아니라 지혜를 지혜의 근본이신 하나님의 한 성품으로 소개하는 등 깊이 있는 신학적 내용을 설명적으로 다루고 있다. 그리고 그 내용의 특징은 주로 젊은이를 대상으로 지혜의 본질을 규명하며 지혜로운 삶을 교훈한다는 데 있다. 이처럼 잠언의 제일 앞부분에 나오는 젊은이를 위한 솔로몬의 잠언은 지혜와 어리석음의 실체를 보여줌으로써 젊은이들이 스스로를 파멸시키는 어리석음과 욕망을 버리고 하나님의 지혜를 선택해야 함을 강조하고 있다.

2) 제 2 솔로몬 잠언 모음집(10:1-22:16).

이 부분(10:1-22:16)에는 무려 375개에 달하는 짧은 금언들이 기록되어 있다. 사상적 특징은 종교적 교훈보다는 일상생활에서 실천해야 할 도덕적 교훈들이 한 두 문장으로 된 경구(警句) 형식으로 등장하고 있다. 이처럼 이 부분의 잠언은 생활 가운에 부딪히는 여러 문제를 신본주의적 지혜를 가지고 현명하게 풀어나갈 것을 촉구하고 있다.

3) 36개의 지혜자 잠언 모음집(22:17-24:34).

이 부분은 "지혜 있는 자의 말씀을 들으라"는 권고로 시작되고 있는데 이 부분은 익명의 지혜자가 저술한 잠언이다. 이 부분은 "내 아들아!"(23:15, 19; 24:21)라는 호격 구절과 더불어 "너"(22:17, 26; 24:1, 6)란 2인칭 단수 대명사가 자주 등장하는 것으로 보아 1:1-9:18과 마찬가지로 일차적으로는 젊은이를 대상으로 하여 쓴 잠언으로 여겨진다. 따라서 이 부분에는 젊은이가 범하기 쉬운 무절제(23:1-3), 탐심(23:4, 5), 성적 범죄(23:26-28), 술 취함 (23:29-35), 거짓말(24:28), 복수(24:29), 게으름(24:30-34) 등에 대한 경계와 더불어 보다 적극적으로는 영적 싸움에서 승리하기 위해 지혜를 가질 것에 대한 권면이 강조되어 수록되고 있다(24:1-22).

4) 히스기야 왕의 신하가 편집한 솔로몬 잠언 모음집(25:1-29:27).

이 부분의 잠언 모음집은 솔로몬 잠언이 250년의 세월이 지난 후 히스기 야 왕의 명령에 따라 그의 신하들이 편집한 잠언 모음집이다. 본문은 하나님 의 무한성과 대조를 이루는 인간의 유한성(27:1), 또 역사의 주관자이신 하나님께서 하시는 일의 불가사의 함(25:2), 그리고 하나님의 주권과 하나님 의 보상(25:22)을 논하며, 여호와를 의지할 것을 권면하는(29:25) 종교적인 색채가 보다 짙은 교훈들이 수록되어 있다.

5) 아굴의 잠언(30:1-33).

아굴의 잠언은 제 31장에 등장하는 르무엘 어머니의 잠언과 더불어 잠언 서 전체의 부록 역할을 한다. 다시 말해 이 부분의 잠언은 앞선 솔로몬의 잠언과 현자들의 잠언에서 나오는 주요 내용들이 다시 한 번 반복되어 본서의 독자들로 하여금 다시 한 번 신적 지혜에 입각한 성숙한 삶을 지향하게 하는 성격을 지닌다. 즉, 지혜로운 자로서 살기 위해서는 모든 지혜가 하나님 께 있으므로(30:5, 6), 영적으로 무지한 인간은 하나님으로부터 보호와 인도 하심을 받아야 한다는 것을 전제한다. 그리고 10-33절에서는 죄악 된 인간의 여러 면모를 밝히는데 예수님을 전적으로 의지할 때만이 이러한 인간의 대표적 죄악인 불효, 위선, 교만, 탐욕, 압제에서 벗어날 수 있음을 보여준다.

6) 르무엘 어머니의 잠언(31:1-31).

제31장은 왕이 지켜야 할 사항과 경계해야 할 사항들을 어머니의 입장에서 자세히 알려주는 1-9절과 현숙한 여인의 가치를 논하는 10-31절로 나누어진다. 먼저 지혜로운 통치자가 되기 위해서는 술을 멀리하며 가난한 자를 돕고 공의를 실천하는 자가 되어야 함을 말한다. 이어 본서 전체의 마지막을 장식하는 10-31절에 나오는 현숙한 여인에 대한 잠언은 각 절 첫 단어의 첫 글자가 히브리어 알파벳 순서와 일치하도록 지은 시로 되어 있다. 이와 같은 문학적 기교의 사용은 이 시를 읽는 사람들이 청각적 즐거움을 느낌으로써 쉽게 그 내용을 기억할 수 있는 효과가 있다. 한편 이 부분에는 현숙한 여인의 요건으로 부지런하고 덕을 행하며 자녀를 잘 양육하고 지혜로우며 여호와를 경외해야 할 것을 강조하고 있다.

잠언이 보여주는 그리스도

심판 자리에 앉은 왕은 그의 눈으로 모든 악을 흩어지게 한다(20:8). 8절은 심판 자리에 앉은 왕의 공의로운 심판의 위력을 말한다. 즉, 재판석에 앉은 왕은 모든 악을 그의 눈으로 가려낸다는 것이다. 다윗 왕(삼하 8:15; 왕상 15:5; 시 101:1-8)이나 또는 솔로몬 왕(왕상 3:28; 10:9) 같은 이상적 왕을 지칭한다. 이런 왕들은 하나님의 대리자로 공의로 재판하는 왕들이다. 따라서 이런 왕들은 공의의 눈을 가지고 악인들의 악을 통찰하고 그 악을 심판하여 없앤다(26절; 6:10). 또 메시아는 사 11:4에서 "공의로 가난한 자를 심판하며 정직으로 세상의 겸손한 자를 판단할 것이며 그의 입의 막대기로 세상을 치며 그의 입술의 기운으로 악인을 죽일 것이라"고 말하고 있다.

■ 내용분해

【잠언】

■ 참고도서

개역개정판 성경.

표준 새 번역 성경.

강병도. *잠언-아가*, 호크마 종합 주석 16, 서울특별시: 기독지혜사, 1993.

그랜드 종합 주석. *욥기, 잠언, 전도, 아가*, 경기도 고양시: 성서아카데미, 2004.

김수흥. *그리스도의 말씀이 연합에 미친 영향*. 수원시: 도서출판 목양, 2011.

_____. *여호수아 주해*, 경기도 수원시: 도서출판 언약, 2016.

_____. *사사기, 룻기 주해*, 경기도 수원시: 도서출판 언약, 2016.

박윤선. *잠언(1-16장, 상)*, 서울특별시: 영음사, 1985.

_____. *잠언(17-31장, 하)*, 서울특별시: 영음사, 1985.

부젤, 시드 S. *잠언* 두란노 강해주석시리즈11, 김태훈 옮김, 도서출판: 두란노, 1983.

브릿지스, 찰스. 반즈 성경주석, *잠언(상, 하)*, 서울특별시: 크리스찬서적, 1997.

옥스퍼드원어 성경대전. *잠언 제 1장-13장*, 서울시: 제자원, 2005년.

_____. *잠언 제 14장-24장*, 서울시: 제자원, 2005년.

_____. *잠언 제 25장-31장*, 서울시: 제자원, 2005년.

이상근. *잠언, 전도, 아가*, 대구:성등사, 1994.

카일, 델리취. 구약 주석(22), *잠언(상)*, 강귀봉 역, 서울특별시: 기독교문화 협회, 1984.

Baxter, J. Sidlow. *Explore the Book*. Grand Rapids: Zondervan Publishing House, 1966.

Black, Matthew. & Rowley, H.H. *Peake's Commentary on the Bible*, Nashville: Thomas Nelson, 1962.

Bostrom, Lennart. *The God of the Sages: The Portrayal of God in the Book of Proverbs* (Coniectanea Biblica: Old Testament Series, 29), Coronet Books, 1990.

Davis, Ellen F. *Proverbs, Ecclesiastes, and the Song of Songs*, Westminster John Knox, 2000.

Deane, W. J. & Taylor-Taswell. *Proverbs(1)*, 박수암 번역, 대구시: 보문출판사, 1975.

_____(II), 박수암 번역, 대구시, 보문출판사, 1975.

Fausset, Jamieson, R. A .R. & Brown D. *Commentary on the Whole Bible,* Grand Rapids: Zondervan, 1976.

Fox, Michael. *Proverbs 1-9* (Anchor), Doubleday, 2000.
Garrett, Duane A. *Proverbs, Ecclesiastes, Song of Songs* (New American Commentary, 14), Broadman & Holman, 1993.

Guthrie, D. & Motyer, J.A. *The New Bible Commentary*, Grand Rapids: Eerdmans, 1970.

Harris, R. Laird. "Proverbs" in *The Wycliffe Bible Commentary*, The Southwestern Company, 1968.

Harris, Scott L. *Proverbs 1-9: A Study of Inner-Biblical Interpretation* (SBL Dis, 150), Scholars Press, 1996.

Hubbard, David. *Proverbs* (Mastering the Old Testament), Word Books, 1989.

Kidner, Derek. *Proverbs* (Tyndale), Inter-Varsity, 1964.

Lange, John Peter. *Commentary on the Whole Scripture*, Grand Rapids:

Zondervan, 1876.

Maclaren, Alexander. *Expositions of Holy Scripture*, Grand Rapids: Baker Book House, 1984.

McCreesh, Thomas P. "Proverbs" in *The New Jerome Study Bible*, Prentice Hall, 1990: 453-461.

McKane, William. *Proverbs* (OTL), Westminster John Knox, 1970.

Morgan, G. Campbell. *An Exposition of the Whole Bible*, Old Tapen: Fleming H. Revell, 1959.

Murphy, Roland. *Proverbs* (Word), 1999.

Myer, F.B. *Bible Commentary*, Wheaton: Tyndale, 1984.

Nicoll W. Robertson ed. *The Expositor's Bible*, Chicago: W.P. Blessing Co. n.d.

Richard, Clifford J. *Proverbs: A Commentary* (OTL), Westminster John Knox, 1999.

Ross, Allen P. "Proverbs" in *Expositor's Bible Commentary*, 5, Zondervan, 1991.

Roy B. Zuck (ed.) *Learning from the Sages*, Baker, 1995.

Toy, C. H. *A Critical and Exegetical Commentary on the Book of Proverbs,* Edinburgh, T. & T. Clark, 38 George Streed. 1997.

Toy, Crawford H. *A Critical and Exegetical Commentary on the Book of Proverbs* (ICC), T & T Clark, 1899.

Van Leeuwen, Raymond C., "Proverbs" in *The New Interpreter's Bible*, vol. V, Abingdon, 1997.

Walvoord, John F. & Zuck Roy B. ed. *The Bible Knowledge Commentary*, Wheaton: Victor, 1985.

【 사전 】

바이블렉스 8.0

데릭 윌리엄스, *IVP 성경사전*, 이정석 외 한국기독학생회 출판부 역, 한국기
    독학생회 출판부(IVP), 1992,

Achtemeier, Paul J. *Harper's Bible Dictionary*, New York: A Division of
    Harper Collins Publishers, 1985.

Baker, David W. *Dictionary of the Old Testament: Pentateuch,* Leichester:
    InterVarsity Press, 2003.

Douglas, J. D. *New Bible Dictionary*, (2nd edition), Wheaton: Tyndale House
    Publishers, 1982.

Tenney, Merrill C. *The Zondervan Pictorial Bible Dictionary,* Grand Rapids:
    Regency, 1967.

Tregelles, Samuel Prideaux. *Gesenius' Hebrew and Chaldee Lexicon,* Grand
    Rapids: Eerdmans, 1969.

Unger, M. F. *Unger's Bible Dictionary.* Chicago: Moody, 1957.

【 지도 】

Personal Map Insert. Ft. Smith: Son Light Publishers, Inc, 1997.

잠언 주해

잠언(격언,1) 금언,2) 지혜로운 조언)은 히브리 지혜 문학에 속하며, 솔로몬이 남긴 수많은 잠언들(357개)을 수록하고 있다. 본서의 내용은 지혜를 예찬한 일(1-9장), 솔로몬의 잠언 집(10:1-22:16), 지혜 있는 자들의 잠언들 (22:17-24:34), 히스기야 때에 편집된 솔로몬의 잠언집(25-29장), 그리고 부록 (30-31장) 등 5부로 나누어져 있다.

I. 지혜를 예찬하다   1-9장

1-9장은 잠언의 제1집(지혜의 예찬)으로 제2집인 "솔로몬의 잠언 모음집 (10:1-22:16)의 서론 역할을 한다(Toy). 잠언은 원래 그 성격상 독립적이고 조직적으로 구성된 것은 아니지만, 이 부분(1-9장)은 "지혜의 예찬"이란 제목 으로 묶을 수 있는 19항목들이 있다. 그러나 보다 이해를 돕기 위해 이 부분을 4부로 나눈다. 즉, 지혜의 예찬(1:1-3:26), 지혜자의 대인 관계 (3:27-4:19), 지혜자의 자기 수호(4:20-7:27) 및 지혜자의 탁월성(8-9장)으로 구분한다(이상근).

A. 지혜를 예찬하다   1:1-3:26

이 부분은 서론(1:1-7), 악한 친구와 짝하지 말고 멀리하라(1:8-19), 지혜 를 가까이 하라(1:20-33), 지혜를 얻는 방법은 무엇인가(2:1-9), 지혜의 유익은 무엇인가(2:10-22), 여호와를 경외하라(3:1-12), 지혜의 존귀함을 알라 (3:13-16) 등으로 구분된다.

---

1) 격언: 사리에 꼭 맞아 인생을 위한 교훈이나 경계가 되는 짧은 말을 뜻한다.
2) 금언: 생활의 본보기가 될 만한 귀중한 내용의 짧은 어구들을 지칭한다. 금언을 경구라는 낱말로 바꾸어 말할 수 있다.

제 1 장

1. 서 론   1:1-7

이 부분(1-7절)은 잠언의 저자(1절), 잠언의 목적(2-6절), 잠언의 주제(7절)가 발표되어 잠언 전체에 대한 머리말이라고 할 수 있다.

<솔로몬의 잠언>
잠 1:1. 다윗의 아들 이스라엘 왕 솔로몬의 잠언이라.

본 절은 솔로몬에 대하여 자세히 말한다. 즉, 솔로몬은 '다윗의 아들'이고 또 '이스라엘 왕'이라고 말한다. 그리고 본 절은 솔로몬의 잠언에 대하여 말하려고 운을 뗀다. "잠언"(מָשָׁל)이란 '격언'이나 '금언' 혹은 '지혜로운 조언'을 뜻하는 말인데(민 23:7, 8; 삼상 12:10; 욥 27:1; 29:1; 시 49:3; 78:2), 본서 전체의 관점에서 본다면 솔로몬 이외에도 야게의 아들 아굴(30장)의 잠언이 있고 또 르무엘 왕 어머니(31장)의 잠언이 있다. 그리고 제 25-29장은 솔로몬에 의해 써지기는 했으되 훗날 히스기야 왕 때 서기관들에 의해 편집된 것이다. 그런고로 잠언서는 엄밀한 의미에서 솔로몬의 단독 저작이 아니다. 그럼에도 불구하고 본서의 첫머리에 "솔로몬의 잠언"이라고 말하고 있는 것은 무엇보다도 1:1-9:18까지의 잠언의 저자가 솔로몬이라는 사실을 밝히는 것이며, 더 나아가서는 본서의 저자로 다른 두 명의 지혜자를 비롯한 당시의 많은 지혜자들 가운데 하나님으로부터 오는 신적 지혜(대하 1:7-12)를 소유했던 솔로몬의 탁월한 위상과 함께 본서의 권위를 높이기 위한 후대의 편집자들의 의도가 반영된 까닭일 것으로 여겨진다(Keil, Fuerst, Stuart, Plumptre). 솔로몬은 3,000 잠언과 1,005편의 노래를 남길 정도로 하나님으로부터 풍성한 지혜를 받은 '지혜의 왕'이었다(왕상 3:4-15, 28; 4:29-34; 10:1-10; 시 72:1).

잠 1:2. 이는 지혜와 훈계를 알게 하며 명철의 말씀을 깨닫게 하며(To know wisdom and instruction, understand words of insight-ESV).

　　본 절부터 6절까지는 잠언의 목적에 대해 언급한다. 다시 말해 잠언을 읽고 묵상하고 실천하면 어떤 유익을 얻는지를 말한다. 첫째, 잠언은 지혜와 훈계를 알게 한다는 것이다. 여기 "지혜"(חִכְמָה)란 '든든함'(to be firm)이란 뜻인데, '사물의 본질적인 뜻을 밝히는 지식'을 말한다. 즉, '가장 높은 의미에서의 바른 삶에 대한 지식'을 의미한다. 그리고 "훈계"(מוּסָר)란 '훈련'(dis-cipline)을 의미하고, "명철"(בִין)이란 '선악에 대한 분별력'(Delitzsch)을 의미한다. 이 세 가지 말들은 모두 다 사리를 취급함에 있어서 하나님 중심으로 한다. 그런 점에 있어 이 세 가지가 크게 서로 다를 것이 없다(박윤선). 그런데 잠언에서 말하는 "지혜"는 세속적인 지혜를 지칭하지 않고, 믿는 자로 하여금 구원에 이르게 하는 영적 지혜를 뜻한다(딤후 3:15-15; 딛 2:11-12). 신구약 성경은 신자들이 무엇보다 먼저 이런 영적 지혜를 받아야 할 것을 강조한다. 고전 12:8-11에 있는 대로 여러 가지 은사를 말함에 있어서 첫 순서로 지혜의 은사가 기록되어 있다. 그 지혜는 보통 지혜가 아니고 하나님 중심의 신령한 지혜를 말한다(박윤선).

잠 1:3. 지혜롭게, 공의롭게, 정의롭게, 정직하게 행할 일에 대하여 훈계를 받게 하며(To receive the instruction of wisdom, justice, and judgment, and equity-KJV, to receive instruction in wise dealing, in righteousness, justice, and equity-ESV).

　　본 절도 역시 잠언의 목적을 말한다. 즉, 잠언은 지혜롭게 행할 일에 대하여 훈계를 받게 하며, 공의롭게 행할 일에 대하여 훈계를 받게 하고,

정의롭게 행할 일에 대하여 훈계를 받게 하고, 공평하게 행할 일에 대하여 훈계를 받게 한다는 것이다.

본 절의 "지혜"(חָכְמָה)란 말은 2절의 지혜란 말과 달라서 '사물을 옳게 분별하는 신중한 행동'을 뜻한다. 또한 "의"(צֶדֶק)란 말은 '도덕적인 의미의 올바름'이란 뜻이다(Gesenius). 또 "공의"(מִשְׁפָּט)란 말은 '인간의 행동에 대하여 올바른 판단을 내리는 것'이란 뜻으로 성경에서 흔히 정의란 말로 번역된다. 그리고 "정직"(מֵישָׁרִים)이란 말은 인간관계에 있어 외적인 태도를 가리키는 '공평'과는 대조적으로 인간 내면의 상태, 즉 '올바르고 고상한 행동을 취하려는 마음가짐'을 의미한다. 여기 "지혜롭게"란 말이 먼저 나온 것을 보면 신령한 지혜는 의와 공의와 정직의 근원이기도 하다(박윤선). 다시 말해 사람이 지혜를 받으면 하나님 앞에서 의롭고 공의롭고 정직하게 행하게 된다. 사람이 잠언을 읽고 묵상하며 생활하면 지혜롭게 행하게 되고, 공의롭게 행하게 되며, 정의롭게 행하게 되고, 정직하게 행하게 된다.

잠 1:4. 어리석은 자를 슬기롭게 하며 젊은 자에게 지식과 근신함을 주기 위한 것이니(to give prudence to the simple, knowledge and discretion to the youth-ESV).

본 절도 역시 잠언의 목적을 말한다. 잠언은 어리석은 자들에게 슬기를 주며, 젊은 자들에게 지식과 근신함을 준다는 것이다. "어리석은 자"(the simple)란 말은 '남들의 말에 쉽게 미혹되기 쉬운 사람들'을 지칭한다. 그리고 "슬기"란 말은 '타인의 간계를 피하는 능력'을 뜻한다.

그리고 "젊은 자에게 지식과 근신함을 주기 위한 것이니"란 말은 '젊은 안목과 젊은 혈기 때문에 잘못을 범할 위험이 있는 사람들에게 지식과 근신함을 주는 것'이다. 여기 "지식"이란 말은 '체험적 지식으로 선과 악을 구별할 수 있는 통찰력'을 지칭한다(Keil). 또한 "근신함"(מְזִמָּה)이란 말은 '악한 계획이나 행동에 주의하는 것'을 가리킨다. 우리가 잠언을 읽고 묵상하고

실행에 옮기면 선과 악을 구별할 수 있는 통찰력과 악한 계획이나 행동에
주의하게 되는 것이다.

**잠 1:5. 지혜 있는 자는 듣고 학식이 더할 것이요 명철한 자는 지략을 얻을
것이라**(let the wise man hear and increase in learning, and the one who
understands obtain guidance-ESV).

　　본 절도 역시 계속해서 잠언의 목적을 진술한다. 잠언을 읽고 묵상하고
실천에 옮기면 '지혜 있는 사람은 잠언의 가르침을 듣고 학식을 더하게
될 것이고 명철한 사람은 지혜를 더 얻게 될 것이라는 것'이다. "학식"(לֶקַח)
이란 말은 '교육을 통해 얻어지는 지식'을 뜻한다. 따라서 본 절은 지혜로운
사람이 잠언을 통해 더욱 지혜를 얻게 될 것이라는 뜻이다(마 13:12). 그리고
"명철한 자는 지략을 얻을 것이라"는 말은 '명철한 자', 즉 '훈계와 교훈을
받을만한 마음의 준비가 된 사람'은 모략을 얻게 될 것임을 밝히고 있다.
여기 "모략"이란 말은 '사람을 지도할 수 있는 자질'을 뜻하는 말이다.

잠 1:6. 잠언과 비유와 지혜 있는 자의 말과 그 오묘한 말을 깨달으리라(to
understand a proverb and a saying, the words of the wise and their rid-
dles-ESV).

　　본 절도 역시 잠언의 목적을 진술한다. 잠언은 지혜의 중요성을 일깨워주
는 역할을 한다는 것이다. 즉, 잠언은 잠언과 비유와 지혜 있는 사람의 말과
그 심오한 뜻을 깨달아 알 수 있게 해준다는 것이다. 본 절의 "잠언"에 대해서
는 1절 주해를 참조하라. "비유"란 말은 뜻이 모호한 말로서 신비로운 말을
뜻하는 것으로 잠언은 주의하는 사람으로 하여금 신비로운 말도 깨닫게
해준다는 것이다. 그리고 "지혜 있는 자의 말"이란 '현자들의 말'을 뜻한다.
그리고 "그 오묘한 말을 깨달으리라"는 말은 '수수께끼를 깨달으리라'는
뜻이다. 지혜 있는 자들은 잠언을 듣고 위와 같은 말들을 깨닫는다는 것이다.
성경의 다른 곳에서 이 말(오묘한 말)은 삼손의 수수께끼(삿 14:12-19)와

스바 여왕이 솔로몬 왕에게 냈던 '어려운 문제'를 가리킬 때 사용되었다.

<젊은이에게 주는 교훈>
잠 1:7. 여호와를 경외하는 것이 지식의 근본이거늘 미련한 자는 지혜와
훈계를 멸시하느니라.

　　본 절은 잠언의 주제에 대하여 진술한다. 잠언의 주제는 "여호와를 경외하는 것이 지식의 근본이라"는 것이다. "여호와를 경외하는 것이 지식의 근본이라"는 말은 '여호와를 사랑하고 두려워함의 겸전함이 지식의 시작(기초)'이라는 것이다. 그러니까 여호와를 사랑하지 않고 두려워하지 않는 것, 여호와를 믿지 않는 것은 지식의 시작(기초)에도 미치지 않았다는 것이다. 불신자들은 아직 지식의 시작에도 들어가지 않은 것이다.

　　"미련한 자는 지혜와 훈계를 멸시하느니라"는 말은 앞 절(상반절)과는 전혀 반대되는 뜻을 드러낸다. 여기 "미련한 자"는 '여호와를 경외하지 않는 자'를 뜻한다. '여호와를 경외하지 않는 자'는 미련한 자이다. 그런 자는 결과적으로 "지혜와 훈계를 멸시하게" 되는 결과를 가져온다. 미련한 자 곧 여호와를 경외하지 않는 자는 지혜와 훈계를 무시하여 듣지 않는다.

　　2. 악한 친구와 짝하지 말라 1:8-19

　　본서 서론(1-7절)이 끝난 후 여러 개의 다른 교훈을 만나게 되는데, 제일 처음으로는 악한 친구와 짝하지 말라는 교훈을 대한다.

잠 1:8. 내 아들아 네 아비의 훈계를 들으며 네 어미의 법을 떠나지 말라.

　　본 절의 "아이들아"라는 말은 스승이 제자를 대하여 부르는 칭호로 흔히 문장 초두에 나타난다(2:1; 3:1, 21; 5:1; 6:1; 7:1, Rawlinson). 때로는 문장의 중간이나 끝에도 나타난다(23:15, 19; 24:19, 21; 21:11). 사제 간을 부자간으로 비한 것은 구약의 관례였다(4:10; 삿 17:10; 왕하 2:21; 사 10:12, Rawlinson).

"아버지의 훈계를 잘 듣고, 어머니의 가르침을 저버리지 말라"는 말의 상반절과 하반절은 동의절이다. 본 절은 가정에서 부모에게 순종할 것을 명하는 것으로 십계명 중 제5계명의 교훈이다. 여기 "부모"는 하나님의 대리자로 나타난다. 이와 같이 본서에는 어버이의 교육이 강조되고 있다(6:20; 10:1; 15:20; 19:26; 20:20; 23:22, 25; 30:17).

잠 1:9. 이는 네 머리의 아름다운 관이요 네 목의 금 사슬이니라.

본 절은 '진정으로 이것(부모에게 순종하는 일)은 네 머리에 쓸 아름다운 관이요 네 목에 걸 목걸이다'라는 주장이다. 여기 "아름다운 관"이란 말은 '영광'이란 뜻이고, "목에 걸 목걸이"란 말은 '존귀함', '높여줌'이란 뜻이다. 부모에게 순종하고 그 말씀에 순종하는 것이 곧 순종하는 자녀에게 영광이 되고 존귀하게 여김이 된다는 것이다(창 39:8-10; 41:39-43; 단 2:46; 6:25-27). 이 교훈은 솔로몬이 특히 르호보암을 염두에 두고 한 명령이란 지적이 있다 (Wordsworth, Lange).

잠 1:10. 내 아들아 악한 자가 너를 꾈지라도 따르지 말라.

본 절 초두의 "내 아들아"라는 말은 새로운 말을 꺼내려고 부르는 애칭이다. 8절 주해 참조. '악한 자들(죄인들)이 너를 꾀어 악한 행위를 하려고 할지라도 너는 그 악한 자들을 따르지 말라'고 말한다.

잠 1:11. 그들이 네게 말하기를 우리와 함께 가자 우리가 가만히 엎드렸다가 사람의 피를 흘리자 죄 없는 자를 까닭 없이 숨어 기다리다가.

본 절부터 14절까지는 악한 자들의 유혹의 내용이 진술되고 있다. 즉, 그 악한 자들이 너에게 "함께 가서 숨어 기다렸다가, 이유를 묻지 말고, 죄 없는 사람을 죽이자"고 꾈지라도 동행하지 말라는 것이다. 이렇게 사냥꾼이 함정과 그물을 쳐서 짐승을 잡는 것 같이 교묘하게 속여 사람을 잡는 일에 동참한다는 것은 비참한 일이 아닐 수 없다.

잠 1:12. 스올 같이 그들을 산 채로 삼키며 무덤에 내려가는 자들 같이 통으로 삼키자.

"스올(무덤)3)처럼 그들을 산 채로 삼키고, 무덤이 사람을 통째로 삼키듯이, 그들을 통째로 삼키자"고 유혹할 때 그 악인들과 동참하지 말라는 것이다.

잠 1:13. 우리가 온갖 보화를 얻으며 빼앗은 것으로 우리 집을 채우리니.

본 절은 강도들이 유혹하는 말의 내용이다. 즉, '우리는 온갖 값진 것을 얻게 될 것이며, 빼앗은 것으로 우리의 집을 가득 채우게 될 것이라'고 진술한다. 악인들은 사람들을 악한 길로 유혹한다. 그런데 문제는 그런 악한 유혹에 달콤함이 있다는 것이다. 그러나 하나님의 명령을 전하는 부모는 자기의 자녀들에게 그 악인들의 악행에 단 한순간이라도 동참하지 말라고 말한다.

잠 1:14. 너는 우리와 함께 제비를 뽑고 우리가 함께 전대 하나만 두자 할지라도.

악인들이 선한 사람들을 유혹하여 '너도 우리와 함께 탈취물을 동등하게 분배하기 위하여 제비를 뽑고, 우리 사이에 돈주머니 하나만 두어 공평하게 분배하자고 꾈지라도 그들을 따라가지 말라'는 것이다. 악인들은 강도짓만 함께 하자고 말하는 것이 아니라 탈취물을 분배하는 일에도 똑같이 할 터이니

---

3) 스올: 구약성경에서 세올, 즉 스올은 약 60회 나온다. 스올에 대한 표현은 돌아오지 못할 어둡고 암울한 곳으로(욥 10:21, 22; 시 143:3), 적막한 곳으로(시 94:17; 시 115:17) 나타난다. 그곳 스올에 거하는 자는 아무것도 알지 못한다(욥 14:21; 전 9:5, 10). 중대한 것은 여호와는 사자들을 기억하지 아니하시며, 그들은 여호와로부터 단절되어 역사(history)에서 그의 활동 밖에 있는 신학적인 진술이다(시 88:5, 11). 죽은 자들은 종교 의식과 그 영향력을 벗어나 있다. 사망에서는 선포나 찬송이 없다(시 6:5; 시 88[87]:10-12; 사 38:18). 그럼에도 불구하고 여호와의 권능은 사자의 영역에서도 끝나지 않는다(암 9:2; 시 139:8). 그때까지는 여호와께서 사자들의 처소에 관여하지 않으신다. "사자들의 거처는 여호와와 그의 피조물간의, 명확히 규정지을 수 없는 제 3영역으로 남아 있었다"(G. Von Rad, Old Testament Theology). 오직 예외적으로 믿음(욥 14:13-22)이나 시인의 상상력(사 14:9이하; 겔 32:20이하)만이 죽은 자의 처소에 관여한다. 죽음 저편의 소망에 대한 암시는 간헐적으로 나올 뿐이다(욥 19:25-27; 시 49장; 시 73:23이하). 그래서 구약성경에는 부활의 소망이 나타나 있다(H. H. Rowley; H. Bietenhard).

염려하지 말라고 한다. 즉, 악인은 선인을 감언이설로 꾄다. 탈취물을 제비뽑아 나누고 또 탈취물은 전대 하나만 두어 보관했다가 나누자는 것이다.

잠 1:15. 내 아들아 그들과 함께 길에 다니지 말라 네 발을 금하여 그 길을 밟지 말라.

'아이들아! 그들이 위와 같이(11-14절) 말하더라도, 너는 그들과 함께 다니지 말고, 네 발을 그들이 가는 길에 절대로 들여놓지 말라'고 권한다.

잠 1:16. 대저 그 발은 악으로 달려가며 피를 흘리는 데 빠름이니라.

부모는 하나님의 명령을 받들어 자녀들에게 또 조심시킨다. 즉, '악인들의 발은 빨리 악으로 달려가며, 피 흘리는데 신속하기 때문이라'고 설명한다. 악인들은 항상 악한 일에는 아주 머리가 잘 돌아가고, 악한 행동을 하는데 심히 빠르다.

잠 1:17. 새가 보는 데서 그물을 치면 헛일이겠거늘.

새들이 보는 중에 그 새들을 잡으려고 그물을 치면 헛일이라는 내용이다. 본 절의 내용의 해석에는 두 가지가 있다. 1) 새가 보는 중에 그물을 쳐두어도 새는 먹는데 몰두하여 그물에 개의치 않다가 걸리고 만다는 것이다. 악인들도 자기들 앞에 멸망의 그물이 보여도 욕심을 부리다가 멸망한다는 해석이다(Luther, Umbreit, Hitzig). 2) 새가 보는 중에 그물을 치면 새는 도망가고 만다는 것이다. 이와 같이 악인의 계략은 허사가 된다는 것이다 (Delitzsch, Ziegler, Beda, 박윤선, 이상근). 두 해석 중에 2)번의 해석이 바른 것으로 보인다. 악인들은 물질에 눈이 어두워 새만도 못하다. 이 해석이 다음절과 더 잘 연결된다. 그들이 남의 것을 탈취함이 멸망의 행동인줄 모르고 그런 일을 감행한다는 것이다(Nowack, Strack, Schultens, 박윤선).

잠 1:18. 그들이 가만히 엎드림은 자기의 피를 흘릴 뿐이요 숨어 기다림은

자기의 생명을 해할 뿐이니.

　　새들을 잡으려고 그물을 쳐두고 숨어 기다렸으나 새는 그물 치는 것을
보고 이미 도망가 버렸고 악인들만 남모르게 가만히 엎드리는 행동은 자기의
피를 흘릴 뿐이요 남들을 해하기 위해 남몰래 숨어 기다리는 행동은 자기의
생명을 해할 뿐이라는 것이다. 악인이 남을 해치려 할 때 자신이 해를 받는다
는 것이다.

**잠 1:19. 이익을 탐하는 모든 자의 길은 다 이러하여 자기의 생명을 잃게
하느니라.**

　　본 절은 15-18절의 부분의 결론이다. 남을 해치고 남의 재물을 탐하는
자는 결국 자신을 해치고 자신의 생명을 잃게 한다. 그런고로 악인의 행동을
따라서는 안 된다는 것이다(왕상 21:4-24; 에 7:9; 마 27:3-5 참조).

　　　　3. 지혜를 가까이하라   1:20-33

　　여러 가지 교훈(8-19절)을 진술한 후 이제 이 부분(20-33절)은 지혜를
가까이하라는 교훈을 준다. 지혜를 가까이하려면 하나님을 가까이해야 하고
사람들에게 봉사하는 삶을 살아야 하는 것이다. 이 부분은 지혜를 의인화하여
광장에서 소리를 높이는 것으로 서술한다. 이와 같은 지혜의 의인화는 8-9장
에서 절정에 이른다.

<지혜가 부른다>

**잠 1:20-21. 지혜가 길거리에서 부르며 광장에서 소리를 높이며, 시끄러운
길목에서 소리를 지르며 성문 어귀와 성중에서 그 소리를 발하여 이르되.**

　　본 절부터 32절까지는 하나님의 지혜에 대하여 반역하는 사람들의 불순
종을 탄식한다. 본 절은 지혜가 의인화(擬人化-인격시)되어 '그 지혜가 길거
리에서 사람을 부르며, 광장에서 그 소리를 높여 사람을 부른다'고 말한다.
여기서 "지혜"는 하나님의 아들에 대한 대명사라고도 할 수 있다. 눅 7:35

참조.

그러면 '그 지혜가 길거리에서 사람을 부르며, 광장에서 그 소리를 높여 사람을 부른다'는 말은 무슨 뜻인가? 그것은 하나님의 일반 계시를 통하여 또는 하나님의 아들로 말미암아 하나님을 알게 하는 하나님의 아들의 특별 계시 운동을 의미한다. 이 계시 운동은 어떤 모퉁이에 국한되어 감춰진 것이 아니고 세계적이며 우주적인 것으로서 광명정대한 것이다. 이런 의미에서 20절에는 "길거리", "광장"이란 말이, 21절에는 "시끄러운 길목"(거리가 시작하는 분주한 곳), "성문 어귀"(재판이 열리는 곳), "성중"(시장이 열리는 곳)이란 말 등이 사용되고 있다. 이런 표현들은 계시의 보편성을 강조하고 있다. 시 19:3-4도 같은 내용으로 말하기를 "언어도 없고 들리는 소리도 없으나 그 소리가 온 땅에 통하고 그 말씀이 세계 끝까지 이르도다"라고 말한다.

잠 1:22. 너희 어리석은 자들은 어리석음을 좋아하며 거만한 자들은 거만을 기뻐하며 미련한 자들은 지식을 미워하니 어느 때까지 하겠느냐.

본 절은 하나님의 지혜의 부름에 응하지 않는 자들을 지탄하는 말이다. 여기 "어리석은 자들"은 '단순한 자들'이란 뜻으로 이들은 너무 단순하여 시비를 분간하지 못하는 자들이다. 그리고 "거만한 자들"은 '남을 조롱하는 자들'이다. "미련한 자들"은 '악할 정도로 우매한 자들'이다. 이 세 종류의 사람들은 악에 굳어져 회개할 줄 모르는 소망 없는 자들이다.

잠 1:23. 나의 책망을 듣고 돌이키라 보라 내가 나의 영을 너희에게 부어 주며 내 말을 너희에게 보이리라.

본 절은 지혜가 말하여 어리석은 '죄인들(어리석은 자들, 거만한 자들, 미련한 자들)은 내 책망을 듣고 돌아서라! 보라! 내가 내 영을 너희에게 보여 주고, 내 말을 깨닫게 해 주겠다'고 말한다. 여기 "돌아서라"는 말은 'U-turn'(180도 회전하는 것)하라는 뜻이다. 180도 회전하면 하나님의 영을

회개한 자들에게 부어주겠다는 것이며(욜 2:28-29) 하나님의 말씀을 회개한
자들에게 보여주겠다는 것이다.

**잠 1:24. 내가 불렀으나 너희가 듣기 싫어하였고 내가 손을 폈으나 돌아보는
자가 없었고.**

　　본 절부터 27절까지는 하나님의 지혜의 간곡한 권면을 외면하는 자들에
게 내릴 재앙을 말씀한다. 23절에서 지혜는 죄인들을 불러 회개시키려 했으나
죄인들은 지혜의 부름을 듣기를 싫어했고 죄인들을 받아들이려고 손을 폈으
나 돌아보는 자가 없었다는 것이다.

잠 1:25. 도리어 나의 모든 교훈을 멸시하며 나의 책망을 받지 아니하였은즉.

　　죄인들은 지혜의 부름에 응하지 않았을(앞 절)뿐만 아니라 나아가서 지혜
가 전해주는 모든 교훈을 멸시하며 지혜가 주는 책망을 받지 아니했다.

**잠 1:26. 너희가 재앙을 만날 때에 내가 웃을 것이며 너희에게 두려움이
임할 때에 내가 비웃으리라.**

　　죄인들이 지혜의 부름을 거부했으니(24-25절) '이제 너희가 재앙을 만날
때에 내(지혜)가 비웃을 것이며, 너희에게 두려운 일이 닥칠 때에 내(지혜)가
조롱할 것이라'고 말한다. 우리가 지혜의 외침을 외면해서는 절대로 안 된다
는 것을 알아야 할 것이다.

**잠 1:27. 너희의 두려움이 광풍 같이 임하겠고 너희의 재앙이 폭풍 같이
이르겠고 너희에게 근심과 슬픔이 임하리니.**

　　이제 지혜는 외친다. 죄인들이 지혜를 외면했으니 '죄인들에게 공포가
광풍(태풍)처럼 덮치며, 재앙이 폭풍(회오리바람)처럼 밀려올 것이며, 고난
과 고통이 밀어닥칠 것이라'고 말한다. 회개하는 자만이 우뚝 솟아 견딜
것이다.

잠 1:28. 그 때에 너희가 나를 부르리라 그래도 내가 대답하지 아니하겠고 부지런히 나를 찾으리라 그래도 나를 만나지 못하리니.

'그 때에(재앙의 날에) 나(지혜)를 애타게 부르겠지만, 나(지혜)는 대답하지 않겠고, 나(지혜)를 애써 찾을 것이지만, 나를 만나지 못할 것이라'고 말한다. 회개의 때가 지나고 심판의 날이 오면 누구든지 재앙을 당할 수밖에 없는 것이다.

잠 1:29-30. 대저 너희가 지식을 미워하며 여호와 경외하기를 즐거워하지 아니하며, 나의 교훈을 받지 아니하고 나의 모든 책망을 업신여겼음이니라.

위와 같이 재앙의 날을 당하여(27-28절) 재앙을 당할 수밖에 없는 이유는 '너희(죄인들)가 깨닫기를 싫어했으며, 주님 경외하기를 즐거워하지 않았으며, 내(지혜의) 충고를 받아들이지 않았으며, 내 모든 책망을 업신여긴 탓이니라'고 말한다. 죄인들이 지혜를 무시했으니 지혜도 죄인들을 외면한다는 것이다.

잠 1:31. 그러므로 자기 행위의 열매를 먹으며 자기 꾀에 배부르리라.

여호와의 지혜는 어리석은 자들을 규탄한다(28절 참조). 즉, '그러므로 그런 사람은 자기가 한 일의 열매를 먹으며, 자기의 꾀에 배부를 것이라'고 말한다. 재앙은 공연히 찾아온 것이 아니라 자기가 심은 대로 거둔 것이다.

잠 1:32. 어리석은 자의 퇴보는 자기를 죽이며 미련한 자의 안일은 자기를 멸망시키려니와.

어리석은 사람들은 내(지혜)게 등을 돌리고 퇴보적인 삶을 살다가 자기를 죽이며, 미련한 사람은 안일하게 살다가 자기를 멸망시킨다는 것이다. 본 절의 상반절과 하반절은 동의절이다.

잠 1:33. 오직 내 말을 듣는 자는 평안히 살며 재앙의 두려움이 없이

안전하리라.

오직 내(지혜의) 말을 듣는 자는 평안히 살게 되며 재앙의 두려움이 없이 안전하게 지내리라는 것이다. 예수님의 말씀을 듣고 사는 것보다 더 복된 삶은 없는 것이다.

제 2 장

4. 지혜를 추구하라

본장은 지혜를 추구하라는 것(1-9절)과 지혜를 구한 결과(10-22절)가 어떤 것인지를 보여준다.

a. 지혜를 얻는 방법 2:1-9

우선 지혜를 마음에 간직할 것, 그리고 귀를 기울여 지혜의 음성을 들을 것이며, 은을 구하는 것 같이 지혜를 구해야 한다.

<지혜가 주는 유익>

잠 2:1. 내 아들아 네가 만일 나의 말을 받으며 나의 계명을 네게 간직하며.

여기 "내 아들아"라고 말하는 이는 지혜가 아니라 '본서 저자'이다(De Wette, Keil). 본서의 저자는 1:8에서처럼 "내 아들아"라고 부르고 있다. 이는 '내 아들들아'라는 뜻이다. 교훈을 주려고 이렇게 "내 아들들아"라고 부른 것이다. 즉, '지혜에 네 귀를 기울이고, 명철에 네 마음을 두라'고 말한다. 다시 말해 '스승의 계명을 마음에 간직하여 지혜롭게 되라'는 것이다.

잠 2:2. 네 귀를 지혜에 기울이며 네 마음을 명철에 두며.

본 절의 스승은 제자들에게 '지혜에 네 귀를 기울이며, 명철에 네 마음을 두라'고 권고한다. "네 귀를 지혜에 기울이며 네 마음을 명철에 두기" 위하여는 기도함으로 되는 것이다(사 51:4; 55:3, 박윤선). 찰스 브릿지스(Charles Bridges)는 주석하면서 이렇게 해설했다. 즉, "이 세상 지혜는 학문에 의하여 얻을 수 있다. 그러나 하늘의 지혜는 기도함으로 얻는다. 학문은 성경 학자를 만들어 낼 수 있으나 기도는 신령한 기독자를 만들어 낸다...성경 말씀을 깨닫기 위하여는 하나님의 은혜와 영감을 받아야 한다. 즉, 우리에게는 기도가 요구된다. 다윗은 하나님의 말씀을 깨닫기 위하여 기도했고(시 119:18), 솔로몬도 그랬다(왕상 3:9-12). 성숙한 크리스천일수록 신령한 지혜를 얻기 위하여 기도한다(엡 1:17-19)고 했다. 우리가 지혜를 구하려 한다면 부지런히 기도해야 된다. 우리는 성경의 진리를 탐구하기 위하여 하나님 앞에 나아가 구해야 한다.

잠 2:3. 지식을 불러 구하며 명철을 얻으려고 소리를 높이며.

스승은 제자들을 향하여 '정녕 지식을 불러 구하며, 명철을 얻으려고 소리를 높이라'고 간곡히 권고한다. 즉, 지식을 얻기 위하여 그리고 명철을 얻으려고 기도하라는 것이다. 여기 "지식"과 "명철"은 동의어로 사용되었다. 우리는 기도하지 않고는 하나님으로부터 지혜와 명철을 얻을 수 없음을 알아야 한다.

잠 2:4. 은을 구하는 것 같이 그것을 구하며 감추어진 보배를 찾는 것 같이 그것을 찾으면.

스승은 제자들에게 '네가 은(銀)을 구하듯이 그것을 구하고 숨겨진 보화를 찾듯 그것을 찾으면 구해지고 찾아진다는 것이다. 사람들이 귀중품을 구하고 보화를 구할 때는 자기가 발휘할 수 있는 최대의 열심과 수고로 최선을 다한다(욥 28:12-19; 시 119:72). 그런 것처럼 우리는 은과 보화보다도 훨씬 더 가치가 큰 지식을 찾을 때 많은 묵상을 하고 많은 기도를 해야 한다. 그러면 결국 구해지고 찾아진다(마 7:7).

잠 2:5. 여호와 경외하기를 깨달으며 하나님을 알게 되리니.

스승은 제자들에게 '그렇게 하면(ۛ) 너희들은 주님을 경외하는 길을 깨달을 것이며, 하나님을 아는 지식을 터득할 것이라'고 말한다. 여호와의 지혜를 은이나 보화와 같이 구하면 드디어 여호와 경외하기를 깨닫게 되며 하나님을 알게 된다는 것이다. 하나님을 경외하는 것과 하나님을 아는 것은 동의어이다. 여호와를 경외하는 것이 무엇인지 깨닫는다는 것과 하나님을 체험적으로 아는 것이야말로 세상에서 가장 중요하다.

잠 2:6. 대저 여호와는 지혜를 주시며 지식과 명철을 그 입에서 내심이며(For the LORD gives wisdom; from his mouth come knowledge and under-standing-RSV, ESV).

스승은 제자들에게 "여호와 경외하기를 깨달으며 하나님을 알게 될 것이니"(앞 절) 이유는 여호와는 지혜를 주시는 분이기 때문이라고 말한다. 즉, 하나님의 입으로부터 지식과 명철이 나오기 때문이다. 여호와는 우리에게 지혜를 주시며 지식과 명철을 그 입에서 내어주신다(단 2:21). 하나님께서 주시는 지혜는 하나님으로부터 내려지는 신적 지혜요(divine wisdom), 성경 말씀의 매개를 통해 주시는 것이며(Delitzsch), 그것에 비하면 세상 지혜는 아무것도 아닌 것이다(Wordsworth, 이상근).

잠 2:7. 그는 정직한 자를 위하여 완전한 지혜를 예비하시며 행실이 온전한 자에게 방패가 되시나니.

스승은 제자들에게 '여호와는 정직한 사람에게는 분별(分別)하는 지혜를 마련하여 주시고, 흠 없이 사는 사람에게는 방패가 되어 주신다'고 말한다. 본 절의 상반절과 하반절은 동의절이다. 상반절과 하반절 모두 여호와의 지혜를 받을 자의 자격을 말하는데, 자격자는 "정직한 자"라야 되는 것이고 (상반절), "행실이 온전한 자"(하반절)라야 한다는 것이다. "정직"이란 말은 '진실'이란 뜻이고, "행실이 온전하다"는 말은 '진실하게 행동으로 옮긴다'는 뜻이다. 거짓된 자는 하나님의 지혜를 받지 못한다. 그래서 거짓된 자들은 하나님의 지혜를 받지 못하여 행동의 깊이가 없는 것을 볼 수 있다.

잠 **2:8.** 대저 그는 정의의 길을 보호하시며 그의 성도들의 길을 보전하려 하심이니라(guarding the paths of justice and watching over the way of his saints-ESV).

본 절은 스승이 제자들에게 '여호와께서는 공평하게 사는 사람의 길을 보살펴 주시고, 주님께 충성하는 사람의 길을 지켜 주신다'고 말한다. 그러니까 성도들이란 공평하게 살고, 또 충성하는 사람들임을 알 수가 있다. 여호와께서는 정의의 길을 걷는 성도들을 보호해 주신다.

본 절의 "성도들"(חֲסִידָיו)이란 말은 본서에 단 한 번만 등장한다. 그러나 시편에는 여러 번 나타난다(시 21:1; 30:4; 31:23). "성도들"이란 말은 "주님을 모시고 하나님을 향하여 거룩하게 사는 사람들"을 지칭한다.

잠 **2:9.** 그런즉 네가 공의와 정의와 정직 곧 모든 선한 길을 깨달을 것이라.

스승은 제자에게 '그 때에야(정의의 길, 성도들의 길을 걸을 때에야) 너는 의와 공평과 정직, 곧 모든 선한 길을 깨닫게 될 것이라'고 말한다. 여기 "의"란 말은 '도덕적인 의미의 올바름'을 의미하고, "공평"이란 말은 '정의'라는 뜻이며, "정직"이란 말은 '올바르고 고상한 행동을 취하려는 마음가짐'을 의미한다(1:3 주해 참조). 이 세 가지 말은 한 마디로 본 절에서 "모든 선한 길"이란 말로 묘사되어 있다.

b. 지혜를 추구함의 유익 2:10-22

이 부분은 지혜를 추구하면 얼마나 유익한가를 말하고 있다. 지혜를 추구하면 먼저 악인들로부터 건짐을 받게 되고(10-15절), 악한 여자들로부터 구원 받게 되며(16-19절), 선한 자의 길로 인도 받게 된다(20-22절)는 것이다.

10-15절. 악인들로부터 건짐 받음.

잠 **2:10.** 곧 지혜가 네 마음에 들어가며 지식이 네 영혼을 즐겁게 할 것이요.

지혜를 추구하면 지혜가 추구하는 자의 마음에 들어가고(깨달아지고)

지식이 지혜를 추구하는 자의 영혼을 즐겁게 할 것이라는 것이다.

잠 2:11. 근신이 너를 지키며 명철이 너를 보호하여.

지혜를 추구하면 분별력이 지혜를 추구하는 자를 지켜 주고, 명철이 지혜를 추구하는 자를 보살펴 줄 것이라는 내용이다. 지혜를 추구하면 결국 위기를 극복하게 되고, 위기로부터 보호 받을 수 있는 것이니 딴 세상에서 사는 것이다.

잠 2:12. 악한 자의 길과 패역을 말하는 자에게서 건져 내리라.

지혜를 추구하며 살면 지혜가 악한 사람의 길에서 구해주고, 겉과 속이 다르게 말하는 사람에게서 건짐 받게 해준다는 뜻이다. "악한 자의 길"이란 '악한 자들의 행동'을 뜻하고, "패역을 말하는 자"라는 말은 '심술궂음'(Rawlinson), 혹은 '속임과 교활함과 악의에 찬 것'을 지칭한다(6:14; 8:13; 10:32; 16:28, 30; 23:33, 이상근).

잠 2:13. 이 무리는 정직한 길을 떠나 어두운 길로 행하며.

"이 무리"(악한 자의 행동과 심술궂은 사람들, 12절)는 바른길을 버리고, 어두운 길로 가는 사람들이라고 규정한다. 본 절의 "어두운 길"이란 '무지와 죄의 길'(사 9:2; 엡 5:8) 및 '악한 행실'(롬 13:12)을 뜻한다.

잠 2:14. 행악하기를 기뻐하며 악인의 패역을 즐거워하나니.

악한 자의 행동과 심술궂은 사람들(12절)은 나쁜 일을 행하기 좋아하며, 악하고 거스르는 일(심술궂은 일) 하기를 즐거워한다(6:24; 15:26; 28:5).

잠 2:15. 그 길은 구부러지고 그 행위는 패역하니라.

악한 자의 행동과 심술궂은 사람들(12절)의 길은 구부러져 있고, 그들의 행실은 비뚤어져 있다. 악인들의 길은 구부러져 있어 언제나 그릇된 행동을 연발하고, 그들의 행실은 언제나 비틀어진 일만 일삼는다.

16-19절. 악한 여자들로부터 건짐 받음.

잠 2:16. 지혜가 또 너를 음녀에게서, 말로 호리는 이방 계집에게서 구원하리니.

지혜를 추구하면 지혜가 지혜를 추구하는 성도를 음녀에게서 그리고 말로 홀려대는 이방 계집에게서 구원한다는 것이다. 음녀에 대한 묘사는 본서에 자주 나온다(5:3, 20; 7:5; 22:14; 23:33). 음녀는 어느 민족에나 다 있다.

잠 2:17. 그는 젊은 시절의 짝을 버리며 그의 하나님의 언약을 잊어버린 자라.

그 여자는 젊은 시절의 짝인 남편을 버리고, 하나님과 맺은 언약을 잊은 여자이다. 이 구절은 렘 3:4; 말 2:14에 나타나 하나님과 유다와의 배신의 관계를 묘사하는 구절이다.

잠 2:18. 그의 집은 사망으로, 그의 길은 스올로 기울어졌나니.

참으로 그 여자의 집은 죽음으로 인도되며, 그 여자의 길은 스올(죽음)로 인도되고 있다는 것이다. 그 여자가 비참한 결말로 가고 있으므로 그 여자를 찾아가는 남자도 비참하게 되는 것이다.

잠 2:19. 누구든지 그에게로 가는 자는 돌아오지 못하며 또 생명 길을 얻지 못하느니라.

그런 여자에게 가서 그 여자와 짝하는 사람은 누구든지 다시는 생명 길로 돌아오지 못하며, 결코 생명의 길에 이르지 못한다.

20-22절. 선한 자의 길로 인도 받음.

잠 2:20. 지혜가 너를 선한 자의 길로 행하게 하며 또 의인의 길을 지키게 하리니.

지혜를 추구하면 지혜를 추구하는 자가 선한 자의 반열에 서게 되며 또 의인의 길에 들어서게 된다는 것이다.

잠 2:21. 대저 정직한 자는 땅에 거하며 완전한 자는 땅에 남아 있으리라(For the upright will inhabit the land, and those with integrity will remain in it-ESV).

'왜냐하면 세상은 정직한 사람이 살 곳이요, 흠 없는 사람이 살아남을 곳이기 때문이라'는 것이다. 본 절의 상반절과 하반절은 동의절로 10:30에도 보이고, 시 37:39에도 나타난다. "정직한 자"란 '여호와를 경외하는 자'를 뜻한다(1:3; 2:6). "땅에 거하며"란 말은 '땅에서 은혜 중에 산다'는 뜻이다. 그리고 "완전한 자"란 말은 '흠 없는 자'를 지칭한다.

잠 2:22. 그러나 악인은 땅에서 끊어지겠고 간사한 자는 땅에서 뽑히리라.

본 절은 앞 절과 전혀 반대되는 대구로 악인은 땅에서 멸망한다는 것을 진술한다. 즉, '그러나 악한 사람은 땅에서 끊어지고, 진실하지 못한 사람은 땅에서 뿌리가 뽑힐 것이다'는 것이다. 악인의 멸망은 성경 도처에서 강조되고 있다(욥 18:17; 시 37:9, 28; 104:35). 그런고로 우리는 지혜를 구해야 하겠고 또 지혜를 더욱 깨닫기 위해 기도해야 할 것이다.

제 3 장

5. 여호와를 경외하라   3:1-12

여호와께 대한 바른 태도는 여호와를 경외해야 하고, 악에서 떠날 것이며, 여호와의 징계를 달게 받는 것이다(이상근).

1-4절. 지혜의 교훈을 지킴으로 행복해짐.
<젊은이에게 주는 교훈>
잠 3:1. 내 아들아 나의 법을 잊어버리지 말고 네 마음으로 나의 명령을 지키라.

본 절 초두의 "내 아들아"란 말의 주해를 위해 1:10주해를 참조하라. "나의 법을 잊어버리지 말고"란 상반절과 "네 마음으로 나의 명령을 지키라"는 하반절은 동의절이다. "나의 법"이란 말은 '율법'을 지칭하고, "나의 명령"이란 말도 역시 '율법'을 지칭한다. 제자들은 스승이 전해주는 교훈을 잊지 말고 이를 마음 속 깊이 간직하여 지켜야 하는 것이다.

잠 3:2. 그리하면 그것이 네가 장수하여 많은 해를 누리게 하며 평강을 더하게 하리라.

스승이 전해주는 율법을 마음 깊이 간직하고 그대로 지키면 그들이 장수한다는 것이며 해가 갈수록 실제 생활에서 평강을 누리게 된다는 것이다. 솔로몬이 기드온에서 제사를 드렸을 때 이 복을 받았다(왕상 3:14). "평강을 더하게 하리라"는 말은 '약속의 땅에서 장수하며(신 4:40; 5:30; 6:2; 11:9; 30:16), 주님의 집에 거하면서 받는 마음의 평정이 더해진다는 의미이다(시 15:1; 23:6; 27:3).

잠 3:3. 인자와 진리가 네게서 떠나지 말게 하고 그것을 네 목에 매며 네 마음판에 새기라.

인자와 진리를 저버리지 말고, 그것을 목에 걸고 다니며, 너의 마음 속 깊이 새겨 두라는 것이다. 여기 "인자와 진리"란 말은 '사랑과 진리'란 뜻으로 본서에 여러 차례 반복되고(14:22; 16:6; 20:28), 시편에도 많이 강조되어 있다(시 25:10; 40:11; 57:4-11; 108:5; 138:2, Rawlinson). "인자"(사랑)란 다른 사람에 대한 사랑을 말하는 것이며, 남에 대해 좋은 영향을 끼치는 것을 말한다. "진리"란 '내면적인 신실함'을 뜻한다. 여기서 특별히 주목해야 할 사실은 "인자와 진리"란 하나님께서 인간을 대하시는 방법으로(시 25:10; 40:11 주해 참조) 그 은혜를 받은 성도들 역시 같은 마음으로 사람을 대하라는 의미가 담겨있다.

잠 3:4. 그리하면 네가 하나님과 사람 앞에서 은총과 귀중히 여김을 받으리라.

그리하면(so), 즉 사랑과 진리를 떠나지 않고 그것을 마음 판에 새기고 살면 하나님과 사람 앞에서 네가 은혜를 입고 귀중히 여김을 받으며 살 것이란 뜻이다. 은혜를 입고 귀중히 여김을 받으며 산다는 것이야말로 최고의 삶이다.

5-6절. 하나님을 의지함이 지도를 받는 길이다.

잠 3:5. 너는 마음을 다하여 여호와를 신뢰하고 네 명철을 의지하지 말라.

스승은 제자에게 '너는 마음을 다하여 여호와를 신뢰하고, 네 자신의 명철을 의지하지 말라'고 말한다. 여호와를 의뢰하는 일에 마음을 다하여 하라는 것이고 자신의 명철을 의지하지 말라(렘 9:23-24)는 것이다. 우리는 진실로 마음을 다하고 성품을 다하고 힘을 다하여, 즉 전 인격을 다하여 하나님 여호와를 사랑해야 한다(신 6:5).

잠 3:6. 너는 범사에 그를 인정하라 그리하면 네 길을 지도하시리라.

'네가 하는 모든 일에서 주님을 인정(마 6:33; 빌 4:6-7)하라. 그렇게 하면 주님께서 네가 가는 길을 평탄하게 하실 것이라'고 하신다. 여기 "주님을 인정한다"는 말은 모든 일을 위하여 기도하며 주님의 간섭하심을 구한다는 말이다.

7-8절. 하나님을 경외하면 건강해진다.
잠 3:7. 스스로 지혜롭게 여기지 말지어다 여호와를 경외하며 악을 떠날 지어다.

스스로 지혜롭다고 여기지 말고, 주님을 경외하며 악을 멀리하라는 것이다. 우리는 반드시 기도하면서 무지함을 고백해야 할 것이다. 그리고 범사에 주님을 경외해야 할 것이며 자신이 악인임을 고백해야 할 것이다. 주님을 경외함으로 악인임을 고백할 때 악을 떠나게 되는 것이다.

잠 3:8. 이것이 네 몸에 양약이 되어 네 골수를 윤택하게 하리라.

여호와를 경외하여 악을 떠나면 그것이 너의 몸에 보약이 되어, 상처가 낫고 아픔이 사라질 것이다. 여호와를 경외하여 악을 떠나면 육신이 윤택하게 되고 영혼도 윤택하게 된다는 것이다. 본 절은 특히 영혼이 잘 될 것을 말하는 진술이다.

9-10절. 재물을 가지고 섬김이 부요의 길이다.
잠 3:9-10. 네 재물과 네 소산물의 처음 익은 열매로 여호와를 공경하라 그리하면 네 창고가 가득히 차고 네 포도즙 틀에 새 포도즙이 넘치리라.

네 재산과 또 땅에서 얻은 모든 첫 열매로 주님을 공경하라(9절). 그렇게 하면(출 22:29; 23:19; 레 23:10; 민 18:12; 신 18:4; 26:1-3, Rawlinson) 너의 창고가 가득 차는 것은 말할 것도 없고 너의 포도주 통에 새로운 포도주가 넘칠 것이다(10절). 재산과 땅에서 얻은 첫 열매로 주님을 공경한다는 말은 주님의 전에도 바치는 것은 말할 것도 없지만 특히 가난한 자들에게 나누어

주는 것이요, 그 재물을 바르게 사용하는 것이다.

이렇게 가난한 자들에게 나누어주고 재물을 바로 쓰면 추수를 풍성히 얻게 되고(신 28:1-8) 포도즙 틀에 새 포도즙이 넘친다는 것이다.

11-12절. 고난의 유익을 받음.

잠 3:11. 내 아들아 여호와의 징계를 경히 여기지 말라 그 꾸지람을 싫어하지 말라.

본 절 초두의 "내 아들아"라는 말의 주해를 위해 1:10주해를 참조하라. 11-12절을 9-10절(여호와를 공경하면 네 창고가 가득히 차고 네 포도즙 틀에 새 포도즙이 넘친다) 뒤에 말한 것을 보면 징계도 잘 받아 넘치는 복을 받으라고 권고하기 위함인 것으로 보인다. 즉, '주님의 훈계를 거부하지 말고, 그의 책망을 싫어하지 말라(11절). 이유는 주님은 당신이 사랑하시는 아들을 꾸짖으시나니, 마치 귀여워하는 아들을 꾸짖는 아버지와 같으시기 때문이다(12절)'고 말한다.

잠 3:12. 대저 여호와께서 그 사랑하시는 자를 징계하시기를 마치 아비가 그 기뻐하는 아들을 징계함 같이 하시느니라(for the LORD reproves him whom he loves, as a father the son in whom he delights-RSV, ESV).

여호와의 징계를 싫어하지 않아야 할 이유는 '주님은 당신이 사랑하시는 아들을 꾸짖으시기 때문이라는 것이다. 이는 마치 귀여워하는 아들을 꾸짖는 아버지와 같으시기 때문이라'는 것이다(욥 5:17-19; 히 12:9-13). "징계가 없으면 사생자"라고 성경은 말씀한다(히 12:8).

6. 지혜의 존귀함을 알라   3:13-26

지혜는 존귀하여 세상의 그 어떤 보화보다 낫고, 지혜를 얻은 자는 세상에서 위기를 모면하고 안연히 거할 수가 있다.

13-20절. 지혜를 얻는 자의 복.

잠 3:13. 지혜를 얻은 자와 명철을 얻은 자는 복이 있나니.

지혜를 얻은 자는 복이 있고, 명철을 얻은 자는 복이 있다고 한다. 본 절의 "지혜"나 "명철"은 본서에서 아주 중요한 제목이다. 그리고 여기 "얻은" 이란 말은 '계속적으로 소유하고 있는 것'을 뜻한다. 지혜를 계속적으로 얻어 소유하고 있는 사람과 명철을 얻어서 계속적으로 소유하고 있는 사람들은 아주 복된 사람들이다.

잠 3:14. 이는 지혜를 얻는 것이 은을 얻는 것보다 낫고 그 이익이 정금보다 나음이니라.

"지혜"와 "명철"을 얻어 가지고 사는 것이 복이 있는 이유는 지혜를 얻는 것이 은을 얻는 것보다 낫고, 황금을 얻는 것보다 더 유익하기 때문이다. "정금"은 '황금'(순금)을 말하는 것으로(8:10; 시 68:13; 슥 9:3) 세상에서 가장 가치 있는 것을 상징한다.

잠 3:15. 지혜는 진주보다 귀하니 네가 사모하는 모든 것으로도 이에 비교할 수 없도다.

지혜는 정금보다 낫다고 말한 저자(앞 절)는 본 절에서는 진주보다 귀하다고 말한다. 지혜는 '진주보다 더 값지고, 우리가 갖고 싶어 하는 그 어떤 것도 이것과 비교할 수 없다'는 것이다. 지혜는 세상의 보석보다 낫고 사람이 가지고 싶어 하는 모든 것보다 더욱 값어치가 있다.

잠 3:16. 그의 오른손에는 장수가 있고 그의 왼손에는 부귀가 있나니.

지혜를 가진 자의 오른손에는 장수(2절 주해 참조)가 있고 그 왼손에는 부귀영화(8:18; 22:4)가 있다는 것이다. 지혜는 현세를 살아가는 사람들에게도 여전히 복이 된다.

잠 3:17. 그 길은 즐거운 길이요 그의 지름길은 다 평강이니라.

지혜를 얻은 자의 삶은 즐거운 삶이요, 그 모든 길에는 평안이 앞에 있다. 지혜의 인도를 받는 인생길은 즐겁고 평안한 길이라는 것이다.

잠 3:18. 지혜는 그 얻은 자에게 생명 나무라 지혜를 가진 자는 복되도다.

지혜는 그 지혜를 얻은 자에게 생명의 나무이다. 다시 말해 지혜는 그 지혜를 얻은 자에게 생명의 원천이 된다(11:30; 13:12). 지혜를 붙드는 사람은 복이 있다. "지혜"는 생명 나무처럼 생명의 근원이 된다. 지혜는 인간에게 육적 복과 영적 복을 안겨준다.

잠 3:19. 여호와께서는 지혜로 땅에 터를 놓으셨으며 명철로 하늘을 견고히 세우셨고.

본 절과 다음 절(20절)은 지혜가 주님의 창조 사역의 기본적인 능력이었음을 말한다. 즉, '주님께서는 지혜로 땅의 기초를 놓으셨으며 명철로 하늘을 펼쳐 놓으셨다'고 말한다. 이 말들은 땅과 하늘이 여호와의 지혜가 아니었더라면 존재할 수 없었다는 것을 암시한다.

잠 3:20. 그의 지식으로 깊은 바다를 갈라지게 하셨으며 공중에서 이슬이 내리게 하셨느니라.

주님은 그의 지식으로 깊은 바다를 갈라지게 하셨고, 구름에서 이슬이 내리게 하셨다. 본 절의 "바다를 갈라지게 하셨다"는 말씀은 홍해를 가르신 것을 말씀하지 않고 주님의 창조 때 윗물과 아랫물이 나누어져 해양이 생긴 것(창 1:6, 9)을 가리킨다(Delitzsch, Deane). 이와 같이 창조하신 지면에 주님은 이슬을 내리게 하사 윤택케 하신 것이다(창 2:6, 이상근).

21-26절. 평탄함.

잠 3:21. 내 아들아 완전한 지혜와 근신을 지키고 이것들이 네 눈 앞에서 떠나지 말게 하라.

"내 아들아"의 주해를 위해 1:10주해 참조하라. 본 절은 '아이들아! 건전한 지혜와 분별력을 모두 잘 간직하여 그것을 너의 눈 앞에서 떠나지 않게 하라'고 말한다. 본 절의 상반절과 하반절은 동의절이다. 여기 "지혜"와 "근신"이란 말도 동의어이다. "완전한 지혜"의 뜻을 위해 2:7절 주해를 참조하라. 우리는 가부를 올바르게 판단하기 위해 완전한 지혜를 간직하고 살아야 할 것이다.

잠 3:22. 그리하면 그것이 네 영혼의 생명이 되며 네 목에 장식이 되리니.

'건전한 지혜와 분별력을 모두 잘 간직하면(앞 절) 그것이 너의 영혼에 생기를 불어 넣어 네 생명을 길게 만들어 주며, 너의 목에 우아한 장식물이 되어 네 인격을 높일 것이라'는 것이다. 본 절의 상반절과 하반절은 동의절이다. 그러므로 우리는 주님께 부르짖어 지혜와 분별력을 갖추어야 하겠다.

잠 3:23. 네가 네 길을 평안히 행하겠고 네 발이 거치지 아니하겠으며.

'건전한 지혜와 분별력을 모두 잘 간직하면(21절) 너는 너의 길을 무사히 갈 것이며, 너의 발은 걸려 넘어지지 않고 평안히 갈 것이라'고 한다. 본 절의 상반절과 하반절은 동의절이다. 우리는 주님께 기도하고 주님께 지혜와 분별력을 얻어 평강의 길을 걸어야 할 것이다.

잠 3:24. 네가 누울 때에 두려워하지 아니하겠고 네가 누운즉 네 잠이 달리로다.

상반절과 하반절은 동의절이다. '건전한 지혜와 분별력을 모두 간직하면(21절) 누워 잠을 잘 때에도 뒤척뒤척하지 않고 안민할 것이라'고 한다(시 4:8 참조).

잠 3:25. 너는 갑작스러운 두려움도 악인에게 닥치는 멸망도 두려워하지 말라.

'건전한 지혜와 분별력을 간직하면(21절) 너는 악인들에게 닥치는 갑작스러운 두려움도 또 악인들에게 닥치는 멸망도 오리라고 두려워하지 말라'는 것이다. 우리에게 필요한 것은 악인들에게 닥치는 두려움이 아니라 우리가 주님께 기도할 때 얻게 되는 지혜이다.

잠 3:26. 대저 여호와는 네가 의지할 이시니라 네 발을 지켜 걸리지 않게 하시리라(for the LORD will be your confidence and will keep your foot from being caught-RSV, ESV).

건전한 지혜와 분별력을 간직하면(21절) 악인들에게 닥치는 갑작스러운 두려움도 또 악인들에게 닥치는 멸망이 오리라고 두려워할 필요가 전혀 없다(앞 절). 그 이유는 '주님 자신께서 네가 의지할 분이 되셔서 너의 발이 덫에 걸리지 않게 지켜 주실 것이기 때문'이다. 우리가 주님께 기도하는 삶을 산다면 무엇을 두려워할 것인가.

　　B. 지혜자의 대인 관계는 어떠해야 하는가 3:27-4:19
지혜를 구하며 사는 사람은 다른 사람에게 선을 베풀어야 하고(3:27-35), 부모의 훈계를 잘 들어야 하며(4:1-9), 또 악인의 길 근처에도 다니지 말아야(4:10-19) 한다.

27-35절. 사람에게 선을 베풀어야 한다.
잠 3:27. 네 손이 선을 베풀 힘이 있거든 마땅히 받을 자에게 베풀기를 아끼지 말며.
주님께 지혜를 구하며 사는 사람은 '선을 베풀어야 할 사람이 주위에 있는 것을 보면 주저하지 말고 선을 베풀어야 한다'는 것이다. 본 절에 "네 손이 선을 베풀 힘이 있거든"이란 말은 '네 손에 아직도 선행을 행할 능력이 있을 때에 선을 행하라'는 것이다.

잠 3:28. 네게 있거든 이웃에게 이르기를 갔다가 다시 오라 내일 주겠노라

하지 말며.

'네가 가진 것이 있다면 너의 이웃에게 갔다가 다시 오시오 내일 주겠소 라고 말하지 말라'는 것이다. 70인역(LXX)에는 "내일 일을 네가 알지 못하니 빨리 주고 빨리 구제하라"는 말이 첨가되어 있다. 우리가 선을 행할 수 있을 때 선을 행해야 한다.

잠 3:29. 네 이웃이 네 곁에서 평안히 살거든 그를 해하려고 꾀하지 말며.

네 이웃이 네 곁에서 평안히 살고 있거든 그에게 악을 행하려고 모략을 꾸미지 말라는 것이다. 옆에서 잘 사는 이웃에게 해를 끼치려고 하는 것은 악종(惡種)일 수밖에 없다. 우리나라의 최근의 동향은 나랏돈과 기업의 돈을 떼어가는 도둑들이 너무 많다는 것이다.

잠 3:30. 사람이 네게 악을 행하지 아니하였거든 까닭 없이 더불어 다투지 말며.

사람이 네게 악을 행하지 않았다면 그 사람과 까닭 없이 다투지 말라는 것이다. 모세 5경에 "눈은 눈으로, 이는 이로"(레 24:20; 신 19:21)라는 식으로 정당한 보복을 허락해 놓았다. 그러나 이런 경우에라도 그 보복을 하나님께 맡기고 평안히 사는 것이 좋다.

잠 3:31. 포학한 자를 부러워하지 말며 그의 어떤 행위도 따르지 말라.

포악한 사람을 부러워하지 말고 그의 행위는 어떤 것이든 본받지 말라는 것이다. 포학한 자가 포학한 방법을 사용하여 잘 산다고 해도 그 포학한 사람을 부러워하여 자기도 그 포악한 자처럼 잘 살아 보려 해서는 안 된다 (23:17; 24:1; 시 37:1; 73:3 참조).

잠 3:32. 대저 패역한 자는 여호와께서 미워하시나 정직한 자에게는 그의 교통하심이 있으며.

본 절은 앞 절의 포학한 행위를 본받지 말아야 할 이유를 밝힌다. '그 이유는 주님은 마음과 행실이 굽은 사람을 미워하시고, 바른 길을 걷는 사람과는 늘 사귐을 가지시기 때문'이다. "미워하신다"는 말은 '벌을 내리신다'는 뜻이고, "교통하신다"는 말은 '복을 내리신다'는 뜻이다.

잠 3:33. 악인의 집에는 여호와의 저주가 있거니와 의인의 집에는 복이 있느니라.

본 절은 앞 절과도 연결이 있고 뒷 절과도 연결이 있다. 즉, '주님은 악한 사람의 집에는 저주를 내리시지만, 의로운 사람의 집에는 복을 내려 주신다'(출 20:5-6; 신 28:17; 시 37:25; 슥 5:4)는 것이다.

잠 3:34. 진실로 그는 거만한 자를 비웃으시며 겸손한 자에게 은혜를 베푸시나니.

진실로 주님은 남을 비웃는, 마음이 거만한 사람을 비웃으시고, 겸손한 사람에게는 은혜를 베푸신다(욥 8:20; 시 18:26; 애 3:32).

잠 3:35. 지혜로운 자는 영광을 기업으로 받거니와 미련한 자의 영달함은 수치가 되느니라.

본 절의 상반절과 하반절은 대구적 평행법으로 되어 있다. '지혜 있는 사람은 영광을 기업으로 물려받고, 미련한 사람이 높은 지위에 오르는 것은 수치가 될 뿐'(사 17:3; 29:5; 57:14; 겔 21:31; 시 1:4)이라고 한다.

제 4 장

1-9절. 부모의 훈계를 들으라.

<지혜와 명철을 얻으라>

잠 4:1. 아들들아 아비의 훈계를 들으며 명철을 얻기에 주의하라.

　여기 "아들들아"라고 말한 것은 제자들을 지칭한 말(1:10절)이 아니라 '실제적인 아들과 딸'을 지칭한 것으로 본다. 아들과 딸들은 '아버지의 훈계를 잘 듣고, 명철을 얻도록 귀를 기울이라'는 것이다. 모세 5경(신 6:7)의 교육에 의한 가정교육으로 5:7; 7:24에도 나타난다(6:20; 10:1; 15:20; 19:26; 20:20; 23:22, 25; 30:17 참조).

잠 4:2. 내가 선한 도리를 너희에게 전하노니 내 법을 떠나지 말라(for I give you good precepts: do not forsake my teaching-RSV, ESV).

　본 절은 아비의 훈계를 들으며 명철을 얻기에 주의해야(앞 절) 할 이유를 말하고 있다. 즉, 솔로몬은 자녀들에게 '내가 선한 도리를 너희에게 전하는 것이기 때문에, 너희는 내 교훈을 저버리지 말아야 한다'고 부탁한다. 여기 "선한 도리"(לֶקַח)란 말은 '전승되어 내려온 것'을 말하는데 번역판들(70인역, Vulgate)은 '선물'이란 말로 번역하고 있다. 솔로몬은 1절의 교훈을 자기 부모로부터 선물로 받아서 그의 후손에게 선물로 전한다는 것이니 이 법을 떠나지 말라는 것이다.

잠 4:3. 나도 내 아버지에게 아들이었으며 내 어머니 보기에 유약한 외아들이었노라.

　솔로몬은 '나도 내 아버지에게 아들이었고, 내 어머니 앞에서 하나뿐인 귀여운 자식'이었다고 말한다. 솔로몬은 여기서 자기의 아버지를 말하고 어머니를 말한다. 자기 아버지에게 배웠다는 것이며 자기 어머니에게는 "유약한 외아들이었다"고 말한다. 여기 "외아들"(יָחִיד)이란 말은 '독특한 아들'이란 뜻으로 솔로몬은 실제로 외아들은 아니었다(삼하 5:14; 대상 3:5).

잠 4:4. 아버지가 내게 가르쳐 이르기를 내 말을 네 마음에 두라 내 명령을 지키라 그리하면 살리라.

본 절부터 9절까지는 자기의 아버지가 그 위의 아버지로부터 받은 교훈의 말을 인용하는 것이다. 즉, '아버지는 내게 이렇게 가르쳐 이르시기를 "내 말을 네 마음에 간직하고, 내 명령을 지켜라. 그러면 네가 잘 살 것이라"고 가르치셨다'고 말한다. 다윗이 솔로몬에게 교훈한 말은 왕상 2:2; 대상 22:13; 28:9에도 나타난다. "그리하면 살리라"는 말은 '전해주는 전승대로 순종하면 평안하게 잘 살게 될 것이라'는 뜻이다.

잠 4:5. 지혜를 얻으며 명철을 얻으라 내 입의 말을 잊지 말며 어기지 말라.

본 절도 역시 자기의 아버지가 그 위의 아버지로부터 받은 교훈의 말을 전달해 준다는 것이다. 즉, '지혜를 얻고, 명철을 얻어라. 내가 친히 하는 말을 잊지 말고, 어기지 말라'고 전해준다. 본 절에 두 번 나오는 "얻으라"(קָנָה)는 말은 '구매하여 소유하고 있으라'는 뜻이다. 그러므로 "지혜를 얻으며 명철을 얻으라"는 말은 '지혜와 명철을 사서 자기 것으로 소유하라'는 뜻으로 두 가지를 얻기 위해 열심을 내야 하는 것이다. 지혜와 명철이 얼마나 귀중한지를 보여주는 말이다. 우리는 그것들을 얻어 내 것으로 만들어야 하며 전해주는 말을 절대로 잊지 말아야 할 것이며 어기지 말아야 할 것이다.

잠 4:6. 지혜를 버리지 말라 그가 너를 보호하리라 그를 사랑하라 그가 너를 지키리라.

본 절도 역시 자기의 아버지가 그 위의 아버지로부터 받은 교훈의 말을 자식에게 전달해 준다는 것이다. 즉, '지혜를 버리지 말라. 그것이 너를 지켜 줄 것이다. 지혜를 사랑하라. 그것이 너를 보호하여 줄 것이라'고 말한다. 지혜를 구하여 소유하고 있으면 그 지혜가 우리를 보호할 것이라는 것이며, 지혜를 사랑하면 그 지혜가 우리를 지켜주신다는 것이다.

잠 4:7. 지혜가 제일이니 지혜를 얻으라 네가 얻은 모든 것을 가지고 명철을 얻을지니라.

본 절도 역시 자기의 아버지가 그 위의 아버지로부터 받은 교훈의 말을 자식에게 전달해 준다는 것이다. 즉, '지혜가 으뜸이니 지혜를 사서 소유하고 생활하라. 네가 가진 모든 것을 다 바쳐서라도 명철을 얻으라'고 권고한다. 명철이 중요하니 모든 것을 다 허비해서라도 명철을 사서 가지고 생활하라는 것이다. 본 절에서 지혜와 명철은 동의어로 사용되었다.

잠 4:8. 그를 높이라 그리하면 그가 너를 높이 들리라 만일 그를 품으면 그가 너를 영화롭게 하리라.

본 절도 역시 자기의 아버지가 그 위의 조상으로부터 받은 교훈의 말을 자식에게 전달해 주는 내용이다. 즉, '지혜를 소중히 여겨라. 그것이 너를 높일 것이다. 지혜를 가슴에 품어라. 그것이 너를 존귀하게 할 것이라'고 권고한다. 본 절의 상반절과 하반절은 동의절이다. "지혜를 높이라"는 말과 "그를 품으면"(사랑하는 아내를 품는 것을 지칭한다, 5:20)이란 말은 동의절 이다. "그가 너를 높이 들리라"는 말과 "그가 너를 영화롭게 하리라"는 구절도 역시 동의절이다.

잠 4:9. 그가 아름다운 관을 네 머리에 두겠고 영화로운 면류관을 네게 주리라 하셨느니라.

본 절도 역시 자기의 아버지가 그 위의 조상으로부터 받은 교훈의 말을 자식에게 전달해 주는 내용이다. 즉, '그 지혜가 아름다운 화관을 너의 머리에 씌워 주고, 영광스러운 면류관을 네 머리에 씌워 줄 것이라'고 의미이다(1:9 참조). 우리가 모든 것을 희생하고 지혜를 구해서 소유하고 살며 또 지혜의 명령에 순종하면 우리에게 아름다운 화관이 머리에 씌워질 것이고 영광스러운 면류관이 우리 위에 씌워질 것이다.

10-19절. 악인의 길에 다니지 말라.

잠 4:10. 내 아들아 들으라 내 말을 받으라 그리하면 네 생명의 해가 길리라.

이제 본 절에는 "내 아들아!"가 나온다. 스승이 제자에게 가르치는 말을 전하려는 것이다(1:10 참조). 즉, '아이들아! 내가 말하는 지혜의 말을 들어라. 내 말을 받아들이면, 네가 오래 살 것이다'고 말한다. 지혜를 받아 그 길로 다니면 장수의 복을 받는다는 것이다.

잠 4:11. 내가 지혜로운 길을 네게 가르쳤으며 정직한 길로 너를 인도하였은즉.

솔로몬은 제자에게 '내가 네게 지혜로운 길을 가르쳐 주었고, 너를 바른길로 이끌어 주었기 때문에' 다음 절과 같은 결과가 나올 것이라고 한다. 본 절의 상반절과 하반절은 동의절이다.

잠 4:12. 다닐 때에 네 걸음이 곤고하지 아니하겠고 달려갈 때에 실족하지 아니하리라.

솔로몬은 제자에게 '네가 세상을 걸을 때에, 네 걸음이 막히지 않을 것이고, 비록 달리더라도 넘어지지 않을 것이다'고 한다(욥 18:7 참조).

잠 4:13. 훈계를 굳게 잡아 놓치지 말고 지키라 이것이 네 생명이니라.

솔로몬은 제자에게 '지혜로운 훈계를 놓치지 말고 굳게 잡아 지키면 그것은 네 장수가 되고 평안이 될 것이라'(3:2, 16, 18, 23)고 말한다.

잠 4:14. 사악한 자의 길에 들어가지 말며 악인의 길로 다니지 말지어다.

솔로몬은 제자에게 '지혜로운 훈계를 놓치지 말고 굳게 잡아 지키면서 악독한 사람의 길에 들어가지 말고, 악한 사람의 길로도 다니지도 말라'고 부탁한다. 여기 "사악한 자의 길(חֹרַא, '곧은 길')에 들어가지 말라"는 말은 '상습적으로 악을 행하는 자의 뻔뻔한 길로 들어가지 말라'는 뜻이다.

잠 4:15. 그의 길을 피하고 지나가지 말며 돌이켜 떠나갈지어다.

솔로몬은 '그런 악인의 길은 피해서 지나가지도 말며, 발길을 돌려서, 지나쳐 버리라'고 말한다. 혹시 악인의 길로 들어섰다면 발길을 돌려서 떠나가라는 것이다.

잠 4:16. 그들은 악을 행하지 못하면 자지 못하며 사람을 넘어뜨리지 못하면 잠이 오지 아니하며.

솔로몬은 악인들의 심리 상태를 잘 묘사하고 있다. 즉, '악인들은 악한 일을 저지르지 않고는 잠을 이루지 못하며, 남을 넘어뜨리지 않고는 잠을 설치는 자들이라'고 말한다.

잠 4:17. 불의의 떡을 먹으며 강포의 술을 마심이니라.

솔로몬은 '악인들(16절)은 악한 방법으로 얻은 빵을 먹으며, 폭력으로 빼앗은 포도주를 마신다'고 말한다. 그들은 정정당당히 일을 해서 식생활을 하지 않고 불의의 방식으로 남의 것을 빼앗아 먹고 산다는 것이다(욥 15:16; 34:7).

잠 4:18. 의인의 길은 돋는 햇살 같아서 크게 빛나 한낮의 광명에 이르거니와.

솔로몬은 '의인의 길은 동틀 때의 햇살 같아서, 크게 빛나 한낮의 광명에 이를 때까지 점점 더 빛난다'고 말한다. 본 절의 말씀은 다윗의 마지막 말과 비슷하다(삼하 23:4; 삿 4:24; 에 9:4; 사 42:1 참조). "한낮의 광명"이란 '정오의 햇빛'이라는 뜻이다.

잠 4:19. 악인의 길은 어둠 같아서 그가 걸려 넘어져도 그것이 무엇인지 깨닫지 못하느니라.

솔로몬은 본 절에서 앞 절의 의인의 길과 대조되는 악인의 길에 대해 진술한다. 즉, '악인의 길은 캄캄하여, 악인이 걸려 넘어져도 무엇에 걸려 넘어졌는지 알지 못한다'고 말한다. 악인이 걷는 길은 깊은 한밤중의 어두움 이라는 것이다(2:18, 22; 3:15; 요 3:19-20; 11:9-10). 한밤중의 어두움이란 무지와 불신과 죄악을 상징하는 것이다. 악인들은 어둠 속을 걷다가 걸려 넘어지나 무엇에 걸려 넘어졌는지 알지 못한다. 다시 말해 악인은 그의 죗값 으로 멸망하나 무엇 때문에 멸망했는지 알지 못한다는 것이다(이상근).

C. 지혜자의 자기 수호   4:20-7:27

이 부분(4:20-7:27)은 지혜를 추구하는 자가 스스로 지킬 덕목들을 열거하 고 있다. 1) 네 마음을 지키라(4:20-27)는 것, 2) 정결을 지키라(5장)는 것, 3) 보증을 서지 말라(6:1-5)는 것, 4) 게으르지 말라(6:6-11)는 것, 5) 하나님께 서 미워하시는 죄(6:12-19)는 무엇인가, 6) 색을 탐하지 말라(6:20-35)는 것, 7) 음녀를 멀리하라(7:27)는 것 등을 진술한다.

1. 네 마음을 지키라   4:20-27

잠 4:20. 내 아들아 내 말에 주의하며 내가 말하는 것에 네 귀를 기울이라.

솔로몬은 네 마음을 지키라(20-27절)는 것을 말하기 위해 "내 아들아", 즉 내 제자들아!라고 말한다. 그리고 솔로몬은 '내가 하는 말을 잘 듣고, 내가 이르는 말에 네 귀를 기울여라'고 말한다(2:1; 3:1; 4:1 참조).

잠 4:21. 그것을 네 눈에서 떠나게 하지 말며 네 마음속에 지키라.

솔로몬은 '자신의 제자들이 자신이 앞 절에서 말한 내용을 눈에서 떠나게 하지 말 것이며, 마음속에 깊이 간직하라'고 당부한다. 본 절은 3:21과 2:1을 종합한 교훈이다. 그 주해를 참조하라.

잠 4:22. 그것은 얻는 자에게 생명이 되며 그의 온 육체의 건강이 됨이니라.

솔로몬은 '그것(지혜)을 얻는 사람에게는 생명이 되며(3:2, 16; 4:13), 그의 온 몸에 건강을 준다'(3:8 참조)고 말한다. 마음에 지혜가 자리 잡고 있으면 육체도 건강을 얻어 살게 되는 것이다.

잠 4:23. 모든 지킬 만한 것 중에 더욱 네 마음을 지키라 생명의 근원이 이에서 남이니라.

솔로몬은 제자들에게 '그 무엇보다도 너희들은 너희 마음을 지켜라. 왜냐하면 그 마음이 바로 생명의 근원이기 때문이라'고 권고한다. 우리는 다른 모든 것을 지키는 것보다 마음속 깊이에 지혜를 간직하고 그것을 지켜야 할 것이다.

잠 4:24. 구부러진 말을 네 입에서 버리며 비뚤어진 말을 네 입술에서 멀리 하라.

본 절 상반절과 하반절은 동의절이다. 솔로몬은 '왜곡된 말을 네 입에서 멀리하고, 속이는 말을 네 입술에서 멀리 던져버리라'고 말한다. 본 절의 권고는 마음을 곧게 하라는 교훈과 같은 것이다. 본 절의 "구부러진 말"은 '거짓말'이란 뜻이고 "비뚤어진 말"은 '거짓과 속임수'로 사실을 굽게 하는 것을 말한다. 항상 거짓말만 하는 사람들이 세상에 많이 있다. 불행한 일이다.

잠 4:25. 네 눈은 바로 보며 네 눈꺼풀은 네 앞을 곧게 살펴.

본 절의 상반절과 하반절은 동의절이다. 솔로몬은 '네 눈으로는 앞을 똑바로 보고, 네 시선은 앞을 곧게 살피라'고 말한다. 눈으로 죄를 범하지 않도록 앞을 바로 보아야 한다는 것이다. 우리는 눈을 바로 보기 위하여 마음을 바로 해놓아야 한다(6:13; 10:10; 16:30).

잠 4:26. 네 발이 행할 길을 평탄하게 하며 네 모든 길을 든든히 하라.

　　본 절 역시 상반절과 하반절은 동의절이다. 솔로몬은 '발로 디딜 곳을 평탄하게 만들며 네 앞의 모든 길을 든든하게 만들라'고 말한다. 시 119:133; 히 12:13 참조. 우리는 발로 디딜 곳을 평탄하게 만들며 또 우리가 가야할 모든 길을 든든하게 만들어 놓는 것은 아주 중요한 일이다. 그것은 우리의 기도로 가능한 것이다. 믿음으로 걸어가면 되는 것이다.

잠 4:27. 좌로나 우로나 치우치지 말고 네 발을 악에서 떠나게 하라.

　　본 절 역시 상반절과 하반절은 동의절이다. 솔로몬은 제자들에게 '좌로든 우로든 빗나가지 말고, 악에서 네 발길을 끊어 버리라'(3:7 참조)고 말한다. 우리는 주님으로부터 힘을 얻어 죄를 단호하게 끊고 전진해야 할 것이다.

제 5 장

2. 정결을 지키라

이 부분의 내용은 1) 음녀의 유혹을 경계하라(1-14절)는 것, 2) 가정의 정결을 지켜야 할 것(15-23절)을 권한다.

1-2절. 지혜를 순종하라.

<사지와 스올로 가지 말라>

잠 5:1. 내 아들아 내 지혜에 주의하며 내 명철에 네 귀를 기울여서.

본 절 상반절과 하반절은 동의절이다. 즉, 솔로몬은 '내 제자들아!(1:10주해 참조) 내가 말해주는 지혜에 주의하며(4:20), 내가 말해주는 깨달음에 너희들의 귀를 기울이라'고 권고한다. 지혜와 명철의 뜻을 위해 1:2주해를 참조하라.

잠 5:2. 근신을 지키며 네 입술로 지식을 지키도록 하라.

솔로몬은 '근신(분별력)을 간직하고, 네 입술로 지식(지혜의 교훈)을 굳게 지키라'고 권한다. "네 입술로 지식을 지키도록 하라"는 말은 '하나님의 말씀에서 나오지 않는 어떠한 말도 우리의 입술에 담지 않게 해야 한다'는 것이다.

3-14절. 창기에게 유혹되지 말라.

잠 5:3. 대저 음녀의 입술은 꿀을 떨어뜨리며 그의 입은 기름보다 미끄러우나 (For the lips of a forbidden woman drip honey, and her speech is smoother than oil-ESV).

근신(분별력)을 간직하고, 입술로 지식(지혜의 교훈)을 굳게 지켜야 할(2절) 이유는 '음녀(창녀)의 입에서는 꿀이 떨어지고, 그 여자의 입은 기름보다 미끄럽기 때문이라'는 것이다. 창녀들은 남자들을 만나면 무엇을 얻기 위해 그 입으로 사랑한다는 말을 끊임없이 한다는 것이다. 창녀들의 말은 기름보다 미끄럽다(2:16; 6:24; 8:7; 욥 6:30; 31:30).

잠 5:4. 나중은 쑥 같이 쓰고 두 날 가진 칼 같이 날카로우며.

그것(창녀의 사랑한다는 말)이 결과적으로 다가오는 것이 쑥처럼 쓰고, 두 날을 가진 칼처럼 날카롭다는 것이다. 음녀의 감언이설(甘言利說-남의 비위를 맞추는 달콤한 말과 이로운 조건만 들어 그럴듯하게 꾸미는 말)은 일시적이고 그녀는 결과적으로 유혹당한 남자에게 쑥이 되어버리고 두 날 가진 칼 같이 날카롭게 변한다는 것이다. 창녀에게 당한 남자는 모든 것을 털리는 신세가 되는 것이다.

잠 5:5. 그의 발은 사지로 내려가며 그의 걸음은 스올로 나아가나니.

본 절의 상반절과 하반절은 동의절이다. 즉, 솔로몬은 '그 여자의 발은 죽을 곳으로 내려가고(2:18; 7:27; 9:18 참조), 그 여자의 걸음은 스올(무덤)로 치닫는다'고 말한다. 창녀의 처음 행위와 나중 행위는 천양의 차이가 있다. 처음 행위는 꿀같이 달았지만 그 결과는 쓰기가 말할 수 없이 쓴 것으로 돌변한다.

잠 5:6. 그는 생명의 평탄한 길을 찾지 못하며 자기 길이 든든하지 못하여도 그것을 깨닫지 못하느니라.

솔로몬은 '음녀는 생명의 길을 지키지 못하며, 그 길이 불안정해도 그것을 깨닫지 못한다'고 말한다. 다시 말해 음녀는 생명의 길을 찾지 못하게 되고 음녀의 길은 불안정해도 그것을 알지 못한다는 것이다. 사람들은 음녀의 길에 주의하라는 내용이다.

잠 5:7. 그런즉 아들들아 나에게 들으며 내 입의 말을 버리지 말고.

본 절부터 14절까지는 음녀를 멀리하라는 것을 진술하고 있다. 본 절의 상반절과 하반절은 동의절이다. 즉, 솔로몬은 '그런즉(앞 절의 권고가 그런 즉) 내 아들아! 이제 너희는 내 말을 잘 들어라. 내가 하는 말에서 벗어나지 말라'고 권고한다. 다시 말해 음녀의 유혹과 그 결과가 그와 같으니 내 교훈을 잘 듣고 결코 음녀에게 가지 말라는 것이다.

잠 5:8. 네 길을 그에게서 멀리 하라 그의 집 문에도 가까이 가지 말라.

솔로몬은 '네 생활에서 그 여자와 멀리 떨어져 있어라. 그 여자의 집 문 가까이에도 가지 말라'고 권고한다. 요셉은 보디발 아내의 유혹을 피했다 (창 39:10-12). 음녀의 접근이 있을 때는 피하는 것이 최상의 정책이다.

잠 5:9. 두렵건대 네 존영이 남에게 잃어버리게 되며 네 수한이 잔인한 자에게 빼앗기게
될까 하노라.

본 절의 상반절과 하반절은 동의절이다. 솔로몬은 '그렇지 않으면, 네 존영(영광)이 다른 사람에게 넘어가게 되고, 네 수한이 포악한 자들에게 빼앗길 것이라'고 말한다. 본 절의 "수한"이란 말은 '세월'이란 뜻이다. 바울 사도는 인류에게 "세월을 아끼라. 때가 악하니라"고 말한다(엡 5:16-17).

잠 5:10. 두렵건대 타인이 네 재물로 충족하게 되며 네 수고한 것이 외인의 집에 있게 될까 하노라.

솔로몬은 '두렵건대 다른 사람이 네 재산으로 배를 불리고, 네가 수고한 것이 남의 집으로 돌아갈까 하노라'고 말한다. 음행의 결과가 이와 같이 재산에까지 손해를 입힌다는 것을 알아야 할 것이다.

잠 5:11. 두렵건대 마지막에 이르러 네 몸, 네 육체가 쇠약할 때에 네가

한탄하여.

솔로몬은 '두렵건대 마침내 네 몸과 육체를 망친 뒤에, 네 종말이 올 때에야 한탄하게 된다'고 말한다. 음녀의 유혹을 받아 패망의 삶을 산 남자는 훗날 늙어진 때 젊은 시절의 방탕을 한탄하게 된다는 것이다. 참으로 처량한 신세가 되는 것이다.

잠 5:12-13. 말하기를 내가 어찌하여 훈계를 싫어하며 내 마음이 꾸지람을 가벼이 여기고 내 선생의 목소리를 청종하지 아니하며 나를 가르치는 이에게 귀를 기울이지 아니하였던고.

솔로몬은 '음녀의 유혹을 뿌리치지 못했던 남자는 늙어서 땅이 꺼져라 한탄하기를 내가 어찌하여 훈계를 싫어하였던가? 내가 어찌하여 책망을 멸시하였던가? 내가 스승에게 순종하지 않고, 나를 가르쳐 주신 분에게 귀를 기울이지 않고 살다가' 늙어서 이 모양 이 꼴이 되었는가 한다는 것이다.

잠 5:14. 많은 무리들이 모인 중에서 큰 악에 빠지게 되었노라 하게 될까 염려하노라.

젊어서 음녀의 유혹을 뿌리치지 못했던 정신없었던 남자는 늙어가지고 '온 회중이 보는 재판 자리에서 이런 비참한 꼴을 보이는구나!'라고 할 것이다. 이제는 늙어버린 남자는 재판 자리에서 벌을 받으면서 비참한 간증을 하게 된다는 것이다. 사람은 이처럼 되지 않기 위해 젊었을 때 음녀의 유혹에 넘어가지 않아야 할 것이다.

15-20절. 창기에게 빠지지 않는 비결.
잠 5:15. 너는 네 우물에서 물을 마시며 네 샘에서 흐르는 물을 마시라.

본 절부터 이 부분(15-20절)의 마지막까지는 창기에게 빠지지 않는 비결, 두 가지를 말한다. 하나는 음녀를 멀리 하는 것이 중요하며 또 하나는 가정을 중요시 하는 것이다. 즉, 솔로몬은 '너는 네 우물의 물을 마시고, 네 샘에서 솟아나는 물을 마시라'고 권고한다. 여기 "네 우물"이란 말이나 "네 샘"이란 말은 '네 아내'를 지칭하는 말이다(사 51:1; 아 4:12). 남편은 자기 아내를 사랑하고 아내의 사랑에 만족하라는 것이다.

잠 5:16. 어찌하여 네 샘물을 집 밖으로 넘치게 하며 네 도랑물을 거리로 흘러가게 하겠느냐.

솔로몬은 '어찌하여 네 샘물을 집 바같으로 흘러 보내며, 그 물줄기를 여러 사람이 다니는 거리로 흘러 보내려느냐?'고 말한다. 아내를 버려서 밖으로 내 보내지 말라는 말이다. 예수님은 간음한 이외에는 이혼을 금하셨다 (마 5:31-32).

잠 5:17. 그 물이 네게만 있게 하고 타인과 더불어 그것을 나누지 말라.

솔로몬은 '그 물은 너 혼자만을 위한 것으로 삼고, 다른 사람들과 나누지 말라'고 권한다. 부부가 서로 사랑하여 순결을 지키라는 말이다.

잠 5:18. 네 샘으로 복되게 하라 네가 젊어서 취한 아내를 즐거워 하라.

솔로몬은 '네 샘으로 복되게 하고, 네 젊은 날에 맞은 아내를 즐거워하 라'고 권한다. 젊어서 얻은 아내를 사랑하여 복되게 하고 즐거워하라는 권고이다.

잠 5:19. 그는 사랑스러운 암사슴 같고 아름다운 암노루 같으니 너는 그의 품을 항상 족하게 여기며 그의 사랑을 항상 연모하라.

솔로몬은 제자들에게 '젊어서 얻은 아내는 사랑스런 암사슴이며 귀여운 암노루 같으니 아내의 품을 항상 만족하게 여기며 그 사랑을 항상 사모하라' 고 권한다. "암사슴"과 "암노루"는 다 같이 암노루과에 속하는 동물로서 아름다운 자태와 온순한 성격으로 미녀를 묘사하고 있다. 수컷의 뿔이 사슴은 한 쌍이나 노루는 세 갈래로 되어 있다(이상근). 본 절의 "그의 품"을 "그의 사랑으로"(7:8; 아 1:2의 영향으로) 고쳐 읽기도 한다(LXX). 아무튼 아내에 대한 지극한 사랑을 묘사하고 있다.

잠 5:20. 내 아들아 어찌하여 음녀를 연모하겠으며 어찌하여 이방 계집의 가슴을 안겠느냐.

본 절의 상반절과 하반절은 동의절이다. 즉, 솔로몬은 자기의 제자들에게 '내 아들아! 어찌하여 음녀에게 빠지며, 어찌하여 외간 여자의 가슴을 품겠느냐?'고 말한다. "음녀"란 '창녀'를 뜻하는 말이다. 이에 대해 2:16 주해를 참조하라.

21절. 자기 아내를 사랑하라.
잠 5:21. 대저 사람의 길은 여호와의 눈 앞에 있나니 그가 그 사람의 모든 길을 평탄하게 하시느니라.

본 절 초두에는 이유를 말하는 접속사(כִּי, 왜냐하면)가 있다. 즉, 솔로몬은 '주님의 눈은 사람의 길을 지켜보시며, 그 모든 길을 살펴보신다!'고 경고한다. 다시 말해 주님께서는 젊은 남자가 음녀에게 가는 모습을 지켜보시고 심판하실 터이니 그 길로 가지 말라고 경고한다.

22-23절. 악인의 장래는 위험하다.
잠 5:22. 악인은 자기의 악에 걸리며 그 죄의 줄에 매이나니.

본 절의 상반절과 하반절은 동의절이다. 즉, 솔로몬은 '악인은 자기가 행한 악에 걸리고, 자기가 처놓은 죄의 올무에 걸려든다'고 말한다. 악인의 악과 죄는 자신을 걸어 넘어지게 하고 그 자신을 결박한다는 것이다. 악인은 자기가 행한 대로 심판을 받는 것이다.

잠 5:23. 그는 훈계를 받지 아니함으로 말미암아 죽겠고 심히 미련함으로

말미암아 혼미하게 되느니라.

　본 절의 상반절과 하반절은 동의절이다. 솔로몬은 제자들에게 '미련하여 스승의 훈계를 받지 않고(5:1), 기어코 창기에게 가는 자는 훈계를 받지 아니함으로 결국 죽을 것이고, 너무나 미련하여 길을 잃게 될 것이라'고 말한다.

제 6 장

3. 보증[4]하지 말라   6:1-5

이 부분(1-5절)은 보증하지 말라는 것과 만일 보증을 했다면 겸손하게 찾아가 정성껏 해결하라는 것이다. 경제적인 실력이 없으면서도 보증을 서는 것은 경솔한 일로 금지되어야 한다.

<실제적 교훈>

잠 6:1. 내 아들아 네가 만일 이웃을 위하여 담보하며 타인을 위하여 보증하였으면.

본 절 상반절과 하반절은 동의절이다. 솔로몬은 제자들을 향하여 '아이들아, 네가 이웃을 도우려고 담보를 섰거나, 남의 딱한 사정을 듣고 보증을 섰다면' 다음 절처럼 네 자신이 네가 한 말로 걸려든 것이니 친히 해결하라고 말한다(11:15; 17:18; 20:16; 22:26). "내 아들아"라는 말의 주해를 위해 1:10주해를 참조하라.

잠 6:2. 네 입의 말로 네가 얽혔으며 네 입의 말로 인하여 잡히게 되었느니라.

상반절과 하반절은 동의절이다. 솔로몬은 '네가 한 그 말에 네가 걸려든 것이고, 네가 한 그 말에 네가 잡힌 것이다'라고 말한다. 그러니 다음 절처럼 행동하여 빠져 나오라는 충고를 한다.

잠 6:3. 내 아들아 네가 네 이웃의 손에 빠졌은즉 이같이 하라 너는 곧 가서 겸손히 네 이웃에게 간구하여 스스로 구원하되.

---

4) 보증: (남의 신분이나 경력, 어떤 사물에 대하여) 틀림이 없음을 증명하거나 책임을 지는 일.

솔로몬은 '아이들아, 네가 너의 이웃의 손에 잡힌 것이니, 어서 그에게
가서 풀어 달라고 겸손히 간청하여라. 너는 이렇게 하여 자신을 구하라'고
해결책을 알려준다. 요즈음 보증서는 일에 대해서는 부득이 서 주어야 하는
것으로 알고 있으나 그러나 보증서는 것은 법에 어긋나는 것으로 말하니
보증을 서 주지 말아야 할 것이고 만일 보증을 서주기로 했다면 친히 해결책
을 사용하여 빠져 나와야 하는 것이다. "내 아들아"라는 말의 주해를 위해
1:10주해를 참조하라.

잠 6:4. 네 눈을 잠들게 하지 말며 눈꺼풀을 감기게 하지 말고.
　상반절과 하반절은 동의절이다. 솔로몬은 '보증 선 것을 해결하기 위하여
잠을 자지도 말고, 졸지도 말고' 당일 보증 선 곳에서 빠져나오라는 것이다.

**잠 6:5. 노루가 사냥꾼의 손에서 벗어나는 것 같이, 새가 그물 치는 자의
손에서 벗어나는 것 같이 스스로 구원하라.**
　솔로몬은 '노루가 사냥꾼의 손에서 벗어나듯, 새가 그물 치는 사람의
손에서 벗어나듯, 어서 벗어나서 네 자신을 구하라'고 말한다. 노루나 새가
사냥꾼의 손에서 벗어나듯 보증인은 채무에서 벗어나기 위해 필사의 경주를
하라는 것이다.

　　4. 게으르지 말라　6:6-11
　게으르지 말라고 권고하면서 게으른 자는 개미에게 가서 배우라고
권한다.
잠 6:6. 게으른 자여 개미에게 가서 그가 하는 것을 보고 지혜를 얻으라.
　솔로몬은 제자들에게 '게으른 자가 있다면 개미에게 가서 개미들이 하는
것을 보고 지혜를 얻어 부지런함을 배우라'고 권한다.

잠 6:7. 개미는 두령도 없고 감독자도 없고 통치자도 없으되.

개미는 우두머리도 없고 감독관도 없으며 통치자도 없지만 할 일을 찾아 하고 있으니 개미한테 배우라는 것이다. 여기 "두령"이란 말은 '재판관'(사 1:10; 미 3:9)을 의미하고, "감독자"란 말은 '일을 시키고 감독하는 지휘관'(민 11:16)을 의미하며, "통치자"란 말은 '가장 높은 관리'를 뜻한다. 아무튼 개미는 이런 직제도 없지만 열심히 일하고 있는 곤충임으로 개미에게서 배우라는 것이다.

잠 6:8. 먹을 것을 여름 동안에 예비하며 추수 때에 양식을 모으느니라.

개미는 여름 동안 먹을 것을 마련하고, 추수 때에 먹이를 모아 두어 먹을 것이 없을 때를 위하여 수고한다는 것이다. 그러니 게으른 사람들은 게으르지 않기 위하여 개미에게서 배워야 하는 것이다.

잠 6:9. 게으른 자여 네가 어느 때까지 누워 있겠느냐 네가 어느 때에 잠이 깨어 일어나겠느냐.

상반절과 하반절은 동의절이다. 솔로몬은 '게으른 사람아! 네가 언제까지 누워 있으려느냐? 언제 잠에서 깨어 일어나겠느냐?'고 책망한다. 본 절과 똑같은 내용의 말이 24:30-34에도 있다. 언제까지 잠을 잘 것이냐는 책망이다. 필자는 어떤 수리공이 매일 빠짐없이 오후 3시에 일어나서 늦게 일하러 가는 것을 보았다.

잠 6:10-11. 좀더 자자, 좀더 졸자, 손을 모으고 좀더 누워 있자 하면 네 빈궁이 강도 같이 오며 네 곤핍이 군사 같이 이르리라.

솔로몬은 게으름뱅이들에게 '조금만 더 자자, 조금만 더 눈을 붙이자, 조금만 더 누워 있자 하면(이상은 24:33에서도 다시 나온다), 네게 가난이 강도처럼 들이닥치고, 빈곤이 방패로 무장한 용사처럼 달려들 것이라'고 경계한다. 게으른 자는 가난해진다는 것을 경고하는 말씀이다.

5. 하나님은 불량한 사람을 경계하신다   6:12-15

이 부분(12-15절)은 사람에 대한 7가지의 죄를 경계한다. 대인 관계에서 악인의 7가지 죄란 1) 불량하고 악한 것, 2) 구부러진 말을 하는 것, 3) 눈짓하는 것, 4) 발로 뜻을 보이는 것, 5) 손가락질하는 것, 6) 마음에 패역을 품는 것, 7) 다투는 일 등이다. 이 부분의 죄악을 지으면 갑자기 멸망한다는 것(15절)을 말한다.

잠 6:12. 불량하고 악한 자는 구부러진 말을 하고 다니며.

솔로몬이 언급한 첫 번째 악인은 불량하고(무가치한 자) 악한 자이다. 솔로몬은 '불량하고(무가치한 자) 악한 자는 그릇된 말이나 하고 돌아다닌다'고 말한다. 본 절의 "불량한 자"와 "악한 자"란 말은 동의어이다. "불량한 자"란 말은 '우상 숭배자'(신 13:13), '신성 모독자'(삼상 1:16), '적그리스도'(고후 6:15)라는 뜻을 가지고 있다.

둘째 악인은 "구부러진 말을 하는 사람"(4:24)이다. "구부러진 말을 하는 사람"이란 '그릇된 말을 하는 사람'을 뜻한다. 이들은 항상 남을 거짓으로 속이는 자들이다.

잠 6:13. 눈짓을 하며 발로 뜻을 보이며 손가락질을 하며(winks with his eyes, signals with his feet, points with his finger-ESV).

본 절은 세 번째에서 다섯 번째 악인의 모습을 알려준다. 본 절은 악한 자들이 다른 사람을 함정에 빠뜨리기 위하여 자기 동료들과 은밀히 악을 계획하고 그것을 자기들이 정한 은밀한 몸짓 신호에 따라 행동에 옮기는 것을 묘사한 것이다. 다시 말해 언급된 세 가지 죄는 눈짓 하는 사람(10:10, 시 35:19), 발과 손가락질로 사람을 함정 안에 빠뜨리기 위해 무엇인가 다른 사람들은 알 수 없는 악한 뜻을 보이는 것이다.

잠 6:14. 그의 마음에 패역을 품으며 항상 악을 꾀하여 다툼을 일으키는 자라.

상반절과 하반절은 동의절이다. 악인의 대인 관계에서의 여섯 번째 죄는
'그 비뚤어진 마음으로 항상 악을 꾀하는 것이다(3:29 참조). 그리고 일곱
번째 죄는 '남에게 싸움만 부추기는 것'(19절, 19:28 참조)이다.

**잠 6:15. 그러므로 그의 재앙이 갑자기 내려 당장에 멸망하여 살릴 길이
없으리라.**

7가지 죄를 짓는 사람들은 하나님으로부터 갑자기 닥쳐오는 재앙을 만나
손쓸 여유 없이 순식간에 망하고 회복되지 못한다(1:17; 3:25; 24:22 참조).
이들이 하나님의 재앙을 만날 때는 사람의 도움도 소용없는 것이다. 꼼짝없이
당할 수밖에 없는 것이다.

6. 하나님으로부터 미움을 받는 악행들   6:16-19

앞선 부분(12-15절)에서는 대인 관계에서의 7가지 죄를 열거했으나 이
부분(16-19절)에서는 여호와께서 미워하시는 7가지가 진술된다.

**잠 6:16. 여호와께서 미워하시는 것 곧 그의 마음에 싫어하시는 것이 예닐곱
가지이니.**

솔로몬은 '여호와께서 미워하시는 것, 곧 주님께서 싫어하시는 것이 예닐
곱(여섯이나 일곱쯤 되는 숫자) 가지라'고 말한다. 그 예닐곱 가지는 17-19절
에 열거되어 있다. 아굴의 잠언(30:24-28)에서는 4의 숫자로 열거하나 여기서
는 7의 숫자로 열거하고 있다.

잠 6:17. 곧 교만한 눈과 거짓된 혀와 무죄한 자의 피를 흘리는 손과.

첫째, "교만한 눈"(여호와께서는 교만을 첫째로 꼽으신다)과, 둘째,
"거짓된 혀"(거짓도 여호와께서 심히 미워하시는 죄이다)이다. 여호와는
진리의 신이시기 때문에 거짓을 미워하신다(시 5:6; 120:3-4; 호 4:1-3).
그리고 셋째, "무죄한 자의 피를 흘리는 손"(남을 죽이는 손)이다(1:11;
사 59:7).

잠 6:18. 악한 계교를 꾀하는 마음과 빨리 악으로 달려가는 발과.

넷째, "악한 계교를 꾀하는 마음"(14절; 3:29; 사 59:7)이다. 마음에서 꾸며진 악한 것은 고의적인 악이다. 다섯째, "빨리 악으로 달려가는 발"(1:16; 사 59:7)이다. 참지 못하고 빨리 악으로 달려가는 것은 악한 것 중에도 아주 악한 것으로 여겨야 한다.

잠 6:19. 거짓을 말하는 망령된 증인과 및 형제 사이를 이간하는 자이니라.

여섯째, "거짓을 말하는 망령된 증인"(출 20:16)이다. 그리고 마지막으로 일곱째, "형제 사이를 이간하는 자"이다. 형제 사이를 이간하는 악은 인간관계 죄악 중에서 마지막에 열거되었다(14절).

7. 음행을 피하라 6:20-35

음행을 피하라는 말은 이미 앞(5:1-14)에서 주어졌고, 또 뒤에도 나타난다(7장). 이제 여기(20-35절)서는 주로 유부녀(남편이 있는 여자)와의 음행을 경계하고 있는 것이다.

<훈계와 명령>

잠 6:20. 내 아들아 네 아비의 명령을 지키며 네 어미의 법을 떠나지 말고.

본 절의 상반절과 하반절은 동의절이다. 솔로몬은 '아이들아, 아버지의 명령을 지키고, 어머니의 가르침을 저버리지 말라'고 훈계한다. 본 절 초두의 "내 아들아"라는 말은 '제자'를 부르는 칭호이다(4:3 주해 참조). 본 절은 잠언을 새로 시작할 때에 흔히 나타나는 예비 교훈이다(2:1; 3:1; 4:1; 5:1; 7:1 등 참조).

잠 6:21. 그것을 항상 네 마음에 새기며 네 목에 매라.

솔로몬은 '부모의 교훈(명령과 법)을 항상 네 마음에 간직하며, 네 목에 걸고 다니라'고 부탁한다. 역시 상반절과 하반절은 동의절이다.

잠 6:22. 그것이 네가 다닐 때에 너를 인도하며 네가 잘 때에 너를 보호하며 네가 깰 때에 너와 더불어 말하리니.

　네(제자들)가 길을 갈 때 부모의 교훈(잠언 전체)이 너를 인도하여 주며, 네가 잠잘 때에도 너를 지켜 주고, 네가 깨면 너의 말벗이 되어 줄 것이라는 뜻이다. 잠언 전체는 우리의 일생을 통하여 우리의 길을 인도하여 주고, 잠잘 때에 우리를 보호해 주며 또 우리가 잠에서 깨어 있을 때는 우리와 대화해 줄 것이라는 뜻이다. 우리는 외롭지 않은 사람들이다.

잠 6:23. 대저 명령은 등불이요 법은 빛이요 훈계의 책망은 곧 생명의 길이라.

　솔로몬은 '참으로 부모의 명령(하나님의 명령)은 등불이요, 그 가르침(모세 5경)은 빛이며, 그 훈계의 책망(바른 책망)은 생명의 길이라'고 말한다. 부모의 교훈(하나님의 말씀)은 학교에서 배우는 그 어떤 교과목보다 더 귀한 과목이다.

　본 절 초두의 "대저"(כִּי라는 이유 접속사)라는 말은 본 절이 앞 절의 이유를 제공하고 있다는 뜻이다. 즉, 앞 절의 부모의 교훈(하나님의 말씀)이 모든 때에 우리를 인도하는 이유는 주님의 명령은 등불이고 빛이며 생명 길이기 때문이다.

잠 6:24. 이것이 너를 지켜 악한 여인에게, 이방 여인의 혀로 호리는 말에 빠지지 않게 하리라.

　솔로몬은 '이것(스승이 말해주는 잠언 전체)이 너를 악한 여자에게서 지켜 주고, 음행하는 여자의 호리는 말에 너로 하여금 빠지지 않게 지켜 준다'고 말한다. 본 절 상반절과 하반절은 동의절이다. 잠언은 하나님 말씀으로서 인생들에게 유익하여 악한 여인, 남자를 호리는 여인의 말에 빠지지 않게 해준다는 것이다. 우리가 자녀들을 양육할 때 하나님의 말씀을 읽게 하고 묵상하게 하고 기도를 하게 하면 타락하지 않게 된다. 아이들 때문에 골치 아픈 일이 생기지 않게 된다.

잠 6:25. 네 마음에 그의 아름다움을 탐하지 말며 그 눈꺼풀에 홀리지 말라.

솔로몬은 '네 마음에 그런 여자의 아름다움을 탐내지 말고, 그 눈짓에 홀리지 말라'고 말한다. 본 절의 상반절과 하반절은 동의절이다. 여인의 미모에 끌려 마음으로 음욕을 품지 말라는 경계이다.

잠 6:26. 음녀로 말미암아 사람이 한 조각 떡만 남게 됨이며 음란한 여인은 귀한 생명을 사냥함이니라.

솔로몬은 '과연 음녀에 끌려 음녀에게 다니다보면 사람이 거의 빈털터리가 되는 것이며, 음란한 여자는 네 귀중한 생명을 앗아간다'고 말한다. 상반절과 하반절은 동의절이다. 음녀와 친해지면 경제적으로 탈취를 당하여 아주 가난하게 되며 또 여자의 남편한테 들켜서 생명의 위협도 받게 되는 것이다. 우리는 음녀에게 끌리지 않기 위하여 항상 성령 충만을 구해서 성령에게 이끌려 살아야 할 것이다.

잠 6:27-28. 사람이 불을 품에 품고서야 어찌 그의 옷이 타지 아니하겠으며 사람이 숯불을 밟고서야 어찌 그의 발이 데지 아니하겠느냐.

솔로몬은 '사람이 가슴에 불을 품고 다니는데 어찌 자기가 입은 옷이 타지 않을 수 있겠느냐? 사람이 숯불 위를 걸어 다니는데 어찌 발이 데지 않을 수 있겠느냐?'고 말한다(사 30:14). 남의 아내와 통간하는 자의 뜨거움을 불 위를 다니는 것으로 비유해 말한 것이다.

잠 6:29. 남의 아내와 통간하는 자도 이와 같을 것이라 그를 만지는 자마다 벌을 면하지 못하리라.

솔로몬은 '남의 아내와 통간하는 자도 불을 품고 다니는 자와 같이 해를 입을 것이라. 남의 아내를 범하고서도 어찌 무사하기를 바라겠느냐?'고 말한다. 여자의 남편한테 혼이 나지 않아도 하나님으로부터 큰 혼이 나는 것이며 그 여자를 만지기만 해도 하나님으로부터 벌을 받는 것이다.

잠 6:30-31. 도둑이 만일 주릴 때에 배를 채우려고 도둑질하면 사람이 그를 멸시하지는 아니하려니와 들키면 칠 배를 갚아야 하리니 심지어 자기 집에 있는 것을 다 내주게 되리라.

솔로몬은 '도둑이 다만 허기진 배를 채우려고 도둑질해서 먹었다면, 사람들은 그 도둑을 멸시하지는 않을 것이다. 그래도 훔치다 들키면 도둑질한 것의 일곱 배를 갚아야 하고, 심한 경우 자기 집에 있는 모든 재산을 다 내주어야 할 것이라'고 말한다.

도적이 주릴 때에 배를 채우기 위해 도적질을 했다면 동정의 여지가 있으므로 사람들은 그를 멸시하지는 않는다. 그러나 그가 벌까지 면제되는 것은 아니나(30절), 들키는 경우 7배를 갚아야 할 수도 있다는 것이다. 이런 벌은 최고형으로 모세 율법에는 4배 내지 5배(출 22:1; 삼하 12:6)를 갚아야 하고 혹은 2배(출 22:4)를 보상해야 했다.

잠 6:32. 여인과 간음하는 자는 무지한 자라 이것을 행하는 자는 자기의 영혼을 망하게 하며.

솔로몬은 '남의 여인과 간음하는 자는 생각이 모자란 사람이다. 자기 영혼을 망치려는 사람만이 그런 짓을 하는 법이라'고 말한다. 상반절과 하반절은 동의절이다. 본 절의 "여인"은 '남편이 있는 여인'을 지칭한다. 이런 여인과 간음하는 자는 생명까지도 잃게 된다는 것이다(레 20:10; 신 22:22).

잠 6:33. 상함과 능욕을 받고 부끄러움을 씻을 수 없게 되나니.

솔로몬은 '남의 여인과 간음하는 자(앞 절)는 매를 맞아 상하게 되고 창피를 당할 것이니, 그 수치를 절대로 씻을 수 없을 것이라'고 말한다. 그 수치란 여인의 남편으로부터 능욕을 당하고 수치를 당하게 되며, 또 자기 집에서 쫓겨나기까지 하는 것이다(Delitzsch).

잠 6:34. 남편이 투기로 분노하여 원수 갚는 날에 용서하지 아니하고.

솔로몬은 '여인의 남편이 질투에 불타서 복수하게 되는 날 조금도 용서하지 않을 것이라'(27:4)고 말한다. 자기 아내를 범한 남자를 누가 용서하겠는가.

잠 6:35. 어떤 보상도 받지 아니하며 많은 선물을 줄지라도 듣지 아니하리라.

어떤 보상도 거들떠보지 않을 것이며, 아무리 많은 위자료를 가져다주어도 받으려 하지 않을 것이다. 당연한 일이다.

8. 음녀를 피하라 7장

본장에서도 솔로몬은 역시 음녀에 대한 경계를 계속해 나간다. 본장에서는 음녀의 유혹이 앞(6:20-35)에서보다 더 사실적이고, 그 유혹에 끌려간 자의 결과도 더 단정적으로 진술된다.

1-4절. 지혜를 지키라.

<음녀의 길로 치우치지 말라>

잠 7:1. 내 아들아 내 말을 지키며 내 계명을 간직하라.

솔로몬은 제자들을 향하여 '아이들아! 내 말을 지키고, 내 명령을 너희들의 마음 속 깊이 간직하라'고 부탁한다. "내 아들아"의 주해는 1:10주해를 참조하라.

잠 7:2. 내 계명을 지켜 살며 내 법을 네 눈동자처럼 지키라.

솔로몬은 제자들에게 '내 명령을 지켜서 평안히 살고, 내 교훈을 너의 눈동자(신 32:10; 시 17:8; 슥 2:12)를 보호하듯 지키라'고 말한다. 상반절과 하반절은 동의절이다.

잠 7:3. 이것을 네 손가락에 매며 이것을 네 마음판에 새기라.

솔로몬은 '내 명령(내 법)을 너의 손가락에 매고, 네 마음 속 깊이 새겨두라'고 말한다. 상반절과 하반절은 동의절이다. 잠언의 말씀을 묵상하여 마음 판에 새겨두라는 말이다.

잠 7:4. 지혜에게 너는 내 누이라 하며 명철에게 너는 내 친족이라 하라.

솔로몬은 '지혜에게 너는 내 누이라 말하고, 명철에게 너는 내 친족이라 불러라'고 부탁한다. "지혜와 명철"(1:2 주해를 참조하라)이 의인화되어 가족이나 친족이 되는 것으로 여기라고 말한다.

5절. 지혜를 지킨 결과.
잠 7:5. 그리하면 이것이 너를 지켜서 음녀에게, 말로 호리는 이방 여인에게 빠지지 않게 하리라.

솔로몬은 '지혜를 향하여 내 가족이라 하고 명철에게 내 친족인 줄 알고 가까이 하면그것이 너를 음행하는 여자로부터 지켜줄 것이고, 달콤한 말로 호리는 이방 여인(음녀, 2:16)으로부터 너를 지켜 줄 것이라'고 말한다.

6-9절. 음녀를 따라가는 소년.
잠 7:6-7. 내가 내 집 들창으로, 살창으로 내다 보다가 어리석은 자 중에, 젊은이 가운데에 한 지혜 없는 자를 보았노라.

솔로몬은 '나는 나의 집 창가에서 창살문을 통하여 밖을 내다보다가 어수룩한 젊은이들 가운데 한 지혜 없는 젊은이가 있는 것을 보았다'고 말한다. 젊은이는 남몰래 음녀를 생각하고 가지만 그것을 지켜보는 사람이 반드시 있다는 것을 알아야 한다는 것이다.

잠 7:8. 그가 거리를 지나 음녀의 골목 모퉁이로 가까이 하여 그의 집 쪽으로 가는데.

솔로몬은 '그 어리석은 젊은이는 거리를 지나 골목 모퉁이로 가까이 가서, 그 음녀의 모퉁이 집으로 가는 길로 발걸음을 옮긴 것을 보았다'고 말한다. 그 어리석은 젊은이는 이제는 아무도 보지 않았으리라고 생각했으나 이렇게 그를 관찰하는 자가 있다는 것을 알아야 한다는 것이다. 오늘 우리의 행위도 누군가 보는 사람이 있다는 것을 알아야 할 것이다.

잠 7:9. 저물 때, 황혼 때, 깊은 밤 흑암 중에라.

마침 때는 저물 때, 저녁 때 깊은 밤이었고 깜깜한 밤, 어리석은 젊은이가 음녀와 희희낙락 놀기 딱 좋은 시간이었다. 세상 악의 길은 이렇게 착착 잘 들어맞는다.

10-12절. 창기의 행습. 젊은이의 모습을 진술한 저자는 이제 창기의 행습을 묘사할 시점이 되었다.

잠 7:10. 그 때에 기생의 옷을 입은 간교한 여인이 그를 맞으니.

한 여자가 창녀의 몸치장을 하고 또 교활한 마음을 품고 그 젊은이를 마중한 것이다.

잠 7:11. 이 여인은 떠들며 완악하며 그의 발이 집에 머물지 아니하여.

그 음녀는 마구 떠들고 예의 없이 굴며, 음녀의 발이 집에 머물러 있지를 못하고 여기저기 돌아다닌다.

잠 7:12. 어떤 때에는 거리, 어떤 광장 또 모퉁이마다 서서 사람을 기다리는 자라.

음녀는 때로는 이 거리에서, 어떤 때는 저 광장에서, 모퉁이마다 몸을 숨기고 사람을 기다린다. 음녀는 여기저기서 남자를 기다리느라 분주하다. 음녀도 자기를 관찰하는 자가 없는 줄 알고 있었으나 이렇게 그 누군가가 그를 관찰하고 있었던 것이다.

13-21절. 창기가 홀리는 말.

잠 7:13. 그 여인이 그를 붙잡고 그에게 입맞추며 부끄러움을 모르는 얼굴로 그에게 말하되.

그 어리숙한 젊은 남자(6절)를 기다리던 여인은 그 젊은이를 꽉 붙잡고 입을 맞추며 뻔뻔스러운 얼굴로 그에게 다음 절과 같이 말했다. 그 여인은 창기와 같은 기교를 부린 것이다.

잠 7:14. 내가 화목제를 드려 서원한 것을 오늘 갚았노라.

'나는 화목제(감사의 제사, 레 7:16)를 드려서 서원한 것을 오늘 실행했습니다'라고 말한다. 감사제 제물은 하나님과 제사장과 바친 자에게 각각 배당되었다. 그 일부는 번제로 불사르고 가슴과 오른쪽 어깨는 제사장에게, 나머지는 바친 자에게 돌렸다. 그는 그것을 가지고 돌아가 가족들과 함께 그날로 나누어 먹는다(Rawlinson). 그 음녀는 말하기를 그가 서원한 어떤 제사가 있었는데 그것을 오늘 갚았다고 했다.

"서원한 것을 오늘 갚았노라"라고 음녀가 말했는데, 유대인들의 하루가 한 밤에서 그 다음날 밤까지인 것을 고려해 볼 때 지금 만찬 준비가 다 되어 있는 상황이란 의미이다. 이 음녀는 이 만찬의 종교적인 의의는 조금도 생각하지 않고 다만 그것을 죄를 짓기 위한 도구로 삼았다. 만약 이 예언이 어떤 이들의 추측대로 이방 여인이라면 그는 겉으로는 모세의 율법을 지키는 체 하지만 속으로는 자기 나라 이방 풍속의 음란한 종교 의식에 집착되어 있는 자이다. 또한 유대인들 역시 율법 정신이 해이해졌던 시대에는 제물을 가지고 방탕의 도구로 삼았던 시대가 있었다. 초대 교회 시대에도 그리스도인들의 애찬이 잘못 오용되었고(고전 11:20), 안타깝게도 오늘날에 있어서도 종교적 기념행사가 원래의 거룩하고 경건한 정신은 망각되고 방종의 방편으로 변질되는 예를 얼마든지 본다(Rawlinson).

잠 7:15. 이러므로 내가 너를 맞으려고 나와 네 얼굴을 찾다가 너를 만났도다.

솔로몬은 이 음녀의 말을 인용한다. 즉, '그래서 나는 당신(어리숙한 젊은이)을 맞으러 나왔고, 당신을 애타게 찾다가, 이렇게 만나게 되었습니다'라고 말한다. 그 음녀는 여기서 적어도 두 가지 과오를 범하고 있다(이상근). 하나는 그녀가 하나님께 서원을 드려서 그 젊은이를 만났다는 것으로 경건한 종교 의식을 음탕한 행위에 이용하고 있다는 것이다. 그것은 그 젊은이의 마음을 혼미케 하고, 양심적 가책 같은 것을 말살시키려는 의도였는지 모른다. 하여튼 모독적인 죄였다. 또 하나는 그 음녀는 그 젊은이가 그녀가 기다리고 있던 유일의 대상이었던 것처럼 꾸며 댔는데 그것은 사실이 아닌 기만이었다.

잠 7:16-17. 내 침상에는 요와 애굽의 무늬 있는 이불을 폈고 몰약과 침향과 계피를 뿌렸노라.

그 음녀는 '내 침상에는 요(꽃무늬가 있는 요)와 애굽의 무늬 있는 이불(애굽산으로 여러 색깔의 문채가 있는 이불)을 폈다'고 했고 또 향료를 위해서는 '몰약(아라비아산 향료)과 침향(인도산 향료)과 계피(수목의 껍질로 된 향료로 세이론과 인도에서 나는 향료)를 뿌려 놓았다'고 젊은이를 유혹했다.

잠 7:18. 오라 우리가 아침까지 흡족하게 서로 사랑하며 사랑함으로 희락하자.

그 음녀는 '오라! 어서 가서 아침이 되기까지 흡족하게 사랑에 빠지고, 서로 사랑하면서 즐깁시다'라고 말한다.

잠 7:19. 남편은 집을 떠나 먼 길을 갔는데.

그 음녀는 또 '남편은 먼 여행길을 떠나서 지금 집에 없습니다'라고 말한다. 그 음녀는 남편에 대한 조그마한 애정도 없었다.

잠 7:20. 은 주머니를 가졌은즉 보름 날에나 집에 돌아오리라 하여.

그 음녀는 그 젊은이에게 아주 안심시키는 소식을 전해준다. 자신의 남편이 '돈 주머니를 가졌기 때문에 보름달(만월)이 뜰 때라야 집에 돌아올 겁니다'라고 전한다. 그런즉 이 말은 그 음녀가 그 젊은이를 안심시켜 편한 맘으로 죄를 지을 수 있게 유혹하는 말이다.

잠 7:21. 여러 가지 고운 말로 유혹하며 입술의 호리는 말로 꾀므로.

음녀는 유혹하는 말을 한 가지만 사용한 것이 아니라 여러 가지 듣기 좋은 말로 유혹했다. 유혹자들은 끝까지 성공할 때까지 매끄러운 말을 사용하는 법이다.

22-23절. 창기를 따라나선 소년의 종말.

잠 7:22. 젊은이가 곧 그를 따랐으니 소가 도수장으로 가는 것 같고 미련한 자가 벌을 받으려고 쇠사슬에 매이러 가는 것과 같도다.

솔로몬은 '어리석은 젊은이는 선뜻 이 여자의 뒤를 따라 나섰다. 그 따라가는 모습이 마치 도살장으로 끌려가는 소와도 같았고, 올가미에 걸리기 위해 가는 어리석은 사람과도 같았다'고 말한다. 오늘도 이런 남자들이 많다는 것이다.

잠 7:23. 필경은 화살이 그 간을 뚫게 되리라 새가 빨리 그물로 들어가되 그의 생명을 잃어버릴 줄을 알지 못함과 같으니라.

솔로몬은 '마치 자기 목숨을 잃을 줄도 모르고 그물 속으로 쏜살같이 날아드는 새와 같으니, 마침내 화살이 그의 간을 꿰뚫을 것이라'고 말한다. 여기 "간"(애 2:11)이란 몸의 중심부로 사람은 간이 상할 때 생명을 잃는 것이다.

24-27절. 창기를 따라 가지 말라.

잠 7:24. 이제 아들들아 내 말을 듣고 내 입의 말에 주의하라.

솔로몬은 '아들들아! 이제 내 말을 듣고 내 입의 말에 귀를 기울여 다오'라고 말한다. 창기를 따라가지 말라고 말하기 위해 이렇게 머리말을 하는 것이다.

잠 7:25. 네 마음이 음녀의 길로 치우치지 말며 그 길에 미혹되지 말지어다.

솔로몬은 '네 마음이 그 여자가 가는 길로 기울지 말며, 그 여자가 가는 길로 빠져 들지 말라'고 명령한다. 상반절과 하반절은 동의절이다. 앞선 실례에서 어리석은 젊은이의 어리석음에 빠져 들지 말라는 것이다. 성도들은 항상 성령의 지배(성령 충만)를 간구하여 거룩한 삶을 살아야 할 것이다(엡 5:18).

잠 7:26. 대저 그가 많은 사람을 상하여 엎드러지게 하였나니 그에게 죽은 자가 허다하니라.

본 절은 "대저"(ʼכִּ)로 시작하여 앞 절의 이유를 말해준다. 즉, 솔로몬은 '대저 그 여자가 많은 남자에게 상처를 입히고 쓰러지게 하였나니, 그 여자 때문에 죽은 남자가 헤아릴 수 없이 많기 때문이다'라고 말한다.

잠 7:27. 그의 집은 스올의 길이라 사망의 방으로 내려가느니라.

솔로몬은 '그 여자의 집은 스올(무덤)로 가는 통로라. 사망의 방으로 내려가는 길이라'고 말한다. 상반절과 하반절은 동의절이다. 본 절은 2:18; 5:5에 벌써 등장했다. 누구든지 그 여자에게 가면 곧 죽음으로 연결된다는 것이다. "스올"에 대해서 1:12주해를 참조하라.

D. 지혜자의 탁월함   8-9장

앞장에서 음녀를 피하라는 교훈을 준 솔로몬은 8-9장에서 지혜자의 탁월성에 대해 진술한다. 이 부분(8-9장)의 내용은 1) 지혜자의 탁월함(8:1-21), 2) 지혜자는 어떻게 해서 생기나(8:22-36), 3) 지혜자와 우매자의 비교(9장)에 대해 진술한다.

제 8 장

1. 지혜자의 탁월함   8:1-21

솔로몬은 지혜자가 가장 탁월한 것을 진술한다. 지혜는 세상의 은금이나 진주보다 탁월하니 지혜를 받을 것을 권한다.

1-3절. 지혜가 외치는 장소.
<지혜와 명철 찬양>
잠 8:1. 지혜가 부르지 아니하느냐 명철이 소리를 높이지 아니하느냐.

솔로몬은 '지혜가 부르고 있지 않느냐? 명철이 소리를 높이고 있지 않느냐?'고 말한다. 상반절과 하반절은 동의절이다. 솔로몬의 질문은 긍정적 대답을 기대한 질문이다. "지혜와 명철"에 대해 1:2주해를 참조하라.

잠 8:2-3. 그가 길 가의 높은 곳과 네거리에 서며 성문 곁과 문 어귀와 여러 출입하는 문에서 불러 이르되.

솔로몬은 '지혜가 길 가의 높은 곳과 네거리에 자리를 잡고 서서 사람들을 부르고 있고 마을 어귀와 성문 곁에서 그리고 여러 출입문에서 사람들을 부른다'고 말한다. 여기서는 "길 가의 높은 곳, 사거리, 성문 곁, 문 어귀, 여러 출입문"(1:20-21 참조)에서 사람들을 부른다고 말한다. 이는 사람이 많이 모이는 곳에서 사람들을 부른다는 뜻이다.

4-5절. 사람들에게 지혜를 들으라고 하다.
잠 8:4. 사람들아 내가 너희를 부르며 내가 인자들에게 소리를 높이노라.

솔로몬은 지혜가 사람들을 향하여 '내가 너희를 부른다. 내가 모두에게 소리를 높인다'고 말한다. 상반절과 하반절은 동의절이다. 여기 "사람들"이란 '모든 종류의 사람들'을 지칭한다. 지혜는 우주 안의 모든 사람들을 불러 지혜를 얻어 살라고 말한다.

잠 8:5. 어리석은 자들아 너희는 명철할지니라 미련한 자들아 너희는 마음이 밝을지니라.

솔로몬은 지혜가 어수룩한(어리석은) 사람들에게 '너희는 명철을 깨달음이 많아지라. 미련한 사람들아! 너희는 마음이 밝아지라'고 말한다. 상반절과 하반절은 동의절이다. 어리석게 지내는 것은 바람직하지 못하다는 것이다.

6-9절. 지혜의 내용.

잠 8:6. 너희는 들을지어다 내가 가장 선한 것을 말하리라 내 입술을 열어 정직을 내리라.

솔로몬은 지혜를 대신하여 말한다. 즉, '지혜는 너희는 들어라. 나는 옳은 말만 하고, 내 입술로는 바른말만 한다'고 말한다. 상반절과 하반절은 동의절이다. 본 절의 "가장 선한 것"이란 말은 "정직"이란 말과 동의어이다(Toy, 박윤선). 인생들은 지혜가 말해주는 정직을 들으라는 것이다. 지혜가 말해주는 정직이란 다른 것이 아니라 '왜 천지 만물과 너를 창조하신 하나님을 믿지 않는가? 왜 하나님을 섬기는 의미에서 선을 행치 않고 죄를 범하는가? 왜 대속죄자이신 하나님의 아들 예수 그리스도를 믿지 않는가'와 같은 말씀이다(박윤선). 오늘도 진리는 우리 인생들을 향하여 "내 입술을 열어 말하는 정직을 들으라"고 외친다.

잠 8:7. 내 입은 진리를 말하며 내 입술은 악을 미워하느니라.

진리는 솔로몬의 입을 통하여 '내 입술은 진리를 외치고 있으며, 내 입술은 악을 싫어하고 있다'고 말한다. 우리는 성경의 말씀, 진리의 외침을 들어야 한다.

잠 8:8. 내 입의 말은 다 의로운즉 그 가운데에 굽은 것과 패역한 것이 없나니.

솔로몬은 진리가 하는 말을 대변하고 있다. 즉, '내가 하는 말은 모두 다 의로운 것뿐이며, 거기에는 비뚤어지거나 그릇된 것이 없다'고 대변한다. 진리가 하는 말은 모두 의롭고, 진리 안에 패역한 것은 없다고 말한다. 어디 성경에 패역(굽은 것, 비뚤어진 것)이 있는가?

잠 8:9. 이는 다 총명 있는 자가 밝히 아는 바요 지식 얻은 자가 정직하게 여기는 바니라.

솔로몬은 '총명한 자는 진리가 말하는 모든 것을 다 옳게 여기며, 지식을 가진 자들도 역시 진리가 말하는 모든 것을 다 바르게 여긴다'고 말한다. 상반절과 하반절은 동의절이다. 여기 "총명"이란 말과 "정직"은 앞 절의 "굽은 것"과 "패역한 것"이란 말과는 완전히 대조가 된다. 그러니까 총명한 사람들과 정직한 자들은 복된 자들이다. 이유는 그들은 진리를 알아보기 때문이다.

10-11절. 지혜는 금은보화보다 귀하다.

잠 8:10. 너희가 은을 받지 말고 나의 훈계를 받으며 정금보다 지식을 얻으라.

솔로몬은 본 절에서 진리를 대변하고 있다. 즉, '너희는 은을 받기보다는 내 훈계를 받고, 금을 선택하기보다는 지식을 취하라'고 말한다. 본 절의 말씀은 이미 3:14-15에 나타났고(그 주해를 참조하라), 앞으로 19절에도 나타난다.

잠 8:11. 대저 지혜는 진주보다 나으므로 원하는 모든 것을 이에 비교할 수 없음이니라(for wisdom is better than jewels, and all that you may desire cannot compare with her-RSV, ESV).

솔로몬은 '왜냐하면 지혜는 진주보다 좋기 때문이며, 또 인생들이 갖고 싶어하는 그 어떤 것도 지혜와 비교할 수 없기 때문이라'고 말한다. 솔로몬은 지혜가 세상에서나 우주 안에서 최고 값진 것이라고 주장한다. 3:15 주해를 참조하라.

12-13절. 지혜가 있는 곳은 어디인가.

잠 8:12. 나 지혜는 명철로 주소를 삼으며 지식과 근신을 찾아 얻나니.

솔로몬은 여기서 지혜를 대변하고 있다. 즉, '나 지혜는 명철로 주소를 삼으며, 지식과 분별력을 가지고 있다'고 말한다. 상반절과 하반절은 동의절이다. 여기 지혜는 명철을 주소로 삼고 항상 함께 거(居)한다는 것이다. 그리고 지혜는 지식과 근신을 찾아가 얻는다는 뜻이다. 즉, 지혜와 명철의 목표는 지식을 얻고, 근신하는 사람이 되게 하는 것이다.

잠 8:13. 여호와를 경외하는 것은 악을 미워하는 것이라 나는 교만과 거만과 악한 행실과 패역한 입을 미워하느니라.

상반절("여호와를 경외하는 것은 악을 미워하는 것이라")과 하반절("나는 교만과 거만과 악한 행실과 패역한 입을 미워하느니라")은 동의절이다. 따라서 상반절의 "악"이라는 말과 하반절의 "교만과 거만과 악한 행실과 패역한 입"은 동의어들이다. 즉, 솔로몬은 '주님을 경외하는 것은 주님께서 미워하시는 악을 우리가 함께 미워하는 것이다. 나는 교만(하나님께서 가장 미워하시는 악)과 오만(교만이 태도에 나타난 것), 악한 행실(습관적인 악이 행실에 나타난 것)과 거짓된 입(남의 인격을 모독하며 사리를 뒤집는 입)을 미워한다'고 말한다.

여호와께서 악을 미워하신다는 말씀은 6:16-19[5])에도 나타난다. 이처럼 본 절은 오직 여호와의 말씀대로 진리를 좇고 악을 대적하는 생활, 즉 경건한 생활을 하는 것을 뜻한다.

---

5) 6:16-19에 "여호와께서 미워하시는 것 곧 그의 마음에 싫어하시는 것이 예닐곱 가지이니 곧 교만한 눈과 거짓된 혀와 무죄한 자의 피를 흘리는 손과 악한 계교를 꾀하는 마음과 **빨리** 악으로 달려가는 발과 거짓을 말하는 망령된 증인과 및 형제 사이를 이간하는 자이니라"라고 말한다.

14-21절. 사람들이 지혜로 말미암아 받는 혜택.

잠 8:14-15. 내게는 계략과 참 지식이 있으며 나는 명철이라 내게 능력이 있으므로 나로 말미암아 왕들이 치리하며 방백들이 공의를 세우며.

본 절부터 21절까지는 지혜가 무엇인가를 언급하고 있으며 지혜를 소유한 자가 받는 혜택이 무엇인가를 진술하고 있다. 지혜에는 어떤 사건이라도 해결하는 모략이 있다는 것이며, 또 지혜는 명철(선악에 대한 분별력)을 가지고 있으며, 어떤 문제라도 해결할 수 있는 능력이 있다는 것이다. 그러므로 세상의 왕들이나 정치가들이 지혜를 통해 일을 잘 처리하고 공의를 시행할 수 있다. 세상의 정치가들은 자기 지혜로 정치하지 말고 주님께 무한한 지혜를 구하여 나라를 다스려야 한다.

잠 8:16. 나로 말미암아 재상과 존귀한 자 곧 모든 의로운 재판관들이 다스리느니라.

본 절은 정치가들이 주님께 지혜를 구하면 도움을 받아 나라를 바르게 다스리고 고관들 곧 공의로 재판하는 자들도 올바른 판결을 내린다는 것을 말한다. 한 가정의 가장들도 항상 지혜를 구하여 가정을 잘 보살펴야 한다.

잠 8:17. 나를 사랑하는 자들이 나의 사랑을 입으며 나를 간절히 찾는 자가 나를 만날 것이니라.

상반절과 하반절은 동의절이다. 즉, '나 지혜는 나(지혜)를 사랑하는 사람을 사랑해주며, 나(지혜)를 간절히 찾는 사람을 만나서 큰 혜택을 입혀' 준다고 말한다.

잠 8:18. 부귀가 내게 있고 장구한 재물과 공의도 그러하니라.

상반절과 하반절은 동의절이다. 즉, '부귀와 영화도 내(지혜)게 있으며, 없어지지 않는 재물과 또 바른 의(義-재물을 바르게 사용하는 의)도 내게 있다'고 말한다. 여기 부귀에 대해서는 다음 절에서, 의에 대해서는 그 다음 절에서 더욱 설명한다(이상근).

잠 8:19. 내 열매는 금이나 정금보다 나으며 내 소득은 순은보다 나으니라.
　　상반절과 하반절은 동의절이다. 즉, '나 지혜가 사람들에게 들어가 맺어주는 열매는 금이나 순금보다 훨씬 좋고(3:14; 8:10 참조), 나 지혜가 사람들에게 거두어 주는 소출은 순은(純銀)보다 좋다'고 말한다. 그런고로 훌륭한 추수자가 되기 원하는 사람들은 주님께 지혜를 많이 구하여야 할 것이다.

잠 8:20. 나는 정의로운 길로 행하며 공의로운 길 가운데로 다니나니.
　　상반절과 하반절은 동의절이다. 즉, '나(지혜)는 의로운 길을 걸으며, 공의로운 길 한가운데를 걷는다'고 말한다. 정치가들이나 재판관들이 주님께 지혜를 구하면 그 지혜가 그들로 하여금 바른 길을 걸어가게 만들어 준다는 것이다.

잠 8:21. 이는 나를 사랑하는 자가 재물을 얻어서 그 곳간에 채우게 하려 함이니라(granting an inheritance to those who love me, and filling their treasuries-ESV).
　　지혜를 사랑하여 지혜를 구하여 사는 사람은 하나님으로부터 재물을 얻어 살게 되고, 그의 금고가 가득 차게 되어 올바로 돈을 사용하게 된다는 것이다.

　　2. 지혜자의 기원　　8:22-36
　　이 부분(22-36절)은 지혜가 하나님의 천지 창조 때 존재하여 창조에 관여한 것을 말하고 있다. 이 사실에 대하여는 이미 3:19-20에 언급해 놓았다. 이 부분에서는 지혜가 성삼위의 제 2위이신 성자라는 것을 암시하고 있다.

22-31절. 만물 창조에 참여한 지혜.

잠 8:22. 여호와께서 그 조화의 시작 곧 태초에 일하시기 전에 나를 가지셨으며(The LORD possessed me at the beginning of his work, the first of his acts of old-ESV).

솔로몬은 '주님께서 일을 시작하시던 그 태초에, 주님께서 모든 것을 지으시기 이전에, 이미 주님께서는 나(지혜)를 가지고 계셨다'고 말한다. 여기 8장의 "지혜"란 신약 시대의 '그리스도'이시다(H. Bavinck).

본 절의 "나를 가지셨다"(קָנָנִי)는 말은 '나를 지으셨다'(LXX)는 뜻도 있으니 성부께서 성자를 '낳으셨다'라는 뜻도 되는 것이다. 성자가 성부에 의해서 지음을 입으셨는가를 두고 A.D. 325년 니케야 회의에서 한 차례 큰 논쟁이 있었다. 그 논쟁은 아다나시우스(Athanasius, St., 293-373)와 아리우스(Arius, 256-336)의 논쟁이었다. 아리우스는 그리스도께서 지음을 받으셨다는 주장을 펴서 이단으로 몰렸다. 그 당시 아다나시우스의 신경은 "나지 않고 나셨으며"였다. 아무튼 본문의 뜻은 하나님께서 천지를 창조하신 태초에 "지혜"가 거기 계셨다는 것이다.

잠 8:23. 만세 전부터, 태초부터, 땅이 생기기 전부터 내가 세움을 받았나니 (Ages ago I was set up, at the first, before the beginning of the earth-ESV).

지혜는 '영원 전, 태초에, 땅이 생기기 전에, 내가 세움을 받았다'고 말한다. 지혜는 창조 이전부터 있었다는 뜻이다.

잠 8:24. 아직 바다가 생기지 아니하였고 큰 샘들이 있기 전에 내가 이미 났으며.

상반절과 하반절은 동의적 표현을 한다. 즉, '깊은 바다가 생기기도 전에, 큰물이 가득한 샘이 생기기도 전에, 나(지혜)는 이미 존재했다'고 말한다. 바다나 물들이 창조되기 전에 지혜가 있었다는 뜻이다.

잠 8:25. 산이 세워지기 전에, 언덕이 생기기 전에 내가 이미 났으니.

상반절과 하반절은 동의를 말하는 절이다. 즉, '산의 기초가 생기기 전에, 언덕이 생기기 전에, 나(지혜)는 이미 태어났다'는 것이다. 그러니까 모든 것이 생기기 전에 지혜가 이미 존재했다는 것을 말한다.

잠 8:26. 하나님이 아직 땅도, 들도, 세상 진토의 근원도 짓지 아니하셨을 때에라.

주님께서 아직 땅(비옥한 경작지)도 만들지 않으시고 들도 만들지 않으시며, 세상의 첫 흙덩이도 만들지 않으신 때 이미 지혜가 존재했다는 것이다.

잠 8:27. 그가 하늘을 지으시며 궁창을 해면에 두르실 때에 내가 거기 있었고 (When he established the heavens, I was there, when he drew a circle on the face of the deep-RSV, ESV).

주님께서 하늘을 제자리에 두시며, 깊은 바다 표면에 경계선(수평선)을 그으실 때에도, 내(지혜)가 거기에 있었다고 말한다.

잠 8:28. 그가 위로 구름 하늘을 견고하게 하시며 바다의 샘들을 힘 있게 하시며.

본 절은 하나님께서 궁창과 바다를 창조하신 것을 말한다. 즉, '주님께서 구름 떠도는 창공을 저 위 높이 달아매시고, 깊은 샘물을 솟구치게 하셨다'고 말한다(창 1:6-8). 다시 말해 하나님께서 윗물인 구름을 견고하게 하셨고, 아랫물인 바다의 근원도 힘 있게 하셨다는 뜻이다.

잠 8:29. 바다의 한계를 정하여 물이 명령을 거스르지 못하게 하시며 또 땅의 기초를 정하실 때에.

본 절은 하나님께서 바다와 육지를 지으신 것을 진술한다. 즉, '바다의 경계를 정하시고, 물이 그분의 명을 거스르지 못하게 하시며, 땅의 기초를 세우셨다'고 말한다. 다시 말해 바다의 물이 중력의 역할로 바다의 지역인

'땅의 낮은 곳'으로 모여(창 1:9) 그 한계를 넘어 육지를 범하지 못하게 하셔서 육지가 드러나 든든히 서게 된 것이다(욥 38:8, 26; 렘 5:22).

잠 8:30. 내가 그 곁에 있어서 창조자가 되어 날마다 그의 기뻐하신 바가 되었으며 항상 그 앞에서 즐거워하였으며.

본 절은 '나(지혜)는 하나님 곁에서 창조의 명장(名匠)이 되었고, 날마다 하나님을 즐겁게 하여 드렸으며, 나(지혜) 또한 그분 앞에서 늘 기뻐하였다' (창 1:4, 10, 12, 18. 21, 25, 31)고 말한다.

잠 8:31. 사람이 거처할 땅에서 즐거워하며 인자들을 기뻐하였느니라.

지혜는 하나님께서 사람을 창조하신 것을 기뻐했다고 말한다. 사람은 하나님의 형상으로 지음 받은(창 1:26) 창조물의 거장이기 때문이다. 지혜는 하나님께서 지으신 땅을 즐거워하였으며, 하나님께서 지으신 사람들을 자기의 기쁨으로 삼았다고 말한다.

32-36절. 지혜를 얻어야 할 필요.

잠 8:32. 아들들아 이제 내게 들으라 내 도를 지키는 자가 복이 있느니라.

솔로몬은 그의 제자들에게 '아이들아! 이제 내 말을 들어라. 내 길을 따르는 사람이 복이 있느니라'고 말한다. 솔로몬의 교훈을 잘 들으면 복을 받는다는 것이다.

잠 8:33. 훈계를 들어서 지혜를 얻으라 그것을 버리지 말라.

솔로몬은 제자들에게 '내 훈계를 들어서 지혜를 얻고, 훈계를 무시하지 말라'(3:14 참조)고 말한다.

잠 8:34. 누구든지 내게 들으며 날마다 내 문 곁에서 기다리며 문설주 옆에서 기다리는 자는 복이 있나니.

솔로몬은 '열심 있는 제자가 되어 날마다 나(솔로몬)의 문을 지켜보며, 내 문설주 곁에 지키고 서서, 내 말을 듣는 사람은 복이 있느니라'고 말한다. 누구든지 지혜를 사모하는 사람이 되어 지혜를 얻으면 큰 복에 이르는 것이다.

잠 8:35. 대저 나를 얻는 자는 생명을 얻고 여호와께 은총을 얻을 것임이니라 (For whoever finds me finds life and obtains favor from the LORD-ESV).

솔로몬은 '왜냐하면 누구든지 지혜를 얻는 사람은 생명을 얻게 되고, 주님께로부터 은총을 받을 것이다'라고 말한다. 여호와의 지혜를 얻는 자는 구원을 얻게 된다는 것이다(엡 2:8).

잠 8:36. 그러나 나를 잃는 자는 자기의 영혼을 해하는 자라 나를 미워하는 자는 사망을 사랑하느니라.

솔로몬은 '그러나 지혜를 잃고 놓치는 사람은 자기 생명을 해치게 되며, 지혜를 미워하고 싫어하는 사람은 죽음을 사랑하는 사람이라'고 말한다. 지혜를 잃는 자는 하나님을 잃는 자요, 지혜를 미워하는 사람은 곧 하나님을 미워하는 자요 결국에는 사망을 사랑하는 자이다.

3. 지혜자와 우매자   9장

1-8장에서 솔로몬은 제자들에게 지혜를 구할 것과 음녀를 멀리할 것을 반복해서 교훈했으나, 이제 잠언의 제1부(1-9장)의 결론에 해당하는 9장을 맞이해서 지혜자와 우매자를 강하게 대조시켜 그의 제자들에게 바른 선택을 하라고 촉구하고 있다. 본 장의 내용은 1) 연회로 그리스도의 복음 전파를 비유(1-6절), 2) 사람들에게 영적 지식을 배양하는 방법(7-9절), 3) 지혜의 의미와 그 중요성(10-12절), 4) 미련한 계집의 어리석은 전파(13-18절)로 구성되어 있다.

1-6절. 연회로 그리스도의 복음 전파를 비유하다.
<지혜와 어리석음>
잠 9:1. 지혜가 그의 집을 짓고 일곱 기둥을 다듬고.
솔로몬은 '지혜가 일곱 기둥을 깎아 세우며 자기 집을 짓는다'고 말한다. 여기 "일곱 기둥"이 무엇이냐를 두고 수없는 학설이 있다(Toy의 학설). (1) 일곱 종교라는 견해(Midrash). (2) 창조의 7일 혹은 율법의 7책(Rashi). (3) 성령의 7은사(Bernard). (4) 교회의 7분야(Vitringa). (5) 7성례(Geier). (6) 예언자, 사도, 순교자 등(Michaelis). (7) 잠언의 처음 7장(Hitzig). (8) 계시록의 7교회(계 2장-3장). (9) 지혜의 7속성(약 3:17). (10) 7가지 신령한 도덕 원리 (Bohlius). (11) 교회의 견고함과 미관을 상징함(이상근). (12) 교회의 견고성의 완전함(박윤선)을 비유한다 등의 학설이 있다. 이 모든 학설 중에서 12번의 학설이 가장 바른 학설로 보인다. 숫자 7은 문자적이 아니라 그저 완전을 비유하기 때문이다.

교회는 견고함이 완전하여 음부의 권세도 예수 그리스도의 교회를 이기지 못한다(마 16:18). 그 이유는 하나님께서 1) 그의 교회를 그 자신의 능력으로 세우셨기 때문이다. 신약의 복음 운동은 예수 그리스도께서 땅 위에 오셔서 행하신 권능의 역사이다(행 1:8). 2) 그의 진실성으로 그 교회를 세우셨기 때문이다. 교회의 머리 되신 예수 그리스도의 속죄의 구원은 구약의 약속 성취로 성립되었다(고후 1:20). 3) 하나님 자신의 희생으로 그 교회를 성립시켰기 때문이다. 하나님의 교회는 그리스도의 피로 사신 것이다(행 20:28, 박윤선). 그리고 본문의 "집"이란 '하나님의 교회'를 비유한다(마 16:18; 엡 2:20-22; 딤전 3:15; 히 3:3-4).

잠 9:2. 짐승을 잡으며 포도주를 혼합하여 상을 갖추고.

솔로몬은 '지혜가 짐승을 잡고 포도주를 혼합하여 상을 차린다'고 말한다. 다시 말해 지혜가 짐승을 잡고 포도주를 갖추어 연회를 준비한다는 것이다. 본 절은 교회를 통한 예수 그리스도의 천국 운동을 비유한다(마 22:1-14). 연회는 사람들의 기갈을 해소시켜주기 위해 존재하는 것이 아니고, 사람들이 풍성함의 기쁨 속에서 맛있게 포식하며 넉넉함을 누릴 수 있도록 존재하는 것이다. 그리스도의 복음이 영적으로 그런 목적을 성취한다(박윤선).

잠 9:3. 자기의 여종을 보내어 성중 높은 곳에서 불러 이르기를.

지혜는 그 여종들을 보내어, 성읍 높은 곳에서 외치게 하였다는 것이다. 본 절은 지혜가 행하신 일 두 가지를 진술한다. 하나는 "여종들을 보내어" 사람들로 하여금 연회에 와서 잔치에 참여하라고 외친다. 여기 "여종들"은 세상에서 아주 약한 자들을 비유한다. 이들은 사도와 전도자들을 뜻한다. 이들은 세상적인 관점에서는 지극히 약하나 그 사명은 아주 중하다.

또 하나는 지혜가 여종들을 "성중 높은 곳"에서 외치게 한 것이다. 잔치 소식은 누구든지 다 들어야 하며 참여해야 하기 때문에 사람들의 눈에 다 띌 수 있게 성중 높은 곳에서 외치게 한 것이다. 예수님께서도 여기저기에서도 잘 보이는 동산에서 그것도 십자가에 달려 죽으셨다(마 24:14).

잠 9:4-6. 어리석은 자는 이리로 돌이키라 또 지혜 없는 자에게 이르기를 너는 와서 내 식물을 먹으며 내 혼합한 포도주를 마시고 어리석음을 버리고 생명을 얻으라 명철의 길을 행하라 하느니라.

본 절부터 6절까지는 여종들이 성중 높은 곳에서 서서 외치는 소리의 내용이다. 즉, '미련한 자는 누구나 이리로 오너라. 지각없는 자에게 말하기를 와서 내 음식을 먹고 내가 혼합한 포도주를 마셔라. 어리석음을 버리고, 생명을 얻어라. 명철의 길로 걸으라'고 말한다.

7-9절. 사람들에게 영적 지식을 배양하는 방법.
잠 9:7. 거만한 자를 징계하는 자는 도리어 능욕을 받고 악인을 책망하는 자는 도리어 흠이 잡히느니라.

솔로몬은 '거만한 사람을 훈계하면 그 거만한 자로부터 수치를 당할 수 있고, 사악한 사람을 책망하면 그 사악한 자로부터 비난을 받을 수 있을 것이라'고 말한다. 본 절의 "거만(8:13 주해 혹은 마 7:6 참조)한 자"(진리의 교훈을 비웃는 자)란 말과 "악인"이라는 말은 동의어이다. 그리고 "징계한다"는 말과 "책망한다"는 말이 동의어이고, 또 "능욕을 받는다"는 말과 "흠이 잡힌다"는 말도 동의어이다.

우리는 거만한 사람을 징계할 생각을 말아야 할 것이다. 차라리 그를 위해 하나님께 기도하여 거만하게 행한 것에 대해 벌을 받고 낮아지게 해야 할 것이다. 한마디로 그 거만한 자의 벌에 대하여 하나님께 전적으로 맡겨 처리해야 할 것이다.

잠 9:8. 거만한 자를 책망하지 말라 그가 너를 미워할까 두려우니라 지혜 있는 자를 책망하라 그가 너를 사랑하리라.

앞 절은 원론을 말했고 본 절은 대책을 말한다. 즉, 솔로몬은 '거만한 사람을 책망하지 말라. 그 거만한 사람이 너를 미워할까 두려우니라. 거만한 자와는 대조적으로 지혜로운 사람을 꾸짖어라. 그러면 그 지혜로운 자는 더욱 지혜로워지고 그가 너를 사랑하고 귀하게 여길 것이라'고 말한다.

잠 9:9. 지혜 있는 자에게 교훈을 더하라 그가 더욱 지혜로워질 것이요 의로운 사람을 가르치라 그의 학식이 더하리라.

솔로몬은 '지혜로운 사람에게 훈계를 더 할수록 더욱 지혜로워질 것이요, 의로운 사람을 가르칠수록 학식이 더할 것이라'고 말한다. 본 절은 앞 절을 상설한 것이다. 그리고 본 절 상반절과 하반절은 동의적인 표현을 한다. 또 본 절은 1:5과 상통한다. 지혜자를 교육하면 그가 교훈을 달게 받게 되니 더욱 지혜로워질 것이고, 의로운 사람을 가르치면 그가 학식이 더할 것이란 뜻이다.

10-12절. 지혜의 의미와 그 중요성.
잠 9:10. 여호와를 경외하는 것이 지혜의 근본이요 거룩하신 자를 아는 것이 명철이니라.

주님을 공경하고 두려워하는 것이 지혜의 근본(시작)이고 거룩하신 이를 경험적으로 아는 것이 슬기의 근본이라고 한다. "여호와를 경외하는 것이 지혜의 근본"이란 것이 본서의 주제이다(1:7). 1:7주해를 참조하라. 여호와를 경외하지 않고서 지혜를 얻는다는 것은 불가능하다.

그리고 "거룩하신 자'(קְדֹשִׁים)란 복수는 "하나님"(אֱלֹהִים)이란 말이 복수로 표기되어 있지만 실제 복수(複數)가 아니라 '존경' 혹은 '장엄'이란 뜻을 표하기 위하여 사용한 복수인 것처럼 "거룩하신 자"란 말은 '거룩하신 자' 한 분을 나타내는 말이다. 다시 말해 "거룩하신 자"는 '여러 분의 거룩하신 자들'이 아니라 '한 분 거룩하신 분'("the Holy One", AV, RSV, ESV)을 뜻하는 말이다. 오늘 우리는 유독 한 분 거룩하신 분(하나님)을 경험적으로 알아서(사랑해서) 명철한 사람이 되어야 할 것이다.

잠 9:11. 나 지혜로 말미암아 네 날이 많아질 것이요 네 생명의 해가 네게 더하리라(For by me your days will be multiplied, and years will be added to your life-RSV, ESV).

본 절 초두에는 이유를 말하는 접속사("왜냐하면")가 있어 본 절이 전절의 이유를 제공하고 있다. 즉, '나 지혜로 말미암아 지혜를 얻은 자가 오래 살게 될 것이고(3:2, 16; 4:10, Deane), 지혜를 얻은 자가 목숨도 길어질 것이라'(10:27; 14:27, Deane)는 뜻이다. 본 절 주해를 위하여는 3:2주해를 참조하라.

잠 9:12. 네가 만일 지혜로우면 그 지혜가 네게 유익할 것이나 네가 만일 거만하면 너 홀로 해를 당하리라.

상반절과 하반절은 대구적 반복이다. 하나님을 경외하여 지혜를 얻으면 그 지혜가 네게 유익을 가져 올 것이지만 만일 하나님을 경외하지 않고 거만한 경우 네가 홀로 해(害)를 당하게 되리라는 것이다. 여기 "지혜"의 대구가 되는 말이 어리석음이 아니고 "거만"인데 주목할 것이다. "거만"이 곧 어리석음이란 뜻이다(이상근). 거만할 때 우리는 크게 불행해진다.

13-18절. 미련한 계집의 어리석은 전파.

이 부분(13-18절)은 어리석은 자의 초청을 보여준다. 이 부분의 내용은 음부가 사람을 유인한다는 것을 말하는데, 잠언에 여러 차례 경계되어 있다 (2:16; 5:3; 7장).

잠 9:13. 미련한 여인이 떠들며 어리석어서 아무것도 알지 못하고.

'어리석은 여자는 떠들기만 하고(7:11참조) 어리석게 행동하고 있으니, 자기 나름대로는 무엇을 아는 것 같이 보이지만 실제로는 아는 것이 아무것도 없는 미련한 여자'이다. 미련한 여인이 "떠든다"는 것은 지혜 있는 자들의 사려 깊고 신중한 모습과는 다른 대조를 이루는 모습으로 무지한 자들의 소란스럽고 천박함을 강조하는 표현이다. 미련한 여인이 떠들며 어리석어서 아무것도 알지 못하면서도 무엇을 아는 것처럼 떠들며 사람을 유혹한다. 미련한 여인은 아무것도 알지 못하고 떠든다. 우리는 아무것도 알지 못하고 떠드는 사람들을 조심해야 한다.

잠 9:14. 자기 집 문에 앉으며 성읍 높은 곳에 있는 자리에 앉아서.

'미련한 여인이 자기 집의 대문에나 성읍 높은 곳의 자리에 앉아서' 떠드는 이유는 지나가는 남자들을 잘 관찰하여 유혹하기 위함이다. 자기 집의 높은 문이나 성읍의 어느 높은 곳에 있어야 지나가는 남자를 유혹할 수 있으므로 그런 장소에 앉아 있는 것이다. 음녀의 특징은 이곳저곳에서 유혹의 대상을 찾는다(7:11-12).

잠 9:15. 자기 길을 바로 가는 행인들을 불러 이르되.

'자기들의 목적지를 향해 딴 생각을 하지 않고 부지런히 길을 똑바로 가고 있는 행인들'을 부르는 음녀들은 지나가는 행인들의 입장은 전혀 고려하지 않고 자기들의 목적만을 위해 마구 유혹한다. 마귀는 택하신 자라도 미혹하는 판이니 우리는 주님만을 바라보고 우리의 사명에 전념해야 할 것이다(마 24:24). 우리는 성령의 충만을 구하여 성령의 지배를 받으며 사명에 전념하며 나가야 할 것이다.

잠 9:16-17. 어리석은 자는 이리로 돌이키라 또 지혜 없는 자에게 이르기를 도둑질한 물이 달고 몰래 먹는 떡이 맛이 있다 하는도다.

어리석은 사람은 누구나 '재미를 보고 가도록 여기 음녀인 나에게로 발길을 돌이키라'고 음녀가 말한다. 그리고 음녀는 또 지혜 없는 자에게 이르기를 '훔쳐 마시는 물이 달고, 남몰래 먹는 빵이 맛이 있는 법이라'고 말한다. 즉, 미련한 음녀는 유혹한 행인에게 '행인의 부인과 관계하는 것보다도 음녀와 함께 아무도 몰래 잠자리를 갖는 것이 더 달고 맛있게 느껴질 것'이라고 말하는 것이다. 우리는 세상에 이런 여자가 있다는 사실을 꼭 기억하여 정신 차리고 조심히 살아야 한다.

잠 9:18. 오직 그 어리석은 자는 죽은 자들이 거기 있는 것과 그의 객들이 스올 깊은 곳에 있는 것을 알지 못하느니라.

그런데도 미련한 여인에게 유혹 받아 끌려온 어리석은 자는 죽은 자들(영적으로 죽은 자)이 그곳에 있는 것과 또 그 여자의 옛날 객들(미련한 여인과 잠자리를 함께 했던 자들)이 스올의 깊은 곳에 가 있는 것을 알지 못하고 정신 놓고 있다. 이제 유혹 받아 온 그 어리석은 자는 여기서 그 미련한 계집과 잠자리를 하고 영적으로 죽어버린 자가 되고 음부로 내려갈 것을 알지 못하는 신세가 된 것이다.

제 10 장

II. 솔로몬의 잠언 모음집   10:1-22:16

　　여기 "솔로몬의 잠언"이란 표제가 붙어 있는 부분은 잠언의 제2부로 잠언 전체의 제2부에 속한다. 이 제2부는 각 절이 대구(對句-짝을 맞춘 시의 글귀)로 되어 있어 진리를 강조하고 있다. 이 부분은 주로 의로운 길과 악한 길(10-15장)과 경건한 삶(16:1-22:16)으로 나누어져 있다. 이 부분의 강조점은 첫째, 하나님의 주권을 높이고 그를 경외할 것을 가르치고(15:3, 11, 16, 29; 16:2, 4; 17:3; 19:21; 20:12, 24; 21:2, 30; 22:2), 둘째, 왕의 후덕함을 칭송하고 그에게 충성할 것을 가르치는 것이며(14:35; 16:10, 12, 13; 20:8; 21:1; 22:11), 셋째, 부모의 사랑을 강조하며 그에게 순종할 것을 가르친다 (13:1, 24; 15:5; 19:18, 26; 20:20; 22:6, 15). 이 외에도 인생의 교만을 경계하고, 말의 죄를 지적하는 등 일상생활에서의 교훈들을 주고 있다(이상근).

　　A. 의로운 길과 악한 길   10-15장

　　잠언은 독립적으로 진술되어 있어 이를 조직적으로 분류하기는 어렵다. 그러므로 각 장을 따라 분류하되 장의 시초에 나타나는 낱말로 장명(章名)을 정하는 수밖에 없다. 예를 들자면 10장은 '아들', 11장은 '속이는 저울', 12장은 '훈계를 좋아하는 자', 13장은 '입의 열매', 14장은 '지혜로운 여인', 15장은 '유순한 대답'으로 정해본다. 그리고 각 장에서 각 부분을 세분하기는 아주 극난하나 보다 이해하기 쉽도록 대체적인 분류를 시도해 본다(by Lange).

　　　1. 지혜로운 아들과 어리석은 악인의 삶을 대조하여 제시하는 총 375개의 금언들의 개시   10:1-32

　　이 부분에는 각각의 다양한 측면에서 신본주의적 지혜를 가진 자의 지혜

롭고도 의로운 삶의 모습과 그 반대되는 악한 삶의 모습을 대조하는 총
375개의 경구가 수록되어 있다. 한편 각각 중요한 인생의 각 측면에서의
지혜의 적용을 다루는 이러한 경구들은 세부적으로는 별다른 통일성이나
연속성 없이 10:1-22:16까지의 전체에 걸쳐서 혼합, 산재, 반복되는 경향을
보이고 있다.

이처럼 이 부분은 그 전체가 신본주의적 지혜의 적용 사례를 지혜로운
의인의 삶의 모습과 악인의 삶의 모습을 대조시켜 제시한다는 대전제 외에는
그 저자, 주제, 형식 등 어떤 측면에서도 특별한 구분이 없으므로 세부 단락을
나누는 것이 불가능하다. 따라서 이제 솔로몬 잠언 모음집 후반부 기사인
10:1-22:16의 기사는 일관 강해가 불가능하다고 보아야 한다. 이 솔로몬
잠언 모음집 기사의 일부분인 본 장(10:1-32)에서는 각 절의 주해를 진행하기
전에 이 부분의 영적 교훈만을 간략하게 살펴보아야 할 것 같다(그랜드
종합 주석).

<솔로몬의 잠언>
잠 10:1a. 솔로몬의 잠언이라.
아래의 글은 솔로몬의 잠언이다. "솔로몬의 잠언이라"는 말은 이 부분의
표제로 나타나 있지만 70인역(LXX)에는 생략되고 있다.

1-10절. 지혜자와 우매자를 대조시켜 상호를 비교하는 9가지 잠언.
**잠 10:1b. 지혜로운 아들은 아비를 기쁘게 하거니와 미련한 아들은 어미의
근심이니라.**
상반절과 하반절은 대구로 되어 있다. 지혜롭게 행하는 아들은 아버지를
기쁘게 하지만, 미련하게 행하는 아들은 어머니를 근심시키는 아들이라고
한다. 본 절은 지혜로움과 미련함의 비교이다. 지혜로운 아들은 부모를 기쁘
게 하고 미련한 아들은 부모를 근심시킨다는 것이다. 지혜로운 사람은 사회에
유익을 주고 미련한 사람은 사회에 해를 끼친다는 것이다. 여기 "지혜로운

아들"은 13장까지 주격 노릇을 한다(이상근). 우리는 솔로몬처럼 하나님을 알고 선악을 분변하여 순종하는 지혜로운 사람들이 되어 무수한 사람들에게 유익을 주어야 하겠다.

잠 10:2. 불의의 재물은 무익하여도 공의는 죽음에서 건지느니라.

솔로몬은 '부정하게 모은 재물은 쓸모가 없지만, 의리는 죽을 사람도 건져낸다'고 말한다. 상반절과 하반절은 대구로 되어 있다. "불의"와 "공의"가 비교되어 있다. 불의로 재물을 모으면 많이 재물을 모았다는 것 때문에 뿌듯해 보이지만 결국 재앙이 몰려오는 것이다. 가령 나봇의 포도원을 불의하게 빼앗은 아합 왕과 이세벨은 그것 때문에 화를 당하고 말았다(왕상 21:17-24). 우리 주위에서도 불의하게 남의 것이나 국가의 돈을 빼앗은 사람들은 한 사람도 평안히 사는 사람이 없이 결국은 화를 당하고 마는 것을 목격한다. 그러나 "공의"(올바름)는 사람을 죽음에서도 구원해 낸다.

잠 10:3. 여호와께서 의인의 영혼은 주리지 않게 하시나 악인의 소욕은 물리치시느니라.

솔로몬은 '주님은 의로운 생명은 결코 주리지 않게 먹여주시지만, 악인의 욕심은 물리치신다'고 말한다. 우리가 의롭게 된다는 것이 얼마나 중요한지 모른다. 우리가 의롭게 살기만 하면 주님께서 우리의 영혼을 주리지 않게 하신다(13:25; 19:23; 시 37:25; 마 6:26, 33)는 것이다. 그러나 악인이 되는 것은 사람이 특별히 노력하지 않아도 될 수 있으므로 타락한 사람의 비참함이 여기에 있다.

잠 10:4. 손을 게으르게 놀리는 자는 가난하게 되고 손이 부지런한 자는 부하게 되느니라.

솔로몬은 '손을 게으르게 놀리는 사람은 가난하게 될 수밖에 없고 그와 반대로 손을 부지런히 놀리는 사람은 자연적으로 부유하게 된다'(6:6-11;

12:24, 27; 19:15)고 말한다.

잠 10:5. 여름에 거두는 자는 지혜로운 아들이나 추수 때에 자는 자는 부끄러움을 끼치는 아들이니라.

본 절도 역시 4절과 마찬가지로 대구법(어조가 비슷한 문구를 나란히 벌여 문장에 변화를 주는 표현 방법)으로 되어 있다. 본 절은 전 절을 구체적으로 설명하는 것이다. 즉, 이스라엘의 보리 추수는 여름에 하므로 부지런한 자는 추수 때에 거두어들이는 지혜로운 자요, 이 시기에 게으르게 잠자는 자는 어리석은 자요, 부끄러움을 끼치는 아들이라고 할 수 있다(17:2; 19:26; 29:15). 다시 말해 솔로몬은 '곡식이 익는 때에 거두어들이는 아들은 지혜가 있는 아들이지만, 추수 때에 잠만 자는 부끄러운 아들이라'고 말한다.

잠 10:6. 의인의 머리에는 복이 임하나 악인의 입은 독을 머금었느니라.

본 절의 상반절, 하반절도 대구로 되어 있다. 의인이 받을 상과 악인이 받을 벌이 진술되어 있다. 즉, 솔로몬은 '의인의 머리는 하나님께서 부어주시는 복을 이고 있으나, 악인의 입에는 독을 머금고 있다가(11절에도 같은 표현이 나타난다), 그 악을 토함으로 결국 화를 받게 된다'고 말한다.

잠 10:7. 의인을 기념할 때에는 칭찬하거니와 악인의 이름은 썩게 되느니라
(The memory of the righteous is a blessing, but the name of the wicked will rot-RSV, ESV).

6절이 의인과 악인의 현세적 삶의 결과를 언급한데 반해 본 절은 의인과 악인에 대한 사후의 평가에 대해 언급하고 있다. 즉, 솔로몬은 '의인은 칭찬을 받으며 기억되지만, 악인은 그 이름마저 기억에서 사라진다'고 말한다. 의인들은 죽어서도 후손들에게 영광을 남기고 자신도 영원히 존경을 받으나 악인은 후손들에게 부끄러움을 남기고 자신은 영원한 저주의 대상이 된다. 따라서 사람은 현실에서 행동할 때 지금 그것이 나에게 유익이 되는지의 여부뿐만 아니라 후대 사람들이 자신에게 내릴 판단을 고려하여 행동하는 지혜로운 자세가 반드시 필요하다(그랜드 종합 주석).

잠 10:8. 마음이 지혜로운 자는 계명을 받거니와 입이 미련한 자는 멸망하리라.

마음이 지혜로운 사람은 계명을 받아들이지만, 입을 어리석게 놀리는 사람은 지혜롭지 못해 계명을 받지 아니하여 멸망한다는 것이다. 하나님의 계명을 받지 않는 자는 망하는 수밖에 없다.

잠 10:9. 바른 길로 행하는 자는 걸음이 평안하려니와 굽은 길로 행하는 자는 드러나리라.

본 절은 바른 길과 굽은 길을 걷는 삶의 대조를 보이고 있다. 즉, '하나님께서 인정하시는, 똑바른 길로 걸으며 살아가는 자는 평안하게 살겠으나(2:7), 하나님께서 인정하시지 않는 구부러진 길을 가는 자는 마침내 그가 걸어가는 길이 바른 길이 아닌 것이 드러나게 되어 형벌을 받게 된다'는 것이다. 굽은 길로 가는 자들은 자기들이 가고 있는 잘못된 길을 아무리 숨기려 해도 언젠가는 천하에 드러난다는 사실(합 2:11)을 반드시 기억해야 한다. 딤전 5:24-25.

잠 10:10. 눈짓하는 자는 근심을 끼치고 입이 미련한 자는 멸망하느니라.

본 절은 대구법이 아니라 평행법을 보이는 글이다. 다시 말해 눈과 입을 잘못 쓰는 자의 불행을 말해준다. 곧, 눈을 흘기면 고난이 생기고, 입을 어리석게 놀리는 사람은 멸망한다는 내용이다. 눈짓하는 것, 곧 눈을 흘기는 것은 교활한 것이고, 악의에 찬 행위가 아닐 수 없다. 눈을 흘기는 것은 음융한 행동이다. 눈을 흘기는 자는 문제를 만들어 남에게 근심을 끼친다. 눈짓한다는 말에 대해서는 6:13주해를 참조하라. 눈을 흘기는 일은 작당 행위로서 눈 흘기는 자가 속한 단체를 잘못된 길로 인도하는 행위이다. "입이 미련한 자는 멸망하느니라"는 말에 대해서는 8절 하반절 주해를 참조하라.
입이 미련한 자는 먼저 마음이 미련하여 감당할 수 없는 자이다.

11-14절. 이 부분은 지혜자와 우매자를 대조시키는 2짝의 잠언이 진술되어
있다.

잠 10:11. 의인의 입은 생명의 샘이라도 악인의 입은 독을 머금었느니라.

본 절은 대구법으로 표현되어 의인과 악인의 입의 대조를 보이고 있다.
즉, 의인의 입은 지혜와 위로와 생명의 말을 발하여 듣는 사람으로 생명의
양식을 얻게 하는 생명의 샘이지만(13:14; 18:4), 악인의 입은 독(강포)을
머금고 있다는 것이다. "악인의 입은 독을 머금었느니라"는 말의 주해를
위해 6절 하반절 주해를 참조하라. 악인은 입만 열면 독설이 끊이지 않는다.

잠 10:12. 미움은 다툼을 일으켜도 사랑은 모든 허물을 가리느니라.

본 절은 대구법을 이루어 미움과 사랑의 대조를 보이고 있다. 즉, 미워하는
마음은 서로 간에 다툼을 일으키고 다툼은 다시 미움을 낳게 되어 끊임없는
분쟁의 악순환을 초래하여 결국은 모두가 파멸에 이르게 한다. 그리고 "사랑
은 모든 허물을 가리느니라"는 말은 사랑은 회원들의 모든 허물을 덮어
주기 때문에 단체에 힘을 더해 준다(17:9; 고전 13:4; 약 5:20; 벧전 4:8).

잠 10:13. 명철한 자의 입술에는 지혜가 있어도 지혜 없는 자의 등을 위하여는 채찍이 있느니라.

본 절은 지혜로운 자가 받을 상과 우매한 자가 받을 벌을 대조한다.
즉, 명철한 사람의 입술에는 하나님을 아는 지혜가 있어도, 지각이 없는
자의 등을 위해서는 채찍(징벌)이 있을 뿐이라고 말한다(19:29; 26:3). 진리를
깨닫는 비결은 성경 말씀을 순종하는데 있다(요 7:17). 성경 말씀을 순종치
않는 자는 깨달아지지 않는다. 성경 말씀을 순종하는 사람은 하나님을 아는
생명의 움직임이 있기 때문에 자기 혼자만 알지 않고 남들로 하여금 함께

알도록 힘쓴다(박윤선).

잠 10:14. 지혜로운 자는 지식을 간직하거니와 미련한 자의 입은 멸망에 가까우니라.

본 절은 지혜자와 우매자의 말의 대조를 보인다. 즉, 지혜로운 사람은 지식을 간직하지만(숨기지만), 미련한 사람의 입은 멸망을 재촉한다. 다시 말해 지혜 있는 자는 지식을 숨겨 두었다가 때와 장소를 따라 적당히 말한다(12:23; 14:33; 마 7:6; 13:52, Deane). 그러나 미련한 자는 때와 장소를 가리지 않고 어리석은 말을 계속해서 말하므로 자신과 타인 모두를 상하게 하고 멸망을 가져온다.

15-21절. 이 부분은 지상적(地上的) 가치에 관한 7가지 잠언이 진술되어 있다.

잠 10:15. 부자의 재물은 그의 견고한 성이요 가난한 자의 궁핍은 그의 멸망이니라.

본 절은 재물이 있고 없음의 차이를 대조한다. 즉, 부자의 재물은 그의 현세를 사는데 있어 위험을 극복해 주기도 하고, 때를 따라 새 길을 열어 주기도 하며, 견고한 성이 되어 주기도 하지만, 가난한 사람의 빈곤은 그로 하여금 여러 가지 고난을 겪게 하고, 그를 망하게도 한다. 그러나 이런 대조는 현세에서의 대조일 뿐이다. 왜냐하면 부자의 부가 영생의 길을 가로 막을 수도 있고(마 19:24), 가난한 자가 주님을 영접하여 천국에 갈수도 있기 때문이다(마 5:3).

잠 10:16. 의인의 수고는 생명에 이르고 악인의 소득은 죄에 이르느니라.

본 절은 의인과 악인의 소득을 대조한다. 본 절은 전 절의 보충으로 무조건 재물이 복이 되는 것이 아니라 의인의 재물이 복이 되는 것을 말한다. 즉, 의인이 하나님을 의지하여 정직하게 노동한 결과 얻은 소득은 평안한

생명을 누리게 하고(11:19; 16:8 참조), 악인이 불의하게 모은 소득은 그의
죄를 더하여 그를 파멸로 이끈다.

**잠 10:17. 훈계를 지키는 자는 생명 길로 행하여도 징계를 버리는 자는
그릇 가느니라.**

본 절은 훈계를 지키는 자와 훈계를 버리는 자의 대조를 보이고 있다.
즉, 훈계(죄와 허물 때문에 받는 책망)를 달게 받고 지키는 사람은 생명의
길(5:6 참조)에 이르지만, 징계(훈계)를 무시하고 책망을 저버리는 사람은
마치 미로에서 잘못된 길로 들어가면 탈출하지 못하고 계속 헤매는 것처럼
그의 인생도 생명 길의 출구를 찾지 못한다는 것이다(욥 5:17-18 참조).

**잠 10:18. 미움을 감추는 자는 거짓된 입술을 가진 자요 중상하는 자는
미련한 자이니라.**

본 절부터 21절까지는 모두 말에 대한 교훈이다. 본 절은 상반절과 하반절
이 모두 악한 말에 관한 것인데, 상반절은 외식적인 말에 관한 것이고, 하반절
은 폭로적인 언사에 관한 것이다. 즉, 미움을 감추는 사람은 거짓말 하는
사람이요, 남을 중상하는 사람은 미련한 사람이라는 것이다. 다시 말해 마음
속으로는 미워하면서도 겉으로는 좋아하는 것처럼 행동하면 거짓이요, 외식
(12:19, 22참조)이고, 그리고 "중상하는" 것은 거짓으로 고발하는 것을 말한
다. 그러므로 남을 중상하며 그 소문을 퍼뜨리는 자는 역시 악하며 미련하다.

**잠 10:19. 말이 많으면 허물을 면하기 어려우나 그 입술을 제어하는 자는
지혜가 있느니라.**

본 절도 역시 대구법으로 진술되어 있다. 말을 많이 하는 사람과 말을
될 수 있는 한 통제하는 사람의 차이를 대조한다. 즉, 말을 많이 하는 사람은
아무래도 허물을 면하기 어렵다고 한다. 그러나 입을 조심하여 말의 숫자를
줄이는 사람은 지혜가 있어(마 12:36; 약 1:26; 3:2) 허물을 줄일 수가 있다는

것이다. 따라서 세상을 사는 중에 말을 많이 하는 사람은 말을 조심하는 사람에 비해서 실패자가 될 가능성이 단연코 높다.

잠 10:20. 의인의 혀는 순은과 같거니와 악인의 마음은 가치가 적으니라.
　본 절은 의인의 말과 악인의 마음을 대조한다. 의인의 혀로 말하는 말은 순은(純銀)과 같이 귀하지만, 악인의 마음은 악해서 그 악한 마음에서 나오는 말은 그 사람을 망치는 말임으로 가치가 적을 수밖에 없다는 것이다.

잠 10:21. 의인의 입술은 여러 사람을 교육하나 미련한 자는 지식이 없어 죽느니라.
　본 절은 의인과 악인이 사람들에게 끼치는 영향을 대조한다. 즉, 의인의 입술에서 나온 말은 여러 사람을 교육하여(전 12:11; 겔 34:2; 행 20:28) 여러 사람의 생을 부하게 살릴 뿐 아니라 자신도 복을 받아 살지만, 어리석은 사람의 입에서 나온 말은 어리석어서 많은 사람에게 악영향을 끼쳐서 망하게 하고 또 자신에게도 유익을 주지 못하여 생각 없이 살다가 죽는다는 것이다.

22-26절. 의인과 악인의 운명에 관한 4개의 잠언.
잠 10:22. 여호와께서 주시는 복은 사람을 부하게 하고 근심을 겸하여 주지 아니하시느니라.
　본 절은 여호와께서 주시는 복을 말하는 잠언이다. 여호와께서는 결코 대구적인 다른 것은 주시지 않는다는 것이다. 즉, 주님께서 주시는 복은 사람을 부하게 하시고, 결코 사람에게 근심을 곁들여 주시지는 않는다는 것이다. 얼마나 감사한 일인가.

잠 10:23. 미련한 자는 행악으로 낙을 삼는 것 같이 명철한 자는 지혜로 낙을 삼느니라(Doing wrong is like a joke to a fool, but wisdom is pleasure to a man of understanding-ESV).

본 절은 미련한 자와 명철한 자가 무엇으로 낙을 삼느냐를 대조한다. 즉, 미련한 자는 행악(行惡-악을 행하는 일)으로 낙(운동 경기)을 삼는 것 같이 명철한 자는 지혜(1:2 주해 참조, 지혜로운 행동)로 낙을 삼는다는 것이다. 우리 모두는 지혜롭게 행동을 하는 것으로 낙을 삼아야 할 것이다.

잠 10:24. 악인에게는 그의 두려워하는 것이 임하거니와 의인은 그 원하는 것이 이루어지느니라.

본 절은 악인과 의인의 종말이 어떠한지를 대조하고 있다. 즉, 악인에게는 그가 두려워하는 일이 밀려오지만(1:26; 11:27; 욥 3:25; 사 46:4), 의인에게는 그 원하는 복이 이루어진다는 것이다. 의인의 소원은 하나님의 원하심과 일치하므로 참으로 복되다.

잠 10:25. 회오리바람이 지나가면 악인은 없어져도 의인은 영원한 기초 같으니라.

본 절은 전 절에 계속하여 악인과 의인의 대조를 보이고 있다. 즉, 회오리바람(악인에게 닥칠 심판)이 지나가면, 악인은 화를 당하여 없어지나 의인은 반석위에 기초를 둔 집처럼(12:3; 마 7:24) 어떤 일을 만나도 꿈짝하지 않는다(30절; 시 91편; 125:1)는 것이다.

잠 10:26. 게으른 자는 그 부리는 사람에게 마치 이에 식초 같고 눈에 연기 같으니라.

본 절은 대구를 보이는 잠언이 아니라 독립적인 잠언이다. 즉, 게으른 자(6:9; 12:27; 19:24 참조)는 그를 고용한 주인에게 큰 괴로움을 끼쳐 마치 이에 초처럼 시고(룻 2:14; 시 69:21), 눈에 연기처럼 괴로운 존재라는 것이다.

27-30절. 경건자와 불경건자에 관한 4가지 잠언.
잠 10:27. 여호와를 경외하면 장수하느니라 그러나 악인의 수명은 짧아지

느니라.

본 절은 의인과 악인의 수명을 대조한다. 즉, 주님을 경외하면 장수하지만(3:2; 9:11; 14:27), 악인(악행을 일삼아 남을 괴롭히는 악인)의 수명은 짧아진다는 것이다. 미국의 유명한 모 의과대학의 공식 발표에 따르면 참신자들의 수명이 계명을 지키지 않는 불신자의 수명보다 최소한 10년 더 길다고 발표했다.

잠 10:28. 의인의 소망은 즐거움을 이루어도 악인의 소망은 끊어지느니라.

본 절은 의인과 악인의 소망을 대조한다. 즉, 의인의 소망은 이루어져서 즐거움을 안겨주지만(롬 12:12), 악인의 소망은 끊어져서 이루어지지 않고 사라진다(11:7; 욥 8:13; 시 112:1)는 것이다.

잠 10:29. 여호와의 도가 정직한 자에게는 산성이요 행악하는 자에게는 멸망이니라.

주님의 도가 의인과 악인에게는 어떤 영향을 끼치는가의 대조를 보여준다. 즉, 주님의 도가 정직한 사람에게는 힘이 되지만, 똑같은 그 주님의 도가 악행을 하는 사람에게는 멸망을 촉진하는 계기가 된다는 것이다. 정직히 행하는 의인에게는 여호와의 도 자체가 그를 지켜주는 산성이 되는 것이다(시 31:21; 37:39; 42:2). 그러나 행악하는 자는 스스로가 그 도에 위배된 삶을 살기 때문에 여호와의 도가 그에게는 오히려 멸망이 되는 것이다(이상근).

잠 10:30. 의인은 영영히 이동되지 아니하여도 악인은 땅에 거하지 못하게 되느니라.

본 절은 의인과 악인이 종말에 어떻게 될 것인가를 대조적으로 보여주고 있다. 즉, 의인은 영원히 하나님의 보호하심으로 땅에서 복을 받아(2:21; 12:3, 21; 시 10:6; 37:29, Deane) 흔들리지 않지만, 그러나 악인은 땅에서 아무렇게나 살다가 결국 이겨내지 못하고 망하고 만다는 것이다(레 26:33; 신 4:27; 사 22:17, Deane).

잠 10:31. 의인의 입은 지혜를 내어도 패역한 혀는 베임을 당할 것이니라.

본 절은 의인과 악인의 말을 대조하고 있다. 즉, 의인의 입에서는 지혜가 나오지만, 거짓말하는 입에서는 악이 나와 결국 그런 혀는 잘릴 것이라(마 3:10; 7:19; 눅 13:7, Deane)는 것이다.

잠 10:32. 의인의 입술은 기쁘게 할 것을 알거늘 악인의 입은 패역을 말하느니라.

본 절도 역시 의인과 악인의 말을 대조하고 있다. 즉, 의인의 입술은 남을 기쁘게 하는 말이 무엇인지 알지만, 악인의 입은 남이 어떻게 생각하든 상관없이 거짓을 말할 뿐이어서 자신도 결국은 망하게 된다는 것이다.

제 11 장

2. 속이는 저울

1-11절. 이 부분은 대인 관계에 관한 11가지 잠언을 진술하고 있다.

잠 11:1. 속이는 저울은 여호와께서 미워하시나 공평한 추는 그가 기뻐하시느니라.

본 절 상반절과 하반절은 대구법으로, 속이는 저울과 공평한 저울을 대조한다. 즉, 속이는 저울(상업상의 부정행위)은 주님께서 역겨워하셔도, 정확한 저울추는 주님께서 기뻐하신다는 것이다. 상업상의 부정행위는 모세 율법에서도 여호와께서 엄금하고 계신다(20:10, 23; 레 19:36; 신 25:13-14, Deane). 그러나 공평한 저울추를 사용하는 정직한 상행위(商行爲)는 여호와께서 기뻐하신다. 우리는 잠시 동안 별 이익이 보이지 않는 듯이 보이는 상행위라도 계속해서 충실하면 여호와께서 복을 주신다.

잠 11:2. 교만이 오면 욕도 오거니와 겸손한 자에게는 지혜가 있느니라.

본 절도 역시 대구법으로 교만과 겸손의 결과를 대조한다. 즉, 교만한 사람에게는 부끄러움이 따르지만, 겸손한 사람에게는 하나님께서 공급해 주시는 지혜가 따른다는 결론이다. 교만이나 겸손이나 하나님과만 관계가 있는 것이 아니라 주위에서 함께 사는 사람들에게도 큰 영향을 주어 다시 주위 사람들의 영향을 받는다는 것이다. 교만한 사람들은 주위 사람들이 싫어해서 실패하고(16:18; 18:12 참조), 겸손한 사람들은 주위 사람들에게서 명예를 얻게 된다(3:16; 8:18).

잠 11:3. 정직한 자의 성실은 자기를 인도하거니와 사악한 자의 패역은 자기를

망하게 하느니라.

　본 절 역시 대구법으로, 정직한 자와 사악한 자를 대조한다. 즉, 정직한 자들의 성실은 자신들을 인도해서 자신을 복의 길로 인도하거니와 사특한 자들의 속임수는 자신들을 패망의 길로 인도한다는 것이다. 본 절의 성실이란 말은 단순한 마음으로, 마음 다하여 행하는 태도를 말함인데, 결국 성실은 그 성실한 태도를 갖춘 자를 인도하여 성공에 이르게 한다는 것이다. 그러나 사특하여 사악하고 비뚤어진 자의 속임수는 자신을 멸망의 길로 인도하는 것이다.

잠 11:4. 재물은 진노하시는 날에 무익하나 공의는 죽음에서 건지느니라.

　본 절도 대구법으로, 재물과 공의를 대조한다. 즉, 재물은 하나님께서 진노하시는 날(사 10:3; 겔 7:19; 습 1:15, 18, Deane)에는 쓸모가 없으나 의리는 심판을 면하게 하여 죽음을 면케 한다. 참된 의리를 가진 사람은 요셉처럼(창 39:7-12) 하나님을 신뢰하고 그 말씀을 지키는 것이다. 의리를 굳게 잡고 끝까지 분투한 사람은 마침내 하나님의 상급을 받는다(박윤선).

잠 11:5. 완전한 자의 공의는 자기의 길을 곧게 하려니와 악한 자는 자기의 악으로 말미암아 넘어지리라.

　본 절 또한 대구법으로, 완전한 자와 악한 자를 대조한다. 즉, 완전한 사람(곧고 정직한 자이며 단순한 자이고 허물이 없는 자)은 흠 없는 사람인데 그의 옳은 행실로 그가 사는 길을 곧게 한다. 하지만 악한 사람은 자신의 악 때문에 쓰러진다는 것이다.

잠 11:6. 정직한 자의 공의는 자기를 건지려니와 사악한 자는 자기의 악에 잡히리라.

　본 절도 대구법으로, 정직한 자와 사악한 자를 대조한다(3절 참조). 즉, 정직한 사람의 옳은 행실은 자신을 구원하지만, 사악한 자(반역하는 사람)는 제 욕심에 걸려 넘어진다(5:22; 미 7:3)는 것이다. 우리는 항상 정직하게 살아야 할 것이다.

잠 11:7. 악인은 죽을 때에 그 소망이 끊어지나니 불의의 소망이 없어지느니라.

본 절은 독립적 잠언으로 악인이 죽을 때에 그 소망이 끊어지고 만다는 것을 말한다. 이유는 악인이 품었던 소망이 없어지기 때문이라는 것이다. 악인이 품었던 소망이란 현세에서의 장수와 번영일 것이므로, 그가 죽을 때에 장수는 끝나는 것이고, 동시에 그 번영도 죽음으로 끝나게 되는 것이다. 죽음에도 불구하고 소망이 없어지지 않는 사람은 의인에 한한 것이다. 의인은 죽음에도 내세의 영생이 소망이니 죽음에도 소망이 없어지지 않는다.

잠 11:8. 의인은 환난에서 구원을 얻으나 악인은 자기의 길로 가느니라(The righteous is delivered from trouble, and the wicked walks into it instead-ESV).

본 절도 역시 대구법으로, 의인과 악인이 환난을 만났을 때를 대조시킨 것이다. 의인은 재난에서 구원을 받으나, 악인은 오히려 의인을 대신하여 그 재난 속으로 빠져 들어간다는 것이다. 역사상 이런 일들이 있었음을 성경이 증거한다. 1) 다니엘이 갇혔던 사자 굴에 그를 모해하던 자들이 대신 들어가 죽은 일이 있었다(단 6:24). 2) 하만이 모르드개를 죽이기 위해 준비한 장대에 하만 자신이 대신 달렸다(에 7:10). 3) 부자가 나사로가 당하던 고난을 대신 받은 일들이다(눅 16:26). 21:18에 보면 "악인은 의인의 속전이 되고 사악한 자는 정직한 자의 대신이 되느니라"고 진술한다.

잠 11:9. 악인은 입으로 그의 이웃을 망하게 하여도 의인은 그의 지식으로 말미암아 구원을 얻느니라.

본 절도 역시 대구법으로, 악인과 의인을 대조한다. 즉, 경건치 못한 자는 그의 입으로 자기 이웃을 해치나 의인은 그의 지식으로 구출된다는 것이다. 다시 말해 악인은 사악하고 마음이 굽은 자(3, 6절)로서 거짓말로서 그 이웃을 망하게 하여도, 의인은 그가 쌓아둔 지식으로 악인들의 방해를 극복하고 구원을 얻는다는 것이다. 우리는 의인으로 살면서 악인들의 어떤 방해에도 불구하고 구원을 얻어야 할 것이다.

잠 11:10. 의인이 형통하면 성읍이 즐거워하고 악인이 패망하면 기뻐 외치느 니라.

본 절 또한 대구법으로, 의인의 형통과 악인의 패망을 대조한다. 의인이 형통하면(잘되면) 성읍 사람들이 기뻐하나 악인이 패망하면 사람들이 즐거워 외친다는 것이다. 네로 황제가 죽은 후에 로마 사람들이 기뻐하였고, 프랑스 혁명 때에는 악인 로베스피엘(Robespierre)이 죽었기 때문에 사람들이 기뻐 했다(Charles Bridges). 사람들이 이와 같이 기뻐한 것은 이기주의의 동기로 기뻐한 것이 아니고 적어도 그 순간 하나님의 공의의 실현을 양심으로 기뻐한 것이다(박윤선).

잠 11:11. 성읍은 정직한 자의 축복으로 인하여 진흥하고 악한 자의 입으로 말미암아 무너지느니라.

본 절도 역시 대구법으로, 의인과 악인이 성읍에 끼치는 영향을 대조한다. 즉, 정직한 사람이 축복하면 성읍이 흥하고, 악한 사람이 입을 열면 마을이 망한다는 것이다. 다시 말해 정직한 자가 축복 기도를 하면 성읍이 번영하지 만, 사악한 사람의 입놀림 때문에 마을이 망한다(14:34; 28:12)는 것이다.

12-15절. 말과 보증 등에 관한 4개의 잠언.

잠 11:12. 지혜 없는 자는 그의 이웃을 멸시하나 명철한 자는 잠잠하느니라.

본 절도 대구법으로, 어리석은 자와 지혜로운 자가 이웃에게 끼치는 말을 대조한다. 즉, 이웃의 허물이 발견되었을 경우 지혜가 없는 사람은 이웃을 멸시하지만, 명철한 사람은 그 이웃에 대하여 침묵을 지킨다(13:13;

14:21). 누가 지혜 없는 자이고, 누가 명철한 자인지 그 이웃의 허물이 발견되었을 경우 말하는 것을 보면 알 수 있다. 그 때 지혜 없는 자는 이웃에 대해서 함부로 거론한다. 그러나 명철한 자는 잠잠하여 말하지 않고 그 허물을 가려주려고 애쓴다.

잠 11:13. 두루 다니며 한담하는 자는 남의 비밀을 누설하나 마음이 신실한 자는 그런 것을 숨기느니라.

본 절은 남의 비밀을 누설하는 자와 숨겨주는 자의 대조를 말한다. 즉, 두루 다니며 한담(심심풀이로 이야기를 주고받는 일)하는 사람은 남의 비밀을 누설 하지만, 마음이 신실한(믿음직한) 사람은 남의 비밀을 지켜준다(숨겨준다)는 것이다. 본 절의 "한담하기를 좋아하는 사람"에 대해 70인역(LXX)애서는 '이중 혀를 가진 사람'으로 번역하고 있다. 그리고 신약 성경의 딤전 5:13에서는 "한담하기를 좋아하는 사람들은 게으름을 익혀 집집으로 돌아다니고 게으를 뿐 아니라 쓸데없는 말을 하며, 일을 만들며 마땅히 아니할 말을 한다"고 말한다. 그들의 특징은 첫째, 게으르다는 것이며, 둘째, 별 필요 없는 말을 하고 돌아다닌다는 것이다(박윤선). 오늘 그리스도를 믿는 자들은 남의 말을 공연히 지껄이고 돌아다니는 인격의 사람이 되어서는 안 될 것이다.

잠 11:14. 지략이 없으면 백성이 망하여도 지략이 많으면 평안을 누리느니라.

본 절도 역시 대구법으로, 나라에 지략(지도자)이 있고 없고의 결과를 대조한다. 즉, 나라에 지도자가 없으면 백성이 망하지만, 참모가 많으면 평안을 누린다는 것이다. 여기 "지략"(תַּחְבֻּלוֹת)이란 말은 '통치자'(Vulgate), '정부'(LXX), '지도자'(Guidance, RSV, ESV)라는 뜻으로 선한 의미에서의 모략(지도자들)을 뜻한다. 우리에게는 이미 우주의 최고의 지도자이신 예수 그리스도께서 계시고 또 예수 그리스도를 전하는 교회의 수많은 종들이 계시니 백성이 평안을 누리게 되어 있다.

잠 11:15. 타인을 위하여 보증이 되는 자는 손해를 당하여도 보증이 되기를 싫어하는 자는 평안하니라.

본 절도 역시 대구법으로, 보증이 되고 또는 보증이 되기를 원치 않음의 대조를 말한다. 즉, 낯선 사람을 위하여 보증을 서는 사람은 피해(손해)를 당하지만, 보증서기를 싫어하는 자는 평안하다는 것이다. 다시 말해 자기의 능력으로는 감당할 수 없는 보증을 서는 사람은 일이 잘못될 때 심적, 정신적, 물적 손해를 보게 되지만 보증서기를 원치 아니하여 거부하는 사람은 평안하다는 것이다. 잠언에 보증됨의 위험성에 대해서는 이미 거론했다(6:1주해 참조).

우리가 남을 도울 수 있는 능력만 있다면 필요한 보증을 서주는 것이 선한 일이다. 예수님은 무수한 죄인들을 위하여 그들의 죄 짐을 담당하시고 하나님 앞에서 보증이 되셨다(히 7:22, 박윤선).

16-23절. 의인과 악인의 상벌에 관한 8개의 잠언.

잠 11:16. 유덕한 여자는 존영을 얻고 근면한 남자는 재물을 얻느니라.

본 절은 덕이 있는 여자와 근면한 남자를 비교한다(대조가 아니다). 즉, 덕이 있는 여자는 존경을 받고, 부지런한 남자는 재물을 얻는다는 것이다. 본 절의 "유덕한 여자"(אֵשֶׁת־חֵן)란 '은혜가 넘치고, 매력 있는 여자'를 뜻한다. 이런 여자는 존경과 영광을 받는다. 그런 여자는 "그 남편에게 영광"이라 했다(LXX).

또 "근면한 남자"(עָרִיצִים)란 '힘 있는 남자'(LXX), '강한 남자'(AV), '용감한 남자'(RSV, ESV)란 뜻이다. 그런 남자는 재물을 얻는다는 것이다. 그러니까 여자는 덕이 있어야 하고, 남자는 근면해야 한다는 것을 말한다. 본 절의 남녀는 덕이 있는 여자와 힘이 있는 근면한 남자를 비교하고 있다. 이는 이상적인 남녀를 그려 놓은 것이다.

잠 11:17. 인자한 자는 자기의 영혼을 이롭게 하고 잔인한 자는 자기의 몸을

해롭게 하느니라.

　다시 본 절에서는 대구법으로, 인자한 자와 잔인한 자를 대조한다. 즉, 인자한 사람은 자기의 생명을 유익하게 하고, 잔인한 사람은 자기의 몸을 해롭게 한다는 것이다. 다시 말해 인자한 사람 곧 남을 사랑하는 사람은 많은 친구를 얻게 되고 따라서 이런 사람은 하나님으로부터 사랑을 받게 되고 또 사람으로부터도 사랑을 얻게 되어 자기의 영혼이 유익하게 된다(시 18:25; 마 5:7; 약 2:13). 이와는 반대로 잔인한 사람은 많은 껄끄러운 사람들을 주위에 많이 두게 되고 그들에게서부터 푸대접을 받게 되어 자신이 해를 받게 된다. 결국 자신이 해를 받는 것은 자기의 행동 여하에 달려 있는 것이다. 자기가 이웃에게 해를 끼치면 그것이 돌아오는 것이다.

잠 11:18. 악인의 삯은 허무하되 공의를 뿌린 자의 상은 확실하니라.

　본 절도 역시 대구법으로, 악과 의의 삯을 대조한다. 즉, 악인에게 돌아오는 삯은 헛것이지만, 정의를 심는 사람은 참 보상을 받는다는 것이다. 악인이 악을 행하며 살면 일시적이고, 가시적으로 좋은 것이 무엇인가 있다 하더라도 결국 참 좋은 것은 눈에 띄지 않고 허무하게 끝나게 마련이다(10:25; 11:4). 의인이 공의를 뿌리면서 살면 그 의를 거두어 상을 받게 되는 것이다(10:24 참조). 본 절은 성경에 많이 말하고 있는 바, 사람이 심는 대로 거둔다는 말을 반영한 것이다(욥 4:8; 고전 9:11; 고후 9:6; 갈 6:8).

잠 11:19. 공의를 굳게 지키는 자는 생명에 이르고 악을 따르는 자는 사망에 이르느니라.

　본 절 역시 대구법으로, 공의를 굳게 지키는 자와 악을 따르는 자의 종말을 대조한다. 즉, 공의를 굳게 지키는 사람은 금생과 내생에서 생명에 이른다(딤전 4:8)는 것이다. 즉, 금생에 장수하고 번영하며 내생에 영생을 얻는다는 것이다. 그러나 반대로 악을 따라 다니는 사람은 죽음에 이른다는 것이다. 악을 좋아하고 악에 심취되어 악을 따르는 자는 결국 금생에서도 단명하고 비참하게 살며 내생에서는 지옥으로 가는 것이다.

잠 11:20. 마음이 굽은 자는 여호와께 미움을 받아도 행위가 온전한 자는 그의 기뻐하심을 받느니라.

본 절도 역시 대구법으로, 마음이 굽은 자와 행위가 온전한 자를 대조한다. 즉, 주님은 마음이 비뚤어진 사람(12:20)은 미워하시지만, 올바른 길을 걷는 사람(2:21; 29:27; 시 119:1)은 기뻐하신다는 것이다. 여기 행위가 온전한 자는 마음이 바르기 때문에 그 행위가 온전한 자를 의미한다. 문제는 행위 문제가 아니라 마음이다. 우리 사회에서도 마찬가지로 행위가 문제인 사람은 모두 마음이 굽어서 행위가 굽어진 것이다. 성령으로 거듭나야 바르게 된다.

잠 11:21. 악인은 피차 손을 잡을지라도 벌을 면하지 못할 것이나 의인의 자손은 구원을 얻으리라.

본 절도 역시 대구법으로, 악인과 의인의 상벌을 대조한다. 즉, 악인은 피차 손을 잡을지라도 틀림없이 벌을 받지만, 의인의 자손은 반드시 구원을 받는다는 것이다. 여기 "피차 손을 잡는 것"은 보증하는 형식이다(Fuerst, Keil). 저들은 서로 보증하면서 무죄를 주장해도 결국 유죄로 확증되어 벌을 면치 못하게 된다는 것이다(이상근). 그러나 "의인의 자손은 구원을 얻으리라"는 말은 '의인의 세대(Lange, Deane)가 자신만 구원 받는 것이 아니라 자손들의 세대까지 구원 받게 하는 것이라는 뜻이다.

잠 11:22. 아름다운 여인이 삼가지 아니하는 것은 마치 돼지 코에 금 고리 같으니라.

본 절은 독립적 잠언으로, 미모를 겸비한 여인이 덕을 갖추지 못하면 지탄을 받는다는 것을 진술한 것이다. 즉, 미모의 절제 없는 행실과 방종은 마치 돼지 코에 금 고리 장식을 한 것처럼 우습게 보인다는 의미이다. 우리 주위에서도 조심해야 할 여인들이 조심하지 않는 것은 참으로 격에 어울리지 않고 볼썽사납다. 비단 여인들뿐만 아니라 남자들도 남자로서 갖추어야 할 것을 갖추지 못한 경우 또한 볼썽사납다.

잠 11:23. 의인의 소원은 오직 선하나 악인의 소망은 진노를 이루느니라.

본 절 또한 대구법으로, 의인의 소원과 악인의 소망을 대조한다. 즉, 의인이 바라는 것은 좋은 일뿐이지만, 악인이 기대할 것은 진노뿐이라는 것이다. 의인의 소원은 오직 좋은 것이므로(시 27:4) 그것이 성취되면 번영이 있고, 좋은 것이다. 그러나 악인이 가지고 있는 소망은 악한 일이므로 그것이 그에게 악을 불러오고, 하나님의 진노의 심판 날에 멸망하게 되는 것이다(이상근).

24-26절. 악덕(탐욕과 인색 등)을 경계하는 3개의 잠언.
잠 11:24. 흩어 구제하여도 더욱 부하게 되는 일이 있나니 과도히 아껴도 가난하게 될 뿐이니라.

본 절은 재물을 사용하는 두 사람의 자세를 대조한다. 즉, 남에게 흩어 나누어 주는데도 더욱 부유해지는 사람이 있는가 하면(시 112:9; 고후 9:9), 과도하게 재물을 아끼는데도 가난해지는 사람이 있다는 것이다. 28:27에 "가난한 자를 구제하는 자는 궁핍하지 아니하려니와 못 본 체하는 자에게는 저주가 크리라"고 말한다. 재물의 증식은 하나님에게 달려 있는 것이지 사람에게 달려 있는 것이 아니라는 것을 말한다.

잠 11:25. 구제를 좋아하는 자는 풍족하여질 것이요 남을 윤택하게 하는 자는 자기도 윤택하여지리라.

본 절은 전 절의 전반부를 다시 설명하는 것이다. 즉, 남에게 베풀기를 좋아하는 사람은 풍족하여질 것이고, 남을 윤택하게 하는 자는 그 자신도 윤택해지는 것이다. 다시 표현하면 남을 윤택하게 하는 것은 곧 자신을 돕는 것이다.

잠 11:26. 곡식을 내놓지 아니하는 자는 백성에게 저주를 받을 것이나 파는 자는 그의 머리에 복이 임하리라.

본 절은 곡식을 남에게 주는 자와 주지 않는 자의 결과를 대조한다. 본 절의 상반절은 24절의 하반절과 연결된다. 즉, 곡식을 저장하여 두기만 하는 사람은 백성에게 저주를 받게 되고, 그것을 내어 파는 사람에게는 복이 돌아온다는 것이다.

21-31절. 의인과 악인의 보응에 관한 5개의 잠언.

잠 11:27. 선을 간절히 구하는 자는 은총을 얻으려니와 악을 더듬어 찾는 자에게는 악이 임하리라.

본 절은 선을 추구하는 자와 악을 더듬어 찾는 자의 삶의 결과를 대조한다. 즉, 좋은 일을 애써 찾으면 은총을 얻지만, 나쁜 일을 애써 더듬어 찾아 추구하면 나쁜 것을 되받게 된다는 것이다. 본 절에 나타나는 삶의 귀결은 하나님 세계에서 매우 자연스러운 현상이다.

잠 11:28. 자기의 재물을 의지하는 자는 패망하려니와 의인은 푸른 잎사귀 같아서 번성하리라.

본 절은 자기의 재물을 의지하는 자와 여호와를 의지하는 자의 결국을 대조적으로 표현한다. 즉, 자기의 재산만을 믿고 사람에게 선을 행하지 않는 사람은 패망하지만, 의인은 하나님을 의지하기 때문에 푸른 나뭇잎처럼 번성한다(시 92:12; 사 66:14)는 것이다.

잠 11:29. 자기 집을 해롭게 하는 자의 소득은 바람이라 미련한 자는 마음이 지혜로운 자의 종이 되리라.

본 절은 독립적 잠언으로 미련한 자의 말로를 진술한다. 즉, 자기 가족을 돌보지 않고 자기의 가족을 해롭게 한 사람은 그가 가진 소유를 모두 잃어버리고 바람만 물려받을 것이요, 미련한 사람은 결과적으로 마음이 지혜로운 사람의 종이 될 뿐이라는 것이다.

잠 11:30. 의인의 열매는 생명 나무라 지혜로운 자는 사람을 얻느니라.

　본 절은 전 절과 대구가 되고 의인의 말로를 설명하는 것이다. 즉, 의인이 받는 열매는 생명의 나무(3:18; 13:12)라는 것이다. 그리고 이런 지혜로운 자는 많은 사람의 존경을 받으며 남들의 정신적 지주가 되어 그를 따르는 사람이 많게 된다는 것이다.

잠 11:31. 보라 의인이라도 이 세상에서 보응을 받겠거든 하물며 악인과 죄인이리요.

　본 절은 악인이 받을 형벌의 필연성을 역설한다. 즉, 보라! 의로운 자가 이 땅에서 보응을 받는데, 하물며 악한 자들과 죄인들은 얼마나 더하겠는가라는 말이다. 모세나 다윗 같은 의인도 죄를 지었을 때 벌을 받았는데 악인들이 죄를 범하면 틀림없이 이 세상에서 반드시 벌을 받는다는 것이다. 우리가 죄를 지었을 때는 반드시 죄의 심각성을 깨달아 자복해야 한다.

제　12　장

3. 훈계를 좋아하는 사람

1-3절. 선인과 악인의 일반적인 대조.

잠 12:1. 훈계를 좋아하는 자는 지식을 좋아하거니와 징계를 싫어하는 자는 짐승과 같으니라.

　　본 절은 훈계를 좋아하는 자와 훈계를 싫어하는 자를 대조한다. 즉, 훈계 받는 것을 좋아하는 사람은 지식을 사랑하여 새로운 지식을 얻게 되지만, 그와 반대로 책망 받기를 싫어하는 사람은 짐승같이 우둔하여 그의 잘못을 고치지 못한다는 것이다(30:2; 시 49:10; 73:22; 92:6).

잠 12:2. 선인은 여호와께 은총을 받으려니와 악을 꾀하는 자는 정죄하심을 받으리라.

　　본 절은 선을 추구하는 자와 악을 꾀하는 자의 결과를 대조한다. 즉, 선한 사람은 주님으로부터 은총을 받아 누리지만, 악을 꾀하는 사람은 그 중심에 악을 꾀하는 자이므로 하나님으로부터 정죄를 받아 불행해진다는 것이다.

잠 12:3. 사람이 악으로서 굳게 서지 못하거니와 의인의 뿌리는 움직이지 아니하느니라.

　　본 절은 악인과 의인의 뿌리를 대조한다. 즉, 누구든지 악으로 견고한 기초를 세울 수는 없지만, 의인은 의로써 뿌리와 땅에 견고히 심겨 흔들리지 않는 뿌리와 같은 기초를 얻는다(12절; 10:25).

　　아합은 왕위를 계승할 만한 아들이 70명이나 있었지만 훗날 모두 죽어서 아합의 왕위를 계승할 아들이 없었다(왕하 10:7). 이와 반면에 의인의 지반은 흔들리지 않는다(시 125:1-2). 그 이유는 그가 천지를 지으신 하나님을 의지하고(하나님을 근거하고) 서 있기 때문이다(렘 17:8; 시 1:2-3; 마 7:24-25).

4-11절. 가정생활에 관한 8개의 잠언.
잠 12:4. 어진 여인은 그 지아비의 면류관이나 욕을 끼치는 여인은 그 지아비의 뼈가 썩음 같게 하느니라.

본 절은 어진 여인과 욕을 끼치는 어리석은 여인을 대조한다. 즉, 현명한 아내는 남편의 면류관이지만(31:10, 23, 28; 룻 3:11), 욕을 끼치는 아내는 남편의 뼛속을 썩게 하는 여인이라는 것이다(14:30; 욥 3:16). 스페인의 격언 가운데는 다음과 같은 격언이 있다. "어진 아내를 가진 남자에겐 생기지 않을 불행이 생길 리 없고, 악한 아내를 가진 남자에겐 돌아올 복도 돌아오지 않는다"라는 내용의 격언이다.

잠 12:5. 의인의 생각은 정직하여도 악인의 도모는 속임이니라.

본 절은 의인과 악인의 생각을 대조한다. 즉, 의인의 생각은 공평하고 의로워서 곧은 말과 행위가 뒤따르지만, 악인의 생각(궁리)과 계획(1:5)은 속임수뿐이라는 것이다. 악인의 생각과 계획은 항상 남을 속이는 것뿐이라는 것이다. 항상 악한 생각만 하는 사람들은 성령 충만을 구하여 성령의 지배를 받아야 성령의 뜻대로 살 수 있는 것이다.

잠 12:6. 악인의 말은 사람을 엿보아 피를 흘리자 하는 것이거니와 정직한 자의 입은 사람을 구원하느니라.

본 절은 악인의 말과 정직한 자의 말을 대조한다. 즉, 악인이 항상 입버릇처럼 하는 말은 남의 피를 흘리려는 음모뿐이지만(1:11; 11:9), 그러나 정직한 사람의 말은 사람을 구하여 내지 않으면 하루를 그냥 지나지 못한다. 악인은 태생적으로 남의 피를 흘리게 하는데 굶주려 있다. 그래서 악인은 늘 기회를 엿보아 해를 끼치려는 생각뿐이다. 심령이 변하지 않으면 그 악인은 소망이 없는 것이다. 성령을 받아 속이 뒤집어지지 않으면 소망이 없는 것이다.

잠 12:7. 악인은 엎드러져서 소멸되려니와 의인의 집은 서 있으리라.

본 절은 악인과 의인의 최후를 대조한다. 즉, 악인은 죗값을 받아 쓰러져서 사라지지만(11:7), 의인의 집은 현생에서 든든히 서 있고(11:6), 내생에 영생으로 넘어간다는 것이다. 우리는 하나님을 믿어 의인으로 살아가야 한다(창 15:6).

잠 12:8. 사람은 그 지혜대로 칭찬을 받으려니와 마음이 굽은 자는 멸시를 받으리라.

본 절은 지혜자는 칭찬 받고 우매한 자는 멸시 받는다는 것을 대조한다. 즉, 지혜 있는 사람은 말에나 행동에 있어서 지혜롭게 행함으로 다른 사람들로부터 칭찬을 받지만, 마음이 비뚤어지고 지각이 없는 사람은 다른 사람들로부터 멸시를 받는다는 것이다.

잠 12:9. 비천히 여김을 받을지라도 종을 부리는 자는 스스로 높은 체하고도 음식이 핍절한 자보다 나으니라.

본 절은 비천하게 여김을 받을지라도 종을 부리는 자와 스스로 높은 체하고도 음식이 핍절한 자를 대조한다. 즉, 신분이 낮아서 사람들에게 무시를 당하며 업신여김을 받더라도 종을 부리는 사람은, 스스로 높은 체하면서 먹을 빵이 없는 사람보다는 낫다는 것이다. 양식 걱정하지 않는 사람은 그만큼 내실이 있는 자로서 양식이 없어서 잘 먹지 못하는 사람보다는 낫다는 것을 말한다.

잠 12:10. 의인은 자기의 가축의 생명을 돌보나 악인의 긍휼은 잔인이니라.

본 절은 의인의 긍휼 베풂과 악인의 잔인함을 대조한다. 즉, 의인은 사람에게 사랑과 자비를 베풀고 더 나아가서 가축의 생명도 돌보아 주지만(27:23), 악인이 베푼다는 자비는 종합적으로 볼 때 잔인함이라는 것이다.

잠 12:11. 자기의 토지를 경작하는 자는 먹을 것이 많거니와 방탕한 것을 따르는 자는 지혜가 없느니라.

본 절은 부지런한 사람과 게으른 사람을 대조한다. 즉, 자기 밭을 부지런히 가는 사람은 먹을 것이 풍부하지만, 방탕한 삶을 꿈꾸며 사는 사람에게는 지혜가 없다는 것이다. 본 절의 내용은 28:19에도 반복된다. 다시 말해 첫 사람 아담의 타락 이후 인간은 이마에 땀을 흘리며 근면하게 땀을 흘려 노동해야만 먹을 것을 얻을 수 있게 되었다. 그러므로 게을러서 일하지 않는 사람은 지혜가 없는 사람으로서 먹을 것에 대해 염려할 수밖에 없다.

12-22절. 시민 생활에 관한 11개의 잠언.
잠 12:12. 악인은 불의의 이익을 탐하나 의인은 그 뿌리로 말미암아 결실하느니라(Whoever is wicked covets the spoil of evil-doers, but the root of the righteous stands firm-ESV).

악인과 의인의 태생을 대조한다. 즉, 악인이라면 누구나 다른 악인들의 탈취물을 탐하지만, 이와 대조적으로 의인은 뿌리를 대지에 내리고 서 있는 나무처럼 든든히 서서 흔들리지 않고, 그 뿌리가 활동하여 많은 열매를 맺는다는 것이다.

학자들은 본 절 전반절 해석을 여러 가지로 시도한다. 즉, 1) "악인의 피난처는 수렁이다"(Boettcher). 2) 악인은 악인의 그물을 원한다(AV). 3) 악인의 강한 탑은 무너진다(RSV). 4) 악인은 노력하여 물질을 얻으려 함보다 불의하게 얻고자 한다(Delitzsch, Deane, 박윤선). 4)번의 해석이 가장 바람직하다. 21:6에 "속여서 모은 재산은, 너를 죽음으로 몰아넣고, 안개처럼 사라진다"고 번역하고 있다(새 번역). 우리는 세상을 바르게 살아야 할 것이다.

잠 12:13. 악인은 입술의 허물로 말미암아 그물에 걸려도 의인은 환난에서 벗어나느니라.

본 절은 악인과 의인의 말을 대조한다. 즉, 악인은 입술을 잘못 놀리므로 덫에 걸려 고난을 받으나 의인은 말로 인해 재난을 당했을 때 오히려 그 재난에서 벗어나게 된다는 말이다.

잠 12:14. 사람은 입의 열매로 말미암아 복록에 족하며 그 손이 행하는 대로 자기가 받느니라.

본 절은 독립구로, 입의 열매를 말한다. 입의 열매를 말하는 성구는 잠언 다른데도 많이 나타난다. 13:2; 14:14; 18:20에도 나타난다(Deane). 즉, 사람은 열매 맺는 말을 하므로 좋은 것을 넉넉하게 얻으며, 자기가 손수 일한 만큼 되돌려 받는다는 것이다. 자기가 손수 일한 만큼 되돌려 받는 것은 성경 다른데도 나타난다(사 3:10, 11; 마 25:35 이하; 롬 2:6 참조).

잠 12:15. 미련한 자는 자기 행위를 바른 줄로 여기나 지혜로운 자는 권고를 듣느니라.

본 절은 어리석은 자와 지혜로운 자가 받게 된 충고를 어떤 자세로 대하는 지에 대한 대조적 모습이다. 즉, 어리석은 사람은 자신 행실만을 옳다고 여기므로 남의 충고를 받지 않지만(3:7; 16:2), 지혜로운 사람은 자기도 부족한 줄 알기 때문에 남의 충고에 기쁨으로 귀를 기울인다는 것이다(13:10; 16:24; 21:2 참조).

잠 12:16. 미련한 자는 당장 분노를 나타내거니와 슬기로운 자는 수욕을 참느니라.

본 절은 미련한 자와 슬기로운 자가 수욕을 어떻게 대처하느냐를 대조한다. 즉, 미련한 사람은 쉽게 화를 내고 참지 못하지만, 그러나 슬기로운 사람은 모욕을 잘 참는다는 것이다. "당장"이란 말은 '당일'이란 뜻이다.

다시 말해 어리석은 사람은 화를 절제하지 못하고 당장에 나타내어 일을 복잡하게 만든다. 그러나 지혜로운 사람은 감정을 잘 다스리고 분노를 잘 참아 어려운 고비를 잘 넘겨 문제를 해결한다.

잠 12:17. 진리를 말하는 자는 의를 나타내어도 거짓 증인은 속이는 말을 하느니라.

본 절은 진리를 말하는 자와 거짓을 말하는 자를 대조한다. 진실을 말하는 사람은 정직한 증거를 보인다. 그러나 거짓 증인은 속임수만 쓴다. 다시 말해 의인은 항상 진리를 말하고, 특별히 법정에서 증언하는 경우 사실대로 말하여 의를 나타내지만 악인은 거짓을 증언하여 무고한 자를 괴롭힌다는 것이다(14:5, 25, 이상근).

잠 12:18. 칼로 찌름 같이 함부로 말하는 자가 있거니와 지혜로운 자의 혀는 양약과 같으니라.

본 절은 칼로 찌르듯이 말하여(시 59:7; 64:3) 상대방에게 상처를 주는 자의 말과 양약 같은 말을 하여 상대방을 치료하는 자의 말을 대조한다. 즉, 함부로 말하는 사람의 말은 비수 같아도, 지혜로운 사람의 말은 아픈 곳을 낫게 하는 약이라(4:22; 10:11)는 것이다. 우리는 성령 안에서 말하므로 수많은 사람의 심령을 치료하는 자가 되어야 할 것이다.

잠 12:19. 진실한 입술은 영원히 보존되거니와 거짓 혀는 잠시 동안만 있을 뿐이니라.

본 절은 진실된 입술과 거짓된 입술을 대조한다. 즉, 진실한 말은 영원히 통하지만(시 117:2; 마 24:35), 거짓말은 한순간만 통할 뿐이라(19:9; 시 52:5)는 것이다. 우리는 우리의 그리스도에 대한 증거가 영원히 통하게 해야 할 것이다.

잠 12:20. 악을 꾀하는 자의 마음에는 속임이 있고 화평을 의논하는 자에게는 희락이 있느니라.

본 절은 악을 계획하는 자의 마음과 화평을 꾀하는 자의 마음을 대조한다. 즉, 악을 꾀하는 사람의 마음속에는 속임수가 들어 있지만, 평화를 꾀하는 사람의 마음에는 기쁨이 있다는 것이다. 다시 말해 악을 꾀하는 자는 그의 악한 목적 달성을 위해 속임수를 쓰게 되고, 그것은 결국 탄로되어 고통이 따르게 되기 마련이라는 것이다. 그러나 사람과의 화평을 도모하고 논하는 자에게는 좋은 분위기가 만들어지고 희락이 따르게 된다는 것이다(이상근).

잠 12:21. 의인에게는 어떤 재앙도 임하지 아니하려니와 악인에게는 앙화가 가득하리라.

본 절은 의인에게는 재앙이 오지 않고 악인에게는 무수한 재앙이 임한다는 것을 대조한다. 즉, 의인에게는 아무런 재앙도 미치지 않으나 악인들에게는 재앙이 무수히 넘친다는 것이다. 본 절의 의미는 의인에게는 전연 재앙이 없다는 것은 아니다. 의인도 재앙을 만날 수 있으나 그 재앙은 그를 연단시키는 뜻에서 임하는 것이다(욥 23:10; 벧전 1:7). 그런 의미에서 멸망이 목적되는 재앙이 의인에게는 없다는 말씀이다. 그러나 악인에게는 재앙이 가득하고(시 32:10), 그 많은 재앙 때문에 크게 고난을 당하게 되고, 그래서 결국에는 멸망한다는 것이다.

잠 12:22. 거짓 입술은 여호와께 미움을 받아도 진실하게 행하는 자는 그의 기뻐하심을 받느니라.

본 절은 거짓 입술을 놀리는 자와 참 말을 하는 자를 대조한다. 즉, 여호와께서는 거짓된 입술을 미워하시나 신실한 사람들은 여호와께서 기뻐하신다는 것이다. 여호와께서는 참 하나님이시기 때문에 참 인간을 사랑하시고, 거짓은 미워하신다(6:17; 11:30 참조). 우리는 거짓 입술을 멀리 해야 할 것이다.

23-28절. 지혜자와 우매자, 또 근면한 자와 게으른 자를 대조하는 6개의 잠언.

잠 12:23. 슬기로운 자는 지식을 감추어도 미련한 자의 마음은 미련한 것을 전파하느니라.

본 절은 지식을 감추는 지혜로운 자와 미련한 것을 떠들며 전파하는 자를 대조한다. 즉, 슬기로운 사람은 지식을 감추어 두어도, 미련한 사람의 마음은 어리석음을 떠들며 전파한다는 것이다. 다시 말해 지혜로운 자는 말을 삼가고 지식을 마음속에 감추어 두지만(1:14, 17), 어리석은 자는 그 자신의 미련함을 함부로 퍼뜨린다(13:16; 15:2).

잠 12:24. 부지런한 자의 손은 사람을 다스리게 되어도 게으른 자는 부림을 받느니라.

본 절은 부지런한 자와 게으른 자를 대조한다. 즉, 부지런한 사람의 손은 남을 다스리지만, 게으른 사람은 남의 부림을 받게 된다. 근면한 사람은 결국 잘 되어 남을 다스리는 고관이 되어 다른 사람들을 다스리는 고관이 된다는 것이고(10:4), 게으른 자는 결국 실패자로서 남의 종이 되어 부림을 받게 된다는 것이다(11:29).

잠 12:25. 근심이 사람의 마음에 있으면 그것으로 번뇌하게 되나 선한 말은 그것을 즐겁게 하느니라.

본 절은 근심과 선한 말을 대조한다. 즉, 마음에 근심이 있으면 그 근심이 사람을 번뇌케 하지만, 좋은 말 한마디로도 사람을 기쁘게 할 수 있다는 것이다. 근심이 사람을 얼마나 번뇌케 하는가. 그러나 선한 말 한마디를 들으면 마음은 즐거워지고 생기를 되찾는 것이다(15:13; 17:22 참조). 여기 선한 말이란 궁극적으로 그리스도의 복음이다.

잠 12:26. 의인은 그 이웃의 인도자가 되나 악인의 소행은 자신을 미혹하

느니라.

본 절은 의인과 악인의 영향력을 대조한다. 즉, 의인은 이웃에게 바른길을 보여주어 바른길로 인도하지만, 악인은 이웃을 나쁜 길로 빠져들게 하며, 자신의 길도 혼잡하게 하여 미혹하게 한다는 것이다(11:6; 12:6). 우리는 이웃을 바른길로 인도하는 사람들이 되어야 할 것이다.

잠 12:27. 게으른 자는 그 잡을 것도 사냥하지 아니하나니 사람의 부귀는 부지런한 것이니라.

본 절은 게으른 자와 부지런한 자를 대조한다. 즉, 게으른 사람은 잡을만한 것도 사냥하지 아니하여 가난하게 살지만, 부지런한 사람은 귀한 재물을 얻어 잘 산다는 것이다. 근면은 사람의 소중한 재산이다(Delitzsch). 게으른 자는 숟가락으로 밥을 푸고도 입으로 올리기를 싫어한다.

잠 12:28. 공의로운 길에 생명이 있나니 그 길에는 사망이 없느니라.

본 절은 독립구로, 의로운 길의 종말을 보여준다. 즉, 의로운 사람의 길에는 생명이 있고, 의로운 사람의 길에는 사망이 없다는 것이다. 사망이 없는 생명은 곧 영생의 생명을 지칭하는 것이다(Ewald, umbreit, Deane). 우리는 공의로운 길에 서서 그 길을 가야 할 것이다.

4. 입술의 열매   13장

1-3절. 서론식으로 진술한 3개의 잠언.

잠 13:1. 지혜로운 아들은 아비의 훈계를 들으나 거만한 자는 꾸지람을 즐겨 듣지 아니하느니라.

본 절은 아비의 훈계를 듣는 아들과 듣지 않는 아들을 대조한다. 즉, 지혜로운 아들딸들은 아버지의 훈계를 잘 듣지만, 거만한 사람은 꾸지람을 듣지 않는다는 것이다. 아비가 아들 딸들을 훈계했을 때 아들딸들이 아비의 훈계를 잘 들어 순종하면 그들은 지혜로운 아들딸들이 된다는 것이다. 그러나 거만한 자는 아비의 꾸지람 듣기를 싫어한다는 것이다. 사람의 마음이 교만하면 우선 윗사람의 훈계를 잘 듣지 않는다. 결국 훗날 비참한 세월을 만나면 크게 후회하게 된다.

잠 13:2. 사람은 입의 열매로 인하여 복록을 누리거니와 마음이 궤사한 자는 강포를 당하느니라.

본 절은 입술의 열매로 복을 누리는 자와 입술이 부정한 자를 대조한다. 즉, 선한 사람은 입술의 열매로 인하여 좋은 것을 넉넉하게 얻지만(12:14; 18:20), 입술이 험한 자는 남에게 폭언을 하여 결국에는 자신이 언어 폭행과 행동적 폭행을 당한다(1:31; 10:6)는 것이다.

잠 13:3. 입을 지키는 자는 자기의 생명을 보전하나 입술을 크게 벌리는 자에게는 멸망이 오느니라.

본 절은 입술을 지키는 자와 입술을 크게 벌려 아무 말이나 지껄이는 자를 대조한다. 즉, 말을 조심하는 사람은 자신의 생명을 보존하지만(18:21; 21:23; 시 39:1; 약 1:26, Deane), 입을 함부로 여는 사람은 자신을 망하게 한다(10:14)는 것이다.

4-12절. 부(富)에 관한 9개의 잠언.

잠 13:4. 게으른 자는 마음으로 원하여도 얻지 못하나 부지런한 자의 마음은 풍족함을 얻느니라.

본 절은 게으른 자와 부지런한 자를 대조한다. 즉, 게으른 사람은 아무리 바라는 것이 있어도 얻지 못하지만, 부지런한 사람은 바라는 것을 넉넉하게 얻는다(10:4; 20:4 참조)는 것이다. 게으른 자가 아무리 무엇인가를 원한다 해도 그가 그것을 얻기 위해 노력 하지 않으므로 그는 결국 그것을 얻지 못한다는 말이다.

잠 13:5. 의인은 거짓말을 미워하나 악인은 행위가 흉악하여 부끄러운 데에 이르느니라.

본 절은 의인과 악인의 행위를 대조한다. 즉, 의인은 거듭나서 하나님의 형상으로 새로워졌기 때문에(박윤선) 거짓말하기를 미워하지만(시 119:163), 악인은 행위가 흉악하여 수치스러운 일을 거침없이 한다는 것이다. 본 절의 "거짓말"은 비단 말뿐만 아니라 모든 불량한 행위가 포함된 것을 지칭한다. 본 절의 "흉악하다"는 말은 '악취가 난다'는 뜻이다. 악인의 행위는 악취가 나게 하여 흉악하나 그 악이 결국 자기에게 돌아오므로 악인이 부끄러움을 당한다는 것이다(이상근).

잠 13:6. 공의는 행실이 정직한 자를 보호하고 악은 죄인을 패망하게 하느니라.

본 절은 공의와 악을 대조한다. 즉, 흠 없이 사는 사람의 공의는 정직하게 행하는 자기 자신을 지켜주지만, 죄인이 저지르는 악은 그를 망하게 한다

(10:29 참조)는 것이다. 따라서 참 안전한 삶은 의로운 삶을 통해 가능하고, 위험천만한 삶의 지름길은 불의한 삶이 가능케 한다.

잠 13:7. 스스로 부한 체하여도 아무것도 없는 자가 있고 스스로 가난한 체하여도 재물이 많은 자가 있느니라(One pretends to be rich, yet has nothing; another pretends to be poor, yet has great wealth-ESV).

본 절은 겉으로 보기에 부자인 듯이 보이는 사람과 겉으로 보기에는 가난한 것 같은데도 실제로 부자인 사람을 대조한다. 즉, 겉으로 부자인 체하나 아무것도 없는 사람이 있는가 하면, 겉으로 가난한 체하지만 많은 재물을 가진 사람이 있다는 것이다. 세상에는 체하는 사람들이 있다는 것이다. 어느 쪽이든 좋은 것은 아니다. 우리는 자신의 실제를 보여야 할 것이다.

잠 13:8. 사람의 재물이 자기 생명의 속전일 수 있으나 가난한 자는 협박을 받을 일이 없느니라(The ransom of a man's life is his wealth, but a poor man hears no threat-ESV).

본 절은 재물이 있고 없고의 대조이다. 즉, 부유한 사람은 자기의 재물이 자기의 목숨을 대신하기도 한다. 가령 도적에게 사로잡혔거나 혹은 전쟁에서 포로가 되었을 때 재물을 내놓아 자신의 생명을 속할 수가 있다. 그러나 아무것도 가지고 있지 못한 가난한 사람은 협박을 당할 일이 없다는 것이다. 그래서 혹자는 크게 가난한 것과 크게 부한 것은 다 같이 위험한 일이라고 했으나(Elster), 아무리 가난해도 위험할 것은 없다. 이유는 하나님을 의지할 때 하나님께서 구해 주시기 때문이다.

잠 13:9. 의인의 빛은 환하게 빛나고 악인의 등불은 꺼지느니라.

본 절은 의인과 악인의 등불을 대조한다. 즉, 의인의 빛은 밝게 빛나지만, 악인의 등불은 꺼져버린다는 것이다. 다시 말해 의인의 빛은 의인이 행한 행위가 그것이 그의 아름다운 덕망에 더해지지만(4:18-19 참조), 악인의 등불

(악인이 의지하고 있는 재물이나 지위 혹은 명예 등)은 꺼져 간다. 세상에서 악인의 세상의 유명세는 점점 사라지고 마는 것이다. 우리는 의인으로서 세상을 밝게 비추며 살아야 할 것이다.

잠 13:10. 교만에서는 다툼만 일어날 뿐이라 권면을 듣는 자는 지혜가 있느니라.

본 절은 교만과 겸손을 대조한다. 즉, 교만에서는 다툼만 일어날 뿐이나 (Deane), 지혜가 있어서(11:2) 마음이 겸손한 사람은 충고를 받아들이기 때문에 다투지 않는다는 것이다.

잠 13:11. 망령되이 얻은 재물은 줄어가고 손으로 모은 것은 늘어가느니라.

본 절은 망령되게 얻은 재물과 손으로 근면하게 모은 재물을 대조한다. 즉, 망령되이 속여서 얻은 재물은 점점 줄어가서 결국에는 없어지지만, 손으로 한 줌 한 줌 모은 재물(근면의 대가로 얻은 재물)은 점점 늘어간다는 것이다. 우리는 재물을 얻거나 못 얻거나 하나님을 의지하고 살아야 할 것이다.

잠 13:12. 소망이 더디 이루어지면 그것이 마음을 상하게 하거니와 소원이 이루어지는 것은 곧 생명 나무니라.

본 절은 소망이 더디게 이루어지는 것과 소원이 이루어지는 것을 대조한다. 즉, 소망이 이루어지지 않으면 마음의 고통이 되지만, 소원이 이루어지면 생명 나무를 얻는 것처럼 기쁨이 된다(10:28; 11:30 참조)는 것이다.

13-17절. 하나님 말씀에 대한 5개의 잠언.

잠 13:13. 말씀을 멸시하는 자는 자기에게 패망을 이루고 계명을 두려워하는 자는 상을 받느니라.

본 절은 말씀을 멸시하는 자와 말씀을 두려워하는 자를 대조한다. 즉,

말씀(하나님 말씀)을 멸시하는 사람은 하나님에 의하여 망하지만, 계명을 두려워하는 사람은 번영하고 상을 받는다는 것이다.

잠 13:14. 지혜 있는 자의 교훈은 생명의 샘이니 사망의 그물에서 벗어나게 하느니라.

본 절은 독립구로 지혜자의 교훈에 관한 것이다. 즉, 지혜 있는 사람의 가르침은 생명의 샘이어서 죽음의 그물에서 벗어나게 한다는 것이다. 다시 말해 지혜자의 교훈은 생명의 샘으로 끊임없이 생명을 공급한다(10:10 참조). 그리고 그 교훈에 의거 하여 살면 사망의 위험도 모면할 수 있다는 것이다. 그리고 본 절의 "사망의 그물"은 극히 위험한 것을 묘사하는 말이다(14:27, 이상근).

잠 13:15. 선한 지혜는 은혜를 베푸나 사악한 자의 길은 험하니라.

본 절은 선한 지혜와 사악한 지혜를 대조한다. 즉, 대인 관계에서 선한 영향을 주는 지혜(3:4 주해 참조)는 사람에게 은혜를 베푸나, 사특하고 배신하는 자의 길은 다른 사람들에게 괴로움을 끼치고, 나아가 그 자신도 험난한 길을 가게 하는 것이다.

잠 13:16. 무릇 슬기로운 자는 지식으로 행하거니와 미련한 자는 자기의 미련한 것을 나타내느니라.

본 절은 대구법으로 슬기로운 자와 미련한 자의 처사를 대조한다. 즉, 영리한 사람은 일을 잘 알고 원만하게 행동하지만, 미련한 사람은 일을 제대로 처리하지 못하고 어리석음만을 드러낸다(12:23; 15:2 참조)는 것이다.

잠 13:17. 악한 사자는 재앙에 빠져도 충성된 사신은 양약이 되느니라.

본 절은 악한 사자와 충성된 사자를 대조한다. 즉, 못된 사자(게으른 종, 10:26)는 주인의 뜻을 이루지 못하고 오히려 일을 어렵게 만들며 사람을 재앙에 빠지게 하고 자신도 재앙에 빠지게 하지만(17:20), 충직한 사신은 주인의 문제를 해결해 주고, 재앙을 물리치는 일을 한다는 것이다.

18-25절. 의인과 악인의 보응에 관한 8개의 잠언.

잠 13:18. 훈계를 저버리는 자에게는 궁핍과 수욕이 이르거니와 경계를 받는 자는 존영을 받느니라.

본 절은 대구법으로, 훈계를 저버리는 자와 훈계를 받는 자를 대조한다. 즉, 훈계를 저버리고 자신의 고집을 따라 사는 자는 결국 실패하여 가난과 수치를 당하게 되지만(1:25; 욥 41:18), 그러나 훈계나 꾸지람을 달게 받고 잘 받아들이면 존경과 영광을 받게 된다(12:1; 15:5, 32 참조)는 것이다. 우리는 나 자신이 온전한 사람은 아니라는 것을 알고 남의 경계를 잘 받아들여야 하겠다.

잠 13:19. 소원을 성취하면 마음에 달아도 미련한 자는 악에서 떠나기를 싫어하느니라.

본 절은 선한 자의 소원이 성취되면 마음에 달아도 미련한 자는 그의 소원을 이루기 위해 악한 방법을 버리지 않는다는 것이다. 다시 말해 신자가 하나님을 향하여 옳은 소원을 가졌다가 그 소원이 성취될 때에는 큰 기쁨을 얻게 되는데, 그 기쁨은 무엇보다도 그에게 살아계시는 하나님을 발견한 기쁨이다. 하나님은 온 천하보다 귀하고 좋은 분이시다. 바른 소원이 성취된 것도 기쁜 일이지만 하나님이 내 하나님이란 사실은 더욱 큰 기쁨이다. 이런 복을 미련한 자는 기대하지 못한다. 그 이유는 그가 이런 복의 선행 조건, 즉 악 떠나기를 싫어하기 때문이다(박윤선).

잠 13:20. 지혜로운 자와 동행하면 지혜를 얻고 미련한 자와 사귀면 해를 받느니라.

본 절은 지혜로운 자와 동행하는 것과 미련한 자와 동행하는 것을 대조한다. 즉, 지혜로운 사람(하나님을 공경하는 사람)과 함께 다니면 지혜를 얻지만, 미련한 사람과 사귀면 해를 입는다는 것이다. 지혜로운 자와 함께 다닌다는 말은 지혜로운 자와 사귀고 교제하는 것을 말하는데, 지혜로운 자와 교제하면 그와 교제하는 자도 지혜로워진다. 다윗은 의로운 친구와 사귀기를 원하여 말하기를 "의인이 나를 칠지라도 은혜로 여기며 책망할지라도 머리의 기름같이 여겨서 내 머리가 이를 거절치 아니할지라. 저희의 재난 중에라도 내가 항상 기도하리로다"라고 했다(시 141:5). 그와 반면에 미련한 자 곧 무신론자(시 14:1)와 사귀는 자는 역시 무신론자가 되기 쉽다. 그것은 자기 영혼을 멸망으로 떨어뜨리는 큰 손해이다. 그러므로 지혜로운 자 곧 복 있는 사람은 악인의 꾀를 좇지 아니하며 죄인의 길에 서지 아니하며 오만한 자의 자리에 앉지 아니한다고 했다(시 1:1, 박윤선).

잠 13:21. 재앙은 죄인을 따르고 선한 보응은 의인에게 이르느니라.

본 절은 죄인과 의인의 보응을 대조한다. 즉, 죄인에게는 재앙이 따르지만, 의인에게는 좋은 보상이 따른다는 것이다. 다시 말해 죄인은 재앙의 보응을 받고 의인은 선한 보응을 받는다는 것이다(10:24-25; 11:3, 5; 12:12 주해 참조).

잠 13:22. 선인은 그 산업을 자자손손에게 끼쳐도 죄인의 재물은 의인을 위하여 쌓이느니라.

본 절은 선인의 재물과 죄인의 재물을 대조한다. 즉, 선한 사람(하나님을 두려워하는 의인들)의 유산은 자손 대대로 이어지지만(출 20:6), 죄인의 재산은 의인에게 주려고 쌓는다는 것이다. 즉, 죄인은 그의 재물을 의인을 위해 쌓는 것이다(욥 27:17; 전 2:26).

잠 13:23. 가난한 자는 밭을 경작함으로 양식이 많아지거니와 불의로 말미암아 가산을 탕진하는 자가 있느니라.

본 절은 근면한 자와 방탕한 자의 재산을 대조한다. 즉, 가난한 사람이 경작한 밭에서는 많은 소출이 날 수도 있으나, 불의가 판을 치면 그에게 돌아갈 몫이 없다는 것이다. "가난한 자는 밭을 경작함으로"란 말은 '가난한 자의 힘들여 개척한 밭'이라고 번역되어야 한다(Delitzsch). 이 문장은 하나님을 두려워하는 가난한 자가 많은 노력으로 경작한 밭을 의미한다. 하나님은 많은 노력을 들여 진실하게 일하는 경건한 사람에게 복을 내리신다. 애굽 전역은 요셉의 근면한 노력 때문에 흉년에도 식물이 핍절하지 않았었다(창 41:33-36, 54). "불의로 말미암아 가산을 탕진하는 자가 있느니라"는 말은 '부한 자가 불의로 인하여 패망하느니라'고 번역되어야 한다. 다시 말하면 사람이 아무리 부요해도 그가 그 재산을 옳게 사용하지 않으면 마침내 그 재산이 다 없어진다는 말이다. 이런 사람은 그 재물을 가지고 범죄의 방편을 삼는다. 하나님은 그런 자의 재산을 빼앗으신다.

잠 13:24. 매를 아끼는 자는 그의 자식을 미워함이라 자식을 사랑하는 자는 근실히 징계하느니라.

본 절은 자식을 위하여 매를 아끼는 자와 자식을 사랑하여 징계하는 자를 대조한다. 즉, 매를 아끼는 것은 자식을 사랑하지 않는 것이다. 자식을 사랑하는 사람은 훈계를 근실히 한다(19:18; 22:15; 23:13; 24:15, 17)는 것이다. 자식을 어릴 때부터 징계하는 것이 그를 사랑하는 것이다.

잠 13:25. 의인은 포식하여도 악인의 배는 주리느니라.

본 절은 대구법으로, 의인과 악인의 식생활을 대조한다. 즉, 의인의 그 영혼은 배불리 먹지만 악인은 배를 주린다는 것이다. 다시 말해 의인은 하나님께서 내려주시는 복으로 식생활에 만족을 누린다는 것이고(10:3; 시 34:10), 악인은 징계를 받아 배고픔을 당한다는 것이다.

제 14 장

5. 지혜로운 여인에 달려 있다   14장
1-7절. 지혜와 어리석음에 대한 7개의 잠언.
잠 14:1. 지혜로운 여인은 자기 집을 세우되 미련한 여인은 자기 손으로
그것을 허느니라.
  본 절은 지혜로운 여인과 미련한 여인의 행동을 대조한다. 즉, 지혜로운
여자는 집을 세우지만(9:1 참조), 어리석은 여자는 제 손으로 집을 무너뜨린다
는 것이다. 여인들은 비교적 조용하기 때문에 대체적으로 지혜롭게 보인다.
그러나 실제로는 미련한 여자가 있어 그 여인의 행위로 집을 허무는 일이
많다는 것이다. 여인들 중에 말이 많고, 하지 않아야 할 말들을 너무 많이
해서 한 집안을 쑥대밭으로 만드는 미련한 자들이 많다는 것이다. 그런고로
여인들도 예수님을 믿어 성령으로 주장 받는 삶을 살아야 할 것이다.

잠 14:2. 정직하게 행하는 자는 여호와를 경외하여도 패역하게 행하는 자는
여호와를 경멸하느니라.
  본 절은 대구법으로, 정직하게 행하는 자와 마음이 구부러진 자를 대조한
다. 즉, 바른길을 걷는 사람은 주님을 경외하지만, 그릇된 길을 걷는 사람은
주님을 경멸한다는 것이다. 여호와를 경외하는 자는 정직하게 행하고, 여호와
를 무시하는 자는 범사에 굽게 행동한다(욥 12:4).

잠 14:3. 미련한 자는 교만하여 입으로 매를 자청하고 지혜로운 자의 입술은
자기를 보전하느니라.
  본 절은 미련한 자의 말과 지혜로운 자의 말을 대조한다(10:13-14; 12:6,

14, 18; 13:3; 18:20 참조). 즉, 미련한 사람은 교만하여 입으로 매를 자청하지만, 지혜로운 사람의 말은 그를 지켜준다는 것이다. 미련함과 교만은 서로 결탁되어 있어 사람이 미련하면 교만하다. 그리고 사람이 교만한 자는 미련하다. 교만한 자는 말도 교만하게 해서 주위로부터 비난을 사들인다. 그러나 지혜로운 자는 말이 겸손하여 주위의 눈살을 험하게 만들지 않는다.

잠 14:4. 소가 없으면 구유는 깨끗하려니와 소의 힘으로 얻는 것이 많으니라.

본 절은 독립적 잠언으로 소의 유무를 대조한다. 즉, 소가 없으면 구유는 깨끗하지만, 소가 일을 하면 소출이 많아진다는 것이다. 다시 말해 소가 없으면 소를 돌볼 일도 없어서 편하지만, 소출이 없어 가난하고, 소가 있으면 소를 돌볼 일도 생겨서 몸은 힘들지만 경제적으로는 유익하다는 것이다. 우리가 수고하면 그만큼 소득이 늘어난다.

잠 14:5. 신실한 증인은 거짓말을 아니하여도 거짓 증인은 거짓말을 뱉느니라.

본 절은 대구법으로 신실한 증인과 거짓 증인을 대조한다(6:19; 14:25; 19:5). 즉, 진실한 증인은 거짓말을 아니하여도, 거짓 증인은 거짓말을 내뱉는다는 것이다. 신실한 증인은 그 중심에 진실을 간직한 자이기 때문에 거짓말을 하지 않는다. 그러나 거짓 증인은 그 중심에 거짓이 있으니 속에 있는 거짓을 내뱉는 것이다. 이 거짓 증인은 하나님으로부터 참으로 미움을 많이 받는다(출 20:16). 사람이 중심이 변해야 거짓말을 하지 않게 된다.

잠 14:6. 거만한 자는 지혜를 구하여도 얻지 못하거니와 명철한 자는 지식 얻기가 쉬우니라(A scoffer seeks wisdom in vain, but knowledge is easy for a man of understanding-RSV, ESV).

본 절은 거만한 자가 지혜를 구하는 일과 명철한 자(여호와를 경외하니 겸손한 자이다)가 지혜를 구하는 일의 대조를 말한다. 즉, 거만한 자(남을 조롱하는 자)는 지혜를 구해도 얻지 못하나, 명철한 자(여호와를 경외하면서 겸손한 자)는 쉽게 지식을 얻는다는 것이다. 거만한 자는 무엇을 해도 잘 이루어지지 않는다. 거기에 더해 가장 중요한 지혜를 구해도 얻지 못한다. 그러나 겸손한 자는 하나님을 경외하는 자이기 때문에 쉽게 지혜를 얻는다.

잠 14:7. 너는 미련한 자의 앞을 떠나라 그 입술에 지식 있음을 보지 못함이니라(Leave the presence of a fool, for there you do not meet words of knowl-edge-RSV, ESV).

본 절은 독립구로, 미련한 자 앞을 떠나라는 잠언이다. 즉, 미련한 사람의 앞을 떠나라. 네가 그의 말에서 지식을 배우지 못할 것이라고 한다. 우리는 미련한 자와 일상의 거래나 상거래를 완전히 끊을 수 없다. 그러나 그들과 깊이 사귀는 것은 거절해야 할 것이다.

8-19절. 지혜자와 우매자의 생활을 대조하는 12개의 잠언.
잠 14:8. 슬기로운 자의 지혜는 자기의 길을 아는 것이라도 미련한 자의 어리석음은 속이는 것이니라.

본 절은 슬기로운 자의 지혜와 미련한 자의 어리석음을 대조한다. 즉, 슬기로운 사람의 지혜는 지금 자기가 가는 길을 알고 가지만, 미련한 사람의 어리석음은 자기가 어떤 길을 가고 있는지 알지 못하여 자기를 속인다는 것이다(욥 15:35; 시 7:15).

잠 14:9. 미련한 자는 죄를 심상히 여겨도 정직한 자 중에는 은혜가 있느니라.

본 절은 대구법으로, 미련한 자와 정직한 자를 대조한다. 즉, 어리석은 자는 죄를 우습게 여겨도 정직한 자들 중에는 은혜가 있다는 것이다. 어리석은 자들은 대체적으로 죄를 가볍게 여기고 죄를 자복하지 않는다. 그러나 정직한 자들은 죄를 무겁게 여겨서 죄를 자복하게 되는데, 그런 과정에서 크고 풍성한 주님의 은혜를 받아 더 누리는 삶을 살게 된다.

잠 14:10. 마음의 고통은 자기가 알고 마음의 즐거움은 타인이 참여하지 못하느니라.

본 절은 독립구로 사람은 자기 마음의 고통을 알고 또 자신의 즐거움도 자기가 안다는 것을 말한다. 즉, 마음속 고통은 자기 혼자 알고, 마음의 기쁨 역시 타인과 나누어 가질 수 없다는 것이다. 고통과 즐거움 모두 자기가 아는 감정이다. 남이 직접적으로 참여하지는 못한다.

잠 14:11. 악한 자의 집은 망하겠고 정직한 자의 장막은 흥하리라.

본 절은 대구법으로 악한 자의 집과 정직한 자의 집의 장래를 대조한다. 즉, 악한 사람의 집은 망하고, 정직한 사람의 장막은 흥한다는 것이다. 여기 집과 장막은 동의어로 사용되었다. 악한 자의 집은 번영하는 듯해도 결국은 망하고, 정직한 자의 장막은 어려운 때도 있지만 결국은 번영한다(3:33; 12:7 참조).

잠 14:12. 어떤 길은 사람이 보기에 바르나 필경은 사망의 길이니라.

본 절은 독립적 잠언으로 어떤 길은 사람이 보기에는 바르게 보이나 하나님 보시기에는 굽은 길이기 때문에 결국은 망하는 길이라는 것이다. 이렇게 바르게 판단하지 못하는 이유는 우리의 눈이 아직 어둡고 또 판단력이 흐려서이다. 성령의 충만함을 입을 때에는 밝히 보게 된다. 우리는 오직 예수님께서 인도하시는 대로 따라가야 할 것이다(요 14:6).

잠 14:13. 웃을 때에도 마음에 슬픔이 있고 즐거움의 끝에도 근심이 있느니라.

본 절은 세상의 웃음, 세상 즐거움의 감정 속에도 슬픔이 있고 근심이 있다는 것을 말한다. 즉, 웃고 있는 중에도 마음이 아플 때가 있고, 즐거워하는 중에도 끝에 가서 슬플 때가 있다는 것이다. 사람은 오로지 예수 그리스도를 만나서 오직 예수님을 바라볼 때 참 기쁨이 있고 즐거움이 있기 마련이다.

잠 **14:14.** 마음이 굽은 자는 자기 행위로 보응이 가득하겠고 선한 사람도
자기의 행위로 그러하리라(The backslider in heart will be filled with the
fruit of his ways, and a good man will be filled with the fruit of his ways-ESV).
　　본 절은 대구법으로, 마음이 굽은 사람과 마음이 펴진 사람의 행위의
열매를 대조한다. 즉, 마음이 비뚤어진 사람(마음이 하나님으로부터 떠난
자, 시 44:18)은 자기가 행한 대로 보응을 받고(12:14; 13:2; 28:19), 선한
사람도 자기가 행한 대로 보응을 받아 자기가 누리고 또 자손에게로 물려준다
는 것이다(11:8, 29; 13:22).

잠 **14:15.** 어리석은 자는 온갖 말을 믿으나 슬기로운 자는 자기의 행동을
삼가느니라.
　　본 절은 대구법으로, 어리석은 자와 슬기로운 자를 대조한다. 즉, 어리석
은 사람(단순한 자)은 모든 말들을 다 믿다가 파멸에 이르지만, 슬기로운
사람(용의주도한 사람)은 자기의 행동을 삼간다(8절 참조)는 것이다. 우리는
우리 스스로 무슨 일을 말하고 판단할 것이 아니라 성령의 충만을 구하여
성령의 주장하심 아래에서 살아가야 할 것이다.

잠 **14:16.** 지혜로운 자는 두려워하여 악을 떠나나 어리석은 자는 방자하여
스스로 믿느니라.
　　본 절은 대구법으로 지혜로운 자와 어리석은 자의 범죄에 대한 자세를
대조한다. 즉, 지혜 있는 사람은 하나님을 두려워하여 악을 떠나지만(16:6;
22:3; 28:14; 시 37:27), 미련한 사람은 교만하고 방자해서 조심할 줄을 모르고
악을 곧이곧대로 믿어 범죄(21:24; 28:16)한다는 것이다.

잠 **14:17.** 노하기를 속히 하는 자는 어리석은 일을 행하고 악한 계교를 꾀하는
자는 미움을 받느니라(A man of quick temper acts foolishly, but a man
of evil devices is hated-ESV).

본 절은 노하기를 속히 하는 자와 악한 계략을 꾸미는 자를 거론한다. 즉, 성을 잘 내는 사람은 어리석은 일을 행하게 마련이고, 음모를 꾸미는 사람은 미움을 받게 된다는 것이다. 노하기를 속히 하는 자는 노하기를 더디 하는 자(29절; 15:18)와 대조된다. 이렇게 감정을 억제하지 못하는 자는 어리석은 과오를 범하기 쉬운 것이다. 그리고 "악한 계교를 꾀하는 자"는 그 중심이 악한 사람이며(12:2; 24:8; 시 37:7) 결과적으로 사람들에게서 소외되고 미움을 받게 마련이다. 우리는 중심에 있는 악을 기도로 토해 내야 할 것이다. 이 기도는 많은 시간을 드려야 효과가 발생한다.

잠 14:18. 어리석은 자는 어리석음으로 기업을 삼아도 슬기로운 자는 지식으로 면류관을 삼느니라(The simple acquire folly, but the prudent are crowned with knowledge-ESV).

본 절은 대구법으로, 어리석은 자는 어리석음을 기업 삼아도, 신중한 자는 지식을 면류관 삼는다는 것을 말한다. 즉, 어리석은(어수룩한) 사람은 어리석음(어수룩함)을 대대로 유산 삼고 살지만, 슬기로운 사람은 지식을 면류관으로 삼는다는 것이다. 다시 말해 어리석은 자는 어리석음을 버리지 않고, 어리석음을 반복적으로 행하기에 마치 어리석음이 기업인 것처럼 보인다. 그리고 슬기로운 자는 항상 지혜롭게 행함으로 영광에 싸여 산다는 것이다. 우리는 항상 주님께 기도하여 지혜를 얻어 지혜롭게 살아야 할 것이다. 그래서 지혜 있는 자의 대명사가 되어야 할 것이다.

잠 14:19. 악인은 선인 앞에 엎드리고 불의한 자는 의인의 문에 엎드리느니라.

본 절은 악인의 최후와 불의한 자의 최후를 대조한다. 즉, 악인은 선한 사람 앞에 엎드리고, 불의한 사람은 의인의 문 앞에 엎드린다는 것이다. 다시 말해 악인은 한때 잘 되는 것 같으나 결국은 패하고, 의인은 한때 어려움을 당하나 최후의 승리를 얻게 되는 것이다. 그래서 악인은 의인 앞에 굴복하여 엎드리게 되는 것이다(13:9, 22; 시 37:25).

20-27절. 부자와 가난한 자에 관한 8개의 잠언.

잠 14:20. 가난한 자는 이웃에게도 미움을 받게 되나 부요한 자는 친구가 많으니라.

본 절은 가난한 자와 부요한 자의 사회적 대접을 대조하는 잠언으로 세상의 얄팍한 인심을 대변한다. 즉, 가난한 사람은 이웃에게도 미움을 받게 되지만, 부자에게는 많은 친구가 모이고 따른다는 것이다. 사람들은 자기들에게 의뢰하는 궁핍한 자들을 불쌍히 여길 줄 모르고 도리어 싫어하며 멀리한다. 사람에게는 이처럼 타락하여 잔인한 심리가 있다.

그런가 하면 "부요한 자는 친구가 많다"는 것이다. 이 말씀도 이 세상 사람들의 죄악을 지적하는 말이다. 여기 부자로 더불어 친교를 맺는 자들은 아첨자이다. 그들은 부자에게서 무엇을 얻어 볼까 하고 그의 친구가 되는 것이다. 그러므로 부자와 더불어 친교를 맺는 자들은 거짓된 자들이다. 왜냐하면 그 부자가 파산하는 날에 그의 친구들이란 사람들은 대부분 물러갈 것이기 때문이다. 이런 친구를 친구로 아는 그 부자에게도 죄가 있다. 그것은 자기에게 아부하는 자들(칭찬하는 자들)을 좋게 여기는 죄악이다(박윤선).

잠 14:21. 이웃을 업신여기는 자는 죄를 범하는 자요 빈곤한 자를 불쌍히 여기는 자는 복이 있는 자니라.

본 절은 대구법으로 이웃을 업신여기는 자와 빈곤한 자를 불쌍히 여기는 자를 대조한다. 즉, 이웃을 멸시하는 사람은 죄를 짓는 사람이지만, 가난한 사람에게 은혜를 베푸는 사람은 복이 있는 사람이라는 것이다. 다시 말해 가난한 이웃을 업신여기고 미워하는 것은 범죄 행위이다. 그러나 가난한 자를 불쌍히 여기고 도와주는 자는 복이 있는 자이다(16:25).

잠 14:22. 악을 도모하는 자는 잘못 가는 것이 아니냐 선을 도모하는 자에게는 인자와 진리가 있으리라.

본 절은 대구법으로, 악을 도모하는 자와 선을 도모하는 자를 대조한다.

즉, 악을 도모하는 사람(근본적으로 악을 꾀하는 사람)은 여지없이 길을 잘못 가는 것이다(3:29; 4:14). 그러나 그와 대조적으로 선을 계획하는 사람은 하나님의 인자와 진리를 얻는다(13:18; 16:6; 20:28)는 것이다. 인자와 진리는 하나님의 속성으로(시 40:11; 61:7) 선을 도모하는 자와 동행하는 것이다. 우리는 근본적으로 악을 도모하는 사람들이 되어서는 안 될 것이다. 근본적으로 선을 계획하는 사람들이 되어야 할 것이다.

잠 14:23. 모든 수고에는 이익이 있어도 입술의 말은 궁핍을 이룰 뿐이니라(In all toil there is profit, but mere talk tends only to poverty-ESV).

　　본 절은 수고와 말뿐인 말을 대조한다. 즉, 모든 수고에는 이득이 있긴 하지만(10:22), 그러나 일은 하지 않고 말만 해서는 가난을 면할 수가 없다(욥 11:2; 15:3)는 것이다. 우리는 말만 하는 사람들이 될 것이 아니라 실제로 수고를 하는 사람들이 되어야 한다. 땀 흘리며 일하라고 하신 말씀은 범죄한 인간에게 주신 하나님의 명령이다(창 3:19). 그러므로 실행함 없이 말만 하는 자(욥 11:2; 사36:5)는 육신 생활이 궁핍해진다. 일하는 수고의 실행 없이 말만 하는 자는 영적 생활에도 궁핍함이 따른다. 하나님께서는 그런 자에게는 은혜를 주시지 않는다. 영적 기갈을 만나게 하신다(박윤선).

잠 14:24. 지혜로운 자의 재물은 그의 면류관이요 미련한 자의 소유는 다만 미련한 것이니라.

　　본 절은 지혜로운 자와 미련한 자의 소유를 대조한다. 즉, 지혜로운 자가 가지고 있는 재물은 지혜자를 빛나게 하지만, 그러나 미련한 자(하나님을 무시하는 자)의 화환은 어리석음이라는 것이다. 다시 말해 미련한 자에게는 그가 원하는 재물이 아닌 원치 않는 미련함만이 남는다.

잠 14:25. 진실한 증인은 사람의 생명을 구원하여도 거짓말을 뱉는 사람은 속이느니라.

본 절은 진실한 증인과 거짓말만 내뱉는 사람의 증언을 대조한다. 즉, 증인이 진실을 말하면 다른 사람의 생명을 구원하지만, 위증하는 증인은 배신자가 되고 애매한 사람을 죽일 수 있게 된다는 것이다. 진실한 증인은 거짓으로 고발되어 위기에 처한 사람의 생명을 구원한다(5절; 12:17). 그러나 거짓말을 함부로 하는 사람은 남을 속이는 자요, 애매한 사람을 죽일 수가 있다.

잠 14:26. 여호와를 경외하는 자에게는 견고한 의뢰가 있나니 그 자녀들에게 피난처가 있으리라.

본 절은 여호와를 경외하는 자에 관한 잠언이다. 즉, 주님을 경외하면 여호와께서 견고한 의뢰가 되어 주신다(사 26:4)는 것이고, 또 주님께서 친히 그 자식들에게도 피난처가 되어 주신다는 것이다.

잠 14:27. 여호와를 경외하는 것은 생명의 샘이니 사망의 그물에서 벗어나게 하느니라.

본 절도 역시 여호와를 경외하는 자에 관한 잠언이다. 즉, 주님을 경외하는 것이 생명의 샘이니, 사람을 죽음의 그물에서 벗어나게 한다는 것이다. 본 절은 13:14의 반복이기도 하다. 여호와를 경외함에는 참으로 놀라운 약속이 주어지고 있다. 그 놀라움의 이유는 생명의 약속, 즉 사람을 살리는 약속이 주어지기 때문이다.

28-35절. 지혜자와 우매자의 대인 관계의 잠언.
잠 14:28. 백성이 많은 것은 왕의 영광이요 백성이 적은 것은 주권자의 패망이니라.

본 절은 왕에게 있어서 백성이 많은 것과 백성이 적은 것을 대조한다. 즉, 백성이 많은 것은 왕의 영광이지만, 백성이 적은 것은 통치자의 몰락이라는 것이다. 그런고로 백성이 많아야 한다. 백성이 점점 적어지는 것은 왕의 멸망을 의미하는 것이다. 그런고로 왕은 백성을 많게 해야 하고 백성으로 하여금 평화롭고 잘 살게 해야 한다는 것이다.

잠 14:29. 노하기를 더디 하는 자는 크게 명철하여도 마음이 조급한 자는 어리석음을 나타내느니라.

본 절은 대구법으로 노하기를 더디 하는 자와 마음이 조급하여 쉽게 노하는 자를 대조한다. 즉, 좀처럼 성을 내지 않는 사람은 매우 명철한 사람이지만, 성미가 급하여 성을 잘 내는 사람은 어리석음을 드러낸다는 것이다(13:16; 15:18; 21:5; 약 1:19).

잠 14:30. 평온한 마음은 육신의 생명이나 시기는 뼈를 썩게 하느니라.

본 절은 평온한 마음과 마음이 평온하지 못하고 시기를 잘 하는 마음을 대조한다. 즉, 마음이 평안하면 몸에 생기가 돌지만, 남을 시기하고 질투하면 뼈까지 썩는다는 것이다. 마음이 화평하면 침착한 상태의 마음을 가진 것이다(15:4). 마음의 상태가 화평한 상태가 아니면 육신의 병이 생길 수도 있고 또 육신의 병이 악화될 수도 있는 것이다. "시기"라는 것은 화평한 마음과 대조되는 마음 상태로 격렬한 흥분 상태이며 거기에 쉼이나 안정은 없는 것이다. 이런 마음의 상태는 뼈를 썩게도 하는 것이다(12:4).

잠 14:31. 가난한 사람을 학대하는 자는 그를 지으신 이를 멸시하는 자요 궁핍한 사람을 불쌍히 여기는 자는 주를 공경하는 자니라.

본 절은 가난한 사람을 학대하는 자와 가난한 자를 불쌍히 여기는 자를 대조한다. 즉, 가난한 사람을 억압하는 것은 그를 지으신 분을 모욕하는 것이지만, 궁핍한 사람에게 은혜를 베푸는 것은 그를 지으신 분을 공경하는 것이란 뜻이다. 세상에 가난한 자는 항상 있는 법이다(신 15:11; 마 26:11). 가난한 자를 학대하는 것은 결국 그를 지으신 하나님을 멸시하는 큰 죄인 것이다(17:5). 그러나 그 가난한 자를 돌보는 자는 하나님을 높이는 것이 되어 주님으로부터 복을 받는다(19:17).

잠 14:32. 악인은 그의 환난에 엎드러져도 의인은 그의 죽음에도 소망이 있느니라.

본 절은 악인과 의인의 죽음을 대조한다. 즉, 악한 사람은 자기의 악행 때문에 환난에 넘어지지만(시 36:12; 62:3), 의로운 사람은 죽음이 닥쳐와도 피할 소망(11:7 참조)이 있다는 것이다. 다시 말해 죽은 후에도 생명을 계속해서 가진다는 것이다(시 23:4, Lange).

잠 14:33. 지혜는 명철한 자의 마음에 머물거니와 미련한 자의 속에 있는 것은 나타나느니라.

본 절은 지혜로운 자와 우매한 자가 지혜를 어떻게 간직하느냐를 두고 대조한다. 즉, 지혜는 명철한 사람의 마음에 머물고, 미련한 사람 마음에는 모든 것이 간직되지 않고 금방 다 방출되고 만다는 것이다. 우리는 미련한 마음을 지혜로운 마음으로 고쳐야 한다. 그러기 위해서는 예수님을 구주로 영접해야 한다.

잠 14:34. 공의는 나라를 영화롭게 하고 죄는 백성을 욕되게 하느니라 (Righteousness exalts a nation, but sin is a reproach to any people-ESV).

본 절은 공의와 죄를 대조한다. 즉, 정의(하나님과 사람에 대한 의무)는 나라의 위상을 높이지만, 죄는 민족을 욕되게 먹칠한다는 것이다. 실제로 왕과 백성들이 의를 행하면 그 나라의 위상은 높아진다. 그러나 백성들 사이에 죄가 가득할 때 그 나라의 모든 것이 부끄럽게 돌아간다. 따라서 나라를 든든하게 하는 기초가 의임을 알아야 한다(이상근).

잠 14:35. 슬기롭게 행하는 신하는 왕에게 은총을 입고 욕을 끼치는 신하는 그의 진노를 당하느니라.

　　본 절은 왕에게 슬기롭게 행하는 신하와 욕을 끼치는 신하를 대조한다. 즉, 슬기롭게 행하는 신하는 왕의 총애를 받고 은총을 입어 승진하지만, 욕을 끼치는 신하는 왕에게 욕을 끼치게 되고 왕으로부터 진노를 당한다 (16:12)는 것이다. 하만은 후자에 속하는 신하이다(에 7:7-10). 우리는 요셉이나 다니엘과 같이 왕으로부터 총애를 입는 사람들이 되어야 할 것이다.

제　15　장

6. 유순한 대답　15장

1-7절. 말에 관한 7개의 잠언.

잠 15:1. 유순한 대답은 분노를 쉬게 하여도 과격한 말은 노를 격동하느니라.

　　본 절은 유순한 대답과 과격한 말의 대조이다. 즉, 유순한 대답은 분노를 가라앉혀도, 거친 말은 화를 돋운다는 것이다. 유순한 대답은 이미 품고 있던 분노도 가라앉히지만 과격한 말은 없던 분노도 격동한다는 것이다. 실례들: 유순한 말의 실례-에서에 대한 야곱의 말(창 32:3-5, 9-15; 33:8-14), 모세에 대한 아론의 말(레 10:16-20), 에브라임 사람들에 대한 기드온의 말(삿 8:1-3), 사울의 말에 대한 다윗의 말(삼상 24:9-15; 26:22-24), 다윗에 대한 아비가일의 말(삼상 25:23-31) 등, 과격한 말의 실례-사울의 말(삼상 20:30-31), 나발의 말(삼상 25:10-11), 르호보암 왕의 말(왕상 12:13-14) 등이 있다(Bridges). 우리는 역사상의 배움을 통해 말에 실수를 하지 않아야 한다.

잠 15:2. 지혜 있는 자의 혀는 지식을 선히 베풀고 미련한 자의 입은 미련한 것을 쏟느니라.

　　본 절은 지혜로운 자와 우매한 자의 말을 대조한다. 즉, 지혜로운 사람은 그 마음속에 지식을 쌓고 있을뿐더러 때와 장소에 알맞게 지혜를 발설하여 지식을 선히 베풀지만(16:23), 미련한 사람은 때와 장소를 가리지 않고 떠들고 다니면서 그의 입은 미련한 말만 쏟아낸다(28절 주해 참조)는 것이다. 따라서 중요한 것은 사람의 속이 변해야 헛된 말도 안 한다는 것이다.

잠 15:3. 여호와의 눈은 어디서든지 악인과 선인을 감찰하시느니라.

본 절은 독립구로 여호와의 편재성(어디에나 계심)과 전지하심을 말한다.
즉, 주님의 눈은 어느 곳이나 계시고, 악한 사람과 선한 사람 모두를 알아보시
며(시 139:1-10; 대하 16:9; 렘 23:23-24; 마 10:30), 언제나 지켜보신다는
사실이다.

**잠 15:4. 온순한 혀는 곧 생명 나무이지만 패역한 혀는 마음을 상하게
하느니라.**

본 절은 온순한 혀와 패역한 혀(구부러진 혀)를 대조한다(1절과 비슷하
다). 즉, 따뜻한 말(고치는 혀)은 생명 나무와 같아서 상한 마음을 치료해주지
만, 사악한 자의 가시 돋친 말은 사람의 마음을 쿡 찔러서 마음을 상하게
한다는 것이다.

**잠 15:5. 아비의 훈계를 업신여기는 자는 미련한 자요 경계를 받는 자는
슬기를 얻을 자니라.**

본 절은 대구법으로, 아비의 훈계를 업신여기는 자와 훈계를 받는 자를
대조한다. 즉, 어리석은 사람은 자기 아버지의 훈계를 업신여기고 무시하지
만, 명철한 사람은 아버지의 책망을 간직하고 순종한다는 것이다. 1:7-8;
13:1 주해 참조. 아비의 훈계를 받으면 지혜롭게 된다고 성경은 말씀한다
(10:1; 19:25).

잠 15:6. 의인의 집에는 많은 보물이 있어도 악인의 소득은 고통이 되느니라.

본 절은 의인의 집에 있는 보물과 악인의 집에 있는 보물을 대조한다.
즉, 의인의 집에는 많은 재물이 쌓여서 유용하게 사용되지만, 악인은 불의한
방법으로 소득을 취한 것임으로 그의 소득은 주인에게 고통을 안겨 준다는
것이다. 나봇의 포도원을 빼앗은 아합은 고통에 잠기게 되었다(왕상 21장;
약 5:1-6).

잠 15:7. 지혜로운 자의 입술은 지식을 전파하여도 미련한 자의 마음은 정함이 없느니라.

　본 절은 지혜로운 자의 입술과 미련한 자의 마음을 대조한다. 즉, 지혜로운 사람의 입술은 항상 지식을 전파하여 사람들에게 유익을 주지만(2절; 10:31), 미련한 사람의 마음에는 지혜로운 사람과 같은 생각이 없고, 정함이 없다는 것이다. 우리는 항상 기도로 지혜를 얻어 살아야 할 것이다.

8-15절. 지혜자와 우매자의 마음을 대조하는 8개의 잠언.
잠 15:8. 악인의 제사는 여호와께서 미워하셔도 정직한 자의 기도는 그가 기뻐하시느니라.

　본 절은 악인의 제사와 의인(정직한 자)의 기도를 대조한다. 즉, 악한 사람의 제사는 제사의 진정한 내용을 놓친 형식만 갖춘 제사이기 때문에 주님께서 미워하시고, 역겨워하시지만(21:27; 28:9; 시 40:6; 41:17; 사 1:11-15; 렘 7:21-23; 호 6:6; 미 6:6-8), 정직한 사람의 기도는 주님께서 기뻐하신다는 것이다. 우리는 모든 것을 다 아시는 주님께 성령의 사람으로서 주님이 기뻐하시는 기도를 드려야 할 것이다.

잠 15:9. 악인의 길은 여호와께서 미워하셔도 공의를 따라가는 자는 그가 사랑하시느니라.

　본 절은 악인과 공의를 따라가는 자를 대조한다. 즉, 악한 사람은 악을 따르는 생활을 하므로 주님께서 그를 미워하시고 싫어하시지만(11:20; 12:22), 정의를 따르는 사람은 의를 따르는 생활을 하므로 주님께서 사랑하신다는 것이다(11:19; 21:21). 우리는 주님이 원하시는 정의를 추구하는 삶을 살아야 하겠다.

잠 15:10. 도를 배반하는 자는 엄한 징계를 받을 것이요 견책을 싫어하는 자는 죽을 것이니라(Correction is grievous unto him that forsaketh the way : and he that hateth reproof shall die-KJV, There is severe discipline for him who forsakes the way; whoever hates reproof will die-RSV, ESV).

본 절의 상반절과 하반절의 뜻을 두고 견해가 갈린다. 1) 상반절은 과오를 계속적으로 범하는 자가 징계를 받는다는 뜻이고, 하반절은 징계를 받는 자로서 그것을 늘 감수하지 않은 결과를 보여준다는 것으로 보는 견해(박윤선). 2) 동의적 평행법(synonymous parallelism)으로 도(길)를 배반하는 자와 견책을 싫어하는 자에 대하여 말하는 것으로 보는 견해(W.J. Deane & S.T. Taylor-Taswell, Charles Bridges, 옥스퍼드 원어 성경 대전, 이상근, 그랜드 종합 주석, 호크마 주석). 문맥으로 보아 2)번의 견해를 택한다. 즉, 바른 길을 저버리는 사람은 엄한 징계를 받고(2:13 참조), 책망을 싫어하는 사람은 무서운 죽임을 당할 것이라(10:17 참조)는 뜻이다. 딘(Deane)은 말하기를 "둘째 구절 하반절은 상반절이 말하는 징계가 어떤 것인가를 보여준다"고 했다. 그러니까 상반절의 "도를 배반하는 자"와 하반절의 "견책을 싫어하는 자"를 동의어로 보는 것이다.

잠 15:11. 스올과 아바돈도 여호와의 앞에 드러나거든 하물며 사람의 마음이리요.

본 절은 독립구로 사람의 마음을 통촉하시는 여호와의 전지성에 대해서 말씀한다. 즉, "죽음'과 '파멸'도 주님 앞에서 드러나거늘, 하물며 사람의 마음이야 더욱 그러하지 않겠는가라는 것이다. 본 절의 "스올"(שׁאוֹל)과 "아바돈"(אֲבַדּוֹן)은 동의어로 지하 깊은 곳인 무저갱(눅 8:31; 계 9:2)을 지칭한다. 여호와께서 음부의 세계도 훤히 아시는데(27:20) 하물며 인생의 마음을 속속들이 통촉하시지 않겠느냐는 것이다.

잠 15:12. 거만한 자는 견책 받기를 좋아하지 아니하며 지혜 있는 자에게로 가지도 아니하느니라.

본 절은 거만한 자의 특징은 견책 받기를 싫어하고, 지혜로운 자를 가까이

하지 않는다고 말한다(10절과 통한다). 즉, 거만한 사람은 자기를 책망하는 사람을 좋아하지 않으며, 지혜 있는 사람을 찾아가지도 않는다는 것이다. 그래서 이런 사람은 조금도 좋은 방향으로 변화되지 않는다. 하나님은 교만한 자를 물리치신다(10절; 9:8; 암 5:10; 약 4:6). 교만은 패망의 선봉이다(16:18).

잠 15:13. 마음의 즐거움은 얼굴을 빛나게 하여도 마음의 근심은 심령을 상하게 하느니라.

본 절은 대구법으로, 마음의 즐거움과 마음의 근심을 대조한다. 즉, 즐거운 마음은 얼굴을 밝게 하고 빛나게 하지만(12:25), 근심하는 마음은 마음을 상하게 하고 썩게 한다는 것이다. 그런고로 우리는 항상 성령 충만을 구하여 마음에 즐거움을 가지고 살아야 할 것이다.

잠 15:14. 명철한 자의 마음은 지식을 요구하고 미련한 자의 입은 미련한 것을 즐기느니라.

본 절은 대구법으로, 명철한 자와 미련한 자를 대조한다. 즉, 명철한 사람의 마음은 항상 지식을 찾고 또 찾지만(14:33), 미련한 사람의 입은 지혜 같은 것에는 별 관심이 없고 어리석음을 즐기고 어리석음을 부끄럼 없이 나타낸다는 것이다.

잠 15:15. 고난 받는 자는 그 날이 다 험악하나 마음이 즐거운 자는 항상 잔치하느니라.

본 절은 마음에 고통이 있는 자와 마음이 즐거운 자를 대조한다. 즉, 마음속으로 고난 받는 사람은 닥쳐오는 모든 날이 다 불행하며 괴롭고 험난한 날이지만, 마음이 즐거운 사람에게는 모든 날이 잔치하는 기쁜 날인 것이다.

16-23절. 여러 미덕에 관한 8개의 잠언.

잠 15:16. 가산이 적어도 여호와를 경외하는 것이 크게 부하고 번뇌하는 것보다 나으니라.

본 절은 가난하면서도 여호와를 경외하는 것의 미덕을 말한다. 즉, 재산이 적어도 주님을 경외하며 사는 것이, 재산이 많고 마음에 번뇌가 있고 다투며 사는 것보다 낫다는 것이다(16:8; 시 37:16). 부자의 번뇌는 부를 지키려는 데서 오는 번뇌이며 사람들로부터 빼앗기지 않으려고 노력하는 데서 오는 번뇌일 것이다. 재산은 우리에게 절대로 만족을 주지 못한다.

잠 15:17. 채소를 먹으며 서로 사랑하는 것이 살진 소를 먹으며 서로 미워하는 것보다 나으니라.

본 절은 채소를 먹으며 서로 사랑하는 것과 살진 소를 먹으며 서로 미워하는 것을 대조한다. 즉, 서로 화목하고 사랑하며 채소를 먹고 사는 것이, 서로 미워하고 으르렁거리며 기름진 쇠고기를 먹고 사는 것보다 오히려 더 낫다는 것이다. 다시 말해 가난하면서도 서로 사랑하고 화목하게 사는 것이 부하면서도 서로 미워하고 다투면서 사는 것보다 낫다는 것이다. 이같이 여호와를 경외하는 신앙(전 절)과, 형제 화목(본 절)이 인생 행복의 이대 요소인 것이다(이상근).

잠 15:18. 분을 쉽게 내는 자는 다툼을 일으켜도 노하기를 더디 하는 자는 시비를 그치게 하느니라.

본 절은 분을 어떻게 절제하는가를 두고 갈리는 두 가지 자세를 대조한다. 즉, 화를 쉽게 내는 사람은 시비를 바로 분별하지 못하고 잘못하면서도 옳은 줄 알며 다툼을 일으키지만, 노하기를 더디 하는 사람은 하나님의 성품을 본받은 자이다. 우리는 하나님의 오래 참으시는 덕으로 구원을 받았으니(벧후 3:15) 우리 자신도 오래 참는 덕을 귀하게 여겨야 한다. 그것이 하나님의 자녀이다. 이런 사람이 화목을 이루고(마 5:9), 싸움을 그치게 한다(1절; 26:21; 28:25 참조).

잠 15:19. 게으른 자의 길은 가시 울타리 같으나 정직한 자의 길은 대로니라.

　　본 절은 게으른 자의 길과 정직한 자의 길을 대조한다. 즉, 게으른 사람 (6:6-10; 10:26; 28:19)의 길은 가시덤불로 덮여 있는 것 같아서 무엇 하나 되는 일이 없고 험하지만, 부지런한 사람의 길은 확 트인 대로(大路)와 같이 평탄하다는 것이다.

잠 15:20. 지혜로운 아들은 아비를 즐겁게 하여도 미련한 자는 어미를 업신여기느니라.

　　본 절은 지혜로운 아들과 미련한 아들을 대조한다. 즉, 지혜로운 아들은 아버지를 기쁘게 하고 순종하지만, 미련한 아들은 어머니를 업신여기고 불순종한다는 것이다. 전반절은 10:1과 문자적으로 동일하다(그 주해 참조). 본 절의 아비나 어미는 부모를 지칭하는 말이다. 우리는 부모나 윗사람을 진리 안에서 즐겁게 해 드리고, 기쁘시게 해드려야 하는 것이다.

잠 15:21. 무지한 자는 미련한 것을 즐겨 하여도 명철한 자는 그 길을 바르게 하느니라.

　　본 절은 무지한 자와 명철한 자를 대조한다. 즉, 무지한 자(생각이 모자라는 사람)는 미련함을 기뻐하고 낙을 삼지만(10:23 참조), 명철한 사람은 바른 삶의 길을 바로 걷기 위해 바른길을 걷는다는 것이다.

잠 15:22. 의논이 없으면 경영이 무너지고 지략이 많으면 경영이 성립하느니라.

　　본 절은 의논이 없는 것과 의논이 있는 것을 대조한다. 즉, 의논 없이 독단으로 세워진 경영은 무너지고 실패하지만, 조언자들이 많아 충분히 의논하고 지략을 모아 무엇을 세워놓으면 그 경영과 계획이 성립되는 것이며 (11:14) 이루어진다는 것이다. 현대는 더욱이 민주주의 시대를 맞이하여 여러 사람의 의견을 모으고 지략을 집약해서 의논하면 성공한다. 공산주의나 사회주의는 조언자들의 조언을 무시하기 때문에 백발백중 망하게 된다. 그리고 공산주의나 사회주의가 망하는 이유는 하나님을 부인하기 때문이다.

잠 15:23. 사람은 그 입의 대답으로 말미암아 기쁨을 얻나니 때에 맞는 말이 얼마나 아름다운고.

본 절은 독립구로, 때에 맞는 말의 가치를 평가한다. 즉, 적절한 대답은 사람을 기쁘게 하니, 때에 알맞은 말이 제때에 나오면 참 즐겁다는 것이다. 모든 사람은 때에 맞는 말로 문제 해결을 보고 기쁨을 얻게 된다. 때에 맞는 말이 얼마나 아름다운 것인지 형언할 길이 없다(10:20; 25;11; 31:32 참조). 우리는 때에 맞는 말을 알맞게 할 수 있도록 하나님께 지혜를 구해야 할 것이다.

24-33절. 신앙생활의 지혜에 관한 10개의 잠언.

잠 15:24. 지혜로운 자는 위로 향한 생명 길로 말미암음으로 그 아래에 있는 스올을 떠나게 되느니라.

본 절은 지혜로운 자는 영생하는 하늘나라로 가는 길을 가면서 스올을 떠나게 된다는 것을 말한다. 즉, 지각 있는 사람은 위로 뻗은 생명의 길을 선택하므로(빌 3:20; 골 3:2), 내리막길에 있는 지옥을 떠난다는 것이다. 이렇게 위의 세계와 아래의 세계를 대조하는 내용이 구약에는 적은데, 본 절에는 특별히 나타나 있다. "스올"에 대해 1:12 주해 참조. 이 사상은 신약 성경 요한복음의 사상과 같은 것이다(요 8:23). 하나님께서 계신 곳은 위에 있는 생명 세계인데 그곳은 구원받은 자들이 올라간다. 구약에 간접적으로 이 세계에 대해 많이 말한다(창 11:5; 21:17; 22:11; 28:12-13; 출 19:11, 18, 20; 신 4:36: 왕상 8:27, 30, 32, 33, 34, 39, 43, 45, 49, 박윤선).

잠 15:25. 여호와는 교만한 자의 집을 허시며 과부의 지계를 정하시느니라.

본 절은 교만한 자의 집과 과부의 지계를 대조한다. 즉, 주님은 거만한 사람의 집을 헐어 버리시지만, 과부가 사는 곳의 경계선은 튼튼히 세워 주신다는 것이다. 여호와를 떠난 거만한 자의 집은 결국 망하여 헐리게 된다(12:7; 14:11; 16:18). 그러나 이런 교만한 자에게 압제를 받는 과부의 집은 보호하시고 그의 땅의 지계를 보존하신다는 것이다.

잠 15:26. 악한 꾀는 여호와께서 미워하시나 선한 말은 정결하니라.

본 절은 악한 꾀와 선한 말을 대조한다. 즉, 악한 사람의 꾀는 주님께서 미워하시고 역겨워하시지만, 선한 사람의 말은 정결한 제물처럼 받으신다는 것이다. "악한 꾀"란 남을 해치기 위해 꾸민 음모로 여호와는 이런 꾀를 아주 미워하신다(11:20). 그와 반면에 "선한 말"은 남을 위로하는 말이며 또 남을 돕는 말로 정결한 말이고 여호와께서 기뻐하시는 말이다(16:24 참조).

잠 15:27. 이익을 탐하는 자는 자기 집을 해롭게 하나 뇌물을 싫어하는 자는 살게 되느니라.

본 절은 이익을 탐하는 자와 뇌물을 싫어하는 자를 대조한다. 즉, 불의한 이익을 탐내는 사람은 그것이 죄가 되어 자기 집에 해를 끼치지만, 뇌물을 거절하는 사람은 오래 산다(사 1:23; 10:1; 미 3:11; 7:3 등)는 것이다. 뇌물을 받는 자는 자기 집을 해롭게 하고 패망하게 하는 자이다(1:19; 11:29). 그러나 뇌물을 받지 않는 자는 오래 살고 번창하는 것이다(28:16).

잠 15:28. 의인의 마음은 대답할 말을 깊이 생각하여도 악인의 입은 악을 쏟느니라.

본 절은 의인의 마음과 악인의 마음을 대조한다. 본 절은 대체로 2절과 같다. 즉, 의인의 마음은 대답할 말을 주의 깊이 고려하고 생각하지만, 악인의 입은 악한 말을 함부로 쏟아내고, 그의 마음에 있는 것을 별 생각 없이 아무렇게나 내뱉는다는 것이다.

잠 15:29. 여호와는 악인을 멀리 하시고 의인의 기도를 들으시느니라.

본 절은 대구법으로, 여호와께서 악인을 멀리 하시고 의인의 기도를 들으신다는 것을 말씀한다. 8절의 말씀과 거의 동일하다(8절 주해 참조, 요 9:31). 여호와께서는 악한 자를 멀리하시나 의인의 기도는 들으신다. 사람은 여호와께서 가까이 해주셔야 살 수 있는 법인데 여호와께서 그 사람을 멀리하신다면 그가 어떻게 살 수 있겠는가. 따라서 우리는 우리 죄를 자복하므로 하나님으로부터 기도의 응답을 받으며 살아야 하겠다.

잠 15:30. 눈이 밝은 것은 마음을 기쁘게 하고 좋은 기별은 뼈를 윤택하게 하느니라.

본 절은 독립구로, 좋은 소식이 마음과 육체(뼈)에 끼치는 영향을 말한다. 즉, 밝은 얼굴은 사람을 기쁘게 하고, 좋은 소식은 사람을 낫게 한다는 것이다. "눈이 밝은 것"은 좋은 소식을 들은 것을 뜻한다(LXX). 좋은 소식을 들으면 눈은 반짝이고, 마음은 기쁘게 되며(16:15), 육체는 윤택하게 되는 것이다 (25:25, 이상근).

잠 15:31. 생명의 경계를 듣는 귀는 지혜로운 자 가운데에 있느니라.

본 절은 독립구로 생명의 경계(여호와를 경외하는 교훈)를 듣는 사람의 지혜를 말한다. 즉, 목숨을 살리는 훈계에 귀를 기울일 줄 아는 사람은 지혜로운 사람들 사이에 자리를 잡게 된다는 것이다. 우리 영혼의 생사가 목숨을 살리는 훈계에 우리 영혼의 생사가 달려있으므로 우리는 겸손히 그 훈계를 받아 지혜로운 사람이 되어야 한다.

잠 15:32. 훈계 받기를 싫어하는 자는 자기의 영혼을 경히 여김이라 견책을 달게 받는 자는 지식을 얻느니라.

본 절은 훈계 받기를 싫어하는 자와 훈계를 달게 받는 자를 대조한다. 즉, 훈계를 싫어하는 사람은 자기의 생명을 가볍게 여겨 자신을 아무렇게나 취급하지만(8:36), 책망을 잘 듣고 순종하는 사람은 지식을 얻어 지혜로운 자가 된다(4:5, 7; 16:16; 19:8)는 것이다. 우리는 하나같이 성경을 펴고 성경의 견책을 달게 받고 또 전도자의 견책을 달게 받아 지혜를 얻어야 할 것이다.

잠 15:33. 여호와를 경외하는 것은 지혜의 훈계라 겸손은 존귀의 길잡이니라 (The fear of the LORD is instruction in wisdom, and humility comes before honor-ESV).

본 절은 독립구로 겸손히 주님을 경외하는 미덕에 대해 말한다. 1:3, 7; 9:10 참조. 즉, 여호와를 경외하는 것이 지혜를 주는 훈계라는 것이다. 지혜가 없으면 하나님을 경외함도 없고, 하나님을 경외함이 없으면 지혜도 없다는 것이다. 사람이 겸손하면 하나님과 사람에게 존대함을 받는다. 다시 말해 "겸손은 존귀의 길잡이니라"는 말은 하나님 앞에서 피조물인 인간의 한계를 철저히 인정하고 겸손히 엎드리는 것이 존귀하게 되는 첩경임을 나타내고 있다. 즉, 겸손하면 존귀가 따라온다(3:16; 8:18; 18:12).

제 16 장

B. 경건한 삶   16:1-22:16
이 부분(16:1-22:16)은 솔로몬 잠언 모음집의 제2부로 대체로 "경건한 삶"을 권고하고 있다. 내용 분해는 앞선 경우를 따라 장별로 나누고 각 장의 첫말로 장명을 잡는다.

1. 마음의 경영   16장
1-9절. 이 부분은 순수한 종교적 잠언으로 사람의 마음과 하나님의 역사를 대조시킨 9개의 잠언이다.
잠 16:1. 마음의 경영은 사람에게 있어도 말의 응답은 여호와께로부터 나오느니라.
본 절은 대구법으로, 마음의 경영과 그 이루어짐과의 관계를 말한다. 즉, 계획은 사람이 세우지만, 결정은 주님께서 하신다(9, 33절; 19:21)는 것이다. 우리의 계획이 바르기만 하면 주님께서 반드시 이루어주신다. 우리는 우리의 기도가 이루어질 때까지 기도하여야 할 것이다.

잠 16:2. 사람의 행위가 자기 보기에는 모두 깨끗하여도 여호와는 심령을 감찰하시느니라.
본 절은 사람의 행위와 주님의 판단을 대조한다. 즉, 사람의 행위가 자기 생각(12:15; 21:2)으로는 모두 깨끗하게 보여도, 주님께서는 우리의 마음을 꿰뚫어 보신다는 것이다. 다시 말해 주님께서 우리의 생각을 판단하신다는 것이다. 그런고로 우리는 우리의 생각을 스스로 주님 앞에 비추어 보아야 한다.

잠 16:3. 너의 행사를 여호와께 맡기라 그리하면 네가 경영하는 것이 이루어지리라.

본 절은 내용으로 보아 1절과 같으나 보다 더 적극적인 권면이다. 즉, 네가 하는 일을 주님께 맡기면, 계획하는 일이 이루어질 것이라는 내용이다. 다시 말하면 우리가 계획하는 일을 그냥 우리의 손 안에 붙잡고 있지 말고, 주님께 던져버린다면 주님께서 멋지게 이루어주신다(19:21)는 것이다.

잠 16:4. 여호와께서 온갖 것을 그 쓰임에 적당하게 지으셨나니 악인도 악한 날에 적당하게 하셨느니라.

본 절은 독립구로 주님께서 세상 모든 것을 쓰실 목적으로 만드셨다는 것을 말씀하신 것이다. 그러하기에 우주 만물 중에 무의미한 것은 아무것도 없다. 따라서 그것들은 우연의 산물이 아니다(박윤선). 주님께서는 모든 것을 그 쓰임에 알맞게 만드셨으니, 악인의 그 악함도 악한 날(재앙의 날)에 쓰이도록 만드셨다는 것이다. 다시 말해 악인들도 그들이 심판 받는 날(악한 날)에 그 자신이 행한 악한 일에 쓰인 다음 죄과를 심판 받게 하셨다는 것이다. 그렇게 해서 하나님의 의가 나타나게 하신 것이다(롬 9:22, 이상근).

한 가지 밝히고 지나갈 것은 주님께서는 악한 자를 지으신 것은 아니다. 악은 아담으로부터 물려받은 인간의 전유물이다. 다만 계속해서 그들이 악한 채 살고 있는 것은 하나님의 택함을 받지 않는 탓으로 악을 계속해서 행하고 있는 것이다. 하나님의 택함을 받은 사람들은 예수님의 십자가 대속의 피를 믿게 되어 의로 여김을 받고 사는 것이다.

잠 16:5. 무릇 마음이 교만한 자를 여호와께서 미워하시나니 피차 손을 잡을지라도 벌을 면하지 못하리라.

본 절은 독립구로 주님께서 교만한 자를 심판하신다는 것을 말한다. 즉, 주님께서는 마음이 거만한 모든 사람을 역겨워하시니(15:9, 25-26), 그들이 피차 손을 잡고 죄를 은폐하려고 해도 그 악은 폭로되고 저희는 틀림없이 벌을 받을 것이라(11:21)는 것이다.

잠 16:6. 인자와 진리로 인하여 죄악이 속하게 되고 여호와를 경외함으로 말미암아 악에서 떠나게 되느니라(By steadfast love and faithfulness iniquity is atoned for, and by the fear of the LORD one turns away from evil-ESV).

본 절은 독립구로 인자와 진리, 그리고 여호와 경외의 조화를 말한다. 즉, 인애와 진리로 허물이 사함을 얻고, 여호와를 경외함으로 인하여 죄악에서 떠나게 된다는 것이다. 인자와 진리에 대해 3:3주해 참조. 여기서 인자와 진리가 1) 사람의 것이라는 견해(Delitzsch, Toy, Lange, 이상근), "인자와 진리를 행함으로" 죄의 속량을 받게 되고 또 "여호와를 경외함으로" 악에서 떠나게 된다는 것이다. 2) 하나님의 것이라는 견해(Bertheau, 박윤선). 두 견해 중에서 2)번의 견해가 더 바른 견해이다. 여기 "인자와 진리"란 말은 하나님의 구속 행위를 가리킨다. 다시 말해 하나님의 인자하신 성품으로 사람들을 불쌍히 여기셔서 사람으로 하여금 그리스도의 희생의 피(대속자의 피)로 속죄하는 제도(진리)의 혜택을 받게 하신다(박윤선)는 것이다.

잠 16:7. 사람의 행위가 여호와를 기쁘시게 하면 그 사람의 원수라도 그와 더불어 화목하게 하시느니라.

본 절은 사람이 여호와를 기쁘시게 하면 그 사람의 원수라도 그와 더불어 화목하게 하신다는 것을 말한다. 즉, 사람의 행실이 주님을 기쁘시게 하고 순종하게 되면 그의 원수라도 그와 화목하게 하여 주신다는 것이다. 야곱의 경우를 생각해 볼 수 있다. 야곱이 얍복 강 저편에서 기도한 결과로 그의 원수였던 에서의 마음이 녹아져서 그를 평안히 놓아 보냈다(창 27:41; 33:1-4).

잠 16:8. 적은 소득이 공의를 겸하면 많은 소득이 불의를 겸한 것보다 나으니라.

본 절은 적은 소득이 공의를 겸하면 많은 소득을 가지고 불의하게 사는 것보다 낫다는 것을 말한다. 즉, 의롭게 살며 적게 버는 것이(15:16; 시 37:16), 불의하게 살며 많이 버는 것보다 낫다(13:23 참조))는 것이다. 수입이 적고도 바르게 사는 것을 하나님께서 기뻐하신다. 그러므로 그런 자의 마음에는 하나님의 평강이 임한다.

잠 16:9. 사람이 마음으로 자기의 길을 계획할지라도 그의 걸음을 인도하시는 이는 여호와시니라.

본 절은 1절과 거의 같은 내용으로, 사람이 마음으로 자기의 앞길을 계획할지라도 그 발걸음을 인도하시는 분은 주님이시라는 것이다(시 37:23; 렘 10:23 참조). 우리는 마음으로 계획한 다음 그 계획을 주님께 아뢰어 아름답게 이루어야 할 것이다.

10-15절. 하나님의 세계 통치를 대신하는 왕에 대한 6가지의 잠언.
잠 16:10. 하나님의 말씀이 왕의 입술에 있은즉 재판할 때에 그의 입이 그르치지 아니하리라.

본 절은 하나님의 대리자로 통치하는 왕의 재판이 정당한 것을 말한다. 즉, 하나님을 따르는 왕이 내리는 판결은 하나님을 대신한 판결이니, 판결할 때에 그릇된 판결을 내리지 않는다는 것이다. 왕이란 하나님의 대리자로 세움을 받은 자이니 그가 하나님께 순종하고 그 말씀을 따라 재판을 한다면 그의 판결에 과오가 없는 것이다(왕상 3:28; 롬 13:1; 벧전 4:11).

잠 16:11. 공평한 저울과 접시 저울은 여호와의 것이요 주머니 속의 저울추도 다 그가 지으신 것이니라(A just balance and scales are the LORD's; all the weights in the bag are his work-RSV, ESV).

본 절은 독립구로 주님은 저울을 주관하시고 공정한 저울을 원하신다는 것을 말씀한다. 즉, 정확한 저울과 접시 저울(천평)은 주님의 것이며, 주머니

속의 저울추도 다 그분이 만드신 것이라는 것이다. 여기 "저울과 접시 저울"(פֶּלֶס וּמֹאזְנֵי)은 'balance and scales'(RSV, ESV)로 번역된다. "접시저울"(פֶּלֶס)은 가운데에 세운 줏대의 가로장 양 끝에 접시와 같은 저울판이 달려 있는 천칭(天秤)을 가리키는 말로 똑 같이 상거래에 사용되는 도량형 기기(器機)이다. 이러한 것들이 "여호와의 것"이라는 말은 공정한 상거래가 하나님께서 요구하시는 엄중한 명령이라는 뜻이다(레 19:36; 신 25:13-16).

그리고 하반절의 "저울추"는 추(錘-끈에 달려 늘어져서 흔들리게 된 물건)로 사용한 돌로서 솔로몬 때의 추는 대체로 돌이었다.

이들 세 가지(저울, 접시 저울, 저울추)는 가벼운 물건과 무거운 물건을 정확하게 측량하는 저울의 종류들로서 일반적으로 사회 정의의 표준들을 비유한다(박윤선).

본 절의 전반부와 후반부는 동일한 의미의 말로 무게를 달 때 추를 주머니에 넣어 달았던 고대 근동 지역의 관습을 반영한 말이다. 옛날이나 오늘날이나 하나님께서 상인들에게 필요하다고 보시는 것은 공정한 상거래이다. 남을 속이는 행위는 언제라도 반드시 벌을 받는다.

잠 16:12. 악을 행하는 것은 왕들이 미워할 바니 이는 그 보좌가 공의로 말미암아 굳게 섬이니라.

본 절은 왕들은 하나님의 대리자로서 하나님처럼 악행을 미워하고 공의를 사랑해야 한다는 것을 말한다. 즉, 왕은 악행을 미워하여야 한다. 왜냐하면 왕의 보좌는 공의로만 굳게 설 수 있기 때문이라는 것이다. 만약에 왕들이 공의를 실천하지 않고 불의하게 행동하면 징벌을 받아야 했다. 왕이 공의를 사랑하고 실천할 때만이 그의 왕위는 든든하게 지속되는 것이다(10절; 25:5).

잠 16:13. 의로운 입술은 왕들이 기뻐하는 것이요 정직하게 말하는 자는 그들의 사랑을 입느니라.

본 절은 전 절의 후반부를 강조하는 말이다. 다시 말해 12절이 왕에게

공의 실현을 촉구한 잠언이라면 본 절은 그 신하된 자들을 위한 잠언으로
통치자를 위하여 바른 조언과 충언하기를 요구하고 있다. 즉, 왕은 백성들이
공의롭게 직언하는 말을 기쁘게 여겨야 하고, 정직하게 말해주는 것을 사랑하
여야 한다(22:11)는 것이다.

**잠 16:14. 왕의 진노는 죽음의 사자들과 같아도 지혜로운 사람은 그것을
쉽게 하리라.**

본 절은 왕의 진노와 지혜자의 역할을 말한다. 즉, 왕의 진노는 죽음의
사자들과 같이 무서운 진노를 발하지만(19:12; 20:2; 전 8:3-4), 그러나 지혜로
운 사람은 왕의 진노를 가라앉힌다는 것이다. 그런데 우리가 기억해야 하는
것은 그런 놀라운 지혜는 주님께 기도할 때에만 받을 수 있다는 사실이다.

**잠 16:15. 왕의 희색은 생명을 뜻하나니 그의 은택이 늦은 비를 내리는 구름과
같으니라.**

본 절은 14절과는 반대되는 말이다. 즉, 왕의 얼굴빛이 밝아야 모두 살
수 있다는 것이다. 누군가 왕의 진노를 잠재울 수 있는 지혜자가 필요한
것이다. 그래서 왕에게 기쁨이 있어야 한다는 것이다. 왕의 기쁨은 늦은
비(봄비-3, 4월 추수기에 내리는 비로 곡식을 여물게 하는 비)를 몰고 오는
구름과 같은데, 그러므로 왕의 진노를 가라앉힐 누군가가 필요하다.

16-25절. 지혜의 존귀함과 소득을 말한다.
**잠 16:16. 지혜를 얻는 것이 금을 얻는 것보다 얼마나 나은고 명철을 얻는
것이 은을 얻는 것보다 더욱 나으니라.**

본 절은 지혜가 금보다 귀하다는 것을 말한다. 즉, 지혜를 얻는 것이
금을 얻는 것보다 낫고, 명철을 얻는 것이 은을 얻는 것보다 낫다는 것이다
(3:14; 8:10-11, 19). 이를 기억하며 우리는 지혜를 얻기 위해 많은 시간 주님께
매달려 기도해야 한다.

잠 16:17. 악을 떠나는 것은 정직한 사람의 대로이니 자기의 길을 지키는 자는 자기의 영혼을 보전하느니라.

본 절은 독립구로 악을 떠나는 것의 중요성을 말한다. 즉, 악을 떠나는 것은 정직한 사람이 가는 큰 길이니, 그 길을 지키는 사람은 자기의 생명을 지키는 사람이라(10:17; 11:5, 20; 13:3; 15:19)고 한다. 우리 힘으로 악을 떠날 생각을 말고 주님께 생명을 거는 심정으로 악을 떠나기 위하여 기도해야 할 것이다.

잠 16:18. 교만은 패망의 선봉이요 거만한 마음은 넘어짐의 앞잡이니라.

본 절은 독립구로 교만을 경계하는 말이다(11;2; 15:25, 33; 17:19; 18:12). 즉, 교만에는 반드시 멸망이 따르고, 거만에는 반드시 넘어짐이 따른다는 것이다. 우리는 교만하지 않기 위하여 매일 한차례 이상 겸손 얻기 위해 기도해야 할 것이다. 우리는 악한 두 앞잡이들(교만, 거만)을 달고 다닐 필요가 없다. "산꼭대기는 구름에 싸여 벼락을 먼저 맞는다"(Lange).

잠 16:19. 겸손한 자와 함께 하여 마음을 낮추는 것이 교만한 자와 함께 하여 탈취물을 나누는 것보다 나으니라.

본 절은 동반자와 함께 하여 마음을 낮추라는 것을 권하고 있다. 즉, 겸손한 사람과 어울려 마음을 낮추는 것이, 거만한 사람과 어울려 전리품을 나누는 것보다 낫다(시 84:10 참조)는 것이다. 겸손한 자와 함께 마음을 낮춘다는 것이 때론 답답하고, 진전 없는 것처럼 여겨질 때가 많지만 그래도 그렇게 살 때, 삶의 평안과 복이 임함을 알게 될 것이다.

잠 16:20. 삼가 말씀에 주의하는 자는 좋은 것을 얻나니 여호와를 의지하는 자는 복이 있느니라.

본 절은 삼가 말씀에 주의하고 여호와를 의지하는 자는 복이 있다는 것을 말한다. 즉, 말씀에 따라 조심하며 사는 사람은 일이 잘 되고, 주님을 의지하는 사람은 복되다는 것을 말한다. 여기 "말씀"이란 여호와의 율법을 지칭한다. 율법을 멸시하며 멀리하는 사람은 일이 점점 틀려지고 패망의 길로 간다. 그러나 율법을 두렵게 생각하고 지키면 상급을 받는다(13:13). 여호와를 의지하고 기도하는 사람은 복이 넘치게 임한다(14:21).

잠 16:21. 마음이 지혜로운 자는 명철하다 일컬음을 받고 입이 선한 자는 남의 학식을 더하게 하느니라(The wise of heart is called discerning, and sweetness of speech increases persuasiveness-ESV).

본 절은 실생활에 있어서 마음이 지혜로운 자는 남에게 학식을 가르친다는 것을 말한다. 즉, 실생활에 있어서 마음이 지혜로운 사람은 하나님을 경외하는데 말로만 하지 않고 실천으로 한다. 그런 사람을 명철하다고 말한다. 말이 부드러운 사람은 남에게 상처를 주지 않고 많은 사람들에게 더욱 많은 지혜를 가르친다는 것이다. 본 절 하반절의 "입이 선한 자"란 말은 지혜로운 자가 선한 말을 한다는 것을 뜻한다(15:2). 다시 말해 자기의 명철함을 좋은 교수법으로 남에게 전하는 자를 말한다. 이런 자는 남의 학식을 더하게 마련이다.

잠 16:22. 명철한 자에게는 그 명철이 생명의 샘이 되거니와 미련한 자에게는 그 미련한 것이 징계가 되느니라.

본 절은 명철함과 어리석음의 결과를 대조한다. 즉, 명철한 사람은 하나님의 복을 받아 그 명철함이 생명의 샘(근원, 10:11; 13:14; 14:27)이 되지만, 어리석은 사람에게는 그 어리석음이 그 사람으로 하여금 악행을 하여 고통을 자초하며 벌이 되게 한다는 것이다.

잠 16:23. 지혜로운 자의 마음은 그의 입을 슬기롭게 하고 또 그의 입술에 지식을 더하느니라(The mind of the wise makes his speech judicious, and adds persuasiveness to his lips-ESV).

본 절은 21절과 연결되어 지혜자의 말을 지적한다. 즉, 마음이 지혜로운 사람은 말을 신중하게 하고, 그의 하는 말에 설득력이 있어서 때와 장소를 따라 이를 전한다는 것이다(15:2 참조). "이와 반대로 많은 사람들이 그 심령 상태는 돌보지 않고 말만 하고 말에 머문다. 이렇게 되니 그들의 생활은 깊은 생명 세계와는 아무런 접속도 가지지 못하고 생명 없는 허수아비처럼 세상의 풍조에 따라서 부동(浮動)한다"(박윤선).

잠 16:24. 선한 말은 꿀 송이 같아서 마음에 달고 뼈에 양약이 되느니라.

본 절은 선한 말의 효과에 관한 잠언이다. 즉, 선한 말(21절, 23절)은 듣는 자에게 꿀 송이 같이 달고(15:26; 시 19:10주해 참조) 마음을 즐겁게 하여 주며, 그의 건강에도 도움이 된다는 것이다. 그런고로 우리는 항상 선한 말을 할 수 있어야 할 것이다.

잠 16:25. 어떤 길은 사람이 보기에 바르나 필경은 사망의 길이니라.

본 절은 14:12과 문자적으로도 똑같다. 그 주해를 참조하라.

26-33절. 하나님의 상선 벌악에 대한 8가지 잠언.

잠 16:26. 고되게 일하는 자는 식욕으로 말미암아 애쓰나니 이는 그의 입이 자기를 독촉함이니라(A worker's appetite works for him; his mouth urges him on-RSV, ESV).

본 절은 사람이 살기 위해 일하는 것을 말한다. 즉, 허기진 배가 사람으로 하여금 일하게 만들고 그 입이 사람을 몰아세운다는 것이다. "식욕으로 말미암아"란 말은 '그 자신을 위하여'(for him)라는 뜻이다. 사람은 자신을 위하여 일하는 것이고, 식생활의 압박 때문에 일한다는 것이다. 우리는 모두 먹도록 정해진 것이다(시 128:2). 우리는 정해진 대로 성실하게 살아야 할 것이다.

잠 16:27. 불량한 자는 악을 꾀하나니 그 입술에는 맹렬한 불같은 것이

있느니라.

본 절은 독립구로, 분량한 자의 악에 관해 말한다. 즉, 불량한 사람 (אִישׁ בְּלִיַּעַל -도덕심이 전혀 없는 자, 6:12; 신 13:13; 삿 19:22; 20:13; 삼상 1:16; 고후 6:15)은 마음이 불량하여 악을 꾀한다. "악을 꾀한다"는 말은 '악을 깊이 판다'는 뜻이다. 악을 깊이 파는 사람은 자신이 판 구덩이에 빠지고 마는 것이다(26:27; 렘 18:20). 그들의 말은 마음에서 나오기 때문에 맹렬한 불과 같다는 것이다. 그들의 "입술에는 맹렬한 불" 같은 것이 있다는 말은 '맹렬하고 악한 말로 남을 해친다'(욥 31:12; 겔 21:3; 약 3:5)는 뜻이다.

잠 16:28. 패역한 자는 다툼을 일으키고 말쟁이는 친한 벗을 이간하느니라.

본 절은 독립구로 패역한 자에 대하여 말한다. 즉, 비뚤어진 말을 하는 사람(거짓말 장이)은 다툼을 일으키기를 좋아하여 가는 곳마다 다툼을 일으키는 것이다(6:14, 19). 중상모략을 일삼는 사람은 다툼을 일으키면서 친한 벗들을 이간시키기를 좋아한다.

잠 16:29. 강포한 사람은 그 이웃을 꾀어 좋지 아니한 길로 인도하느니라.

본 절은 독립구로, 강포한 자에 대하여 말한다. 즉, 강포한 사람(폭력을 쓰는 사람, 불법 자, 악한 행위를 예사로이 해버리는 자)은 자신만 악한 것이 아니라 그 이웃을 윽박질러서, 좋지 않은 길을 가게 한다는 것이다(1:10; 3:31; 시 36:4; 사 65:2). 강포한 사람은 성령으로 변화되지 않으면 악하게 살다가 끝나게 된다.

잠 16:30. 눈짓을 하는 자는 패역한 일을 도모하며 입술을 닫는 자는 악한 일을 이루느니라(Whoever winks his eyes plans dishonest things; he who purses his lips brings evil to pass-ESV).

본 절은 독립구로, 눈짓을 하는 자(악을 음모하는 사람)에 대해 말한다.

즉, 악을 연출하기 위하여 눈짓을 하는 사람(악을 음모하는 사람)은 눈을 감고 남을 해칠 그릇된 일을 꾀하고(2:12; 6:14), 입술을 닫는 사람(악한 계획을 결단성 있게 또는 힘 있게 행하는 사람)은 악한 일을 저지른다는 것이다. 즉, 그는 입을 다물고 악을 실천한다(6:13; 10:10).

잠 16:31. 백발은 영화의 면류관이라 공의로운 길에서 얻으리라.

본 절은 의인의 길에 대해 말한다. 즉, 백발은 영화로운 면류관이니, 의로운 길을 걸어야 그것을 얻는다는 것이다. 여기 "백발"이란 말은 '장수'를 뜻하는 말이다. 장수는 의의 길에서 얻어지는 것으로 언급되었다(3:1-2, 16; 4:10; 9:11; 10:17). 악인이 오래 사는 것은 자신과 남을 위하여 불행한 일이다. 장수가 "영화로운 면류관"이란 말은 '사람이 장수하는 것이 존경을 받을만하다'는 뜻이다(박윤선). 이 면류관은 의인에게 하나님께서 주시는 상급을 지칭한다(레 19:32). 사람이 그리스도 안에서 의롭게 살면 하늘의 평강을 누린다(3:7-8; 14:27; 19:23). 그 뿐 아니라 그는 하나님의 말씀과 함께 즐거워하게 되니(고전 13:6), 그 심신이 평안하다. 따라서 그는 육신 생명에 있어서도 건강하게 되어 장수할 수 있다.

잠 16:32. 노하기를 더디하는 자는 용사보다 낫고 자기의 마음을 다스리는 자는 성을 빼앗는 자보다 나으니라.

본 절은 독립구로, 노하기를 더디 하는 미덕에 대해 말한다. 즉, 감정을 억제하고 노하기를 더디 하는 사람은 육체적인 용사보다 낫고(14:29), 그리고 자기의 마음을 다스리는 사람은 성(城)을 점령하고, 적을 제어하는 사람보다 낫다(13:2)는 것이다. 세상에서 가장 힘센 자는 자기를 이기는 자인데 자기를 이기는 방법은 나 자신에게 있지 않고, 그 방법은 어렵지 않다. 그 방법이 어렵지 않은 이유는 바로 성령의 충만을 구하여 성령님의 지배 아래에서 살기만 하면 되는 것이기 때문이다. 그러나 이것은 모든 사람에게 가능한 것이 아니라 성도들에게만 가능한 특권이다.

잠 16:33. 제비는 사람이 뽑으나 모든 일을 작정하기는 여호와께 있느니라.

본 절은 독립구로, 일의 성패는 여호와께 있다는 것을 말한다. 즉, 제비는 사람이 뽑지만, 결정은 주님께서 하신다는 것이다. 고대에는 하나님의 뜻을 알기 위하여 제비를 뽑는 일이 있었다(민 26:55; 수 7:14-19; 삼상 14:42; 시 22:18; 욘 1:7; 행 1:24, Deane). 그러나 그 제비를 주장하시고 인간사를 최종적으로 결정하시는 분은 하나님이시다(18:18). 따라서 우리는 모든 것을 주님께 맡겨야 한다.

제 17 장

2. 마른 떡 한 조각   17장
1-9절. 스스로 만족하게 여기라는 잠언.
잠 17:1. 마른 떡 한 조각만 있고도 화목하는 것이 제육이 집에 가득하고도 다투는 것보다 나으니라.
　본 절은 대구법으로, 가난하게 살면서도 화목한 삶의 미덕에 관해 말한다. 즉, 마른 빵 한 조각만 먹으며 화목하게 사는 것이, 진수성찬을 가득히 차린 집에서 다투며 사는 것보다 낫다는 것이다(15:16-17; 16:8). "제육이 집에 가득하고"라는 말은 '잔치로 가득하다'는 뜻이다. 아무튼 본 절은 물질을 아주 넉넉하게 쌓아두고 서로 다투면서 사는 것보다 가난하게 살면서도 화목하게 사는 것이 낫다는 것이다.

잠 17:2. 슬기로운 종은 부끄러운 짓을 하는 주인의 아들을 다스리겠고 또 형제들 중에서 유업을 나누어 얻으리라.
　본 절은 독립구로, 슬기로운 종과 주인의 악한 아들을 대조한다. 즉, 슬기로운 종은 부끄러운 일을 하는 주인집 아들을 다스리고, 그 집 자녀들과 함께 유산을 나누어 받는다는 것이다. 이스라엘의 경우 종은 가족의 일원이었고(창 24:12; 신 5:14) 그 집의 상속자도 될 수 있었으며(창 15:2-3), 주인의 딸과 결혼할 수도 있었다(대하 2:34-35). "부끄러움을 끼치는 아들"이란 '악해서 유익을 끼치지 못하는 아들'을 말한다. 결국 슬기로운 선한 종은 미련하고 악한 아들을 대신할 수 있다는 것이다(왕상 11:26). 본 절은 지혜를 구하여 지혜롭게 살라는 것을 권한다.

잠 17:3. 도가니는 은을, 풀무는 금을 연단하거니와 여호와는 마음을 연단하

시느니라.

본 절은 독립구로, 주님의 단련에 대해 말한다. 즉, 도가니는 은을, 화덕(풀무)은 금을 단련하지만, 주님께서는 사람의 마음을 단련하신다는 것이다. 전반절은 27:21과 문자적으로 동일하다. 은과 금을 불속에서 제련하여 순금으로 만드는 것같이 주님은 사람을 연단하신다는 것이다(16:2; 21:2; 24:12; 시 66:10-12; 말 3:3). 우리는 주님의 연단을 기쁨으로 받아야 하겠다. 성경 읽고 묵상하는 것, 기도하는 일에 전념하는 삶을 살아가며 주님의 연단을 넉넉히 견뎌 나가야 할 것이다.

잠 17:4. 악을 행하는 자는 사악한 입술이 하는 말을 잘 듣고 거짓말을 하는 자는 악한 혀가 하는 말에 귀를 기울이느니라.

본 절은 독립구로, 악인들끼리 서로 잘 통한다는 것을 말한다. 즉, 악을 행하는 사람은 사악한 입술이 하는 말에 솔깃하고, 거짓말을 하는 사람은 중상하는 자의 말에 귀를 잘 기울인다는 것이다. 다윗의 악한 아들 암논은 간사한 요나답의 말을 들었고(삼하 13:1-14), 악한 왕 아합은 이세벨의 말을 잘 들었으며(왕상 21:4-7), 유대인은 거짓 예언자들의 말을 잘 들었다(사 30:1-11, Charles Bridges).

잠 17:5. 가난한 자를 조롱하는 자는 그를 지으신 주를 멸시하는 자요 사람의 재앙을 기뻐하는 자는 형벌을 면하지 못할 자니라.

본 절은 14:31과 문자적으로 거의 동일하다. 본 절은 남의 불행을 기뻐하지 말라는 것을 말한다. 즉, 가난한 사람을 조롱하는 사람은 그를 지으신 분을 모욕하는 자이다. 남의 재앙을 기뻐하는 사람은 형벌을 면하지 못할 자라는 것이다(11:21; 24:17-18). 우리는 남이 재앙을 당할 때 기도해 주어야 하고 동정해야 한다. 그래야 하나님으로부터 복을 받는다.

잠 17:6. 손자는 노인의 면류관이요 아비는 자식의 영화니라(Grandchildren

are the crown of the aged, and the glory of children is their fathers-ESV).

본 절은 좋은 가족이 피차간에 영화가 되는 것을 말한다. 즉, 이 잠언은 일정한 범위 안에서 적용해야 한다. 죄악을 일삼는 자식과 사랑을 베풀지 않는 부모는 서로에게 가시 면류관일 수밖에 없다(Charles Bridges). 하지만 정상적인 가정에서는 각기 본분을 지키는 자녀와 부모는 서로 서로의 명예를 지켜준다. 그러한 가정의 부모들은 자식들이 많이 있어 별 탈 없이 성장해가는 것을 보며 기뻐한다. 즉, 손자는 노인의 면류관이요, 어버이는 자식의 영광이라는 것이다. 여기 "손자"(Grandchildren)는 '아들의 아들'로서 '자손'을 지칭하고, "아비"(fathers)도 '조상'을 지칭한다. "면류관"이란 말에 대해서는 16:31 주해를 참조하라. 본 절은 손자 손녀가 노인의 주변에 있는 것은 그의 면류관이고, 훌륭한 조상은 자손들의 영화가 된다는 것이다(시 127:5 주해 참조).

잠 17:7. 지나친 말을 하는 것도 미련한 자에게 합당하지 아니하거든 하물며 거짓말을 하는 것이 존귀한 자에게 합당하겠느냐(Fine speech is not becoming to a fool; still less is false speech to a prince-RSV, ESV).

본 절은 미련한 자의 존귀한 말과 존귀한 자의 거짓말을 대조한다. 즉, 거만한 말이 미련한 사람에게는 안 어울린다는 것인데 하물며 거짓말이 통치자에게 어울리겠느냐는 것이다. 다시 말해 미련한 자가 성경 말씀이나 진리에 관해 말하면 그것은 가증하고 오만하게 들려 아주 부자연스럽다는 것이다. 이와 마찬가지로 존귀한 자가 거짓말을 하면 더 없이 부자연스러워지지 않겠느냐는 것이다. 거짓말은 예수님을 믿는 자에게는 결코 어울리지 않는다.

잠 17:8. 뇌물은 그 임자가 보기에 보석 같은즉 그가 어디로 향하든지 형통하게 하느니라.

본 절은 뇌물이 어디서나 통함을 말한다. 즉, 뇌물은 그 쓰는 사람의 눈에는 요술방망이처럼 보인다는 것인데, 어디에 쓰든 안 통하는 일이 없다는 것이다. "보석"이란 '은혜의 돌'을 가리키는 말로 그 쓰는 자에게 보석 같다는 말은 모든 일을 형통하게 한다는 것이다. "뇌물"은 성경에 엄중하게 경계하고 있으므로(출 23:8; 신 16:19; 삼상 12:3; 욥 5:34; 사 1:23, Deane), 본 잠언은 이 사회의 그릇된 풍속을 지탄하는 말이다. 우리는 뇌물을 주는 자가 되어서는 안 되고 뇌물을 써야 하는 자리가 있다면 그곳에 하나님께서 가시게 해야 한다. 다시 말해 하나님께 기도하여 일을 형통하게 해야 한다는 것이다.

잠 17:9. 허물을 덮어 주는 자는 사랑을 구하는 자요 그것을 거듭 말하는 자는 친한 벗을 이간하는 자니라.

본 절은 대구법으로, 허물을 덮어주는 자와 허물을 덮어주지 않고 들통 내는 자를 대조한다. 즉, 허물을 덮어 주면 사랑을 받고 사랑을 구하는 자 (10:12)인 반면, 남의 허물을 거듭 말하는 자는 친구를 갈라놓는 자인 것이다 (16:28).

잠 17:10. 한 마디 말로 총명한 자에게 충고하는 것이 매 백 대로 미련한 자를 때리는 것보다 더욱 깊이 박히느니라.

본 절은 선인과 악인에 대한 경계를 대조한다. 즉, 미련한 사람을 백 번 매질하는 것보다 슬기로운 사람을 한 번 징계하는 것이 더 효과가 있다는 것이다. 우리는 미련한 자를 충고해서 고칠 생각보다는 총명한 자를 충고해서 큰 효과를 얻어야 할 것이다(삼하 12:1-7).

잠 17:11. 악한 자는 반역만 힘쓰나니 그러므로 그에게 잔인한 사자가 보냄을 받으리라.

본 절은 반역자의 처벌에 관해 말한다. 즉, 반역만을 꾀하는 악한 사람은 마침내 잔인한 사자의 방문을 받는다는 것이다. 지도자 밑에서 계속해서 반역만 하는 사람에 대해서는 지도자가 더 이상 봐 줄 수가 없어 잔인한

사자에게 그를 내 준다는 것이다(16:14; 왕상 2:29). 그래서 잔인한 처벌자가
와서 처벌한다는 것이다. 교회에서의 지도자는 주께 반역하는 신자를 더
이상 인간적인 방법으로 다스릴 생각을 하지 말고, 하나님께 맡겨놓아야
한다. 왜냐하면 반역자에 대한 처리는 하나님께서 잔인한 사자를 보내셔서
친히 하시는 것이기 때문이다.

**잠 17:12. 차라리 새끼 빼앗긴 암곰을 만날지언정 미련한 일을 행하는 미련한
자를 만나지 말 것이니라.**

　본 절은 지도자가 미련한 자를 만나지 않도록 기도해야 할 것을 권한다.
즉, 어리석은 일을 하는 미련한 사람을 만나느니, 차라리 새끼 빼앗긴 암곰(삼
하 17:8; 호 13:8)을 만나는 것이 낫다는 것이다. 지도자의 기도는 필수인
것이다.

**잠 17:13. 누구든지 악으로 선을 갚으면 악이 그 집을 떠나지 아니
하리라.**

　본 절은 악으로 선을 갚지 말라는 것을 말한다. 즉, 악으로 선을 갚으면,
그의 집에서 재앙이 떠나지 않는다는 것이다. 다른 이의 선에 대해 감사하지
않고, 오히려 선을 악으로 갚는 것은 아주 극악한 일이므로 그런 일을 행한
집에서는 악한 일이 떠나지 않는다는 것이다(삼상 25:21). 마귀적인 사람은
마땅히 형벌을 받아야 하는 것이다.

**잠 17:14. 다투는 시작은 둑에서 물이 새는 것 같은즉 싸움이 일어나기 전에
시비를 그칠 것이니라.**

　본 절은 시비는 시초에 그치게 하라는 것을 말한다. 즉, 다툼의 시작은
둑에서 물이 새어 나오는 것과 같으니, 싸움은 일어나기 전에 중지시키라는
것이다. 시비는 처음에 아무것도 아닌 듯이 보이지만 나중에는 큰 사건으로
발전하는 것이니 싸움이 시작될 때 화목을 시도하라는 것이다.

잠 17:15. 악인을 의롭다 하고 의인을 악하다 하는 이 두 사람은 다 여호와께 미움을 받느니라.

본 절은 악인을 의롭다 하고 의인을 악하다고 하는 말을 하지 말라는 것이다. 불의한 재판을 하지 말라는 이야기이다. 즉, 재판에서 뇌물을 받고 의인을 악하다 하고 악인을 의롭다 하는 일을 절대로 용납해서는 안 된다는 것이다. 공의의 하나님께서 이런 악인을 반드시 벌하신다는 것을 알고(24:24; 사 5:23), 우리는 꿈에라도 그런 악을 저지르지 말아야 할 것이다.

잠 17:16. 미련한 자는 무지하거늘 손에 값을 가지고 지혜를 사려 함은 어쩜인고.

본 절은 돈을 가지고 지혜를 사려하는 어리석음을 범하지 말라는 것을 말한다. 즉, 미련한 사람의 손에 돈이 있다 해도, 배울 마음이 없으니 어찌 지혜를 얻겠느냐는 것이다. 미련한 자는 무지하여 손에 돈을 가지고 있으면 무엇이든지 다 되는 줄 알고 지혜까지 사려고 덤빈다는 것이다. 인류는 황금만능 사상을 버려야 할 것이다. 황금만능 사상이 팽배한 이 시대에서 그리스도인들은 황금을 의지하지 말고, 주님께 기도하여 모든 것이 해결됨을 세상에 보여줘야 한다.

잠 17:17. 친구는 사랑이 끊어지지 아니하고 형제는 위급한 때를 위하여 났느니라(A friend loves at all times, and a brother is born for adversity-RSV, ESV).

본 절은 친구의 사랑과 형제의 사랑을 비교한다. 즉, 친구는 언제나 사랑하고, 형제는 고난을 함께 나누도록 태어난 것이다. 본 절의 해석에는 두 가지가 있다. 1) 친구와 형제를 서로 다른 인물로 보고 해석하는 법, 즉 친구는 인격적인 교제를 위한 존재이다. 반면 형제는 혈연적 관계에 있는 자로 위급할 때 도움을 준다는 것이다(KJV, Barucq, Plaut, Delitzsch). 2) 친구와 형제를 동일한 것으로 보고 해석하는 법, 즉 참된 친구는 사랑이 끊이지 아니하고 위급할 때에 형제와 같이 도움을 준다는 것이다(18:24; 27:10, Ross, Gemser, Ringgren, Scott, 박윤선, 그랜드 종합 주석, 호크마 주석). 이 두 견해 중에 2)번의 견해가 더 타당한 것으로 보인다.

잠 17:18. 지혜 없는 자는 남의 손을 잡고 그의 이웃 앞에서 보증이 되느니라.

본 절은 남을 위해 보증하는 것이 어리석은 행위인 것을 말한다(6:1; 11:15; 20:16). 즉, 지각없는 사람은 서약을 함부로 하고, 남의 빚보증을 잘 선다는 것이다. "남의 손을 잡고"란 말은 '서약을 한다'는 뜻으로 번역된다. 손바닥을 치는 행위는 보증을 하는 서약의 행위인 것이다.

잠 17:19. 다툼을 좋아하는 자는 죄과를 좋아하는 자요 자기 문을 높이는 자는 파괴를 구하는 자니라(Whoever loves transgression loves strife; he who makes his door high seeks destruction-ESV).

본 절은 다툼을 좋아하는 자와 자기 문을 높이는 자를 지탄한다. 즉, 벌 받기를 좋아하는 사람은 싸우기를 좋아한다. 패가망신을 원하는 사람은 자기 집 문을 높이기를 좋아한다는 것이다. 다투기를 좋아하는 사람은 여러 가지의 범죄를 좋아하게 되는 것이다(26:22). 그리고 "자기 문을 높이는 자"는 '오만한 자'를 지칭하는데, 자기 집의 문을 높이고 특별히 집을 짓는 것은 오만하게 자기를 높이는 태도로 사람들로부터 시기를 불러 일으켜 결국은 파멸에 이르게 되는 것이다(16:18).

잠 17:20. 마음이 굽은 자는 복을 얻지 못하고 혀가 패역한 자는 재앙에 빠지느니라.

본 절은 마음이 굽은 자와 혀가 패역한 자를 지탄한다. 즉, 마음이 비뚤어진 사람은 복을 얻지 못하고, 거짓말만 하는 혀를 가진 사람은 재앙에 빠진다는 것이다. "마음이 굽었다"는 말은 '마음을 펼 수 없이 굽은 사람'을 지칭하는데, 그런 자가 복을 받을 수는 없는 일이다(11:20; 16:20). 그리고 "혀가

패역한 자"란 말은 '이리저리 속이는 말을 하는 혀를 가진 자'를 지칭한다
(10:31). 이런 자의 집은 항상 재앙에 열려 있게 마련이다.

잠 17:21. 미련한 자를 낳는 자는 근심을 당하나니 미련한 자의 아비는 낙이 없느니라.

본 절은 독립구로, 미련한 자를 낳은 자는 항상 근심을 당한다는 것을
말한다. 즉, 미련한 자식을 둔 부모는 걱정이 그칠 사이가 없고, 미련한
자식을 둔 부모는 기쁨이 없다는 것이다. 미련한 자의 부모는 낙이 없고
근심만을 당하는 것이다(10:1; 15:20; 23:24; 레 10:1; 삼상 8:1-3; 삼하
13:1-39). 부모가 깊이 죄를 자복하는 수밖에는 달리 할 수 없다는 말이다.

잠 17:22. 마음의 즐거움은 양약이라도 심령의 근심은 뼈를 마르게 하느니라.

본 절은 마음의 즐거움과 마음의 근심을 대조한다. 즉, 즐거운 마음은
병을 낫게 하지만, 근심하는 마음은 뼈를 마르게 한다. 마음의 즐거움은
육체와 심령에 좋은 것이지만 마음의 근심은 육체를 쇠약하게 하는 것이다
(3:8 주해 참조. 또 15:13, 30; 16:24).

잠 17:23. 악인은 사람의 품에서 뇌물을 받고 재판을 굽게 하느니라(A wicked man accepts a bribe from the bosom to pervert the ways of justice-ESV).

본 절은 불의한 재판관이 뇌물을 받고 재판을 굽게 한다는 것으로 잠언
여러 곳에 경계 되고 있다(8절; 18:5; 21:14). 즉, 악인은 뇌물을 주는 자가
가슴에 안겨 준 뇌물을 먹고서, 재판을 그르친다는 것이다. "품에서 뇌물을
받는다"는 말은 품에 숨겨온 뇌물을 은밀히 받는다는 뜻이다.

잠 17:24. 지혜는 명철한 자 앞에 있거늘 미련한 자는 눈을 땅 끝에 두느니라.

본 절은 지혜로운 자와 우매한 자의 목표를 대조한다. 즉, 슬기로운 사람의
눈은 지혜를 가까이에서 찾지만, 미련한 사람은 눈을 땅 끝에 둔다는 것이다.

"지혜는 명철한 자 앞에 있다"는 말은 '지혜는 지혜자의 앞에 있다'는 뜻이다 (신 30:14). 신 30:14에 말씀하기를 "오직 그 말씀이 네게 매우 가까워서 네 입에 있으며 네 마음에 있은즉 네가 이를 행할 수 있느니라"고 말씀한다. 지혜는 하나님의 수중에 있으므로 우리는 기도하여 지혜를 얻어야 할 것이다. 그러나 미련한 자(어리석은 자)는 지혜를 찾는다고 눈을 땅 끝에 두고 이것저 것을 둘러본다는 것이다. 하나님의 수중에 지혜가 있음을 믿는 우리는 기도하 여 지혜를 얻어야 한다.

잠 17:25. 미련한 아들은 그 아비의 근심이 되고 그 어미의 고통이 되느니라.

본 절은 독립구로, 미련한 아들은 그 부모의 근심거리라는 것을 말한다. 본 절은 21절과 거의 같다(그 주해 참조, 10:1; 15:20; 19:13). 즉, 미련한 자식은 아버지의 근심이고, 어머니에게 고통을 안겨준다는 뜻이다.

잠 17:26. 의인을 벌하는 것과 귀인을 정직하다고 때리는 것은 선하지 못하니라.

본 절은 동의적 평행법에 속하는 구절로 의인을 벌하는 악정(惡政)과 귀인을 정직하다고 해서 때리는 악정은 어울리지 않는 일이라는 것을 말한다. 즉, 의로운 사람을 벌주는 것은 옳은 일이 아니고, 존귀한 사람을 정직하다고 하여 때리는 것도 바른 일이 아니라는 것이다. 본 절 초두에는 "또"(□□-also)라 는 말이 나타나 본 절이 앞 절과 연관되어 있음을 표시한다. 즉, 23절과 연관되어 있음을 나타낸 것이다. 의인(귀인)을 정직하다고 때리는 일은 불의 한 정권에 협조하지 않기 때문에 박해하는 것으로 볼 수 있다. 결국 악한 정권의 권력자들이 불의한 자로부터 뇌물을 받고 의인(귀인)을 박해하는 것이다(18:5). 오늘날 지구상에도 이런 정권들이 존재한다.

잠 17:27. 말을 아끼는 자는 지식이 있고 성품이 냉철한 자는 명철하니라.

본 절은 지혜자에게 말을 아끼는 일과 성품이 냉철할 것을 요구한다.

즉, 아는 것이 많은 사람은 말을 아끼고, 슬기로운 사람은 성품이 냉철하다는 것이다. 본 절은 오해와 불신을 가져오기 쉬운 쓸데없는 말을 삼갈 것을 권장하고 있다. 본 절에서 "성품이 냉철한 자"란 말은 조용하고 침착한 자, 다시 말해 성급하지 않고 신중하게 행동하여 명철하기를 힘쓰는 자를 가리킨다(10:19 참조). 우리는 성품이 냉철한 사람이 되어 말을 아끼는데 힘써야 할 것이다.

잠 17:28. 미련한 자라도 잠잠하면 지혜로운 자로 여겨지고 그의 입술을 닫으면 슬기로운 자로 여겨지느니라.

본 절은 미련한 자가 침묵할 것을 권장하고 있다. 즉, 어리석은 사람도 잠잠하면 지혜로워 보이고(10:19; 13:3; 욥 13:5 참조), 입술을 다물면 슬기로워 보인다는 것이다. 자신을 벙어리로 만들면 명철한 자로 보인다(LXX). 약 1:19에는 "사람마다 듣기는 속히 하고 말하기는 더디하라"고 말한다. 우리는 공연히 말을 많이 해서 손해 보고 살 필요가 없다.

제 18 장

3. 스스로 나뉘는 자   18장

1-9절. 비사교적인 태도를 지탄하는 9개의 잠언

잠 18:1. 무리에게서 스스로 갈라지는 자는 자기 소욕을 따르는 자라 온갖 참 지혜를 배척하느니라.

본 절은 무리에게서 스스로 갈라지는 자가 화를 당한다는 것을 말한다. 즉, 다른 사람과 어울리지 못하고 갈라지는 사람은 자기 욕심만 채우려 하고, 건전한 판단력을 가진 사람을 적대시한다는 것이다. 본 절의 "스스로 갈라지는 자"란 말은 다른 사람들과 참 교제를 끊고 자신의 이기적인 욕심만을 추구하는 자(Delitzsch, Toy, Ewald, Deane, 박윤선, 이상근)로 바른 판단력을 버리고 참 지혜에서 멀어지는 자이다. 우리는 세상 풍조와는 분리주의자가 되어야 하나 바른 사람들, 즉 바른 단체에서 분리되어서는 안 될 것이다.

잠 18:2. 미련한 자는 명철을 기뻐하지 아니하고 자기의 의사를 드러내기만 기뻐하느니라.

본 절은 전 절에 나타난 분리주의자의 독선을 지탄하는 듯하다. 즉, 미련한 사람은 명철을 좋아하지 아니하고, 오직 자기 의견만을 내세운다는 것이다. 이런 사람은 남의 명철을 기뻐하지 아니하고 자기의 주장만 내세운다. 우리는 우리가 서 있는 좌표를 잘 알기 위해 힘써야 할 것이다.

잠 18:3. 악한 자가 이를 때에는 멸시도 따라오고 부끄러운 것이 이를 때에는 능욕도 함께 오느니라.

본 절은 악행의 결과가 있음을 말해준다. 즉, 악한 사람이 오면 멸시도 바로 뒤따라오고, 부끄러운 일 뒤에는 모욕이 바로 따라온다(11:2)는 것이다. 사람들은 착각하여 악을 행하는 것이 편리하고 쉬운 줄 알고 그 길로 간다. 그러나 결국에 그들은 그 악 때문에 멸시와 능욕을 당한다. 그것은 참으로 견디기 어려운 장면이다. 사람은 벌레나 짐승이 아니므로 그런 멸시와 능욕 가운데서는 살 수가 없다. 인간은 무엇보다 부끄러운 짓은 하지 않는 양심의 소유자가 되어야 한다(박윤선).

잠 18:4. 명철한 사람의 입의 말은 깊은 물과 같고 지혜의 샘은 솟구쳐 흐르는 내와 같으니라.

본 절은 명철한 사람의 말의 깊이에 대하여 말한다. 즉, 슬기로운 사람의 입에서 나오는 말은 깊은 물과 같고, 지혜의 샘은 세차게 흐르는 강처럼 솟는다는 것이다(20:5). 여기 "명철한 사람"이란 말은 전 절의 "미련한 자"와 대조되는 자를 지칭한다. 명철한 사람의 말은 계속적으로 하나님 말씀의 공급을 받기 때문에 생명이 있고 또 풍성하다. 계속적으로 은혜가 있고 생명 있는 설교자는 참으로 이런 복된 사람이다. 이런 사람은 예수님께서 요 7:38에 말씀하신 것과 같이 된 자이다. 신자에게 생명의 말씀이 풍성해지는 원인은 신자 자신의 재능에 있지 않고 그가 모시고 있는 예수님의 말씀이 무궁무진하다는 사실에 있다. 예수님을 모신 자에게서는 생명의 말씀이 샘같이 나올 수밖에 없다.

잠 18:5. 악인을 두둔하는 것과 재판할 때에 의인을 억울하게 하는 것이 선하지 아니하니라.

본 절은 독립구로 공정한 재판을 권장하는 말이다(17:26; 레 19:15; 신 10:17; 사 10:2; 암 2:7). 즉, 악인을 두둔하는 일과 재판에서 의인을 억울하게 하는 두 일은 옳지 않다는 것이다. 재판장이 뇌물을 받고 혹은 정권을 가진 자에 대한 두려움 때문에 악인 편을 들어서 옳다하고 의인을 멸시하여 억울하게 판결하는 일은 옳지 않은 일이다.

잠 18:6. 미련한 자의 입술은 다툼을 일으키고 그의 입은 매를 자청하느니라.

본 절부터 8절까지는 미련한 자의 말을 책망한다. 더구나 본 절과 7절은 밀접하게 관련되어 있다. 본 절은 미련한 사람의 입술은 다툼을 일으키고 그 입은 매를 불러들인다는 것이다. 다시 말해 미련한 자는 함부로 미련한 말을 퍼뜨려서 다툼을 일으킨다는 것이다. 그러기에 결과적으로 그는 매를 맞게 되는 것이다.

잠 18:7. 미련한 자의 입은 그의 멸망이 되고 그의 입술은 그의 영혼의 그물이 되느니라.

본 절은 전 절과 밀접한 관련이 되어 있어 미련한 자의 말을 책망한다. 즉, 미련한 사람의 입은 자기를 망하게 만들고(10:14; 13:3), 그 입술은 올무가 되어 자신을 옭아맨다(12:13; 13:14; 14:27; 17:28)는 것이다. 사람이 자기 입만 잘 단속해도 망하지는 않는다. 그런데 나의 힘으로 내 입을 단속하는 것이 어렵기에 우리는 성령의 충만을 간구하여 성령의 지배를 받아야 한다.

잠 18:8. 남의 말하기를 좋아하는 자의 말은 별식과 같아서 뱃속 깊은 데로 내려가느니라.

본 절은 다른 사람에 대해 말하기 좋아하는 자의 말의 영향력이 크다는 것을 말한다. 즉, 남의 말하기를 좋아하는 사람의 말은 맛있는 음식, 즉 별식(맛있는 별미 음식)과 같아서, 뱃속 깊은 데로 내려간다는 것이다. 남의 말하기를 좋아하는 자가 던진 한마디를 들은 자는 그것을 별식으로 알고 받아먹어서 그 말이 그의 뱃속 깊은 데로 내려가서 박힌다는 것이다(16:28). 본 절은 26:22에 문자적으로 반복된다.

잠 18:9. 자기의 일을 게을리하는 자는 패가하는 자의 형제니라.

본 절은 게으른 자에 대하여 탄식한다. 즉, 자기 일을 게을리 하는 자 (6:6-11; 10:4; 12:11, 24; 23:21)는 일을 망치는 자와 형제간이라는 것이다.

게으른 종과 방탕한 주인과는 형제간이다(Wordsworth).

10-16절. 지혜자의 견고한 성(城)과 같은 존재에 대해 말하는 잠언들.

잠 18:10. 여호와의 이름은 견고한 망대라 의인은 그리로 달려가서 안전함을 얻느니라.

본 절은 여호와의 이름은 견고한 망대라는 것이다. 즉, 주님의 이름은 견고한 망대(3:5-8; 시 61:3)이므로, 의인이 그곳으로 달려가면, 아무도 뒤쫓지 못한다는 것이다. 오늘 우리는 여호와께 가서 안전함을 얻어야 하겠다.

잠 18:11. 부자의 재물은 그의 견고한 성이라 그가 높은 성벽 같이 여기느니라.

본 절은 부자의 견고한 성은 그의 재물이라는 것이다(10:15). 즉, 부자의 재산은 그의 견고한 성이 되니, 그는 그것을 아무도 못 오를 높은 성벽처럼 여긴다는 것이다. 부자의 재물이 부자에게 일시적이고 현세적인 산성이 된다고 보아야 할 것이다.

잠 18:12. 사람의 마음의 교만은 멸망의 선봉이요 겸손은 존귀의 길잡이니라.

본 절은 대구법으로 교만과 겸손을 대조한다. 즉, 사람의 마음이 교만하면 멸망이 뒤따르지만, 겸손하면 영광이 뒤따른다는 것이다. 상반절은 16:18에, 하반절은 15:33에 문자적으로 동일하게 나타난다. 우리는 언제나 교만을 버리고 겸손을 힘써야 할 것이다.

잠 18:13. 사연을 듣기 전에 대답하는 자는 미련하여 욕을 당하느니라.

본 절은 독립구로 사연을 듣기 전에 경솔하게 대답하지 말라는 것을 권고한다. 즉, 다 들어 보지도 않고 대답하는 것은 수모를 받기에 알맞은 어리석은 짓이라는 것이다. "사연을 듣기 전에 대답" 할 때 오해하여 대답하므로 부끄러움을 당할 수 있다. 우리의 언어생활에는 경솔이란 것을 항상 배제해야 한다.

잠 18:14. 사람의 심령은 그의 병을 능히 이기려니와 심령이 상하면 그것을 누가 일으키겠느냐.

　본 절은 사람의 영과 육신을 대조한다. 즉, 사람이 정신으로 병을 이길 수 있다지만(17:22), 그 정신이 꺾인다면, 누가 그를 일으킬 수 있겠느냐는 것이다. 영은 태초에 하나님께서 창조하신 것이므로(창 2:7), 오직 하나님께서 고치실 수 있다는 것이다. 하나님을 믿는 믿음으로 상한 심령이 회복될 수 있는 것이다. 우리는 하나님을 믿음으로 심령의 모든 질병을 고치며 살아야 할 것이다.

잠 18:15. 명철한 자의 마음은 지식을 얻고 지혜로운 자의 귀는 지식을 구하느니라.

　본 절은 명철한 자는 오직 지혜를 구한다는 것을 말한다(14:33; 15:14). 즉, 명철한 사람의 마음은 지식을 얻고, 지혜로운 사람의 귀는 지식을 구한다는 것이다. 다시 말해 마음으로 지혜를 구하여 얻고, 귀를 기울여 지식의 말씀을 듣는 것이다. 우리는 주님께 기도하여 항상 지혜를 구해서 살아야 하겠다.

잠 18:16. 사람의 선물은 그의 길을 넓게 하며 또 존귀한 자 앞으로 그를 인도하느니라.

　본 절은 선물의 공효를 말한다. 즉, 선물은 사람이 가는 길을 넓게 열어 주고, 그를 높은 사람 앞으로 이끌어 준다는 것이다. 여기 "선물"(מתן)은 뇌물과는 구별되는 말(Delitzsch,Umbreit, Toy)로 엘리에셀이 리브가에게 준 선물(창 24:53), 아비가일이 다윗에게 준 선물(삼상 25:18-27) 같은 것이다 (Charles Bridges). 이런 선물은 인생길을 순탄하게 하고　존귀한 사람을 만나게도 해주는 것이다(이상근). 우리는 선한 의미의 선물을 줄 수 있어야 할 것이다.

17-21절. 언쟁에 관한 잠언들.

잠 18:17. 송사에서는 먼저 온 사람의 말이 바른 것 같으나 그의 상대자가 와서 밝히느니라.

　　본 절은 재판에 있어서 원고와 피고의 말의 역할에 대해 말한다. 즉, 송사에서는 먼저 말하는 사람이 꼭 옳은 것 같으나, 상대방의 말을 들어보면 사실이 밝혀진다는 것이다. 먼저 원고가 자기주장을 해서 그 말이 바른 듯이 보였으나, 피고가 뒤에 도착하여 사리를 번복시켜 원고의 주장이 잘못된 것으로 판정이 난다는 것이다(28:11; 욥 29:16 참조). 여기 "상대자"(רֵעֵהוּ)란 말은 '이웃'(his neighbor) 또는 '상대방'(the other, RSV, ESV)으로도 번역된다. 사람이 다 진실을 말하지 않으므로 우리는 한 사람의 말만 듣고 판단하기보다는 양편, 즉 모두의 말을 들어야 한다.

잠 18:18. 제비 뽑는 것은 다툼을 그치게 하여 강한 자 사이에 해결하게 하느니라.

　　본 절은 제비 뽑는 것의 효력을 말한다. 즉, 제비를 뽑으면 다툼을 끝나게 하고, 강한 사람들 사이의 논쟁을 판가름 나게 한다는 것이다. 어떤 문제로 인하여 다툼이 생길 때 제비를 뽑아(16:33) 해결을 본다는 것이다. 제비 뽑는 것이 하나님의 뜻을 밝혀주는 역할을 한다.

잠 18:19. 노엽게 한 형제와 화목하기가 견고한 성을 취하기보다 어려운즉 이러한 다툼은 산성 문빗장 같으니라.

　　본 절은 가까운 형제일수록 분규가 생기면 화목하기가 어렵다는 것을 말한다. 즉, 노엽게 한 친척과 가까워지기는 견고한 성을 함락시키는 것보다 어려우니, 그 다툼은 마치 꺾이지 않는 성문의 빗장과 같다는 것이다. 친한 사이가 틀리게 되면 그 상태가 심히 어려우니 무슨 일이 생기지 않도록 조심해야 하고 무슨 일이 생기면 주님께 기도하여 해결해야 할 것이다. 왜냐하면 주님께서 해결 못할 일은 없기 때문이다.

잠 18:20. 사람은 입에서 나오는 열매로 말미암아 배부르게 되나니 곧 그의 입술에서 나는 것으로 말미암아 만족하게 되느니라.

본 절은 말의 열매에 대해 말한다. 즉, 사람의 입에서 나오는 말의 열매가 사람의 배를 채워 주고, 그 입술에서 나오는 말의 결과로 만족하게 된다는 것이다. 상반절에 대해 12:14, 하반절에 대해서는 13:2 주해를 참조하라. 선한 말은 반드시 좋은 복을 가져오는 것이다. 선한 말을 하기 위해서는 선한 심령이 되지 않으면 안 된다. 성령의 주장을 구하여 선한 심령을 가지고 선한 말을 하면서 살아야 하겠다.

잠 18:21. 죽고 사는 것이 혀의 힘에 달렸나니 혀를 쓰기 좋아하는 자는 혀의 열매를 먹으리라.

본 절은 전 절을 보충하여 말의 열매에 대해 더 말한다. 즉, 죽고 사는 것이 혀의 힘에 달렸으니, 혀를 잘 쓰는 사람은 그 열매를 먹을 것이라는 말이다. 좋은 말은 좋은 삶을 가져오는 것이다(12:18; 26:28; 약 3:7-8). "혀를 쓰기 좋아하는 자"란 말은 말을 함부로 하는 사람을 가리킨다. 혀를 쓰기 좋아하는 사람은 불원간에 그 열매를 먹는 것이다.

22-24절. 부부간, 이웃간, 친구간의 사랑에 대해서 말한다.
잠 18:22. 아내를 얻는 자는 복을 얻고 여호와께 은총을 받는 자니라.

본 절은 좋은 아내를 얻는 사람의 복에 대해 말한다. 즉, 아내를 맞이한 사람은 복을 찾은 사람이요, 주님으로부터 은총을 받은 사람이라는 것이다. 좋은 아내는 현세에서 가장 큰 복으로서 여호와께서 여호와의 은총으로 주신 선물이다. 우리는 좋은 아내를 맞이하기 위해 많은 기도를 드려야 할 것이다.

잠 18:23. 가난한 자는 간절한 말로 구하여도 부자는 엄한 말로 대답하느니라.

본 절은 대구법으로, 가난한 자와 부자의 태도를 대조한다. 즉, 가난한 사람은 간절한 말로 구걸하지만, 부유한 사람은 엄한 말로 대답한다는 것이다. 다시 말해 가난한 자는 간절한 태도로 구하지만 부자는 엄하고 냉혹한 말로 대답한다. 잠언에는 가난한 자를 학대하는 악덕에 대해 많이 지탄하고 있다(17:5; 21:13; 22;16). 우리는 세상의 부자에게 구할 것이 없다. 주님께 구하면 만사가 해결되는 것이다.

잠 18:24. 많은 친구를 얻는 자는 해를 당하게 되거니와 어떤 친구는 형제보다 친밀하니라.

본 절은 대구법으로, 친구의 선택에 대해 말한다. 즉, 친구를 많이 둔 사람은 해를 입기도 하지만, 동기간보다 더 가까운 친구도 있다는 것이다. 한 종류의 친구는 해로운 친구가 있다(19:4). 또 어떤 친구는 형제보다 나은 친구가 있다. 우리는 우리의 이익을 위하여 친구를 사귈 것이 아니라 사랑하기 위하여 친구를 사귀어야 한다. 그것이 예수님의 정신이다.

제 19 장

4. 성실히 행하는 가난한 자 19장

1-7절. 가난한 자를 향해 친절하라고 권하는 잠언들.

잠 19:1. 가난하여도 성실하게 행하는 자는 입술이 패역하고 미련한 자보다 나으니라.

본 절은 성실하게 행하는 자와 패역한 자를 대조한다. 즉, 거짓말을 하며 미련하게 사는 사람보다는 가난해도 성실하게 사는 사람이 낫다는 것이다. 다시 말해 사람의 가치는 인간 됨됨이에 있지, 재산이 많고 적음에 있지 않다는 것이다. 본 절은 28:6과 거의 같다.

"성실하게 행하는 자"란 말은 '정직하게 행하는 자'라는 뜻이다. 이는 하나님을 본받는 생활을 하는 자를 가리킨다. 그리고 "패역하다"는 뜻은 '구부러져 있다'는 뜻이다. 그러니까 "입술이 패역하다"는 말은 '마음이 구부러져 있기 때문에 입술이 구부러져 있다'는 뜻이다. 우리는 마음이 진실하게 되도록 펴야 하는 것이다.

잠 19:2. 지식 없는 소원은 선하지 못하고 발이 급한 사람은 잘못 가느니라.

본 절은 분별력이 없는 것을 경계한다. 즉, 지식이 없는 소원은 좋은 것이라 할 수 없고, 너무 서둘러도 발을 헛디딘다는 것이다. 본 절 초두에는 "또"(םַג)란 말이 나타나 본 절이 전 절과 깊은 연관이 있음을 보여준다. 그러니까 "지식 없는 소원"은 "생각 없는 소원"이라는 것이다. 이 말은 또 하반절의 "발이 급한 사람"과 병행한다. 확실한 판단이 없이 열심 내는 것은 선하지 못한 것이고, 또 바른 판단 없이 서두르는 것도 좋지 못한 것이다. 우리는 기도하므로 바른 판단을 먼저 가져야 할 것이다.

잠 19:3. 사람이 미련하므로 자기 길을 굽게 하고 마음으로 여호와를 원망하느니라.

본 절은 미련한 자가 이중으로 잘못하는 일을 지적한다. 즉, 사람은 미련해서 스스로 길을 잘못 들고도, 마음속으로 주님을 원망한다는 이다. 자기가 저지른 일을 회개하지는 않고 그 잘못된 일을 하나님 탓으로 돌린다는 것이다. 우리는 우리가 저지른 일에 대해서 빨리 자복해야 할 것이다.

잠 19:4. 재물은 많은 친구를 더하게 하나 가난한즉 친구가 끊어지느니라.

본 절은 대구법으로, 재물과 친구의 관계를 말한다. 즉, 재물은 친구를 더하게 만드나, 재물이 없어지면 친구도 떠난다(7절; 14:20 주해 참조)는 것이다. 성경은 이웃이 가난하다고 해서 그를 무시하는 것은 곧 하나님께 죄를 짓는 패역한 행위라고 경고하고 있다(14:21; 겔 16:49; 합 3:14). 우리는 돈 때문에 움직이는 얕은 사람들이 될 것이 아니라 주님을 중심하여 움직이는 사람들이 되어야 하겠다.

잠 19:5. 거짓 증인은 벌을 면하지 못할 것이요 거짓말을 하는 자도 피하지 못하리라.

본 절은 거짓 증거하고 거짓말을 하면 벌을 받게 된다고 경계한다. 즉, 거짓 증인은 벌을 피할 수 없고 거짓말을 직접 하는 사람도 벌을 피할 길이 없다는 것이다. 본 절은 후에 9절에 또 반복된다. 위증죄가 벌을 받는 것(출 20:16; 23:1; 신 19:6)은 현대에도 마찬가지이다. 그리고 거짓말하는 것도 형벌은 피하지 못한다(6:19; 14:15). 위증으로 남에게 손해를 입혔으면 "이는 이로, 눈은 눈으로"의 보복법(Lex talionis)의 적용을 받는다(출 21:24). 거짓(위증과 거짓말)은 세상 법의 적용을 받기 전, 먼저 하나님의 법에 걸리는 것임을 알아야 한다.

잠 19:6. 너그러운 사람에게는 은혜를 구하는 자가 많고 선물 주기를 좋아하는

자에게는 사람마다 친구가 되느니라.

본 절은 독립구로 선물과 친구의 관계를 말한다. 즉, 너그럽게 주는 사람에게는 은혜 입기를 원하는 사람이 많고, 선물을 잘 주는 사람에게는 모두가 친구가 된다는 것이다. "너그러운 사람"(נדיב)에게는 은혜를 얻고자 찾아오는 자가 많다(18:16). 하반절은 상반절과 병행구이면서 설명구이다. 너그럽게 선물 주기를 좋아하는 자에게는 은혜를 얻고자 친구가 되는 사람이 많다. 우리는 하나님으로부터 받은 것을 어려운 사람들에게 나누어 주는 사람들이 되어야 할 것이다. 하나님께 구하는 사람은 베푸는 사람인 것이다.

잠 19:7. 가난한 자는 그의 형제들에게도 미움을 받거든 하물며 친구야 그를 멀리 하지 아니하겠느냐 따라가며 말하려 할지라도 그들이 없어졌으리라.

본 절은 재물과 친구의 관계를 논한다. 즉, 가난하면 친척도 그를 싫어하는데, 하물며 친구가 그를 멀리하지 않겠느냐? 뒤따라가며 말을 걸려 하여도 아무런 소용이 없다는 것이다. 본 절은 4절의 반복이다. 우리는 주님께 일용할 양식을 구하여 넉넉히 살아야 할 것이다.

8-17절. 온유와 인내와 자비에 대한 잠언들.

잠 19:8. 지혜를 얻는 자는 자기 영혼을 사랑하고 명철을 지키는 자는 복을 얻느니라.

본 절은 상반절과 하반절이 동의절로 지혜를 얻는 자가 되어야 한다는 것을 강조한다. 즉, 지혜를 얻는 사람은 자기 영혼을 사랑하는 사람이고, 명철을 지키는 사람은 복을 얻는다는 것이다. 본 절의 "지혜"와 "명철"은 동의어로 사용되어 지혜를 얻는 것이 진정한 의미에서 자기 자신의 영혼을 사랑하는 것이고(LXX), 명철을 얻어 명철을 지키는 것이 복을 받는 것이라는 것이다. 우리는 한사코 주님께 구하여 지혜를 구해야 할 것이다.

잠 19:9. 거짓 증인은 벌을 면하지 못할 것이요 거짓말을 뱉는 자는 망할

것이니라.

본 절은 5절의 반복으로, 5절의 "피하지 못하리라"가 "망할 것이니라"고 묘사되어 있다. 즉, 거짓 증인은 벌을 피할 수 없고, 거짓말을 쉽게 하는 사람은 망하고 만다는 것이다. 거짓말이야 말로 아주 망한다는 것을 강조한 것이다.

잠 19:10. 미련한 자가 사치하는 것이 적당하지 못하거든 하물며 종이 방백을 다스림이랴.

본 절은 신분에 맞게 행동하라는 것을 권고하는 말이다. 즉, 미련한 사람이 사치스럽게 사는 것도 마땅하지 않은데, 하물며 종이 고관들을 다스리는 것이야 말할 것이 무엇이냐는 것이다. 각자는 신분에 맞게 살아야 하는 것이다. "종이 방백을 다스리는 높은 지위에 오르게 되면 폭군이 되는 것이다"(30:22; 전 10:7, 이상근).

잠 19:11. 노하기를 더디 하는 것이 사람의 슬기요 허물을 용서하는 것이 자기의 영광이니라.

본 절은 동의절을 반복하는 형식으로 관용성을 찬양하는 잠언이다. 즉, 노하기를 더디 하는 것은 사람의 슬기요, 실수한 자의 허물을 용서해 주는 것은 그의 영광이라(14:29; 16:32)는 것이다. 이는 곧 하나님의 속성을 본받은 것이다(미 7:18).

잠 19:12. 왕의 노함은 사자의 부르짖음 같고 그의 은택은 풀 위의 이슬 같으니라.

본 절은 대구법으로, 이상적 군주의 권세의 절대성을 말한다. 즉, 왕의 분노는 사자가 소리치는 것과 같고, 그의 은혜는 풀 위에 내리는 이슬과 같다는 것이다. "사자"는 짐승 중의 왕으로 왕권의 좋은 상징으로 쓰인다(왕상 10:19). 사자가 부르짖으면 숲속의 모든 동물들이 숨는 것처럼 왕이 한 번 노하면 모든 백성은 그 앞에서 두려워 피신할 길을 찾는다(16:14-15; 20:2). 그와 반대로 왕이 은택을 내리면 그것은 풀 위에 이슬이 내림과 같은 것이다(16:15). 밤의 이슬을 하늘 은택으로 느꼈던 것이다. 호세아서도 이스라엘에 내린 하나님의 은총을 이슬로 비하였다(호 14:5).

잠 19:13. 미련한 아들은 그의 아비의 재앙이요 다투는 아내는 이어 떨어지는 물방울이니라.

본 절은 미련한 아들과 다투는 아내에 대한 잠언이다. 즉, 미련한 아들은 아버지에게 파멸을 가져다주는 재앙(10:1; 17:21)이고, 마찬가지로 다투기를 잘하는 아내는 항상 다툼을 일으키므로 그 남편에게는 부서진 천장에서 계속적으로 떨어지는 물방울과 같은 귀찮고도 싫은 존재(27:15)라는 것이다. 우리에게 미련한 아들딸이 생기지 않도록 결혼 초기에 주님께 자식 복을 구해야 할 것이고, 결혼하기도 전에 좋은 아내를 만나도록 부지런히 기도하고 아내를 만나야 할 것이다. 사람은 기도한 만큼 된다.

잠 19:14. 집과 재물은 조상에게서 상속하거니와 슬기로운 아내는 여호와께로서 말미암느니라.

본 절은 대구법으로, 집과 재물은 조상에게서 상속되는 것이며 아내는 여호와께서 주시는 복이라는 것을 말한다. 즉, 집과 재물은 조상에게서 물려받는 유산이지만, 슬기로운 아내는 주님께서 주신다(18:22; 창 24:14)는 것이다. 영국과 독일 격언에는 "부부는 하늘에서 맺어준다"는 말이 있다. 한국에도 천정배필(天定配匹)이란 말이 있다. 즉, 배필은 하늘에서 정해주시는 것이라는 말이다. 이런 말은 조상들이 스스로 깨달아서 내놓은 말이다. 그러니 오늘 우리는 결혼 전에 자신의 배필을 위해서 많이 기도해야 할 것이다. 적어도 2-3년 정도는 기도로 아뢰어야 한다.

잠 19:15. 게으름이 사람으로 깊이 잠들게 하나니 태만한 사람은 주릴

것이니라.

본 절은 상반절과 하반절이 동의절로 게으른 자를 지탄하는 말이다. 즉, 사람은 깊은 잠에 빠지게 되고, 나태한 사람은 굶주리게 될 것이다. 게으른 사람이 깊은 잠에 빠지면 주릴 수밖에 없는 것이다(6:9; 10:4; 12:24; 13:4; 20:13; 23:21; 살후 3:10, Deane). 그러니까 게으름은 가난과 가까운 친척이 되는 셈이다.

잠 19:16. 계명을 지키는 자는 자기의 영혼을 지키거니와 자기의 행실을 삼가지 아니하는 자는 죽으리라.

본 절은 대구법으로, 계명 지킴과 생명과의 관계를 말한다. 즉, 하나님의 계명을 지키는 사람은 현세의 제 목숨을 지키지만, 자기 행실을 주의하지 않는 사람은 멸망한다(13:13; 16:17)는 것이다. 사람이 자기의 행위를 조심하지 않으면 멸망을 당한다(박윤선).

잠 19:17. 가난한 자를 불쌍히 여기는 것은 여호와께 꾸어 드리는 것이니 그의 선행을 그에게 갚아 주시리라.

본 절은 구제를 권장하는 잠언이다. 즉, 가난한 사람에게 은혜를 베푸는 것은 주님께 그 금액만큼 꾸어드리는 것과 같은 것이므로(14:31; 전 11:1), 주님께서 그 금액만큼 갚아 주신다는 것이다. "너의 가진 것을 보다 필요한 자에게 줌으로 너의 소유를 더하게 하라"(St. Chrysostom).

18-21절. 교육을 힘쓰라고 권하는 잠언들.

잠 19:18. 네가 네 아들에게 희망이 있은즉 그를 징계하되 죽일 마음은 두지 말지니라.

본 절은 자식 징계를 소홀히 하지 말라는 잠언이다. 즉, 네 아들을 훈계하여라. 그래야 희망이 있다. 그러나 그를 죽일 생각은 품지 않아야 한다는 것이다. 누구든지 자식에게 소망을 두고 살고 있은즉(욥 11:18; 렘 31:16),

애정에 끌려 징계를 연기하지 말고, 자식을 징계하라는 것이다(13:24; 23:13). 자녀의 징계를 소홀히 하여 부랑아가 되면 훗날 소망은 사라지는 것이다(출 21:15; 신 21:18-21). 그러니까 자식을 징계하는 것이 사랑을 베푸는 것인 줄 알아야 한다.

잠 19:19. 노하기를 맹렬히 하는 자는 벌을 받을 것이라 네가 그를 건져 주면 다시 그런 일이 생기리라.

본 절은 노여움을 참지 못하고 다른 사람을 지도하는 사람은 다시 곤란에 빠질 것을 경계한다. 즉, 성격이 불같은 사람은 벌을 받는다. 네가 그를 구하여 준다고 해도 그 때뿐, 구하여 줄 일이 또 생길 것이라는 것이다. 노여움을 맹렬히 하고 감정을 억제하지 못하는 자는 네가 그를 건져주어도 개선하지 못하고 또 건져주게 될 일이 생긴다는 것이다. 차라리 그냥 두어 그 감정 때문에 벌을 받게 두는 것이 좋다는 것이다. 벌을 받고 자각하여 개선할 수 있을 것이니까 말이다. 따라서 본 절은 사람이 스스로 자신의 감정을 다스려 노하기를 참는 것만이 일상생활 가운데서 곤란하고 어려운 일을 모면하는 현명한 태도임을 교훈하고 있는 것이다. 우리는 노하기를 맹렬히 하지 않기 위해서 많은 기도를 드려야 할 것이다.

잠 19:20. 너는 권고를 들으며 훈계를 받으라 그리하면 네가 필경은 지혜롭게 되리라.

본 절은 권고를 들으라고 권고한다. 즉, 권고를 듣고 훈계를 받아들여라. 그리하면 마침내 지혜롭게 된다(8:10; 12:15; 13:10)는 것이다. 특히 70인 역(LXX)은 본 절을 부모가 자녀에게 하는 교훈으로 보고, "오, 아들아, 네 아비의 훈계를 들으라. 그리하면 네가 필경은 지혜롭게 되리라"고 진술하고 있다(Deane).

잠 19:21. 사람의 마음에는 많은 계획이 있어도 오직 여호와의 뜻만이 완전히

서리라.

본 절은 사람이 가지고 있는 많은 계획과 하나님의 뜻이 대조된다. 즉, 사람의 마음에 많은 계획이 있어도, 성취되는 것은 오직 주님의 뜻뿐이라는 것이다. 사람의 마음속에는 수없이 많은 계획이 있을지라도 하나님의 뜻은 오직 하나뿐으로 그 뜻만이 성취되는(16:1, 9; 20:24) 것이다. 우리는 하나님의 뜻을 찾아 그것만 이루려고 기도해야 할 것이다.

22-29절. 겸손하고 진실하며 미덕을 가지라고 권하는 잠언들.

잠 19:22. 사람은 자기의 인자함으로 남에게 사모함을 받느니라 가난한 자는 거짓말하는 자보다 나으니라(תַּאֲוַת אָדָם חַסְדּוֹ וְטוֹב־רָשׁ מֵאִישׁ כָּזָב).

이 구절의 히브리어를 개역하면 "사람의 소원이 그의 친절이니 가난한 자는 거짓말하는 자보다 나으니라"고 번역된다. 이 말씀의 뜻은 '사람이 선을 행할 소원이 마음속에 간절하다면 그런 소원을 가진 가난한 자가 진실한 마음 없이 선을 행한다는 부자보다 낫다는 것이다. 이것은 사람의 중심의 진실을 원하시는 하나님의 평가이시다(시 51:6). 하나님은 외식자의 많은 연보보다 정성껏 바치는 가난한 자의 적은 물질을 더 기뻐하신다(막 12:41-44).

"가난한 자는 거짓말하는 자보다 나으니라"는 말에 대하여는 자세히 고찰할 필요가 있다. 물론 여기 "가난한 자"는 물질이 궁핍해도 거짓말은 하지 않는 자이다. 그러므로 본문이 그를 "거짓말하는 자"와 대조시킨다. 우리는 거짓말 하지 않는 가난한 자가 거짓말하는 자보다 나음을 몇 가지 말할 수 있다. 1) 여기 진술된 가난한 자는 진실하니만큼 하나님 편에 있고(롬 3:4), 2) 성실한 "가난한 자"는 그 양심이 평안한 반면에, 거짓말하는 자의 양심은 불안하다. 3) 가난한 자는 믿음에 부요할 수 있으나(약 2:5) 거짓말하는 사람은 그리스도를 부인한다(요일 2:22). 4) 성실한 가난한 자는 겸손을 위시하여 모든 덕을 행하려고 하나, 거짓말하는 자는 늘 남을 해롭게 하는 죄를 쌓는다. 5) 성실한 가난한 자는 노동을 힘쓰는 행복에 처할 수 있으나(전

5:12) 거짓말하는 자는 거짓말로 재물을 얻고자 한다. "속이는 말로 재물을 모으는 것은 죽음을 구하는 것"이다(잠 21:6). 우리 본문의 말씀은 가난한 자면 모두 다 행복한 것이 아니라 다만 가난해도 진실한 자가 행복하다는 것이다(박윤선).

잠 19:23. 여호와를 경외하는 것은 사람으로 생명에 이르게 하는 것이라 경외하는 자는 족하게 지내고 재앙을 당하지 아니하느니라.

본 절은 상반절과 하반절의 뜻이 동일하여 여호와를 경외하는 자의 복을 말한다. 즉, 주님을 경외하며 살면 생명을 얻는다. 그는 만족스러운 생활을 하며, 재앙을 당하지 않는다(14:27주해 참조)는 것이다. 여기 여호와를 경외하는 자의 복은 생명과 만족과 안전보장이다(Charles Bridges). "생명"이란 것은 장수하는 것이며 행복한 생명을 말하는 것이다(Deane). 여호와를 경외하는 자는 풍족하게 살고, 재앙을 만나지 아니하는 것이다(10:3, 29; 14:26; 18:10).

잠 19:24. 게으른 자는 자기의 손을 그릇에 넣고서도 입으로 올리기를 괴로워하느니라.

본 절은 게으른 자의 모습을 풍자적으로 묘사한 것이다. 이와 같은 말은 26:15에 다시 나타난다. 즉, 게으른 사람은 밥그릇에 숟가락을 넣고도, 입에 떠 넣기를 귀찮아한다는 것이다. 게으른 자는 그 손을 그릇에 넣고도 식물을 들어 입에 넣기를 괴로워한다.

잠 19:25. 거만한 자를 때리라 그리하면 어리석은 자도 지혜를 얻으리라 명철한 자를 견책하라 그리하면 그가 지식을 얻으리라.

본 절은 대구법으로 징계의 중요함을 말한다. 즉, 오만한 사람을 치면, 어수룩한 사람도 깨닫는다. 명철한 사람을 꾸짖으면, 그가 지식을 얻는다는 것이다. "거만한 자" 중에는 징계하여도 듣지 않는 사람이 있으나(13:1;

15:12), 본 절의 거만한 자는 징계를 듣는 자이다. 즉, 징계를 받고, 경성하여 고치는 자를 말한다(21:11 참조). 본 절은 잘못된 행위에 대한 징계는 징계당하는 당사자뿐 아니라 다른 사람에게도 교훈이 되어 스스로의 잘못을 뉘우치게 하는 효과가 있음을 드러낸다(딤전 5:20).

잠 19:26. 아비를 구박하고 어미를 쫓아내는 자는 부끄러움을 끼치며 능욕을 부르는 자식이니라.

본 절은 불효자를 지탄하는 잠언이다. 즉, 아버지를 구박하고 어머니를 쫓아내는 자식은 부끄러움과 수치를 끌어들이는 자식이라는 것이다. 여기 자식은 늙어서 자식을 의지해서 사는 부모를 구박하는 자식을 말한다. 아비를 구박하고 갈 곳 없는 어미를 쫓아내는 패역한 불효자식은 벌을 받고 능욕 당하기에 마땅한 자식이다(10:5; 13:2). 모세는 이런 자식을 사형에 처하라고 말했다(출 21:5. 7).

잠 19:27. 내 아들아 지식의 말씀에서 떠나게 하는 교훈을 듣지 말지니라.

본 절은 거짓 교사의 교훈을 듣지 말라고 말한다. 즉, "내 아이들아, 지식의 말씀에서 벗어나게 하는 훈계는 듣지 말라"고 말한다. 여기 "교훈"은 악한 의미에서 사용된 교훈이다(Deane). 다시 말해 거짓 교사의 교훈을 말한다. 악한 교훈은 듣지 말아야 한다. 솔로몬의 아들 르호보암은 지혜자의 교훈을 버리고 어리석은 자의 교훈을 따르다가 나라를 쪼개고 말았다(왕상 12;14).

잠 19:28. 망령된 증인은 정의를 업신여기고 악인의 입은 죄악을 삼키느니라.

본 절은 망령된 증인을 지탄하는 잠언이다. 즉, 악한 증인은 정의를 비웃고, 악인의 입은 죄악을 통째로 삼킨다는 것이다. 본 절의 "정의"란 말은 '공의의 재판'을 뜻한다. 망령된 악한 증인은 그들의 거짓 증언을 따라 재판이 왜곡되기를 바라고 공의로운 재판을 업신여긴다(14:25; 18:8 참조). 악인들은 죄악을 좋아하여 맛있는 음식을 먹는 것처럼 죄악을 마구 삼킨다(욥 15:16; 20:12; 사 28:4 참조).

잠 19:29. 심판은 거만한 자를 위하여 예비된 것이요 채찍은 어리석은 자의 등을 위하여 예비된 것이니라.

본 절은 상반절과 하반절의 의미가 동일하다. 악인의 심판 당함을 당연히 여긴다. 즉, 오만한 사람에게는 심판이 준비되어 있고, 미련한 사람의 등에는 매가 준비되어 있다는 것이다. 거만한 사람에게는 세상 법정의 재판보다 먼저 하나님의 재판이 있다. 거만한 사람을 하나님께서 심판하시지 않는 것을 목격하지 못했다. "거만한 자"라는 말은 '악인'을 지칭한다. 이런 자들이 재판에서 유죄 판결을 받고, 등에 채찍을 맞는 것은 당연하다(3:34; 14:3; 18:6; 28:3).

5. 포도주   20장

1-5절. 절제에 관한 5개의 잠언.

잠 20:1. 포도주는 거만하게 하는 것이요 독주는 떠들게 하는 것이라 이에 미혹되는 자마다 지혜가 없느니라.

본 절은 포도주와 독주의 피해를 경계한다. 즉, 포도주는 사람을 거만하게 만들고, 독한 술은 사람을 소란스럽게 만든다. 이것에 빠지는 사람은 누구든지 지혜롭지 않다는 것이다. 술은 망국주(亡國酒)인 고로 성경에서는 술을 금하고 있다(레 10:9; 민 6:3; 삿 13:4; 사 5:11; 28:7).

잠 20:2. 왕의 진노는 사자의 부르짖음 같으니 그를 노하게 하는 것은 자기의 생명을 해하는 것이니라.

본 절은 왕의 절대적인 권위를 말한다. 즉, 왕의 노여움은 사자의 부르짖음과 같으니, 그를 노하게 하는 것은 목숨을 해하게 하는 것이라는 것이다. 상반절은 19:12과 문자적으로 같다(그 주해 참조). 왕의 절대적 권위를 거스르고 왕을 노하게 하는 자는 사자를 격노케 함같이 생명의 해를 받게 되는 것이다.

잠 20:3. 다툼을 멀리 하는 것이 사람에게 영광이거늘 미련한 자마다 다툼을 일으키느니라.

본 절은 대구법으로 다툼을 금하는 잠언이다. 즉, 다툼을 멀리하는 것이 영광스러운 일인데도, 어리석은 사람마다 누구나 쉽게 다툼을 일으킨다는 것이다. 우리는 다툴 일이 있을 때 주님께 그 판단을 맡기고, 주님께서 하시는 일을 지켜보아야 한다.

잠 20:4. 게으른 자는 가을에 밭 갈지 아니하나니 그러므로 거둘 때에는 구걸할지라도 얻지 못하리라.

본 절은 게으른 자를 경계한다(19:24; 24:30-34). 이스라엘에서는 보리를 가을에 파종하고 여름에 거둔다. 게으른 자는 씨를 뿌릴 때 뿌리지 않았으니 거둘 것이 없는 것이다. 우리는 절대로 게을러서는 안 될 것이다.

잠 20:5. 사람의 마음에 있는 모략은 깊은 물 같으니라 그럴지라도 명철한 사람은 그것을 길어 내느니라.

본 절은 지혜로운 자가 사람의 모략을 안다는 것을 말한다. 즉, 사람의 생각은 깊은 물과 같지만, 슬기로운 사람은 그것을 길어 낸다는 것이다. 지혜 있는 자는 다른 사람의 마음속을 알아낸다. "지혜자는 질문하고 추측하여 사람의 깊은 생각을 알아내는 것이다"(Toy).

6-11절. 사람들의 일반적 죄에 대한 6개의 잠언.

잠 20:6. 많은 사람이 각기 자기의 인자함을 자랑하나니 충성된 자를 누가 만날 수 있으랴.

본 절은 자기 자랑의 어리석음을 지탄한다. 즉, 많은 사람들이 자기의 허물은 감추고 자기 스스로를 인자하다고 떠드니, 누가 참으로 믿을 만한 사람을 만날 수 있느냐는 것이다. "자랑하나니"(ar:q]yI)란 말은 '부르짖는다'는 뜻이다. 많은 사람이 자기가 인자하다고 부르짖는다는 것이다. 사람들이 반성할 줄 모르고, 죄가 보편화되고 있으니(시 14:1-3) 참으로 충성된 지혜자가 어디 있느냐 하는 것이다(13:17; 14:5).

잠 20:7. 온전하게 행하는 자가 의인이라 그의 후손에게 복이 있느니라.

본 절은 의인의 후손에게 복이 있다는 것을 말한다. 즉, 의인은 흠 없이 살기 때문에 그의 자손이 복을 받는다는 것이다. "온전하게"라는 말은 '종교적으로 하나님과 사람에 대한 의무를 완수하는 순결한 사람'을 가리킨다(Deane). 이런 사람은 하나님 앞에서 "의인"으로 인정되고 이런 후손은 복을 받는 것이다(14:26; 출 20:5-6; 신 4:40). 우리는 바르게 살아서 후손들에게 큰 복을 끼치는 사람들이 되어야 하겠다.

잠 20:8. 심판 자리에 앉은 왕은 그의 눈으로 모든 악을 흩어지게 하느니라.

본 절은 심판 자리에 앉은 왕의 공의로운 심판의 위력을 말한다. 즉, 재판석에 앉은 왕은 모든 악을 그의 눈으로 가려낸다는 것이다. 다윗 왕(삼하 8:15; 왕상 15:5; 시 101:1-8)이나 또는 솔로몬 왕(왕상 3:28; 10:9) 같이 이상적 왕을 지칭한다. 이런 왕들은 하나님의 대리자로서 공의로 재판한 왕들이다. 이런 왕들은 공의의 눈을 가지고 악인들의 악을 통찰하고 그 악을 심판하여 없이한 것이다(26절; 6:10). 또 메시아는 사 11:4에서 "공의로 가난한 자를 심판하며 정직으로 세상의 겸손한 자를 판단할 것이며 그의 입의 막대기로 세상을 치며 그의 입술의 기운으로 악인을 죽일 것이라"고 말하고 있다.

잠 20:9. 내가 내 마음을 정하게 하였다 내 죄를 깨끗하게 하였다 할 자가 누구냐.

본 절은 모든 인생은 자기들의 마음이 아주 깨끗하다고 소리를 칠 수 없다는 것을 말한다. 즉, 누가 나는 마음이 깨끗하다. 나는 죄를 말끔히 씻었다라고 말할 수 있겠느냐는 것이다. 그 대답은 한 사람도 없다는 것이다(욥 14:4; 15:14; 시 51:5; 롬 3:23). 요일 1:8에 "만일 우리가 죄가 없다고 말하면 스스로 속이고 또 진리가 우리 속에 있지 아니할 것이요"라고 말한다. 우리는 그리스도의 피로 씻음을 받았으므로 모두 의인이지만 그러나 윤리적으로는 아직도 죄인이라는 것을 고백해야 하는 것이다(딤전 1:15).

잠 20:10. 한결같지 않은 저울 추와 한결같지 않은 되는 다 여호와께서 미워하시느니라.

본 절은 여호와께서 인생의 거짓을 미워하신다는 것을 말한다(23절). 즉, 규격에 맞지 않은 저울 추(錘)와 한결같지 않은 말(되)은 모두 주님께서 미워하시는 것이라(레 19:36; 신 25:13-16; 겔 45:10; 암 4:5; 미 6:11, Deane)는 것이다. 남을 속이려고 만들어 놓은 부정직한 것들은 다 없애야 한다. 왜냐하면 거짓은 여호와께서 미워하시기 때문이다(11:1; 16:11; 17:15).

잠 20:11. 비록 아이라도 자기의 동작으로 자기 품행이 청결한 여부와 정직한 여부를 나타내느니라.

본 절은 사람의 성품은 어릴 때부터 밖으로 나타난다는 것을 말한다. 즉, 비록 아이라 하더라도 자기의 행위로 자기 사람됨을 밖으로 드러낸다. 그가 하는 행동을 보면, 그가 깨끗한지 더러운지, 올바른지 그른지를 알 수 있다는 것이다. 사람의 마음의 선악은 반드시 행동에 나타난다. 그런고로 어릴 때부터 교육이 필요하다.

12-19절. 근면과 진실 등을 권면하는 잠언들.
잠 20:12. 듣는 귀와 보는 눈은 다 여호와께서 지으신 것이니라.

본 절은 사람의 심령을 통찰하시는 전지전능하신 여호와의 법도에 따라 올바르게 행해야 할 것을 교훈한다. 즉, 듣는 귀와 보는 눈, 이 둘은 다 주님께서 지으셨다는 것이다. 우리의 귀와 눈을 지으신 여호와는 우리의 말을 들으시고 행동을 감찰하시는 전지하신 분이라는 것이다(시 94:9). 우리는 여호와께서 지으신 귀와 눈과 몸으로 여호와를 영화롭게 해야 하는 것이다.

잠 20:13. 너는 잠자기를 좋아하지 말라 네가 빈궁하게 될까 두려우니라 네 눈을 뜨라 그리하면 양식이 족하리라.

본 절은 게으르지 말고 부지런할 것을 권하는 잠언이다. 즉, 가난하지 않으려면 잠자기를 좋아하지 말고, 먹거리를 풍족히 얻으려면 깨어 있어 부지런히 일하라(6:9-11; 12:11; 19:15; 21:25; 22:13; 24:30-34; 26:13-16)는 것이다.

잠 20:14. 물건을 사는 자가 좋지 못하다 좋지 못하다 하다가 돌아간 후에는 자랑하느니라.

본 절은 물건을 사는 자가 가격을 깎기 위해 노력하는 심리를 묘사한 잠언이다. 즉, 물건을 사기 위해 고를 때는 "나쁘다, 나쁘다" 하다가 실제로 산 다음에는 잘 샀다고 자랑한다는 것이다. 천박한 인간 심리를 말하는 것이다. 70인역(LXX)에는 14-19절이 생략되어 있다. 우리는 물건을 살 때나 물건을 산후에나 일정한 심리를 가져야 할 것이다.

잠 20:15. 세상에 금도 있고 진주도 많거니와 지혜로운 입술이 더욱 귀한 보배니라.

본 절은 독립구로 보석들보다도 지혜로운 입술이 더 귀한 보배라고 말한다. 즉, 세상에 금도 있고 진주도 많이 있지만, 정말 귀한 보배는 지각 있게 말하는 입이라는 것이다. 세상에 가장 귀한 것은 지혜라는 것이다(3:14-15; 8:11 주해 참조). 우리는 주님께 지혜를 부지런히 구해야 한다.

잠 20:16. 타인을 위하여 보증 선 자의 옷을 취하라 외인들을 위하여 보증 선 자는 그의 몸을 볼모 잡을지니라(Take a man's garment when he has put up surety for a stranger, and hold it in pledge when he puts up surety for foreigners-ESV).

본 절의 상반절과 하반절은 동의절로 남의 보증을 서는 위험성을 경고한다. 본서에는 이런 경고를 여러 번 한다(6:1-5; 11:15; 17:18). 즉, 남의 보증을 선 사람은 자기의 옷을 잡혀야 하고, 모르는 사람의 보증을 선 사람은 자기의

몸을 잡혀야 한다는 것이다. 27:13에는 본 절을 다시 반복한다. 본 절에서는
남의 보증을 함부로 서는 위험을 경고한다. 남의 보증을 서는 사람은 의복을
빼앗기고(출 22:26) 심하면 몸까지 볼모잡혀 노예가 된다는 것이다.

**잠 20:17. 속이고 취한 음식물은 사람에게 맛이 좋은 듯하나 후에는 그의
입에 모래가 가득하게 되리라.**

　본 절은 대구법으로, 부정한 재물의 결과를 말해준다. 즉, 사람들은 속여
서 얻은 빵이 맛있다고 하지만, 훗날에 그 입에 모래가 가득 차게 될 날이
있을 것이라는 것이다. 9:17에 "도둑질한 물이 달고 몰래 먹는 떡이 맛이
있다"는 말이 있다. 하지만 그 즐거움은 잠시뿐이고, 후에는 그것 때문에
입에 모래를 넣고 씹는 것 같은 고통을 당하게 된다는 것이다(21:6; 23:3;
애 3:16). 아간의 예는 너무 분명한 예이다(수 7장).

잠 20:18. 경영은 의논함으로 성취하나니 지략을 베풀고 전쟁할지니라.

　본 절의 상반절과 하반절은 동의절로 경영은 의논으로 성취하는 것이니
모략을 세운 후에 할 것을 권하는 잠언이다. 본 절은 24:6에도 다시 반복된다.
즉, 계획은 사람들의 뜻을 모아서 세워야 하고, 전쟁은 전략을 세워 놓고
해야 한다는 것이다. 무슨 일이든 먼저 충분한 모략이 필요한 것이니(11:14;
15:22), 전쟁에는 더욱 그렇다는 것이다(눅 14:31-32). 본 절의 "의논"이란
말과 "지략"이란 말은 히브리어는 동일한 단어(עֵצָה)이다. 이 단어는 다른
사람과 더불어 어떤 일을 의논하는 것을 뜻한다. 이는 개인적인 한계가 있는
우리들이므로 다른 사람들과 가까이 지내면서 피차 논의하고, 좋은 조언을
받는 것이 유익하다는 의미이다.

**잠 20:19. 두루 다니며 한담하는 자는 남의 비밀을 누설하나니 입술을 벌린
자를 사귀지 말지니라.**

　본 절은 두루 다니며 한담하는 자를 경계하는 잠언으로 상반절은 11:13과

문자적으로 같고, 하반절은 13:3과 같다. 두루 다니며 한담하는 자는 남의 말을 하되 과장하고 또 주관적인 평가까지 덧붙여 남에게 적지 않은 손해를 끼치므로 이런 자들을 사귀지 말고 멀리 하라는 것이다.

20-23절. 불효와 거짓 등의 악덕을 경계하는 4개의 잠언.

잠 20:20. 자기의 아비나 어미를 저주하는 자는 그의 등불이 흑암 중에 꺼짐을 당하리라.

본 절은 독립구로 자기의 부모에게 불효하지 말라는 것을 말한다. 즉, 부모를 저주하는 자식은 암흑 속에 있을 때에 등불이 꺼진다는 것이다. 부모를 경외하는 것은 십계명의 제5계명이다(출 20:12). 제5계명을 어기고 부모를 거역하는 자는 죽일 것을 명하고 있다(출 21:17; 레 20:9; 신 27:16). "그의 등불이 흑암 중에 꺼짐을 당하리라"는 말은 '그의 생명이 죽고, 가산도 잃어버려 패가망신하는 것을 지칭한다(13:9; 30:17). 부모뿐 아니라 윗사람을 저주하지 않도록 해야 할 것이다.

잠 20:21. 처음에 속히 잡은 산업은 마침내 복이 되지 아니하느니라.

본 절은 독립구로 산업을 속히 모으지 말라고 권하는 잠언이다. 즉, 처음부터 빨리 모은 재산은 행복하게 끝을 맺지 못한다는 것이다. "속히 잡은 산업"이란 '부정한 방법으로 빨리 얻은 재물'을 지칭한다(Umbreit, Lange, Deane). 또 이 재물의 경우 부모로부터 물려받은 것이었다(17:2; 19:14). 다시 말해 부모의 유산을 강제적으로 빼앗은 것으로 보고(Toy, Deane), 처음에는 그 재산으로 호화롭게 사나 오래 가지 못해 탕진하는 것을 뜻하는 것이다(눅 15:11-16, 이상근). 우리는 하나님께서 주시는 재산을 정당한 방법으로 받아야 한다. 그러기 위해서 부정한 방법으로 재산을 모으려는 생각과 시도들은 아예 하지 않아야 한다.

잠 20:22. 너는 악을 갚겠다 말하지 말고 여호와를 기다리라 그가 너를 구원하

시리라.

본 절은 독립구로 원수를 스스로 갚으려 하지 말고 주님께 맡기라는 것을 권하는 잠언이다. 즉. 악을 갚겠다고 하지 말라. 주님께 맡기면, 그분이 너를 위해 원수를 갚아주시고 구원하신다는 것이다. 우리가 스스로 원수를 갚지 말고 여호와께서 갚아주시기를 기다려야 할 것이다(24:29; 신 32:35; 롬 12:17, 19).

잠 20:23. 한결같지 않은 저울 추는 여호와께서 미워하시는 것이요 속이는 저울은 좋지 못한 것이니라.

본 절은 상반절과 하반절이 동의절로 두 가지 저울 추를 교대로 쓰는 것을 지탄하는 잠언이다. 본 절은 10절의 반복이다(10절 주해 참조, 16:11). 속이는 저울은 좋지 못한 것이다.

24-30절. 여호와를 경외할 것과 왕들에 대한 잠언들.
잠 20:24. 사람의 걸음은 여호와로 말미암나니 사람이 어찌 자기의 길을 알 수 있으랴.

본 절은 인생길은 여호와께서 인도하신다는 것을 말한다. 사람은 자기의 길을 계획하나 그 길을 인도하시는 이는 여호와시다(16:9; 시 37:23-24; 렘 10:23). 바로의 딸이 목욕하러 강가에 나갔다가 모세를 구출한 일(출 2:1-5)은 여호와께서 바로의 딸을 인도한 것이고 모세를 인도한 것이다(Charles Bridges).

잠 20:25. 함부로 이 물건은 거룩하다 하여 서원하고 그 후에 살피면 그것이 그 사람에게 덫이 되느니라.

본 절은 한 번 서원했으면 서원한대로 지켜야 할 것을 권하는 잠언이다. 즉, 경솔하게 이것은 거룩하다 하여 함부로 서원하여 놓고, 나중에 생각이 달라지는 것은, 사람이 걸리기 쉬운 올가미라는 것이다. 성경은 한 번 서원했으면 그대로 실행해야 한다는 것을 교훈한다(민 30:3; 전 5:2-4; 막 7:11).
깊이 생각하지 않고 서원부터 하고, 그 후에 이를 재고하여 취소한다면 그에
게는 서원했던 것이 도리어 화가 되는 것이다.

잠 20:26. 지혜로운 왕은 악인들을 키질하며 타작하는 바퀴를 그들 위에 굴리느니라.

본 절의 상반절과 하반절은 동의절로 지혜로운 왕이 악인들을 심판한다
는 것을 가리키는 잠언이다. 즉, 지혜로운 왕은 악인을 키질하듯 심판하여
흩어지게 하고(8절 참조, 시 1:4; 사 17:13; 암 9:9; 마 3:12) 그들 위에 타작기의
바퀴를 굴려 타작하여(사 28:27) 알곡과 쭉정이를 나누듯 악인을 선인에서
나누어 벌한다는 것이다. 지혜로운 왕은 악인을 정확하게 구별해 내어 징계한
다는 것이다. 본 절은 지혜로운 왕이 악인에 대해 엄격하고, 무거운 징벌을
가함으로 본보기를 삼아 다른 사람들이 악을 저지르지 않도록 경계한다는
사실을 시사하는 것이다. 이는 하나님은 왕들을 통하여 놀라운 심판을 행하신
다는 것을 보여주는 말이기도 하다(마 3:12).

잠 20:27. 사람의 영혼은 여호와의 등불이라 사람의 깊은 속을 살피느니라 (The spirit of man is the lamp of the LORD, searching all his innermost parts-RSV, ESV).

본 절은 사람의 영혼은 여호와의 등불 역할을 한다는 말이다. 즉, 주님은
사람의 영혼을 환히 비추시고, 사람의 마음 속 깊은 곳까지 살펴보신다는
것이다. 여기 "사람의 영혼"(נִשְׁמַת אָדָם)이란 여호와께서 '생기를 그 코에
불어넣으시니 사람이 생령이 되었다'는 그 영(창 2:7)을 지칭한다. 그 "영"은
예수님께서 말씀하신바 '너희 속의 빛'이며, 바울이 말한바 '사람의 속에
있는 영'(고전 2:11)이다. 그 영은 사람의 최고의 위치를 점하는 것으로 사람
의 사상, 소망, 애정, 의지 등을 주관하며, 나아가서 사람으로 하여금 여호와와
사귀게 하는 요소이다(이상근). 다시 말해 이 영혼은 사람으로 하여금 신적

존재를 깨닫게 할뿐 아니라 본질적으로 하나님의 요구하시는 의로운 생활을 준수하도록 요구하는 양심의 활동을 가리킨다(그랜드 종합 주석).

잠 20:28. 왕은 인자와 진리로 스스로 보호하고 그의 왕위도 인자함으로 말미암아 견고하니라.

본 절은 상반절과 하반절이 동의절로 왕의 속성에 대해 말한다. 즉, 인자와 진리가 왕을 지켜 주고, 정의가 그의 보좌를 튼튼하게 만들어준다는 것이다. 여기 "인자와 진리"에 대해 3:3 주해 참조(14:22; 25:21). 왕은 인자와 진리를 겸하고 있을 때, 정권이 바로 유지된다는 것이다. 두 가지가 합해질 때 왕위가 튼튼하게 유지되는 것이다. 독재는 왕의 자격이 아니다.

잠 20:29. 젊은 자의 영화는 그의 힘이요 늙은 자의 아름다움은 백발이니라.

본 절은 대구법으로, 젊은 자와 늙은 자의 장식을 말한다. 즉, 젊은이의 자랑은 힘이요, 노인의 아름다움은 백발이라는 것이다. 젊은 자에게는 그 힘이 자랑이고 장식이다. 그리고 노인들에게는 그의 경험과 지혜를 상징하는 백발이 그의 아름다움이며 자랑인 것이다(16:31; 17:6; 레 19:32).

잠 20:30. 상하게 때리는 것이 악을 없이하나니 매는 사람 속에 깊이 들어가느니라.

본 절은 매질이 효과가 있다는 것을 말한다. 즉, 상처가 나도록 때려야 악이 없어진다. 매는 사람의 속 깊은 곳까지 들어간다는 것이다. 어린 자녀가 범죄 했을 때 '매로 때리는 것'은 그의 죄를 알게 하고 회개케 하여 죄를 제거하는 방법이다(19:18; 시 11:71; 딤전 1:5). 매를 맞아본 자녀는 그 징계를 항상 기억하며 범죄를 하지 않게 되는 것이다.

제 21 장

6. 왕의 마음   21장

1-3절. 하나님의 섭리에 관해 말한 잠언들.

잠 21:1. 왕의 마음이 여호와의 손에 있음이 마치 봇물과 같아서 그가 임의로 인도하시느니라(The king's heart is a stream of water in the hand of the LORD; he turns it wherever he will-RSV, ESV).

본 절은 왕의 마음이 여호와의 손에 있다고 말하는 잠언이다. 즉, 왕의 마음은 주님 손 안에 있는 물줄기와 같다. 따라서 주님의 손 안에 있다. 주님께서 원하시는 대로 왕을 이끄신다는 것이다. 여기 "보의 물"이란 애굽이나 바벨론에 있던 운하의 물을 지칭한다(Toy). 팔레스타인의 강은 자연적인 강이니 손을 댈 수 없었지만 애굽이나 바벨론에는 운하가 있어 사람의 마음대로 그 물을 이끌 수 있었다(신 11:10, 이상근). 이와 같이 하나님은 왕의 마음을 그가 원하시는 방향으로 인도하신다. 다시 말해 여호와는 왕의 결정이나 행동을 임의로 움직이신다는 뜻이다.

잠 21:2. 사람의 행위가 자기 보기에는 모두 정직하여도 여호와는 마음을 감찰하시느니라.

본 절은 대구법으로, 사람의 행위와 여호와의 감찰을 대조한다. 즉, 사람의 행위가 자기의 눈에는 모두 옳게 보이지만, 주님께서는 사람의 마음을 꿰뚫어 보신다는 것이다(14:12; 16:25). 사람들은 자기의 행위가 옳다고 판단하지만 그를 정확하게 판단하는 것은 여호와의 몫이다. 우리는 여호와께서 우리를 정확하게 보시는 줄 알아야 할 것이다. 우리는 성경을 읽고 묵상하여 여호와의 말씀에 저촉되지 않게 살아야 하겠다.

잠 21:3. 공의와 정의를 행하는 것은 제사 드리는 것보다 여호와께서 기쁘게 여기시느니라.

본 절은 여호와께서 제사보다 공의를 원하신다는 것을 말한다. 즉, 주님께서는 우리가 정의와 공평을 지키며 사는 것을 제사를 드리는 일보다 더 원하신다(18:8 주해 참조)는 것이다. 본 절의 말씀은 다윗 왕이 말한 것이었고 (시 51:16-17), 특히 선지자들이 강조한 것이었으며(사 1:11-17; 호 6:6; 암 5:22-24; 미 6:6-8), 예수님께서도 시인하셨다(마 9:13). 즉, 성경의 중심 사상 중 하나이다.

4-8절. 교만과 속임 같은 악덕에 관한 5개의 잠언들.

잠 21:4. 눈이 높은 것과 마음이 교만한 것과 악인이 형통한 것은 다 죄니라 (Haughty eyes and a proud heart, the lamp of the wicked, are sin-RSV, ESV).

본 절은 교만의 죄를 경계하는 잠언이다. 즉, 눈이 높은 것과 마음이 교만한 것과 악인이 형통하여 교만하게 보이는 것은 모두 죄라는 것이다. 여기 "눈이 높은 것과 마음이 교만한 것"은 동의어이다(6:16-19 참조). 즉, 교만은 죄라는 말이다. 그리고 "악인이 형통한 것"(נֵר)은 '악인의 등'(RSV, ESV)이라고 번역된다. 다시 말해 악인이 형통하여 교만스럽게 보이는 것을 "등"으로 상징한 것이다. 이런 것은 모두 죄라는 것이다. 악인이 떵떵거리는 것은 누구에게나 꼴불견이다. 우리는 항상 자신의 마음이 높지 않도록 주님께 보살핌을 받아야 하고 또 겸손한 마음을 구해서 낮은 마음을 가지고 살아야 할 것이다.

잠 21:5. 부지런한 자의 경영은 풍부함에 이를 것이나 조급한 자는 궁핍함에 이를 따름이니라.

본 절은 대구법으로, 부지런함과 조급함을 대조한다. 즉, 부지런한 사람의 계획은 반드시 이득을 얻어 풍부함에 이르지만, 성급한 사람(조급한 사람)은 성급한 마음으로 부정하게 일하다가 가난해질 뿐이라는 것이다. 여기 "조급한 것"(ץ'א)은 '부(富)하기 위해 조급하게 행동하는 것'(13:11; 28:20)을 뜻하고, 나아가 '조급하게 행동하는 중 부정한 방법을 쓰는 것'(19:2; 20:21; 28:20, Toy)을 뜻한다. 부하기 위해 부정한 방법을 쓰는 것이야 말로 부지런함의 대조가 아닐 수 없다. 부해지기 위해 부정한 방법을 쓰는 것은 죄이므로 이를 행함은 반드시 벌을 받아 궁핍함에 이른다.

잠 21:6. 속이는 말로 재물을 모으는 것은 죽음을 구하는 것이라 곧 불려다니는 안개니라(The getting of treasures by a lying tongue is a fleeting vapor and a snare of death-RSV, ESV).

본 절은 부정함으로 재물을 모으는 것을 경계한다. 즉, 속여서 재물을 모으는 것은 자신을 죽음으로 몰아넣는 일이고, 결국 안개처럼 불려 다니다가 사라지는 것이다. 다시 말해 불의한 방법으로 얻은 재물은 바람에 불려가는 안개같이 사라져버리고 그렇게 재물을 모은 자는 망하게 되는 것이다(10:2; 20:17). 다른 사람들이 그렇게 해서 망한 것을 보고도 정신을 차리지 못하고 자신도 그 구덩이에 들어간다.

잠 21:7. 악인의 강포는 자기를 소멸하나니 이는 정의를 행하기 싫어함이니라.

본 절은 강포한 자의 종말을 묘사한다. 즉, 악인의 폭력(강포)은 자신을 멸망으로 이끈다. 왜냐하면 그가 바르게살기를 거부하기 때문이다. 악인은 공의 어기는 일을 기뻐하므로 공의 행하기를 싫어하고 공의 대신 폭력을 행한다. 이런 사람은 그 종말이 비참하여 자신을 소멸하여 멸망할 뿐이다(1:18-19; 합 2:10-12).

잠 21:8. 죄를 크게 범한 자의 길은 심히 구부러지고 깨끗한 자의 길은 곧으니라.

본 절은 대구법으로, 죄인과 깨끗한 자를 대조한다. 즉, 죄를 크게 범한 죄인의 길은 구부러져 있지만, 깨끗한 사람의 길은 올바르다는 것이다. 사람들은 대체적으로 남들이 죄를 크게 지은 것은 잘 보면서도 자신이 그렇게 비참한 처지에 있는 것은 알지 못한다. 성령의 빛이 없거나 약해서 그런 것이다. 우리는 성령을 구하여 자신의 구부러진 것을 펴고 깨끗한 길을 걸어야 할 것이다.

9-18절. 악인을 경고하는 잠언들.
잠 21:9. 다투는 여인과 함께 큰 집에서 사는 것보다 움막에서 사는 것이 나으니라.
　본 절은 다투는 여인을 지탄하는 잠언이다. 본 절은 25:24에 다시 나타난다. 즉, 다투기를 좋아하는 여자와 함께 넓고 큰 집에서 함께 사는 것보다는 차라리 보잘것없는 움막에서 혼자 사는 것이 더 낫다는 것이다. 다투기를 좋아한다는 것은 불행 중에 불행이고, 고통 중에 고통이다.

잠 21:10. 악인의 마음은 남의 재앙을 원하나니 그 이웃도 그 앞에서 은혜를 입지 못하느니라.
　본 절은 악인의 이기심을 지탄하는 잠언이다. 즉, 악인은 마음에 악한 것만을 바라고 있으니, 심지어 그의 가까운 이웃들한테도 은혜를 베풀지 못한다는 것이다. 악인들은 자기는 잘 되기를 바라지만 가까운 이웃의 재앙을 원하고, 은혜를 베풀지 못한다(4:16; 10:23; 12:10; 사 1:17)는 것이다. 악인들은 먼저 자신들의 구부러진 마음을 펴기 위해 성령의 충만을 구해야 할 것이다. 그리고 남들이 잘 되기를 빌어야 한다.

잠 21:11. 거만한 자가 벌을 받으면 어리석은 자도 지혜를 얻겠고 지혜로운 자가 교훈을 받으면 지식이 더하리라.
　본 절은 대구법으로, 거만한 자가 벌을 받는 것과 지혜로운 자가 교훈을 받는 것과를 대조한다. 즉, 거만한 사람이 벌을 받으면 어리석은 사람이 지혜를 얻게 되고, 지혜로운 사람이 책망을 받으면 지식을 더 얻게 된다는 것이다. 본 절은 19:25과 거의 같다. 여기 "거만한 자"는 '여호와를 정면으로 대적하며 훼방하는 악인'을 가리키며, '어리석은 자'는 '비록 지적으로, 도덕적으로 성숙하지 못하여 말씀에 의한 훈계를 잘 받아들이지 못하나 근본적으로 악한 마음을 품지는 않은 자'이다. 거만한 자가 벌을 받으면 그것을 목격한 어리석은 자도 지혜를 얻는다는 것이고, 지혜로운 자는 단순히 교훈만 해도 그것을 잘 받아들여 더욱 지식을 얻는다는 것이다.

잠 21:12. 의로우신 자는 악인의 집을 감찰하시고 악인을 환난에 던지시느니라(The righteous One observes the house of the wicked; he throws the wicked down to ruin-ESV).

본 절은 의로우신 하나님께서 하는 두 가지 일을 말한다. 즉, 의로우신 하나님은 악인의 집을 감찰하시고, 그를 재앙에 빠지게 하신다. 여기 "의로우신 자"(צַדִּיק)는 '의로우신 하나님'(NRSV, ESV)을 지칭하는 말이다. 주님은 악인을 감찰하셔서 그 악을 파악하시고 그를 심판하사 환난에 던지심으로 엄정한 심판을 하신다(10:24; 22:12; 욥 34:17).

잠 21:13. 귀를 막고 가난한 자가 부르짖는 소리를 듣지 아니하면 자기가 부르짖을 때에도 들을 자가 없으리라(Whoever closes his ear to the cry of the poor will himself call out and not be answered-ESV).

본 절은 독립구로 남의 사정을 듣고도 그 소리를 듣지 않는 자가 받을 벌을 말한다. 즉, 가난한 사람의 부르짖음에 귀를 막고 있으면, 자기가 부르짖을 때에 아무도 도와주지 않는다는 것이다. 여기 "들을 자가 없으리라"라는 말에서 "들을 자"가 누구냐를 두고 견해가 갈린다. 1) 아무 사람도 그를 도와주지 않는다는 것으로 해석하는 견해가 있다(Toy, 이상근). 2) 하나님으로 보는 견해(Delitzsch, 박윤선)가 있다. 이 두 견해 중에 2)번을 더 바른 견해로 보아야 한다. 몰인정하게 가난한 자들의 부르짖음을 듣지 않으면 하나님도 듣지 않으신다는 것이다. 이 심판은 인간의 죄에 대한 하나님의 비례식 보응을 보여준다. 이와 같은 기묘한 벌칙은 하나님의 전능하신 역사로만 성립된다. 그와 반면에 불쌍한 자를 도와준 자는 주님께서 마치 자신이 도움을 받으신 것 같이 여기서서 갚아주신다(마 25:31-40, 박윤선).

잠 21:14. 은밀한 선물은 노를 쉬게 하고 품 안의 뇌물은 맹렬한 분을 그치게 하느니라.

본 절의 상반절과 하반절은 동의절이다. 선물과 뇌물의 효능을 말한다. 즉, 은밀하게 주는 선물은 화를 가라앉히고, 품속에 넣어 주는 뇌물은 맹렬한 분노를 가라앉혀 준다는 것이다. 여기 "선물"은 감사의 표시로 주는 것으로 긍정적이고, "뇌물"은 부정직한 목적으로 주는 것으로 부정직한 것이다. 그러나 본 절에서의 "뇌물"이란 말은 이런 뇌물이 통하는 사회를 가리키는 것이다. 이런 뇌물이 통하는 사회에서는 "품에 넣어준 뇌물"(Rosenmueller)이 노하지 않게 하고, 맹렬한 분을 그치게 한다는 것이다(2:16; 17:8, 23; 18:16; 19:6; 23:27 참조). 사람이 불의한 뇌물을 받고도 분노를 그치는데, 공명정대하게 천국을 거저 받은 신자들로서는 혈기와 악독과 정욕을 그쳐야 된다는 것이다(박윤선).

잠 21:15. 정의를 행하는 것이 의인에게는 즐거움이요 죄인에게는 패망이니라.

본 절은 대구법으로, 정의의 두 가지 결과를 말한다. 즉, 정의가 실현될 때에, 의인에게는 기쁨이요, 악인에게는 패망이라는 것이다. 하반절의 "패망"(מְחִתָּה)이란 말은 '낭패' 또는 '공포'란 뜻이다. 공의가 행사되었을 때 선악이 같이 명백해져서, 의인들은 만족을 얻어 즐거워하고, 죄인은 낭패하며, 두려워하면서 멸망하게 된다는 것이다(10:23, 29; 15:21, 이상근).

공의가 시행되는 것이 의인에게 즐거움이 되는 이유는 단순히 그로 인하여 의인이 자신의 의로운 행위에 대한 보상을 받게 되기 때문이 아니라 의인의 품성 자체가 공의가 시행되는 것 자체를 큰 기쁨으로 느끼기 때문이다. 또한 의인이 이 땅에서 공의를 행하는 것은 악인의 멸망을 촉발시키는 직접적인 계기가 된다. 왜냐하면 불의를 행한 악인은 의인이 행사하는 공의로운 심판에 의해 정죄 받고 멸망에 이르기 때문이다(그랜드 종합 주석).

잠 21:16. 명철의 길을 떠난 사람은 사망의 회중에 거하리라.

본 절은 독립구로, 명철의 길을 떠난 어리석은 자의 종말을 말하는 잠언이다. 즉, 슬기로운 길에서 떠난 사람은 죽은 사람들과 함께 쉬게 될 것이라는 것이다. "사망의 회중"이란 말은 '음부의 인구가 된다'는 뜻이다. 지혜와 명철의 길을 떠난 어리석은 자는 음부로 내려가 죽은 자의 회중에 가입하는 것이다(2:18; 9:18). 사람이 명철의 길을 떠난다는 것은 곧 의로운 생활을 버리고 악인의 삶을 좇아간다는 것을 의미한다. 본 절에서 '사망의 회중'이란 단어가 사용된 것은 어리석은 자의 길을 가는 사람이 매우 많다는 것을 뜻한다고 볼 수 있다.

잠 21:17. 연락을 좋아하는 자는 가난하게 되고 술과 기름을 좋아하는 자는 부하게 되지 못하느니라.

본 절의 상반절과 하반절은 동의절로 연락(향락)과 사치에 빠지면 가난하게 된다는 것을 말하는 잠언이다. 즉, 향락을 좋아하는 사람은 가난하게 되고, 술과 기름을 좋아하는 사람도 부자가 되지 못한다는 것이다. 본 절의 "기름"이란 연회 때 몸에 바르는, 가격이 비싼 기름을 말한다(27:9; 시 104:15; 암 6:6). 세상 연락을 좋아하여 술에 취하고, 값비싼 기름을 몸에 발라 사치하는 자는 가난하게 될 수밖에 없다.

잠 21:18. 악인은 의인의 속전이 되고 사악한 자는 정직한 자의 대신이 되느니라.

본 절의 상반절과 하반절은 동의절로, 악인이 의인의 대속이 된다고 말하는 잠언이다. 즉, 악인은 의로운 사람 대신에 몸값을 치르게 되고, 사기꾼은 정직한 사람 대신에 치르는 몸값이 된다는 것이다. 여기 "속전"(כֹּפֶר,Ko)이란 말은 엄격한 속죄의 뜻을 전달하는 것이 아니다. "의인은 환난에서 구원을 얻고 악인은 와서 그를 대신"하는(11:8 주해 참조, 사 43:3-4) 사실을 가리킬 뿐이다. 그러므로 본 절은 그저 구속의 교리를 말하는 것이 아니라 실지의 형편을 묘사한 것뿐이다. 다시 말해 악인이 의인을 죽이려다가 도리어 자기가 죽는 것을 염두에 두고 하는 말이다(출 14:27-28 참조, 사 43:3, 박윤선).

19-26절. 지혜로운 자와 어리석은 자의 실생활에서의 대조를 보인 잠언들.
잠 21:19. 다투며 성내는 여인과 함께 사는 것보다 광야에서 사는 것이 나으니라.
　　본 절은 독립구로, 악처를 지탄하는 잠언이다. 즉, 다투며 성내는(악을 행하는) 아내와 함께 사는 것보다는 광야에서 혼자 사는 것이 더 낫다는 것이다. 내용으로 보아 본 절은 9절과 같다(25:24).

잠 21:20. 지혜 있는 자의 집에는 귀한 보배와 기름이 있으나 미련한 자는 이것을 다 삼켜 버리느니라.
　　본 절은 대구법으로, 지혜 있는 자와 미련한 자의 가산을 대조한다. 즉, 지혜 있는 사람의 집에는 귀한 보물과 기름이 있어 가산이 넉넉하나, 미련한 사람은 그것을 모두 탕진하여 없애버린다는 것이다(15:20). 70인역(LXX)에는 기름이란 말이 생략되어 있다.

잠 21:21. 공의와 인자를 따라 구하는 자는 생명과 공의와 영광을 얻느니라.
　　본 절은 독립구로 공의의 보상을 말해주는 잠언이다. 즉, 공의와 인자를 좇아서 살면, 생명과 공의와 영예를 얻는다는 것이다. "공의와 인자"는 '인자와 진리'(3:3 주해 참조)와 같은 뜻이다. "의"란 하나님 앞에서 바로 사는 것을 말하고, "인자"는 사람을 대하는 사랑의 행동을 말한다. 이렇게 살아가는 사람들은 그 보상으로 장수하고 의로 인정되며 영광을 얻는다(3:16; 시 24:5; 롬 2:7). 하나님 앞에서 바로 산다는 것의 보상은 엄청나다는 것을 말한다.

잠 21:22. 지혜로운 자는 용사의 성에 올라가서 그 성이 의지하는 방벽을 허느니라.

본 절의 상반절과 하반절은 동의절로, 지혜가 힘보다 더 낫다는 것을 말한다. 즉, 지혜로운 사람은 용사들이 지키는 성에 올라가서, 그들이 든든히 믿는 요새도 무너뜨린다는 것이다. 비록 강한 용사들이 지키는 성이라도 지혜자의 모략으로 그 성이 함락될 수 있음을 말하는 것이다(20:18; 24:3-6; 전 9:14-15 참조). "견고히 의뢰하는"에 대해 14:26 주해를 참조하라. 따라서 우리는 그 무엇보다도 지혜를 구하여 지혜로운 삶을 살아야 한다.

잠 21:23. 입과 혀를 지키는 자는 자기의 영혼을 환난에서 보전하느니라.

본 절은 독립구로, 입과 혀를 지키는 결과를 말하는 잠언이다. 즉, 입과 혀를 지키는 사람은 환난 중에서도 자기의 목숨을 지킬 수 있다는 것이다. 성경에서는 그릇된 말을 해서 범죄하고, 그로 인해 치명적인 결과가 초래된다는 교훈을 자주 언급한다(시 10:7; 약 3:6). 본 절은 말을 통하여 범죄하는 자에게 임할 하나님의 징계가 결코 가볍지 않다는 것을 가르쳐준다. 그런고로 누구든지 말을 할 때 항상 신중하고 거짓됨이 없이 진실해야 한다.

잠 21:24. 무례하고 교만한 자를 이름하여 망령된 자라 하나니 이는 넘치는 교만으로 행함이니라.

본 절은 독립구로, 망령된 자가 어떤 사람인가를 정의하는 잠언이다. 즉, 교만하고 건방진 사람을 오만한 자라고 하는데, 그런 사람은 넘치는 교만으로 행동한다는 것이다. 여기 "망령된 자"(לץ)라는 말은 '조롱하는 자'라는 뜻이다. "조롱하는 자"란 말은 '교만한 마음이 넘쳐 무례하고 교만하게 행하는 자'라는 뜻이다. 조롱하는 자는 인간의 한계를 모르고 교만하게 행하는 자이다. 하나님께서는 이러한 자들을 진노의 심판을 통하여 완전한 멸망에 이르게 하신다. 우리는 항상 지혜를 구하여 남을 조롱하는 어리석음에 빠지지 않아야 할 것이다.

잠 21:25. 게으른 자의 욕망이 자기를 죽이나니 이는 자기의 손으로 일하기를 싫어함이니라.

본 절은 독립구로, 게으른 자의 정욕을 지탄하는 잠언이다. 즉, 게으른 사람의 욕심이 스스로를 죽이기까지 하는 것은, 어떠한 일도 제 손으로 하는 것을 싫어하기 때문이다. 여기 "욕망"이란 말은 '게을러서 놀고 싶은 욕망'을 말하는데, 이 욕망이 사람을 죽게 한다는 것이다. 그러한 이유는 자기의 손으로 일하기를 싫어하게 만들기 때문이고, 그러므로 결국에는 그 욕망 가운데 거하는 사람이 아무것도 할 수 없게 함으로써 죽게 한다(13:4; 19:5, 24주해 참조)는 것이다. 사람은 누구든지 노력한 만큼 대가가 주어진다는 사실을 깊이 인식해야 할 것이다.

잠 21:26. 어떤 자는 종일토록 탐하기만 하나 의인은 아끼지 아니하고 베푸느니라.

본 절은 탐하는 자와 아끼지 아니하고 베푸는 의인을 대조한다. 즉, 악인은 온종일 탐하기만 하지만, 의인은 아끼지 않고 나누어 준다는 것이다. 본 절 초두의 "어떤 자"가 누구냐를 두고 견해가 갈린다. 1) 게으른 자라는 견해. 2) 악한 자라는 견해(LXX, NRSV). 두 견해 중에 2)번의 견해가 문맥으로 보다 타당하다. 왜냐하면 하반절에 의인이란 말이 있으므로 상반절의 "어떤 자"를 악인으로 보는 것이 더 바른 견해라 생각되기 때문이다. 악한 자는 종일 탐하기만 한다. 그러나 의인은 아끼지 아니하고 남에게 베푼다.

27-31절. 악인이 심판받는다는 것을 말하는 잠언들.

잠 21:27. 악인의 제물은 본래 가증하거든 하물며 악한 뜻으로 드리는 것이랴.

본 절은 악인의 제물을 지탄하는 잠언이다. 즉, 악인의 제물이 가증하거든, 하물며 악한 의도로 바치는 것이야 더욱 그렇지 않겠느냐는 것이다. 본 절은 15:8과 같다. 다시 말해 악인이 그 죄를 회개하지 아니하고 의식적으로 바치는 제사 자체가 가증한 것이라면(사 1:11-17: 암 5:21-24), 하물며 악한 목적을 달성하기 위해 드리는 제사야말로 더욱 가증한 것임에 틀림없다 (삼하 15:7-12 참조).

잠 21:28. 거짓 증인은 패망하려니와 확실히 들은 사람의 말은 힘이 있느니라 (A false witness will perish, but the word of a man who hears will endure-RSV, ESV).

본 절은 거짓 증인과 바른 증인을 대조한다. 즉, 거짓 증거 하는 사람의 증언은 패망하려니와 확실히 들은 대로 말하는 사람의 증언은 힘이 있어 채택된다는 것이다. 본 절 상반절은 19:5, 9와 거의 같은 내용이다. 그리고 본 절 하반부 즉, "확실히 들은 사람의 말"이라는 언급은 뜻이 불명(不明)하여 여러 해설이 있다. 세 가지 견해는 1) 하나님께 들었다는 견해(Saad), 2) 하나님의 율법을 듣고 순종했다는 뜻으로 보는 견해(Rashi). 3) "듣는 마음"이란 뜻으로 보는 견해(왕상 3:9)이다. 즉, 자세히 듣고 믿을만하게 증언을 하는 자(Ewald, Delitzsch, Toy)라는 뜻으로 해석된다. 세 가지의 견해 중에 3)번의 견해가 가장 바른 것으로 본다. "말은 힘이 있느니라"(לָנֶצַח יְדַבֵּר)는 말은 '계속하여 말한다', '계속적으로 증언할 것이다'라는 뜻이다. 그런고로 하반절의 뜻은 상반절에 나타난 "거짓 증인"과 대조적으로 '진실된 증인'이란 뜻이다. 진실된 증인은 하나님 말씀을 바로 듣고, 믿을만하게 계속적으로 전하기도 하고 증언한다는 것이다(이상근). 우리는 하나님 앞에서 진실을 수호하는데 앞장을 서야 하겠고 혹시 자신에게 유리하게 적용되는 경우라 할지라도 거짓된 증언이나 말은 단호하게 배척하는 지혜로운 태도를 결코 잊지 말아야 할 것이다.

잠 21:29. 악인은 자기의 얼굴을 굳게 하나 정직한 자는 자기의 행위를 삼가느니라.

　　본 절은 대구법으로, 악인과 의인의 반성에 대해 말한다. 즉, 악한 사람은 반성 없이 얼굴을 뻔뻔스럽게 하나, 정직한 사람은 자기의 행실을 조심하여 살핀다는 것이다. "얼굴을 굳게 하는 일"에 대해 7:13 주해 참조. 그 얼굴은 부끄러워하지도 않고 두려워하지도 않는 담대한 태도를 말한다. 악인은 그의 악한 행동에 대해 전혀 반성이 없다. 그러나 "정직한 사람"은 자신의 행위를 조심스럽게 살핀다는 것이다. 우리는 하나님 앞에서나 사람들 앞에서 항상 우리의 행동을 조심하여 살펴야 할 것이다.

잠 21:30. 지혜로도 못하고, 명철로도 못하고 모략으로도 여호와를 당하지 못하느니라.

　　본 절은 독립구로, 주님께서 인간의 지혜와 명철과 모략을 능가하신다는 것을 말하는 잠언이다. 즉, 그 어떠한 인간의 지혜도, 명철(1:2 참조)도, 계략(8:14 주해 참조)도 주님을 대항하지 못한다는 것이다. 본 절의 지혜, 명철, 모략이란 말은 여호와를 경외함으로 얻어지는 경건이 아니라 세상적인 것들이다(Toy, Lange). 세상적인 것들이 주님을 당할 수가 있겠는가?

잠 21:31. 싸울 날을 위하여 마병을 예비하거니와 이김은 여호와께 있느니라.

　　본 절은 대구법으로, 전쟁의 승리는 여호와께 있다는 것을 말한다. 즉, 전쟁을 대비하여 군마를 아무리 많이 준비해 보아도, 전쟁의 승리는 오직 주님께 달려 있다는 것이다. 우리는 전쟁의 승리를 위하여 오직 여호와만을 전적으로 의지해야 할 것이다. 이 땅에서 공산주의나 사회주의 또는 세속주의는 결단코 승리하지 못한다. 여호와를 전적으로 의지한 다윗은 전쟁하는 곳마다 승리를 거두었다(삼하 8:14).

제 22 장

7. 재물보다 명예를 택하라   22:1-16

1-5절. 부귀에 관해 말하는 잠언들.

잠 22:1. 많은 재물보다 명예를 택할 것이요 은이나 금보다 은총을 더욱 택할 것이니라.

본 절의 상반절과 하반절은 동의절로, 재물(財物)보다 명예를 택하라는 것을 권고한다. 즉, 많은 재산보다는 명예를 택하는 것이 옳고, 은이나 금보다는 은총을 더욱 택하는 것이 옳다는 것이다. 여기 "명예"(שם)란 말이 하반절의 "은총"이란 말과 병행되는 것을 보면 여기에서의 명예란 말은 세속적인 명예가 아니라 '하나님께서 인정해 주시는 내적인 평판(평가)'이란 말로 보는 것이 적합하다. 오늘 우리는 많은 재산보다도 하나님께서 인정해 주시는 평가를 더 소원해야 할 것이고, 세상의 은이나 금보다 하나님께서 내려주시는 은총을 더욱 소원해야 할 것이다. 우리는 무엇보다도 하나님께서 내려주시는 평가를 귀중히 여기고, 하나님의 인정을 가장 갈망해야 할 것이다.

잠 22:2. 가난한 자와 부한 자가 함께 살거니와 그 모두를 지으신 이는 여호와시니라.

본 절은 독립구로, 인간을 평등하게 알아야 할 것을 교육한다. 즉, 부유한 사람과 가난한 사람이 다 함께 섞여서 사는데 이들 모두를 지으신 분은 주님이시라는 것이다. 가난한 자의 씨가 따로 있는 것이 아니라 모두 주님께서 지으신 피조물이라는 사실을 우리는 알고 기억함으로 가난한 자들을 도와야 할 것이다(14:31; 17:5; 29:13; 욥 31:15; 34:19).

잠 22:3. 슬기로운 자는 재앙을 보면 숨어 피하여도 어리석은 자는 나가다가 해를 받느니라.

본 절은 대구법으로 재앙을 대처하는 슬기로운 자와 어리석은 자의 태도를 대조한다. 즉, 슬기로운 사람은 재앙을 보면 숨어 피하지만, 어리석은 사람은 고집을 부리고 나아가다가 화를 입는다는 것이다. 본 절은 27:12에 다시 나타난다. 여기 "슬기로운 자"(עָרוּם)란 말은 잠언에서 항상 좋은 뜻으로 사용되었다(1:4; 12:16). 그리고 "해를 받느니라"는 말은 '벌을 받느니라'(suffer-RSV, ESV)로 번역된다. 어리석은 자는 고집을 꺾지 않고 나아가다가 벌을 받고, 지혜로운 자는 재앙을 보고 근신하고 피하여 화를 면한다는 것이다. 즉, 지혜로운 자는 재앙을 면하나 어리석은 자는 죄를 짓다가 망한다는 것이다.

잠 22:4. 겸손과 여호와를 경외함의 보상은 재물과 영광과 생명이니라.

본 절은 독립구로, 경건한 자에게 보상이 돌아온다는 잠언이다. 즉, 겸손한 사람과 주님을 경외하는 사람이 받을 보상은 재산과 영예와 장수라는 것이다. 여기 "겸손"과 "여호와를 경외함"이란 말은 같은 뜻으로 볼 수 있다. 이런 자들에게 주님은 재물과 영광과 장수로 보답해 주신다.

잠 22:5. 패역한 자의 길에는 가시와 올무가 있거니와 영혼을 지키는 자는 이를 멀리 하느니라.

본 절은 대구법으로, 패역한 자와 영혼을 지키는 자의 길에 찾아오는 보상이 다르다는 것을 말한다. 즉, 마음이 비뚤어진 사람의 길에는 가시와 올무가 있으나, 자기 영혼을 지키는 사람은 그런 길을 멀리한다는 것이다. 본 절은 내용적으로 3절과 같다. 여기 "패역한 자"란 말은 '구부러진 자'를 의미한다(2:15; 11:20). 그리고 "가시"와 "올무"는 동의어로서 '고난의 길'을 뜻한다. 우리는 우리의 구부러진 마음을 철저히 자복하고 살면서 가시와 올무를 만나지 말아야 할 것이다.

6-12절. 의의 길에 이르는 훈련에 관한 잠언들.

잠 22:6. 마땅히 행할 길을 아이에게 가르치라 그리하면 늙어도 그것을 떠나지 아니하리라.

본 절은 독립구로, 아동 교육의 중요성을 일깨우는 잠언이다(13:24; 19:18; 23:13-14). 즉, 부모들은 마땅히 걸어야 할 그 길을 아이에게 가르쳐라. 그러면 늙어서도 그 길을 떠나지 않는다는 것이다. 어릴 때 성경을 읽게 해서 15세 이전에 10번만 읽게 만들어 주면 그 아이들은 하나님께 붙들려서 살게 되는 것이다.

잠 22:7. 부자는 가난한 자를 주관하고 빚진 자는 채주의 종이 되느니라.

본 절의 상반절과 하반절은 동의절로, 빈부간의 관계를 말하는 잠언이다. 즉, 가난하면 부자의 지배를 받고, 빚지면 빚쟁이의 종이 된다는 것이다. 빚진 자가 채주의 종이 되는 것은 율법에도 허락된 바였고(출 21:2-7), 당시 실제로 존재했던 일이었다(왕상 4:1; 암 2:6). 본 잠언을 통해 저자는 게으르게 행하지 말고, 부지런하고 성실하게 생활하여 가난이 가져다주는 고통을 당하지 말라고 교훈하고 있다(Deane). "빚진 자는 채주의 종이 된다"는 말의 해석을 위해서는 20:16의 주해를 참조하라.

잠 22:8. 악을 뿌리는 자는 재앙을 거두리니 그 분노의 기세가 쇠하리라.

본 절은 악의 보응을 말한다. 즉, 악을 뿌리는 사람은 재앙을 거두게 되고, 분노하여 휘두르던 막대기는 기세가 꺾인다는 것이다. 여기 "악을 뿌리는 자"란 말은 '악을 심는 자'를 말한다. 악을 뿌리면 악(재앙)을 거두게 된다(11:18; 욥 4:8; 갈 6:7-8). 악인이 재앙의 보응을 받게 되면 그 악인을 향하신 하나님의 분노가 그치는 것이다(에 7:10). 우리는 악을 철저히 찾아내어 고백하고 올바른 삶을 살아서 하나님의 분노를 당하지 않아야 할 것이다.

잠 22:9. 선한 눈을 가진 자는 복을 받으리니 이는 양식을 가난한 자에게

줌이니라.

본 절은 독립구로, 구제하는 자의 복을 말하는 잠언이다. 즉, 남을 잘 보살펴 주는 사람은 복을 받는데, 그 이유는 자기의 양식을 가난한 사람에게 나누어 주기 때문이라는 것이다. "선한 눈을 가진 자"란 '선한 눈을 가지고 양식을 가난한 자에게 나누어 주는 사람'(11:25; 14:21; 19:17; 31:20)을 뜻한다. 이렇게 착한 눈을 가지고 주위 사람들을 두루 살피면서 가난한 사람들에게 구제를 하는 사람들은 복을 받는다.

잠 22:10. 거만한 자를 쫓아내면 다툼이 쉬고 싸움과 수욕이 그치느니라.

본 절은 독립구로, 거만한 자가 없는 단체의 복을 말하는 잠언이다. 즉, 거만한 사람을 쫓아내면 다툼이 없어지고, 싸움과 욕설이 그친다는 것이다. 거만한 사람이 없어지면 첫째, 가정이나 사회에 다툼이 없어지고, 둘째, 싸움과 무고하게 수욕 받는 일들이 그치게 된다는 것이다(21:24; 26:20; 28:25). 우리는 우리가 속한 단체에 혼자 잘 났다고 떠드는 자가 없도록 기도하고 보살펴야 할 것이다.

잠 22:11. 마음의 정결을 사모하는 자의 입술에는 덕이 있으므로 임금이 그의 친구가 되느니라.

본 절은 독립구로, 마음의 정결을 사모하는 자의 입술이 될 것을 권하는 잠언이다. 즉, 깨끗한 마음을 간절히 바라며 덕을 끼치는 말을 하는 사람은 왕의 친구가 된다는 것이다. 왕의 친구가 된다는 것은 큰 명예가 주어지는 것인데, 이것이 가능하기 위해서는 첫째, 마음의 정결을 사모해야 한다는 것이다. 마음의 정결을 사모해서 왕에게 직언을 할 수 있어야 왕의 친구가 될 수 있는 것이다. 그리고 둘째로, 입술에 덕이 있어 왕에게 덕이 있게 말할 수 있어야 하는 것이다.

잠 22:12. 여호와의 눈은 지식 있는 사람을 지키시나 사악한 사람의 말은

패하게 하시느니라.

본 절은 독립구로, 지식 있는 사람과 사악한 사람에 대한 여호와의 태도를 대조한다. 즉, 주님의 눈은 지식 있는 사람을 지켜보시지만, 신의가 없는 사람의 말은 뒤엎으신다는 것이다. "지식 있는 사람"이란 여호와를 경외하며 (1:7) 정직하고 지혜로운 자를 말한다. 여호와께서는 이런 사람을 지키시고 보호하신다. 그리고 "사악한 사람"이란 여호와를 떠난 어리석은 거짓말쟁이다. 여호와께서는 이런 자를 패하게 하신다(12:19; 13:6; 21:12).

13-16절. 게으름뱅이와 음녀 등에 관한 잠언들.

잠 22:13. 게으른 자는 말하기를 사자가 밖에 있은즉 내가 나가면 거리에서 찢기겠다 하느니라.

본 절은 게으른 자의 핑계를 말한다. 26:13에 다시 나타난다. 즉, 게으른 사람은 바깥에 나가면 사자가 있어 못나간다고 핑계를 댄다는 것이다. 즉, 거리에 나가면 사자가 있어 찢겨 죽는다고 말한다는 것이다. 잠언에는 게으른 자에 대한 경계가 아주 많다(6:6, 9; 10:26; 13:4; 15:19; 19:24; 20:4; 21:25; 24:30 26:13-16). 게으른 자는 말도 되지 않는 핑계를 대면서 게으름을 피운다.

잠 22:14. 음녀의 입은 깊은 함정이라 여호와의 노를 당한 자는 거기 빠지리라.

본 절은 독립구로, 음녀에 대한 경계를 말한다. 즉, 음행하는 여자의 입은 깊은 함정이니, 주님께서 지켜주시지 않는 자, 즉 주님의 저주를 받는 사람이 거기 빠진다는 것이다. 잠언에는 음녀에 대한 경계가 여러 번 나타난다(2:16; 5:3; 6:24; 7:5; 23:27). 음녀는 함정 자체이다. 본 절에는 음녀의 입이 함정이라 했다.

잠 22:15. 아이의 마음에는 미련한 것이 얽혔으나 징계하는 채찍이 이를 멀리 쫓아내리라.

본 절은 독립구로, 아이를 징계할 필요가 있음을 말한다(13:24 참조).

즉, 아이의 마음에는 미련한 것이 얽혀 있으나, 훈계의 매가 그 미련한 것을 멀리 쫓아낸다는 것이다. 어린 아이는 도덕적으로 미성숙한 상태이므로 미련한 데 얽혀 있어 쉽게 악한 유혹에 빠질 수 있다. 그런고로 채찍을 겸한 교육이 그로 하여금 유혹을 이겨낼 수 있게 한다는 것이다.

잠 22:16. 이익을 얻으려고 가난한 자를 학대하는 자와 부자에게 주는 자는 가난하여질 뿐이니라.

　　본 절의 상반절과 하반절은 가난하게 되는 징벌을 받는 자들에 대한 잠언이다. 상반절은 이익을 얻으려고 가난한 자를 박대하고 그에게서 착취하여 자기의 부를 늘리려는 자는 하나님의 징계를 받아 자신의 부를 잃고 가난하게 된다고 한다. 그리고 하반절은 부자에게 아첨함으로 이득을 보겠다고 선물을 보내는 자는 자신의 재산을 잃을 뿐으로 결국 가난하게 된다는 것이다(Ewald, Delitzsch, Umbreit, Elster, 이상근).

III. 지혜 있는 자의 잠언　　22:17-24:34

　　잠언의 제3부는 "지혜 있는 자의 말씀"(22:17)이란 제목 아래 진술된다. 이 부분(22:17-24:34)은 제1부(1-9장)와 아주 유사하고, 바로 앞선 제2부(10:1-22:16)와는 구조와 내용면에서 현저히 대조된다. 다시 말해 구조에 있어 바로 앞선 제2부에서는 대체로 2행으로 된 대구법 형식이었으나 이 부분에서는 3행도 있고(23:1-3, 6-8) 또 대부분 4행이며, 심지어 5행까지 있다(23:31-35; 24:30-34). 또 내용에 있어 제1부처럼 "내 아들아!"라는 칭호와 더불어 스승이 제자에게 훈계하는 어투로 진행되고 있다(이상근, 그랜드 종합 주석).

　　이 부분의 내용은 A. 지혜 있는 자의 잠언(22:17-24:22), B. 지혜 있는 자의 잠언 부록(24:23-34)으로 크게 나눌 수 있다.

　　A. 지혜 있는 자의 잠언　　22:17-24:22

이 부분은 1. 서론(22:17-21)에 이어 2. 약한 자(22:22-29), 3. 관원과 함께 앉아 있을 때의 태도(23장), 4. 악인의 형통(24:1-22)으로 나누어진다.

    1. 서론   22:17-21

저자 자신에 의한 서론(Toy)으로, 지식을 가질 것을 권하는 잠언들이다.
17절. 경계를 말하는 잠언.
잠 22:17. 너는 귀를 기울여 지혜 있는 자의 말씀을 들으며 내 지식에 마음을 둘지어다.

본 절은 독립구로 제III부의 저자의 말을 들을 것을 권하는 말이다. 즉, III부(22:17-24:34)의 말씀을 들으라는 것이다. 즉, 귀를 기울여서 지혜 있는 사람의 말을 듣고, 나의 가르침을 너의 마음에 새기라는 것이다. 본 절은 24:13에 다시 나타난다.

18절. 경계의 근거를 말하는 잠언.
잠 22:18. 이것을 네 속에 보존하며 네 입술 위에 함께 있게 함이 아름다우니라.

본 절은 초두에 이유 접속사(왜냐하면)가 있어 앞 절에서 권고한 이유를 본 절이 밝힌다. 즉, 그것을 깊이 간직하며, 그것을 모두 너의 입술로 말하면, 너에게 즐거움이 된다는 것이다. "아름다우니라"라는 말은 '즐거우니라'로 번역된다. 여기 "이것"이란 말은 본 잠언 저자의 지혜로운 말이요, 그 말에 담겨 있는 지식을 지칭한다(앞 절). 그것을 마음에 간직하고(18:8; 20:27; 시 147:1), 또 입술에 지켜 때를 따라 그 지식의 말을 하는 것은 즐거운 일이라는 것이다(3:17; 16:24).

19절. 경계의 목적을 말하는 잠언.
잠 22:19. 내가 네게 여호와를 의뢰하게 하려 하여 이것을 오늘 특별히 네게 알게 하였노니.

본 절은 독립구로, 본 잠언의 목적을 말한다. 즉, 이는 네가 주님을 의뢰하며 살도록 하려고 오늘 내가 너에게 특별히 알려 주는 잠언이란 것이다. 참된 지식은 여호와를 경외함에 있으니(1:7) 이 지식을 제자에게 가르쳐 알게 하는 목적은 너로 여호와를 의뢰하고 경외하게 하려는 것이라고 한다. 이 교훈은 특별히 네게 알게 하려 한다는 것이다.

20-21절. 일찍이 기록된 교훈들.
잠 22:20. 내가 모략과 지식의 아름다운 것을 너를 위해 기록하여.

본 절은 내가 너에게, 건전한 충고가 담긴 서른 가지 교훈을 써 주지 않았느냐고 말한다. 다시 말해 사람이 지혜를 얻어야 할 이유와 지혜를 얻은 결과로 인해 발생하는 여러 가지 유익들을 열거하고 있는 교훈들을 주었다는 것이다. 특히 여기서 "아름다운 것"이란 표현은 지혜의 특성을 묘사하는 것인데, 본 절은 지혜가 사람으로 하여금 진리를 깨닫고, 그 진리대로 올바르게 살도록 인도하는 역할을 감당함으로 사람의 생활을 하나님 보시기에 아름답게 장식한다는 사실을 교훈하고 있는 것이다(21:20, 그랜드 종합 주석).

잠 22:21. 네가 진리의 확실한 말씀을 깨닫게 하며 또 너를 보내는 자에게 진리의 말씀으로 회답하게 하려 함이 아니냐(to make you know you what is right and true, that you may give a true answer to those who sent you?-ESV).

본 절은 나는 네가 진리의 말씀을 깨달아서, 너에게 묻는 사람에게 바른 대답을 할 수 있게 하려 함이라고 말한다. 여기 "확실한 말씀"이나 "진리의 말씀"이란 말은 모두 지혜의 특성을 묘사하는 말들인데, 이를 통해 저자는 지혜가 사람으로 하여금 진리를 깨닫고 그 진리대로 올바르게 살도록 인도하는 역할을 감당함으로 사람의 생활을 하나님 보시기에 아름답게 장식한다(20절)고 교훈하고 있는 것이다(그랜드 종합 주석).

2. 약한 자   22:22-29

여기서부터 "지혜 있는 자의 말"이 시작된다(24:22까지). 이 부분에서는 가난하고 약한 자들에 대해 바르게 행할 것을 권고한다(이상근).

잠 22:22. 약한 자를 그가 약하다고 탈취하지 말며 곤고한 자를 성문에서 압제하지 말라.

본 절의 상반절과 하반절은 동의절로 약한 자를 약하다고 탈취하지 말라는 것을 가르친다. 즉, 가난하다고 하여 그 가난한 사람에게서 함부로 탈취하지 말고 고생하는 사람을 법정에서 압제하지 말라는 것이다. 여기 "성문"은 재판이 열리는 장소이다(1:21; 욥 5:4; 31:21; 시 127:5). 성문(재판정)에서 약한 자를 압제하여 억울하게 재판하지 말라는 것이다.

잠 22:23. 대저 여호와께서 신원하여 주시고 또 그를 노략하는 자의 생명을 빼앗으시리라.

본 절의 상반절과 하반절은 동의절이다. 본 절 초두의 "대저"라는 말은 '왜냐하면'이란 뜻으로 본 절은 전 절의 이유를 말하고 있다. 즉, 주님께서 그들의 송사를 맡아 주시고, 그들을 노략하는 사람의 목숨을 빼앗으시기 때문이라는 것이다. 다시 말해 세상에서 약한 자를 여호와께서 보호하시고 신원하셔서 그를 부당하게 압제하고 노략하는 자에게 보복하시며 심지어 그 생명까지 빼앗으시기 때문이다(23:11; 마 18:32).

잠 22:24-25. 노를 품는 자와 사귀지 말며 울분한 자와 동행하지 말지니 그의 행위를 본받아 네 영혼을 올무에 빠뜨릴까 두려움이니라.(Make no friendship with a man given to anger, nor go with a wrathful man, lest you learn his ways and entangle yourself in a snare-RSV, ESV).

24-25절은 사람을 사귈 때 사귀지 말아야 할 사람을 지정한다. 즉, 성급한 사람과 사귀지 말고, 성을 잘 내는 사람과 함께 다니지 말라는 것이다. 네가 그 행위를 본받아서 그 올무에 걸려 들까 염려된다는 것이다. 다시 말해

어떤 이유가 있어서 남에 대해 노를 품고 있는 자와 사귀지 말라는 것이다 (13:20; 19:19; 26:21; 29:22). 왜냐하면 성급한 사람은 항상 언동이 불순하고 바른 판단을 하지 못하기 때문이다. 우리는 늘 불만을 뿜어내는 사람을 고칠 생각을 하기 보다는 먼저 그런 사람을 가까이 해서는 안 될 것이다. 그 이유는 그런 사람을 고치는 것은 우리의 소관이 아니고 하나님의 소관이기 때문이다.

잠 22:26-27. 너는 사람과 더불어 손을 잡지 말며 남의 빚에 보증을 서지 말라 만일 갚을 것이 네게 없으면 네 누운 침상도 빼앗길 것이라 네가 어찌 그리하겠느냐.

　26-27절도 역시 사람을 사귈 때 사귀지 말아야 할 또 한 부류의 사람을 지정한다. 즉, 이웃의 손을 잡고 서약하거나, 남의 빚에 보증을 서지 말라. 너에게 갚을 것이 아무것도 없다면, 네가 누운 침대까지도 빼앗기지 않겠느냐 는 것이다. 채무자의 짝이 되고 경제적 보증인이 되지 말라는 말은 본서에 벌써 여러 차례 등장하고 있다(6:1-5; 11:15; 17:18; 20:16 참조). 아주 불리한 경우에 보증인은 채무자의 빚을 갚기 위해 자신의 재산을 빼앗기게 되고, 자기가 잠자는 침대까지 빼앗기에 된다는 것이다(20:16).

잠 22:28. 네 선조가 세운 옛 지계석을 옮기지 말지니라.

　본 절은 선조가 세워놓은 옛 지계석을 옮기지 말라는 것을 말하는 잠언이 다. 즉, 너의 선조들이 세워 놓은 그 옛 경계표를 옮기지 말라는 것이다. "지계석"이란 재산의 권리를 표시하는 경계표를 말하는 것이다. 이 지계석을 옮기는 것은 남의 재산을 침략하는 것을 말한다(15:15; 23:10). 이런 잠언은 성경에 벌써 여러 차례 등장했다(신 19:14; 27:17; 욥 24:2; 사 5:8; 호 5:10).

　하나님은 국가의 경계도 정해주셨다. 하나님께서 각 민족에게 배당해 주신 영토가 혹시 변경되는 것은 원칙적으로 하나님의 심판에 속한 일이다. 하나님께서는 죄악이 관영한 어떤 민족의 영토를 취하여 다른 민족에게 주시는 일도 하신다. 예를 들면 하나님께서 가나안 민족의 땅을 이스라엘에게 주셨고(창 15:18-21), 에밈 민족의 땅을 모압 민족에게 주셨으며(신 2:10-12), 삼숨민 민족의 땅을 암몬 민족에게 주셨다(신 2:20-21). 이런 일들은 예외적인 일이고, 사람들이 취야 할 행동 원리는 남의 소유를 존중히 함을 원칙으로 삼아야 한다는 것이다. 남의 재산을 침범하는 것은 큰 죄요, 저주를 받도록 되어 있다(23:10; 신 19:14; 27:17, 박윤선).

잠 22:29. 네가 자기의 일에 능숙한 사람을 보았느냐 이러한 사람은 왕 앞에 설 것이요 천한 자 앞에 서지 아니하리라.

본 절은 독립구로, 각자는 각자의 일에 아주 능숙한 사람들이 되라는 것을 권장한다. 즉, 자기 일에 능숙한 사람을 네가 보았느냐. 그런 사람은 왕을 섬길 것이요, 대수롭지 않은 사람을 섬기지는 않을 것이라고 한다. 본 절의 "근실한"(מָהִיר)이란 말은 '근면하고 유능한'이란 뜻이다. 근실한 사람은 왕을 섬기게 된다는 것이다(창 41:46; 삼상 16:21-22; 왕상 10:8). "천한 자"(חֲשֻׁכִּים)란 말은 '어둠에 있는 사람'이란 뜻으로 대수롭지 않은 사람을 뜻한다. 아무튼 우리는 근실한 사람이 되어 하나님으로부터 쓰임을 받아야 할 것이다.

제 23 장

3. 관원과 함께 앉아 있을 때의 태도   23장

1-8절. 권력자 앞에서 탐식 하지 마라.

잠 23:1. 네가 관원과 함께 앉아 음식을 먹게 되거든 삼가 네 앞에 있는 자가 누구인지를 생각하며.

본 절은 높은 지위에 있는 관원 앞에 식사 초대되는 경우 몸조심할 것을 권한다. 즉, 네가 높은 사람과 함께 앉아 음식을 먹게 되거든, 너의 앞에 누가 앉았는지를 잘 살피라는 것이다. 본 절은 아마도 앞선 22:29 말씀과 연결되는 것으로 본다(Deane). 그렇다면 본 절은 왕의 식사 자리에 초대된 것으로 보이는 내용이다. 이런 때 네 앞에 누가 앉아서 함께 식사 하고 있는지 몸조심하라는 것이다. 왜냐하면 그 자리가 올무에 걸려들게 하려는 초대일 수도 있기 때문이다.

잠 23:2. 네가 만일 음식을 탐하는 자이거든 네 목에 칼을 둘 것이니라.

본 절은 고관 앞에 초대되어 가서 몸조심하라는 권면을 준다. 즉, 식욕이 심하거든 목에 칼을 대고서라도 억제하라는 것이다. 고관을 통해서 하나님의 쓰임을 받을 수 있는 기회인데 조심하지 않아서 그런 기회를 잃을지도 모른다는 것이다. 한편 여기서 목에 칼을 둔다는 표현은 탐식에 대한 절제의 행동을 묘사하는 상징적 표현으로 본다(Keil).

잠 23:3. 그의 맛있는 음식을 탐하지 말라 그것은 속이는 음식이니라.

고관이 준비한 맛있는 음식을 탐하지 말라는 것이다. 즉, 그가 차린 맛난 음식에 욕심을 내지 말라. 그것은 너를 꾀려는 음식일지 모른다는 것이다.

그러니 음식을 탐해서 먹다가는 화를 당할지 모를 일이다. 우리가 사람들 앞에서 조심을 보여서 손해 될 일은 없다.

잠 23:4. 부자 되기에 애쓰지 말고 네 사사로운 지혜를 버릴지어다.

본 절은 항상 일용할 양식에 만족하라는 것을 말한다. 즉, 부자가 되려고 애쓰지 말고, 부자가 되려는 생각을 끊어 버릴 슬기를 가지라는 것이다. 부자가 되려는 생각으로 이런저런 재주를 부리지 말아야 한다. 우리는 항상 주님께 일용할 양식을 구하며 살아야 할 것이다. 우리가 애써야 할 일은 주님을 온전히 소유하는 일이다.

잠 23:5. 네가 어찌 허무한 것에 주목하겠느냐 정녕히 재물은 스스로 날개를 내어 하늘을 나는 독수리처럼 날아가리라.

본 절은 허무한 재물에 주목하지 말라는 것을 말한다. 즉, 한순간에 없어질 재물을 주목하지 말라는 것이고, 재물은 날개를 달고, 독수리처럼 날아가 버린다는 것이다. 사람들은 재물에 날개가 있는 줄을 모른다. 그 간단한 사실만 알아도 우리는 인생에서 승리할 수 있다. 그러므로 우리는 재물을 붙잡으려고 하지 말고 재물의 주인이신 주님을 붙잡아야 한다.

잠 23:6. 악한 눈이 있는 자의 음식을 먹지 말며 그의 맛있는 음식을 탐하지 말지어다.

본 절의 상반절과 하반절은 동의절로, 인색한 자가 차려주는 음식을 먹지 말라는 잠언이다. 즉, 너는 인색한 사람의 상에서 먹지 말고, 그가 즐기는 맛난 음식을 탐내지 말라는 것이다. "악한 눈이 있는 자"(עַיִן רָע)는 '인색한 자'(stingy, RSV, ESV)로도 번역된다. 이는 28:22에 다시 등장한다. "악한 눈이 있는 자"라는 말은 '선한 눈을 가진 자'(22:9)라는 말과는 대조되는 말이다. 이런 자의 음식을 먹으면 후에 토하는 일이 생길 수 있으니 음식을 먹지 말고 탐하지도 말라는 것이다. 아무튼 우리는 탐심을 가지고 살지 말아야 할 것이다. 우리는 하나님만으로 만족해야 할 것이다.

잠 23:7. 대저 그 마음의 생각이 어떠하면 그 위인도 그러한즉 그가 네게 먹고 마시라 할지라도 그의 마음은 너와 함께 하지 아니함이라.

본 절은 사람의 마음이 문제라는 것을 말한다. 본 절 초두에는 "대저"(왜냐하면)란 말이 나타나 본 절이 전 절의 이유임을 말한다. 즉, 무릇 그 마음의 생각이 어떠하면 그의 사람됨도 그러하니, 그가 말로는 먹고 마시라고 말해도, 그 속마음은 다르다는 것이다. 마음과 말이 다른 세상의 사람이라는 것이다.

잠 23:8. 네가 조금 먹은 것도 토하겠고 네 아름다운 말도 헛된 데로 돌아가리라.

말이 마음과 확연하게 다른 사람의 초대에 참여해서는 안 될 이유는 네가 조금 먹은 것조차 토하겠고, 너의 아첨도 헛된 데로 돌아갈 것이기 때문이라는 것이다.

9-11절. 미련한 자와 교제하지 말 것.
잠 23:9. 미련한 자의 귀에 말하지 말지니 이는 그가 네 지혜로운 말을 업신여길 것임이니라.

본 절은 독립구로, 미련한 자와 교제하지 말 것을 권한다. 즉, 미련한 사람의 귀에는 아무 말도 하지 말 것은 그가 너의 슬기로운 말을 업신여길 것이기 때문이라는 것이다. 여기 "미련한 자"(כְסִיל)는 '교만하고 강퍅한 자'를 뜻한다. 미련한 자의 귀에는 무슨 말도 넣어주지 말라는 것이다. 이는 그가 네 지혜로운 말을 업신여길 것이기 때문이라는 것이다. 그 행위는 돼지에게 진주를 던져주는 경우 진주의 귀중함을 알지 못하고 발로 밟는 행위와 같다는 것이다(마 7:6).

잠 23:10. 옛 지계석을 옮기지 말며 고아들의 밭을 침범하지 말지어다.

본 절은 약자의 땅을 침범하지 말라는 잠언이다. 즉, 옛날에 세워 놓은 밭 경계표를 옮기지 말며, 고아들의 밭을 침범하지 말라는 것이다. 본 절을 위하여 22:28 주해 참조. 상반절의 "지계석을 옮기지 말라"는 말과 하반절 고아들의 밭을 침범하지 말라는 말을 연관해서 생각해 볼 때 본 절은 약자의 권리를 보호하고, 그들의 땅을 침범하지 말라는 말이다.

잠 23:11. 대저 그들의 구속자는 강하시니 그가 너를 대적하여 그들의 원한을 풀어 주시리라.

문장 초두의 "대저"(왜냐하면)란 말을 통해 본 절이 앞 절의 이유를 제공하고 있음을 알 수 있다. 즉, 그들의 구원자는 강한 분이시니, 그분이 약자들의 송사를 맡으셔서 너를 벌하실 것이기 때문이다. 여기 "구속자"(גֹאֵל)란 말은 '구원자, 보호자, 보복자, 가까운 친족'이란 뜻이다. 룻의 집을 구속해준 보아스는 좋은 구속자였다(룻 4:1-12). 이 고엘(גֹאֵל) 사상은 이스라엘을 애굽에서 구속해낸 사실에 적용되었고(출 6:6; 15:3), 훗날 모세 율법에서 법제화되었다(레 25:25, 33, 48). 이 구속자의 대속 사상은 그리스도의 만민 대속에서 완성되었다(시 19:14; 사 41:14; 렘 31:11). 본문의 구속자는 여호와시다. 여호와께서 고아의 소원을 들으시고, 악인들이 침범한 그의 땅을 회복시켜 주신다는 것이다.

12-18절. 엄격한 훈계를 권장하는 잠언들.

잠 23:12. 훈계에 착심하며 지식의 말씀에 귀를 기울이라.

본 절의 상반절과 하반절은 동의절로, 이제 새 잠언이 시작되는 것을 표시한다. 스승과 제자를 함께 상대하여 말하는 것이다. 즉, 훈계를 너의 마음에 간직하고, 지식이 담긴 말씀에 너의 귀를 기울이라는 것이다. 여기 "훈계"라는 말과 "지식의 말씀"에 대해 1:2 주해를 참조하라.

잠 23:13. 아이를 훈계하지 아니하려고 하지 말라 채찍으로 그를 때릴지라도 그가 죽지 아니하리라.

본 절은 독립구로, 아이를 채찍으로 때려서라도 훈계하라는 잠언이다. 즉, 아이 꾸짖는 것을 삼가지 말라. 매질을 한다고 해서 아이가 죽지는 않는다 (13:24; 19:18)는 것이다. 육신의 정욕에 끌려 아이를 훈계하지 않으면 그를 죽이는 것이고, 그를 훈계하면 그 아이를 살리는 것이다.

잠 23:14. 네가 그를 채찍으로 때리면 그의 영혼을 스올에서 구원하리라.

본 절은 아이를 채찍으로 때림의 효력을 말한다. 즉, 그에게 매질을 하는 것이, 오히려 그의 목숨을 스올에서 구하는 일이라는 것이다. 아이를 때려서라도 악에서 떠나게 하는 것이 심히 중요하다는 것이니 어느 정도 중요한가 하면 그 아이를 죽음에서 구원하는 것과 같다(4:13; 7:27; 15:24)는 것이다.

잠 23:15. 내 아들아 만일 네 마음이 지혜로우면 나 곧 내 마음이 즐겁겠고.

본 절은 아들의 지혜로움을 바라는 잠언이다. 즉, 내 아들들아, 너의 마음이 지혜로우면, 나의 마음 또한 따라서 즐겁다는 것이다. 여기 "내 아들아"란 말에 대해 3:1 주해를 참조하라. 아들이 징계를 받아 그 마음이 지혜로우면 부모가 즐겁게 되고, 가르치는 스승도 즐거워지며(22:15), 주님도 기뻐하신다는 것이다.

잠 23:16. 만일 네 입술이 정직을 말하면 내 속이 유쾌하리라.

본 절은 전 절의 반복이면서도 아들의 입술이 정직하기를 원하는 잠언이다. 즉, 네 마음이 변하고 또 입을 열어 옳은 말을 할 때면, 내 속이 유쾌해진다는 것이다. 아들의 마음과 입술이 달라지기를 심히도 원하는 것을 볼 수 있다. 우리는 우리 자손들이 변하기를 주님께 애써 기도해야 할 것이다.

잠 23:17. 네 마음으로 죄인의 형통을 부러워하지 말고 항상 여호와를

경외하라.

본 절은 죄인이 형통한 것을 부러워하지 말고 여호와를 경외하라는 잠언이다. 즉, 죄인들이 일시적으로 형통하게 되는 것을 보고 마음속으로 부러워하지 말고, 늘 주님을 경외하라는 것이다. 죄인의 형통은 일시적인 것이고 곧 벌을 받아 시들어질 것인데 그것을 부러워한다는 것은 참으로 어리석은 일이다. 우리는 잘 되는 길 곧 여호와를 경외해야 할 것이다.

잠 23:18. 정녕히 네 장래가 있겠고 네 소망이 끊어지지 아니하리라.

본 절 초두의 "정녕히"(yKi)란 말은 이유 접속사이므로 본 절은 앞 절의 이유를 말하는 것이다. 즉, 여호와를 경외하면 너의 미래가 밝아지겠고, 너의 소망도 끊어지지 않을 것이다. 다시 말해 여호와를 경외하면 현세와 내세에 걸쳐 소망이 있다는 것이고, 항상 여호와를 경외하는 자에게는 영광스런 장래가 약속되어 있다는 것이다(14:32; 24:14; 렘 29:11).

19-21절. 절제를 권장하는 잠언들.

잠 23:19. 내 아들아 너는 듣고 지혜를 얻어 네 마음을 바른 길로 인도할지니라.

본 절의 상반절과 하반절은 동의절이고, "내 아들아" 라는 말로 시작하여 새로운 잠언을 시작하려는 것이다. 즉, 내 아들들아, 너는 훈계를 잘 듣고 지혜를 얻어서 너의 마음을 바르게 잡아서 살라는 것이다. 마음을 바로 잡아 마음이 지혜로워진다는 것은 천금을 얻는 것보다 나은 것이다.

잠 23:20. 술을 즐겨 하는 자들과 고기를 탐하는 자들과도 더불어 사귀지 말라.

본 절은 절제할 줄 알라고 권한다. 즉, 너는 술을 많이 마시는 사람들(29-30절; 신 21:20; 사 5:11; 28:7; 56:12; 마 24:49; 엡 5:18)이나 고기를 탐하는 사람들(9:2)과도 어울리지 말라는 것이다. 이 두 부류의 사람들은

부절제에 아주 인박힌 사람들로 그들과 어울리는 경우 내 측에서 손해를
보게 마련이다.

**잠 23:21. 술 취하고 음식을 탐하는 자는 가난하여질 것이요 잠 자기를 즐겨
하는 자는 해어진 옷을 입을 것임이니라.**

　　본 절은 전 절의 음주와 탐식에 게으름까지 더한 사람들을 경계하는
것이다. 즉, 늘 술에 취해 있으면서 먹기만을 탐하는 사람은 재산을 탕진하게
되고, 늘 잠에 빠져 지내는 사람은 누더기 옷을 걸치고 다니게 된다(19:15;
24:33)는 것이다. 이 세 가지를 겸하고 있는 사람은 사회에서 감당하기 어려운
사람들이다.

22-25절. 부모 순종을 간곡하게 부탁한다.
잠 23:22. 너를 낳은 아비에게 청종하고 네 늙은 어미를 경히 여기지 말지니라.
　　본 절은 부모에게 순종할 것을 가르치고 있다(1:8; 10:1; 17:21, 25; 19:13).
즉, 너를 낳아 준 아버지에게 순종하고 늙은 어머니를 업신여기지 말라는
것이다. 우리는 늙은 부모를 공경해야 할 것이다. 늙은 부모를 공경하지
않고 또 이미 별세하신 부모까지도 무시하는 자식은 인간이라고 말할 수
없다. 그런 사람은 패륜아(悖倫兒)일 수밖에 없다.

잠 23:23. 진리를 사되 팔지는 말며 지혜와 훈계와 명철도 그리할지니라.
　　본 절의 상반절과 하반절은 동의절로, 진리를 탐구하고 터득하며(4:5,
7; 16:16; 마 13:44, 46) 진리를 저버리는 일을 하지 말라는 것을 권한다.
즉, 진리를 사들이되 팔지는 말라는 것이고, 지혜와 훈계와 명철도 그렇게
사들이되 팔지는 말라는 것이다. 여기 진리를 "산다"는 말은 '진리를 탐구하
는 것'을 뜻하고, 또 희생을 통해 진리를 터득하는 것을 뜻한다. 그리고
"진리를 판다"는 말은 '쉽게 진리를 버리는 것'을 뜻한다. 본 절의 "지혜와
훈계와 명철"이란 말은 "진리"의 세 가지면(이상근)을 가리키는 것으로 본다.

즉, "지혜"(חָכְמָה)란 '든든함'(to be firm)이란 뜻인데, '사물의 본질적인 뜻을
밝히는 지식'을 말한다. 다시 말해 '가장 높은 의미에서의 바른 삶에 대한
지식'을 의미한다. 그리고 "훈계"(מוּסָר)란 '훈련'(discipline)을 의미하고, "명
철"(בִּין)이란 '선악에 대한 분별력'(Delitzsch)을 의미한다. 세 가지에 대해
1:2; 사 55:1-2; 계 22:17 주해를 참조하라.

**잠 23:24. 의인의 아비는 크게 즐거울 것이요 지혜로운 자식을 낳은 자는
그로 말미암아 즐거울 것이니라.**
　　본 절은 동의적 병행구로, 자식이 부모에게 순종하고 공경할 때에(22절)
부모는 즐거워한다는 것을 말한다. 즉, 의인의 아버지는 크게 기뻐할 것이며,
지혜로운 자식을 둔 아버지는 크게 즐거워할 것이라는 의미이다. 여기 상반절
과 하반절을 비교해 볼 때 의인과 지혜로운 자식이란 말은 동의어로 사용되었
다. 의인은 지혜로운 자식, 즉 여호와를 경외하는 자식을 낳은 아비는 크게
즐거워할 거라(10:1; 15:20; 27:11)는 것이다.

잠 23:25. 네 부모를 즐겁게 하며 너를 낳은 어미를 기쁘게 하라.
　　본 절은 부모를 즐겁게 하라는 잠언이다. 즉, 의인이 되어 너를 낳은
어버이를 즐겁게 하라는 것이다. 특히 지혜로운 자식이 되어 너를 낳은 어머
니를 기쁘게 하라는 것이다. 인간을 상대한 계명 중 부모 공경만큼 중요한
것은 없다.

26-28절. 음녀를 경계하라.
잠 23:26. 내 아들아 네 마음을 내게 주며 네 눈으로 내 길을 즐거워할지어다.
　　본 절은 "내 아들들아"라는 말로 시작하여 새로운 잠언을 시작한다. 즉,
내 아들들아! 나를 눈여겨보고, 내가 걸어온 길을 기꺼이 따르라는 것이다.
본 절의 내용은 7:4-5과 유사하다. 마음에 스승의 교훈을 간직하라는 것이고,
또 스승의 길을 따르라는 것이며, 스승이 간 길을 즐거워하라는 교훈이다.

제자가 참된 스승의 길을 따른다는 것은 스승에게 적지 않은 기쁨이요, 즐거움이다.

잠 23:27. 대저 음녀는 깊은 구덩이요 이방 여인은 좁은 함정이라.

본 절은 음녀는 깊은 구덩이고 한 번 빠지면 헤어 나오기 힘든 함정이라는 것을 교훈한다. 즉, 음란한 여자는 깊은 구렁이요, 부정한 여자는 좁은 함정이라는 것이다. 본 절의 "음란한 여자"란 말과 "이방 여인"은 동의어로 사용되었다. 음녀에 한 번 빠지면 구덩이(렘 2:6; 18:20, 22)가 너무 깊어서 빠져나오지 못한다는 것이며, 또 좁은 함정 같아서 헤어 나오지 못한다는 것이다. "좁은 함정"은 입구가 너무 좁아서 여기에 일단 빠지면 자신의 힘으로는 빠져 나올 수 없는 것이다.

잠 23:28. 참으로 그는 강도 같이 매복하며 사람들 중에 사악한 자가 많아지게 하느니라.

본 절은 전 절의 음녀를 강도로 묘사함을 볼 수 있다. 즉, 음녀는 남자들을 노리고 있다가, 숱한 남자를 변절자로 만든다는 것이다. 본 절의 "사악한 자"란 말은 '부정한 자'라는 뜻이다. 음녀는 강도 같이 숨어 있다가 사람들 중에 부정한 자가 많아지게 한다는 것이다.

29-35절. 폭음을 경계하라.

잠 23:29. 재앙이 뉘게 있느뇨 근심이 뉘게 있느뇨 분쟁이 뉘게 있느뇨 원망이 뉘게 있느뇨 까닭 없는 상처가 뉘게 있느뇨 붉은 눈이 뉘게 있느뇨.

본 절은 "뉘게 있느뇨"라는 말을 6회 사용하면서 폭음의 화를 경계하고 있다. 즉, 재난을 당할 사람이 누구이며, 근심하게 될 사람이 누구이뇨, 다투게 될 사람이 누구며, 탄식할 사람이 누구이뇨, 까닭도 모를 상처를 입을 사람이 누구며, 눈이 충혈될 사람이 누구냐는 것이다. 폭음이라는 것은 분명히 일종의 재난이고, 근심을 만들어 주는 것이며, 다툼을 만들어주고, 탄식을 만들어

주며, 상처를 만들어 주고, 눈을 침침하게 만들어 준다는 것이다. 분명히 폭음은 여러 가지 해독을 사회에 던져주는 것이니 피해야 한다.

잠 23:30. 술에 잠긴 자에게 있고 혼합한 술을 구하러 다니는 자에게 있느니라.

본 절은 폭음의 해독이 누구에게 돌아가는지를 밝히고 있다. 즉, 늦게까지 술자리에 남아 있는 사람들, 혼합주만 찾아다니는 사람들에게 나타나는 현상이 아니냐는 것이다. 여기 "술에 잠긴 자"란 말은 '술자리에 오래 앉아 머물면서 술을 퍼마시는 자'라는 뜻이다. 그리고 "혼합한 술"이란 말은 '술에 향료 등을 섞어 독주로 만든 술'을 지칭한다. 이와 같이 독주를 퍼 마시는 자에게 전 절과 같은 화가 임한다는 것이다.

잠 23:31. 포도주는 붉고 잔에서 번쩍이며 순하게 내려가나니 너는 그것을 보지도 말지어다.

본 절은 금주를 권하는 잠언이다. 즉, 잔에 따른 포도주가 아무리 붉고 고와 보여도, 그리고 마실 때에 아무리 순하게 넘어가더라도, 너는 포도주를 쳐다보지도 말라는 것이다. 본 절은 아 7:9과 아주 흡사하다. 여기 "붉고"란 말은 포도주 색이 붉음을 가리킨다. 그리고 "번쩍이며"라는 말은 포도주의 포말(泡沫-포도주의 거품)이 잔 안에서 번쩍이는 것을 두고 이른 말(Fuerst, Lange)이다. 아무리 술잔 안에 따라 놓은 포도주가 붉고 번쩍일지라도 그것을 쳐다보지도 말라는 것이다. 쳐다보지 않는 것이 유혹을 물리치는 최상의 방법이다.

잠 23:32. 그것이 마침내 뱀 같이 물 것이요 독사 같이 쏠 것이며.

본 절은 포도주가 포도주를 마시는 자에게 끼치는 해독을 말하는 잠언이다. 즉, 그것이 마침내 뱀처럼 너를 물고, 독사처럼 너를 쏠 것이라는 것이다. 뱀이나 독사처럼 포도주를 마시는 자에게 해를 끼칠 것을 말한다(시 140:3; 사 11:8; 렘 8:17). 뱀보다도 독사의 해독이 더 심하니 음주의 해독을 피할 수가 없다는 것이다. 경제적인 해독, 도덕적인 해독, 건강상 해독을 끼칠 것이라는 말이다.

잠 23:33. 또 네 눈에는 괴이한 것이 보일 것이요 네 마음은 구부러진 말을 할 것이며(Your eyes will see strange things, and your heart utter perverse things-ESV).

본 절 초두의 "또"라는 말은 앞 절에 더하여 가중적인 해로움이 포도주를 마시는 자에게 임할 것을 진술한다. 즉, 또 네 눈에는 괴이한 것이 보일 것이며, 입에서는 허튼 소리만 나온다는 것이다. 여기 "괴이한 것"(strange things)이란 말은 '술 취한 사람에게 보이는 비틀거림 현상'(Delitzsch, Rosenueller)을 지칭한다. 사람이 술에 취하면 자기가 스스로 자기의 행동을 통제하지 못하고, 술의 통제를 받아 비틀거림 현상을 경험하게 된다.

잠 23:34. 너는 바다 가운데에 누운 자 같을 것이요 돛대 위에 누운 자 같을 것이며.

본 절은 술에 취한 자가 경험하는 괴이한 현상을 말한다. 즉, 출렁이는 바다 한가운데 누운 것 같고, 돛대 꼭대기에 누운 것 같을 거라는 것이다. 술 취한 자는 잠자는 조종사 같고(Vulgate), 큰 풍랑 중의 조종사 같은 기분을 느끼는 것이다(LXX). 한 마디로 혼미한 심령이라는 것이다.

잠 23:35. 네가 스스로 말하기를 사람이 나를 때려도 나는 아프지 아니하고 나를 상하게 하여도 내게 감각이 없도다 내가 언제나 깰까 다시 술을 찾겠다 하리라.

본 절은 음주를 하지 말라는 것을 권하는 잠언이다. 즉, 음주를 하면 사람들이 나를 때렸는데도 아프지 않고, 나를 쳤는데도 아무렇지 않다는 이상한 자가 되는 것이다. 이 술이 언제쯤 깨지? 술이 깨면, 또 한 잔 해야지 하고 말한다는 것이다. 정신 못 차린 소리이다. 사람이 이 정도가 되면 상대하지 못할 사람이 된 것이다.

제 24 장

4. 악인의 형통   24:1-22

1-6절. 지혜 있는 자의 삶을 건축에 비하여 말한다.

잠 24:1. 너는 악인의 형통함을 부러워하지 말며 그와 함께 있으려고 하지도 말지어다.

본 절은 악인들이 일시적으로 형통한 것을 부러워하지 말라는 것을 가르치는 잠언이다. 즉, 너는 악한 사람이 일시적으로 번영하는 것을 보고 부러워하지도 말며, 그들과 어울리고 싶어 하지도 말라고 말한다. 본 절은 23:17과 유사하다(또 19절; 23:3, 6 참조). 악인의 형통이란 악한 방법으로 얻은 번영이니 그것을 부러워하면 그런 방법을 본받게 되고 또 악인과 깊은 교제를 가지며 함께 있게 될 터인데, 그렇게 되면 악인과 동화되어 결국 악인과 함께 망하게 된다는 것이다.

잠 24:2. 그들의 마음은 강포를 품고 그들의 입술은 재앙을 말함이니라.

본 절의 상반절과 하반절은 동의절로 전 절의 이유를 설명한다. 다시 말해 악인들의 마음과 입술이 하는 일을 말한다. 즉, 그들의 마음은 폭력을 꾀하고, 그들의 입술은 남을 해칠 말만 한다는 것을 말한다. 지혜로운 자는 이런 악인들을 멀리하고 사귀지 않는 것이다.

잠 24:3. 집은 지혜로 말미암아 건축되고 명철로 말미암아 견고하게 되며.

본 절의 상반절과 하반절은 동의절로, 가정 건설은 지혜로 되는 것이라는 잠언이다. 즉, 집은 지혜로 지어지고, 명철로 튼튼해진다는 것을 말한다. 본 절은 14:1과 흡사하다. 본 절은 여호와를 경외하는 의로운 지혜자는 그의 가정을 견고하게 건설한다는 것이다.

잠 24:4. 또 방들은 지식으로 말미암아 각종 귀하고 아름다운 보배로 채우게 되느니라.

본 절은 가정의 각 부분들이 지혜로 말미암아 세워진다는 것을 말한다. 즉, 지식이 있어야, 각 방들이 온갖 귀하고 아름다운 보화로 가득 찬다는 것이다. 각 가정의 번영은 말할 것도 없이 지혜로 말미암아 되는 것이다.

잠 24:5. 지혜 있는 자는 강하고 지식 있는 자는 힘을 더하나니.

본 절은 각 가정은 지혜와 지식 있는 자들, 즉 구성원들의 지혜와 힘으로 이룩된다는 것을 말한다. 지혜가 있는 사람은 힘이 센 사람보다 강하고, 지식이 있는 자는 기운이 센 사람보다 더 강하다는 것이다. 구성원들이 지혜와 지식 있는 자들로 이뤄진 가정은 그 가정을 훌륭하게 건설한다는 것이다.

잠 24:6. 너는 전략으로 싸우라 승리는 지략이 많음에 있느니라.

본 절은 가정 건설에 제일 큰 힘은 지혜라는 것을 말한다. 즉, 전략을 세운 다음에야 전쟁에 승리할 수 있고, 참모(막료)가 많아야 승전할 수 있다(11:14; 15:22; 20:18)는 것이다.

7-10절. 어리석은 자들의 네 가지 어리석음
잠 24:7. 지혜는 너무 높아서 미련한 자가 미치지 못할 것이므로 그는 성문에서 입을 열지 못하느니라.

본 절은 미련한 사람은 지혜 있는 자들을 따라잡을 수가 없으므로 말을 할 수 없다는 것을 말한다. 즉, 지혜는 너무 높이 있어서, 어리석은 사람이 따라 잡지 못하니, 어리석은 사람은 사람들이 모인 데서 입을 열지 못한다는 것이다. 어리석은 자들은 지혜 있는 자들을 도무지 이해하지 못하고 터득하지 못한다는 것이다. 어리석은 자들이 지혜 있는 자들보다 머리가 나빠서 그런 것이 아니다. 마음이 구부러져서 또 마음이 어두워져서 사람이 많이 모인 성문(22:22) 같은 데서 입이 있어도 입을 열지 못한다.

잠 24:8. 악행하기를 꾀하는 자를 일컬어 사악한 자라 하느니라.

본 절은 악행하기를 꾀하는 자가 어떤 사람인지를 정의한다. 즉, 늘 악한 일만 꾀하는 사람을 사악한 자라고 부른다는 것이다. "악행하기를 꾀하는 자"를 일컬어 '악의 전문가'(Lange), 또는 '재해를 만들어내는 전문인'이라는 것이다.

잠 24:9. 미련한 자의 생각은 죄요 거만한 자는 사람에게 미움을 받느니라.

본 절은 미련한 자의 생각은 항상 죄 지을 생각만 한다는 것이다. 즉, 어리석은 사람은 죄 짓는 것만 계획한다. 이는 오만한 사람은 거만하게 사람을 미워하기 때문에 누구에게나 미움을 받는다(1:22; 19:25; 22:10)는 것이다.

잠 24:10. 네가 만일 환난 날에 낙담하면 네 힘이 미약함을 보임이니라.

본 절은 아무리 환난이 와도 낙담하지 말아야 한다는 것을 말하는 잠언이다. 즉, 재난을 당할 때에 낙담하는 것은, 너의 힘이 약하다는 것을 온 천하 사람들에게 드러내는 것이라는 말이다. 우리는 하나님을 믿고 계속해서 강하게 살아야 할 것이다.

잠 24:11. 너는 사망으로 끌려가는 자를 건져 주며 살륙을 당하게 된 자를 구원하지 아니하려고 하지 말라.

본 절은 사망으로 끌려가는 자를 건져 주는 사람이 되어야 할 것을 말하는 잠언이다. 즉, 죽을 자리로 끌려가는 사람을 건져 주고, 살해될 사람을 돕는 데 인색하지 말아야 한다는 것이다. 무고한 사람이 죽어가는 것을 보고 그저 방관하는 방관자가 되어서는 안 된다는 것이다. 하나님을 의지하고 적극적으로 도와주어야 한다.

잠 24:12. 네가 말하기를 나는 그것을 알지 못하였노라 할지라도 마음을 저울질 하시는 이가 어찌 통찰하지 못하시겠으며 네 영혼을 지키시는 이가 어찌 알지 못하시겠느냐 그가 각 사람의 행위대로 보응하시리라.

어려움을 당하는 사람들을 그냥 방관만 하는 사람이 되지 말고 하나님을 의지하여 도움을 주어야 한다는 것이다. 즉, 너는 사람이 사망으로 끌려가는 것을 보고 그것은 내가 알 바 아니라고 생각하며 지내겠지만, 마음을 헤아리시는 주님께서 어찌 너의 마음을 모르시겠느냐? 너의 목숨을 지키시는 주님께서 다 알고 계시지 않겠느냐? 그분은 각 사람의 행실대로 보응하신다는 것이다. 우리는 하나님께서 전지하심을 알아야 한다. 우리는 책임을 피할 수가 없다(눅 10:30-37).

잠 24:13. 내 아들아 꿀을 먹으라 이것이 좋으니라 송이꿀을 먹으라 이것이 네 입에 다니라.

본 절은 지혜를 얻어 힘 있게 살면서 사회의 일원의 책임을 다하는 사람이 되어야 한다는 것을 말한다. 즉, 내 아들들아! 꿀을 먹어라. 그것은 좋은 것이다. 송이 꿀을 먹어라. 그것은 너의 입에 달다(16:24; 시 19:10; 119:103)는 것이다. 육신의 건강에 꿀을 먹으면 좋듯이 지혜를 얻으면 영혼에게 좋은 것이니 지혜를 구해서 살라는 것이다.

잠 24:14. 지혜가 네 영혼에게 이와 같은 줄을 알라 이것을 얻으면 정녕히 네 장래가 있겠고 네 소망이 끊어지지 아니하리라.

본 절은 지혜가 영혼에게 양약과 같으니 지혜 얻기를 소망해야 한다는 것을 말한다. 즉, 지혜도 너의 영혼에게는 꿀을 먹는 것과 같다는 것을 알아라. 지혜를 얻으면 너의 장래가 밝아지고, 너의 소망이 끊어지지 않는다는 것이다. 우리는 주님께 자주 지혜를 구해서 지혜자로서 살아야 할 것이다.

잠 24:15. 악한 자여 의인의 집을 엿보지 말며 그가 쉬는 처소를 헐지

말지니라.

본 절은 악한 자가 되지 말 것을 권하는 잠언이다. 즉, 악한 사람아! 의인의 집을 노리지 말고, 그가 쉬는 곳을 허물지 말라는 것이다. 폭력을 가지고 의인을 대해서는 안 된다는 것이다. 우리는 사회의 폭력자가 돼서는 안 된다.

잠 24:16. 대저 의인은 일곱 번 넘어질지라도 다시 일어나려니와 악인은 재앙으로 말미암아 엎드러지느니라.

본 절은 의인은 절대로 넘어지지 않는다는 것을 말한다. 그 이유를 본 절이 밝히고 있다. 즉, 의인은 일곱 번 넘어지더라도 다시 일어나지만(시 37:24), 악인은 재앙을 만나면 하나님에 의하여 망한다(14:32)는 것이다. 본 절의 "일곱 번"이란 말은 만수로 여러 번 넘어져도 일어난다(욥 5:19; 마 18:21-22)는 것을 강조하는 표현이다.

잠 24:17. 네 원수가 넘어질 때에 즐거워하지 말며 그가 엎드러질 때에 마음에 기뻐하지 말라.

본 절은 원수의 불행을 즐거워 말라는 잠언이다. 즉, 네 원수가 넘어질 때에 즐거워하지 말고, 그가 걸려서 쓰러질 때에 마음에 기뻐하지 말라는 것이다. 원수가 배가 고픈 환경을 만나면 먹을 것을 주고, 목말라 하거든 물을 마시게 하라(5:21-22)는 것이다. 우리는 개인적인 원수에 대해서는 사랑의 손을 내밀어야 하는 것이다.

잠 24:18. 여호와께서 이것을 보시고 기뻐하지 아니하사 그의 진노를 그에게서 옮기실까 두려우니라.

본 절은 우리 원수가 어려움을 만났을 때 도와주지 않는 것을 여호와께서 기뻐하시지 않는다는 것을 말한다. 즉, 주님께서 이것을 보시고 좋지 않게 여기셔서, 네 원수에게 퍼 부으실 노여움을 너에게로 돌이키실까 두렵다는

것이다. 가령 이스라엘이 멸망할 때 이것을 기뻐하던 에돔(애 4:21-22), 두로
(겔 26:2), 모압(렘 48:26-27), 암몬(겔 25:1-7), 바벨론(렘 51:1-64)을 훗날
모두 멸망하게 하신 것과 같다(Charles Bridges).

19-22절. 의인은 악인과의 사귐을 금해야 한다.
**잠 24:19. 너는 행악자들로 말미암아 분을 품지 말며 악인의 형통함을 부러워
하지 말라.**
　본 절은 의인들은 행악자들 때문에 분을 품지 말라는 것을 가르친다.
즉, 행악 자들 때문에 분개하지도 말고, 악인들을 향하여 시기하지도 말라는
것이다. 이런 말씀은 본서에 여러 차례 나타난다(1절; 3:31-32; 23:17-18;
시 37:1 참조).

잠 24:20. 대저 행악자는 장래가 없겠고 악인의 등불은 꺼지리라.
　본 절 초두의 "대저"라는 말은 이유 접속사로 본 절이 전 절의 이유를
밝히고 있다. 즉, 행악자에게는 장래가 없겠고(13:9; 20:20; 21:4), 악인의
등불(소망)은 꺼지고 말 것이기 때문이다.

**잠 24:21. 내 아들아 여호와와 왕을 경외하고 반역자와 더불어 사귀지
말라.**
　본 절은 아들들에게 여호와와 왕을 경외하고 반역자와는 더불어 사귀지
말라고 경계한다. 즉, 내 아들들아!(새로운 교훈을 주려고 이렇게 부르는
것이다) 주님과 왕(하나님의 대표자로 정치하는 자)을 경외하고(전 8:2;
10:20; 벧전 2:17), 변절자들과 사귀지 말라고 경고한다. 그 이유는 반역자와
사귀는 것은 반역에 가담하는 것이기 때문이다.

잠 24:22. 대저 그들의 재앙은 속히 임하리니 그 둘의 멸망을 누가 알랴.
　본 절은 앞 절(21절)의 이유를 말하여 왕께 반역하면 재앙이 임할 것이라

고 경고한다. 즉, 반역자들이 받을 재앙은 갑자기 일어나는 것이니, 주님이나
왕이 일으킬 재난의 때를 누가 알아서 막아주겠느냐는 것이다. 여기 특기할
것은 왕도 재앙을 일으키는 것이다. 왕도 주님의 뜻을 받아 반역자에게 재앙
을 내린다는 말이다.

B. 지혜 있는 자의 잠언 부록   24:23-34
이 부분(24:23-34절)은 앞선 부분(22:17-24:22)의 부록으로 보이며, 두
부분(즉, 23-34, 22:17-24:22)은 다 같이 그 앞 선 "솔로몬의 잠언 모음
집"(10:1-22:16)의 부록으로 본다(K.&D.).
23-34절. 공의로운 재판을 할 것.
**잠 24:23. 이것도 지혜로운 자들의 말씀이라 재판할 때에 낯을 보아 주는
것이 옳지 못하니라(These also are sayings of the wise. Partiality in judging
is not good-RSV, ESV).**

본 절은 이것들(23-34절)도 지혜로운 자들이 말해준 잠언으로 재판할
때에 낯을 보아주는 것이 옳지 못하다고 훈계한다. 즉, 23-34절의 잠언들도
지혜로운 자들이 말해준 잠언이니 재판할 때에 얼굴을 보아 재판하는 것은
옳지 못하다는 것이다. 재판할 때에 자신의 이익이나 체면에 의해 편파적인
판결을 내리는 재판은 공의를 요구하시는 하나님의 뜻을 거역하는 패역한
행동으로서 하나님께서는 이러한 불의한 행동에 대해 보응하실 것을 경고한
바 있으시다(18:5; 레 19:15).

**잠 24:24. 악인에게 네가 옳다 하는 자는 백성에게 저주를 받을 것이요 국민에
게 미움을 받으려니와.**

본 절은 재판할 때에 판결을 잘못하면 저주를 받는다는 것을 말한다.
즉, 재판할 때에 체면이나 뇌물 때문에 악인을 향하여 네가 옳다고 판단하는
자는 백성에게서 저주를 받고, 많은 민족에게서 비난을 받을 것이라는(11:26;
22:14) 말을 한다. 재판은 바로 해야 한다.

잠 24:25. 오직 그를 견책하는 자는 기쁨을 얻을 것이요 또 좋은 복을 받으리라.

　본 절은 재판할 때에 악인(앞 절)을 향하여 그 악인을 책망해야 한다는 것을 말한다. 즉, 악인을 꾸짖는 사람은 기쁨을 얻을 것이며, 주님으로부터 복도 받을 것이라고 말한다. 공의의 재판을 하는 자는 주님으로부터 기쁨을 얻고(2:10), 또 복을 받아 누릴 것이다. 이 땅에서 주님을 기쁘시게 하지 않는 자는 앞으로 오는 세상에 기쁨 없이 살게 된다.

26-29절. 이웃에게 바로 행해야 할 것을 말하는 4개의 잠언.
잠 24:26. 적당한 말로 대답함은 입맞춤과 같으니라(Whoever who gives a honest answer kisses the lips-ESV).

　본 절은 재판할 때에 적절한 말로 대답해야 할 것을 말한다. 즉, 재판할 때에 바르게 판단해주는 것이, 참된 입맞춤과 같은 우정이라는 것이다. 여기 "입맞춤"(שְׁפָתַיִם יִשָּׁק)이란 말은 구약에서 이곳에만 보이는 말로 '입술에 키스하는 일'이라는 뜻이다. 재판할 때에 재판장이 피고를 향하여 바른말을 해주는 것은 아주 중요한 것으로서 입술에 입을 맞추는 행위와 같이 참된 우정을 표하는 일이라는 것이다.

잠 24:27. 네 일을 밖에서 다스리며 너를 위하여 밭에서 준비하고 그 후에 네 집을 세울지니라(Prepare your work outside, get everything ready for yourself in the field; and after that build your house-ESV).

　본 절은 가정을 이루기 위해서는 모든 준비를 미리 잘 하라는 것이다. 즉, 네 바깥일을 다 해놓고, 즉 네 밭일을 다 살핀 다음에, 네 가정(결혼)을 이루라는 것이다. 준비되면 결혼 생활이 안정을 얻게 될 것이다.

잠 24:28. 너는 까닭 없이 네 이웃을 쳐서 증인이 되지 말며 네 입술로 속이지 말지니라.

본 절은 너는 네 이웃을 치는 증인이 되지 말라고 경고한다. 즉, 너는 까닭도 없이 네 이웃을 치는 증언을 하지 말고, 네 입술로 네 이웃을 속이는 일도 하지 말라(3:30; 23:29; 26:2; 엡 4:25 참조)는 것이다. 거짓 증인이 되는 일은 이웃을 망치는 일이 된다.

잠 24:29. 너는 그가 내게 행함 같이 나도 그에게 행하여 그가 행한 대로 그 사람에게 갚겠다 말하지 말지니라.

본 절은 복수하지 말고 하나님께 맡길 것을 권고한다. 즉, 너는 그가 나에게 한 그대로 나도 그에게 하여, 그가 나에게 한 만큼 갚아 주겠다고 말하지 말고 하나님께 맡기라(20:22 주해 참조)는 것이다. 우리는 원수 갚는 것을 하나님께 맡길 뿐만 아니라 원수를 사랑해야 할 것(마 5:38-42)이다.

30-34절. 게으르지 말라는 잠언들.

잠 24:30. 내가 게으른 자의 밭과 지혜 없는 자의 포도원을 지나며 본즉.

본 절의 상반절과 하반절은 동의절로 게으르지 말라는 말을 권하는 잠언이다. 즉, 게으른 사람의 밭과 지각이 없는 사람의 포도원을 지나가면서 보았다는 것이다. 여기 게으른 사람과 지각이 없는 사람은 동의어이다. 본 절은 6:6-11과 병행한다(그 주해를 참조할 것). 참 지혜자는 절대로 게으를 수 없다는 암시이다.

잠 24:31. 가시덤불이 그 전부에 퍼졌으며 그 지면이 거친 풀로 덮였고 돌담이 무너져 있기로.

본 절은 게으른 자가 경영하는 밭을 세 가지로 묘사하면서 게으르지 말라는 것을 권한다. 즉, 현자가 지나가면서 보는 밭에 가시덤불이 널려 있었고, 엉겅퀴로 지면이 뒤덮여 있었으며, 돌담이 무너져 있었다는 것이다. 참 게으른 자는 게으른 자답게 밭을 경영하고 있었다. 우리는 이런 게으름을 펴서는 안 될 것이다.

잠 24:32. 내가 보고 생각이 깊었고 내가 보고 훈계를 받았노라.

본 절은 게으른 자의 밭을 보면서 게으르지 말 것을 더욱 느꼈다는 것을 말한다. 즉, 나는 이 밭을 지나면서 보고 속 깊이 생각하고, 찔림을 얻었다고 말한다. 세상에 이런 게으름뱅이가 있을 수 있는가하고 생각이 많았다는 것이다. 다른 사람의 마음에 부담을 주는 게으름뱅이는 세상에 살만한 자격이 없는 자이다.

잠 24:33-34. 네가 좀더 자자, 좀더 졸자, 손을 모으고 좀더 누워 있자 하니 네 빈궁이 강도 같이 오며 네 곤핍이 군사 같이 이르리라.

이 부분(33-34절)은 6:10-11과 문자적으로 동일하다. 그 절들 주해를 참조하라.

제 25 장

IV. 히스기야 왕의 신하들이 편집한 솔로몬의 잠언 모음집 25-29장

25-29장은 10:1-22:16에 이어 솔로몬 왕의 잠언의 큰 수집이며, 히스기야 왕에 의해 집성된 것이다. 내용은 크게 나누어 지혜자의 대인 관계(25-26장)와 지혜자의 자기 수호(27-29장)로 양분되어 있는데, 대체적으로 전자는 제3부(22:17-24- 24:34)와 유사하고, 후자는 제2부와 가깝다. 그리고 이 부분은 사상들의 집성군을 볼 수 있다. 즉, 왕에 대하여(25:1-7), 미련한 자(26:3-12), 게으른 자(26:13-16), 및 속이는 자(26:23-28) 등이다.

본 주해는 내용분해 하는 복잡한 것을 피하기 위해 제 2집(10:1-22:16)의 경우처럼 각 장별로 나누고, 장명은 각 장의 첫말로 하여, 일을 숨기는 것은 하나님의 영화이다(25장), 미련한 자(26장), 내일 일(27장), 악인을 쫓아오는 자(28장), 자주하는 책망(29장)으로 나누고, 각 장의 세분도 앞선 경우처럼 대체로 랑게(Lange)의 본을 따르기로 한다(이상근, 그랜드 종합 주석).

A. 지혜자의 대인 관계   25-26장

  1. 일을 숨기는 것은 하나님의 영화이다   25장

<솔로몬의 잠언>

잠 25:1. 이것도 솔로몬의 잠언이요 유다 왕 히스기야의 신하들이 편집한 것이니라.

본 절은 25-29장(제 4집)의 표제이다. 솔로몬의 잠언 중 히스기야 왕 시대에 편집한 잠언들이란 뜻이다. 히스기야는 주전 727-698년경(29년간) 왕위에 있었고 이스라엘 역사에서 다윗 다음 가는 의로운 왕이었으며, 나라가 남북으로 나누어진 후 남쪽 나라 유다 왕국에서는 가장 선한 왕으로 꼽히는

왕이다. 히스기야는 문인이었고(사 38:10-20의 그가 병 나았을 때의 시를
보라), 또 지혜 문학에 관심이 커서 그의 신하를 시켜 솔로몬의 잠언들을
수집한 것으로 본다. 아마도 서기관 셉나(왕하 18:18, 37; 19:2)가 당시의
현인들을 동원해서 이 작업을 수행했을 것이다. 솔로몬(주전 10세기 중엽)의
잠언들을 근 300년이나 지난 이후에 수집하고 편집한 작업이라 쉽지는 않았
을 것으로 보인다(이상근, 그랜드 종합 주석).

2-7절. 왕의 임무와 영화.
잠 25:2. 일을 숨기는 것은 하나님의 영화요 일을 살피는 것은 왕의 영화니라.
    본 절은 대구적 병행법(Antithetic parallelism)으로, 하나님은 그의 존재
자체가 알 수 없는 분이시고, 그의 창조와 섭리 역사를 이해하여 설명하기
어려운 신비에 싸여 있음을 말한다. 즉, 일을 숨기는 것은 하나님의 영광이요,
일을 밝히 드러내는 것은 왕의 영광이라는 것이다. 이런 비밀과 신비에 하나
님의 영화가 빛나는 것이라 할 수 있다. 이와는 대조적으로 왕의 임무는
문제의 실상을 밝혀내고, 민생 문제의 어려움을 해소시키는 것이라 할 수
있는데, 이를 '일을 살피는 것'이라고 한다. 이렇게 일을 살피는 것이 왕이
할 임무요 또 영화인 것이다.

잠 25:3. 하늘의 높음과 땅의 깊음 같이 왕의 마음은 헤아릴 수 없느니라.
    본 절은 왕의 마음은 헤아릴 수 없다는 것을 드러낸다. 즉, 하늘이 높고
땅이 깊음 같이 왕의 마음도 헤아리기 어렵다는 것이다. 하나님께서 하셔야
할 일을 왕이 대신하도록 하나님께서 왕에게 높은 마음과 깊은 마음을 주신
것이다(렘 17:9).

잠 25:4. 은에서 찌꺼기를 제하라 그리하면 장색의 쓸 만한 그릇이 나올
것이요.
    본 절은 다음 절의 "왕 앞에서 악한 자를 제하라"는 말씀을 하기 위해

기록된 비유이다. 즉, 은에서 찌꺼기를 없애라. 그런 과정을 밟으면 은장색의 손에서 그릇이 되어 나온다는 것이다(17:3; 27:21; 시 12:6; 겔 22:20).

잠 25:5. 왕 앞에서 악한 자를 제하라 그리하면 그의 왕위가 의로 말미암아 견고히 서리라.

본 절은 왕 앞에서 악한 자, 즉 불의한 자를 제하면 왕의 통치가 튼튼하여진다는 것을 말한다. 즉, 왕 앞에서는 악한 사람을 없애라는 말이다. 그런 과정을 거치면 왕위가 공의 위에 굳게 선다는 것이다. 어느 단체든지 악한 자가 문제이다. 그 악한 자를 없애면 단체가 반석 위에 서게 되는 것이다.

잠 25:6. 왕 앞에서 스스로 높은 체하지 말며 대인들의 자리에 서지 말라.

본 절은 왕의 신하들에게 왕 앞에서 스스로 높은 체하지 말라고 말한다. 즉, 왕 앞에서 스스로 높은 체하지 말며, 높은 사람의 자리에 끼어들지 말라는 것이다. 항상 겸손을 힘쓰라고 권한다. 여기 "대인들의 자리"라는 뜻에 대해 삼하 3:38 주해를 참조하라.

잠 25:7. 이는 사람이 네게 이리로 올라오라고 말하는 것이 네 눈에 보이는 귀인 앞에서 저리로 내려가라고 말하는 것보다 나음이니라.

본 절은 그리스도의 비유(눅 14:8-11)와 아주 흡사하다. 즉, 너의 눈앞에 있는 높은 관리들 앞에서 '저리로 내려가라'는 말을 듣는 것보다, '이리로 올라오라'는 말을 듣는 것이 더 낫기 때문이라는 것이다. 우리는 항상 낮은 자리에서 생활하는 것이 좋음을 알아야 한다.

8-10절. 다툼을 경계한다.
잠 25:8. 너는 서둘러 나가서 다투지 말라 마침내 네가 이웃에게서 욕을 보게 될 때에 네가 어찌할 줄을 알지 못할까 두려우니라.

본 절은 독립구로 성급한 다툼을 금하는 잠언이다. 즉, 너는 급하게 다투지 말라. 훗날에 너의 이웃이 너를 이겨 너를 부끄럽게 만들 때, 네가 어떻게 할지가 염려된다는 것이다. 신중한 생각이 없이 경솔하게 다투어서는(소송해 서는) 안 된다는 것을 말한다. 급한 행동은 어디에서 문제가 일어나도 일어나 는 것이다.

잠 25:9. 너는 이웃과 다투거든 변론만 하고 남의 은밀한 일은 누설하지 말라.

본 절은 이웃과 다투는 일이 생길 때에는 변론만 할 일이지 남의 비밀까지 들추어내지는 말라는 것이다. 이런 사실은 세상 불신자들도 알아 남의 비밀까 지 들추어 내지 말라고 충고한다. 남에게 상처를 주는 일을 들추지 말라는 뜻이다.

잠 25:10. 듣는 자가 너를 꾸짖을 터이요 또 네게 대한 악평이 네게서 떠나지 아니할까 두려우니라.

본 절은 남의 은밀한 일을 누설하지 않아야 할(9절) 이유를 말한다. 그 이유는 네가 은밀한 일을 말하는 것을 다른 사람들이 듣고 너를 꾸짖을 터이요, 또 네게 대한 악평이 네게서 평생 떠나지 않을 수도 있기 때문이라는 것이다.

11-15절. 지혜로운 태도를 가질 것을 말하는 5개의 잠언.
잠 25:11. 경우에 합당한 말은 아로새긴 은 쟁반에 금 사과니라.

본 절은 경우에 딱 맞는 말은, 은 쟁반에 담긴 금 사과 격이라는 말을 한다. 즉, 경우에 알맞은 말은, 은 쟁반에 담긴 금 사과 같은 말이라는 것이다. 여기 "경우에 합당한 말"에 두 가지 견해는 1) 은 쟁반에 금 사과를 새긴 것을 뜻한다는 견해(Lange), 2) 은쟁반에 금 사과가 담겨 있는 것을 뜻한다는 견해(Dewette)이다. 이 두 견해 중에 2)번의 견해가 더 바를 것으로 보인다. "경우에 합당한 말"이란 아름답고, 듣는 자의 마음을 즐겁게 하는 말을 뜻하는데, 그런 말은 은 쟁반에 금 사과가 담겨 있는 것 같다는 것이다.

잠 25:12. 슬기로운 자의 책망은 청종하는 귀에 금 고리와 정금 장식이니라.

본 절은 11절을 보충하는 말로서 슬기로운 자의 책망은 그 말을 듣는 자에게 아주 알맞다는 것을 드러낸다. 즉, 지혜로운 사람의 책망은 들을 줄 아는 사람의 귀에는 금 귀 고리요, 목에는 순금 목걸이와 같다는 것이다. 참 잘 어울린다는 뜻이다. 여기 "금 고리"는 금으로 만든 '코걸이'일 것이고, "정금 장식"은 '순금으로 만든 장식품'을 이름이다(욥 28:16, 19; 사 13:12). 슬기로운 자는 상대방의 감정을 건드리지 않게 조심하며 충고를 함으로써 듣는 사람으로 하여금 거부감을 느끼지 않게 할뿐 아니라 그로 하여금 그 충고를 기쁨으로 받아들이게 하여 상대를 인격적으로 성장하도록 돕는다.

잠 25:13. 충성된 사자는 그를 보낸 이에게 마치 추수하는 날에 얼음 냉수 같아서 능히 그 주인의 마음을 시원하게 하느니라.

본 절은 충성된 사자(使者)가 기쁨을 준다는 것을 말한다. 즉, 믿음직한 심부름꾼은 그를 보낸 주인에게는 무더운 추수 때의 시원한 냉수와 같아서, 그 주인의 마음을 시원하게 해준다는 것이다. 이스라엘의 추수는 여름철에 하므로 피곤하고, 더운 일꾼에게 레바논의 눈으로 만든 시원한 음료수는 참으로 더 할 수 없이 상쾌한 것임을 표시하는 격언조의 말이다. 충성된 심부름꾼이 그를 보낸 자에게 그와 같다는 것이다(13:17; 22:21 주해 참조).

잠 25:14. 선물한다고 거짓 자랑하는 자는 비 없는 구름과 바람 같으니라.

본 절은 약속을 지키지 않는 자는 남에게 큰 실망을 준다는 것을 말하는 잠언이다. 즉, 선물을 한다고 거짓말로 자랑을 퍼뜨리는 사람은 비를 내리지 못하는 구름과 바람 같다는 것이다. 유 1:12-13절에는 거짓 교사를 "바람에 불려가는 물 없는 구름"이라고 말한다. 물을 싣고 다니지 않는 구름이야말로 비를 기다리는 사람들에게는 큰 실망을 주는 것이다. 우리는 어떤 약속이라도 지켜야 할 것이다.

잠 25:15. 오래 참으면 관원도 설득할 수 있나니 부드러운 혀는 뼈를 꺾느니라.

본 절의 상반절과 하반절은 동의절로 온유한 말의 효능을 말해준다. 즉, 분노를 오래 참으면 지배자도 설득하고, 부드럽게 혀를 놀리면 뼈도 녹일 수 있다는 것이다. 부드럽고 친절한 말이 뼈같이 완고한 관원을 꺾는다는 것이다(15:1). "온유한 자는 복이 있나니 그들이 땅을 기업으로 받을 것이라"(마 5:5)고 했다. 이 말은 온유한 자는 사람을 얻는다는 뜻이다. 우리가 온유하게 되는 비결은 성령 충만을 구하는 것이다(엡 5:18, 21).

16-20절. 과식하지 말 것과 말참견하지 말 것을 권하는 5가지 악덕에 관한 잠언들.

잠 25:16. 너는 꿀을 보거든 족하리만큼 먹으라 과식함으로 토할까 두려우니라.

본 절은 독립구로 절제를 권한다. 즉, 꿀을 발견하더라도 적당한 양을 먹어라. 과식하면 토할지도 모른다는 것이다. "꿀"이란 어떤 때는 지혜의 상징도 되지만(24:13-14), 본 절에서는 부정적인 욕심을 상징하고 있다. 과유불급(過猶不及)이란 말은 이런 것을 두고 하는 말이다. 무엇이든지 지나치면 모자란 것만 못하다는 것이다.

잠 25:17. 너는 이웃집에 자주 다니지 말라 그가 너를 싫어하며 미워할까 두려우니라.

본 절은 독립구로 교제의 절제를 권한다. 즉, 너는 이웃집이라 하여 너무 자주 드나들지는 말라는 것이며, 이웃이 싫증이 나서 너를 미워하게 될지도 모른다는 것이다. 이웃집에 자주 드나들다 보면 어떤 모양으로든지 그 이웃이 우리를 싫어하는 경우가 생길 수가 있는 것이다. 그런고로 교제에도 절제가 필요함을 말한다.

잠 25:18. 자기의 이웃을 쳐서 거짓 증거하는 사람은 방망이요 칼이요 뾰족한 화살이니라.

본 절은 독립구로, 거짓 증언을 금지한다. 즉, 거짓말로 이웃을 쳐서 불리한 증언을 하는 사람은, 그 혀가 망치요, 칼이요, 뾰족한 화살이라는 것이다. 우리는 혀를 가지고 우리의 이웃에게 해가 되는 말을 해서는 안 된다.

잠 25:19. 환난 날에 진실하지 못한 자를 의뢰하는 것은 부러진 이와 위골된 발 같으니라.

본 절은 독립구로, 진실하지 못한 자를 의뢰하는 것은 아주 어리석은 일임을 말한다. 즉, 환난을 당할 때에, 진실하지 못한 사람을 의뢰하는 것은, 마치 썩은 치아와 뼈가 부러진 다리를 의지하는 것과 같다는 것이다. "썩어서 부러진 이"는 우리 몸에 고통만 주지 음식을 먹는데 도움은 주지 못하고, 또 "위골된 발"은 걸어 다니는 데는 불편을 주지 도움은 주지 못하는 발이다. 이와 같이 환난 날에 진실하지 못한 자를 의뢰하는 것은 아무 도움이 되지 못한다(사 36:6).

잠 25:20. 마음이 상한 자에게 노래하는 것은 추운 날에 옷을 벗음 같고 소다 위에 식초를 부음 같으니라.

본 절은 독립구로, 철없는 짓, 무의미한 것을 하지 말라는 잠언이다. 즉, 마음이 상한 사람 앞에서 노래를 부르는 것은, 추운 날에 옷을 벗게 하는 것과 같고, 상처에 초를 붓는 것과 같다는 것이다. 마음이 상한 자 앞에서 노래를 부르는 것이나, 추운 날에 옷을 벗게 하는 것이나, 소다 위에 식초를 붓는 일은 모두 철없는 짓이다. 우리는 철없고, 무의미한 짓을 하지 말아야 한다.

21-22절. 선으로 악에 대하라는 잠언이다.

잠 25:21. 네 원수가 배고파하거든 음식을 먹이고 목말라하거든 물을 마시게 하라.

본 절은 독립구로, 선을 가지고 악을 대하라는 잠언이다. 즉, 네 원수가 배고파하거든 먹을 것을 주고, 목말라하거든 마실 물을 주라(20:22; 24:17-18, 29; 욥 31:29 참조)는 것이다. 엘리사가 수리아 군대로 하여금 앞을 못 보게 하고 사마리아로 인도해서 떡과 물을 먹게 한 일이 있었는데(왕하 6:22), 그 이후 수리아 군대는 다시 이스라엘을 공격하지 않았다. 아무튼 엘리사는 원수를 사랑하는 모범을 보였다(마 5:43-48 참조).

잠 25:22. 그리 하는 것은 핀 숯을 그의 머리에 놓는 것과 일반이요 여호와께서 네게 갚아 주시리라.

본 절은 선을 가지고 악을 대하면 주님에게서 상을 받는다는 것을 말한다. 즉, 원수가 배고플 때 음식을 주어 먹게 하고 목마를 때 물을 주어 마시게 하면 도움 받은 자의 낯을 뜨겁게 하는 것이며, 주님께서 너에게 상으로 갚아 주실 것이라는 것이다. 여기 "핀 숯을 그의 머리에 놓는 것"이란 말은 '원수에 대한 선한 행동이 그 원수로 하여금 마음을 뜨겁게 하는 깊은 회개를 불러일으킨다'는 것을 뜻한다(Lange, 박윤선)는 것이다. 롬 12:20 참조. 우리는 그리스도의 십자가 대속의 힘을 얻어 다른 이들에게 선을 베풀어야 할 것이다.

23-28절. 악덕(참소하는 일, 다투는 일)을 경계하는 6개의 잠언들.

잠 25:23. 북풍이 비를 일으킴 같이 참소하는 혀는 사람의 얼굴에 분을 일으키느니라.

본 절은 참소하지 말라는 것을 가르치는 잠언이다. 즉, 북풍이 비를 일으키듯, 헐뜯는 혀는 얼굴에 분노를 일으킨다는 말이다. 여기 "북풍"(צָפוֹן)이 무엇이냐를 두고 견해가 갈린다. 1) 말 그대로 북풍이라는 견해(Jerome), 2) 서풍이라는 견해(Toy), 3) 어두운 면(Umbreit)이라는 견해로 갈린다. 이 견해들 중에 북쪽에서 불어오는 바람이라는 뜻을 받아들인다. 그리고 "참소하는 혀"(סֵתֶר)란 말은 '은밀한 혀'라는 뜻이다. 남을 참소할 때 은밀하게 하기 때문에 '은밀한 혀'로 불린다. 이와 같이 그릇된 악인의 행위는 지중해로부터 팔레스타인지방을 향해 심한 비구름을 동반하여 불어와 큰 피해를 안겨주는 북풍과 같이 모함을 당한 사람의 심한 분노를 불러일으키는 어리석은 행동이다.

잠 25:24. 다투는 여인과 함께 큰 집에서 사는 것보다 움막에서 혼자 사는 것이 나으니라.

　　본 절은 21:9과 문자적으로 같다. 그 주해를 참조하라.

잠 25:25. 먼 땅에서 오는 좋은 기별은 목마른 사람에게 냉수와 같으니라.

　　본 절은 먼 땅에서 오는 좋은 소식을 냉수로 비한다. 즉, 먼 땅에서 오는 좋은 소식은 목이 타는 사람에게 주어지는 냉수와 같다(15:30)는 것이다. 요셉이 애굽에서 애굽 총리가 되었다는 소식은 그 아버지 야곱에게 냉수 같은 소식이 아닐 수 없었다(창 45:26-27, Wildeboer).

잠 25:26. 의인이 악인 앞에 굴복하는 것은 우물이 흐려짐과 샘이 더러워짐과 같으니라.

　　본 절은 의인은 의인답게 서 있어야 한다는 것을 말하는 잠언이다. 즉, 의인이 악인의 강압에 못 견디어 도덕적으로 흔들리며 굴복하는 것을 지켜보던 사람들의 마음은 불쾌하기가 마치 마시는 샘물이 더러워짐과 같다(Delitzsch, Toy, Deane)는 것이다. 우물이 흐려지는 일이나 샘이 더러워지는 일 같은 것은 비참한 모습이 아닐 수 없다. 이와 같이 의인이 악인의 강압에 못 견뎌 도덕적으로 흔들리는 일은 비참한 일이 아닐 수 없다. 우리 성도들은 이 시대의 소금인 것을 깨달아 맛을 잃지 않아야 할 것이다. 그러기 위하여 우리는 항상 성령 충만을 구해야 한다.

잠 25:27. 꿀을 많이 먹는 것이 좋지 못하고 자기의 영예를 구하는 것이 헛되니라.

본 절은 우리의 영예를 구하는 것이 바람직하지 않다는 것을 말해준다. 즉, 꿀을 너무 많이 먹는 것이 좋지 않듯이, 영예를 구하는 것은 좋지 않다는 것이다. 본 절은 16절과 유사하다(그 주해 참조). 명예를 추구하는 일은 꿀을 지나치게 먹는 것과 같은 일이다. 꿀을 지나치게 구해 먹으면 당뇨병과 같은 병에 걸리는 것처럼 명예를 지나치게 추구하는 일은 하나님에게 벌을 구하는 일이다. 우리는 명예를 조금만 구해도 벌을 받는 것을 알아 명예를 구해서는 안 될 것이다.

잠 25:28. 자기의 마음을 제어하지 아니하는 자는 성읍이 무너지고 성벽이 없는 것과 같으니라.

본 절은 우리의 마음을 통제해야 한다는 것을 가르친다. 즉, 자기의 마음을 통제하지 못하는 사람은, 성이 무너져 성벽이 없는 것과 같다는 것이다. 성이 무너져 성벽이 없는 성은 참으로 꼴불견이다. 그것처럼 마음을 통제하지 않는 것은 꼴불견이 아닐 수 없다. 우리는 항상 성령의 충만을 구하여 마음을 통제하며 살아야 하겠다.

2. 미련한 자   26장

1-3절. 미련한 자에 대한 3개의 잠언들.

잠 26:1. 미련한 자에게는 영예가 적당하지 아니하니 마치 여름에 눈 오는 것과 추수 때에 비 오는 것 같으니라.

본 절은 미련한 자에게 영예가 적당하지 않다는 것을 말한다. 즉, 미련한 사람에게는 영예가 어울리지 않으니, 이는 마치 여름에 눈이 내리는 것과 같고, 추수 때에 비가 오는 것과 같다는 것이다. "미련한 자"란 말은 '하나님을 떠나 악하고 강퍅한 자'를 지칭한다. 이런 자가 영예를 얻거나 탐하는 것은 합당하지 않다는 것이다. 어느 정도 합당하지 않은가 하면 마치 여름날에 눈이 오는 것과 같고, 추수 때에 비가 오는 것 같다는 것이다. 여름에는 눈이 오지 않아야 하고 또 추수 때에는 비가 오지 않아야 하는데 추수 때에 비가 오는 것은 도무지 어울리지 않는 일이다. 우리는 영예를 추구하는 삶이 적당하지 않음을 분명히 깨닫고, 영예를 구하지도 말고 탐하지도 말아야 할 것이다. 그저 하나님을 믿고 살아야 할 것이다.

잠 26:2. 까닭 없는 저주는 참새가 떠도는 것과 제비가 날아가는 것 같이 이루어지지 아니하느니라.

본 절은 까닭 없이 저주하는 일을 금하는 잠언이다. 즉, 까닭 없는 저주는 아무에게도 미치지 않으니, 이는 마치 참새가 떠도는 것과 같고, 제비가 날아가는 것과 같다는 것이다. 여기 "까닭 없는 저주"란 '하나님을 떠나고 율법에 근거하지 않는 저주'라는 뜻인데 까닭 없는 저주는 이루어지지 않는다는 것이다. 골리앗이 다윗을 저주한 일(삼상 17:43)이나, 시므이가 다윗을 저주한 일(삼하 16:5) 같은 것은 이루어지지 않고 오히려 그들 자신에게 돌아가고 말았다.

까닭 없는 저주는 참새가 떠도는 것과 제비가 날아가는 것 같이 이루어지지 아니한다는 것이다. 참새는 어디에나 흔한 새로 그들은 일정한 목적 없이 공중을 배회하며 떠돌아다니다가 집으로 돌아가는 새이고, 제비도 역시 그런 새이다. 오늘도 까닭 없는 저주를 하는 사람들이 많다. 그들의 저주가 이루어지는 것을 별로 볼 수 없었다. 우리는 이웃에게 공연히 저주를 퍼 붓지 않아야 할 것이다.

잠 26:3. 말에게는 채찍이요 나귀에게는 재갈이요 미련한 자의 등에는 막대기니라.

본 절은 미련한 자에게 채찍을 아껴서는 안 될 것을 가르친다. 즉, 말에게는 채찍, 나귀에게는 재갈, 미련한 사람의 등에는 매가 필요하다는 것이다. 말에게 채찍질하는 것은 올바른 방향으로 달려가게 하는 것이며, 나귀에게 재갈을 물리는 이유도 그 나귀가 날뛰다가 짐을 떨어뜨리지 못하게 하기 위함이다. 이같이 미련한 자에게 주는 책망이나 체벌은 그에게 해가 되게 하려는 것이 아니라 오히려 그를 바른길로 가게 하기 위한 배려에서 비롯된 것이다. 그런고로 자녀를 교육하는데 있어서도 무조건적인 혜택만을 베풀지 말고, 적절히 징계하는 태도를 취해야 할 것이다(그랜드 종합 주석).

4-12절. 미련한 자들을 경계하는 8개의 잠언들.

잠 26:4. 미련한 자의 어리석은 것을 따라 대답하지 말라 두렵건대 너도 그와 같을까 하노라.

본 절은 독립구로, 미련한 자에게 부화뇌동(아무런 주견이 없이 남의 의견이나 행동에 덩달아 따르는 일)하지 말 것을 말한다. 즉, 미련한 사람이 어리석은 말을 할 때에는 대답하지 말라. 너도 그와 같은 사람이 될까 두렵다는 것이다. 미련한 자가 미련한 말을 할 때에 그의 수준을 따라 대답하면 너 자신도 그와 같이 미련한 자가 될까 두렵다는 것이다.

잠 26:5. 미련한 자에게는 그의 어리석음을 따라 대답하라 두렵건대 그가 스스로 지혜롭게 여길까 하노라.

본 절은 미련한 자를 책망하라는 잠언이다. 즉, 미련한 사람이 어리석은 말을 할 때에는 같은 말로 대응하여 주어라. 그가 지혜로운 체할까 두렵다는 것이다. 본 절은 전 절의 대구로 미련한 자가 미련한 말을 하면 그 미련한 말을 시정하고 책망하라 것이다. 그렇지 않으면 미련한 자는 자기의 말이 인정되었다고 생각하고 스스로를 지혜롭게 생각할까 두렵다는 것이다.

잠 26:6. 미련한 자 편에 기별하는 것은 자기의 발을 베어 버림과 해를 받음과 같으니라(Whoever sends a message by the hand of a fool cuts off his own feet and drinks violence-ESV).

본 절은 미련한 자 편에 기별하는 것은 해를 당할 수 있다는 것을 말한다. 즉, 미련한 사람을 시켜서 소식을 보내는 것은 제 발목을 자르거나 폭력을 불러들이는 것과 같다는 것이다. 우편 제도가 미비했던 고대 사회에서는 중요한 기별은 안면이 있는 상인이나 여행자를 통해 보내거나 특별히 사람을 고용해서 소식을 전했다. 그러나 이 경우 미련한 자를 고용하여 소식을 전하는 책임을 맡기게 되면 자신의 의도와는 다른 내용을 전달하게 되어 큰 손해를 당하는 경우가 종종 있었다. 왜냐하면 미련한 자는 자칫 전달하려고 하는 내용의 본말을 왜곡시켜 큰 혼란을 일으킬 수 있는 여지가 충분히 있기 때문이다(13:17). 본 절은 바로 이러한 사실을 반영한 것으로 이를 통해 저자는 일상생활 속에서 미련한 자를 경계하고 그들과의 교제를 삼가야만 하는 구체적인 이유를 제시하고 있는 것이다. 여기 "발을 베어버린다"는 것은 큰 고통을 당한다는 의미와 더불어 보다 구체적으로 활동을 제한받는 불이익을 받게 된다는 의미도 포함하고 있다. 따라서 우리는 일을 왜곡시킬 수 있는 미련한 자에게 귀한 직분을 맡겨서는 안 될 것이다(그랜드 종합 주석).

잠 26:7. 저는 자의 다리는 힘 없이 달렸나니 미련한 자의 입의 잠언도 그러하니라(Like a lame man's legs, which hang useless, is a proverb in the mouth of fools-RSV, ESV).

　본 절은 미련한 자의 입에 있는 잠언은 제 할 일을 못하고 있다는 말이다. 즉, 미련한 사람이 입에 담고 있는 잠언은 절고 있는 사람의 다리처럼 힘이 없다는 것이다. 여기 "저는 자의 다리"가 무엇이냐에 대해서는 여러 견해가 있다. 1) '저는 자의 다리들은 서로 같지 않다'는 견해(AV), 2) '저는 자의 춤추는 것과 미련한 자의 잠언은 같다'는 견해(Luther), 3) '저는 자의 다리는 축 늘어져 다리의 임무를 못하고, 미련한 잠언도 그렇다'는 견해(RSV, ESV, Jerome, Lange). 3)의 견해가 가장 바른 것으로 보인다. 절름발이의 걸음이 무기력하고 부조화를 이루듯이 미련한 자와 잠언의 관계 또한 그러하다는 점을 지적하고 있다(Ross, Toy). 다시 말해 아무리 좋은 것이라도 그것을 활용하는 사람의 자질에 따라 매우 상이한 결과가 나타날 수 있음을 보여준다.

잠 26:8. 미련한 자에게 영예를 주는 것은 돌을 물매에 매는 것과 같으니라.

　본 절은 미련한 자에게 영예가 합당치 않다는 것을 말한다. 즉, 미련한 사람에게 영예를 돌리는 것은, 물매에 돌을 올려놓는 것과 같다는 것이다. 여기 "물매"(Sling)란 말은 '물맷돌'을 뜻하는 말인데, 가죽 줄이나 기타 질긴 줄을 반으로 접어 한 쪽을 조금 길게 한 후 그 사이에 단단한 돌을 넣고 줄을 돌리다가 한끝을 놓아 돌을 날려 상대를 살상하는 투석기를 말한다. 이렇듯 유용한 무기인 물매에 돌을 붙잡아 매어 던질 수 없게 한다면 아무런 소용이 없을 뿐만 아니라 위험한 일을 만났을 때 그것을 믿고 있던 사람은 도리어 큰 피해를 입게 된다. 이렇듯 미련한 자에게 영예를 안겨주는 것은 무의미하고, 쓸모없는 것이다.

잠 26:9. 미련한 자의 입의 잠언은 술 취한 자가 손에 든 가시나무 같으니라.

　본 절은 미련한 자의 입에 있는 잠언은 위험하다는 것을 말한다. 즉, 미련한 사람의 입에 담긴 잠언은 술 취한 사람이 손에 쥐고 있는 가시나무와 같다는 것이다. "술 취한 사람이 손에 가시나무를 가지고 있다면 그것을 마구 휘둘러댈 터이니 자타에게 상처를 주게 된다. 그처럼 미련한 자는 때와 장소를 가리지 않고, 미련한 자의 잠언을 퍼뜨리려고 할 터이니 그 결과 자타를 상하게 할 것이 분명한 일이다.

잠 26:10. 장인이 온갖 것을 만들지라도 미련한 자를 고용하는 것은 지나가는 행인을 고용함과 같으니라((As) an archer that woundeth all, So is he that hireth a fool and he that hireth them that pass by-ASV, Like an archer who wounds everybody is he who hires a passing fool or drunkard-RSV, ESV).

　본 절은 장인이 온갖 것을 만들 때 미련한 자를 고용하지 말라는 권면이다. 즉, 미련한 사람의 입에 담긴 잠언은 술 취한 사람이 지나가는 사람을 고용하는 것과 같다는 것이니, 활 쏘는 사람이 닥치는 대로 사람을 쏘아대는 것과 같다는 것이다. 본 절 해석의 어려움은 "장인"이 누구를 가리키느냐에 있고 또 "미련한 자가 누구를 지칭하느냐" 하는 것에 달려 있다. 1) "장인"을 하나님으로 보았고 미련한 자와 범죄자에게 같이 보응하신다는 것으로 보는 견해(AV, Rashi). 그러나 하나님을 장인으로 보는 것은 무리한 해석이다. 2) 활 쏘는 자가 누구든 상하게 하는 것같이 지나가는 미련한 자나 술 취한 자를 고용하는 자가 그와 똑같다는 견해(RSV, Ewald, Stier). 그러나 본 절은 활 쏘는 자를 문제시 한 것은 아니다. 3). 미련한 자는 누구든 고난을 당한다는 것이다. 그의 부주의가 모든 것을 헛되게 하기 때문이라는 견해(LXX). 4) 강한 자는 공포를 일으키고 미련한 자와 범죄자를 고용한 자도 그렇다는 견해(Rosenmueller). 본 절은 공포에 대한 것이 아니니 채택하기 어려운 견해이다. 5) 숙련된 장인은 그 자신 무엇이든지 만든다는 것이다. 그러나 미련한 자를 고용하면 그 일에 아무것도 모르는 지나가는 자를 고용한 것이라는 견해(Gesenius, Wordsworth, Nutt). 6) 많이 가진 자는 무엇이든지 할 수 있다. 그러나 미련한 자를 고용하면 지나가는 자를 고용함과 같다는 견해 (Hitzig, Umbreit, Delitzsch, Nowack). 가능한 견해이다. 그러나 7) 높은 자리에 앉은 자들이 모든 일을 그르친다. 그들은 미련한 자도 고용하고 방랑자도 사용한다고 한 번역이 가장 그럴듯한 번역이다(The Jewish Commentary for Bible Readers, Book of Proverbs, Union American Hebrew Congregation, 1961, p. 268, 박윤선). 7)번의 견해가 가장 바람직하다. 아무튼 본 절은 미련한 자를 고용하는 것이 무익하다는 것을 아주 강조해서 말하는 잠언이다.

잠 26:11. 개가 그 토한 것을 도로 먹는 것 같이 미련한 자는 그 미련한 것을 거듭 행하느니라.

본 절은 미련한 자를 경계하는 잠언이다. 즉, 개가 그 토한 것을 도로 핥아먹듯이, 미련한 사람은 어리석은 일을 하고 또 한다는 것이다. 벧후 2:22에 이 잠언이 인용되었다. 부도덕한 교사들의 생활을 경계한 것이다.

잠 26:12. 네가 스스로 지혜롭게 여기는 자를 보느냐 그보다 미련한 자에게 오히려 희망이 있느니라.

본 절은 독립구로 스스로 지혜롭게 여기는 자야말로 참 미련한 자라는 것을 말하는 잠언이다. 즉, 너는 스스로 지혜롭다 하는 사람을 보았을 것인데, 그런 사람보다는 오히려 미련한 사람에게 더 희망이 있다는 것이다. 스스로 지혜롭다 말하는 사람이야말로 구제 불능이라는 것을 전하는 잠언이다.

13-16절. 게으름을 경계하는 4개의 잠언들.
잠 26:13. 게으른 자는 길에 사자가 있다 거리에 사자가 있다 하느니라.

본 절은 게으른 자로 하여금 더 게으르지 않도록 권면하는 잠언이다. 즉, 게으른 사람은 핑계 대기를 길에 사자가 있다 하고, 거리에 사자가 있다고 핑계를 댄다는 것이다. 본 절에 "사자"란 말이 두 번 나타난다. 앞엣것(lj'v)은

'늙은 사자'이고 뒤엣것(ליש)은 '젊은 사자'를 지칭한다. 아무튼 게으른 자로 하여금 게으르지 않도록 경계하는 잠언이다. 본 절은 23:13절과 흡사하다. 그곳을 참조하라.

잠 26:14. 문짝이 돌쩌귀를 따라서 도는 것 같이 게으른 자는 침상에서 도느니라.

본 절은 게으른 자가 더 이상 침상에서 돌지 않도록 경계하는 잠언이다. 즉, 문짝이 돌쩌귀에 붙어서 빙빙 돌아가듯이, 게으른 사람은 침대에만 붙어서 이리 저리 뒹군다는 잠언이다. 게으른 자는 침상에서 이리저리 뒹굴기만 하고 일어나 활동을 하지 않으려 한다(6:9-10; 24:33).

잠 26:15. 게으른 자는 그 손을 그릇에 넣고도 입으로 올리기를 괴로워하느니라.

본 절은 게으른 자 중에 이 이상 더 게으를 수 없는 게으름뱅이를 경계하는 잠언이다. 19:24과 문자적으로 거의 같다. 그 주해를 참조하라.

잠 26:16. 게으른 자는 사리에 맞게 대답하는 사람 일곱보다 자기를 지혜롭게 여기느니라.

본 절은 독립구로, 게으른 자는 자기 스스로를 지혜롭게 여기는 것을 경계한다. 즉, 게으른 사람은 재치 있게 대답하는 사람 일곱보다 자기가 더 지혜롭다고 생각한다는 것이다. 여기 "일곱"이란 숫자는 히브리어의 만수(滿數)로 '완전'이란 뜻을 가지고 있다. 그러니까 게으른 사람은 자기 자신을 최고로 지혜로운 자보다 자기를 더 지혜롭게 여긴다는 것이다. 게으른 자는 스스로는 게을러서 배우지 않으면서도 배운 자를 멸시한다.

17-19절. 다툼을 경계하는 잠언들.
잠 26:17. 길로 지나가다가 자기와 상관없는 다툼을 간섭하는 자는 개의

귀를 잡는 자와 같으니라.

본 절은 독립구로 남의 일에 공연히 간섭하는 어리석음을 경계하는 잠언이다. 즉, 자기와 관계없는 싸움을 간섭하는 것은 개의 귀를 붙잡고 놓지 않는 것과 같다는 것이다. 이스라엘에는 들개가 많았다(왕하 9:30-37). 들개의 귀를 잡으면 분명 물렸을 것이다. 이처럼 나와 관련이 없는 남의 일에 간섭하다가는 봉변을 당하기 일쑤인 것이다.

잠 26:18-19. 횃불을 던지며 화살을 쏘아서 사람을 죽이는 미친 사람이 있나니 자기의 이웃을 속이고 말하기를 내가 희롱하였노라 하는 자도 그러하니라.

18-19절은 아무 원한도 없이 횃불을 던지거나 화살을 쏘아서 사람을 죽이거나 이웃을 속여 큰 손해를 입히고도 내가 재미로 했다고 말하는 미친 짓을 경계하는 잠언이다. 즉, 횃불을 던지고 화살을 쏘아서 사람을 죽이는 미친 사람에게, 그리고 이웃을 속이고도 재미로 그랬다고 말하는 사람들을 경계하는 것이다. 아무런 악의 없이 이웃에게 치명적인 해를 끼치는 일도 분명히 미친 짓임에 틀림없다.

20-28절. 속인(俗人)과 다툼을 경계하는 9개의 잠언들.
잠 26:20. 나무가 다하면 불이 꺼지고 말쟁이가 없어지면 다툼이 쉬느니라.

본 절은 말쟁이(말 수가 많은 사람)를 경계하는 잠언이다. 즉, 땔 나무가 다 떨어지면 불이 꺼지듯이, 다른 사람의 말하기를 좋아하는 사람이 없어지면 다툼도 그친다는 것이다. 아궁이에나 화로에 나무가 다 없어지면 불이 자연적으로 꺼지듯이 한 단체 안에나 가정 안에 말쟁이가 없어지면 다툼이 끝나는 것이다(16:28; 18:8; 22:10 참조).

잠 26:21. 숯불 위에 숯을 더하는 것과 타는 불에 나무를 더하는 것 같이 다툼을 좋아하는 자는 시비를 일으키느니라.

본 절은 전 절을 보충하는 진술로 다툼을 좋아하는 일을 경계하는 잠언이다. 즉, 숯불 위에 숯을 더 넣는 것과 타는 불에 나무를 더하는 것과 같이, 다투기를 좋아하는 사람은 불난 데 부채질을 하는 사람이라(15:18; 18:8; 21:9; 27:15 참조)는 것이다. 우리는 불난 집에 부채질을 해서는 안 될 것이다.

잠 26:22. 남의 말 하기를 좋아하는 자의 말은 별식과 같아서 뱃속 깊은 데로 내려가느니라.

　　본 절은 18:8과 같다. 그 절 주해를 참조하라.

잠 26:23. 온유한 입술에 악한 마음은 낮은 은을 입힌 토기니라(Like the glaze covering an earthen vessel are fervent lips with an evil heart-ESV).

　　본 절은 말은 온유하게 하는데 그 마음은 악한 사람을 두고 그 위험을 경계하는 말이다. 즉, 악한 마음을 품고서 말만 매끄럽게 하는 사람의 입술은, 질그릇에다가 은을 살짝 입힌 것과 동일하다는 것이다. 여기 "낮은 은(銀)"이란 말은 '찌꺼기 은'을 뜻하는 말로 찌끼를 제하지 않은 은을 말한다. 토기에 찌꺼기 은을 입혀놓으면 겉보기에는 은그릇 같으나 내용은 그저 토기(土器)일 뿐이다. 우리는 말만 번지르르하게 할 것이 아니라 마음을 고쳐야 할 것이다.

잠 26:24. 원수는 입술로는 꾸미고 속으로는 속임을 품나니(Whoever hates disguises with his lips and harbors deceit in his heart-ESV).

　　본 절은 전 절의 보충으로 사람의 속(heart)이 달라져야 할 것을 말한다. 즉, 남을 미워하는 사람은 입술로는 그렇지 않은 것처럼 꾸미나 속으로는 흉계를 품고 있다(10:18; 20:11; 렘 9:8 참조)는 것이다. 우리는 하나님께 우리의 속을 고하여 속이 달라지게 해야 할 것이다.

잠 26:25. 그 말이 좋을지라도 믿지 말 것은 그 마음에 일곱 가지 가증한 것이 있음이니라.

본 절은 독립구로 23절을 보충하는 진술이다. 즉, 비록 다정한 말을 한다 해도 그를 믿지 말라. 그의 마음속에는 역겨운 것이 너무도 많이 들어 있다는 것이다. 여기 "그 말이 좋을지라도"란 말은 '그 말이 그럴듯할지라도'란 뜻이다. 말은 번지르르한 말을 할지라도 믿어서는 안 되는 이유는 그 마음속에는 만 가지 가증한 것이 있기 때문이라는 것이다. 여기 "일곱"이란 말도 히브리어의 만수로 '완전수'이다(16절 참조). "가증한 것"이란 '더러운 것'(미움, 시기, 질투 등)을 뜻한다. 마음을 고치는 것은 사람으로는 거의 불가능하나 하나님께 부르짖어 고치는 경우 몇 시간 안에 거의 가능하다.

잠 26:26. 속임으로 그 미움을 감출지라도 그의 악이 회중 앞에 드러나리라.

본 절은 역시 사람의 마음을 고쳐야 할 것을 말한다. 즉, 미운 생각을 교활하게 감춘다 해도 자기가 품고 있는 악의(25절 참조)는 회중 앞에서 조만간 드러나기 마련이라는 것이다. 여기 "속임으로 그 미움을 감춘다"는 말은 '자기가 품고 있는 미움을 거짓으로 숨기고 지낸다'는 뜻이다. 그리고 "그의 악이 회중 앞에 드러나리라"는 말은 '그의 악한 미움이 사람이 모인 어느 곳에든지 나타난다'는 것이다. 그의 악이 재판 받을 때에 드러난다고 해석하는 학자들이 있으나(Lange, Deane) 그때 뿐 아니라 어디서든지 사람들이 모인 곳이면 나타나는 것이다. 우리는 마음속의 온갖 악을 제거해 놓아야 한다.

잠 26:27. 함정을 파는 자는 그것에 빠질 것이요 돌을 굴리는 자는 도리어 그것에 치이리라.

본 절의 상반절과 하반절은 동의절로, 남을 해하려는 시도는 자기에게로 돌아온다는 것을 경계하는 잠언이다. 즉, 함정을 파는 사람은 자기가 그 속에 빠지게 되고, 돌을 굴리는 사람은 자기가 그 밑에 깔리게 된다는 것이다. 남을 빠뜨리려고 함정을 파는 사람은 자신이 그 함정에 빠지는 법이고, 남을 해하려고 돌을 굴리는 사람은 자신이 그 돌에 눌린다(시 7:15-16; 전 10:8;

단 6:24 참조)는 것이다. 그것이 하나님의 섭리이다.

잠 26:28. 거짓말 하는 자는 자기가 해한 자를 미워하고 아첨하는 입은 패망을 일으키느니라(A lying tongue hates its victims, and a flattering mouth works ruin-RSV, ESV).

본 절은 사람의 마음을 고쳐야 할 것을 가르친다. 즉, 거짓말을 하는 사람은 자기가 해친 사람을 계속해서 미워하고 해친다는 것이며, 아첨하는 사람은 자기의 아첨으로 자신의 신세를 망친다는 것이다. 사람이 자기들이 해(害)한 사람을 계속해서 미워한 경우의 예를 성경에서 찾아보면 암논이 자기 누이 다말에게 부끄러운 일을 행했으므로, 오히려 그녀를 심히 미워했는데 "미워하는 미움이 이왕 연애하던 연애보다 더 했다"(삼하 13:5-15)고 말한다. 그리고 "아첨하는 입은 패망을 일으킨다"는 말의 대표적인 경우는 창 3:5이다. 마귀는 인류의 조상에게 다가가 아첨하며 유혹했다. "너희가 하나님과 같이 되리라"고 아첨했다. 아담과 하와는 사탄의 아첨을 뿌리치지 못하고 빠져들었다. 그리고 사탄은 사탄대로 망했다. 우리는 우리의 거짓말하는 마음과 아첨하는 마음을 고쳐야 하겠다.

B. 지혜자의 자기 수호   27-29장

앞선 부분(25-26장)에서는 주로 대인 관계를 잘 하라는 잠언들이었으나, 이 부분(27-29장)에서는 자신을 지키라는 교훈들이다. 이 부분의 잠언은 내일에 닥쳐올 일(27장), 악인은 쫓아오는 자가 없어도(28장), 자주하는 책망(29장)까지 총 3장으로 구성되어 있다.

1. 내일에 닥쳐올 일   27장

1-6절. 자찬하는 일, 질투하는 일, 아첨하는 일 등을 경계하는 3개의 잠언들.

잠 27:1. 너는 내일 일을 자랑하지 말라 하루 동안에 무슨 일이 일어날는지 네가 알 수 없음이니라.

본 절은 내일에 일어날 일을 오늘 자랑하지 말라는 잠언이다. 즉, 오늘 이 시간 내일에 일어날 일들을 자랑하지 말라. 왜냐하면 하루 사이에 무슨 일이 일어날는지 알 수 없기 때문이라는 것이다. 내일 일은 하나님께서 주관하시므로 사람은 알지도 못하고, 주관하지도 못하는 것이다(16:9; 눅 12:19; 약 4:13-16 참조).

잠 27:2. 타인이 너를 칭찬하게 하고 네 입으로는 하지 말며 외인이 너를 칭찬하게 하고 네 입술로는 하지 말지니라.

본 절의 상반절과 하반절은 동의절로, 전 절과 한 짝이 된다. 즉, 네 자신이 너를 칭찬하지 말고, 남이 너를 칭찬하게 하라. 칭찬은 남이 하여 주는 것이지, 너 자신의 입으로 너를 칭찬하는 것이 아니라는 것이다. 아무리 본인이 옳은 일을 했다 하더라도 본인이 자기를 직접 칭찬하게 되면 듣는 사람으로 하여금 거부감을 가지게 한다. 이로 볼 때 본 절은 스스로 자신을 칭찬하고자 하는 교만한 마음을 늘 경계하라는 교훈인 것으로 볼 수 있다. 따라서 성도는 자신과 아무 관계가 없는 사람으로부터 칭찬 받도록 빛과 소금의 사명을 감당하여야 하며 궁극적으로는 심판자 하나님의 칭찬을 간구해야 할 것이다(요 12:43).

잠 27:3. 돌은 무겁고 모래도 가볍지 아니하거니와 미련한 자의 분노는 이 둘보다 무거우니라.

본 절은 이웃의 분노를 잘 해결하라는 잠언이다. 즉, 돌도 무겁고 모래도 가볍지 않지만, 미련한 사람이 성가시게 구는 것(12:16; 21:19 주해 참조)은 이 두 가지보다 더 무겁다는 것이다. 우리는 우리를 성가시게 하는 것을 두고 그냥 견디려고 하지 말고, 하나님께 무겁다고 부르짖어야 할 것이다. 그러면 하나님께서 해결해주신다.

잠 27:4. 분은 잔인하고 노는 창수 같거니와 투기 앞에야 누가 서리요.

본 절은 사람이 질투를 하지 말라는 경계이다. 즉, 분노는 잔인하고 진노는 범람하는 물과 같다고 하는데, 사람의 질투를 누가 당하여 낼 수 있을 것이냐는 것이다. 여기에서 "분"은 잔인하다는 말은 사람이 분노하면 잔인한 일도 예사로 한다는 뜻이다. 그리고 "노"는 창수 같다는 말은 노한 자의 기세가 창수처럼 무섭다는 것을 말한다(욥 38:25; 사 3:27-28; 단 9:26; 11:22). "투기"는 불로 표현되어(6:34-35 주해 참조) 그 앞에는 누구도 서지 못한다는 것이다. 투기는 결국 부부의 관계를 파산시킬 뿐이다(6:34; 아 8:6). 그러므로 부부는 항상 상대방을 긍휼히 여기며 사랑으로 감싸 안아야 한다.

잠 27:5. 면책은 숨은 사랑보다 나으니라.

본 절은 면책은 숨은 사랑보다 낫다는 것을 가르쳐주는 잠언이다. 즉,

드러내놓고 꾸짖어 주는 것이 숨은 사랑(사랑하기는 하면서도 그 사랑을
행동으로 표시하지 않는 나약한 사랑)보다 낫다는 것이다. 참된 사랑이란
의를 동반해야 하므로 친구의 불의를 면책으로 시정해 주는 것이 참된 사랑인
것이다(엡 4:15 참조). 쎄네카(Seneca)는 말하기를 "내가 친구를 면책함으로
성나게 하지 못한다면 그를 사랑하는 것은 아닐 것이다"라고 했다.

**잠 27:6. 친구의 아픈 책망은 충직으로 말미암는 것이나 원수의 잦은 입맞춤은
거짓에서 난 것이니라.**

　　본 절은 대구법으로, 친구에게 아픈 책망을 해야 한다는 잠언이다. 즉,
친구의 책망은 아프다 해도 진심에서 나오는 것이지만, 원수의 입맞춤은
거짓에서 나오는 행위이다. 친구를 면책하고 통책하여 아프게 해도 그것은
친구를 사랑하는 사랑 때문이고, 가룟 유다의 입맞춤으로 예수님을 판 것은
거짓에서 난 것이다(마 26:49).

7-14절. 만족과 우정과 신중 등의 미덕에 관한 8개의 잠언들.
잠 27:7. 배부른 자는 꿀이라도 싫어하고 주린 자에게는 쓴 것이라도 다니라.

　　본 절은 대구법으로, 사람이 배가 불렀을 때와 주렸을 때의 차이를 말해준
다. 즉, 배부른 사람은 최상의 음식인 꿀도 싫어하지만, 배고픈 사람은 쓴
것도 달게 먹는다는 것이다. 우리나라의 속담에 "시장이 반찬이라"는 말이
있다.

**잠 27:8. 고향을 떠나 유리하는 사람은 보금자리를 떠나 떠도는 새와
같으니라.**

　　본 절은 고향을 떠나 유리하는 사람과 보금자리를 떠나 떠도는 새를
비교하고 있다. 즉, 고향을 떠나 떠도는 사람은 둥지를 잃고 떠도는 새와
같다는 것이다. 집은 행복의 근원(시 128:3)으로 집을 떠나면 고생이고, 불행
이라는 것을 알려준다.

잠 27:9. 기름과 향이 사람의 마음을 즐겁게 하나니 친구의 충성된 권고가 이와 같이 아름다우니라.

본 절은 친구의 권고가 아름답다는 것을 말해주는 잠언이다. 즉, 향유와 향료가 마음을 즐겁게 하듯이, 친구의 다정한 충고가 아름답다는 것이다. "기름과 향"이 사람의 마음을 즐겁게 하는 것(시 104:15; 133:2)처럼 친구의 충성스러운 충고는 아름답고 감사한 것이다(16:21). 우리는 친구에게 충성된 권고를 할 수 있는 사람이 되어야 하고, 또 친구의 충성된 권고를 받을 수 있는 사람이 되어야 할 것이다.

잠 27:10. 네 친구와 네 아비의 친구를 버리지 말며 네 환난 날에 형제의 집에 들어가지 말지어다 가까운 이웃이 먼 형제보다 나으니라.

본 절은 가까운 이웃이 먼 형제보다 낫다는 것을 말해주는 잠언이다. 즉, 너의 친구나 너의 아버지의 친구를 저버리지 말라. 네가 어렵다고 친척의 집을 찾아다니지 말라. 가까운 이웃이 먼 친척보다 낫다는 것이다. 본 절은 네 친구와 네 아버지의 친구를 버리지 말라고 권한다. 그러면서 네가 어려움에 처했을 때 친척 집을 자주 찾아다니지 말라고 충고한다. 차라리 가까운 이웃이 먼 형제보다 낫다고 말해준다. 우리는 혈통 중심으로 세상을 지낼 것이 아니라 신앙 중심의 이웃을 찾아야 할 것이다.

잠 27:11. 내 아들아 지혜를 얻고 내 마음을 기쁘게 하라 그리하면 나를 비방하는 자에게 내가 대답할 수 있으리라.

본 절은 독립구로, 지혜를 얻어 살 것을 권한다. 즉, 내 아들들아! 지혜를 얻고, 나의 마음을 기쁘게 해다오. 그러면 나를 비방하는 사람에게 내가 대답할 수 있겠다는 것이다. 여기 "내 아들아"에 대해 3:1 주해를 참조하라. 아들이 지혜를 얻으면 아비나 스승은 즐거워하고(1:8; 22:21; 23:25) 또 아들 교육을 잘못시켰다고 비방하는 사람들에게 대답할 말이 생기고 체면이 설 것이란 것이다. 우리는 하나님께 기도하여 지혜를 얻어 살아야 할 것이다.

잠 27:12. 슬기로운 자는 재앙을 보면 숨어 피하여도 어리석은 자들은 나가다가 해를 받느니라.

본 절은 22:3과 문자적으로 같다. 그 주해를 참조하라.

잠 27:13. 타인을 위하여 보증 선 자의 옷을 취하라 외인들을 위하여 보증선 자는 그의 몸을 볼모 잡을지니라.

본 절은 20:16과 문자적으로 같다. 그 주해를 참조하라.

잠 27:14. 이른 아침에 큰 소리로 자기 이웃을 축복하면 도리어 저주 같이 여기게 되리라.

본 절은 독립구로, 시간을 분간하지 못하고 축복하는 행위를 경계하는 잠언이다. 즉, 이른 아침에 큰 소리를 내어 이웃을 축복한다고 떠들면, 그것을 오히려 저주로 여길 것이라는 것이다. 첫째, 이른 아침은 조용하게 시작하고 한날의 일을 구상하는 시간인데 분별을 하지 못하고 떠들어 축복한다고 하면 정상적인 일상을 깨뜨리는 것이니 저주 같이 여겨지는 것이다. 둘째, 이같이 무분별한 축복은 가식적인 입의 축복이지 진정한 마음의 축복은 아닌 것이다.

15-16절. 다투는 여인에 관한 두 개의 잠언들.
잠 27:15-16. 다투는 여자는 비 오는 날에 이어 떨어지는 물방울이라 그를 제어하기가 바람을 제어하는 것 같고 오른손으로 기름을 움키는 것 같으니라.

15-16절은 다투는 여자는 너무 시끄러워서 비 오는 날에 이어 떨어지는 물방울 같아 통제하기가 심히 어렵다는 것을 말한다. 즉, 다투기를 좋아하는 여자는 비 오는 날 지붕에서 연이어 떨어지는 빗방울과 같다. 그런 여자를 다스리려는 것은, 바람을 다스리려는 것과 같고, 손으로 기름을 가득 움켜잡으려는 것과 같다는 것이다. 다투는 여자와 함께 지내는 것은 시끄럽기도 하고 또 통제하기도 아주 난해하다는 것이다.

17-22절. 우정 등을 격려하는 6개의 잠언들.

잠 27:17. 철이 철을 날카롭게 하는 것 같이 사람이 그의 친구의 얼굴을 빛나게 하느니라.

본 절은 친구와 부대끼는 것은 무용의 일이 아니라는 것을 말하는 잠언이다. 즉, 쇠붙이는 쇠붙이로 쳐야 날이 날카롭게 서듯이, 사람도 친구와 부대껴야 지혜가 예리해진다는 것이다. 친구 간의 교제를 통하여 서로 간의 인격이 향상되고 서로 간에 영예를 더해주는 것이다. 친구 간의 교제는 결코 무익하지 않다는 것을 말한다.

잠 27:18. 무화과나무를 지키는 자는 그 과실을 먹고 자기 주인에게 시중드는 자는 영화를 얻느니라.

본 절은 자기의 주인에게 시중을 잘 들도록 권고하기를 바라는 잠언이다. 즉, 무화과나무를 가꾸는 사람이 그 열매를 먹듯이, 윗사람의 시중을 잘 드는 사람이 영화를 얻는다는 것이다. 주인에게 잘 시중을 잘 들고 충성을 다하는 종은 좋은 응답의 보수로 영화를 얻는 것이다(시 31:7).

잠 27:19. 물에 비치면 얼굴이 서로 같은 것 같이 사람의 마음도 서로 비치느니라(As in water face reflects face, so the heart of man reflects the man-ESV).

본 절은 사람의 마음은 숨길 수 없다는 것을 말하는 잠언이다. 즉, 사람의 얼굴이 물에 비치듯이, 사람의 마음도 바로 그 사람을 드러내 보인다는 것이다. 우리는 마음을 깨끗하게 해서 인격을 잘 나타내야 할 것이다. 우리는 마음에 그리스도를 품고 있어서 다른 사람들에게 그리스도를 드러내야 하겠다.

잠 27:20. 스올과 아바돈은 만족함이 없고 사람의 눈도 만족함이 없느니라.

본 절은 우리가 만족할 줄 아는 사람이 되어야 할 것을 말한다. 즉, 스올과 멸망의 구덩이가 만족을 모르듯 사람의 눈도 만족을 모른다는 것이다. 스올과

아바돈은 다 같이 죽음을 가리킨다(15:11 주해 참조). 사람이 계속해서 죽는
것을 보아 죽음이 만족이 없다는 것을 알 수 있다. 사람의 눈도 만족함이
없다는 것이다(30:15-16; 전 1:8; 요일 2:16; 약3:6).

잠 27:21. 도가니로 은을, 풀무로 금을, 칭찬으로 사람을 단련하느니라.

본 절은 칭찬으로 사람을 단련(시련)한다는 것을 말한다. 즉, 도가니는
은을, 화덕은 금을 단련하듯이, 칭찬은 사람됨을 달아 볼 수 있다는 것이다.
사람이 명예를 탐하는 것으로 시험받기 쉽다. 은과 금은 도가니와 풀무에서
제련됨으로써 불순물이 제거되고 순은(純銀)과 순금(純金)으로 만들어진다.
이와 같이 사람도 칭찬이란 하나의 제련 과정을 통하여 비로소 그 가치가
드러난다. 왜냐하면 근면하고 성실한 사람도 남의 칭찬을 듣기 좋아하면
스스로 교만해져서 자기를 과신하기 쉽기 때문이다. 명예를 탐하는 마음은
사람에게 매우 위태하다. 사람이 어떤 명예를 얻게 되면 죄인 된 자기의
본래 실상(實相)은 기억하지 않고, 공연히 자기를 그 명예의 해당자로만
높이며, 자기 아닌 자가 되어 시간을 허송한다. 이렇게 그 사람은 명예를
탐하다가 명예에 미친 자가 되어 그 탐심에서 벗어나지 못하고 마침내 망한다
(박윤선). 사람이 주위의 칭찬에도 불구하고 항상 겸손하고 성실한 삶의
자세를 지속할 수 있는 사람이야말로 진실로 고결한 인격과 품성을 갖춘
사람으로 인정받을 수 있는 것이다.

**잠 27:22. 미련한 자를 곡물과 함께 절구에 넣고 공이로 찧을지라도 그의
미련은 벗겨지지 아니하느니라.**

본 절은 독립구로 미련한 자의 미련함은 벗겨지지 않는다는 것을 말한다.
즉, 미련한 사람은 곡식과 함께 절구에 넣어서 공이로 찧어도 그 미련함이
벗겨지지 않는다는 것이다. 절구에 넣어 찧은 곡식 껍데기는 벗겨져도 미련한
자의 미련함은 벗겨지지 않고 그대로 있다는 것이다. 그러므로 본 잠언은
사람은 남의 훈계를 무시하고 자기를 징계하는 자를 도리어 원망하는 미련한

사람이 끝내 바른 길로 돌이키지 못하고 멸망당하는 것은 지극히 당연한 일임을 시사하고 있다.

23-27절. 농사에 관한 5개의 잠언들.
잠 27:23. 네 양 떼의 형편을 부지런히 살피며 네 소 떼에게 마음을 두라.
　　본 절은 자기의 직업과 사명에 충실 하라는 권면이다. 즉, 너의 양 떼의 형편을 부지런히 살피며, 너의 가축 떼에게 정성을 기울이라는 것이다. 본 절은 사람이 마땅히 부귀와 권세를 탐하여 살지 말고 다만 자기의 직업에 충실하여 생계를 유지하라고 한다. 여기 "양 떼의 형편을 부지런히 살피라"는 말은 양 떼의 얼굴 하나하나를 기억하듯이 세밀히 숫자를 세어가며 잃어버리지 않도록 주의하라는 것이다. 그리고 "네 소 떼에게 마음을 두라"는 말은 소떼에 대해 항상 관심을 가지고 열심히 보살피라는 뜻이다. 우리가 오늘날 어떤 직업을 가지고 살든지 그리고 어떤 사명을 가지고 살든지 다른 사람에게 맡겨두지 말고 맡은 자가 친히 성실하게 돌보라는 것이다.

잠 27:24. 대저 재물은 영원히 있지 못하나니 면류관이 어찌 대대에 있으랴.
　　본 절의 상반절과 하반절은 동의절로, "대저"라는 말을 통해 본 절이 앞 절의 이유를 밝히고 있음을 알게 된다. 즉, 재물은 영원히 남아 있지 않으며, 왕관도 대대로 물려줄 수 없기 때문이라는 것이다. 재물과 면류관이 영원히 존재하는 것도 아니고 대대에 있지 못하는 것이니 우리의 직업과 사명(앞 절)에 충실해서 살라는 것이다. 우리는 재물이 영원히 있는 것이 아니고 면류관도 영원히 존재하는 것도 아니므로 그런 것에 신경 쓰지 말고, 우리의 본업에 충실해야 할 것이다.

잠 27:25. 풀을 벤 후에는 새로 움이 돋나니 산에서 꼴을 거둘 것이니라.
　　본 절은 독립구로, 노동에 충실하라는 잠언이다. 즉, 풀은 벤 뒤에도 또 새로 움이 돋아나니, 산에서 꼴을 거둘 수 있다는 것이다. 풀을 벤 후에 새 풀이 돋아나는 것은 노동을 신성시하시는 하나님의 섭리에 의한 것이다. 본 잠언은 하나님의 창조 섭리에 따라 땅이 생명력을 끊임없이 유지시키고 있음을 상기시키고 있다. 우리는 재물과 같이 쉽게 날개를 달아 날아가는 데 신경을 쓰지 말고 하나님께서 보장해 주시는 노동에 심혈을 기울여 살아야 할 것이다.

잠 27:26. 어린 양의 털은 네 옷이 되며 염소는 밭을 사는 값이 되며.

본 절은 앞 절에 이어 농사는 복된 직업임을 상기시키고 있다. 즉, 어린 양의 털(욥 31:20)로는 너의 옷을 만들어 입을 수 있고, 염소(30:31)로는 밭을 사들일 수 있는 값이 된다는 것이다. 재물이나 명예는 날아가지만(24절) 농사는 우리를 살려주는 직업이다.

잠 27:27. 염소의 젖은 넉넉하여 너와 네 집의 음식이 되며 네 여종의 먹을 것이 되느니라.

본 절은 염소의 젖이 귀중한 식품이 되는 것을 말한다. 즉, 염소의 젖은 넉넉하여, 너와 너의 집 식구의 먹을 식품만 되는 것이 아니라, 너의 여종의 먹을 식품까지 제공하고 있다는 것이다. 신 32:13-14에는 곡식, 꿀, 기름, 소와 양의 젖, 포도주 등이 식물로 진술되고 있다. 여기 "여종"은 주모에게 수중 들고 양을 치는 역할을 하는 여인을 뜻한다. 우리는 허탄한 데에 뜻을 두지 말고 지극히 작은 일에 관심을 가지고 최선의 노력을 기울여야 할 것이다.

2. 악인은 쫓아오는 자가 없어도   28장

1-5절. 악인의 실상에 대한 5개의 잠언.

잠 28:1. 악인은 쫓아오는 자가 없어도 도망하나 의인은 사자 같이 담대하니라.

본 절은 대구적 평행법으로, 악인의 비겁함과 의인의 담대함을 말해준다. 즉, 악인은 뒤쫓는 사람이 없어도 비겁한 걸음으로 달아나지만, 의인은 사자처럼 담대하다는 것이다. 악인은 자신의 죄 때문에 양심의 가책을 받아 비겁하게 되고 쫓아오는 자가 없어도 도망한다. 그러나 의인은 정반대로 양심의 가책이 없어 사자와 같이 담대하다.

잠 28:2. 나라는 죄가 있으면 주관자가 많아져도 명철과 지식 있는 사람으로 말미암아 장구하게 되느니라.

본 절은 대구법으로, 나라는 죄의 유무에 따라 그 운명이 달라진다는 잠언이다. 즉, 나라에 죄가 있으면, 반역이 일어나서 통치자가 자주 바뀌어 주관자가 많아지지만, 슬기와 지식이 있는 사람이 다스리면, 그 나라의 운명이 오래간다는 것이다. 이스라엘이 남북으로 나뉘어졌을 때 북쪽 나라 이스라엘은 우상 숭배와 무죄한 피를 흘리는 등의 죄 때문에 수많은 혁명이 일어났다(왕하 14:23). 그러나 남쪽 나라 유다 왕국은 아사, 여호사밧, 웃시야, 히스기야 등 "명철하고 지식 있는" 왕들이 있어 나라의 운명이 북쪽 나라 보다 135년이나 더 길었다.

잠 28:3. 가난한 자를 학대하는 가난한 자는 곡식을 남기지 아니하는 폭우

같으니라.

본 절은 가난한 자들을 학대하는 가난했던 자의 행태를 말해주는 잠언이다. 즉, 가난했던 자가 혹시 집권하게 되어 학정(虐政)을 행하는 경우에는 아주 극단에 이른다는 것이다. 가난했던 자리에 있었던 자라면 자신의 과거를 생각하여 다른 가난한 자들을 동정해야 될 것이다. 그런데 어떤 사람들은 정반대로 행하는 사람이 있다는 것이다. 이는 마치 시집살이를 심하게 당했던 사람이 나이 들어 자신이 시어머니가 되었을 때 자기 며느리의 마음을 잘 알고 더 잘 대해야 함에도 불구하고 아주 학대하는 사람들이 있음과 같다. 그렇게 가난한 자들을 학대하는 가난한 자는 곡식을 남기지 아니하는 폭우 같다는 것이다. 개구리 올챙이 적 생각 못하는 것과 같다. 우리는 남을 불쌍히 여기는 사람들이 되어야 할 것이다.

잠 28:4. 율법을 버린 자는 악인을 칭찬하나 율법을 지키는 자는 악인을 대적하느니라.

본 절은 대구적 잠언으로 악인에 대한 율법을 버린 자와 율법을 지키는 자를 대조한다. 즉, 율법을 버린 사람은 악인을 칭찬하지만, 율법을 지키는 사람은 악인을 대항한다는 것이다. 율법을 버린 자는 그 자신이 악인이므로 같은 악인을 칭찬한다(시 49:12; 73:3, 10). 그러나 율법을 지키는 의인은 악인의 죄를 지적하고, 악인을 대적하는 것이다(왕상 19:14; 시 119:136, 153). 우리는 율법을 지키는 자로서 악인을 대적하는 사람들이 되어야 할 것이다.

잠 28:5. 악인은 정의를 깨닫지 못하나 여호와를 찾는 자는 모든 것을 깨닫느니라.

본 절은 대구법으로 여호와를 찾는 자는 모든 것을 아는 지혜를 가져야 할 것을 권하는 잠언이다. 즉, 악인은 공의를 깨닫지 못하나, 주님을 찾는 사람은 모든 것을 깨닫는다는 것이다. 악인은 선악을 분별할 줄 몰라서 "정

의"를 깨닫지 못한다(29:7). 그러나 여호와를 찾는 의인은 의에 대한 분별력이
있어서 모든 것을 깨닫는다는 것이다. 우리는 여호와를 찾는 자로서 주님께
기도하여 모든 것을 깨달으며 살아야 할 것이다.

6-12절. 부자와 가난한 자를 비교하는 7개의 잠언.

잠 28:6. 가난하여도 성실하게 행하는 자는 부유하면서 굽게 행하는 자보다 나으니라.

본 절은 대구법으로, 19:1과 거의 같아 성실하게 행하는 사람이 될 것을
주문하는 잠언이다. 즉, 부유하나 구부러진 길을 가는 사람보다는 가난해도
흠 없이 사는 사람이 낫다는 것이다. 여기 "굽게 행하는"(!yIk'%r:D])이란
말은 '두 길에서 갈라진 마음을 가졌다'는 뜻이다(전 2:12; 약 1:6). 가난하면
서도 성실하게 행하는 자가 부요하면서도 두 길 사이에 서서 갈라진 마음을
가지고 사는 자보다 낫다는 말이다. 다시 말해 사람의 가치는 선악에 달린
것이지 빈부에 달린 것은 아니라는 것을 말한다.

잠 28:7. 율법을 지키는 자는 지혜로운 아들이요 음식을 탐하는 자와 사귀는 자는 아비를 욕되게 하는 자니라.

본 절은 대구법으로, 율법을 지키는 자가 되어야 할 것을 권한다. 즉,
슬기로운 아들은 율법을 지키지만, 먹기를 탐하는 사람들과 어울리는 아들은
아버지에게 욕을 돌린다는 것이다. 여기 "율법을 지키는 아들"은 지혜로운
자요, 아비를 기쁘게 하는 아들이고(10:1; 29:3), 탐식자(23:20; 13:20)와 사귀
는 아들은 아비를 욕되게 하는 아들이다. 우리는 모두 율법을 지키는 사람들
이 되어야 할 것이다.

잠 28:8. 중한 변리로 자기 재산을 늘리는 것은 가난한 사람을 불쌍히 여기는 자를 위해 그 재산을 저축하는 것이니라.

본 절은 독립구로 고리대금업자가 재산을 늘리는 것을 경계하는 잠언이

다. 즉, 높은 이자를 받고 재산을 늘리는 것은 마침내 가난한 사람들에게 은혜로 베풀어질 재산을 쌓아두는 것이라는 내용이다. 높은 이자를 받고 재산을 늘리는 것은 하나님께 득죄하는 것으로(14:32; 19:17; 22:16), 그가 모은 재산은 결국엔 선한 자의 손에 들어가서 그 돈이 가난한 자에게 돌아간 다는 것이다(13:21-22). 이 순환은 하나님께서 이룩하시는 순환이다.

잠 28:9. 사람이 귀를 돌려 율법을 듣지 아니하면 그의 기도도 가증하니라.

본 절은 독립구로, 기도란 하나님의 뜻을 따라 해야 한다는 것을 강조하는 잠언이다. 즉, 귀를 돌려서 율법을 듣지 않으면, 그의 기도 또한 가증하다는 것이다. 사람이 율법에 귀 기울이지도 않고 듣지 않고서는 응답을 받지 못한 다는 것이다. 우리는 기도하기 전에 반드시 하나님의 말씀을 읽고 묵상하고 기도해야 하나님께서 우리의 기도를 인도해 주시고 또 응답도 잘 해주신다.

잠 28:10. 정직한 자를 악한 길로 유인하는 자는 스스로 자기 함정에 빠져도 성실한 자는 복을 받느니라.

본 절은 독립구로, 남을 유혹하는 자의 말로를 보여주는 잠언이다. 즉, 정직한 사람을 나쁜 길로 유인하는 사람은 자기가 정직한 사람을 빠뜨리려고 파놓은 함정에 빠지게 마련이지만, 흠 없이 사는 사람은 복을 받는다는 것이 다. 함정을 파고 남을 그 함정으로 유인하는 악인은 그 함정에 빠지기 마련이 다(26:27). 그러나 악인의 모함을 받는 성실한 사람은 위기에서 구원받고 복을 받는다(2:21; 11:6-8 참조).

잠 28:11. 부자는 자기를 지혜롭게 여기나 가난해도 명철한 자는 자기를 살펴 아느니라.

본 절은 대구법으로, 자기를 지혜롭게 여기는 일을 삼갈 것을 권하는 잠언이다. 즉, 부자는 자신을 지혜롭게 여기지만, 가난해도 슬기로운 사람은 자기를 잘 알아서 겸손히 행한다는 것이다. 부자는 자기가 부자가 되었으므로 자기를 지혜롭게 여기며 교만하다(26:16). 그러나 가난해도 슬기로운 자는 자기 자신을 살피고 자신이 바로 누구라는 것을 알려 하는 겸손한 자세를 취한다(전 9:13-16). 우리는 항상 밑바닥을 기는 겸손을 가지고 살아야 할 것이다.

잠 28:12. 의인이 득의하면 큰 영화가 있고 악인이 일어나면 사람이 숨느니라.

본 절은 대구법으로 선한 정부가 되기를 권하는 잠언이다. 즉, 정직한 사람이 이기면 큰 영화가 있게 마련이지만, 악인이 일어나면 사람들이 숨는다는 것이다. 의인이 득의하고 정권을 잡으면 나라가 번영하게 되어 백성들이 즐거워하지만(11:10; 29:2), 악인이 일어나 정권을 잡으면 악인의 폭정을 두려워하여 백성은 이 구석 저 구석에 숨는다(18절). 그 예로 북이스라엘 아합 왕 때, 많은 의인들이 숨었다(왕상 17:2-3; 18:4; 19:3-4).

13-18절. 강퍅한 자의 악덕을 말하는 잠언들.

잠 28:13. 자기의 죄를 숨기는 자는 형통하지 못하나 죄를 자복하고 버리는 자는 불쌍히 여김을 받으리라.

본 절은 대구법으로 사람이 죄를 자복하고 버리기를 권하는 잠언이다. 즉, 자기의 죄를 숨기는 사람은 형통하지 못하지만, 죄를 자백하고 죄를 끊어 버리는 사람은 불쌍히 여김도 받지만, 자기의 죄를 자복하고 버리는 사람은 하나님으로부터 불쌍히 여김을 받는다. 본 절의 말씀이야말로 금쪽같은 잠언으로 구약 성경과 신약 성경에 일관된 교훈이다(욥 31:33; 시 32편; 51편; 사 1:16-18; 호 14:2-4; 눅 3:8; 18:13; 요일 1:8-10).

잠 28:14. 항상 경외하는 자는 복되거니와 마음을 완악하게 하는 자는 재앙에 빠지리라.

본 절은 대구법으로, 전 절을 보충하는 잠언이다. 즉, 늘 하나님을 두려워하고 신앙하는 사람은 복을 받고 살지만(16:14), 마음을 완고하게 굳혀 놓는 사람은 재앙에 빠진다(17:20)는 것이다.

잠 28:15. 가난한 백성을 압제하는 악한 관원은 부르짖는 사자와 주린 곰 같으니라.

본 절은 관원들이 포학하지 말 것을 권하는 잠언이다. 즉, 가난한 백성을 압제하는 악한 통치자는, 울부짖는 사자 같고, 굶주린 곰과 같다는 것이다. 가난한 백성을 억누르는 악한 통치자는 울부짖는 사자(19:12; 삿 14:5; 겔 22:25; 습 3:3) 같고, 곰(사 29:8; 삼상 17:34) 같다는 것이다. 이 포학한 관원은 심히 가난하고, 약한 백성을 압제하니 인간 같지도 않은 사람이다.

잠 28:16. 무지한 치리자는 포학을 크게 행하거니와 탐욕을 미워하는 자는 장수하리라.

본 절은 독립구로, 전 절에 이어 포학한 위정자에 대하여 포학하지 말 것을 권유하고 있는 잠언이다. 즉, 슬기가 모자라는 통치자는 억압만을 일삼으며 살지만, 부정한 이득을 미워하는 통치자는 오래도록 살 것이라는 내용이다. 통치자라고 하면 누구든지 슬기로워서 탐욕을 미워할 줄 알아야 할 것이다.

잠 28:17. 사람의 피를 흘린 자는 함정으로 달려갈 것이니 그를 막지 말지니라.

본 절은 독립구로, 사람의 피를 흘린 자로 하여금 함정으로 달려가서 죽도록 그냥 두라는 잠언이다. 즉, 사람을 죽인 사람은 함정으로 달려가는 법이니, 아무도 그를 막지 말아야 한다는 내용이다. 모세의 율법에는 살인자는 원수를 갚는 자에게 맡겨 죽게 했다(민 35:19-21). 그의 살인이 과실로 말미암아 발생한 경우는 도피성으로 피하여 목숨을 구하게 했다. 진짜 살인자가 원수 갚는 자에게 쫓겨 죽게 되면 그 사람을 막지 말고 그대로 죽게 했다.

**잠 28:18. 성실하게 행하는 자는 구원을 받을 것이나 굽은 길로 행하는 자는
곧 넘어지리라.**

　　본 절은 대구법으로, 성실하게 행하는 자와 굽은 길로 행하는 자를 대조한
다. 즉, 흠 없이 사는 사람은 구원을 받을 것이지만, 그릇된 길을 따라가는
사람은 언젠가는 한 번 넘어지고야 만다는 것이다. 여기 "성실하게 행하는
자는 구원을 받을 것이나 굽은 길로 행하는 자는 곧 넘어지리라"는 말의
뜻은 '순전하게 행하는 자는 구원을 얻을 것이나, 이중(二重)으로 속이는
자는 한 번 넘어지리라'는 뜻이다. 다시 말해 "성실하게"(תָּמִים)란 말은 '하나
님을 모시고 마음으로 진실하게 옳게 행함'을 뜻한다. 이것은 신자가 아브라
함처럼 하나님 앞에서 행함을 가리킨다(창 17:1). 이렇게 사는 자는 현세와
내세에 하나님을 모시고 사는 것이니 그것이 구원이다. 그러나 이중(二重)
인격으로 행하는 자는 두 주인을 섬기는 자이니 그는 마침내 아주 실패할
수밖에 없다(마 6:24, 박윤선).

19-28절. 탐욕과 강포 등을 경계하는 잠언들.

**잠 28:19. 자기의 토지를 경작하는 자는 먹을 것이 많으려니와 방탕을 따르는
자는 궁핍함이 많으리라.**

　　본 절은 대구법으로, 자기의 토지를 경작하는 농부와 경작하지 않는
방탕자를 대조한다. 즉, 밭을 가는 사람은 먹을 것이 많지만, 헛된 것을
꿈꾸는 사람은 찌들게 가난하게 된다는 것이다. 본 절은 12:11과 같은 내용이
다. 한 가지 다른 것은 12:11에는 "지혜가 없느니라"로 표현되어 있고, 본
절에는 "궁핍함이 많으리라"로 묘사되어 있다. 12:11 주해를 참조하라. 두
절의 뜻을 통해 게을러 일하지 않는 사람은 지혜가 없는 사람으로 보면
될 것이다.

**잠 28:20. 충성된 자는 복이 많아도 속히 부하고자 하는 자는 형벌을 면하지
못하리라.**

본 절은 대구법으로, 충성된 자와 속히 부자가 되고자 하는 자를 대조한다. 즉, 신실한 사람은 많은 복을 받지만, 속히 부자가 되려는 사람은 벌을 면하지 못한다는 것이다. 여기 "충성된 자"란 '신실한 자'로 의지할 수 있는 자(20:6 주해 참조)를 뜻한다. 신실한 자는 하나님으로부터 복을 많이 받는다. "속히 부하고자 하는 자"(13:11; 20:21; 21:5; 딤전 6:9)는 불의한 방법으로 부자가 되려 하는 자이다. 이런 사람은 형벌을 면하지 못하게 된다.

잠 28:21. 사람의 낯을 보아 주는 것이 좋지 못하고 한 조각 떡으로 말미암아 사람이 범법하는 것도 그러하니라.

본 절의 상반절과 하반절은 동의절로, 재판할 때 사람의 낯을 보지 말라는 잠언이다. 즉, 사람의 얼굴을 보고 재판하는 것은 옳지 않은 재판이다. 사람이 하찮은 빵 한 조각 때문에 재판을 그르치는 것도 옳지 않은 재판이라는 것이다. 본 절 상반절은 24:23 주해를 참조하라. 재판할 때 사람의 얼굴을 보고 공정을 잃는 재판은 잘못된 재판이다. 그리고 본 절의 "한 조각 떡"이란 말은 '아주 하찮은 뇌물'을 뜻한다. 이런 하찮은 뇌물을 받고 재판을 공정하지 못하게 하는 것도 잘못을 저지르는 것이다. 우리는 무슨 일을 하든지 하나님만 보고 공정하게 해야 할 것이다.

잠 28:22. 악한 눈이 있는 자는 재물을 얻기에만 급하고 빈궁이 자기에게로 임할 줄은 알지 못하느니라.

본 절은 독립구로, 탐욕가를 경계하는 잠언이다. 즉, 죄악에 눈이 어두운 사람은 부자 되기에만 열중해서, 언제 궁핍이 자기에게 들이닥칠지를 알지 못한다는 것이다. 여기 "악한 눈이 있는 자"란 말은 '탐욕가의 눈'을 지칭한다(20:21; 23:6). 탐욕스런 사람은 재물 얻기에만 급했지 하나님의 벌로 가난이 자기 집으로 다가오고 있다는 것은 전혀 알지 못한다는 것이다(6:11; 23:5). 우리는 성령 충만을 구하여 영적으로 밝은 눈을 가지고 살아야 할 것이다.

잠 28:23. 사람을 경책하는 자는 혀로 아첨하는 자보다 나중에 더욱 사랑을 받느니라.

본 절은 대구법으로, 경책하는 자와 아첨하는 자를 대조한다. 즉, 아첨하는 사람보다는 바르게 꾸짖는 사람이 나중에 더욱 사랑을 받게 된다는 것이다. 여기 "사람을 경책하는 자"란 말은 '사람에게 잘못이 있는 것을 알고 꾸짖는 자'를 말한다. 이렇게 꾸짖는 일을 하면 처음에는 싫어하는 눈치를 받으나 나중에는 감사하다는 말을 듣게 된다(26:7 참조). 본 절의 "혀로 아첨하는 자"란 말은 '남에게 잘 보이려고 비위를 맞추는 자'란 뜻이다. 그러나 그런 아첨꾼은 돌아서면 딴소리를 한다. 소위 뒷담화를 하는 것이다. 우리는 사람을 사랑하여 사람의 잘못을 꾸짖어 주는 용기를 발휘해야 할 것이다.

잠 28:24. 부모의 물건을 도둑질하고서도 죄가 아니라 하는 자는 멸망 받게 하는 자의 동류니라(Whoever robs his father or his mother and says, "That is no transgression," is a companion to a man who destroys-ESV).

본 절은 독립구로, 부모의 물건에 대한 인식 바꾸기를 권하는 잠언이다. 즉, 자기 부모의 것을 빼앗고도 그것이 죄가 아니라고 하는 사람은 자신을 멸망케 하는 자와 한패라는 것이다. "부모의 물건을 도둑질 하는 자"란 말은 '부모를 쫓아내는 자'(LXX)로도 번역된다(19:26; 말 1:8; 막 7:11 참조). 그는 부모의 것을 도둑질하는 것은 죄가 아니라고 주장한다. 그 이유는 부모의 것은 앞으로 자신이 상속받을 것이라고 생각하기 때문일 것이다. 그러나 그런 죄는 '불의에 망덕을 더 보탠 죄'라고 지적된다(Charles Bridges). 그러나 이런 자는 '자신을 멸망하게 만드는 자와 한패'이다. 오늘날 우리 사회에는 부모의 재산을 일찍 달라고 주장하는 자식들이 의외로 많다. 그런 자들은 자신이 망하게 하는 자와 한패라는 사실을 알아야 할 것이다.

잠 28:25. 욕심이 많은 자는 다툼을 일으키나 여호와를 의지하는 자는 풍족하게 되느니라.

본 절은 대구법으로, 탐욕가와 여호와를 의지하는 자를 대조한다. 즉, 욕심이 많은 사람은 남들과 다툼을 일으키지만, 주님을 의뢰하는 사람은 풍성함을 누린다는 것이다. 여기 "욕심이 많은 자"는 자신의 탐심을 채울 생각뿐이므로 다른 사람들과 다투게 마련이다(15:18; 29:22). 그러나 오직 여호와를 의지하는 사람은 하나님께서 채워 주시기 때문에 풍족함에 이른다(11:25; 13:4).

잠 28:26. 자기의 마음을 믿는 자는 미련한 자요 지혜롭게 행하는 자는 구원을 얻을 자니라.

본 절은 대구법으로, 자신의 마음을 믿는 미련한 자와 지혜롭게 행하는 자를 대조한다. 즉, 자기의 생각만을 신뢰하는 사람은 미련한 사람이지만, 하나님을 경외하는 지혜 있는 사람은 구원을 받는다는 것이다. 여기 "자기의 마음을 믿는 자"란 '자신의 감정을 믿는 자'(Umbreit)라는 뜻이고, '자신의 생각을 믿는 자'(Lange)이다. 이런 자는 스스로에게 집착하여 자기 중심적인 생각 이외에는 별로 생각을 하지 않는다. 이런 자는 미련한 자이다. 이와는 반대로 하나님을 경외하고 지혜롭게 행하는 자들은 형통하고 구원을 얻는다.

잠 28:27. 가난한 자를 구제하는 자는 궁핍하지 아니하려니와 못 본 체하는 자에게는 저주가 크리라.

본 절은 대구법으로, 가난한 자를 구제하는 자와 구제하지 않는 자를 대조한다. 즉, 가난한 사람을 도와주는 사람은 모자라는 것이 없게 되지만, 그를 못 본 체하는 사람은 많은 저주를 받는다는 것이다. 여기 "가난한 사람을 구제하는 자"는 하나님으로부터 복을 받아 궁핍하게 되지 않는다(11:24-25; 14:21; 19:17; 22:9 참조). 그러나 가난한 자를 못 본체 하고 구제하지 않는 자는 별수 없이 저주를 받는다(24:12; 사 1:15).

잠 **28:28.** 악인이 일어나면 사람이 숨고 그가 멸망하면 의인이 많아지느니라.

본 절은 대구법으로, 악인이 단체의 권력을 잡을 때와 그 악인이 망할 때를 대조한다. 즉, 악인이 일어나면 사람들은 숨어 버리고 나타나지 않지만, 그가 망하게 되면 의인이 많이 나타난다는 것이다. 악인이 일어나면 사람들이 숨어 버리는 이유는 악인의 폭정이 두려워 숨는 것이다. 그리고 그가 멸망하면 숨어 살던 의인들이 일어나 많아지는 것이다(12절; 11:10; 29:2, 16 참조). 우리는 우리의 단체와 정계에 악인이 일어나지 않도록 기도해야 할 것이다.

제 29 장

3. 자주 하는 책망   29장

1-7절. 여러 가지 불의에 대한 잠언들.

잠 29:1. 자주 책망을 받으면서도 목이 곧은 사람은 갑자기 패망을 당하고 피하지 못하리라.

본 절은 독립구로, 목이 곧은 사람을 경계하는 잠언이다. 즉, 자주 책망을 받으면서도 목이 곧아 고집만 부리는 사람은 갑자기 패망을 당하게 되고 무너져서 회복하지 못한다는 것이다. 여기 "목이 곧은 사람"이란 '교만한 사람'을 이르는 말이다. 목이 곧은 사람은 하나님께 불순종하고 사람을 거만하게 대하는 자를 지칭하는 말이다(6:15; 13:18; 15:10). 목이 곧은 사람은 "갑자기 패망을 당한다"고 했는데, 애굽의 바로가 대표적인 사람이다(출 7:22; 8:19, 32). 이스라엘 사람들도 이 완고성 때문에 광야에서 패망을 당했다 (출 32:9; 33:3; 39:9; 신 9:6)

잠 29:2. 의인이 많아지면 백성이 즐거워하고 악인이 권세를 잡으면 백성이 탄식하느니라(When the righteous increase, the people rejoice; but when the wicked rule, the people groan-ESV).

본 절은 대구법으로, 의인이 많아지는 것과 악인이 권세를 잡는 것을 대조한다. 즉, 의인이 많아지면 백성이 즐거워하지만, 악인이 권세를 잡으면 백성이 탄식한다는 것이다. "의인이 많아지면 백성이 즐거워한다"는 말은 '하나님을 믿고 의롭게 사는 사람들이 나라를 지배하면 나라가 평안하고 번성하니 백성이 즐거워한다'는 뜻이다. 그리고 "악인이 권세를 잡으면 백성이 탄식한다"는 말은 '하나님을 대적하고 사람을 해치는 사람들이 나라의 정권을 잡으면 나라가 어지러워지고 국력이 약해지므로 백성들이 아우성을 친다'는 뜻이다. 의인이 많아지는 것과 악인이 권세를 잡는 것은 국가에 너무나도 큰 차이를 가져오게 된다.

잠 29:3. 지혜를 사모하는 자는 아비를 즐겁게 하여도 창기와 사귀는 자는 재물을 잃느니라.

본 절은 대구법으로, 지혜를 사모하는 자와 창기와 사귀는 자를 대조한다. 즉, 지혜를 사랑하는 아들은 아버지를 기쁘게 하지만, 창녀에게 드나들며 사귀는 아들은 재산을 탕진한다는 것이다. 여호와를 경외하고 지혜롭게 행하는 아들은 아버지를 기쁘게 하는 아들이지만(10:1; 23:15, 24; 27:11) 창녀에게 드나들며 창녀와 사귀는 아들은 아버지의 재물을 모두 잃는다(5:9-11; 6:26). 사람은 누구든지 여호와를 경외하며 지혜롭게 행하는 사람들이 되어야 할 것이다.

잠 29:4. 왕은 정의로 나라를 견고하게 하나 뇌물을 억지로 내게 하는 자는 나라를 멸망시키느니라.

본 절은 대구법으로, 일국의 왕의 공의와 왕의 불의를 대조한다. 즉, 공의로 나라를 다스리는 왕은 나라를 든든하게 번성하게 하지만, 뇌물을 좋아해서 뇌물을 내게 하는 왕은 나라를 망하게 한다는 것이다. 왕이 공의를 행하면 나라는 견고히 선다(16:12; 25:5; 왕상 15:5). 그러나 반대로 뇌물을 억지로 내게 해서 거두어들이는 왕은 나라를 멸망시킨다.

잠 29:5. 이웃에게 아첨하는 것은 그의 발 앞에 그물을 치는 것이니라.

본 절은 독립구로, 이웃에게 아첨하지 말 것을 경계한다. 즉, 이웃에게 아첨하는 사람은 그 이웃의 발 앞에 그물을 치는 사람과 같은 사람이라(26:24-25, 28; 28:33)는 것이다. 그러나 사람들은 이웃의 아첨이 위험한 일인 줄도 모르고 도리어 아첨을 좋아한다.

잠 29:6. 악인이 범죄하는 것은 스스로 올무가 되게 하는 것이나 의인은 노래하고 기뻐하느니라.

본 절은 대구형으로, 악인의 멸망과 의인의 번영을 대조한다. 즉, 악인이 범죄하는 것은 그 자신에게 올무를 씌우는 것이지만, 의인은 노래하며 즐거워한다는 것이다. 여기 "악인이 범죄하는 것은 스스로 올무가 되게 한다"는 말은 '악인이 남을 해치기 위해 쳐놓은 올무에 악인 스스로 걸려 멸망한다'는 것을 말한다(12:13; 13:21; 18:7; 20:25; 22:25). 그와 반대로 하나님을 경외하고 의롭게 하는 의인은 번창하고 형통하여 기뻐한다.

잠 29:7. 의인은 가난한 자의 사정을 알아 주나 악인은 알아 줄 지식이 없느니라.

본 절은 대구형으로, 의인과 악인을 대조한다. 즉, 의인은 가난한 사람의 사정을 잘 알아주지만, 악인은 가난한 사람의 사정을 알아 줄 지식이 없다는 것이다. 하나님을 경외하고 의롭게 사는 의인은 가난한 자의 형편을 잘 알고 도와주지만(14절; 12:10; 욥 29:12), 하나님을 믿지 않고 신뢰하지 않는 악인은 지혜가 없어서 가난한 자의 형편을 알아 줄 생각을 못하는 것이다 (28:5 참조).

8-11절. 악한 감정에 관한 4개의 잠언.

잠 29:8. 거만한 자는 성읍을 요란하게 하여도 슬기로운 자는 노를 그치게 하느니라.

본 절은 대구법으로, 거만한 자와 슬기로운 자를 대조한다. 즉, 거만한 사람은 성읍을 시끄럽고 분요하게 만들지만, 지혜로운 사람은 분노를 가라앉힌다는 것이다. 여기 "거만한 자"란 말은 '조롱하는 자'(RSV), '거룩한 것을 인정하지 않고 모든 권력을 경멸해 버리는 자'(Delitzsch)란 뜻이다. 이 거만한 자는 성읍을 요란하게 하고 많은 어려움을 일으킨다(15:1, 18; 22:10; 사 28:14). 그러나 반면에 슬기로운 자는 하나님으로부터 지혜를 받아 성읍 사람들의 악감정을 진정시키고 문제를 해결하며 평화롭게 만든다(이상근).

잠 29:9. 지혜로운 자와 미련한 자가 다투면 지혜로운 자가 노하든지 웃든지 그 다툼은 그침이 없느니라.

본 절은 독립구로, 지혜로운 자와 미련한 자의 다툼을 대조한다. 즉, 지혜로운 자가 어리석은 자와 변론하면 미련한 자가 노하든지 웃든지 그 다툼은 그치지 않는다는 것이다. 본 절의 "지혜로운 자가 노하든지 웃든지"란 말을 두고 대부분의 학자들은 그 기질의 특성상 '지혜로운 자'가 아니라 "미련한 자가 노하든지 웃든지"로 보는 것이다(Ewald, Deane, Hitzig, K.&D. Lange, Umbreit, Toy, 박윤선, 이상근).

그렇다면 본 절은 지혜로운 자와 미련한 자가 다툴 때 미련한 자는 합리적인 논리에 따라 문제를 해결하는 것이 아니라 자신의 감정에 따라 해결하고자 하므로 합리적인 해결 방안을 마련하려는 지혜로운 자에 대하여 까닭 없이 화를 내거나 비웃음으로 다툼을 그치지 않는다는 뜻이다. 미련한 자와의 논쟁이 무익하고, 그와의 다툼이 지혜자에게 도리어 손해가 되는 까닭도 바로 여기에 있는 것이다(그랜드 종합 주석). 우리는 미련한 자들과 논쟁을 해서는 안 될 것이다. "거룩한 것을 개에게 주지 말고, 너희의 진주를 돼지 앞에 던지지 말라. 그들이 발로 그것을 짓밟고, 되돌아서서, 너희를 물어뜯을 지도 모른다"(마 7:6).

잠 29:10. 피 홀리기를 좋아하는 자는 온전한 자를 미워하고 정직한 자의 생명을 찾느니라(Bloodthirsty men hate one who is blameless, and seek the life of the upright-ESV).

본 절의 뜻이 불분명하여 여러 해석들이 시도되었다. 1) 의로운 자는 정직한 자의 생명을 구하기 위해 찾는다는 해석, 12:6; 시 142:4(Deane). 2) 의로운 자는 복수하기 위해 살인자의 생명을 찾는다는 해석(Eben Ezra). 3) 살인자들은 정직한 자의 생명을 찾는다는 해석(RSV, ESV, Toy). 이 세 해석 중에 3)번의 해석이 문맥을 가장 분명하게 해준다. 그런고로 본 절은 "피 흘리게 하기를 좋아하는 사람은 흠 없는 사람을 미워하지만, 정직한 사람은 흠 없는 사람의 생명을 보살펴 주기 위해 찾는다"라고 해석하는 것이 바람직할 것이다.

잠 29:11. 어리석은 자는 자기의 노를 다 드러내어도 지혜로운 자는 그것을 억제하느니라.

본 절은 대구법으로, 감정의 억제를 위한 지혜자와 어리석은 자를 대조한다. 즉, 미련한 사람은 화를 있는 대로 다 드러내지만, 지혜로운 사람은 화가 나도 꾹 참는다는 것이다. 이렇게 잠언에는 "어리석은 자는 자기의 노를 다 드러내어도 지혜로운 자는 그것을 억제한다"는 말이 여러 번 나타난다(12:16; 14:29-30; 15:18; 16:32 등).

12-17절. 바른 정치를 권장하는 잠언들.

잠 29:12. 관원이 거짓말을 들으면 그의 하인들은 다 악하게 되느니라.

본 절은 독립구로, 통치자가 바로 설 것을 권하는 잠언이다. 즉, 통치자가 거짓말에 귀를 기울이고 거짓말을 믿으면, 그 신하들이 모두 악(惡)해진다(전 10:2)는 것이다. 다시 말해 통치자가 거짓말을 분간 못하고 함부로 믿고 들으면 그 약점을 이용하여 간교한 하인들이 득세하고 나라의 정치는 문란하게 되고 어지럽게 된다. 가정이나 단체나 나라에는 거짓이 없어야 한다. 하나님을 신앙하는 자들이 거짓을 떠나면 가정도 단체도 국가도 달라질 수가 있다.

잠 29:13. 가난한 자와 포학한 자가 섞여 살거니와 여호와께서는 그 모두의 눈에 빛을 주시느니라.

본 절은 독립구로, 부자는 가난한 자를 압제해서는 안 된다는 것을 말해주는 잠언이다. 즉, 가난한 사람과 착취하는 사람이 다 함께 살고 있으나,

주님은 이들 두 부류의 사람에게 똑같이 햇빛을 주신다는 것이다. 여기 "포학한 자"란 '포학한 방법으로 가난한 자를 괴롭혀 부자가 된 자'를 지칭한다. 이와 같이 포학한 자와 포학을 당하는 자가 함께 사는데, 여호와께서는 두 부류에게 생명을 주셔서 살게 하셨다(시 13:3; 마 5:45). 그런고로 부자들은 가난한 자들을 압제해서는 안 된다.

잠 29:14. 왕이 가난한 자를 성실히 신원하면 그의 왕위가 영원히 견고하리라 (If a king faithfully judges the poor with equity his throne will be established forever-ESV).

본 절은 독립구로, 왕이 가난한 자를 성실하게 돌보기를 권장하는 잠언이다. 즉, 왕이 가난한 사람을 정직하게 재판하면, 그의 왕위는 길이길이 견고할 것이다. 여기 "가난한 자를 성실하게 신원한다"는 말은 '가난한 자를 성실하게 재판한다'는 뜻이다. 이와 같이 왕이 백성을 성실하게 돌보면 그 왕위는 영원히 견고하고 나라는 번영하는 것이다(16:12; 20:28; 25:5; 31:3-5).

잠 29:15. 채찍과 꾸지람이 지혜를 주거늘 임의로 행하게 버려 둔 자식은 어미를 욕되게 하느니라.

본 절은 대구법으로, 자식을 잘 교육한 가정과 자녀를 교육하지 않고 내버려둔 가정을 대조한다. 즉, 매와 꾸지람으로 자식을 교육하여 지혜를 얻게 만들어 주는 가정은 자녀에게 지혜를 주지만(13:24; 23:13), 자식을 교육하지 않고 내버려 둔 자식은 그 어머니를 욕되게 한다(10:1; 17:21; 28:7 참조)는 것이다.

필자는 자녀 교육에 있어서 주님께서 주신 지혜에 대해서 무한히 감사를 드린다. 필자의 아이들이 어렸을 때 성경을 읽힐 마음을 주님께서 필자에게 주신 것이다. 자녀들이 15세가 되기 전에 성경 10독을 하게 만든 것이다. 결국 세 아이가 복음을 위해 사는 사람들이 된 것이다.

잠 29:16. 악인이 많아지면 죄도 많아지나니 의인은 그들의 망함을 보리라.

본 절은 대구법으로, 악인이 많아지는 것을 경계하는 잠언이다. 즉, 악인이 많아지면 범죄가 늘어나고 나라가 어지럽지만, 의인은 그들이 망하는 것을 보게 된다는 것이다. "악인이 많아진다"는 말은 악인의 숫자가 많아져서 그들이 득세하는 것을 말한다. 그러나 악인의 득세는 잠시 잠깐 있는 일이고, 그 악인들이 멸망하는 것을 의인들은 이 땅에 살아남아서 목격하게 되는 것이다(시 37:34).

잠 29:17. 네 자식을 징계하라 그리하면 그가 너를 평안하게 하겠고 또 네 마음에 기쁨을 주리라.

본 절은 독립구로 자식을 징계하라는 것을 권하는 잠언이다. 즉, 너의 자식을 훈계하라. 그러면 그가 훗날 너를 평안하게 할 것이고, 너의 마음에 기쁨을 안겨 줄 것이라는 것이다. 자식을 징계하면 두 가지 결과를 본다는 것이다. 하나는 훗날 부모를 평안하게 한다는 것이고, 또 하나는 네 마음에 기쁨을 준다는 것이다.

18-23절. 무법과 교만 등에 관한 잠언들.

잠 29:18. 묵시가 없으면 백성이 방자히 행하거니와 율법을 지키는 자는 복이 있느니라.

본 절은 독립구로, 묵시를 중요시 하라고 경계하는 잠언이다. 즉, 묵시가 없으면 백성은 방자해지나, 율법을 지키는 사람은 복을 받는다는 것이다. 여기 "묵시"(@/zj)란 하나님께서 예언자들을 통하여 주시는 계시를 지칭한다. 이 묵시는 이스라엘 백성들을 위한 생활의 지침이었다. 그러므로 계시가 없는 시대는 백성들이 영적인 암흑에 빠져 자기들의 마음대로 살다가 망했다(삼상 3:1; 대하 15:13; 시 74:9; 호 3:4; 암 8:12). 하반절의 "율법"이란 말은 "묵시"란 말과 동의어로 사용되었다. 그러나 율법은 계시의 한 부분이었다. 율법을 지키는 자는 복을 받는다는 것이다.

잠 29:19. 종은 말로만 하면 고치지 아니하나니 이는 그가 알고도 따르지 아니함이니라.

　본 절은 독립구로, 종을 잘 다루어야 한다는 것을 말하는 잠언이다. 즉, 말 한 가지만으로는 종을 제대로 가르칠 수 없다는 것이다. 그 이유는 종이 말을 다 알아들으면서도 그 말을 잘 듣지 않기 때문이라는 것이다. 그러므로 종에게는 채찍이 필요하고 징계가 필요하다는 것이다(19:18). 종들은 대체적으로 말로만 가지고는 잘 다스려지지 않으니 엄한 징계가 필요한 것이다.

잠 29:20. 네가 말이 조급한 사람을 보느냐 그보다 미련한 자에게 오히려 희망이 있느니라.

　본 절은 독립구로, 말하기를 조심할 것을 권하는 잠언이다. 즉, 네가 말이 앞서는 사람을 보았느냐?, 그런 사람보다는 오히려 더 미련한 사람에게 바랄 것이 있다는 것이다. 본 절은 26:12절과 거의 동일하다(그 주해 참조). 본 절의 "말이 조급한 사람"이란 말이 26:12에서는 "스스로 지혜롭게 여기는 자"로 묘사되어 있다. 본문의 뜻은 '별생각 없이 말을 빨리 구사하는 사람'(약 1:19, 26)이란 뜻이다. 별생각 없이 말을 빨리하는 사람은 자신을 지혜롭게 생각하므로 말하기에 조급한 것이다. 이런 사람은 미련한 자보다 못한 자이다. 우리는 말을 신중하게 해야 할 것이다.

잠 29:21. 종을 어렸을 때부터 곱게 양육하면 그가 나중에는 자식인 체하리라 (Whoever pampers his servant from childhood, will in the end find him his heir-ESV).

　본 절을 두고 번역서나 주석가들은 둘로 나뉜다. 1) 종을 어렸을 때부터 친절하게 양육하면 그가 나중에는 자식인 체 할 것이라는 내용으로 본 번역서들과 주석들(ASV, KJV, 개역판 성경, 개역개정판성경, 이상근). 2) 종의 어릴 때부터 응석을 받아 주다보면 나중에는 다루기 어렵게 된다고 말한 번역서와 주석들(LXX, RSV, NRSV, ESV, Toy, Deane, Charles Bridges,

표준 새 번역, 공동번역, 박윤선, 그랜드 종합 주석, 호크마 주석). 본 절의 히브리어를 번역하면 "종을 어렸을 때부터 제 멋대로 하게 하면 그가 나중에는 완고한 자가 되느니라"로 된다(박윤선). 이 두 학설 중 2)번의 학설을 택해둔다. 2)번의 주장이 19절 문장과도 맥이 통하는 것으로 보인다. 오늘 우리가 그리스도의 종이라고 하면서 자기 마음대로 주장하면서 산다면 그리스도 앞에 큰 잘못을 범하는 것으로 알아야 할 것이다.

잠 29:22. 노하는 자는 다툼을 일으키고 성내는 자는 범죄함이 많으니라.

본 절의 상반절과 하반절은 동의절로, 노함을 경계해야 할 것을 말한다. 즉, 화를 잘 내는 사람은 다툼을 일으키고, 성내기를 잘하는 사람은 죄를 많이 짓는다는 것이다. 본 절은 15:18과 흡사하다(그 주해 참조, 또 28:25 참조). 빨리 노함을 푸는 것은 성령의 역사로 가능하니 주님께 기도하여야 한다.

잠 29:23. 사람이 교만하면 낮아지게 되겠고 마음이 겸손하면 영예를 얻으리라.

본 절은 대구법으로, 교만한 자와 겸손한 자를 대조한다. 즉, 사람이 교만하면 낮아질 것이고, 마음이 겸손하면 영예를 얻을 거라는 것이다. 이런 교훈은 잠언에 많이 있다. 그만큼 이 교훈은 우리에게 중요한 것이다(11:2; 13:10; 15:33; 16:18-19; 눅 14:11; 약 4:6).

24-27절. 도둑과 사람을 두려워하는 것 등을 경계하는 잠언들.

잠 29:24. 도둑과 짝하는 자는 자기의 영혼을 미워하는 자라 그는 저주를 들어도 진술하지 아니하느니라.

본 절은 독립구로, 도둑과 짝하지 말라는 잠언이다. 즉, 도둑과 한 짝이 되는 사람은 자기의 목숨을 하찮게 여기고 미워하는 사람이다. 그러므로 자기를 저주하는 소리를 남들로부터 들어도 아무런 반박을 하지 아니한다는 것이다. 아무런 반박을 하지 않는 이유는 자신이 죄과가 있다는 것을 인정하는 것이다. 우리는 순간이라도 불의와 짝해서는 안 될 것이다.

잠 29:25. 사람을 두려워하면 올무에 걸리게 되거니와 여호와를 의지하는 자는 안전하리라.

본 절은 대구법으로, 사람을 두려워함과 여호와를 의지함을 대조한다. 즉, 사람을 두려워하면 올무에 걸리게 되지만, 주님을 의지하면 안전하고 평안하다는 것이다. 여호와를 의지하게 되면 여호와께서 산성이 되어 주시고 보호하셔서 안전한 것이다(10:27; 12:2; 18:10; 시 20:1 참조).

잠 29:26. 주권자에게 은혜를 구하는 자가 많으나 사람의 일의 작정은 여호와께로 말미암느니라.

본 절은 대구법으로 되어, 여호와께 은혜를 구해야 한다는 것을 권하는 잠언이다. 즉, 많은 사람이 통치자(왕)에게 은혜를 얻어 볼까 하지만, 사람의 일을 작정하시는 분은 주님이시라는 것이다. 본 절은 전 절과 연결되어 통치자에게서 은혜를 구하여 형통하려는 사람은 많으나, 사람의 일의 작정은 주권자시요, 왕 중 왕이신 여호와께서 하시는 일이라는 것을 말한다. 우리는 여호와의 종임으로 누구보다도 여호와께 은혜를 구해야 한다.

잠 29:27. 불의한 자는 의인에게 미움을 받고 바르게 행하는 자는 악인에게 미움을 받느니라.

본 절은 대구적 평행법으로 되어, 불의한 자와 바르게 행하는 자를 대조한다. 즉, 의인은 불의한 사람을 싫어하고, 악인은 정직한 사람을 싫어한다는 것이다. 여기 "의인"과 "정직한 자"는 동의어이고, "불의한 자"와 "악인"도 동의어이다. 의인과 악인은 서로 미워한다는 것을 보여준다(11:20; 15:9; 28:4; 시 37:14 참조). 이 "미워함"이란 낱말이 잠언에 20회 이상 등장한다. 이것은 선과 악의 대립이 인류의 중심적 언어이기도 하다는 것을 드러낸다.

이 대립은 역사의 종말을 당하여 선이 악을 완전히 이길 때까지 계속될
것이다. 우리는 끝까지 그리스도를 믿으므로 악과 끊임없이 싸워 이기며
나아가야 할 것이다.

제 30 장

　　성경 잠언의 마지막 두 장(30-31장)은 부록으로 취급되어 왔다. 게다가 저자 문제가 해결되지 않은 상태이다. 그뿐만 아니라 그 내용면에서도 앞부분과 현저히 다르다. 이 부분의 내용은 아굴의 잠언(30장), 르무엘 왕의 잠언(31:1-9)과 및 저자 불명의 현숙한 아내에 대한 송덕시 형태의 잠언(31:10-31) 등으로 나누어진다(이상근).

A. 아굴의 잠언　　30장

　　제30장은 서론(1-9절)과 아굴의 잠언의 본론(10-33절)으로 나누어져 있다.

1. 서론　30:1-9

　　이 서론 부분은 아굴 잠언의 성격을 밝혀주는 부분으로 표제(1절), 저자 자신의 무지의 고백(2-4절), 하나님의 말씀이 지혜의 근원이라는 것(5-6절), 또 저자의 두 가지 소원(7-9절)을 말한다.

<아굴의 잠언>

잠 30:1. 이 말씀은 야게의 아들 아굴의 잠언이니 그가 이디엘 곧 이디엘과 우갈에게 이른 것이니라(The words of Agur son of Jakeh. The oracle. The man declares, I am weary, O God; I am weary, O God, and worn out-ESV).

　　본 절은 아굴의 잠언 전체(30장)의 표제이다. "아굴"이란 이름은 이곳에만 보이는 독특한 이름이다. "야게"라는 말도 독특한 이름이다. 그 뜻은 "모으는 자" 또는 "위원회 의장"이라는 것이다. 여기 문제는 그가 누구냐하는 것이다. 1) 솔로몬(유대인 학자들과 초대 교부들, Aben Ezra, Rachi, Stier), 2) 누구인지 알 수 없는 현자(Saadia, Michaelis, Toy), 3) 르무엘 왕의 형제(Hitzig) 등의 견해들이 있다. 첫째는 초기의 지배적인 견해였으나 현재까지는 확실한 증거를 찾지 못하고 있다. 그런고로 우리는 둘째 설을 취할 수밖에 없다. "이디엘과 우갈"은 아굴의 제자들로 보며, 본 잠언은 그들을 통해 전달된 것으로 보는 것이다(Deane, Keil, 이상근).

"잠언"(משׂא)은 '짐', 혹은 '발언'등의 뜻이며, 예언자들이 흔히 사용하여 하나님의 "신탁"(oracle)을 표시한 낱말이었다(사 14:4; 미 2:4; 합 2:6).

2-4절. 저자 자신의 무지의 고백을 진술한 것이다.
잠 30:2. 나는 다른 사람에게 비하면 짐승이라 내게는 사람의 총명이 있지 아니하니라.

본 절의 상반절과 하반절은 동의절이며, 저자 자신은 자기에게 인간의 지혜가 없음을 고백한다. 즉, 참으로 나는, 사람이라기보다는 우둔한 짐승이며, 나에게는 사람의 총명이 없다고 말한다. 다시 말해 나는 다른 사람들과 같지 아니하고, 사람으로서는 너무 어리석으며, 나는 다만 이성이 없는 짐승이라고 말한다. 저자 자신은 너무 어리석은 겸손의 사람이라고 말하는 것이다.

잠 30:3. 나는 지혜를 배우지 못하였고 또 거룩하신 자를 아는 지식이 없거니와.

본 절은 저자 자신이 하나님의 계시에 대하여 아는 바가 없다고 고백한다. 즉, 나는 지혜를 배우지도 못하였고, 지극히 거룩하신 분을 아는 지식도 깨닫지 못하였다고 말한다.

잠 30:4. 하늘에 올라갔다가 내려온 자가 누구인지, 바람을 그 장중에 모은 자가 누구인지, 물을 옷에 싼 자가 누구인지, 땅의 모든 끝을 정한 자가

누구인지, 그의 이름이 무엇인지, 그의 아들의 이름이 무엇인지 너는 아느냐.

　　본 절은 다섯 가지 질문을 말했는데, 저자가 추구한바 거룩하신 자를 아는 지식(3절)의 내용을 말한 것이다. 본 절의 첫째 질문은 "하늘에 올라갔다가 내려온 자가 누구인지"라는 질문인데 이 질문은 그대로 하나님께서 하늘에 올라갔다가 내려오신 분이라는 것을 드러내는 질문이다. 그러니까 이 질문은 그대로 답을 포함하고 있다. 하나님만이 하늘 위와 땅 끝을 자유롭게 왕래하시고 통치하시며 섭리하신다는 것이다(창 11:7; 28:12; 출 19:11, 시 18:9). 둘째 질문은 "바람을 그 장중에 모은 자가 누구인지"라는 질문인데, 이 질문도 그대로 답이 되어 '하나님은 바람을 그의 장중에서 자유롭게 지배하시고, 그 방향이며 강도를 지도하신다는 것이다(시 135:7; 전 1:6; 암 7:13). 다음 셋째 질문은 "물을 옷에 싼 자가 누구인지"라는 질문인데, 이 질문도 그대로 답을 포함하고 있어 하나님께서 큰 옷 같은 구름에 물을 싸서 수시로 땅에 비를 내려주신다는 것이다(8:28; 욥 26:8; 38:37; 시 104:4). 다음 넷째 질문은 "땅의 모든 끝을 정한 자가 누구인지"라는 질문인데, 이 질문도 역시 그대로 답을 포함하고 있어 하나님만이 땅의 지배자로서 땅을 창조하시고, 그 한계를 정하시며 또 지배하신다는 것이다(욥 9:5-10; 38:4; 렘 5:22). 다음 다섯째 질문은 "그의 이름이 무엇인지, 그의 아들의 이름이 무엇인지"라는 질문인데, 이것은 하나님의 속성에 관한 질문으로 신비롭고 미지(未知)의 세계에 속한 것이다. 여기 "그의 아들의 이름이 무엇인지"라는 질문은 "아들"을 복수로 취급하여(LXX) 하나님의 피조물들의 이름이 무엇인지를 질문한 것이다. 이것은 하나님의 신비성, 또는 불가지성을 더 깊게 언급한 것으로 볼 것이다(Lange). 그리고 마지막으로 "너는 아느냐"로 위의 질문들을 종합하고 재확인하는 것이다(이상근). 우주의 신비는 하나님만이 아시고 사람은 모른다. 사람은 하나님 앞에서 자기가 아무것도 아니라는 사실과 자신의 무지함을 고백할 것밖에 없다(박윤선).

잠 30:5. 하나님의 말씀은 다 순전하며 하나님은 그를 의지하는 자의

방패시니라.

본 절은 독립구로, 하나님의 말씀의 가치를 알라는 잠언이다. 즉, 하나님의 말씀은 모두 순결하며(섞인 것이 없이 아주 순수한 것을 말한다), 그분은 그를 의지하는 사람의 방패로 되사 완전한 보호자가 되신다는 것이다.

잠 30:6. 너는 그의 말씀에 더하지 말라 그가 너를 책망하시겠고 너는 거짓말 하는 자가 될까 두려우니라.

본 절은 독립구로, 하나님의 말씀에 가감해서는 안 된다는 것을 말씀하는 잠언이다. 즉, 하나님의 말씀에 아무것도 더하지 말라(신 4:2; 12:32 참조). 그렇지 않으면 그분이 너를 책망하시고, 너는 거짓말을 하는 사람이 될 것이라는 말씀이다. 하나님의 말씀에 무엇을 더하면 재앙을 받을 것이라고 경고하고 있다(계 22:18-19 참조).

잠 30:7. 내가 두 가지 일을 주께 구하였사오니 내가 죽기 전에 내게 거절하지 마시옵소서.

본 절은 독립구로 저자의 생전에 두 가지 일을 구한다고 말한다. 즉, "내가 두 가지 일을 주님께 간청을 드리니, 내가 죽기 전에 그것을 이루어 주십시오"라는 것이다. 우리도 죄가 되지 않는 범위에서 주님께 다 구할 수 있다.

잠 30:8. 곧 헛된 것과 거짓말을 내게서 멀리 하옵시며 나를 가난하게도 마옵시고 부하게도 마옵시고 오직 필요한 양식으로 나를 먹이시옵소서.

본 절은 제30장의 저자의 소원을 쓴 것이다. 즉, 허위와 거짓말을 저에게서 멀리하여 주시고, 저를 가난하게도 마시고 부유하게도 하지 마시며, 오직 저에게 필요한 양식을 주시라고 소원한다. 저자는 첫째, 진실한 마음 가지기를 소원한다. 둘째, 일용할 양식을 구한다(12:2; 16:8; 28:6, 20 참조). 일용할 양식 이상을 구하는 것은 욕심이다.

잠 30:9. 혹 내가 배불러서 하나님을 모른다 여호와가 누구냐 할까 하오며
혹 내가 가난하여 도둑질하고 내 하나님의 이름을 욕되게 할까 두려워함이니
이다.

본 절은 저자가 일용할 양식만을 구하는 이유이다. 즉, 제가 배가 불러서,
주님을 부인하면서 '주님이 누구시냐'고 말하지 않게 하시고, 제가 가난해서,
도둑질을 하거나 하나님의 이름을 욕되게 하지 않도록 하여 주시라고 간구한
다. 저자의 간절한 마음의 소원은 범죄하지 않고 깨끗하게 사는 것이었다.
현인(賢人) 아굴의 경건한 모습이 보인다.

2. 아굴의 잠언   30:10-33

이 부분(10-33절)은 아굴의 잠언의 본론이다. 이 본론 안에는 아홉 개의
잠언이 등장한다. 그중 여섯 개는 "네 가지"로 엮어져 "수의 잠언"(The
Numerical Proverbs)이라 불린다. 그리고 세 개의 잠언은 처음과 중간과
결말에 독립구로 나타나 삽화 격으로 배치되어 있다. "여섯 개의 잠언"은
1) 악한 세상의 죄 네 가지(11-14절), 2) 만족이 없는 네 가지(15-16절),
3) 자취가 없는 네 가지(18-20절), 4) 견딜 수 없는 네 가지(21-23절), 5)
지혜 있는 동물 네 가지(24-28절), 6) 잘 걷는 것 네 가지(29-31절) 등을
진술하고 있다.

잠 30:10. 너는 종을 그의 상전에게 비방하지 말라 그가 너를 저주하겠고
너는 죄책을 당할까 두려우니라.

본 절은 독립구로, 상전 앞에서 종을 비방하지 말라는 것을 말하는 잠언이
다. 즉, 주인에게 그 종을 비방하는 말을 하지 말라. 그 종이 너를 저주하고
너에게 죄가 돌아갈까 두렵다는 것이다. 종을 비방하면 그 책벌로 자신이
저주를 받으며 죄책을 당할까 두렵다는 것이다(14:9; 26:2 참조).

11-14절. 수의 잠언의 첫째로 악한 세상의 네 가지를 말한다.

잠 30:11. 아비를 저주하며 어미를 축복하지 아니하는 무리가 있느니라.

본 절은 독립구로 악한 세상의 첫째 되는 죄는 불효하는 죄라는 것이다. 즉, 아버지를 저주하며 어머니를 축복하지 않는 무리가 있다고 말한다. 아버지를 저주하는 것과 어머니를 축복하지 않는 것은 동의절이다. 이런 죄인들은 저주를 받으며 죽임을 당한다는 것이다(20:20; 출 21:17).

잠 30:12. 스스로 깨끗한 자로 여기면서도 자기의 더러운 것을 씻지 아니하는 무리가 있느니라.

본 절은 독립구로, 악한 세상의 둘째 되는 죄로 종교적 교만을 조심하라는 잠언이다. 즉, 더러운 죄를 씻지도 않고 스스로 깨끗한 체하는 무리가 있다고 말한다. 저들은 종교적 의식을 준행하므로 깨끗한 체하지만 실제로는 더러움이 그대로 있는 자들이다(사 1-11-17; 4:4; 마 23:23-26; 눅 18:11-12). 우리는 우리의 죄를 자백하여 청결하게 살아야 한다.

잠 30:13. 눈이 심히 높으며 눈꺼풀이 높이 들린 무리가 있느니라.

본 절은 악한 세상의 셋째 죄는 교만이라는 죄라는 것이다. 즉, 눈이 심히 높아서, 눈꺼풀을 치켜 뜨고 다니면서 남을 얕보는 무리가 있다(6:17; 21:4; 시 131:1-2; 사 10:2 참조)는 것이다.

잠 30:14. 앞니는 장검 같고 어금니는 군도 같아서 가난한 자를 땅에서 삼키며 궁핍한 자를 사람 중에서 삼키는 무리가 있느니라.

본 절은 악한 세상의 넷째 죄를 지적한다. 넷째 되는 죄는 약자를 구박하는 잔인성이라는 잠언이다. 즉, 앞 이가 긴 칼과 같고 어금니는 큰 칼과 같아서, 가난한 사람을 하나도 땅에 남기지 않고 삼키며 궁핍한 사람을 삼켜 씨를 말려버리는 무리도 있다고 말한다. 여기 장검 같다는 말, 또 군도 같다는 말 등은 그들의 잔인성을 묘사하는 말이다. 그들은 잔인하게 가난한 자들을 착취하여 그들의 재산을 먹는 것이다(시 72:4; 사 9:12; 렘 5:17).

15-16절. 이 부분은 수의 잠언의 둘째로 만족이 없는 것 네 가지를 언급한다.
**잠 30:15. 거머리에게는 두 딸이 있어 다오 다오 하느니라 족한 줄을 알지
못하여 족하다 하지 아니하는 것 서넛이 있나니**(The leech has two daughters;
"Give, give," Three things are never satisfied; four never say, "Enough"-ESV).

여기 "거머리"(hq;WlٰD)란 짐승은 흡혈귀의 이름이다. 거기서부터 '끝없는
탐욕가'를 표시하게 되었다고 한다(Zergler, Lange). 끝없는 탐욕가의 두 딸은
만족을 모르고 끝없이 "다오! 다오!"한다는 것이다. 지금 세상은 물질 방면에
만족을 모르고 끝없이 "달라. 달라"고 말한다. "서넛이"란 표현은 '족한 줄을
알지 못하는 셋이 있고, 또 족하다 하지 아니하는 것 넷이 있으니'라는 순서로
'셋 아니 넷'(Three...Four)이라는 뜻이다. 30장에 다섯 번 나타난다(본 절,
18, 21, 24, 29절). 우리는 일용할 양식만 있으면 만족해야 한다. 왜냐하면
하나님이 우리 하나님이시기 때문이다. 하나님께서 함께 하신다면 부족한
것이 무엇이란 말인가!(시 23편)

**잠 30:16. 곧 스올과 아이 배지 못하는 태와 물로 채울 수 없는 땅과 족하다
하지 아니하는 불이니라.**

본 절은 족하다고 하지 아니하는 것 네 가지를 열거한다. 첫째, "스올"(음
부, 무덤)이다. 사람이 죽어 무덤으로 가는데 음부는 만족할 줄 모르고 끊임없
이 사람을 죽여 끌어들인다는 것이다(27:20. 둘째, 남편과 잠자리를 함께
하면서도 아이를 갖지 못하고 계속해서 아이를 갖고자 하는 여인의 태가
있다(창 30:1). 셋째, 아무리 물을 부어도 물로 채울 수 없는 땅이 있다.
넷째, 불이 족하다 하지 아니하고 모든 것을 태운다는 것이다.

**잠 30:17. 아비를 조롱하며 어미 순종하기를 싫어하는 자의 눈은 골짜기의
까마귀에게 쪼이고 독수리 새끼에게 먹히리라.**

본 절은 10-33절의 중간에서 삽화적 역할을 한다. 본 절은 불효자식이
받을 벌을 지적하는 것으로 부모를 조롱하며, 불효하는 자식은 비참하게

죽는다는 것을 말한다. 즉, 아버지를 조롱하며 어머니를 멸시하여, 순종하지 않는 사람의 눈은, 골짜기의 까마귀에게 쪼이고, 새끼 독수리 새끼에게 먹힐 것이라는 것이다. 불효자는 비참하게 죽임을 당하고, 그들의 시신은 정상적으로 매장되지 못하고 까마귀나 독수리 등의 밥이 된다는 것이다(20:20; 출 21:17 참조). 불효라는 죄가 엄청나게 크다는 것을 알게 한다.

18-20절. 수의 잠언의 셋째로 자취가 없는 네 가지를 진술한다.

잠 30:18. 내가 심히 기이히 여기고도 깨닫지 못하는 것 서넛이 있나니.

본 절은 18-20절의 서론이다. 내가 심히 기이히 여기면서도 깨닫지 못하는 것 서넛이 있다고 말한다. 즉, 나로서는 심히 기이한 일이 셋, 정말 이해할 수 없는 일이 넷이 있다는 것이다. 여기 "서넛"의 뜻에 대하여 15절 주해를 참조하라.

잠 30:19. 곧 공중에 날아다니는 독수리의 자취와 반석 위로 기어 다니는 뱀의 자취와 바다로 지나다니는 배의 자취와 남자가 여자와 함께 한 자취며.

본 절은 아무런 자취를 남기지 않는 네 가지를 진술한다. 첫째는 공중에 날아다니는 독수리는 자취를 남기지 않는다는 것이다. 둘째는 반석 위로 기어 다니는 뱀은 아무런 자취가 없다는 것이다. 셋째는 바다로 지나다니는 배가 자취를 남기지 않는다는 것이다. 넷째는 "남자가 여자와 함께 한 자취"라는 것이다. 본 절의 요점은 바로 남자가 여자와 함께 잔 자취를 숨긴다는 것이다. 앞의 세 가지는 남자가 여자와 함께 동침한 것을 설명하기 위한 실례들이다. 아무튼 사람은 자취를 모르나 하나님에게야 숨길 수 있겠는가?

잠 30:20. 음녀의 자취도 그러하니라 그가 먹고 그의 입을 씻음 같이 말하기를 내가 악을 행하지 아니하였다 하느니라.

본 절은 독립구로, 음녀가 위험한 인물이라는 것을 말하는 잠언이다. 즉, 간음한 여자의 자취도 그렇다고 한다. 간음한 여자는 먹고도 안 먹었다고 입을 씻듯이 '나는 아무런 악행도 한 일이 없다'고 잡아뗀다는 것이다.

21-23절. 수의 잠언의 넷째로 세상에 견딜 수 없는 것 네 가지를 열거한다.
잠 30:21. 세상을 진동시키며 세상이 견딜 수 없게 하는 것 서넛이 있나니.

　본 절은 21-23절의 서론 역할을 한다. 세상을 견딜 수 없게 만드는 네 가지를 든다. 즉, 세상을 뒤흔들 만한 일이 셋, 세상이 견딜 수 없게 하는 일이 넷이 있다는 것이다. 여기 "서넛"에 대해 15절 주해를 참조하라.

잠 30:22. 곧 종이 임금된 것과 미련한 자가 음식으로 배부른 것과.

　본 절에는 두 가지 곧 종이 임금 된 일과 미련한 사람이 음식을 많이 먹어서 배부른 일을 든다. 즉, 곧 종이 임금이 되는 것과, 어리석은 자가 배불리 먹는 것이라고 한다. 종이나 되어야 할 사람이 무력으로 임금이 된 일이야말로 사람들로 하여금 견딜 수 없게 만드는 일이다. 둘째는 어리석은 자가 배부르게 된 일이다. 사실은 미련한 자가 가난하게 되어야 하는데 부자가 되는 기이한 현상이 사회에 종종 있다는 것이다. 미련한 자가 부자가 되면 더욱 교만해지니 가관일 것이다.

잠 30:23. 미움 받는 여자가 시집 간 것과 여종이 주모를 이은 것이니라.

　본 절에도 두 가지 곧 미움 받는 여자가 잘 된 일과 여종이 주모를 이은 일을 든다. 즉, 꺼림을 받는 여자가 시집을 가는 일과, 여종이 그 안주인의 자리를 이어받은 일이라는 것이다. 사회에서 미움을 받던 여자가 남편을 잘 만나서 결혼을 한 예, 그리고 여종 노릇을 오래 하다가 주인의 총애를 받아 주모의 자리를 차지한 경우도 사회에서 좋지 않은 현상에 해당되는 것이다.

24-28절. 수의 잠언의 다섯째로 지혜 있는 동물 네 가지를 열거한다.
잠 30:24. 땅에 작고도 가장 지혜로운 것 넷이 있나니.

본 절은 24-28절의 서론 역할을 한다. 즉, 땅에는 아주 작으면서도 가장 지혜로운 것이 넷이 있다는 것이다. 본 절에서는 서넛이라고 말하지 않고, 확정적으로 "넷"이라고 말한다. 그 실제적인 예는 25절 이하에 나온다.

잠 30:25. 곧 힘이 없는 종류로되 먹을 것을 여름에 준비하는 개미와.

약하면서도 지혜로운 동물 첫째는 개미라는 것이다. 즉, 곧 힘이 없는 종류지만 먹을 것을 여름에 예비하는 개미를 언급한다. 개미는 지혜로운 곤충으로 알려져 있다. 그리고 근면하고 여름에 양식을 준비하는 곤충으로 알려져 있다. 우리의 몸집이 어떻든지 주님께 지혜를 얻어 살고 예수님을 전하며 산다면 아주 훌륭한 종족으로 남을 것이다.

잠 30:26. 약한 종류로되 집을 바위 사이에 짓는 사반과.

본 절은 약한 종류로되 지혜로운 동물 둘째에 대하여 말한다. 즉, 약한 종류이지만 바위틈에 자기 집을 짓는 오소리가 있다는 것이다. 사반(오소리)은 그 거처를 바위 사이에 견고하게 짓는다는 것이다. 이 동물은 기드론 계곡과 사해 동쪽에 많이 퍼져 산다고 한다. 무엇을 튼튼하게 이룩하는 것은 지혜로운 일이다.

잠 30:27. 임금이 없으되 다 떼를 지어 나아가는 메뚜기와.

본 절은 약하면서도 지혜로운 것의 셋째는 메뚜기라는 곤충이다. 즉, 임금은 없으나 떼를 지어 함께 나아가는 메뚜기가 있다는 것이다. 메뚜기는 통치자가 있는 것도 아닌데(6:7) 떼를 지어 움직인다(욜 2:7-8)는 것이다. 사람도 단체 생활에 익숙한 것은 좋은 일이다.

잠 30:28. 손에 잡힐 만하여도 왕궁에 있는 도마뱀이니라.

본 절은 약하면서도 지혜로운 동물의 넷째에 대해 말한다. 즉, 사람의 손에 잡힐 것 같은데도 잡히지 않고 왕궁을 드나드는 용기 있는 도마뱀이 있다는 것이다. 우리에게도 용기가 필요한 것이다.

29-31절. 수의 잠언의 여섯째는 잘 걷는 동물 네 가지를 나열한다.
잠 30:29. 잘 걸으며 위풍 있게 다니는 것 서넛이 있나니.
　본 절은 29-31절의 서론으로, 잘 걸으며 위풍 있게 다니는 서넛이 있다는 것이다. 즉, 늠름하게 걸어 다니는 것이 셋, 위풍당당하게 걸어 다니는 것 넷이 있다는 것이다. 늠름하게 걸어 다니는 네 가지를 예로 드는데 셋은 동물이고 하나는 왕이다. 서넛에 대해 15절 주해를 참조하라.

잠 30:30. 곧 짐승 중에 가장 강하여 아무 짐승 앞에서도 물러가지 아니하는 사자와.
　본 절의 첫째는 짐승 중에 왕인 사자라는 것이다. 즉, 곧 짐승 가운데서 가장 강하여, 아무 짐승 앞에서도 물러서지 않는 사자가 있다는 것이다. 우리는 주님을 믿으며 물러날 줄 모르는 왕적 존재가 되어야 하는 것이다(사 31:4).

잠 30:31. 사냥개와 숫염소와 및 당할 수 없는 왕이니라(the strutting rooster, the he-goat, and a king whose army is with before him-ESV).
　본 절의 둘째는 짐승 중에 왕은 사냥개라고 한다. 즉, 자랑스럽게 걷는 사냥개, 숫염소, 아무도 맞설 수 없는 임금이라는 것이다. 여기 "사냥개"(וְזַרְזִיר מָתְנַיִם)는 '허리에 두른 것'이란 뜻으로 왕은 사냥개와 같이 솔선수범하여 앞장서서 문제를 파악해야 되며, 그리고 셋째인 "숫염소"는 선두에 서서 당당하게 전투태세를 갖추어 그의 가족이며, 부족을 보호하는 것처럼 왕은 그의 민족을 보호해야 한다는 것이다. 본 절의 초점은 넷째에 있는데, 즉 아무도 맞설 수 없는 "왕"이다. 왕의 절대적 권력과 위풍을 묘사하기 위해 다른 세 동물(사자, 사냥개, 숫염소)을 본 절에서 배울 바가 있다는 것이다. 여기 영도자인 왕은 위의 세 가지 동물에서 배울 바가 있다는 것이다.

그것은 바로 의리(義理)를 굳게 파수하여 당당하고, 위엄 있음이 영도자의 아름다움이라는 것이다(박윤선).

잠 30:32. 만일 네가 미련하여 스스로 높은 체하였거나 혹 악한 일을 도모하였거든 네 손으로 입을 막으라.

　본 절은 독립구로, 수의 잠언에서 결론을 말하는 절로, 자제를 권하는 잠언이다. 즉, 네가 어리석어서 스스로 우쭐댔거나 악한 일을 도모하였거든, 네 손으로 입을 막고 반성하라는 것이다. "손으로 입을 막는 것"은 '자제를 권하는 것'을 뜻한다.

잠 30:33. 대저 젖을 저으면 엉긴 젖이 되고 코를 비틀면 피가 나는 것 같이 노를 격동하면 다툼이 남이니라.

　본 절 초두에는 "대저"(왜냐하면)라는 이유 접속사가 나타나 본 절이 앞 절의 이유를 제공하고 있음을 드러낸다. 즉, 우유를 저으면 우유가 굳어버리게 되고, 코를 힘주어 비틀면 피가 나는 것 같이, 화를 참지 못하고 그냥 돋우면 분쟁이 일어난다는 것이다. 노를 자제해야지 그냥 노를 표하면 다툼이 일어나게 마련이다(13:10 참조).

제 31 장

B. 르무엘 왕의 잠언 31:1-9

이 부분(1-9절)은 르무엘 왕의 잠언으로 여자와 술이 경계된다. 그리고 선정(善政)을 하라는 권유이다.

<르무엘 왕을 훈계한 잠언>
잠 31:1. 르무엘 왕이 말씀한 바 곧 그의 어머니가 그를 훈계한 잠언이라(The words of King Lemuel. An oracle that his mother taught him-ESV).

본 절은 이 부분(1-9절)의 표제로 두 가지 문제가 있다. 첫째는 "르무엘"(לְמוֹאֵל)이란 낱말인데 '하나님께 속한 자'란 뜻이므로(민 3:24), 이 낱말을 실명으로 보지 않고 상징적 이름으로 보는 것이다. 따라서 르므엘을 '솔로몬'으로 본다는 것이다. 이렇게 보는 것은 고대의 다수의 학자들의 정설이었으나 이는 추측뿐이지 분명한 근거가 없는 것이다.

둘째는 원문의 순서 문제이다. 원문의 순서가 "르무엘의 말씀이요, 왕, 잠언, 그 어머니가 그를 훈계한"(דִּבְרֵי לְמוֹאֵל מֶלֶךְ מַשָּׂא אֲשֶׁר־יִסְּרַתּוּ אִמּוֹ)으로 된 점이다. 여기 "르무엘 맛사의 왕"(לְמוֹאֵל מֶלֶךְ מַשָּׂא)으로 이를 "맛사 왕 르무엘"로 읽을 수 있는 것이다. 즉, "맛사"를 "잠언"으로 보지 않고 지명으로 보는 것이다. 이 학설은 현대의 다수의 학자가 따르기는 하나 "맛사"라는 지명이 불분명하므로 취하지 않고 이를 그냥 "잠언"으로 보는 것이다. 그러니까 본 절의 내용은 르무엘 왕의 잠언, 곧 그의 어머니가 그에게 교훈한 말씀이라는 것이다(Toy). 본 절로부터 31절까지는 왕위에 오른 아들을 지혜로운 통치자가 되게 하려는 그 어머니의 사랑이 넘치는 충고가 담겨 있다고 하겠다.

잠 31:2. 내 아들아 내가 무엇을 말하랴 내 태에서 난 아들아 내가 무엇을 말하랴 서원대로 얻은 아들아 내가 무엇을 말하랴.

본 절은 실질적인 아들에게 어머니가 말한다고 한다. 즉, 내 아들아, 내가 무엇을 말할까? 내 태에서 나온 아들아, 내가 무엇을 말할까? 서원을 하고 얻은 아들아, 내가 무엇을 말할까라고 말한다. 어머니는 "내 아들아"라고 세 번 연거푸 아들을 부르면서 권면하려는 것이다. 내 태에서 낳은 아들, 내 서원대로 얻은 아들이란 말에는 아무튼 아들을 바르게 가르치려는 어머니의 간곡한 정이 담겨 있다.

잠 31:3. 네 힘을 여자들에게 쓰지 말며 왕들을 멸망시키는 일을 행하지 말지어다.

본 절의 상반절과 하반절은 동의절로, 힘을 여자들에게 쓰지 말라고 권면한다. 즉, 여자들에게 네 힘을 쓰지 말라. 여자는 임금도 망하게 할 수 있으니, 여자들에게 너의 길을 맡기지 말라고 권한다. 본 절은 어머니가 아들에게 첫 번째로 권면하는 내용이다. 힘을 여자들에게 쓴다는 말은 여자를 많이 두고 그에게 힘을 빼앗기지 말라는 말이다(5:8-16 주해 참조).

잠 31:4. 르무엘아 포도주를 마시는 것이 왕들에게 마땅하지 아니하고 왕들에게 마땅하지 아니하며 독주를 찾는 것이 주권자들에게 마땅하지 않도다.

본 절은 어머니의 둘째 권면을 말한다. 즉, 르무엘아! 포도주를 마시는 것은 임금에게 적합한 일이 아니다. 독주를 좋아하는 것은 통치자들에게 적합한 일이 아니라는 것이다. 술을 경계한 잠언도 성경의 잠언에 흔하다(20:1; 23:29-35). 여자에게 가까이 하는 것처럼 왕이 술을 많이 들면 정치를 소홀히 할 수 있고, 나라 정치가 어지러워지는 것이다. "독주"(rk;ve)는 '벌꿀술'을 뜻하며, '독한 술'이라고 한다(20:1 주해 참조).

잠 31:5. 술을 마시다가 법을 잊어버리고 모든 곤고한 자들의 송사를 굽게

할까 두려우니라.

본 절은 독립구로, 술을 마시다가 발생하는 해악을 경계한다. 즉, 술을 마시다가 율법을 잊어버리고, 지혜도 잊어버리며 둔하게 되어 억눌린 사람들에게 판결을 불리하게 내릴까 두렵다는 것이다(사 5:23 참조).

잠 31:6. 독주는 죽게 된 자에게, 포도주는 마음에 근심하는 자에게 줄지어다.

본 절은 왕이 독주를 마시지 말고 마실만한 자에게 나누어주라고 권한다. 즉, 독한 술은 죽을 사람에게 주고, 포도주는 마음이 아픈 사람에게 주라는 것이다. 술은 마음이 무거운 자에게(욥 29:13; 31:19), 그리고 근심하는 자에게(삼상 22:2; 욥 3:20) 주어 무거운 마음을 잊게 하고 고통을 잊게 해주라는 것이다(시 104:15; 마 27:34 참조).

잠 31:7. 그는 마시고 자기의 빈궁한 것을 잊어버리겠고 다시 자기의 고통을 기억하지 아니하리라.

본 절의 상반절과 하반절은 동의절로 술을 필요로 하는 자가 마시면 그 술의 작용이 나타난다는 것을 말한다. 즉, 그가 독주를 마시고 자기의 가난을 잊어버리게 될 것이고(욥 29:3), 자기의 고통을 더 이상 기억하지 않게 될 것이라(시 104:15)는 것이다. 술이 들어가야 할 입이 따로 있다는 것이다.

잠 31:8. 너는 말 못하는 자와 모든 고독한 자의 송사를 위하여 입을 열지니라.

본 절은 왕이 입으로 독주를 마시지 말고, 그 입을 말 못하는 자와 압제받는 자를 위하여 쓰라고 권면한다. 즉, 너는 벙어리처럼 할 말을 못하는 사람과 또 고통 속에 있는 사람들의 송사를 변호하기 위하여 입을 쓰라는 것이다. 여기 "말 못하는 자"라는 말은 육체적인 벙어리를 뜻하는 말이 아니고, 사회의 여러 가지 억압으로 인하여 눌려 지내는 사람들을 지칭하는 말이다. 그들을 위하여 왕이 재판장이 되고 변호인이 되라는 것이다. 오늘 우리도

술을 퍼마시는 일에 우리의 입을 쓸 것이 아니라 사회적인 약자들을 위하여 우리의 입을 열어야 할 것이고, 기도하기 위하여 우리의 입을 넓게 열어야 할 것이다(시 81:10).

잠 31:9. 너는 입을 열어 공의로 재판하여 곤고한 자와 궁핍한 자를 신원할지니라.

본 절은 왕이 입을 열어 공의로 재판할 것을 권고하는 말을 한다. 즉, 왕은 입을 열어 공의로운 재판을 하고, 억눌린 사람과 궁핍한 사람들의 판결을 바로 하라는 것이다(슥 8:16 참조). 우리가 입을 열어 해야 하는 일은 억울한 사람들을 위하여 소리를 내는 것이다.

C. 현숙한 아내에 대한 칭송   31:10-31

이 부분(10-31절)은 어떤 현숙한 아내의 덕을 기리는 시이다. 잠언에는 악처에 대한 언급이 여러 번 등장했으나(21:19; 25:24; 27:15), 이상적 아내를 칭찬한 노래는 별로 없었다. 이제 이 부분(10-31절)에서는 이상적 아내에 대하여 칭찬하는 노래로 끝을 맺는다.

그러나 이는 단순히 이상적 아내를 그린 것이 아니라 많은 유대인 가정의 현실을 묘사한 것이다(Oesterley). 여기 총 22절은 모두가 매절마다 히브리어 22자의 알파벳순으로 시작된다(시 119편 주해서론 참조). 이 부분의 내용 이해를 돕기 위해 몇 절로 나누어 제시한다.

10-12절. 이 부분에서는 제1절로 서론적 칭찬이 등장한다.
<현숙한 아내>
잠 31:10. 누가 현숙한 여인을 찾아 얻겠느냐 그의 값은 진주보다 더 하니라.

본 절은 히브리어 철자 알렙(א)으로 시작한다. 본 절은 독립구로, 현숙한 여인을 찾아 얻는 것은 보석을 구하는 일보다 더 귀한 일이라고 말한다. 즉, 누가 지혜롭고, 유능하며, 현명한 아내를 맞이하겠느냐? 그 값은 진주보다 더 뛰어나다는 것을 알아야 한다는 것이다. 이 표현은 12:4에 나오는데 거기에는 "어진 여인"으로 묘사되어 있다. 그리고 룻 3:11에 "현숙한 여자"라는 말로 묘사되어 있다. 여자란 말은 본 절에서는 '아내'란 뜻으로 사용되었다. 이런 아내의 가치는 진주(보석)보다 더 낫다는 것이다. 우리는 이런 아내를 맞이하기 위해 땅 끝까지라도 가서 구해야 하는 것이다(Deane).

잠 31:11. 그런 자의 남편의 마음은 그를 믿나니 산업이 핍절하지 아니하겠으며.

본 절은 히브리어 벧(ב)이라는 글자로 시작한다. 본 절은 그런 현숙한 아내를 만난 남편은 심히 복되다는 것을 말한다. 즉, 남편은 진심으로 아내를 믿으며 가난을 모르고 살게 된다는 것이다. 그런 여자를 만난 남편은 그녀를 믿고 그녀의 지혜와 적절한 가사 운영과 덕망을 믿고 가사를 그녀에게 일임하는 것이다(이상근). 그녀의 가사 운영과 근면과 절약으로 가정이 넉넉해지는 것이다.

잠 31:12. 그런 자는 살아 있는 동안에 그의 남편에게 선을 행하고 악을 행하지 아니하느니라.

본 절은 히브리어 철자 김멜(ג)로 시작한다. 본 절은 그녀의 훌륭한 역할이 빛난다는 것을 말한다. 즉, 그의 아내는 살아 있는 동안, 오직 선행으로 남편을 도우며, 해를 입히는 일을 하지 않는다는 것이다. 어거스틴의 어머니 모니카(Monica)는 믿지 않는 남편 섬기기를 주님같이 섬겼고 그녀의 선한 덕행으로 남편을 주 앞으로 인도했으며 그 남편의 존경을 받게 되었다(Aug. Confessions, 11:9).

13-15절. 제2절이 등장하며 현숙한 아내의 근면상이 제시된다.

잠 31:13. 그는 양털과 삼을 구하여 부지런히 손으로 일하며.

본 절은 히브리어 철자 달렡(ㄱ)으로 시작한다. 본 절은 현숙한 아내가 부지런히 일한다는 것을 말한다. 즉, 양털과 삼을 구해다가, 부지런히 손을 놀려 일하기를 즐거워한다는 것이다. 사람은 대부분 일하기를 싫어하는데 이 여인은 양털과 삼을 구해다가 부지런히 손으로 일하기를 즐거워한다니 보통 여인은 아닌 것이다. 참으로 모본적인 여인이다.

잠 31:14. 상인의 배와 같아서 먼 데서 양식을 가져 오며.

본 절은 히브리어 철자 헤(ㄱ)자로 시작한다. 본 절은 그녀가 상인의 배와 같이 먼 데를 돌아다니며, 양식을 가져다가 식사를 지어 공궤한다는 것을 말한다. 즉, 상인의 배와 같이, 먼 곳에 다니면서 먹거리를 구해다가 가정 식구들에게 식사를 제공한다는 것이다. 이렇게 이 여인이 부지런히 가정을 돌보기 때문에 이 집 식구들은 굶주리는 때가 없었다.

잠 31:15. 밤이 새기 전에 일어나서 자기 집안 사람들에게 음식을 나누어 주며 여종들에게 일을 정하여 맡기며.

본 절은 히브리어 글자 와우(ㄱ)라는 글자로 시작한다. 본 절은 현숙한 아내가 일을 잘하는 것을 칭송한다. 즉, 날이 밝기도 전에 일어나서 식구들에게 음식을 만들어 주고, 여종들에게는 일을 정하여 맡긴다는 것이다. 그 여인은 밤이 새기도 전에 일어나서 식구들에게 음식을 나누어준다고 한다. 다시 말해 먹거리는 자신이 직접 챙겨서 식구들로 하여금 먹게 해준다는 것이다. 그리고 동시에 여종들에게는 그날의 일을 분담해 준다. 게으른 주부들은 일찍이 일어나서 하는 일이 싫어서 식구들에게 아침밥을 해주지 않는데, 현숙한 아내는 달랐다. 하루 세끼 식사 중에서 아침밥을 제일 잘 먹어야 하는데, 많은 집에서 여인들이 게을러서 아침 식사를 거르거나 먹어도 아주 부실하게 먹는데 현숙한 여인은 날이 밝기도 전에 일어나서 식구의 식사를 염려하는 것을 볼 때 현숙한 여인이라고 칭찬할 수밖에 없다. 그리고 여종들에게 그날의 일을 분담한다는 것도 적지 않게 칭찬할 일이다.

16-18절. 제3절이 등장하며 현숙한 아내의 지혜로운 재정 운영상이
제시된다.

**잠 31:16. 밭을 살펴 보고 사며 자기의 손으로 번 것을 가지고 포도원을
일구며.**

본 절은 히브리 알파벳 자인(ז)이란 글자로 시작한다. 본 절은 현숙한
아내가 가정의 재정 운영을 잘한다는 것을 말한다. 즉, 밭을 살 때에는 깊이
생각해본 다음에 사들이고, 또 자기가 직접 번 돈으로 포도원도 사서 가꾼다
는 것이다. 현숙한 여인은 투기 목적으로 땅을 사는 것이 아니라 깊이 생각한
다음에 밭을 사서 경작하고 또 자기가 직접 번 돈으로 포도원을 사서 가꾼다
는 것이다. 돈을 꾸어 밭이나 포도원을 사는 것도 아니고 자기가 번 돈으로
포도원을 사서 경작한다는 것이다. 여기 "살펴 보다"(consider)는 말은 밭을
잘 생각해보고, 산다는 뜻으로 농사와 관련된 중요한 요소들을 고려해 보고
결정해서 산다는 것이다.

잠 31:17. 힘 있게 허리를 묶으며 자기의 팔을 강하게 하며.

본 절은 히브리어 철자 헤드(ח)라는 글자로 시작한다. 본 절은 이 여인이
일을 잘 감당할 수 있는 몸의 준비 순서를 밝는다고 말한다. 즉, 일을 하는데
지장이 없도록 허리를 단단히 동여매고, 그리고 억센 팔을 만들어 일을 한다
는 것이다.

**잠 31:18. 자기의 장사가 잘 되는 줄을 깨닫고 밤에 등불을 끄지 아니하며(She
perceives that her merchandise is profitable. Her lamp does not go out at
night-RSV, ESV).**

본 절은 히브리어 철자 테드(ט)라는 글자로 시작한다. 본 절은 현숙한
여인이 가정 경제를 생각하여 최선을 다해 일하는 것을 칭찬한다. 즉, 자기의
장사가 잘되어가는 것을 알고, 밤에도 등불을 끄지 않는다는 것이다. 자기가
하는 일에 수익이 있는가를 관찰하고 밤에도 불을 끄지 않고 일한다. 보통

여인들은 남편에게 돈을 잘못 벌어온다고 불평하지만, 이 현숙한 여인은 남편으로 하여금 일을 잘하도록 독려할 뿐 아니라 자기가 친히 자기가 경영하는 사업이 잘 되는 것을 알고, 더욱 열심히 일했다.

19-22절. 제4절이 등장하고 현숙한 아내가 가족과 가난한 자를 위해 준비하는 것을 말한다.

잠 31:19. 손으로 솜뭉치를 들고 손가락으로 가락을 잡으며.

본 절은 히브리어 철자 요드(י)라는 글자로 시작한다. 본 절은 이 여인이 잠시를 쉬지 않고, 부지런히 일하는 모습을 칭찬한다. 즉, 한 손으로는 물레질을 하고, 다른 손으로는 실을 탄다는 것이다. 이 여인은 모든 일에 자기의 정성을 다하고 있다.

잠 31:20. 그는 곤고한 자에게 손을 펴며 궁핍한 자를 위하여 손을 내밀며.

본 절은 히브리어 철자 카프(כ)라는 글자로 시작한다. 본 절은 이 여인은 곤고한 이웃을 위하여도 구제하기를 게을리 하지 않는다는 것을 말한다. 즉, 한 손은 펴서 곤고한(가난한) 사람을 돕고, 다른 손은 펴서 궁핍한 사람을 돕는다는 것이다. 가난한 자에게 잘하는 것이 여호와께 꾸어 드리는 것임을 알았을 것이다.

잠 31:21. 자기 집 사람들은 다 홍색 옷을 입었으므로 눈이 와도 그는 자기 집 사람들을 위하여 염려하지 아니하며.

본 절은 히브리어 철자 라메드(ל)로 시작한다. 본 절은 가정 식구들의 옷에 대해서도 소홀히 하지 않음을 보여준다. 즉, 온 식구를 홍색 옷으로 따스하게 입혀놓았으니, 눈이 와도 식구들 때문에 걱정하는 일이 없게 되었다는 것이다. 여기 홍색은 붉은색을 말하나 눈이 와도 걱정이 없다고 말하는 것을 보면 따뜻한 옷을 말하는 것으로 보인다. 이 여인의 손은 집안 전체를 완벽한 상태로 만들어 놓은 것이다.

잠 31:22. 그는 자기를 위하여 아름다운 이불을 지으며 세마포와 자색 옷을 입으며(She makes bed coverings for herself; her clothing is fine linen and purple-ESV)**.**

　　본 절은 히브리어 철자 멤(מ)으로 시작한다, 본 절은 이 여인이 자신을 위해서도 춥지 않게 이불을 해 덮고, 또 정결한 옷을 해 입는다는 것을 말한다. 즉, 손수 자기의 이부자리를 만들어 덮고, 고운 모시옷과 자주색 옷을 지어 입는다는 것이다. 여기 "이불"(개역 개정판 번역)이란 말은 개역판에는 '방석'으로 번역했고, 표준 새 번역과 공동 번역에서는 '이부자리'로 번역했으며, 영어 표준 번역(ESV)에서는 '이부자리 덮개'(bed coverings)로 번역했다. 이 여인은 이부자리나 옷 같은 것도 정결하게 지어 입는다는 것을 보여준다.

23-27절. 제5절이 등장하며, 현숙한 여인의 근면의 대가로 누리는 번영이 제시된다.

잠 31:23. 그의 남편은 그 땅의 장로들과 함께 성문에 앉으며 사람들의 인정을 받으며.

　　본 절은 히브리어 철자 눈(נ)으로 시작한다. 본 절은 이 여인의 남편은 도시에서도 상당한 지위를 얻고 있음을 보여준다. 즉, 남편은 마을 원로들과 함께 마을회관에서 마을 일도 의논하고 재판에 관계도 하며, 사람들로부터 존경을 받는다는 것이다. 이 여인의 내조도 지극한 것을 보여준다.

잠 31:24. 그는 베로 옷을 지어 팔며 띠를 만들어 상인들에게 맡기며.

　　본 절은 히브리어 철자 싸멕(ס)으로 시작한다. 본 절은 이 여인이 물품들을 만들어 수출도 하는 것을 진술한다. 즉, 그의 아내는 모시로 옷을 지어 팔고, 띠를 만들어 상인(사 23:8; 슥 14:21)에게 넘긴다는 것이다. 아무튼

이 현숙한 여인은 옷을 만들어 가나안 상인들에게 팔았고, 그 결과 가정은
풍요함을 누렸다.

잠 31:25. 능력과 존귀로 옷을 삼고 후일을 웃으며.

본 절은 히브리어 철자 아인(ע)으로 시작한다. 본 절은 현숙한 여인은
유력하고 존귀하게 살며(17절; 욥 25:14; 시 132:9), 훗날에는 웃으며 즐겁게
살게 되며 근심 없이 살게 될 것이라고 말한다.

잠 31:26. 입을 열어 지혜를 베풀며 그의 혀로 인애의 법을 말하며.

본 절은 히브리어 철자 페에(פ)라는 글자로 시작한다. 본 절은 현숙한
여인이 지혜로운 입을 열어 가정 식구들과 이웃들에게 지혜를 베풀며 그의
혀로 인애의 법을 말한다는 것을 말한다. 그녀는 훌륭한 교육자라는 것이다.

잠 31:27. 자기의 집안 일을 보살피고 게을리 얻은 양식을 먹지 아니하나니.

본 절은 히브리어 철자 차데(צ)라는 글자로 시작한다. 본 절은 이
여인은 부지런히 일해서 먹고 산다는 것을 말한다. 즉, 집안 일을 두루
살펴보고, 일하지 않고 얻은 양식을 먹는 법이 없다는 것이다. 이 여인은
"일하기 싫어하거든 먹지도 말라"(살후 3:10)는 말씀을 그대로 실천한
여인이었다.

28-29절. 제6절이 등장하고 현숙한 여인의 가치가 가족들에게 인정되는 것을
말한다.

잠 31:28. 그의 자식들은 일어나 감사하며 그의 남편은 칭찬하기를.

본 절은 히브리어 철자 코프(ק)라는 글자로 시작한다. 본 절은 이 현숙한
여인이 가족들로부터 아낌없는 칭찬을 듣게 되었다는 것을 말한다. 즉, 여인
의 자식들도 모두 일어나서, 어머니 업적을 감사하고, 남편도 아내를 다음

절과 같이 칭찬하여 말했다는 것이다. 가족들로부터 칭찬 듣기가 참으로 어려운 법인데, 모든 가족이 이구동성으로 칭찬하는 것을 보면 이 여인의 현숙함이 대단하다는 것을 알 수 있다.

잠 31:29. 덕행 있는 여자가 많으나 그대는 모든 여자보다 뛰어나다 하느니라.

본 절은 히브리어 철자 레스(ㄱ)라는 글자로 시작한다. 본 절에서 남편의 칭찬은 자기의 아내를 다른 여자들보다 뛰어난다는 것이다. 즉, 덕을 끼치는 여자들이 많이 있으나, 당신이 모든 여자 가운데 으뜸이라고 한다. 오늘날 이런 여자가 있을까 매우 궁금하다. 이런 칭찬을 들으려면 예수님을 잘 믿고 따라야 할 것이다.

30-31절. 제7절이 등장하고, 저자가 결론적으로 칭찬하는 말이 나온다.
잠 31:30. 고운 것도 거짓되고 아름다운 것도 헛되나 오직 여호와를 경외하는 여자는 칭찬을 받을 것이라.

본 절은 히브리어 철자 신(ש)이라는 글자로 시작한다. 본 절은 자기의 아내가 여호와를 경외하기 때문에 칭찬을 받는 것이라고 말한다. 즉, 고운 것도 거짓되고, 아름다운 것도 헛되지만, 주님을 경외하는 여자는 칭찬을 받는다는 것이다. 여기 "고운 것"이란 말이나 "아름다운 것"이란 말은 여인의 외모가 미인이라는 것을 드러내는 말이다. 이런 "미"는 거짓되고 헛되다는 것이다. 2-3일만 화장을 하지 않으면 추녀가 되고 몸에 이상이 생기는 경우 금방 여성의 미는 간데없이 사라지는 것이다. 그러나 여호와를 경외해서 얻어지는 미는 영원히 계속되는 참된 미(美)이다. 이런 내적인 미가 현숙한 여인을 만드는 원천이었다.

잠 31:31. 그 손의 열매가 그에게로 돌아갈 것이요 그 행한 일로 말미암아 성문에서 칭찬을 받으리라.

본 절은 히브리어 철자 타우(ㄲ)라는 글자로 시작한다. 본 절은 현숙한 여인이 주님을 믿음으로 말미암아 생겨난 엄청난 열매(부와 명예 등)가 그녀에게로 돌아간다는 것을 말한다. 즉, 아내가 손수 거둔 결실은 아내에게 돌려라. 아내가 이룬 공로가 성문 어귀 광장에서 인정받게 하라는 것이다. 현숙한 아내는 가정(28절)과 사회(성문)에서 칭찬을 받게 되었다. 사람이 참된 칭찬을 받고 영예를 받게 되는 것은 여호와를 신앙함으로 가능하다. 여호와를 떠나서는 가능하지 않다.

-잠언 주해 끝-

전도서 주해

Exposition of Ecclesiastes

전도서를 주해할 시간이 다가옴에 따라 필자는 흥미로움이 극에 달했다. 이유는 이 전도서의 내용이 필자의 심정과 아주 정확하게 일치했기 때문이다. 유년 시절부터 필자는 인생이 허무하기가 짝이 없음을 느꼈다. 초등학교에 다닐 때도 그랬고 중 고등학교에 진학해서도 그랬으며, 대학교에 다닐 때도 그랬다. 그리고 신학교에 다닐 때도 또 미국에 가서 학위를 위해 3개의 신학교에서 연구할 때도 인생무상을 처절하게 느꼈다. 그러나 그렇다고 필자에게 한 번도 우울증이 찾아오지는 않았다. 필자의 인생에 대한 무의미감은 참으로 광범위했다. 모든 오락도 무의미했다. 그래서 윷놀이를 제외하고는 그 어느 오락 기구(바둑, 장기, 화투 등 일체의 오락 기구)도 배우지 않았다. 그저 모든 것이 의미가 없었다. 필자가 했던 것은 세 가지였다. 가난한 집을 일으키겠다는 일념(一念)과 학교 공부에서 다른 학생들한테 밀리지 않겠다는 것이었으며, 공부로 승리해 보겠다는 것이었다. 그 외의 거의 모든 것에 대해 의미를 두지 않았다.

그럴수록 필자는 하나님을 더욱 가까이했고, 하나님 알기를 더 원했으며, 하나님을 더 소유하기 원했다. 동시에 성경을 읽는 일과 묵상하는 일에 거의 미친 사람처럼 되었다. 그러기에 성경 말씀대로 사는 데는 큰 어려움이 없었다. 필자는 성경이 너무 좋아서 성경주해에 뛰어 들어 여기까지 온 것이다. 우리는 세상 보기를 티끌처럼 보아야 하고, 쓰레기처럼 여겨야 할 것이다. 그리고 위에 계신 하나님과 예수님 보기를 소망하고 성경을 많이 읽는 교역자, 많이 기도하는 교역자, 성도가 되어야 하겠다. 아무튼 이 주해서가 세상에 나가서 넘치는 은혜가 임했으면 한다.

전도서의 책명은 어떻게 해서 생겼나.

　　본서의 명칭은 "코오헤레드"(קֹהֶלֶת)(1:1, 2, 12; 12:8, 9, 10)이다. 이 단어는 "부른다"라는 뜻의 동사형 여성 단수형으로 '모임을 부르는 자', 또는 '모임에서 말하는 자'라는 뜻이다. 이 명사가 여성형인 이유는 이것이 직무를 뜻하기 때문으로 본다(Young).

전도서의 저자는 누구인가.

　　저자는 자신을 "다윗의 아들, 예루살렘 왕 전도자"(1:1, 12)라 밝히고 있고, 그가 또 "큰 지혜를 많이 얻었다"(1:16)란 기록들도 자신이 솔로몬인 것을 드러내고 있다. 유대의 전통과 초대 교회는 본서를 솔로몬의 저작이라고 말한다. 근대의 학자들 중 묄러(Hans Moeller)와 기트만(Gietmann)과 슈마켈(Schmacher) 등은 본서를 솔로몬의 저작으로 주장한다. 루프레키트(Ed. Rupprecht)도 역시 그의 구약 총론에서 본서가 솔로몬의 저작임을 주장했다. 유대인 학자들의 오랜 전승은 솔로몬이 젊은 시절에 아가서를 기록했고, 장년기에 잠언서를 기록했으며, 그리고 그가 우상 숭배의 죄를 회개(왕상 11:4-8)한 노년기에 전도서를 기록했다는 것이다. 이런 유대인의 전승을 그대로 초대 교회의 그리스도인들은 받아들였다.

솔로몬의 저작설을 부인하는 학설들.

　　1) 영(Dr. Edward Joseph Young)은 다음과 같은 두 가지 이유로 본서가 솔로몬의 저작임을 반대한다. 1) 본서의 저자는 그 자신이 어떤 폭군 아래 있었던 것처럼 말하고 있는 까닭이라고 한다(4:3). 그러나 지혜를 가르치는

선생으로서 어떤 시대 사람이든지 그런 말을 할 수 있는 것이다. 2) 본서의 어투가 솔로몬 시대보다 후대의 것들임을 드러내는 까닭이라고 한다. 다시 말해 전도서의 어떤 말들이 아람어 풍(솔로몬 시대 이후의 언어)에 속한다는 주장이다. 그러나 영(Young)의 이 같은 주장은 자가당착에 빠져 있는 주장이다. 영은 그의 구약 총론에 말하기를 아람어 풍이 반드시 후대 저작의 증표는 아니라고 했다. 아람어 풍은 구약에 있어서 포로 이전 문서들 가운데도 있다(박윤선). 우리는 본서 1:1의 말씀을 보아서 본서의 저작자가 솔로몬임을 전혀 의심하지 않는다.

2) 루폴드(Leupold)는 솔로몬이 회개한 역사적 기록이 없다고 하면서 이같이 말한다. 곧 "솔로몬이 그의 말년에 회개했다는 사실을 전제로 한 기록이 있어야 될 것이다. 그러나 그의 역사적 기록이 구약 성경에서 발견되지 않는다. 솔로몬이 회개한 사건이 확실했다면 그런 중대한 것이 성경에 기록되지 않을 수 없다"고 했다. 그러나 이 학설은 옳지 않다. 1:2에 "모든 것이 헛되도다"라고 한 것은 이 세상 쾌락을 극도로 누려본 임금의 회개(2:1-11)라고 할 수 있다.

3) 본서의 문체가 솔로몬의 잠언과 다르다는 학설이 있다. 그러나 이 학설도 성립될 수 없다. 그 이유는 동일한 저자가 쓴 글이라도 그 제목과 자료에 따라서 문체가 달라질 수 있기 때문이다.

4) 본서의 통일성은 초대 학자들(Gregory the Great, Jerome, Thomas Aquinas 등)이 견지한 바였으나 17세기에 들어와서 계몽주의 시대를 거치면서 Keil, Delitzsch, Hengstemberg 등 여러 학자들에 의해 본서가 솔로몬의 저작이 아니라는 견해가 개진되었다. 이들이 제기하는 논리적 근거는 첫째 본서에 쓰여진 히브리어가 솔로몬보다 최소 200년 후에나 쓰였던 히브리어라는 점, 둘째, 본서에 반영된 빈민들에 대한 압제와 불의가 횡행하는 사회 및 정치적 상황이 이스라엘 역사상 최고의 영광과 번영을 구가했던 솔로몬 통치기의 상황과는 조화되지 않는다는 점, 셋째, 1:12에서 "왕이 되어"라는 구절이 '왕이었으나 지금은 왕이 아니다'라는 의미를 가진다는 점, 넷째, 본서에 솔로몬의 이름이 한 번도 나타나지 않고 굳이 "다윗의 아들 예루살렘 왕"이라는

간접적인 호칭을 사용하고 있는 점 등을 들어 솔로몬 저작을 부인했다. 더 나아가 19세기에 들어와서 비판학자들(Winckler, Haupt 등)은 이를 부정하고 여러 문서들의 종합인 것으로 주장했다. 그러나 이런 와중에 아직도 솔로몬의 저작을 확실히 주장하는 학자들(Moeller, Gietmann, Schmacher, Deane, Unger)도 있다.

그러나 본서의 솔로몬 저작설을 뒷받침하는 증거들도 많이 있다는 사실을 잊어서는 안 될 것이다. 전도서의 히브리어가 A.D. 2세기 이후의 것이라는 주장은 전도서에 사용된 히브리어의 특징이 이미 가나안과 페니키아 등지에서 발견된 솔로몬 통치기 훨씬 이전의 고고학 자료들에서도 발견된 것이 확인되었고, 또 1:12의 "왕이 되어"라는 말은 '예전에도 왕이었고 지금도 왕이다'라는 의미를 가질 수도 있다는 것이 증명되었다. 또한 본서에 기록된 비판적인 사회 상황은 솔로몬 통치 말기의 어지러운 한 때나 동서고금을 막론하는 인간 사회의 일반적인 현상을 표현한 것이라는 해석이 충분히 가능하다. 그런고로 본서가 솔로몬 통치 시기보다 훨씬 후대에 쓰인 것을 증명할 만한 증거는 아직 없는 것이다.

반면 본서의 저자가 솔로몬임을 증거 하는 본서 자체의 직접적인 증거(1:1, 12)와 큰 지혜를 가진 자(1:16), 인간이 누릴 수 있는 모든 부귀와 쾌락을 가진 자(2:10) 등 본서에서 그 저자인 전도자를 가리키는 각종 표현들이 모두 이스라엘 왕국의 제3대 왕이었던 솔로몬이라는 사실을 증명하는 훌륭한 증거가 되고 있다.

전도서는 언제 기록되어졌는가.

전도서의 저자가 솔로몬으로 확정됨에 따라 본서의 저작 연대 또한 별다른 이론 없이 결정되었다. 본서의 저자가 솔로몬임을 받아들이는 대부분의 학자들은 솔로몬이 노년에 이르러 죽음을 바라보면서 자신이 경험한 파란만장한 생을 통하여 직접 체득한 진리를 후대에 길이 남기고자 본서를 기록했다는 데에 의견의 일치를 보고 있다. 따라서 본서의 기록 연대는 솔로몬 통치기인 B.C. 970-930년 사이 중에서도 그 말기인 B.C. 935경으로 볼 수 있다.

솔로몬은 왜 전도서를 집필했는가.

1) 전도서의 집필 동기는 전적으로 그 저자인 솔로몬의 인생 역정과 솔로몬이 이 글을 쓰던 당시의 상황과 밀접한 관련이 있다.

2) 이스라엘 신정 왕국의 정치적 구심점이기도 했던 솔로몬이 여호와의 성전을 건립하고, 1,000번제를 드리는 등(왕상 3:4; 7:51) 신정 왕국의 왕으로서 부끄럽지 않게 하나님을 경외하는 신실한 삶을 견지했다. 그러나 시간이 흘러 왕권도 안정되고, 부왕 다윗의 정복 사업의 후광으로 왕국의 안전과 번영이 반석 위에 놓인 듯할 때, 솔로몬은 점차 하나님을 온전히 경외하는 삶에서 벗어나 쾌락을 추구하는 세속적인 삶으로 빠져들었다. 그는 통혼 정책을 세워 애굽 등 주변 열강들의 군사적 위협으로부터 국가를 안정시키기 위한 목적으로 외국의 공주들을 아내로 맞이하는 통혼 정책을 채택하여 시행했는데, 이 때 그 공주들이 가지고 들어온 이방 우상 숭배 문화로 인하여 국가 내부는 이스라엘 신정 왕국으로서 여호와 신앙이 무너져 내려 가는 가장 큰 본질적 위기를 맞게 되었다. 이러한 솔로몬의 무절제한 행동은 백성들의 반감을 사서 마침내 국가 분열의 위기를 초래하여 결국 그의 아들인 르호보암 때에 나라가 남북으로 갈라지는 원인 중 하나로 작용했다(왕상 12:1-4).

3) 솔로몬은 황혼기에 이르러 죽음 앞에서 인생을 회고하면서 하나님을 떠난 삶의 허무함을 온몸으로 뼈저리게 깨달으면서 하나님 앞에 회개했다. 그리고 다윗 언약의 계승자요, 선민 이스라엘의 왕으로서 그들을 바르게 다스리고, 계도해야 하는 자신의 소명을, 이스라엘 백성과 세계 만민을 향하여 자신의 파란만장한 인생 역정을 통하여 체득한바 하나님을 떠난 해 아래 인생의 절대 허무와 이 허무는 오직 해 위의 하나님과의 관계 안에서만 극복될 수 있다는 깨달음을 진술하게 증언함으로 복된 삶을 자신과 다른 이들이 조금이라도 이루었으면 하는 참으로 뜨겁고도 갈급한 심정에서 본서를 기록했

다는 것이다.

전도서의 사상은 무엇인가.

솔로몬은 1) 전통적인 신개념을 가지고 있었고, 또 하나님의 심판을 생의 전제로 삼고 있었다(3:17; 11:9).

2) 일반 이스라엘인들이 많이 사용한 "여호와'라는 칭호를 한 번도 사용하지 않았고 보다 거리를 둔 "하나님" 칭호를 주로 사용했다. 다시 말해 구원, 자비의 뜻으로 사용하는 "여호와'라는 칭호를 사용하지 않았고, 권능과 능력을 더욱 드러내는 "엘로힘" 칭호를 사용했다. 3) 솔로몬은 신학 탐구가 목적이 아니라, 인생을 위한 지혜를 추구했다. 그는 자신의 풍부한 의지로 인생과 사회를 관찰하는 가운데 인생 제반에 대한 그의 결론이 "헛되고 헛되며, 헛되고 헛되니, 모든 것이 헛되도다"(1:2)라는 것이다. 솔로몬 보기에 자연도, 인생의 제반 사물도 끊임없이 유전하는 것이며(1:9; 3:1-8, 15), 허무하다는 것이었다.

4) 본서는 잠언서와 더불어 지혜문학에 속했고, 지혜는 전도자의 최대 관심사였으나, 그 지혜로 그가 느낀 "헛됨"의 문제를 해결하지는 못했다(1:13).

5) 솔로몬은 부귀를 누리며 영화를 누렸으나 그것 역시 그의 문제를 해결하지 못했다(5:11, 19-20). 솔로몬은 세상의 향락에 빠져보기도 했으나 그것 또한 그를 허무감에서 구원하지 못한 것이다.

6) 솔로몬을 회의의 늪에서 구원시킨 것은 역시 그의 전통적인 하나님 신앙이었다(3:11; 12:1).

전도서의 목적은 무엇인가.

전도서의 목적은 지혜를 추구함에 둔다. 즉, 인생 문제를 바르게 규정하고 그 해결책을 찾는 참 지혜의 추구이다. 인생의 허무에서 헤매다가 하나님을 찾게 되고, 그로 인해 인생의 참된 뜻을 깨닫게 하는 것이 전도서의 목적이다.

전도서의 특징은 무엇인가.

1) 해 아래 땅과 하나님이 계시는 하늘을 구분 짓고 있다. 그러나 양자를 본질적으로 분리된 것으로 보지 않고 해 위의 하나님과의 관계가 해 아래 세상에서도 가능하며, 또 오직 그럴 때만이 해 아래 세상에서의 허무도 극복할 수 있음을 계속해서 강조한다. 다시 말해 이분법적 사고가 지배적이나 결코 이원론을 지지하는 것은 아니다.

2) 철학, 자연과학, 역사, 정치, 시문학 등 다방면에 걸친 저자의 깊은 식견이 본서 전체에 걸쳐 드러나고 있다.

3) 전도서는 대구법, 대조법, 열거법, 의인법 등의 고대 수사법 이외에도 풍자, 반어법 등의 수사법이 히브리 전형의 리듬을 가진 운문에서 적절하게 사용되어 일반 지혜 문학이 갖기 쉬운 지리함을 일소하고, 장중하면서도 생동감 넘치는 문장 전개를 보이고 있다.

4) 결론에서 독자들에게 하나님을 찾을 것을 강조한다.

5) 하나님을 지칭할 때 "여호와"란 칭호를 사용하지 않고, "하나님"이란 칭호만 사용한 것이 특징이다.

전도서에 나타나신 그리스도

1) 전도서에서는 그리스도가 지혜를 주시는 한 목자로 묘사되어 있다. 12:11에서 "지혜자들의 말씀들은 찌르는 채찍들 같고, 회중 스승들의 말씀은 잘 박힌 못 같으니 다 한 목자가 주신 바이니라"고 말씀하고 있다. 솔로몬은 자신이 설파한 지혜의 교훈은 궁극적으로 자신이 아니라 한 목자 곧 삼위 하나님, 나아가서는 그리스도 예수로부터 직접 기인한 것임을 명시한다.

2) 인생의 허무를 극복하게 해주실 유일한 자로서의 그리스도가 묘사되어 있다. 결국 삼위 하나님 중의 한 분이신 제2위 성자 하나님으로서, 십자가 대속 수난을 통해 회개하는 죄인의 구속 사역을 직접 수행하신 그리스도의 면모는 전도서에서는 인생의 절대 허무를 극복시켜 주실 유일한 분으로서 밝히 드러나는 것이다.

3) 인생을 심판하실 자로서 그리스도가 묘사되어 있다. 솔로몬은 하나님

께서 인생의 허무를 극복케 해주실 유일한 분이시라는 적극적 측면에서는 물론 최후의 심판자라는 소극적 측면에서도 반드시 여호와 하나님을 경외해야 한다는 사실을 각성시키고 있다. 따라서 삼위 하나님 중 제2위 성자 하나님으로서 제1위 성부 하나님 및 제3위 성령 하나님과 동일한 지위와 권능을 갖고 계신 우리 주 예수 그리스도의 면모는 전도서에서는 심판주로서도 생생히 드러난다.

내용분해

I. 해 아래에서 행하는 일은 모두 허무한 것이다. 1-6장
  A. 서론 1:1-11
    1. 표제 1:1
    2. 주제 1:2-11
  B. 해 아래 모든 것이 허무하다 1:12-2:26
    1. 인간 지혜도 허무하다 1:12-18
    2. 인간 향락도 허무하다 2:1-11
    3. 인간 지혜도 허무하다 2:12-17
    4. 인간이 수고하는 것도 허무하다 2:18-23
    5. 하나님의 손에서 나오는 것만이 행복이다 2:24-26
  C. 하나님의 예정 아래의 인생 3장
    1. 세상 모든 일에는 때가 있다 3:1-9
    2. 하나님은 모든 때를 정하셨다 3:10-15
    3. 인생의 종국은 죽음이다 3:16-22
  D. 인간사는 모두 허무하다 4-6장
    1. 인생의 수고도 허무하다 4장
      ㄱ. 개인들이 당하는 불행 4:1-6
      ㄴ. 개인주의가 당하는 허무함들 4:7-12
      ㄷ. 왕들이 허무함을 당하다 4:13-16
    2. 인생의 허무함을 극복하는 방법 5장
      ㄱ. 하나님께 예배드림을 통해 극복 5:1-7
      ㄴ. 사회의 부조리를 극복함으로 5:8-17
      ㄷ. 인생에게 태어난 분복을 즐김으로. 5:18-20

3. 부귀는 허무하다 6장

　ㄱ. 부귀는 허무하다 6:1-9

　ㄴ. 인간은 하나님 앞에서 아무것도 아니다 6:10-12

II. 인생은 지혜의 말씀을 지켜야 한다 7-12장

　A. 인생은 지혜의 말씀을 지켜야 한다 7:1-12:8

　　1. 지혜를 지키는 자가 취해야 할 자세 7:1-29

　　　ㄱ. 지혜를 지키는 자가 취해야 할 기본자세 7:1-7

　　　ㄴ. 보다 나은 길을 택하라 7:8-14

　　　ㄷ. 절제할 것 7:15-22

　　　ㄹ. 지혜는 무궁하다 7:23-29

　　2. 왕명을 지키라 8:1-9:1

　　　ㄱ. 왕명을 지키라 8:1-8

　　　ㄴ. 하나님을 경외하면 잘 된다 8:9-13

　　　ㄷ. 하나님의 뜻을 알지 못하면 허무하다 8:14-9:1

　　3. 역리처럼 보이는 세상에서 복을 받는 비결 9:2-18

　　　ㄱ. 세상은 역리처럼 보인다 9:2-6

　　　ㄴ. 분복대로 살라 9:7-10

　　　ㄷ. 기회는 균등하다 9:11-12

　　　ㄹ. 지혜는 초월한 것이다 9:13-18

　　4. 어리석은 일을 삼갈 것 10:1-20

　　　ㄱ. 어리석은 당돌함을 삼갈 것 10:1-11

　　　ㄴ. 어리석은 수다를 삼갈 것 10:12-20

　　5. 인생의 허무를 극복하기 위한 교훈들 11:1-12:7

　　　ㄱ. 현재에 충실하라 11:1-8

　　　ㄴ. 청년의 때에 창조자를 기억하라 11:9-12:7

　B. 전도자의 교훈을 실천하라 12:8-14

■ 참고도서

개역 개정판 한글 성경.

표준 새 번역 성경.

강병도편. *잠언·아가*, 호크마 종합 주석 16, 서울특별시: 기독지혜사, 1993.

그랜드 종합 주석. *욥기, 잠언, 전도, 아가*, 경기도 고양시: 성서아카데미, 2004.

김수홍. *그리스도의 말씀이 연합에 미친 영향*, 수원시: 도서출판 목양, 2011.

_____. *여호수아 주해*, 경기도 수원시: 도서출판 언약, 2016.

_____. *사사기, 룻기 주해*, 경기도 수원시: 도서출판 언약, 2016.

김희보. *전도서주해*, 서울특별시: 총신대학출판부, 1998.

푸폴드, H. C. *전도서*, 반즈 노트/신구약성경주석, 명종남 역, 서울 강남구: 크리스챤서적, 1992.

머피, 로랜드 E. 23A. *전도서*, WBC 성경주석, 김귀탁 옮김, 서울특별시: 도서출판 솔로몬, 2008.

박윤선, *전도서*, 성경주석, 경기도 수원시: 도서출판 영음사, 1972.

옥스퍼드 성경원어 대전. *전도서 1-12장*, 서울시: 제자원, 2006년.

이상근. *잠언, 전도, 아가*, 대구:성등사, 1994.

이턴, 마이클 A. *전도서*, 틴델 구약주석 시리즈, 왕인성 역, 서울시 서초구: 기독교문서선교회, 1994.

Bartholemew, Craig. *Reading Ecclesiastes* (Analecta Biblica, 139), Editrice Pontifico Istituto Biblico, 1998.

Barton, George Aaron. *A Critical and Exegetical Commentary on the Book of Ecclesiastes* (ICC), T & T Clark, 1909.

Christianson, Eric S. *A Time to Tell: Narrative Strategies in Ecclesiastes* (JSOT Sup, 280), Sheffield Academic, 1998.

Deane, W. J. *Ecclesiastes,* 박영철 역, 대구시: 보문출판사, 1980.

Eaton, Michael A. *Ecclesiastes: An Introduction and Commentary* (Tyndale) InterVarsity Press, 1983.

Ellul, Jacques. *Reason for Being: A Meditation on Ecclesiastes*, Eerdmans, 1990.

Farmer, Kathleen A. *Proverbs and Ecclesiastes: Who Knows What is Good?* (ITC), Eerdmans, 1991.

Fox, Michael. *A Time to Tear Down and A Time to Build Up: A Rereading of Ecclesiastes*, Eerdmans, 1999.

Garrett, Duane A. *Proverbs, Ecclesiastes, Song of Songs* (New American Commentary), Broadman, 1993.

Gordis, Robert. *Koheleth: The Man and His World*, Schocken, 1969.

Hengstenberg, Ernst. *Commentary on Ecclesiastes*, Wipf and Stock, 1998.

Hubbard,, David. *Ecclesiastes, Song of Solomon* (Mastering the Old Testament), Word Books, 1989

Kidner, Derek. *The Message of Ecclesiastes* (The Bible Speaks Today), Inter-Varsity, 1976.

Loader, J. A. *Polar Structures in the Book of Qohelet* (BZAW, 152) Walter de Gruyter, 1979.

Longman, Trempor III. *The Book of Ecclesiastes* (NICOT), Eerdmans, 1997.

Murphy, Roland. *Ecclesiastes* (Word), Word Books, 1992.

Provan, Iain. *Ecclesiastes / Song of Songs* (NIV Application Commentary),

Zondervan, 2001.

Seow, Choon-Leong. *Ecclesiastes* (Anchor), Doubleday, 1997.

Schoors, Antoon. *The Preacher Sought to Find Pleasing Words: A Study in the Language of Qoheleth* (Orientalia Lovaniensia).

Zuck. Roy B. (ed.), *Reflecting with Solomon*, Baker, 1994.

【 사전 】

바이블렉스 8.0

데릭 윌리엄스, *IVP 성경사전*, 이정석 외 한국기독학생회 출판부 역, 한국기독학생회 출판부(IVP), 1992,

Achtemeier, Paul J. *Harper's Bible Dictionary*, New York: A Division of Harper Collins Publishers, 1985.

Baker, David W. *Dictionary of the Old Testament: Pentateuch,* Leichester: InterVarsity Press, 2003.

Douglas, J. D. *New Bible Dictionary*, (2nd edition), Wheaton: Tyndale House Publishers, 1982.

Tenney, Merrill C. *The Zondervan Pictorial Bible Dictionary,* Grand Rapids: Regency, 1967.

Samuel Prideaux, Tregelles. *Gesenius' Hebrew and Chaldee Lexicon,* Grand Rapids: Eerdmans, 1969.

Unger, M. F. *Unger's Bible Dictionary.* Chicago: Moody, 1957.

전도서 주해

제 1 장

　　전도서는 인생은 허무하니 하나님을 경외하라고 권면한다. 본서는 인생은
허무하다는 것(1-6장)을 말하고, 이 허무함을 타개하기 위해서는 하나님을
경외하라(7-12장)고 외친다.

I. 해 아래에서 행하는 일은 모두 허무한 것이다.　1-6장
　　이 부분은 먼저 표제가 나타나고(1:1), 다음 주제가 나타나며(1:2-11), 해
아래의 모든 것이 허무하다는 말씀이 나타나고(1:12-2:26), 하나님의 예정 아래
의 인생에는 때가 있다(3장)는 말씀이 나타나며, 인간사는 모두 허무하다는
말씀(4-6장)이 등장한다.

　　A. 서론　1:1-11
　　이 서론 부분에는 먼저 표제가 등장하고(1:1), 다음 주제(1:2-11)가 등장한
다. 그리고 이 주제 부분에서 본서의 내용도 등장하고 성격이 드러난다.

　　　1. 표제　1:1
<모든 것이 헛되다>
전 1:1. 다윗의 아들 예루살렘 왕 전도자의 말씀이라(The words of the Preacher,
the son of David, king in Jerusalem-RSV, ESV).
　　"다윗의 아들 예루살렘 왕 전도자의 말씀이라"는 말은 본서의 표제이다(잠

1:1 주해 참조). 여기 "다윗의 아들"이란 말은 '솔로몬'을 지칭하는 말이다. 그리고 솔로몬은 당시 "예루살렘 왕"6)이었다는 것이다. 당시 예루살렘 왕 솔로몬은 전도자였다. "전도자"(קֹהֶלֶת)라는 말(1:1, 2,12; 12:8, 9, 10)은 "부른다"(קָהַל)라는 동사의 분사형 여성명사 단수형으로 '모임에서 말하는 자'(Preacher)를 뜻한다. 이 명사가 여성형인 이유는 이것이 직무를 표시하기 때문이다(Young). 우리는 항상 모임에서 '말하는 자'의 신분이 되어 그리스도를 선전하고 그분의 말씀을 전하는 자로서 살아야 할 것이다.

2. 주제 1:2-11

이 부분(2-11절)은 인생이 전반적으로 허무하다는 것을 말한 것으로 본서의 서론이며 주제이다. 만물과 인간 만사가 끝없이 허무하다는 것을 말하며 이 사상은 본서 전체에 흐르고 있다(Ewald, Driver, 이상근).

전 1:2. 전도자가 이르되 헛되고 헛되며 헛되고 헛되니 모든 것이 헛되도다 (Vanity of vanities, says the Preacher, vanity of vanities! All is vanity-RSV, ESV).

솔로몬 전도자는 사람들에게 "헛되고 헛되며 헛되고 헛되니 모든 것이 헛되도다"라고 외친다. 여기 "헛되고 헛되며"(הֲבֵל הֲבָלִים)란 말은 '헛된 것들의 헛된 것'이란 뜻이다. 이 표현은 아가서 초두의 "노래들의 노래"(הַשִּׁירִים אֲשֶׁר)라는 표현과 비교된다. 또 "모든 것이 헛되다"(הֶבֶל)는 말은 모든 것이 "숨"(breath)이란 뜻이다. 인생 자체가 가치가 없고, 뜻이 없으며 내용도 없고 목적도 없으며, 영원성도 없다는 뜻이다. 인생이 헛되다는 말은 무언가 가치 있는 것을 가지고 싶은데 갖지 못했기 때문이다(Chrysostom). 인생이 헛되다는 것은 헛되지 않는 것(그리스도)을 긍정하게 하기 위함이다. 인생이 헛되다는 것을 알면 알수록 그리스도와 그의 말씀에 더욱 집착하게 된다.

전 1:3. 해 아래에서 수고하는 모든 수고가 사람에게 무엇이 유익한가.

---

6) "예루살렘 왕"이란 이곳에만 보이는 표현이고 70인역(LXX)에는 12절을 따라 "예루살렘에서 이스라엘 왕"이라는 말이 있다.

본서의 "해 아래에서"(תַּחַת הַשֶּׁמֶשׁ)란 말은 본서 독특한 표현으로 30회나 등장한다(1:3, 9, 14; 2:11, 17, 18, 19, 20, 22: 3:16; 4:1, 3, 7, 15; 5:13, 18; 6:1, 12; 7:11; 8:9, 15, 15, 17; 9:3, 6, 9:11, 13; 10:5). 이 표현은 "해 위에(하나님의 세계)"와 대조되는 인간들이 사는 세상을 지칭한다. 결국 본서는 "해 아래의 일"(1-6장)과 "해 위의 일"(7-12장)을 대조하고 있는 것이다.

그리고 본 절의 "모든 수고가 사람에게 무엇이 유익한가"라는 말은 '인생들이 행하는 모든 수고가 무엇이 유익하냐'는 것이다. 유익하지 않은 이유는 인생이 죄를 지었기에 그 벌칙 때문에 유익이 되지 않는다는 뜻이다(창 3:17, 19; 시 90:10). 우리가 그리스도를 믿고 행하는 모든 일은 우리에게 유익으로 다가오는 것이다.

전 1:4. 한 세대는 가고 한 세대는 오되 땅은 영원히 있도다.

한 세대는 가고, 또 한 세대는 오지만, 세상은 언제나 그대로 있다는 뜻이다. 한 세대는 가고 다음 한 세대는 온다. 이 세상은 이런 식으로 끊임없이 흘러간다(욥 10:21; 시 39:13). 그러나 땅은 공간적으로 영원히 그대로 서 있다. 그리고 그 땅에 사는 인생도 지나가는 세대를 따라 나고 또 죽어 끊임없이 지나간다. 그러나 전도자가 보기에 땅은 가는 것이 아니라 그대로 서 있는 것이 보인 것이다.

전 1:5. 해는 뜨고 해는 지되 그 떴던 곳으로 빨리 돌아가고.

해는 어제 아침과 마찬가지로 여전히 뜨고, 또 엇저녁과 마찬가지로 여전히 져서, 새벽이 되면 떴던 제자리로 돌아가며, 거기서 다시 떠오른다는 것이다. 여기 "빨리 돌아간다"(שׁוֹאֵף)는 말은 '어떤 것을 구하려고 허덕이면서 돌아갔다가 구하지 못한 지친 상태를 가리키는 것'이다. 태양도 이렇게 무엇인가 찾으러 돌다가 찾지 못하고 다시 전날의 일정을 그대로 따른다는 것이다.

전 1:6. 바람은 남으로 불다가 북으로 돌아가며 이리 돌며 저리 돌아 바람은 그 불던 곳으로 돌아가고.

바람이 남쪽으로 불다가 북쪽을 향해 불며, 이리 돌고 저리 돌다가 불던 곳으로 다시 돌아가서 분다. 바람의 활동이 요란하지만, 얼른 지나가고 마는 것처럼 인간의 출세도 길지 못하다는 것이다(시 39:5-7; 벧전 1:24-25 참조).

전 1:7. 모든 강물은 다 바다로 흐르되 바다를 채우지 못하며 강물은 어느 곳으로 흐르든지 그리로 연하여 흐르느니라.

세상의 모든 강물이 다 바다로 흘러가도, 바다는 넘치는 법이 없다. 세상의 모든 강물은 어느 곳으로 흐르든지 그 쪽으로 계속해서 흘러 바다로 간다는 것이다. 세상의 모든 강물이 다 바다로 흘러가도 바다를 채우지 못함같이 사람의 욕심도 채워지지 않는다는 것이다. 잠 27:20에 말하기를 "스올과 멸망의 구덩이가 만족을 모르듯, 사람의 눈도 만족을 모른다"고 했다. 그러므로 우리는 욕심을 부리지 말아야 한다(박윤선). 차라리 하나님만 소유하려는 욕심으로 차야 한다.

전 1:8. 모든 만물이 피곤하다는 것을 사람이 말로 다 말할 수는 없나니 눈은 보아도 족함이 없고 귀는 들어도 가득 차지 아니하도다.

만물이 다 지쳐 있다는 것을 사람이 말로 다 표현할 수 없는 일이다. 눈은 보아도 만족함이 없고, 귀는 들어도 마음에 꽉 차지 않으니 말이다. 세상만사는 끝없이 활동하며(Delitzsch, Nowack), 고통하고(Luther, Rosenmueller) 그 일들에 대해 우리의 입을 가지고는 다 말하지 못하고, 우리의 눈으로는 다 알아내지 못하며, 우리의 귀로는 다 듣지 못하고, 그래서 고통한다(Elster, Hengstemberg). 바울은 만물이 신음한다 했고(롬 8:22), 여기 전도자는 만사가 피곤하여 고통 한다고 묘사한다(이상근).

전 1:9. 이미 있던 것이 후에 다시 있겠고 이미 한 일을 후에 다시 할지라 해 아래에는 새 것이 없나니.

옛날에 이미 있던 것들이 훗날에 다시 있을 것이며, 옛날에 이미 일어났던 일이 훗날에 다시 일어날 것이다. 이 세상에는 새 것이라는 것이 없다는 말이

옳은 말이다. 세상만사는 끝없이 반복되면서 지나가기 때문에 과거의 사건이
미래에 다시 일어난다는 뜻이다. 세상만사는 유전(流轉)하여 새 것이란 없다.

**전 1:10. 무엇을 가리켜 이르기를 보라 이것이 새 것이라 할 것이 있으랴
우리가 있기 오래 전 세대들에도 이미 있었느니라.**

　　본 절은 전 절의 반복이다. '보라!, 이것이 바로 새 것이다' 하고 말할
수 있는 것이 있는가? 그것은 이미 오래전부터 있던 것이지 새것은 아니라는
것이다. 다만 우리보다 앞서 있던 것일 뿐이다. 그러나 하나님은 새 일을 하신다
고 했다(민 16:30; 사 43:19; 65:17; 렘 31:22). 하늘 아래 새 것은 없고, 모든
것은 반복되는 것뿐이라는 것이다. 새로운 생명의 역사는 하나님께만 있다.
이 세상에 만족이 없는 그 사실이 사람들로 하여금 하나님을 찾도록 만드는
것이다(박윤선).

**전 1:11. 이전 세대들이 기억됨이 없으니 장래 세대도 그 후 세대들과 함께
기억됨이 없으리라.**

　　지나간 세대들이 잊혀지고, 앞으로 올 세대들도 그 다음 세대가 기억해
주지 않을 것이다. 세상만사는 반복할 뿐 아니라 사람들의 기억 속에서 잊어버
린바가 되니 허무한 것이다. 지금 세대 사람들은 과거 세대 사람들을 이미
잊어버리고 말았고, 그리고 미래 사람들은 현세대 일을 완전히 잊을 것이고,
그들의 일도 미래에 있을 사람들에게는 과거의 일이니 잊을 것이다(2:16; 9:5).
지금 세대 사람들이 뽐내고 교만하지만 남는 것이 무엇인가. 그러므로 사람의
소망은 하나님밖에 없다(시 39:7).

　　B. 해 아래 모든 것이 허무하다　1:12-2:26
　　이 부분은 전도자 솔로몬이 이스라엘 왕으로 부귀와 권력과 지혜를 총동원
하여 인생을 탐구한 결과는 허무였다는 것을 말한다. 이 부분의 내용은 인간
지혜는 허무하다(1:12-18), 인간 향락도 허무하다(2:1-11), 인간 지혜는 허무하

다(2:12-17), 인간이 수고하는 것도 허무하다(2:18-23), 하나님의 손에서 나오는 것만이 행복이라(2:24-26)고 말한다.

1. 인간 지혜도 허무하다   1:12-18

전도자 솔로몬은 그의 탁월한 지혜로 인생을 탐구한 결과가 허무였다는 것을 말한다.

<지혜가 많으면 번뇌도 많다>

전 1:12. 나 전도자는 예루살렘에서 이스라엘 왕이 되어.

나 전도자(모임에서 말하는 자라는 뜻)는 예루살렘에서 이스라엘 왕이 되어 나라를 다스리는 동안에 다음과 같이 연구해서 인생을 살펴보았다는 것을 말한다. "이스라엘 왕"에 대해 1:1; 잠 1:1 주해 참조.

전 1:13. 마음을 다하며 지혜를 써서 하늘 아래에서 행하는 모든 일을 연구하며 살핀즉 이는 괴로운 것이니 하나님이 인생들에게 주사 수고하게 하신 것이라 (And I applied my heart to seek and to search out by wisdom all that is done under heaven; it is an unhappy business that God has given to the children of man to be busy with-ESV).

하늘 아래에서 진행되는 온갖 일을 살펴서 알아내려고 지혜를 짜며 심혈을 기울였는데, 하늘 아래에서 진행되는 모든 일은 인생들이 당해야 하는 불행한 괴로움이라는 것이었다. 하나님은 왜 사람을 이런 수고로운 일에다 얽어매어 꼼짝도 못하게 하시는 것인가? 솔로몬은 하나님께 1,000번제를 드린 다음 하나님으로부터 엄청난 지혜를 받았다(왕상 3:12; 4:29-34). 그는 자기가 받은 지혜를 사용하여(17절; 7:25; 8:9-10; 단 10:12) 인생 문제를 탐구했다. 여기 "하늘 아래에서"라는 말은 "해 아래에서"(1:3)라는 말과 동의어로 이 세상을 지칭한다. "모든 일을 연구하며 살폈다"는 말은 '만사의 뿌리를 모든 방면에서 탐구했다는 것'을 뜻한다(Delitzsch). 그 결과는 인생들이 "괴로움을 당한 것"을 뜻한다. 그것은 하나님께서 타락한 인간에게 가하신 형벌이었다(창 3:17).

전 1:14. 내가 해 아래에서 행하는 모든 일을 보았노라 보라 모두 다 헛되어 바람을 잡으려는 것이로다.

세상에서 인간들이 벌이는 온갖 일을 살펴보니 그 모두가 다 헛되어 바람을 잡으려는 것과 똑같다는 것이었다. 솔로몬은 사람들이 세상에서 벌이는 모든 일을 살펴보니 그 모두가 헛되어 바람을 잡으려는 행위와 똑같다는 것을 말한다 (1:14; 2:11, 17, 26; 4:4, 6; 6:9). 손으로 바람을 잡는다고 해서 잡히는가? 바람은 절대 잡히지 않는다. 인생의 모든 일은 바람을 잡는 것처럼 잡히지 않는다.

전 1:15. 구부러진 것도 곧게 할 수 없고 모자란 것도 셀 수 없도다(What is crooked cannot be made straight, and what is lacking cannot be counted-ESV).

본 절은 잠언과 비슷한 어구로(Lange, Deane) 7:13과 흡사하다. 구부러진 것도 곧게 할 수도 없는 일이고, 없는 것은 셀 수도 없다는 것이다. 본 절은 죄로 인해 타락한 인간성과 그로 말미암은 인생의 고민을 말하는 것이다.

"모자란 것도 셀 수 없도다"란 말은 불완전한 것을 완전케 할 방법이 없다는 뜻이다. 곧, 인간의 지혜로는 망할 인간을 구원할 길이 없다는 뜻이다. 렘 13:23에 말하기를 "구스인이 그의 피부를, 표범이 그의 반점을 변하게 할 수 있느냐 할 수 있을진대 악에 익숙한 너희도 선을 행할 수 있으리라"고 했다. 잠 26:12에 말하기를 "네가 스스로 지혜롭게 여기는 자를 보느냐 그보다 미련한 자에게 오히려 희망이 있느니라"고 했다.

전 1:16. 내가 내 마음 속으로 말하여 이르기를 보라 내가 크게 되고 지혜를 더 많이 얻었으므로 나보다 먼저 예루살렘에 있던 모든 사람들보다 낫다 하였나니 내 마음이 지혜와 지식을 많이 만나 보았음이로다.

나는 마음속으로 장담하기를 "나는 지혜를 많이 얻었으므로 이전에 예루살렘에서 다스리던 어느 누구도, 지혜에 있어서는 나를 뛰어넘지 못할 것이라고 하였으니 지혜와 지식을 쌓는 일에서, 나보다 더 많은 경험을 한 사람은 없다"고 했다. 여기 "나보다 먼저 예루살렘에 있던 모든 사람들보다 낫다 하였다"는 말은 '솔로몬 이전에 예루살렘에 있었던 사람들'을 지칭하는 말이다. 이전에 예루살렘에 있었던 사람들이란 멜기세덱(창 14:18), 아도니세덱(수 10:3), 헤만, 갈골, 다르다(왕상 4:13) 그리고 다윗 등의 현인들이 이에 해당한다고 볼 수 있다(Hengstenberg, Deane). 혹자는 여기 다윗의 이름이 거론되는 것을 보고 본 절을 솔로몬의 저작이 아닐 것이라고 하나(Hitzig), 그렇게 볼 필요는 없을 것이다. 솔로몬이 그 누구에 비해서라도 하나님으로부터 지혜를 많이 받았는데도 인간의 지혜로는 구부러지고 이지러진 세상사의 여러 현상들을 바로 잡는 것이 도저히 불가능하다는 것을 말하기 위함이니 솔로몬이 다윗을 무시하기 위함이 아닌 것으로 보아야 할 것이다.

전 1:17. 내가 다시 지혜를 알고자 하며 미친 것들과 미련한 것들을 알고자 하여 마음을 썼으나 이것도 바람을 잡으려는 것인 줄을 깨달았도다.

내가 또 무엇이 슬기롭고 똑똑한 것인지, 무엇이 얼빠진 것들이고 어리석은 것들인지를 구별하려고 심혈을 기울였으나 그처럼 알려고 하는 그것 또한 바람을 잡으려는 것과 같은 일임을 알게 되었다는 것이다. 솔로몬은 지혜만이 아니라 그와 대조되는 미친 것들과 미련한 것들까지도 알려고 했으나 그것조차도 허사였다는 것을 알게 되었다는 것이다. 솔로몬은 인간의 지혜는 아무것도 아님을 절실히 알았음을 말한다.

전 1:18. 지혜가 많으면 번뇌도 많으니 지식을 더하는 자는 근심을 더하느니라.

지혜가 많아지면 번뇌도 많아지고, 아는 것이 많아지면 걱정도 많아지더라는 것이다. 세상만사에 대해 알면 알수록 그 모순점을 발견하여 근심하게 되고, 또 자신에 대해 알면 알수록 자신이 너무 부족한 인간임을 깨닫고 고민하게 되는 것이다.

제 2 장

2. 인간 향락도 허무하다 2:1-11

지혜를 가지고 인생 문제를 해결하는 것은 완전히 실패한다는 것을 말한 솔로몬은 이제 향락의 길을 택하여 향락도 허무함을 말하고 또 사업을 크게 해보았으나 그것 역시 허무한 것임을 깨달은 것을 말한다.

<즐거움도 헛되다>

전 2:1. 나는 내 마음에 이르기를 자, 내가 시험삼아 너를 즐겁게 하리니 너는 낙을 누리라 하였으나 보라 이것도 헛되도다.

나는 혼자서 이런 생각을 해 보고 말하기를 "내가 시험 삼아 너를 즐겁게 할 것이니, 너는 네 마음껏 한 번 즐거보아라." 그러나 이것도 헛된 일이었다. 이는 눅 12:19의 말씀과 같은 것이다. 즉, 어리석은 부자는 말하기를 "또 내가 내 영혼에게 이르되 영혼아 여러 해 쓸 물건을 많이 쌓아 두었으니 평안히 쉬고 먹고 마시고 즐거워하자"고 했으나 하나님께서 그날로 우리의 영혼을 불러 가시면 우리가 쌓아 놓은 것이 아무것도 아님과 같다는 것이다.

전 2:2. 내가 웃음에 관하여 말하여 이르기를 그것은 미친 것이라 하였고 희락에 대하여 이르기를 이것이 무슨 소용이 있는가 하였노라.

내가 웃음에 관하여 말하기를 웃음이라는 것은 미친 것이라 했고, 즐거움이라는 것은 쓸데없는 것이라 했다는 것이다. 여기 웃음이나 희락이란 것은 세상적인 기쁨이나 향락이라는 것이다. 솔로몬이 기쁨이나 희락을 미친 것이라, 희락에 대하여 무슨 소용이 있는가라고 말하는 것은 "웃을 때에도 마음에 슬픔이 있고 즐거울 때에도 근심이 있기" 때문이었다(잠 14:13). 근본적으로 하나님과 연합함 없는 파편적인 기쁨들 모두는 마음의 고통을 더하는 것이다.

전 2:3. 내가 내 마음으로 깊이 생각하기를 내가 어떻게 하여야 내 마음을 지혜로 다스리면서 술로 내 육신을 즐겁게 할까 또 내가 어떻게 하여야 천하의 인생들이 그들의 인생을 살아가는 동안 어떤 것이 선한 일인지를 알아볼 때까지 내 어리석음을 꼭 붙잡아 둘까 하여.

지혜를 갈망해 온 나는, 술로 내 육신을 즐겁게 하여 볼까 하고, 또 낙을 누려보려고 마음먹은 적도 있다. 참으로 어리석게도, 이렇게 사는 것이 짧은 한평생을 가장 보람 있게 사는 것이라고 생각했다. 전도자가 "마음으로 깊이 생각했다"는 말은 '마음속으로 깊이 탐구했다'는 뜻이다(Delitzsch). 전도자가 탐구한 것은 네 가지 분야를 포함하는 것이었다. 즉, 지혜에다가 술을 겸했고, 어리석음과 쾌락을 겸했다는 것이다. 솔로몬은 지혜를 통하여 자신의 마음속에서 일어나는 욕망을 냉정하게 다스려 나갔다.

전 2:4. 나의 사업을 크게 하였노라 내가 나를 위하여 집들을 짓고 포도원을 일구며.

솔로몬은 여러 가지 큰일을 성취해 보았다. 집들을 지어 보았고, 여러 곳에 포도원도 만들어 보았다. 가옥을 지어보았고(왕상 7장; 9장; 대하 8장), 포도원을 넓히는 일(대상 27:27-28; 아 8:11)은 세상에서 즐거움을 맛보는 일이었다(사 5:8-9; 암 3:15).

전 2:5. 여러 동산과 과원을 만들고 그 가운데에 각종 과목을 심었으며.

솔로몬은 멋진 정원(아 4:13; 느 2:8)과 과수원(왕하 25:4; 렘 52:7; 느 3:15)을 만들고, 거기에 온갖 과일나무도 심어 보았다는 것이다.

전 2:6. 나를 위하여 수목을 기르는 삼림에 물을 주기 위하여 못들을 팠으며.

솔로몬은 자기를 위하여 나무들을 기르는 삼림에 물을 주기 위하여 여러 곳에 저수지들을 만들어 보기도 했다는 것이다. 예루살렘에 왕의 못을 팠고(느 2:14), 헤스본에도 못을 파기도 했다(아 7:4).

전 2:7. 남녀 노비들을 사기도 하였고 나를 위하여 집에서 종들을 낳기도 하였으며 나보다 먼저 예루살렘에 있던 모든 자들보다도 내가 소와 양 떼의 소유를 더 많이 가졌으며.

본 절은 솔로몬을 위하여 한 일들이 진술된다. 즉, 남자, 여자 종들을 사들이기도 했고, 집에서 씨종들이 태어나게도 했다. 나는 또한, 지금까지 예루살렘에 살던 어느 누구도 일찍이 그렇게 가져 본 적이 없을 만큼 많은 소들과 양 같은 가축 떼를 가져 보았다. 다윗은 가축이 심히 많아 그것들을 맡아 관리하는 관리들이 많았는데(대상 27:29-31), 솔로몬은 더욱 많았다.

전 2:8. 은 금과 왕들이 소유한 보배와 여러 지방의 보배를 나를 위하여 쌓고 또 노래하는 남녀들과 인생들이 기뻐하는 처첩들을 많이 두었노라.

솔로몬은 은과 금, 그리고 임금들이 가지고 있던 여러 나라의 보물도 모아 보았으며, 또 남녀 가수들도 거느려 보았고, 남자들이 좋아하는 처첩들도 많이 거느려 보았다는 것이다. 본 절의 일들은 인생들이 향락을 즐기는 여러 가지 조건들을 진술한 것이다. 솔로몬 시대에는 은(銀)이 돌같이 많았다(왕상 10:27). 그리고 각국 왕들이 가져온 금과 보배들이 넘쳤다(왕상 9:28; 10:14).

그리고 왕궁에는 "노래하는 남녀들"이 있어 솔로몬의 마음을 기쁘게 해주었다(삼하 19:36). 또 솔로몬에게는 처첩이 많았는데, 후비가 700인이요, 빈장이 300인이었다(왕상 11:1-3; 아 6:8). 그러나 이런 향락은 허무한 것이었고, 결국 솔로몬을 타락시키는 도구가 되고 말았다.

전 2:9. 내가 이같이 창성하여 나보다 먼저 예루살렘에 있던 모든 자들보다 더 창성하니 내 지혜도 내게 여전하도다.

솔로몬 자신은 일찍이 예루살렘에 살던 그 어느 누구보다도(1:16 참조)

더 큰 세력을 가진 사람이 되었는데도 내 지혜가 늘 내 곁에서 나를 깨우쳐 주었다는 것이다. 그가 젊었을 때 가지고 있던 지혜를 그대로 유지했다는 말이다.

전 2:10. 무엇이든지 내 눈이 원하는 것을 내가 금하지 아니하며 무엇이든지 내 마음이 즐거워하는 것을 내가 막지 아니하였으니 이는 나의 모든 수고를 내 마음이 기뻐하였음이라 이것이 나의 모든 수고로 말미암아 얻은 몫이로다.

솔로몬 나는 원하던 것을 다 얻어 누렸다. 누리고 싶은 낙은 무엇이든 삼가지 않고 누렸다. 나는 하는 일마다 다 막히지 않고 누렸다. 이것은 내가 수고하여 얻은 나의 몫인 셈이었다. 전도자는 많은 것을 얻은 부호가 되었을 뿐 아니라 그것으로 충분한 쾌락을 누렸다. 그리고 누구의 힘에 의해서 막힘도 없었다는 것이다.

전 2:11. 그 후에 내가 생각해 본즉 내 손으로 한 모든 일과 내가 수고한 모든 것이 다 헛되어 바람을 잡는 것이며 해 아래에서 무익한 것이로다.

솔로몬은 시간이 지나서 생각해 보니 내 손으로 성취한 모든 일과 내가 이루려고 애쓴 나의 수고를 뒤돌아보니, 참으로 세상 모든 것이 바람을 잡는 것 같이 헛되었고, 아무런 보람도 없고 무익한 것임을 깨달은 것이었다. 여기 "해 아래"란 말에 대해서는 1:14 주해 참조.

3. 인간 지혜도 허무하다 2:12-17

1:12-18에 이어 여기 다시 인간지혜가 허무함을 말한다. 지혜자와 미련한 자가 똑같은 일을 당하고, 다 함께 죽음을 당하니 지혜자가 나은 것이 없다는 것이다. 결국 인간 지혜도 허무하다는 것이다. 1:12-18; 2:1-11에 이어 본 단락(2:12-17)에서는 범위를 좀 더 넓혀 해 아래 인간이 가지고 있는 모든 상대적 우월함조차 죽음을 필연적으로 맞이할 수밖에 없는 인간의 궁극적 허무를 극복하게 할 수 없음을 드러내고 있다.

<지혜자나 우매자나>

전 2:12. 내가 돌이켜 지혜와 망령됨과 어리석음을 보았나니 왕 뒤에 오는 자는 무슨 일을 행할까 이미 행한 지 오래 전의 일일 뿐이리라.

솔로몬은 무엇이 지혜로운 일이며, 무엇이 망령되고(얼빠진 일) 어리석은 일인지 알려고 애를 써 보기도 했는데, 자기 뒤에 임금 자리를 이어받은 사람이 무엇을 할 수 있겠는지 기껏해야 앞서 다스리던 왕이 이미 하던 일뿐이 아닐까 하고 생각을 해보았다는 것이다. 솔로몬은 자기의 행한 일들이 별 것 아니었다는 생각을 한 것이다.

전 2:13. 내가 보니 지혜가 우매보다 뛰어남이 빛이 어둠보다 뛰어남 같도다.

솔로몬이 본 절과 14절 상반절에서 보니 빛이 어둠보다 뛰어나듯이(잠 6:23; 마 6:33), 지혜가 어리석음보다 더 낫다는 것을 말한다. 지혜가 어리석음보다 나은 이유는 지혜자가 생명의 힘을 발휘하면서 사는데 비해 어리석은 자는 생명을 분간하지 못하고, 무의미하게 산다는 것이다(이상근).

전 2:14. 지혜자는 그의 눈이 그의 머리 속에 있고 우매자는 어둠 속에 다니지만 그들 모두가 당하는 일이 모두 같으리라는 것을 나도 깨달아 알았도다.

솔로몬은 슬기로운 지배자는 제 앞을 보지만, 어리석은 사람은 어둠 속에서 헤맨다는 것에 대해 나는 벌써부터 알고 있었다. 지혜 있는 사람에게나 어리석은 사람에게나 다 같이 똑같은 운명이 똑같이 닥친다는 것도 알고 있었다는 것이다. 본 절의 상반절은 앞 절(13절)과 같은 내용이다. 그리고 "그의 눈이 그의 머리 속에 있다"는 말은 '그의 눈이 밝다'는 뜻으로 그것은 '눈을 뜨고 있다'는 뜻이다. 그러나 하반절은 상반절과는 대조되는 말로 지혜자나 어리석은 자는 다 같은 일을 당한다는 것이다. 다시 말해 지혜자가 우매자보다 나은 것은 없다는 뜻이다.

전 2:15. 내가 내 마음속으로 이르기를 우매자가 당한 것을 나도 당하리니

내게 지혜가 있었다 한들 내게 무슨 유익이 있으리요 하였도다 이에 내가
내 마음속으로 이르기를 이것도 헛되도다 하였도다.

솔로몬은 14절 하반절에 지적하기를 지혜자가 우매자보다 나은 것은 없다
는 것을 알았으니 본 절에서 솔로몬은 스스로 물었다. "어리석은 사람이 겪을
운명을 나도 겪을 터인데, 무엇을 더 바라고, 왜 내가 지혜를 더 얻으려고
애썼는가?" 그리고 나 스스로 대답하였다. "지혜를 얻으려는 일도 헛되구나"
했다. 죽음 앞에서는 어리석은 사람이나 솔로몬이나 동일하다는 것을 깨달았다
는 것이다.

**전 2:16. 지혜자도 우매자와 함께 영원하도록 기억함을 얻지 못하나니 후일에는
모두 다 잊어버린 지 오랠 것임이라 오호라 지혜자의 죽음이 우매자의 죽음과
일반이로다.**

솔로몬은 사람이 지혜가 있다고 해서 사람들의 기억에 오래 기억되는 것도
아니다. 지혜가 있다고 해도 어리석은 사람과 함께 사람들의 기억에서 영원히
사라져 버리고 만다. 슬기로운 사람도 죽고 어리석은 사람도 죽는 점에서
일반이라는 것이다. 본 절은 전 절을 구체적으로 말한 것이다.

**전 2:17. 이러므로 내가 사는 것을 미워하였노니 이는 해 아래에서 하는 일이
내게 괴로움이요 모두 다 헛되어 바람을 잡으려는 것이기 때문이로다.**

솔로몬은 "지혜자와 우매자가 똑같이 죽음을 당하니(16절) 산다는 것이
다 덧없는 것이 아닌가!"라고 말한다. 인생살이에 얽힌 일들이 나에게는 괴로움
일 뿐이다. 모든 것이 바람을 잡으려는 것처럼 헛될 뿐이다(욥 3:20; 6:8-9))고
말한다. "해 아래에" 대해 1:3 주해 참조. "헛되어 바람을 잡으려는 것이다"에
대해 1:14 주해 참조.

4. 인간이 수고하는 것도 허무하다   2:18-23
인생의 한 생애 동안 수고한 모든 열매가 뒤에 오는 인생들에게 넘어가는

것이므로 모든 인생의 수고들도 다 허무하다는 것이다.

<수고도 헛되다>

전 2:18. 내가 해 아래에서 내가 한 모든 수고를 미워하였노니 이는 내 뒤를 이을 이에게 남겨 주게 됨이라.

솔로몬은 내가 이 세상에서 수고하여 이루어 놓은 모든 것을 내 뒤에 올 사람에게 물려줄 일을 생각하면, 억울하기 그지없어 모든 수고를 미워한다는 것이다. 솔로몬의 이 염려는 현실이 되었다. 그가 다스려 온 북쪽의 10지파가 그의 아들 르호보암의 실수로 엉뚱하게도 여로보암의 손에 들어간 것이다(왕상 12:6-24). 이런 일은 참으로 한탄스러운 것이었다.

전 2:19. 그 사람이 지혜자일지, 우매자일지야 누가 알랴마는 내가 해 아래에서 내 지혜를 다하여 수고한 모든 결과를 그가 다 관리하리니 이것도 헛되도다.

솔로몬은 말하기를 내 뒤에 와서 내가 하던 일을 맡아볼 그 사람이 지혜로운 사람일지, 어리석은 사람일지, 누가 안단 말인가? 결코 알 수 없는 일이다. 그러면서도, 세상에서 내가 수고를 마다하지 않고 지혜를 다해서 이루어 놓은 모든 것(국부, 국력 등)을, 그에게 물려주게 되어 맡겨야 하다니, 이 수고도 헛된 일이 되는 것 아닌가?

전 2:20. 이러므로 내가 해 아래에서 한 모든 수고에 대하여 내가 내 마음에 실망하였도다.

솔로몬은 세상에서 자신이 애써 이룩해 놓은 모든 수고를 후계자에게 물려줄 생각을 해 보니 내 마음에는 실망으로 가득 찬 것뿐이라고 말한다.

전 2:21. 어떤 사람은 그 지혜와 지식과 재주를 다하여 수고하였어도 그가 얻은 것을 수고하지 아니한 자에게 그의 몫으로 넘겨주리니 이것도 헛된 것이며 큰 악이로다.

솔로몬은 본 절에서 일반적인 경우를 들어 말한다. 수고는 슬기롭고 똑똑하고 재능있는 사람이 하고, 그 수고한 사람이 받아야 할 몫은 아무 수고도 하지 않은 다른 사람이 받는다는 것이 매우 억울한 일임을 말한다. 그러므로 이 수고 또한 헛된 일이고, 무엇인가 수고한 자신에게는 정말 악한 일이라고 말한다. 본 절 내용은 일반 사회에 존재하는 일이면서 동시에 솔로몬 자신의 일이기도 하므로 그의 안타까움이 진하게 배어 있다.

전 2:22. 사람이 해 아래에서 행하는 모든 수고와 마음에 애쓰는 것이 무슨 소득이 있으랴.

본 절은 전 절을 달리 표현한 말인데 솔로몬은 사람이 세상에서 온갖 수고를 마다하지 않고 애쓰고 속을 썩이지만, 무슨 보람이 있단 말인가라고 의문한다. 이 의문의 답은 "없다"는 것이다. "해 아래에서"란 말에 대해 1:3주해 참조.

전 2:23. 일평생에 근심하며 수고하는 것이 슬픔뿐이라 그의 마음이 밤에도 쉬지 못하나니 이것도 헛되도다.

솔로몬은 사람이 평생에 하는 일이 괴로움(1:13; 시 90:10)과 슬픔뿐이고, 밤에도 그의 마음이 편히 쉬지 못하니, 이 수고 또한 수고하는 자신에게 헛된 일일 뿐이라는 것이다.

　　5. 하나님의 손에서 나오는 것만이 복이다　2:24-26

이 부분(24-26절)은 하나님께서 주시는 먹고 마심과 낙을 누리는 일이 좋고 또 그것이 하나님께서 주시는 복이라는 것을 말한다.

전 2:24. 사람이 먹고 마시며 수고하는 것보다 그의 마음을 더 기쁘게 하는 것은 없나니 내가 이것도 본즉 하나님의 손에서 나오는 것이로다.

솔로몬이 깨달은 것은 사람이 먹는 것과 마시는 것, 또 자기가 하는 수고에서 스스로 보람을 느끼는 것보다 더 좋은 것은 없다는 사실이다. 알고 보면 이것도 하나님이 주시는 것이라는 것이다. 본 절은 지금까지의 결론인 셈이다 (Barton). 본 절의 주장은 솔로몬의 기본 사상으로 본서에 여러 차례 나타난다 (3:12, 22; 5:17; 7:14; 8:15; 9:7; 11:9). 하나님께서 인생에게 먹고 마시고 마음으로 즐거워하게 하신다면 바로 그것이 복이라고 할 수 있는 것이다.

전 2:25. 아, 먹고 즐기는 일을 누가 나보다 더 해 보았으랴(for apart from him who can eat or who can have enjoyment?-RSV, ESV).

히브리어 원전에는 본 절 초두에 이유 접속사(yKi)가 나와 본 절이 전 절의 이유라는 것을 말한다. 즉, 하나님께서 주시지 않고서야, 누가 먹을 수 있으며, 누가 즐길 수 있겠는가? 하나님께서 허락하셨기에 솔로몬이 즐길 수 있었다는 것이다.

전 2:26. 하나님은 그가 기뻐하시는 자에게는 지혜와 지식과 희락을 주시나 죄인에게는 노고를 주시고 그가 모아 쌓게 하사 하나님을 기뻐하는 자에게 그가 주게 하시지만 이것도 헛되어 바람을 잡는 것이로다.

솔로몬은 말하기를 하나님께서는 마음에 드는 사람에게 지혜와 지식과 기쁨을 주시지만 죄인에게는 모아서 쌓는 수고를 시켜서, 그 모은 재산 전체를 하나님 마음에 드는 사람에게 주시니, 죄인의 수고도 헛되어서 바람을 잡으려는 것과 같은 것이라고 한다. 죄인들은 수고는 넘치게 하나 결국 그 수고한 것이 하나님께 봉사하는 사람에게 돌아가게 되니 그것도 죄인에게는 바람을 잡으려는 것 같다는 것이다. 본 절의 사상은 유대인의 전통적 사상으로 자리를 잡았다 (욥 27:17; 잠 13:22; 28:8).

제 3 장

C. 하나님의 예정 아래의 인생   3장

3장은 세상만사가 하나님의 예정 하에 있다는 것을 말한다. 본 장의 내용은 세상만사에 때가 있다(1-8절), 그 때는 하나님께서 정하셨다(9-15절), 인생의 끝은 죽음이다(16-22절)라는 내용으로 구성되어 있다.

  1. 세상 모든 일에는 때가 있다   3:1-8

이 부분(1-8절)은 인간 만사가 때가 있다는 것을 말한다. 1절은 서론이고 2-8절은 모두 14짝으로 된 대구들이다.

<모든 일에 때가 있다>

전 3:1. 범사에 기한이 있고 천하 만사가 다 때가 있나니(For everything there is a season, and a time for every matter under heaven-RSV, ESV).

  세상 모든 일에는 다 기한이 있고, 세상에서 일어나는 모든 일에는 그에 걸 맞는 때가 있다는 것이다. 여기 "기한"(season)이란 말은 '확정되어 있는 시기'를 뜻하고, "때"(time)라는 말은 '일반적인 때'를 가리킨다. 인간 만사에는 때가 있고, 영원한 것은 없다. 그리고 이 같은 사실이 끝없이 반복되는 것이다.

전 3:2. 날 때가 있고 죽을 때가 있으며 심을 때가 있고 심은 것을 뽑을 때가 있으며.

  첫째 짝인 "날 때가 있고 죽을 때"는 세상에 왔다가 간 사람은 출생할 때가 있고 사망할 때가 있다는 뜻이다. 그리고 둘째 짝인 "심을 때가 있고 심은 것을 뽑을 때"가 있다는 말은 농작물이나 조림(造林)의 경우에 시작할 때와 끝날 때가 있다는 뜻이다.

전 3:3. 죽일 때가 있고 치료할 때가 있으며 헐 때가 있고 세울 때가 있으며.

셋째 짝인 "죽일 때가 있고 치료할 때가 있다"는 말은 개인 생명의 죽을 때와 시작할 때가 있다는 것을 말한다. 넷째 짝인 "헐 때가 있고 세울 때가 있다"는 말은 가옥이나 도시나 국가에 시종이 있다는 것을 말한다.

전 3:4. 울 때가 있고 웃을 때가 있으며 슬퍼할 때가 있고 춤출 때가 있으며.

다섯째 짝인 "울 때가 있고 웃을 때가 있다"는 말은 사람이 사는 동안에 슬피 울 때가 있고 울음을 멈추고, 웃을 때가 있다는 뜻이다. 그리고 여섯째 짝인 "슬퍼할 때가 있고 춤출 때가 있다"는 말은 장례가 나면 조문객들은 상주와 함께 슬퍼하고, 또 결혼식장에서는 함께 춤추기도 한다는 뜻이다.

전 3:5. 돌을 던져 버릴 때가 있고 돌을 거둘 때가 있으며 안을 때가 있고 안는 일을 멀리 할 때가 있으며.

일곱째 짝은 "돌을 던져 버릴 때가 있고 돌을 거둘 때가 있다"는 것은 여러 경우를 들 수가 있다. 밭에 돌을 던져 경작을 못하게 할 때도 있고, 돌을 거두어 경작할 때를 가리킬 수 있고, 혹은 건축할 때 돌을 버렸다가 다시 돌을 거두어 쓸 때를 지칭할 수도 있다(마 21:42). 여덟째 짝인 "안을 때가 있고 안는 일을 멀리 할 때가 있다"는 말은 남녀 관계에서 사랑할 때와 사랑하는 일을 멀리 할 때를 지칭할 수도 있다.

전 3:6. 찾을 때가 있고 잃을 때가 있으며 지킬 때가 있고 버릴 때가 있으며.

아홉째 짝인 "찾을 때가 있고 잃을 때"가 있다는 말은 사람이 재물을 찾을 때가 있으며 찾았던 재물을 잃을 때가 있다는 것이다. 또 열째 짝인 "지킬 때가 있고 버릴 때가 있다"는 말은 어떤 귀중품을 지킬 때가 있고 또 어떤 때는 그것을 버릴 때가 있다는 것이다.

전 3:7. 찢을 때가 있고 꿰맬 때가 있으며 잠잠할 때가 있고 말할 때가 있으며.

열한째 짝은 "찢을 때가 있고 꿰맬 때가 있다"는 것이다. 큰 슬픔이나 어떤 충격적인 소식을 접하여 옷을 찢기도 하고, 그 슬픔이 지나가 버리면 찢었던 옷을 꿰맬 때가 있다는 것이다. 그리고 열두째 짝인 "잠잠할 때가 있고 말할 때가 있다"는 것이다. 이런 경우는 참으로 많은 경우를 예로 들 수 있을 것이다.

전 3:8. 사랑할 때가 있고 미워할 때가 있으며 전쟁할 때가 있고 평화할 때가 있느니라.

열셋째 짝은 "사랑할 때가 있고 미워할 때가 있다"는 것이다. 이런 경우도 많은 예를 들 수 있다. 열넷째 짝인 "전쟁할 때가 있고 평화할 때"가 있다는 것이다. 이런 경우는 국가 간이나 진영 간에 전쟁할 때나 평화를 누릴 때의 경우를 예로 들 수 있을 것이다.

2. 하나님은 모든 것을 섭리하신다   3:9-15

전 3:9. 일하는 자가 그의 수고로 말미암아 무슨 이익이 있으랴.

솔로몬은 사람이 애쓴다고 해서 하나님께서 주장하시는 일에 무엇을 더 보탤 수 있겠는가라고 말한다. 하나님께서 주장하시는 모든 일에 아무것도 더 보탤 수는 없다는 것이다.

전 3:10. 하나님이 인생들에게 노고를 주사 애쓰게 하신 것을 내가 보았노라.

솔로몬은 본 절에서 이제 보니(1:3 참조) 이 모든 어려운 짐은 하나님이 사람에게 수고하라고 지우신 짐이라고 말한다. 하나님은 타락한 인간에게 벌칙을 주신 것이다(창 3:17).

전 3:11. 하나님이 모든 것을 지으시되 때를 따라 아름답게 하셨고 또 사람들에게는 영원을 사모하는 마음을 주셨느니라 그러나 하나님이 하시는 일의 시종을 사람으로 측량할 수 없게 하셨도다(He has made everything beautiful in its

time; also he has put eternity into man's mind, yet so that he cannot find
out what God has done from the beginning to the end-RSV, ESV).

솔로몬은 하나님께서 모든 것이 제때에 아름답게 일어나도록 만드셨음을
전한다. 더욱이 하나님께서는 사람들에게 과거와 미래를 생각하는 감각을 주셨
다. 그러나 사람은, 하나님이 하신 일을 처음부터 끝까지 다 깨닫지는 못하게
하셨다고 말한다. 본 절의 "하나님이 모든 것을 지으시되 때를 따라 아름답게
하셨다"는 말은 '세상만사가 하나님의 때에 맞도록 되어지는 때에는 모두
아름답다'는 뜻이다(박윤선). 그리고 "사람들에게는 영원을 사모하는 마음을
주셨느니라"는 말은 '하나님께서 사람들에게 하나님의 영원한 세계를 사모하
는 마음을 주셨다'는 뜻이다. 영원을 사모하는 마음은 하나님께서 인생에게만
주신 마음이다. 그러나 하나님께서는 인생들에게 하나님께서 하시는 일의 시종
을 측량할 수 없게 하셨다. 따라서 우리에게는 불가지의 세계가 있음을 알아야
한다(롬 1:19). 우리는 극히 일부분만 알고 사는 것이다.

**전 3:12. 사람들이 사는 동안에 기뻐하며 선을 행하는 것보다 더 나은 것이
없는 줄을 내가 알았고.**

솔로몬은 이제 내가 깨달은 것은 기쁘게 사는 것, 또 살면서 좋은 일을
하는 것보다 더 좋은 것이 없는 줄을 알았다고 말한다. 여기 "내가 알았
고"(יָדַעְתִּי)란 말이 히브리 원전에서 본 절의 제일 앞에 나타나 뜻이 강조되어
있다. 즉, 솔로몬이 깨달은 것은 사람이 사는 동안에 기쁘게 사는 일, 그리고
선(윤리적 선)을 행하는 것보다 더 나은 것은 없다는 것이다. 그러므로 우리는
기쁘게 살고, 또 다른 이에게는 선을 행하면서 살아야 할 것이다.

**전 3:13. 사람마다 먹고 마시는 것과 수고함으로 낙을 누리는 그것이 하나님의
선물인 줄도 또한 알았도다.**

솔로몬은 사람이 먹을 수 있고, 또 마실 수 있으며, 그리고 모든 하는
일에 만족을 누릴 수 있다면(2:1) 이것이야말로 하나님이 주신 선물(2:24-25)이

라는 것을 알았다는 것이다. 이 향락이야말로 세속적인 향락과는 다른 것이다.

전 3:14. 하나님께서 행하시는 모든 것은 영원히 있을 것이라 그 위에 더 할 수도 없고 그것에서 덜 할 수도 없나니 하나님이 이같이 행하심은 사람들이 그의 앞에서 경외하게 하려 하심인 줄을 내가 알았도다.

본 절에도 역시 "내가 알았도다"(יָדַעְתִּי)란 말이 본 절 제일 앞에 나타나 뜻이 강조되어 있다(12절 주해 참조). 솔로몬은 이제 내가 안 것은 하나님께서 하시는 모든 일은 언제나 한결같다는 것이며 거기에다 무엇을 더 보탤 수도 없고 뺄 수도 없다는 것이다. 다시 말해 사람이 먹고 마시며 즐겁게 사는 것은 하나님께서 정하신 것이고, 그것은 절대적인 것으로 거기에 사람은 무엇을 보탤 수도 없고, 뺄 수도 없다는 것이다(계 22:18-19). 하나님께서 이렇게 하시니 사람은 그를 두려워할 수밖에 없다는 것을 깨달았다는 것이다. 우리는 하나님의 섭리에 절대적으로 순종해야 하는 것이다.

전 3:15. 이제 있는 것이 옛적에 있었고 장래에 있을 것도 옛적에 있었나니 하나님은 이미 지난 것을 다시 찾으시느니라(That which is, already has been; that which is to be, already has been; and God seeks what has been driven away-RSV, ESV).

솔로몬은 지금 세상에 있는 것이 옛적에 있었던 것이고, 앞으로 있을 것도 이미 있었던 것이라고 말한다. 하나님은 하신 일을 되풀이하신다고 말한다. 본 절 주해를 위해 1:9; 6:10; 욥 14:5; 시 139:5 주해 참조. 하나님은 세상만사의 과거와 현재와 미래를 반복하게 하신다는 것이다. 그것이 하나님의 섭리인 것을 말한다. 하나님은 이제도 있고 전에도 있었고 장차 올 모든 것을 섭리하신다는 것이다.

3. 인생의 종국은 죽음이다 3:16-22

이 부분은 사람의 종국은 짐승과 똑같이 죽음이라는 것을 말한다.

전 3:16. 또 내가 해 아래에서 보건대 재판하는 곳 거기에도 악이 있고 정의를 행하는 곳 거기에도 악이 있도다.

본 절은 세상에는 그 어디에도 악이 없는 곳이 없다는 것을 말한다. 솔로몬이 본 것은 세상에서 또 다른 것을 보았다는 것이다. 즉, 재판하는 곳에 악이 있고, 공의가 있어야 할 곳에 악이 있다는 것이었다. 재판하는 곳에 악이 있다는 말은 재판하는 곳에는 악이 없어야 한다는 것을 전제한 말이다. 그러나 재판하는 사람들이 뇌물을 받고, 편벽되게 재판하는 일이 분명 존재하고, 그것이 바로 악이다. 하반절의 정의를 행하는 곳이란 말은 재판하는 곳을 다시 언급하는 말이다. "해 아래에서"에 대해 1:14 주해 참조.

전 3:17. 내가 내 마음속으로 이르기를 의인과 악인을 하나님이 심판하시리니 이는 모든 소망하는 일과 모든 행사에 때가 있음이라 하였으며.

솔로몬이 마음속으로 생각하기를 의인도 악인도 하나님이 심판(최후의 심판)하실 것이다(눅 10:12; 고전 3:13; 딤후 1:18). 모든 일에는 때가 있고, 모든 행위는 심판받을 때가 있기 때문이다. 모든 일에는 때가 있는 법이라 의인들과 악인들이 심판받을 것이다(12:14). 악인들은 자기들이 행한 악에 대해 벌을 받을 것이며, 의인들은 십자가 대속의 은총으로 악을 면제받고 상을 받을 것이다.

전 3:18. 내가 내 마음속으로 이르기를 인생들의 일에 대하여 하나님이 그들을 시험하시리니 그들이 자기가 짐승과 다름이 없는 줄을 깨닫게 하려 하심이라 하였노라.

솔로몬은 마음속으로 또 생각하기를(2:15 주해 참조) 하나님께서는 사람이 짐승과 다름이 없이 마찬가지라는 것을 깨닫게 하시려고 사람을 시험하신다는 것이다. 이는 사람이 종말적 심판에 대비하지 못한다면 짐승과 같다는 것이다. 사람이 짐승과 다름이 없다는 것은 사람의 죽음이 짐승의 죽음과 같다는 것을 의미한다(Luther, Hengsternberg, Deane).

전 3:19. 인생이 당하는 일을 짐승도 당하나니 그들이 당하는 일이 일반이라 다 동일한 호흡이 있어서 짐승이 죽음 같이 사람도 죽으니 사람이 짐승보다 뛰어남이 없음은 모든 것이 헛됨이로다.

본 절 초두에는 이유를 나타내는 접속사(כִּי)가 있다. 그런고로 본 절은 전 절의 이유를 제공하고 있다. 인생들이 짐승과 다름없는(전 절) 이유는 짐승이 죽음같이 사람도 죽기 때문이라는 것이다. 솔로몬은 사람에게 닥치는 운명이나 짐승에게 닥치는 운명이 같다고 말한다. 같은 운명이 둘을 기다리고 있으니 하나가 죽듯이 다른 하나도 죽는 것이다. 둘 다 숨(호흡)을 쉬지 않고는 못 사는 것이니, 사람이라고 해서 짐승보다 나을 것이 무엇이냐? 모든 것이 헛되다고 말한다.

전 3:20. 다 흙으로 말미암았으므로 다 흙으로 돌아가나니 다 한 곳으로 가거니와.

솔로몬은 둘 다 같은 곳으로 간다. 다 같이 흙에서 나와서, 흙으로 돌아간다고 말한다. 둘 다 흙에서 왔으니 흙으로 돌아간다는 것이다(창 1;24; 2:7, 19; 3:19; 욥 10:9; 시 104:29; 146:4).

전 3:21. 인생들의 혼은 위로 올라가고 짐승의 혼은 아래 곧 땅으로 내려가는 줄을 누가 알랴(Who knows whether the spirit of man goes upward and the spirit of the beast goes down into the earth?-ESV).

솔로몬은 인생들의 영혼은 위로 올라가고 짐승들의 영은 아래 곧 땅으로 내려간다는 것을 누가 알겠느냐고 말한다. "누가 알겠느냐"는 말은 '아무도 모른다'는 뜻이다. 그러나 본 절은 솔로몬 자신이 내세의 존재를 의심한다는 것을 말하는 것이 아니다. 이 표현은 2:19; 6:12에도 보인다. 본 절의 강조점은 인간과 짐승이 사후 각각 다른 길을 걷게 된다는 것, 즉 짐승보다 인간이 우월하다는 것이 아니며, 오히려 인간도 짐승과 동일하게 죽음을 맞을 수밖에 없는 유한한 존재라는 것이다. 이렇게 전도자는 인간의 본질적인 유한성을 다시 한 번 드러냄으로 그와 대비되는 영원 절대자이신 하나님께서 인간을 심판하실 것을 기억하고, 그분의 섭리에 순종하는 삶을 사는 것이 올바른 일임을 깨우쳐주고 있다.

전 3:22. 그러므로 나는 사람이 자기 일에 즐거워하는 것보다 더 나은 것이 없음을 보았나니 이는 그것이 그의 몫이기 때문이라 아, 그의 뒤에 일어날 일이 무엇인지를 보게 하려고 그를 도로 데리고 올 자가 누구이랴.

솔로몬은 그리하여 내가 알기로는 사람에게는 자기가 하는 일에서 보람을 느끼는 것보다 더 좋은 것은 없다는 것을 알았다. 그것은 곧 그가 받은 몫이기 때문이다. 사람이 죽은 다음에, 그에게 일어날 일들을 누가 그를 데리고 다니며 보여 주겠는가고 말한다. 여기 "사람이 자기 일에 즐거워하는 것보다"란 말에 대해 2:24; 3:12 주해 참조. 여기 "나(솔로몬)는 사람이 자기 일에 즐거워하는 것보다 더 나은 것이 없음을 보았다"는 의미는 '사람으로서는 이 세상에서 자기의 맡은 일에 충성하며 기뻐하는 것이 제일이라'는 뜻이다. 그 이유가 하반절에 기록되어 있다. 곧, 사람이 한 번 죽으면 다시는 이 세상에 돌아올 수 없기 때문이라는 것이다. "그의 뒤에 일어날 일이 무엇인지를 보게 하려고 그를 도로 데리고 올 자가 누구이랴"라는 말씀의 뜻은 사람이 죽으면 그의 죽은 뒤에 이 세상에서 될 일을 보려고 이 세상에 다시 돌아올 수 없다는 것이다. 사람이 이 세상에 한 번 살고 두 번 살지 못하는 고로 현세에서 자기가 맡은 일에 최선을 다해야 한다는 사상은 인류에게 중요하다.

D. 인간사는 모두 허무하다. 4-6장

4-6장은 또 한 번 인간사는 모두 허무하다는 것을 진술한다. 4-6장은 본서의 중심 부분을 형성한다. 내용은 인생의 수고가 허무하다는 것(4장), 복을 추구하는 일(5장), 부귀는 허무하다(6장)는 것을 말한다.

제 4 장

1. 인생의 수고가 허무하다 4장

4장의 내용은 개인들이 당하는 불행(1-6절), 개인주의가 당하는 허무함(7-12절)으로 나누어진다.

ㄱ. 개인들이 당하는 불행 4:1-6

1-3절. 권력자가 학대하는 일.

<학대, 수고, 동무>

전 4:1. 내가 다시 해 아래에서 행하는 모든 학대를 살펴 보았도다 보라 학대받는 자들의 눈물이로다 그들에게 위로자가 없도다 그들을 학대하는 자들의 손에는 권세가 있으나 그들에게는 위로자가 없도다.

솔로몬은 내 자신이 또 세상에서 벌어지는 온갖 박해를 살펴보았다. 억눌리는 사람들이 눈물을 흘려도, 그들을 위로하는 사람이 없도다. 억누르는 사람들은 폭력을 휘두르는 권세가 있는데, 억눌리는 사람들을 위로하는 사람이 없다고 말한다. 여기 "내가 돌이켜 살펴 보았도다"는 말에 대해 3:16; 4:7 주해를 살펴보라. 솔로몬은 세상사를 살펴보는 중에 위정자들의 학대를 살펴보았다. 위정자들이 아무 연고 없이 백성을 학대하는 것을 보았고, 학대받는 백성은 고통스러워 눈물을 흘리는데 아무도 그를 위로하지 않는 것이다. 왜냐하면 위정자들의 손에 권세가 있으므로 학대받는 자들을 위로하다가는 자신들도 화를 받을까 두려워하기 때문인 것이다. 여기 "위로자"란 말은 성령님을 두고 하는 말이다(요 15:26). 오늘 우리는 진정한 위로자 되시는 성령님의 위로를 받을 수 있는 것이다.

전 4:2. 그러므로 나는 아직 살아 있는 산 자들보다 죽은 지 오랜 죽은 자들을 더 복되다 하였으며.

학대가 있고 위로가 없는 것을 보고(1절) 솔로몬은 아직 살아 숨 쉬는 사람들보다는, 이미 숨이 넘어가 죽은 사람들이 더 복되다고 말했다. 비관주의 철학자 쇼펜하우어(Shopenhauer, 1788-1860년)도 본 절과 비슷한 말을 했다. 그러나 그는 무신론적 입장에서 말했고, 솔로몬은 하나님의 백성이 인생의 난국에서 겪는 마음의 고통을 토로한 것이다(이상근).

전 4:3. 이 둘보다도 아직 출생하지 아니하여 해 아래에서 행하는 악한 일을 보지 못한 자가 더 복되다 하였노라.

솔로몬은 두 경우(아직 살아있는 자들과 이미 죽은 자들)보다도 아직 출생하지 아니하여 이 지구상에서 행해지는 악한 일을 목격하지 않은 자(6:3-5)가 더 복되다고 말한다. 다시 말해 아직 태어나지 않아서 인생고를 겪어보지 않은 자가 더 복되다는 뜻이다. 욥도 본 절의 말씀과 똑같은 말을 했고(욥 3:11), 예레미야도 똑같은 말을 했다(렘 20:18). 우리 또한 세상을 사는 것이 어렵다면 예수님께 우리의 어려움을 고백해야 할 것이다. 그러면 예수님께서는 우리로 하여금 세상에서 겪는 어려움을 견디게 해주신다.

4-6절. 사람 사이의 시기심 때문에 개인들에게 닥치는 불행이 더해짐을 지적한다.

전 4:4. 내가 또 본즉 사람이 모든 수고와 모든 재주로 말미암아 이웃에게 시기를 받으니 이것도 헛되어 바람을 잡는 것이로다.

솔로몬이 또 깨달은 것은 온갖 수고와 성취는 바로 사람끼리 갖는 경쟁심에서 비롯되는 일이라는 것이다. 그러나 이 수고도 헛되고, 바람을 잡으려는 것과 같다는 것을 깨달았다고 말한다. "사람이 모든 수고와 모든 재주로 말미암아 이웃에게 시기를 받는다"는 말은 '사람이 발전하려고 무수한 수고를 하고 또 사람에게 특별한 재주가 있어서 무엇인가 발전시켜 놓을 경우 그것을 보는 사람들이 시기와 질투를 한다는 것이다. 그래서 솔로몬은 그러한 일들이 시기를 받는 사람의 마음에 고통을 안겨주고, 평안을 빼앗아 가기 때문에 이것을 허무하다고 규정한다. 사회적인 성공은 개인적으로 시기를 받는 일이니 인생의 허무를 극복할 수 있는 방법이 되지 못한다는 것을 드러낸다.

전 4:5. 우매자는 팔짱을 끼고 있으면서 자기의 몸만 축내는도다.

솔로몬은 어리석은 사람은 팔짱을 끼고 앉아 있으면서 남을 시기하고 있으니 제 몸만 축낸다는 것이다. 어리석어서 아무 일도 하지 않고 있으면 시기를 받지 않으니 허무하지는 않지만, 그러나 남을 시기하느라 자기의 몸만 축내게 되니 그것도 할 일이 아니라는 것이다. 게으름을 권장할 수는 없는 일이라는 것이다. 게을러서 일하지 않고 산다는 것은 결국 자기 몸만 축내는 사람, 즉 자기의 인격을 깎아먹는 사람이다. 우리는 게을러서는 안 될 것이다.

전 4:6. 두 손에 가득하고 수고하며 바람을 잡는 것보다 한 손에만 가득하고 평온함이 더 나으니라.

솔로몬은 두 손에 많이 가지고 수고하며 바람을 잡는 것보다는 한 손에만 가지고 편안한 것이 낫다고 말한다. 한 손에만 가지고 하나님을 섬기고 평안하게 사는 것이 두 손에 가득 채우고도 더 가지려고 안간힘을 쓰는 것, 곧 바람을 잡으려는 노력을 하면서 사는 것 보다는 낫다는 것이다(잠 15:17; 16:19; 시 37:16; 131:1-3). 우리는 많이 가지려 하지 않아야 할 것이다. 하나님을 믿는 사람들은 매일 일용할 양식을 구하여 사는 사람들이 아닌가!.

7-12절. 개인주의를 경계하고 협력을 장려하고 있다.
전 4:7. 내가 또 다시 해 아래에서 헛된 것을 보았도다.

솔로몬은 또 다시 해 아래에서, 즉 땅 위에서 허무하게 느껴지는 일을 보았다고 말한다. 이런 말투는 새로운 부분이 시작되는 부분이다(3:16; 4:1 주해 참조). 솔로몬은 지금까지 사람들의 시기, 질투 문제를 말했으나 이제는 개인주의의 허무함에 대해 말하기를 원한다.

전 4:8. 어떤 사람은 아들도 없고 형제도 없이 홀로 있으나 그의 모든 수고에는 끝이 없도다 또 비록 그의 눈은 부요를 족하게 여기지 아니하면서 이르기를 내가 누구를 위하여는 이같이 수고하고 나를 위하여는 행복을 누리지 못하게 하는가 하여도 이것도 헛되어 불행한 노고로다.

솔로몬은 한 고독한 남자가 있는데 자식도 없고 형제도 없이 혼자 사는 사람이 있다고 말한다. 그러나 그 남자는 쉬지도 않고 일만 하며 산다. 그렇게 해서 모은 재산도 그의 눈에는 차지 않는다. 그러면서도 그는 가끔 말하기를 어찌하여 나는 즐기지도 못하고 사는가? 도대체 내가 누구 때문에 이 수고를 하는가? 하고 말하고 있으니, 그의 수고도 헛될 뿐 아니라, 부질없는 일을 하고 있는 것이라는 것이다. 그런데 그렇게 만족스럽지 못하게 살면서도 그 생활을 탈피하지 못하고 사는 모습은 현대인의 삶과 닮아 있다.

전 4:9. 두 사람이 한 사람보다 나음은 그들이 수고함으로 좋은 상을 얻을 것임이라.

솔로몬은 혼자보다는 두 사람이 더 낫다고 말한다. 그 이유는 두 사람이 함께 일할 때에 더 좋은 결과를 얻을 수 있기 때문이라(잠 17:17; 27:17)고 말한다. 친구가 없이 사는 사람은 한 팔을 가지고 사는 사람과 같다.

전 4:10. 혹시 그들이 넘어지면 하나가 그 동무를 붙들어 일으키려니와 홀로 있어 넘어지고 붙들어 일으킬 자가 없는 자에게는 화가 있으리라.

본 절부터 12절까지는 한 사람보다는 둘이 낫다는 것을 세 가지로 드러내고 있다. 솔로몬은 혹시 두 사람 가운데 하나가 넘어지면, 다른 한 사람이 자기의 동무를 일으켜 줄 수 있는 법인데 그러나 혼자 가다가 넘어지면, 딱하게도, 일으켜 줄 사람이 없다는 것이다.

전 4:11. 또 두 사람이 함께 누우면 따뜻하거니와 한 사람이면 어찌 따뜻하랴.

둘째 증거는 잠자리 문제이다. 솔로몬은 또 둘이 누우면 따뜻하지만, 혼자라면 어찌 따뜻하겠는가라고 말한다. 이는 부부간에 함께 자는 것을 말하는 것이 아니고 두 사람의 나그네의 이야기를 하는 것이다(Lange). 이스라엘의 밤은 춥고 가난한 나그네가 밤을 지내는 경우 그의 의복 밖에는 덮을 것이 없으므로 혼자 자는 경우 추위에 잠자기가 쉽지 않다. 따라서 둘이 함께 자면 서로간의 체온으로 견디기에 나은 것이다.

전 4:12. 한 사람이면 패하겠거니와 두 사람이면 맞설 수 있나니 세 겹줄은 쉽게 끊어지지 아니하느니라.

한 사람보다는 두 사람이 더 낫다는 것을 증거 하는 세 번째 것이다. 솔로몬은 혼자 싸우면 지지만, 둘이 힘을 합하면 적에게 맞설 수 있다는 것이고, 세 겹줄은 쉽게 끊어지지 않는다고 말한다. 줄을 세 개 뭉쳐놓으면 쉽게 끊어지지 않는다는 것이다.

13-16절. 왕들이 허무함을 당하는 일에 대해 진술한다. 왕들은 젊을 때에는 환영을 받으나 늙은 후에는 역시 배척을 받으니 허무하다는 것이다.
<가난하게 태어나서 왕이 되어도>
전 4:13. 가난하여도 지혜로운 젊은이가 늙고 둔하여 경고를 더 받을 줄 모르는 왕보다 나으니.

솔로몬은 비록 가난할지라도 슬기로운 젊은이가 나이가 많아서 신하의 직언을 듣지 않는 왕보다는 더 낫다고 말한다. 여기 가난할지라도 슬기로운 젊은 청년이 누구냐를 두고 많은 추측을 하고 또 늙고 둔하여 경고를 더 받지 않는 고집스런 왕이 누구냐를 두고 수없는 추측을 해보아도 밝히 드러난 결론은 없다. 충고를 받지 않는 것은 불행하다는 것인데, 사람이 둔하게 되면 경고를 받지 않게 되므로 이것이야말로 불행한 일이다.

전 4:14. 그는 자기의 나라에서 가난하게 태어났을지라도 감옥에서 나와 왕이 되었음이니라.

본 절의 가난하여도 지혜로운 청년이 누구인지를 솔로몬이 잘 아는 것으로 보인다. 즉, 그는 자기 나라에서 가난하게 태어났을지라도 감옥에 있다가 출옥하여 왕이 된 자라는 것이다. 아마도 이는 요셉을 가리키는 것으로 보인다(창 40:1-41:44).

전 4:15. 내가 본즉 해 아래에서 다니는 인생들이 왕의 다음 자리에 있다가 왕을 대신하여 일어난 젊은이와 함께 있고

솔로몬이 본즉 세상에서 다니는 모든 사람이 왕의 후계자가 된 젊은이를 따르고 높이는 것을 보았다는 것이다. "해 아래에서"란 말에 대해 1:3 주해 참조.

전 4:16. 그의 치리를 받는 모든 백성들이 무수하였을지라도 후에 오는 자들은 그를 기뻐하지 아니하리니 이것도 헛되어 바람을 잡는 것이로다.

솔로몬은 그 젊었을 때 왕이 되어 다스리는 백성의 수가 셀 수 없이 많다 하여도, 그가 늙어 물러나면 어느 누구도 그의 업적을 찬양하지 않는 것을 보니, 왕으로서 통치하는 것도 헛되며 바람을 잡으려는 것과 같은 것이라고 말한다. 그러니까 세상에 영원한 것은 없고 사람도 늙게 되면 뒤에 오는 젊은 사람들이 노인을 반대하게 되니 참 허무하다는 것이다.

제 5 장

2. 인생의 허무함을 극복하는 방법 5장

5장은 인생의 허무함을 극복하는 방법을 제시한다. 그 방법은 하나님께 예배함으로 극복하고(1-7절), 사회의 부조리를 극복함으로 가능하고(8-17절), 자기의 분복을 즐김으로 추구해야 한다(18-20절)고 한다.

ㄱ. 하나님께 예배드림을 통해 극복 5:1-7

진정한 복은 하나님께 예배드리는 것을 통해 찾는다는 것이다. 이 부분의 문장은 예언자적이다.

<하나님을 경외하라>

전 5:1. 너는 하나님의 집에 들어갈 때에 네 발을 삼갈지어다 가까이 하여 말씀을 듣는 것이 우매한 자들이 제물 드리는 것보다 나으니 그들은 악을 행하면서도 깨닫지 못함이니라.

솔로몬은 하나님의 집에 들어가는 사람들에게 하나님의 집에 들어갈 때에, 발걸음을 조심하라고 말한다. 어리석은 사람은 악한 일을 하면서도 그 악함을 깨닫지 못하고, 제물이나 바치면 되는 줄로 알지만, 그보다는 말씀을 듣는 것이 중요한 일임을 알아야 한다는 것이다. 본 절의 "발을 삼가라"는 말은 '마음을 평정하라'는 말이다. 그리고 "가까이 하여 말씀을 듣는 것"이란 말은 '앞 장소로 나아가 말씀을 경청하고 그 말씀에 순종하라'는 뜻이다. "우매한 자들이 제물 드리는 것"이란 말은 회개하지 않은 자들이 회개는 하지 않고, 습관적으로 희생만 드리는 것을 지칭하는 말이다. 이런 예배의 중심을 놓친, 즉 내용 없이 형식만 갖춘 제사보다는 참 제사를 드리라고 권장한다.

전 5:2. 너는 하나님 앞에서 함부로 입을 열지 말며 급한 마음으로 말을 내지 말라 하나님은 하늘에 계시고 너는 땅에 있음이니라 그런즉 마땅히 말을 적게 할 것이라.

솔로몬은 "하나님 앞에서 말을 꺼낼 때에, 함부로 입을 열지 말라. 마음을 조급하게 갖지 말라"고 말한다. 하나님은 하늘에 계시고, 너는 땅 위에 있으니, 말을 많이 하지 않도록 하라고 당부한다. "함부로 입을 열지 말라"는 말은 기도할 때에 함부로 말하지 말고, 마음을 안정시키고 신중히 말하고 말을 적게 하라는 말이다. 그 이유는 "하나님은 하늘에 계시고 너는 땅에 있기" 때문이라는 것이다. 하나님은 하늘에 계신 존엄하신 분이시고, 우리 인간은 비천한 몸으로 땅에 있기 때문에 말을 적게 하라는 것이다.

전 5:3. 걱정이 많으면 꿈이 생기고 말이 많으면 우매한 자의 소리가 나타나느니라(For a dream comes with much business, and a fool's voice with many words-RSV, ESV).

본 절도 여전히 많은 말을 하지 말라고 경계한다. 솔로몬은 일이 많으면 마음이 번뇌하게 되고(Tyler) 따라서 꿈도 많게 되는 것이라고 말한다. 또 말이 많으면 어리석은 소리가 생기게 마련이고, 결국 어리석은 자의 말이 생기게 된다(잠 10:19)고 말한다. 우리는 말을 적게 하는 방향으로 노력해야 한다.

전 5:4. 네가 하나님께 서원하였거든 갚기를 더디게 하지 말라 하나님은 우매한 자들을 기뻐하지 아니하시나니 서원한 것을 갚으라.

솔로몬은 하나님께 서원한 자들을 향하여 일단 서원했다면 반드시 갚기를 더디게 하지 말라고 부탁한다. 하나님은 서원하고 갚기를 더디 하는 우매한 자들을 기뻐하지 아니하시니 서원했다면 반드시 갚으라고 부탁한다. 서원하고 지키지 않는 것보다는 서원하지 않는 것이 낫다고 성경은 말씀한다 (신 23:22).

전 5:5. 서원하고 갚지 아니하는 것보다 서원하지 아니하는 것이 더 나으니.

솔로몬은 서원하고 갚지 않는 사람들을 향하여 서원하고 갚지 아니하는 것보다 서원하지 않는 것이 더 낫다(행 5:4)고 충고한다.

전 5:6. 네 입으로 네 육체가 범죄하게 하지 말라 사자 앞에서 내가 서원한 것이 실수라고 말하지 말라 어찌 하나님께서 네 목소리로 말미암아 진노하사 네 손으로 한 것을 멸하시게 하랴.

솔로몬은 서원한 자들을 향하여 너는 네 입으로 서원하고 지키지 않아서 네 육신이 죄를 짓게 하지 말고 하나님의 사자 앞에서 서원한 것이 실수였다고 말하지도 말라. 어찌하여 하나님께서 네 음성에 화를 내시고 네 손으로 한 일을 멸하시게 하려 하겠느냐고 말한다. 본 절의 "천사 앞에서"란 말은 '하나님의 천사'(Deane)나 '하나님의 대리자인 예언자나 제사장'을 지칭한다(Lange). 우리는 함부로 서약하지도 말고 또 서원한 것이 실수였다고 말하지도 않아야 한다. 우리가 서약을 지키지 않으면 하나님으로부터 벌을 받게 되는 것이다.

전 5:7. 꿈이 많으면 헛된 일들이 많아지고 말이 많아도 그러하니 오직 너는 하나님을 경외할지니라.

본 절 초두에는 이유를 말하는 접속사(yKi)가 있어 본 절은 전 절의 이유를 말하는 절이다. 즉, 꿈이 많을 때에 헛된 말도 많아진다는 것이다. 꿈이 많으면 헛된 것이 많이 생겨나고 말이 많아도 그러하니, 너는 하나님을 경외하여라. 허무감을 극복하고 복을 얻기 위해서는 "하나님을 경외하라"는 것이 솔로몬의 권면이다.

ㄴ. 사회의 부조리를 극복함으로   5:8-17

이 부분(8-17절)은 사회의 부조리를 극복함으로써 복을 얻도록 가르친다. 이 부분의 내용은 빈민을 압제하지 말라하고(8-9절), 부(富)를 모으고 지키려는 헛된 노력을 경계한다(10-17절).

전 5:8. 너는 어느 지방에서든지 빈민을 학대하는 것과 정의와 공의를 짓밟는 것을 볼지라도 그것을 이상히 여기지 말라 높은 자는 더 높은 자가 감찰하고 또 그들보다 더 높은 자들도 있음이니라.

솔로몬은 어느 지방에서든지 가난한 사람(사회적 빈민 곧 농민)을 억압하고, 법과 정의를 짓밟아도, 너는 그것을 보고 이상하게 여기지도 말고 놀라지도 말아라. 높은 사람 위에 더 높은 이가 있어서, 그 높은 사람을 감독하고, 그들 위에는 더 높은 이들(이 복수는 장엄을 나타내는 복수로 볼 것이다. 그런고로 하나님을 지칭한다)이 있어서 그들을 감독하신다는 것을 알라고 말한다. 우리는 사회적 빈민(농민들)을 압박하는 악덕 관리들을 이상하게 여길 것이 아니다. 이런 현상은 어느 사회에서든지 있어 왔다는 것이다. 이런 박해자는 반드시 하나님께서 최종 관찰하셔서 심판하시니 허무하게 생각할 필요가 없다는 것이다.

전 5:9. 땅의 소산물은 모든 사람을 위하여 있나니 왕도 밭의 소산을 받느니라.

솔로몬은 땅의 소산물은 모든 사람을 위하여 있으니, 왕도 밭의 소산을 받는다고 말한다. 땅 위에서 가장 높은 사람인 왕도 밭의 소산을 먹으니 밭의 농사를 감당하고 있는 농군들(빈민들)을 압박하지 말라는 것이다. 왕들이 땅에서 나는 식품을 먹고 있으면서 농민들을 박해하면 말이 되느냐는 것이다(박윤선).

<재물과 부요와 존귀도 헛되다>
전 5:10. 은을 사랑하는 자는 은으로 만족하지 못하고 풍요를 사랑하는 자는 소득으로 만족하지 아니하나니 이것도 헛되도다.

10절부터 12절까지는 부(富)를 모으는 허무함을 지적한다. 솔로몬은 돈을 좋아하는 사람은 돈이 아무리 많이 쌓여도 만족하지 못하고, 부를 좋아하는 사람은 아무리 많은 부가 쌓여도 만족하지 못하니 돈을 많이 버는 것도 헛되다고 말한다.

전 5:11. 재산이 많아지면 먹는 자들도 많아지나니 그 소유주들은 눈으로 보는 것 외에 무엇이 유익하랴.

솔로몬은 재산이 많아지면 돈 쓰는 사람도 많아진다고 말한다. 많은 재산이 그 임자에게 눈으로 보기에만 좋은 것이지 실제 재산이 불어나는 것에 무슨 유익이 있는가를 말한다.

전 5:12. 노동자는 먹는 것이 많든지 적든지 잠을 달게 자거니와 부자는 그 부요함 때문에 자지 못하느니라.

솔로몬은 적게 먹든지 많이 먹든지, 막 일을 하는 노동자는 잠을 달게 자지만, 배가 부른 부자는 너무 배가 불러, 소화 불량도 생기므로 잠을 편히 못 잔다고 말한다. 노동은 참 신성한 것이다. 그러나 부자는 너무 먹고, 생각도 많아서 잠을 제대로 자지 못한다.

전 5:13. 내가 해 아래에서 큰 폐단 되는 일이 있는 것을 보았나니 곧 소유주가 재물을 자기에게 해가 되도록 소유하는 것이라.

솔로몬은 세상에서 한 가지 해로운 일을 보았다고 말한다. 즉, 아끼던 재산이 그 임자에게 오히려 해를 끼치는 경우가 있다는 것이었다. 재물을 지킨다는 것이 얼마나 힘든 것인가를 알지 못하여 지키려고 애쓴다는 것이다. 또 자기 자신을 위해서만 재산을 모으고 쓰니 그것이 죄가 되고, 남을 위해 쓰지 않으니 그 또한 죄가 된다는 것이다. 우리는 자신을 위해서 적당히 쓴 다음에는 남을 위해 그 재산을 써야 하는 것이다.

전 5:14. 그 재물이 재난을 당할 때 없어지나니 비록 아들은 낳았으나 그 손에 아무것도 없느니라.

솔로몬은 어떤 사람은 재난을 만나서 재산을 다 잃는다고 말한다. 자식을 낳지만 그 자식에게 아무것도 남겨 줄 것이 없게 되는 수가 있다는 것이다. 재물이 많이 쌓인 집에는 그 재물을 기분 나쁘게 사용해야 하는 일이 생긴다. 심지어 도둑이 들어서 재물을 훔쳐가기도 한다. 그래서 자식들에게 물려줄 것이 없게 되는 수도 있다. 재물은 참으로 허무한 것이다.

전 5:15. 그가 모태에서 벌거벗고 나왔은즉 그가 나온 대로 돌아가고 수고하여 얻은 것을 아무것도 자기 손에 가지고 가지 못하리니.

솔로몬은 사람은 누구든지 어머니 태에서 맨몸으로 나와서 돌아갈 때에도 맨몸으로 간다는 말을 한다. 수고해서 얻은 것은 한 푼도 가져가지 못한다고 말한다. 어떤 종교에서는 공수래공수거(空手來空手去)라고 한다.

전 5:16. 이것도 큰 불행이라 어떻게 왔든지 그대로 가리니 바람을 잡는 수고가 그에게 무엇이 유익하랴(This also is a grievous evil: just as he came, so shall he go; and what gain has he that he toils for the wind-ESV).

솔로몬은 말하기를 또 한 가지 비참한 일을 보았다. 그 슬픈 일이란 다름 아니라 사람이 온 그대로 돌아가니 바람을 잡으려는 수고를 한들 무슨 보람이 있는가 하는 것이다. 사람이 빈손으로 왔다가 빈손으로 가는 길에 한 푼도 손에 쥐고 가지 못하는데, 한평생 바람을 잡으려는 수고를 해야 할 이유가 무엇인가 하는 것이다. 그것이 참 불행스러운 일이라는 것이다.

전 5:17. 일평생을 어두운 데에서 먹으며 많은 근심과 질병과 분노가 그에게 있느니라.

본 절은 전 절의 큰 불행이라는 것이 무엇인가를 설명한다. 솔로몬은 한 평생 어둠 속에서 먹고 지내며, 온갖 질병과 고생과 분노에 시달리며 살 뿐이니 허무하기 짝이 없는 노릇이라는 것이다. 본 절의 "어두운 데에서"라는 말은 실제로 '캄캄한 곳'을 지칭하는 말이 아니라 부를 얻기 위한 각종 고통을 가리킨다(2:14; 3:13; 사 1:10). 실로 부를 가지려는 자는 수많은 고통을 당하면서 부를 쌓는 것이다. 그것이 바로 비참한 것이다.

ㄷ. 인생에게 태어난 분복을 즐김으로.   5:18-20

8-17절과 같은 과욕을 버리고, 이제는 사람들에게 타고난 분복을 즐기라고 말한다. 이것이 복의 길이다.

전 5:18. 사람이 하나님께서 그에게 주신 바 그 일평생에 먹고 마시며 해 아래에서 하는 모든 수고 중에서 낙을 보는 것이 선하고 아름다움을 내가 보았나니 그것이 그의 몫이로다.

솔로몬은 전 절에서 인생의 불행스러운 일을 말했는데, 이제 본 절에서는 복되게 사는 법을 말한다. 솔로몬은 "우리의 한평생이 짧고, 덧없는 것이지만 하나님께서 우리에게 허락하신 것이 그것이니, 세상에서 애쓰고 수고하여 얻은 것으로 먹고 마시고 즐거워하는 것이 마땅한 일이고, 좋은 일임을 깨달았다!"라고 말한다. 이것이 곧 사람이 받은 몫이라고 말한다.

전 5:19. 또한 어떤 사람에게든지 하나님이 재물과 부요를 그에게 주사 능히 누리게 하시며 제 몫을 받아 수고함으로 즐거워하게 하신 것은 하나님의 선물이라.

본 절은 전 절의 인생의 몫에 대해 설명한다. 솔로몬은 하나님께서 사람에게 재물과 부를 주셔서 누리게 하시며, 정해진 몫을 받게 하시며, 수고함으로 즐거워하게 하신 것이니 이 모두가 하나님이 사람에게 주신 선물이라(3:13 주해 참조)고 말한다. 하나님께서 각자에게 주신 선물이 있으니 그것을 즐겨야 하는 것이다.

전 5:20. 그는 자기의 생명의 날을 깊이 생각하지 아니하리니 이는 하나님이 그의 마음에 기뻐하는 것으로 응답하심이니라

כִּי לֹא הַרְבֵּה יִזְכֹּר אֶת־יְמֵי חַיָּיו כִּי הָאֱלֹהִים מַעֲנֶה בְּשִׂמְחַת לִבּוֹ)

For he will not much remember the days of his life because God keeps him occupied with joy in his heart-RSV, ESV).

솔로몬은 하나님께서 사람의 마음속에 가득한 기쁨으로 채워주시니, 사람은 덧없는 인생살이에 크게 마음 쓸 일이 없다는 것이다. 하나님께서 사람의 마음속에 주신 기쁨이 가득하므로 사람은 덧없는 인생살이를 크게 기억할 필요가 없다는 것이다. 우리 인생은 하나님께서 기쁨으로 채워주시니 인생의 문제로 골머리를 앓을 필요가 없는 것이다. 인생은 100세 인생을 살기 위하여 아옹다옹 다투면서 싸울 필요가 없다. 다만 우리는 하나님께서 기쁨을 주시니 기쁨을 누리며 살면 되는 것이다.

제 6 장

3. 부귀는 허무하다   6장

솔로몬은 부귀의 허무함(1-9절)과 인간의 무지함을 지적한다(10-12절).

ㄱ. 부귀는 허무하다   6:1-9

부귀는 허무하다는 것(1-2절), 많은 자녀를 두고, 또 오래 산다고 해도 허무하다는 것(3-6절), 욕망을 크게 가지는 것은 허무한 일이라는 것(7-9절)을 진술한다.

1-2절. 부귀는 허무하다.

전 6:1. 내가 해 아래에서 한 가지 불행한 일이 있는 것을 보았나니 이는 사람의 마음을 무겁게 하는 것이라.

솔로몬은 나는 세상에서 또 한 가지, 잘못되고, 억울한 일을 보아왔는데 (2:18-23; 5:13; 10:5; 14:7-8 참조), 그것은 바로 참으로 견디기 어려운 것이다. 그것은 사람에게 누구에게나 중한 문제이다. 다음 절에 그 내용이 등장한다.

전 6:2. 어떤 사람은 그의 영혼이 바라는 모든 소원에 부족함이 없어 재물과 부요와 존귀를 하나님께 받았으나 하나님께서 그가 그것을 누리도록 허락하지 아니하셨으므로 다른 사람이 누리나니 이것도 헛되어 악한 병이로다.

솔로몬은 말하기를 하나님이 어떤 사람에게는 부(富)와 재산과 명예를 원하는 대로 다 주시면서도(5:19), 그것들을 그 사람이 즐기지 못하게 하시고, 엉뚱한 사람으로 하여금 즐기게 하시니, 먼저 받은 사람에게는 참으로 어처구니가 없는 일이요, 통탄할 일이 아닐 수 없다고 말한다. 여기 무엇인가 받았으면서도 누리지 못하게 된 이유가 무엇인지를 알 필요가 있다. 그것은 바로 죄로 인한 형벌 때문이다(Deane). 죄가 있는 사람은 모든 좋은 것을 다 빼앗기게 마련이다.

3-6절. 많은 자녀를 두고, 또 오래 산다고 해도 허무하다.

전 6:3. 사람이 비록 백 명의 자녀를 낳고 또 장수하여 사는 날이 많을지라도 그의 영혼은 그러한 행복으로 만족하지 못하고 또 그가 안장되지 못하면 나는 이르기를 낙태된 자가 그보다는 낫다 하나니.

솔로몬은 사람이 자녀를 백 명이나 낳고(삿 8:30; 왕하 10:1; 대하 11:21) 오랫동안 살았다고 해도, 다시 말해 그가 아무리 오래오래 살았다고 해도(창 24:60; 욥 27:14; 시 127:3-5), 그가 자기의 재산으로 즐거움을 누리지도 못하고, 죽은 다음에 제대로 묻히지도 못한다면(왕하 9:30; 사 14:19-20; 렘 8:2; 22:19), 차라리 태어날 때에 죽어서 나온 아이가 그 사람보다 더 나을 것이라(4:3; 욥 3:16)고 말한다. 낙태된 자만 못한 사람이라면 세상에 차라리 나지 않았더라면 좋은 사람이다.

전 6:4. 낙태된 자는 헛되이 왔다가 어두운 중에 가매 그의 이름이 어둠에 덮이니.

솔로몬은 태어날 때에 죽어서 나온 아이는, 뜻 없이 왔다가 어둠 속으로 사라지며, 그 속에서 영영 잊힌 아이라고 말한다.

전 6:5. 햇빛도 보지 못하고 또 그것을 알지도 못하나 이가 그보다 더 평안함이라.

본 절은 전 절의 낙태된 아이에 대해 더 설명하고 있다. 솔로몬은 낙태된 아이는 세상을 보지도 못하고, 인생이 무엇인지 알지도 못한다. 그러나 이 아이는 3절의 그 사람보다 더 편하게 안식을 누린다고 말한다.

전 6:6. 그가 비록 천 년의 갑절을 산다 할지라도 행복을 보지 못하면 마침내

다 한 곳으로 돌아가는 것뿐이 아니냐.

솔로몬은 "비록 사람(3절의 사람)이 천 년씩 두 번 2,000년을 산다고 해도, 자기 재산으로 즐거움을 누리지도 못하면 별 수 없는 것 아닌가"라고 표현한다. 마침내는 둘 다 같은 곳으로 가지 않는가라고 말한다. 아담부터 노아까지 우리의 옛 조상들은 900세 이상을 살았으나 사람이 가령 그 갑절을 산다 해도 그의 삶 속에서 즐거움을 누리지 못하고, 음부에 간다면 거기서는 즐거움을 누리지 못한다는 것이다.

7-9절. 많은 자녀를 두고, 또 오래 산다고 해도 허무하다.

전 6:7. 사람의 수고는 다 자기의 입을 위함이나 그 식욕은 채울 수 없느니라.

솔로몬은 사람이 먹으려고 수고를 마다하지 않는 것이지만, 그 식욕을 채울 길은 없다고 말한다. 사람은 오래 살면서 그의 욕망을 채우고자 하나 그 욕망은 차지 아니한다.

전 6:8. 지혜자가 우매자보다 나은 것이 무엇이냐 살아 있는 자들 앞에서 행할 줄을 아는 가난한 자에게는 무슨 유익이 있는가.

문장 초두에 나타나는 접속사 왜냐하면(כִּי)이란 단어가 본 절에서는 이유를 뜻하지 않고 "참으로"라는 뜻으로 쓰인다. 솔로몬은 "참으로 슬기로운 사람이 어리석은 사람보다 나은 것이 무엇인가? 가난한 사람이 세상 살아가는 법을 안다고 해서 무슨 소용이 있는가"라고 말한다. 다시 말해 세상 지혜를 가진 자가 어리석은 사람보다 나은 것이 무엇이냐. 매끄러운 대인 관계를 가진 가난한 사람이 세상 살아가는 법을 안다고 해서 무슨 소용이 있겠는가라고 말한다. 결코 나을 것이 없다는 뜻이다.

전 6:9. 눈으로 보는 것이 마음으로 공상하는 것보다 나으나 이것도 헛되어 바람을 잡는 것이로다(Better is the sight of the eyes than the wandering of appetite; this also is vanity and a striving after wind-ESV).

솔로몬은 이것 또한 헛되어 바람을 잡으려는 것과 같다는 것이다. 즉, 가지고 있는 것으로 만족하는 것이 욕심에 사로잡혀서 이리저리 헤매는 것보다 낫다는 것이다. 손에 가지고 있는 것으로 만족하는 것이 욕심에 사로잡혀서 이것저것 가져보려고 힘쓰는 것보다 낫다는 말이다. 이것 또 헛된 일로서 바람을 잡아보려고 애쓰는 일과 같다는 것이다(1:14 주해 참조).

ㄴ. 인간은 하나님 앞에서 아무것도 아니다.... 6:10-12

전 6:10. 이미 있는 것은 무엇이든지 오래 전부터 그의 이름이 이미 불린 바 되었으며 사람이 무엇인지도 이미 안 바 되었나니 자기보다 강한 자와는 능히 다툴 수 없느니라.

솔로몬은 지금 있는 것은 무엇이든지, 이미 오래 전에 생겨 존재해 왔던 것이다. 인생이 무엇이라는 것도 이미 알려진 것이다. 사람은 자기보다 강한 이(하나님)와 다툴 수 없다고 말한다. 인간은 지음 받은 존재로서 하나님께 "어찌 나를 이와 같이 만들었느냐?"고 대들을 수 없는 것같이 인간이 하나님과 다툴 수는 더욱 없는 일이라는 것이다(욥 9:12; 사 45:9; 롬 9:20-21).

전 6:11. 헛된 것을 더하게 하는 많은 일들이 있나니 그것들이 사람에게 무슨 유익이 있으랴.

솔로몬은 말이 많으면 자연적으로 빈말이 많아지게 마련이다. 많은 말이 사람에게 무슨 도움이 되겠는가라고 말한다. 다시 말해 인생 문제에 대해 변론하면 할수록 허무감만 더할 뿐이지 무슨 해결책이 되겠는가라는 것이다. 사람이 자기의 존재와 분수를 결정하여 주신 하나님을 무시하고 자기 마음대로 무엇이나 될 듯이 덤비는 것은 헛되다는 것이다(박윤선).

전 6:12. 헛된 생명의 모든 날을 그림자 같이 보내는 일평생에 사람에게 무엇이 낙인지를 누가 알며 그 후에 해 아래에서 무슨 일이 있을 것을 누가 능히 그에게 고하리요.

솔로몬은 "그림자처럼 지나가는 짧고 덧없는 한 생애를 살아가는 사람에게 무엇이 좋은지를 누가 알겠는가?"라고 말한다. 사람이 죽은 다음에 세상에서 일어날 일들을 누가 그에게 말해 줄 수 있겠는가라고 말한다. 우리는 무엇이 악인지 무엇이 선인지 알지 못하고 살아가는 수가 많다(욥 8:9; 시 144:4; 벧전 1:24-25). 또 우리는 미래사에 대하여 무엇이 일어날지를 알지 못하고 살아가고 있다. 다시 말해 한 치 앞을 알지 못하고 살아가고 있다(3:22; 7:14; 10:14).

제 7 장

II. 인생은 지혜의 말씀을 지켜야 한다   7-12장

전도서는 해 아래(땅 위)의 허무함(1-6장)과 해 위(하나님)의 지혜의 말씀(7-12장)으로 양분되는 중에 7-12장의 내용은 다시 지혜의 말씀(7:1-12:8)과 결론(12:9-14)으로 구분된다.

A. 인생은 지혜의 말씀을 지켜야 한다   7:1-12:8

7-12장은 인생은 지혜의 말씀을 지켜야 한다는 말씀을 전하고 있다. 그 중에 7장은 참 지혜의 길이 무엇인가를 말해주고, 8장은 왕의 명령을 지켜야 한다는 것을 말씀하며, 9장은 역리(逆理-도리나 사리에 어그러지는 일)에서 복을 받는다는 것을 말씀하고, 10장은 어리석은 일을 삼갈 것을 말하며, 11-12장은 현재의 중요성에 대해서 언급한다.

1. 지혜를 지키는 자가 취해야 할 기본자세   7:1-29

7장은 지혜로운 자의 기본적 자세가 무엇인가(1-7절), 보다 나은 길은 어떤 것인가(8-14절), 절제해야 할 것(15-22절) 및 지혜의 무궁함(23-29절)으로 나뉜다.

ㄱ. 지혜를 지키는 자가 취해야 할 기본자세   7:1-7

1-3절. 희락보다는 슬픔을 택하라.

<지혜자와 우매한 자>

전 7:1. 좋은 이름이 좋은 기름보다 낫고 죽는 날이 출생하는 날보다 나으며.

솔로몬은 좋은 이름이 값비싼 기름보다 더 낫고, 죽는 날이 태어나는 날보다 더 낫다고 말한다. 여기 좋은 이름이란 하나님과 사람으로부터 얻는

홀륭한 평판을 지칭한다(Luther, Lange, Leale, 박윤선). 여기 좋은 이름이 인간 행위의 외형적 결과에 의해 얻어지는 세속적 명예나 명성과는 본질적으로 다른 것으로, 그의 영적, 인격적 실상 및 행실의 동기를 정확하게 아시는 하나님으로부터 인정받는, 더없이 귀중한 명예를 말한다. 바울은 하나님으로부터 그런 이름을 얻은 사람이었다. 고후 6:8-10에 바울이 말하기를 "우리는 속이는 자 같으나 참되고 무명한 자 같으나 유명한 자요 죽은 자 같으나 보라 우리가 살아 있고 징계를 받는 자 같으나 죽임을 당하지 아니하고 근심하는 자 같으나 항상 기뻐하고 가난한 자 같으나 많은 사람을 부요하게 하고 아무것도 없는 자 같으나 모든 것을 가진 자로다"라고 말했다. 오늘 우리는 하나님과 사람으로부터 얻는 훌륭한 평판을 얻어야 하겠다. 한편 상반절의 "좋은 기름"이란 원래 중근동 지방의 감람나무 열매에서 추출되는 값비싼 향유를 지칭하는 것으로, 이 기름은 태양으로부터 내리쬐는 열에 의한 화상을 막아주는 의약품으로 사용되기도 했으며, 왕이나 귀족의 연회나 귀한 방문객의 접대에 사용되는 등 매우 귀하고 값비싼 물품이었다(시 45:8; 눅 7:37). 본 절에서는 이 기름이 재물이나 명예 혹은 권세 등 이 세상의 많은 사람들이 추구하는 세속적 가치를 상징하고 있다. 본 절에서 솔로몬은 우리가 하나님으로부터 인정받는 평판을 보배로운 기름보다 우월하다고 평가함으로써 인간이 최고의 가치를 부여하고 추구해야 하는 것이 무엇임을 가르쳐준다. 진정으로 필요한 것은 우리가 세상의 명예나 물질이 아니라 하나님을 믿음으로 얻게 되는 훌륭한 평판인 것이다.

그리고 하반절의 "죽는 날이 출생하는 날보다 낫다"는 말은 출생하는 날 죄악과 고통과 염려 그리고 수고가 시작되는 날이니 죽는 날은 그 험한 것이 끝나는 날이니 낫다고 말한 것이다. 그러나 하반절의 말씀을 모든 경우를 불문하고 죽음이 좋다는 식으로 죽음 자체를 찬양하고 있는 것으로 볼 수는 없다. 단지 하반절의 말씀은 출생하는 자가 일생동안 겪어야 하는 온갖 시련과 고통에 대한 두려움과 우려를 표명하고 있는 것으로 보는 것이 바람직하다.

전 7:2. 초상집에 가는 것이 잔칫집에 가는 것보다 나으니 모든 사람의 끝이 이와 같이 됨이라 산 자는 이것을 그의 마음에 둘지어다.

솔로몬은 초상집에 가는 것이 잔칫집에 가는 것보다 더 낫다고 말한다. 살아 있는 사람은 누구나 죽는다는 것을 명심하여야 한다고 말한다. 사람의 결국은 누구든지 죽는 것이므로 초상집에 가서 미리 죽음의 의미를 생각하고 준비하는 것이 잔칫집에 가서 뜻 없이 즐기는 것보다 낫다는 것이다. 유다에서 초상집의 애통은 7일간 계속되었다(창 50:11). 우리는 우리가 죽는다는 것을 깊이 생각하면서 살아야 할 것이다.

전 7:3. 슬픔이 웃음보다 나음은 얼굴에 근심하는 것이 마음에 유익하기 때문이니라.

본 절은 욥 33:19-23과 흡사하다. 솔로몬은 슬픔이 웃음보다 나은 것은, 얼굴을 어둡게 하는 근심이 마음에 유익하기 때문이라고 말한다. 본 절의 "슬픔"이란 2절의 초상집을 방문하여 죽은 자를 보고 인간의 근본적인 한계를 느낌으로 얻어지는 겸손하고도 숙연한 마음가짐을 가리킨다. 전도자는 이러한 슬픔을 가질 때 근심하게 되어 마음에 유익이 있다고 했는데, 그 유익이란 초상집에 가서 유가족이나 다른 이들이 슬프게 우는 모습을 보고 자신도 슬픔에 동참함으로써 죽을 수밖에 없는 자신의 연약성을 깨닫고 겸손해지며 삶의 궁극적 의미를 상고하는 자로서 유익을 얻게 된다는 것이다. 고후 7:10에는 "하나님의 뜻대로 하는 근심은 후회할 것이 없는 구원에 이르게 하는 회개를 이루는 것이라"고 말씀한다.

전 7:4. 지혜자의 마음은 초상집에 있으되 우매한 자의 마음은 혼인집에 있느니라.

본 절은 2-3절의 반복이고 결론적인 말씀이다. 솔로몬은 지혜로운 사람의 마음은 초상집에 가 있고 어리석은 사람의 마음은 잔칫집에 가 있게 된다고 말한다. 지혜로운 사람들은 초상집에 가기를 원하고 어리석은 사람들은 혼인집에 가기를 좋아한다는 것이다.

전 7:5. 지혜로운 사람의 책망을 듣는 것이 우매한 자들의 노래를 듣는 것보다 나으니라.

솔로몬은 사람이 지혜로운 사람의 책망을 듣는 것이 어리석은 사람의 노래를 듣는 것보다 더 낫다고 말한다. 사람이 무슨 범죄나 실수를 했을 때, 지혜로운 자가 거기에 합당한 책망을 하면 그 책망을 듣고 반성도 하고 죄를 자복하는 기회도 가지며 그에 따라 순종도 하게 되니 우매한 자들의 세속적인 노래를 듣는 것보다 훨씬 낫다는 것이다.

전 7:6. 우매한 자들의 웃음 소리는 솥 밑에서 가시나무가 타는 소리 같으니 이것도 헛되니라.

본 절은 전 절의 우매자들의 노래에 대해 설명한다. 솔로몬은 어리석은 사람의 웃음 소리는 가마솥 밑에서 가시나무 타는 소리와 같아서 요란하게 들리니 이 또한 헛되다고 말한다. 불신자들의 웃음 소리는 하나의 소음뿐이라는 것이다(시 58:9; 120:4).

전 7:7. 탐욕이 지혜자를 우매하게 하고 뇌물이 사람의 명철을 망하게 하느니라.

솔로몬은 탐욕은 지혜로운 사람을 어리석게 만들어 놓고, 뇌물은 지혜로운 사람의 명철한 마음을 병들게 한다고 말한다. 비록 지혜로운 사람이라 해도 마음에 탐욕을 품으면 그 지혜로운 사람도 어리석은 사람으로 변하게 되고, 게다가 뇌물까지 받으면 지혜로운 자가 가지고 있던 명철한 마음은 간데없이 없어지고 망한다는 것이다(출 23:8; 신 16:19; 잠 15:27).

ㄴ. 보다 나은 길을 택하라 7:8-14

이 부분(8-14절)은 보다 나은 세 가지 길을 제시하고(8-10절), 그에 따른 지혜의 아름다움을 열거한다(11-14절).

전 7:8. 일의 끝이 시작보다 낫고 참는 마음이 교만한 마음보다 나으니.

솔로몬은 일은 시작할 때보다 끝낼 때가 더 좋고, 마음은 자만할 때보다 참을 때가 더 낫다고 말한다. 일의 끝이란 그 일의 결실을 거두는 것을 말한다. 일은 시작하는 것보다 끝내는 일이 중요하니 끝이 낫다고 표현하는 것이다. 나무의 과실이 익는데 이르지 못하고 풋과실로 썩는다면 과실 주인에게 실망을 줄 뿐이다.

전 7:9. 급한 마음으로 노를 발하지 말라 노는 우매한 자들의 품에 머무름이니라.

솔로몬은 누구든지 급하게 화내지 말라. 분노는 어리석은 사람의 품에 머무는 것이라고 말한다. 아무리 분노를 발할만한 경우에도 마음을 잘 지켜서 시간을 보내면 그 분노가 진정될 수 있다. 잠 15:18에 "분을 쉽게 내는 자는 다툼을 일으켜도 노하기를 더디 하는 자는 시비를 그치게 하느니라"고 말했고, 잠 16:32에 "노하기를 더디하는 자는 용사보다 낫고 자기의 마음을 다스리는 자는 성을 빼앗는 자보다 나으니라"고 했으며, 잠 19:11에 "노하기를 더디 하는 것이 사람의 슬기요 허물을 용서하는 것이 자기의 영광이니라"고 했다.

전 7:10. 옛날이 오늘보다 나은 것이 어찜이냐 하지 말라 이렇게 묻는 것은 지혜가 아니니라.

솔로몬은 옛날이 지금보다 좋은 까닭이 무엇이냐고 묻지 말라. 이런 질문은 지혜롭지 못한 질문이다. 옛날이 지금보다 좋았다고 말하지 말라는 것이다. 오늘날의 고통을 참지 못하고 하는 말이다. 사실은 해 아래 새것이 없으므로 (1:9) 옛날이나 오늘날이나 똑같은 것인데 문제는 그 일의 고통을 견디기 힘드니 그런 소리를 하는 것이다. 그러므로 솔로몬은 옛날이 낫다는 말을 하지 말라고 부탁한다.

전 7:11. 지혜는 유산 같이 아름답고 햇빛을 보는 자에게 유익이 되도다

(Wisdom is good with an inheritance, an advantage to those who see the sun-RSV, ESV).

솔로몬은 하나님을 아는 지혜는 유산을 받는 것만큼이나 아름다운 것인데, 그 이유는 이 세상에서 살면서 그 덕을 보기 때문이라고 말한다. 본 절의 "유산 같이"(with an inheritance)란 말은 '유업과 함께 하는 것이니'란 뜻이다. 다시 말해 하나님을 아는 지혜에 유업이 함께 하면 아주 유익이 된다는 뜻이다. 그리고 "햇빛을 보는 자"란 말은 '땅 위에 살아 있는 자'란 뜻이다. 지혜와 유업을 함께 소유할 때 그 유업은 유익한 것이다.

전 7:12. 지혜의 그늘 아래에 있음은 돈의 그늘 아래에 있음과 같으나, 지혜에 관한 지식이 더 유익함은 지혜가 그 지혜 있는 자를 살리기 때문이니라(For the protection of wisdom is like the protection of money; and the advantage of knowledge is that wisdom preserves the life of him who has it-RSV, ESV).

솔로몬은 돈이 육신의 생명을 보호하듯 지혜도 육신의 생명을 보호한다. 그러나 지식(지혜와 동의어)이 더 유익한 것은, 그 지혜를 가진 자가 하나님을 경외하므로 생명까지 소생시키기 때문이라고 말한다. 잠 3:18에 "지혜는 그 얻은 자에게 생명 나무라 지혜를 가진 자는 복되도다"고 말한다. 본 절에서는 지혜와 지식이란 말이 동의어로 사용되고 있다.

전 7:13. 하나님께서 행하시는 일을 보라 하나님께서 굽게 하신 것을 누가 능히 곧게 하겠느냐.

솔로몬은 "하나님이 구부려 놓으신 것을 누가 능히 펴놓을 수 있겠는가"라고 말한다. 하나님의 지혜와 능력은 헤아릴 수 없다는 것이다. 그것은 하나님께서 굽게 하신 것을 아무도 곧게 펴지 못하기 때문이라(יכ)는 것이다.

전 7:14. 형통한 날에는 기뻐하고 곤고한 날에는 되돌아 보아라. 이 두 가지를 하나님이 병행하게 하사 사람이 그의 장래 일을 능히 헤아려 알지 못하게 하셨느니라.

솔로몬은 형통한 날에는 기뻐하고, 곤고한 날에는 생각하여 보아라. 하나님은 좋은 때도 있게 하시고, 어려운 때도 있게 하신다. 그러기에 하나님은 사람으로 하여금 자기의 앞일을 알지 못하게 하셨다고 말한다. 다시 말해 인생들은 형통한 날에는 기뻐하고, 또 기쁘게 식물을 먹고 즐거워할 것이다(9:7). 그리고 곤고한 날이 닥치면 자신을 돌아보고 잘못을 반성하며 죄를 자복하여 하나님의 뜻을 살펴볼 일이다. 우리는 어느 때를 만나든지 전적으로 하나님을 의지해야 할 것이다.

ㄷ. 절제할 것   7:15-22

인생은 무엇이든지 지나친 것은 경계하고(15-18절), 우리의 삶에서 지혜를 높여야 할 것이다(19-22절).

15-18절. 지나친 것을 경계하고 절제해야 한다.

전 7:15. 내 허무한 날을 사는 동안 내가 그 모든 일을 살펴 보았더니 자기의 의로움에도 불구하고 멸망하는 의인이 있고 자기의 악행에도 불구하고 장수하는 악인이 있으니.

솔로몬은 헛된 세월(솔로몬은 자기가 살아온 날들을 헛된 날이라고 규정한다)을 사는 동안 나는 두 가지를 다 보았다. 의롭게 살다가 망하는 의인이 있는가 하면, 악한 채로 오래 사는 악인도 있더라고 말한다. 의인이 선한 열매를 거두어야 마땅하고 악인이 악한 열매를 거두어야 마땅한데, 엉뚱하게도 의인이 악한 열매를 거두고 악인이 선한 열매를 거두는 수가 있는 것을 보았다는 것이다. 하박국 선지자도 비슷한 의문을 표시했다(합 1장). 하박국은 결국 "의인은 믿음으로 살리라"(합 2:4)는 응답을 하나님으로부터 받았다.

전 7:16. 지나치게 의인이 되지도 말며 지나치게 지혜자도 되지 말라 어찌하여 스스로 패망하게 하겠느냐.

솔로몬은 사람들에게 너무 의인인 것처럼 하지도 말고, 너무 슬기로운 척 살지도 말라. 왜 스스로를 망치려 하는가라고 말한다. 이 말씀은 우리 주위에서도 가끔 목격하는 현상이다. 자신이 지나치게 의인인척 하면서 다른 사람을 무시하고 또 자신이 지나치게 지혜로운 척하면서 남을 얕보는 사람들이 있는데, 그들은 잘 되지 못하고 벌을 받는 것을 가끔 볼 수 있다. 우리는 자신이 옳다고 해도 항상 겸손하게 살아야 할 것이다.

전 7:17. 지나치게 악인이 되지도 말며 지나치게 우매한 자도 되지 말라 어찌하여 기한 전에 죽으려고 하느냐.

솔로몬은 사람들에게 너무 악하게 살지도 말고, 너무 어리석게 살지도 말라. 왜 제 명도 다 못 채우고, 기한 전에 죽으려고 하느냐고 묻는다. 본 절은 인생이 너무 한쪽으로 지나친 것을 피하라는 말씀이다. 악인과 우매자는 자기의 의로운 중에서 멸망하는 의인이 있는 것(15절)과 지나치게 의인인 것처럼 하여 스스로 멸망하는 사람이 있는 것(16절)을 보고, 어떤 자신을 얻어 하나님을 두려워하지 않고 마음껏 악을 자행하는 자를 목격하고 전도자는 본 절을 발표한다. 그래서 솔로몬은 지나치게 악인이 되지도 말며 지나치게 우매자도 되지 말라고 경고한다. 다시 말해 하나님의 존재를 두려워하지 않고 적극적으로 악을 행하는 것은 피할 수 없는 징벌을 자초하는 자임을 경고한다. 전도서에는 "악인"과 "우매함"이란 말은 동의어로 사용되고 있음을 볼 수 있다. 여기 "기한 전에 죽는다"는 말은 '제명대로 살지 못하고 죄의 형벌로 일찍 죽는 것'을 뜻한다(잠 10:21, 27; 시 55:23).

전 7:18. 너는 이것도 잡으며 저것에서도 네 손을 놓지 아니하는 것이 좋으니 하나님을 경외하는 자는 이 모든 일에서 벗어날 것임이니라.

솔로몬은 사람들에게 하나(전 절의 지나친 악인이 되지 않아야 하는 것)를 붙잡되, 다른 것(16절의 지나친 의인도 되지 않아야 하는 것)도 놓치지 않는 것이 좋다. 하나님을 두려워하는 사람은 극단을 피하는 것이 옳다고 말한다.

솔로몬은 삶에 있어서 양극단을 피하는 것이 하나님을 경외하는 자의 자세임을 말한다.

19-22절. 우리의 삶에서 지혜를 높여야 한다.
전 7:19. 지혜가 지혜자를 성읍 가운데에 있는 열 명의 권력자들보다 더 능력이 있게 하느니라.

솔로몬은 지혜를 가진 슬기로운 한 사람의 존재가 성읍을 다스리는 통치자 열 명보다 그를 더 강하게 만들 수 있다고 말한다. 본 절의 "지혜"란 말은 전 절의 "하나님을 경외하는 것"과 동의어이다. 양극을 피하고 하나님을 경외하는 지혜자의 지혜는 성읍 가운데 있는 열 명의 권력자들보다 그를 더 능력 있게 만들기 때문에 하나님을 경외하는 사람을 보호할 수 있다는 것이다.

전 7:20. 선을 행하고 전혀 죄를 범하지 아니하는 의인은 세상에 없기 때문이로다.

본 절 초두에는 이유를 말하는 접속사(כִּי)가 있어 본 절이 전 절의 이유를 말해주고 있다. 솔로몬은 좋은 일만 하고 잘못을 전혀 저지르지 않는 의인은 이 세상에 하나도 없기 때문이라고 말한다(왕상 8:46; 시 133:3; 143:2; 잠 20:9; 롬 3:10-18). 그런고로 우리는 언제나 하나님을 경외하고 하나님으로부터 지혜를 받아 지혜로 살아야 할 것이다. 우리는 결코 우리의 지혜나 우리의 능력을 의지하고 살아갈 생각은 아예 하지 말아야 한다.

전 7:21. 또한 사람들이 하는 모든 말에 네 마음을 두지 말라 그리하면 네 종이 너를 저주하는 것을 듣지 아니하리라.

솔로몬은 남들이 하는 말에 신경을 곤두세우지 말라. 자칫하다가는 네 종이 너를 욕하는 소리까지 들을 수 있을 것이라고 말한다. 우리는 남의 말이나 언론에 너무 신경 쓰지 않도록 하자. 왜냐하면 우리는 완전하지 못하므로(앞 절) 남의 험담을 들을 수도 있고, 심지어 우리가 쓰는 사람이 우리말을 하는 소리를 들을 수도 있기 때문이다. 다윗도 시므이의 저주를 받았다(삼하 16:5-8). 다윗은 말하기를 "나는 못 듣는 자 같이 듣지 아니하고 말 못 하는 자 같이 입을 열지 아니한다"고 했다(시 38:13). 우리는 거의 귀머거리 같이 사는 것이 좋을 것이다.

전 7:22. 너도 가끔 사람을 저주하였다는 것을 네 마음도 알고 있느니라.

솔로몬은 너 또한 남을 욕한 일이 있다는 것을 네 마음으로 알고 있을 것이라고 말한다. 우리가 남의 말에 너무 신경을 곤두세워서 남의 말에 일일이 대답하다가 많은 죄를 지을 수 있다는 것을 알아야 할 것이다. 우리는 하나님을 경외하는 중에 비교적 둥글게 세상을 사는 것이 좋은 줄 알아야 할 것이다.

ㄹ. 지혜는 무궁하다 7:23-29

솔로몬은 인생들이 생활에 유용한 실제적인 지혜를 습득할 것을 권장한다. 실제적인 지혜를 습득해서 여인의 유혹을 물리치라고 권한다.

전 7:23. 내가 이 모든 것을 지혜로 시험하며 스스로 이르기를 내가 지혜자가 되리라 하였으나 지혜가 나를 멀리 하였도다.

솔로몬은 말하기를 나는 이 모든 것을 지혜로 시험해 보았는데, 내가 지혜 있는 사람이 되어야지 하고 결심해 보았지만, 지혜가 나를 멀리하더라고 말한다. 여기 "이 모든 것"이 무엇을 말하느냐를 두고 견해가 갈린다. 1) 본서 전체의 것을 말한다는 견해(Hengsternberg), 2) 7장에 진술된 생활 법칙을 말한다는 견해(Lange, Deane, 이상근). 이 두 견해 중에 2)번의 견해가 더 바른 견해로 보인다. 본 절이 말하는 "지혜"(הֵכְמָה)란 본질적인 지혜를 지칭하는 말이다(1:13). 솔로몬은 마음을 다하여 본질적인 지혜를 추구했으나 그 지혜에 미치지 못했다고 말한다. 다시 말해 "그 지혜가 나를 멀리 했다"고 말한다. 이 본질적인 지혜가 솔로몬을 떠난 이유는 세상에는 아주 완전한 의인이 없기 때문이라는 것이다.

전 7:24. 이미 있는 것은 멀고 또 깊고 깊도다 누가 능히 통달하랴.

솔로몬은 지혜라는 것이 무엇인지, 너무도 멀고 깊고 깊으니 누가 그것을 알 수 있겠느냐고 말한다. 여기 "이미 있는 것"이란 '만물의 이치'를 뜻하는 말이다. 그리고 "멀고 또 깊고 깊도다"란 말은 '최상으로 깊다'는 뜻이다. 솔로몬은 만물의 이치를 궁구해 보았으나 그것은 자기에게서 너무 멀고 또 최상으로 깊은 사리라는 것을 깨달은 것이다. 우리는 완전하지 못하여 본질적인 지혜를 얻기란 심히 어렵다는 것을 알아야 할 것이다. 그런고로 실제적인 생활에 필요한 지혜를 얻는데 주력할 것이다.

전 7:25. 내가 돌이켜 전심으로 지혜와 명철을 살피고 연구하여 악한 것이 얼마나 어리석은 것이요 어리석은 것이 얼마나 미친 것인 줄을 알고자 하였더니 (I turned my heart to know and to search out and to seek wisdom and the scheme of things, and to know the wickedness of folly and the foolishness which is madness-ESV).

솔로몬은 그래도 돌이켜 나는 한 곳으로만 정신을 쏟아 보았다. 지혜가 무엇인지, 사물의 이치가 어떤 것인지를, 연구하고 조사하고 이해하려고 했다. 사악이 얼마나 어리석은 일이며, 우매가 얼마나 미친 일인지를 깨닫는 데에 정신을 쏟아 보았다고 말한다. 여기 "내가 돌이켜..."라는 말은 '전적으로 마음을 돌려서 한쪽으로 집중했다'는 뜻이다. 솔로몬은 만물의 이치를 알아보려고 마음을 전적으로 기울였다는 것이다. 솔로몬은 전심으로 지혜가 무엇인지, 사물의 이치가 어떤 것인지를, 연구하고 조사하고 이해하려고 했다는 것이다. 그 결과 만물의 본질적 실존은 알 수가 없었으나 실제적으로 생활면에서 사악이 얼마나 어리석은 일이며, 우매가 얼마나 미친 일인지를 깨닫는 데에 정신을 쏟았다고 말한다. 솔로몬은 "사악"과 "어리석은 알"과 "미친 것"을 동일시하고 있다(하반절; 1:17; 욥 28:28).

전 7:26. 마음은 올무와 그물 같고 손은 포승 같은 여인은 사망보다 더 쓰다는

사실을 내가 알아내었도다 그러므로 하나님을 기쁘게 하는 자는 그 여인을
피하려니와 죄인은 그 여인에게 붙잡히리로다.

솔로몬은 나는 또, 올가미(끈 따위로 고를 내어 짐승을 잡는데 쓰는 물건)와
같은 여자 마음이 덫(짐승의 몸의 한부분이 닿으면 치어서 빠져나가지 못하게
하는 기구)과 같고, 손이 쇠사슬과 같은 여자는 죽음보다 더 쓰다는 것을 알았다.
하나님을 기쁘시게 해 드리는 남자는 그런 여자를 피할 수 있지만, 죄인(하나님
을 기쁘시게 해드리지 못하는 남자)은 그런 여자에게 걸려들고 말 것이라고
말한다. 히브리인들은 여인을 죄의 기원으로 보았다(창 3:1). 혹자들은 여인을
이방의 철학(Hengstenberg, Leupold)으로 보거나 거짓 지혜(Hitzig)로 보기도
하나 문맥으로 보아 여인으로 보는 것(문맥; 잠 5:3; 7:22; 22:14)이 타당하다.
하나님을 경외하지 않는 남자는 여인에게 잡혀들지만 하나님을 경외하는 남자
는 그런 여자의 유혹의 손에서 벗어난다는 것이다.

**전 7:27. 전도자가 이르되 보라 내가 낱낱이 살펴 그 이치를 연구하여 이것을
깨달았노라**(Behold, this is what I found, says the Preacher, adding one thing
to another to find the sum-ESV).

솔로몬은 보라! 솔로몬 자신이 말하기를 내가 깨달은 것은 이것이다. 사물의
이치를 하나씩 깨달아가고 있다는 것이었다. 솔로몬은 음녀의 수와 현명한
자와 어리석은 자들을 하나씩 검토하고 그 수를 헤아려 본 것이다. 솔로몬은
다음과 같은 사실을 깨달았다.

**전 7:28. 내 마음이 계속 찾아 보았으나 아직도 찾지 못한 것이 이것이라
천 사람 가운데서 한 사람을 내가 찾았으나 이 모든 사람들 중에서 여자는
한 사람도 찾지 못하였느니라.**

솔로몬은 아직도 내가 얻지 못했지만, 다만 찾으면서 깨달은 것은 오로지
천명 가운데서 남자 하나는 찾았어도, 천명 가운데서 여자 하나는 아직 찾지
못했다는 것이다. 현명한 남자는 천명에 하나는 있었으나 현명한 여자는

없었다는 것이다. 이 말은 남자보다 여자가 더 타락했다는 것을 말한다. "솔로몬의 말은 온전한 남자는 드물고, 온전한 여자는 아예 없다는 것이다"(Barton, 이상근).

전 7:29. 내가 깨달은 것은 오직 이것이라 곧 하나님은 사람을 정직하게 지으셨으나 사람이 많은 꾀들을 낸 것이니라.

솔로몬은 다만 내가 깨달은 것은 이것이니 하나님은 우리 사람을 평범하고 단순하게 지으셨지만, 우리가 우리 자신들로 하여금 꾀들을 냈다는 것이라고 말한다. 하나님은 원래 사람을 정직하게 지으셨으나(창 1:26-27), 사람은 여러 가지 악한 꾀를 내어 부정직하게 되었다는 것이다. 사람이 하나님의 진리를 깨닫기 어렵게 된 그 원인이 하나님께 있는 것이 아니고 인간 자신에게 있는 것이다. 솔로몬의 이 말씀은 인류의 타락사(墮落史)를 성경적으로 잘 보여준다(박윤선).

제 8 장

2. 왕명을 지키라   8:1-17
8장은 왕명을 지키라고 말한다. 이 부분의 내용은 왕명을 지킬 것(1-8절), 역리 속에서 하나님을 경외함으로 복을 누리라(9-17절)는 것이다.

ㄱ. 왕명을 지키라   1-8
왕을 모신 자들은 왕명을 지켜야 하며 조심스레 행동해야 한다.

전 8:1. 누가 지혜자와 같으며 누가 사물의 이치를 아는 자이냐 사람의 지혜는 그의 얼굴에 광채가 나게 하나니 그의 얼굴의 사나운 것이 변하느니라.

본 절은 본 장의 서론이며 전장의 메시지를 받아 지혜가 무엇인가를 알려준다. 상반절은 두 가지 질문으로 되어 있다. 솔로몬은 어떤 사람이 지혜 있는 사람인가? 사물의 이치를 아는 사람이 누구냐고 질문한다. 하반절에서 지혜는 사람의 얼굴을 밝게 해 주고 굳은 표정을 바꾸어 준다고 말한다. 솔로몬은 하반절에서 상반절의 질문에 대해 답을 해 주는 것이다. 솔로몬은 지혜가 사람의 얼굴에 광채가 나게 하고, 사람의 얼굴의 사나운 것을 변하게 한다고 말하는 것이다.

전 8:2. 내가 권하노라 왕의 명령을 지키라 이미 하나님을 가리켜 맹세하였음이니라(Keep the king's command, and because of your sacred oath be not dismayed-RSV, ESV).

솔로몬은 권하기를 왕의 명령에 복종하라고 말한다. 그것은 인간들이 하나님 앞에서 맹세한 것이기 때문이라고 말한다. 여기 "왕"이 누구냐를 두고 견해가 갈린다. 1) 하나님이란 견해(Targam, Hengsternberg, Leupold, 박윤선). 2) '세상의 왕'을 지칭한다는 견해(Delitzsch, Barton, Lange, Deane, 이상근, 그랜드 종합 주석,

호크마 주석). 이 두 견해 중 2)번의 견해를 택한다. 왕명을 지켜야 하는 이유는 성경에 이미 강조한 교훈이기 때문이고(10:4; 잠 21:1; 마 22:1), 왕을 기름 부어 세웠기 때문이며(10:20; 삼상 24:7; 삼하 1:14; 16:9; 잠 24:21), 왕에게 기름을 붓는 것은 하나님의 선택과 하나님을 가리킨 서약으로 된 것이기 때문이라는 것이다.

전 8:3. 왕 앞에서 물러가기를 급하게 하지 말며 악한 것을 일삼지 말라 왕은 자기가 하고자 하는 것을 다 행함이니라.

솔로몬은 왕을 모시고 있는 사람들에게 말하기를 너는 왕 앞에서 조급하게 물러나지 말고, 악한 일에 가담하지 말라. 왕은 자기가 좋아하는 것은 무엇이든지 행할 수 있기 때문이라고 말한다. 여기 "물러가기를 급하게 하지 말라"는 말은 왕의 신하로서 '직무를 포기하지 말라'(Deane)는 뜻이다(창 4:16; 호 11:2). 그리고 또 "악한 것을 일삼지 말라"는 말은 '반역하는 것 같은 악한 일을 일삼지 말라'(Deane)는 뜻이다. 그리고 "왕은 자기가 하고자 하는 것을 다 행한다"는 말은 왕은 '그의 왕국에서 절대 권력을 가지고 있으므로 무엇이든지 자기의 원대로 행할 수 있다'는 뜻이다.

전 8:4. 왕의 말은 권능이 있나니 누가 그에게 이르기를 왕께서 무엇을 하시나이까 할 수 있으랴.

솔로몬은 왕의 말이 권능이 있으니 누가 감히 그에게 왜 그렇게 하시느냐고 말할 수 있겠느냐고 말한다. 여기 왕의 말이 권능이 있다는 말은 왕이 하나님으로부터 권세를 받았다는 뜻이다. 왕이 하나님으로부터 권세를 부여받았으니 하나님에게 순종하듯 왕에게 순종해야 한다는 것이다. 인간은 하나님 앞에 절대적으로 순종해야 하는 것처럼 왕에게 순종해야 한다.

전 8:5. 명령을 지키는 자는 불행을 알지 못하리라 지혜자의 마음은 때와 판단을 분변하나니.

솔로몬은 왕의 명령(Keil, Deane)을 지키는 자는 누구든지 불행을 경험하지

않을 것이다. 지혜 있는 사람은 언제 어떻게 그 일을 하여야 하는지를 안다고
말한다. 왕의 명령을 순종하여 지키는 지혜자는 화를 받지 않는데, 그때에도
대처법에 따라 행동해야 한다는 것이다. 여기 "지혜자의 마음은 때와 판단을
분변한다"는 말은 지혜자의 마음은 어떠한 말과 행동을 해야 할 가장 적절한
때와 그렇지 않을 때를 구별하여 판단한다는 것이다(Deane, Mathew Henry,
Leale). 왕을 모시고 있는 지혜자의 마음은 어떠한 말과 행동을 해야 할 가장
적절한 때와 그렇지 않을 때를 구별한다는 것이다.

전 8:6. 무슨 일에든지 때와 판단이 있으므로 사람에게 임하는 화가 심함이니라
(, For there is a time and a way in everything, although man's trouble lies
heavy upon him-ESV).

솔로몬은 우리가 비록 장래 일을 몰라서 크게 고통을 당한다 할지라도
모든 일에는 알맞은 때가 있고, 알맞은 방법이 있다고 말한다. 본 절은 전
절과는 달리 지혜자가 왕의 학정 아래에서 대처법을 써야 한다는 것을 말한다.
다시 말해 비록 왕의 학정 아래에서도 섣불리 왕을 제거하려는 반역에 가담하지
말고 인내하며 때를 기다려야 한다는 것이다. 솔로몬은 여기서 인간이 당하는
모든 일들은 하나님께서 작정하신 때를 따라 이루어지고 있으며 그러한 때의
마지막에는 하나님께서 행하시는 전 우주적인 심판이 있을 것임을 밝힌다.
그때 폭정을 자행하던 폭군은 공의로운 심판에 의하여 자신의 행위에 걸맞은
보응을 당할 것이다. 따라서 지혜자는 하나님께서 지정하신 때가 있는 줄
알고 기다리며 인내해야 할 것이다(Matthew Henry, Deane).

전 8:7. 사람이 장래 일을 알지 못하나니 장래 일을 가르칠 자가 누구이랴.
솔로몬은 사람이 장래에 무슨 일을 만날는지 아무도 모른다. 앞으로 일어날
일을 말하여 줄 수 있는 사람이 누구인가(6:12; 10:14)라고 말한다.

전 8:8. 바람을 주장하여 바람을 움직이게 할 사람도 없고 죽는 날을 주장할

사람도 없으며 전쟁할 때를 모면할 사람도 없으니 악이 그의 주민들을 건져낼 수는 없느니라.

솔로몬은 바람을 다스려 움직이게 하며 혹은 그치게 할 수 있는 사람이 없듯이, 자기가 죽을 날을 피하거나 연기시킬 수 있는 사람도 없다고 말한다. 전쟁이 일어나면 벗어날 사람이 없듯이, 악은 행악자를 놓아주지 않는다고 말한다. 본 절은 모든 인간은 하나님의 섭리를 거스를 수 없음을 말한다. 1) 죽음을 피할 수가 없다는 것, 2) 전쟁을 피할 수 없다는 것, 3) 악한 일에 대한 심판을 피할 수 없다는 것을 말한다.

ㄴ. 하나님을 경외하면 잘 된다 8:9-13

이 부분(9-13절)은 하나님을 경외하고 의를 지키면 잘되고 복을 받는다는 것을 말한다.

<악인들과 의인들>

전 8:9. 내가 이 모든 것들을 보고 해 아래에서 행하는 모든 일을 마음에 두고 살핀즉 사람이 사람을 주장하여 해롭게 하는 때가 있도다.

솔로몬은 내가 이 세상에서 벌어지는 모든 일을 살펴보는 중(5:18; 7:23) 이 세상에는 권력 쥔 사람이 따로 있고, 그들에게 고통받는 사람이 따로 있음을 알았다고 말한다. 폭군이 일어나 많은 사람을 압제하는 것도 목격했다는 것이다.

전 8:10. 그런 후에 내가 본즉 악인들은 장사지낸 바 되어 거룩한 곳을 떠나 그들이 그렇게 행한 성읍 안에서 잊어버린 바 되었으니 이것도 헛되도다.

솔로몬은 폭군이 일어나 많은 사람을 압제하는 것을 본 후에(전 절) 악한 사람들이 죽어서 무덤에 묻히는 것을 보게 되었는데, 사람들은 장지에서 돌아오는 길에 그 악한 사람들을 칭찬하는 것을 듣게 되었다. 그것도 다른 곳이 아닌, 바로 그 악한 사람들이 평소에 악한 일을 하던 바로 그 성읍에서, 사람들은 그들을 칭찬하는 것을 듣게 되었다. 이런 것을 듣노라면 허탈한 마음을 가눌 수 없다고 말한다. 악인이 한 생애를 편안히 살다가 죽어 장사되었으니 이것이 헛된 일이 아니고 무엇이란 말인가.

전 8:11. 악한 일에 관한 징벌이 속히 실행되지 아니하므로 인생들이 악을 행하는 데에 마음이 담대하도다.

솔로몬은 "사람들이 왜 서슴지 않고 죄를 짓고 있는가?"에 대해 그 이유는 악한 일을 하는데도 금방 벌이 내리지 않기 때문이라고 말한다. 본 절 초두에는 이유를 말하는 접속사(כִּי)가 있어 본 절이 전 절의 이유를 말하고 있다. 악인이 평안하고(전 절), 그들의 악행이 바로 징벌 되지 않으니 그들은 악을 행해도 괜찮다고 생각하여, 더욱 담대하게 악을 행하는 것이다. 그러나 하나님께서 이렇게 오래 참으시다가 심판하시는 이유는 모두가 다 회개하도록 기회를 주시려하기 때문인 것이다.

전 8:12. 죄인은 백 번이나 악을 행하고도 장수하거니와 또한 내가 아노니 하나님을 경외하여 그를 경외하는 자들은 잘 될 것이요.

본 절 초두에는 이유를 말하는 접속사(כִּי)가 있어 본 절이 전 절의 이유를 드러내고 있다. 솔로몬은 죄인이 백 번 악을 행하고도 장수하거니와 나는 하나님을 경외하는 사람, 곧 그 앞에서 두려워하는 사람들이 형통하게 될 것을 참으로 확신한다고 말한다. 다시 말해 하나님을 경외하고 의롭게 사는 사람이 결국 복을 받는다는 것이다. 본 절에 "경외하여" 그리고 "그를 경외하는 자들"이라고 중복해서 말한 것을 보면 솔로몬 시대에 하나님을 참으로 경외하는 자들이 있었던 것으로 보인다. 하나님을 참으로 경외하는 자들은 참으로 잘 될 거라는 것이다.

전 8:13. 악인은 잘 되지 못하며 장수하지 못하고 그 날이 그림자와 같으리니 이는 하나님을 경외하지 아니함이니라.

솔로몬은 하나님을 경외하여 그를 경외하는 자들은 잘 될 것을 확신하는 반면(전 절) 악인은 형통하지 못할 것이며, 그의 날도 길지 못하고 그림자와 같을 거라고 말한다. 그 이유는 그가 하나님 앞에서 두려워하지 않기 때문이라고 말한다. 본 절이 영원한 참 진리이고, 전 절은 임시적인 현상이었다. 본 절이 실상이고, 전 절은 허상이었다. 진짜 좋은 날은 하나님을 경외하는 의인에게 있고, 하나님을 경외하지 않는 악인에게 있는 것은 아니라는 것이다.

ㄷ. 하나님의 뜻을 알지 못하면 허무하다 8:14-9:1

이 부분(14-17절)은 역리(逆理-사리에 어그러지는 일) 속에서 하나님의 뜻을 알지 못하면 허무하다는 것을 말한다.

전 8:14. 세상에서 행해지는 헛된 일이 있나니 곧 악인들의 행위에 따라 벌을 받는 의인들도 있고 의인들의 행위에 따라 상을 받는 악인들도 있다는 것이라 내가 이르노니 이것도 헛되도다.

솔로몬은 "이 세상에서 헛된 일이 벌어지고 있는데 그것은 악한 사람이 받아야 할 벌을 의인이 받는가 하면, 의인이 받아야 할 보상을 악인이 받는 것이다. 그러니 나 어찌 이런 일을 헛되다고 말하지 않을 수 있겠는가"고 말한다. 다시 말해 악을 행하고도 의인이 받을 상을 받고, 의를 행하고도 악인이 받는 대접을 받는 것을 보았다는 것이다(10절; 3:16; 4:1; 5:8; 7:7 등 참조). 이것은 하나의 불가사의(不可思議)라는 것이다. 솔로몬은 이 문제를 어떻게 해결해야 하는지를 두고 다음 절에서 해답을 말하고 있다.

전 8:15. 이에 내가 희락을 찬양하노니 이는 사람이 먹고 마시고 즐거워하는 것보다 더 나은 것이 해 아래에는 없음이라 하나님이 사람을 해 아래에서 살게 하신 날 동안 수고하는 일 중에 그러한 일이 그와 함께 있을 것이니라.

솔로몬은 이상하게 돌아가는 불가사의한 현상 앞에 오히려 생을 즐기라고 권한다. 왜냐하면 사람에게 먹고 마시고 즐기는 것보다 더 좋은 것이 세상에는 없기 때문이다. 그래야 이 세상에서 일하면서 하나님께 허락받은 한평생을 사는 동안에, 언제나 기쁨이 사람과 함께 있을 것이라고 말한다. 솔로몬이 여기 말한 쾌락이란 것은 육체적 쾌락주의를 가리키는 것이 아니고, 무엇보다도 만사가 하나님의 장중에 있는 줄 알고 순종하는 마음으로 책임을 다하며, 수고하면서 살아가는 것을 말한다. 이와 같은 해석은 특별히 2:24-26의 말씀이 잘 밝혀준다(박윤선). 3:12-13; 5:18-19; 잠 10:28 참조.

전 8:16. 내가 마음을 다하여 지혜를 알고자 하며 세상에서 행해지는 일을 보았는데 밤낮으로 자지 못하는 자도 있도다.

솔로몬은 내가 마음을 다하여 지혜가 무엇인지를 알고자 하며 땅 위에서 밤낮 쉬지도 못하는 사람을 보았다고 말한다. 솔로몬은 인생이 일생을 두고 수고하는 그 뜻을 알고자 궁리했다는 것이다. 심지어 어떤 사람은 밤낮으로 자지도 못하고 수고하는 것이 무슨 뜻인지를 알고자 했다는 것이다(1:16; 9:1; 시 132:4; 잠 6:4).

전 8:17. 또 내가 하나님의 모든 행사를 살펴 보니 해 아래에서 행해지는 일을 사람이 능히 알아낼 수 없도다 사람이 아무리 애써 알아보려고 할지라도 능히 알지 못하나니 비록 지혜자가 아노라 할지라도 능히 알아내지 못하리로다.

솔로몬은 말하기를 하나님이 하시는 모든 일을 두고 나는 깨달은 바가 있는데, 그것은 아무도 이 세상에서 이루어지는 일을 이해할 수는 없다는 것이다. 그 뜻을 찾아보려고 아무리 애를 써도 사람은 그 뜻을 찾지 못한다는 것이다. 혹 지혜 있는 사람이 안다고 주장할지도 모르지만, 그 사람도 정말 그 뜻을 알 수는 없는 것이라고 말한다. 인생은 그 문제가 사람의 손이 아닌, 하나님의 손 안에 있는 줄 알고(9:1), 하나님만 바라보아야 한다고 말한다. 바울 사도도 이런 알 수 없는 난제 앞에서 하나님의 깊은 섭리를 생각하면서 하나님을 찬송했다. 롬 11:33-36에 "깊도다 하나님의 지혜와 지식의 풍성함이여, 그의 판단은 헤아리지 못할 것이며 그의 길은 찾지 못할 것이로다. 누가 주의 마음을 알았느냐 누가 그의 모사가 되었느냐. 누가 주께 먼저 드려서 갚으심을 받겠느냐"고 했다. 우리는 주님께 모든 응답이 있는 줄 알고 주님만 바라보아야 할 것이다.

제 9 장

<모두 다 하나님의 손 안에 있다>
전 9:1. 이 모든 것을 내가 마음에 두고 이 모든 것을 살펴 본즉 의인들이나 지혜자들이나 그들의 행위나 모두 다 하나님의 손 안에 있으니 사랑을 받을는지 미움을 받을는지 사람이 알지 못하는 것은 모두 그들의 미래의 일들임이니라.

솔로몬은 말하기를 나는 이 모든 것을 마음속으로 깊이 생각해 보았다. 그리고서 내가 깨달은 것은 의로운 사람들과 지혜로운 사람들이 하는 일을 하나님이 인도하신다는 것, 그들이 사랑을 받을는지 미움을 받을는지 역시 모두 하나님의 손 안에 있다는 것을 알았다고 말한다. 사람은 아무도 자기 앞에 놓여 있는 일을 알지 못한다는 것이다. 우리는 인간 만사가 하나님의 손 안에 있음을 알고 하나님만을 바라보고 하나님을 찬양해야 하겠다.

3. 역리처럼 보이는 세상에서 복을 받는 비결   9:2-18
솔로몬의 마음에 인간 만사가 역리처럼 보이는 중에도 몇 가지 분명한 것을 깨달았다는 것이다. 깨달음들은 인간 만사는 역리처럼 보인다는 것(2-6절), 이런 중에도 인간은 인간의 본분대로 살아야 한다는 것(7-10절), 기회는 누구에게나 똑같이 주어진다는 것(11-12절), 지혜는 초월적이라는 것(13-18절) 등이다.

ㄱ. 세상은 역리처럼 보인다   9:2-6
모든 사람(의인이나 악인 모두)에게 그 결국이 일반이라는 것을 말한다.
전 9:2. 모든 사람에게 임하는 그 모든 것이 일반이라 의인과 악인, 선한 자와 깨끗한 자와 깨끗하지 아니한 자, 제사를 드리는 자와 제사를 드리지 아니하는 자에게 일어나는 일들이 모두 일반이니 선인과 죄인, 맹세하는 자와 맹세하기를 무서워하는 자가 일반이로다.

솔로몬은 모든 사람에게 닥치는 것이 똑같다고 말한다. 의인이나 악인이나, 착한 사람이나 착하지 않은 사람이나, 깨끗한 사람이나 더러운 사람이나, 제사를 드리는 사람이나 드리지 않는 사람이나, 다 같은 운명을 타고났다. 착한 사람이라고 해서 죄인보다 나을 것이 없고, 맹세한 사람이라고 해서 맹세하기를 두려워하는 사람보다 나을 것이 없다고 말한다. 본 절은 모든 이의 결국이 동일하다는 것이다. 나을 것도 없고 덜할 것도 없다는 것이다. 일례를 들어 죽음이 그 한 가지 예이다.

전 9:3. 모든 사람의 결국은 일반이라 이것은 해 아래에서 행해지는 모든 일 중의 악한 것이니 곧 인생의 마음에는 악이 가득하여 그들의 평생에 미친 마음을 품고 있다가 후에는 죽은 자들에게로 돌아가는 것이라.

솔로몬은 모두가 다 같은 입장이라는 것을 말한다. 이것이 바로 세상에서 벌어지는 것으로 불합리하게 보이는 일 중에 하나이다. 더욱이 사람들은 마음에 미친 마음을 품고 살다가 결국에는 죽고 만다는 것이다. 솔로몬은 "미친"이란 말을 많이 사용한다(1:17; 7:25; 10:13). 사람들은 세상에서 아무런 도덕도 법도 다 무용지물이라고 하면서 무절제하게 산다.

전 9:4. 모든 산 자들 중에 들어 있는 자에게는 누구나 소망이 있음은 산 개가 죽은 사자보다 낫기 때문이니라.

솔로몬은 살아 있는 사람에게는 누구나 희망이 있는 법이라고 말한다. 비록 개(삼상 17:43; 24:14; 삼하 3:8; 마 15:26)라고 하더라도 살아 있다고 하면 죽은 사자보다 낫다고 말한다. 본 절은 천한 인간과 죽어버린 고귀한 사람을 비교하고 있다. 산자가 소망이 있는 것은 영, 육간에 그렇다. 육적으로는 보다 잘 살 소망이 있는 것이고, 영적으로는 회개하여 의로운 자가 될 수 있기 때문이다(이상근).

전 9:5. 산 자들은 죽을 줄을 알되 죽은 자들은 아무것도 모르며 그들이 다시는 상을 받지 못하는 것은 그들의 이름이 잊어버린 바 됨이니라.

본 절 초두에는 이유를 말하는 접속사(־ִכּ)가 있어 본 절이 전 절의 이유를 말해주고 있다. 솔로몬은 살아 있는 사람은 자기가 죽을 것을 알지만 죽은 사람은 아무것도 모른다고 말한다. 죽은 사람에게 더 이상의 상을 기대할 수 없는 것은 사람들은 죽은 이들을 오래 기억하지 못하는 법이라고 말한다. 본 절은 살아 있는 사람이 죽은 사람보다 나은 이유를 두 가지로 말한다. 하나는 산자는 죽을 줄을 알고 죽을 준비를 할 수 있다는 것, 또 하나는 살아 있는 사람은 좋은 일을 해서 상을 받을 수도 있다는 것이다. 죽은 자들은 완전히 그들의 생애를 잊어버리고 만다는 것이다(1;11; 2:16; 시 9:6; 31:12; 41:5).

전 9:6. 그들의 사랑과 미움과 시기도 없어진 지 오래이니 해 아래에서 행하는 모든 일 중에서 그들에게 돌아갈 몫은 영원히 없느니라.

솔로몬은 죽은 이들에게는 이미 사랑하는 일도 미워하는 일도 시기할 일도 없다는 것이다. 세상에서 일어나는 어떠한 일에도 다시 개입할 자리가 없다고 말한다. 죽은 자들은 아무런 활동의 기회가 없다는 것이다.

ㄴ. 이런 중에도 인간은 인간의 본분대로 살아야 한다는 것 9:7-10

전 9:7. 너는 가서 기쁨으로 네 음식물을 먹고 즐거운 마음으로 네 포도주를 마실지어다 이는 하나님이 네가 하는 일들을 벌써 기쁘게 받으셨음이니라.

솔로몬은 지금은 하나님께서 인생이 하는 일을 좋게 보아 주시니 너는 가서 즐거이 음식을 먹고, 기쁜 마음으로 포도주를 마시라고 말한다. 인생들은 자신들이 타고난 분복을 따라 음식을 즐겁게 먹고 마시며 살라는 것이다(2:24; 3:12-13, 22; 5:18; 8:15; 10:19). 우리는 세상의 쾌락 중심으로 살 것이 아니고, 하나님께서 각자에게 나누어주시는 복을 즐기면서 살아야 할 것이다.

전 9:8. 네 의복을 항상 희게 하며 네 머리에 향 기름을 그치지 아니하도록 할지니라.

솔로몬은 너는 언제나 옷을 깨끗하게 입고(창 41:12; 레 3:4; 7:9; 계 7:9), 머리에는 기름을 바르라(삼하 12:20; 시 23:5; 104:15; 사 61:3; 암 6:6)고 말한다. 단정한 복장을 하고 단정한 삶을 살라는 말이다. 본 절은 앞 절에 이어 하나님과 동행하는 평온한 삶을 살라고 권한다.

전 9:9. 네 헛된 평생의 모든 날 곧 하나님이 해 아래에서 네게 주신 모든 헛된 날에 네가 사랑하는 아내와 함께 즐겁게 살지어다 그것이 네가 평생에 해 아래에서 수고하고 얻은 네 몫이니라.

솔로몬은 하나님을 믿는 성도들에게 너의 헛된 모든 날, 하나님이 세상에서 너에게 주신 덧없는 모든 날에 너는 너의 사랑하는 아내와 더불어 즐거움을 누려라(시 34:12; 잠 5:18-19; 17:22). 그것이 네가 사는 동안에 세상에서 애쓴 수고로 받는 몫이라고 말한다. "해 아래에서"란 말에 대해 1:3주해 참조.

전 9:10. 네 손이 일을 얻는 대로 힘을 다하여 할지어다 네가 장차 들어갈 스올에는 일도 없고 계획도 없고 지식도 없고 지혜도 없음이니라.

솔로몬은 성도들에게 네가 어떤 일을 찾아(삼상 10:7; 23:8; 삿 9:33; 사 10:13-14 참조) 일을 하게 되든지 힘을 다해 최선을 다 하여라. 네가 들어갈 무덤 속에는, 일도 계획도 지식도 지혜도 없다고 말한다. 여기 "스올"이란 말에 대하여는 잠 1:12 주해를 참조하라.

ㄷ. 기회는 누구에게나 똑같이 주어진다는 것   9:11-12

이 부분(11-12절)은 성도들에게 죽음이라는 것이 속히 찾아와서 모든 일을 중지하게 될 것이라고 말한다. 기회는 균등하게 모든 사람에게 임한다는 것을 말한다.
전 9:11. 내가 다시 해 아래에서 보니 빠른 경주자들이라고 선착하는 것이 아니며 용사들이라고 전쟁에 승리하는 것이 아니며 지혜자들이라고 음식물을 얻는 것도 아니며 명철자들이라고 재물을 얻는 것도 아니며 지식인들이라고 은총을 입는 것이 아니니 이는 시기와 기회는 그들 모두에

게 임함이니라.

솔로몬은 "내가 세상에서 또 다른 것을 보니(4:1, 7) 빠르다고 해서 달리기에서 이기는 것이 아니며, 용사라고 해서 전쟁에서 이기는 것도 아니더라. 지혜가 있다고 해서 먹을 것이 생기는 것도 아니며, 총명하다고 해서 재물을 모으는 것도 아니며, 배웠다고 해서 늘 잘되는 것도 아니더라. 불행한 때와 재난은 누구에게나 닥치는 것"이라고 말한다.

여기 본문의 "시기(עת)와 기회(פגע)는 그들 모두에게 임한다"는 말은 '불행한 때와 재난은 누구에게나 닥친다'는 뜻이다. 다시 말해 "시기"(עת)란 말은 인간의 삶 가운데 하나님께서 어떠한 일이나 사건들이 발생하게 하고 성취되도록 지정해 놓으신 때를 뜻한다. 그리고 기회(פגע)란 말은 '예측할 수 없이 발생하는 사건, 재난 등'을 지칭한다. 따라서 불행한 때와 재난이 누구에게나 닥치므로 본 절에 진술된 대로의 모든 부조리로 보이는 것들이 모든 사람들에게 닥친다는 것이다.

전 9:12. 분명히 사람은 자기의 시기도 알지 못하나니 물고기들이 재난의 그물에 걸리고 새들이 올무에 걸림 같이 인생들도 재앙의 날이 그들에게 홀연히 임하면 거기에 걸리느니라.

솔로몬은 사람은 그런 부조리로 보이는 때가 언제 자기에게 닥칠지 알지 못한다고 말한다. 물고기가 잔인한 그물에 걸리고 새가 덫에 걸리는 것처럼, 사람들도 갑자기 덮치는 악한 때를 피하지 못한다고 말한다. 본 절의 "자기의 시기"(his time)란 말은 '인생의 죽음'을 뜻한다. 이 말은 "재앙의 날"이란 말과 동의어이다. 인생의 죽음은 우리 인간의 눈에는 돌연적으로 보이지만 하나님 편으로는 확실하게 예정된 사건이다.

ㄹ. 지혜는 모든 것을 초월한 것을 깨달았다   9:13-18

어떤 가난한 지혜로운 자가 성을 구원시킨 예를 들어 지혜가 모든 것을 초월해 있음을 말한다.

<지혜를 보고 크게 여긴 것>

전 9:13. 내가 또 해 아래에서 지혜를 보고 내가 크게 여긴 것이 이러하니.

솔로몬은 내가 세상에서 지혜로운 사람이 겪는 일을 보고 큰 충격을 받은 적이 있다고 말한다. 솔로몬이 "지혜를 보고 크게 여긴 것"이란 말은 13-16절에 기록된 사건을 지칭하는 것으로 보인다.

전 9:14-15. 곧 작고 인구가 많지 아니한 어떤 성읍에 큰 왕이 와서 그것을 에워싸고 큰 흉벽을 쌓고 치고자 할 때에 그 성읍 가운데에 가난한 지혜자가 있어서 그의 지혜로 그 성읍을 건진 그것이라 그러나 그 가난한 자를 기억하는 사람이 없었도다.

솔로몬은 주민이 많지 아니한 작은 성읍이 있었는데 한 번은 힘센 왕이 그 성읍을 에워싸고 성벽을 무너뜨리려고 할 그때 그 성 안에는 한 남자가 살고 있었다는 것이다. 그는 가난하기는 하지만 지혜로운 사람이므로, 그의 지혜로 그 성을 구하였다. 그러나 어느 누구도 그 가난한 사람을 오래 기억하지 않았다고 말한다. 15절의 "가난한 지혜자"란 말은 사람들에게 알려지지도 않았고 아무 세력도 없지만 하나님을 아는 신령한 지혜를 소유한 자였다. 옛날 이스라엘에 아벨이란 도시가 요압의 군대에게 포위를 당했으나 그 성읍의 한 지혜로운 여자가 요압에게 지혜롭게 말하여 그 도시를 구원한 일도 있었다 (삼하 20:14-22). 지혜자는 이렇게 위대한 일을 하지만 사람들의 대접을 받지 못하고 배척을 당하는 일이 종종 있다. 그런데 본문에서 말하는 실례는 여인이 아니라 한 남자였으니 다른 사람을 가리킬 것으로 보인다. 이는 그 성읍 사람들이 성읍을 구한 가난한 지혜자에게 대해 아무런 보상이나 감사의 뜻도 표하지 않고 그 사건 자체를 망각하였다는 실례가 있었다는 말이다. 의인이 이렇게 푸대접 받는 예는 성경이나 일반 역사에도 자주 등장한다.

전 9:16. 그러므로 내가 이르기를 지혜가 힘보다 나으나 가난한 자의 지혜가 멸시를 받고 그의 말들을 사람들이 듣지 아니한다 하였노라.

솔로몬은 나는 늘 지혜가 힘(무기)보다 낫다고 말해 왔지만, 가난한 사람의 지혜가 멸시를 받고, 아무도 가난한 사람의 말에 더 이상 귀를 기울이지 않았다고 말한다. 분명히 지혜가 힘보다 나은 것은 사실이지만(7:19; 잠 14:2; 16:32; 21:22; 24:5), 본 절의 가난한 지혜자는 멸시를 당한 것이다. 이 세상에서는 때로 지혜가 멸시를 당하고 업신여김을 당하는 것이다.

전 9:17. 조용히 들리는 지혜자들의 말들이 우매한 자들을 다스리는 자의 호령보다 나으니라.

솔로몬은 지혜로운 사람의 조용한 말을 듣는 것이 어리석은 통치자의 고함치는 명령보다는 차라리 더 낫다고 말한다. 우매한 권세가들이 자신들의 권위만을 내세워 큰 소리로 자신의 주장을 강요하는 말보다는 큰 소리를 내지 않을지라도 많은 사람이 공감할 수 있는 진리가 담긴 지혜로운 자의 말이 더 청중들에게 호소력을 갖는다(시 42:2-4)고 말한다. 한편 본 절은 이처럼 다시금 지혜의 우월함과 효용에 대하여 언급하고 있으나 궁극적으로는 18절과 연결되어 경험과 지식을 바탕으로 한 인본주의적 지혜의 한계를 보여주는 것으로 볼 수 있다(그랜드 종합 주석).

전 9:18. 지혜가 무기보다 나으니라 그러나 죄인 한 사람이 많은 선을 무너지게 하느니라.

솔로몬은 지혜가 전쟁 때의 강한 무기보다 더 나은 것은 사실이지만, 죄인 하나가 많은 선한 것을 망칠 수 있다고 말한다. 전 절에서 지혜가 우매한 자들의 호령보다 낫다고 했으나 본 절에서는 지혜가 "무기"보다 낫다고 말한다. 아무튼 그 가난한 지혜자의 계략으로 성읍은 병기도 쓰지 않고 군사령관의 호령도 없이 구원받은 것이다. 하반절의 "한 사람이 많은 선을 무너지게 만든 데" 대해서 혹자는 아간의 예라 하고(수 7장, Barton), 또 다른 이는 르호보암의 우매함을 지적하기도 한다(왕상 12:16, Deane). 아마도 위와 같이 가난한 지혜자 한 사람이 구원한 성읍이 어떤 악한 죄인 한 사람 때문에 평화를 잃고 어지럽게 되었다는 것을 드러낸다.

제 10 장

4. 어리석은 일을 삼갈 것   10:1-20

본 장은 어리석은 일을 삼갈 것을 권장한다. 내용은 우매자들은 당돌함을 삼갈 것(1-11절), 우매자는 수다를 삼갈 것(12-20절)을 주문한다.

ㄱ. 어리석은 당돌함을 삼갈 것   10:1-11

이 부분은 작은 우매자의 행동이 지혜를 망하게 하니(1-3절), 우매한 지배자 아래에서의 지혜자가 인내해야 할 것(4-7절)을 말한다. 그리고 우매자를 경계하는 말씀들이 등장한다(8-11절).

1-3절. 작은 우매자의 행동이 지혜를 망가뜨린다.

전 10:1. 죽은 파리들이 향기름을 악취가 나게 만드는 것 같이 적은 우매가 지혜와 존귀를 난처하게 만드느니라.

솔로몬은 향수에 빠져 죽은 파리들이 향수에서 악취가 나게 하는 것 같이 적은 우매가 지혜를 가리고 명예를 더럽힌다고 말한다. 파리는 향유만 아니라 음식물에도 들어가 음식물을 더럽히고 또 어디든지 가서 그 물품을 더럽힌다(고전 5:6). 한 우매가 많은 지혜와 존귀를 더럽힌다는 것이다(전절 주해 참조).

전 10:2. 지혜자의 마음은 오른쪽에 있고 우매자의 마음은 왼쪽에 있느니라.

솔로몬은 지혜로운 사람의 마음은 옳은 일 쪽으로 기울게 되고, 어리석은 사람의 마음은 그릇된 일 쪽으로 기울게 된다고 말한다. 마음이란 말은 지정의(知情意)를 포함하는 전인격을 뜻하는 말로 사용될 수 있다. 한편 신구약을 불문하고 오른편은 영광, 보호, 능력, 의로움 등을 상징하는 말로 많이 쓰인다(시 110:5; 사 41:13; 마 25:31-45). 반대로 왼편은 오른편과 비교할 때 주로 불의, 열등함, 무능력 등을 상징하는 말로 인식되었다(마 25:33, 41). 그러므로 지혜자의 마음이 오른편에 있다는 것은 그의 근본적인 심성이 바르고 정의롭다는 것을 나타내며 또한 그는 오른손잡이가 오른손으로 어떤 일을 하듯이 강력하게 자신의 마음을 제어한다는 뜻이다. 이는 자기 마음을 제어하지 못하고 순간순간 어리석음을 드러내는 우매자의 경우와 좋은 대조를 이룬다(다음 절).

전 10:3. 우매한 자는 길을 갈 때에도 지혜가 부족하여 각 사람에게 자기가 우매함을 말하느니라.

솔로몬은 어리석은 자는 길을 갈 때에도, 생각이 부족하여 자기의 어리석음을 누구에게나 드러낸다고 말한다. 여기 "길을 갈 때에도"라는 말은 문자적이라기보다는 인생을 살 때를 지칭하는 말이다. 우매한 사람은 인생을 사는 중에도 지혜가 부족하여 만나는 누구에게나 자기가 어리석은 사람이라는 것을 드러내고 풍긴다는 것이다.

4-7절. 우매자의 지배 아래서 처신할 때 지혜자는 인내해야 한다.
전 10:4. 주권자가 네게 분을 일으키거든 너는 네 자리를 떠나지 말라 공손함이 큰 허물을 용서 받게 하느니라.

솔로몬은 우매한(전 절) 통치자가 너에게 화를 내는 경우 너는 네 자리를 얼른 뜨지 말라고 말한다. 침착하면 큰 허물을 막을 수 있다고 말한다. 여기 "네 자리를 떠나지 말라"는 말은 '얼른 사표를 내고 떠나지 말라. 얼른 자리를 떠나지 말라'는 뜻이다. 공손하게 그리고 순종하는 자세로 그 자리를 지키면 그 우매한 주권자의 분노는 식어지고, 큰 문제도 가볍게 되고 해결된다는 것이다(8:3; 잠 10:12; 14:30; 15:1, 4; 25:10 참조).

전 10:5. 내가 해 아래에서 한 가지 재난을 보았노니 곧 주권자에게서 나오는 허물이라.

솔로몬은 내가 세상에서 한 가지 잘못된 일을 보았는데, 역시 통치자에게서 볼 수 있는 크나큰 허물이라고 말한다. 솔로몬은 아마도 자신이 인생을 살면서, 또 왕으로서 직무를 행하는 중에 상하귀천(上下貴賤)이 뒤바뀐 현실을 본 것 같다. 그런 현실을 솔로몬은 재난이라고 묘사한다. 여기 "해 아래에서"란 말에 대하여 1:3 주해 참조.

전 10:6. 우매한 자가 크게 높은 지위들을 얻고 부자들이 낮은 지위에 앉는도다.

솔로몬은 한 가지 재난(전 절)이 바로 어리석은 사람을 높은 자리에 앉히고, 존귀한 사람을 낮은 자리에 앉히는 것이라고 말한다. 그래서 상하귀천이 뒤바뀐 것이었다. 이런 일들은 폭군에 의해서 일어나는 일이었다.

전 10:7. 또 내가 보았노니 종들은 말을 타고 고관들은 종들처럼 땅에 걸어 다니는도다.

솔로몬은 본 절에서도 또 다른 한 가지 재난(5절)을 말한다. 그것은 솔로몬 자신이 보니, 종은 말을 타고, 상전은 종처럼 걸어 다니는 일이 있더라는 것이었다. 솔로몬 시대에 말을 타는 것은 상류층을 표시하는 것이었다(대하 25:28; 에 6:8-9; 렘 17:25). 그리스와 로마에서도 말 타는 것은 부와 상위층 신분의 표시였다(Deane). 오늘날도 역시 상하귀천이 뒤바뀌는 일이 없지 않아 보인다.

8-11절. 우매자를 경계하는 말씀들.

전 10:8. 함정을 파는 자는 거기에 빠질 것이요 담을 허는 자는 뱀에게 물리라라.

솔로몬은 구덩이를 파는 자는 거기에 빠질 수 있고, 담을 허무는 자는 뱀에게 물릴 수 있다고 말한다. 8-11절은 남을 해하려는 사람들은 도리어 그들 자신이 해를 당한다는 것을 진술한다. 남을 해하려는 목적으로 함정을 파는 자는 그 자신이 거기에 빠져 해를 당한다는 것이다(시 7:15-16; 9:15-16;

10:2; 잠 26:27). 또 남을 해치기 위해 담을 허는 자는 거기에 살고 있던 뱀에게 물린다는 것이다(암 5:19). 누구든지 남에게 해를 끼치려는 사람에게는 자신이 당하도록 하나님께서 역사하신다.

전 10:9. 돌들을 떠내는 자는 그로 말미암아 상할 것이요 나무들을 쪼개는 자는 그로 말미암아 위험을 당하리라.

솔로몬은 돌을 떠내는 자는 그 돌에 다칠 수가 있고, 나무를 패는 자는 그 나무에 다칠 수가 있다고 말한다. 여기 "돌을 떠낸다"는 말과 "나무를 쪼갠다"는 말도 남을 해하려는 자의 파괴 행위를 가리킨다(잠 26:27; 암 5:19).

전 10:10. 철 연장이 무디어졌는데도 날을 갈지 아니하면 힘이 더 드느니라 오직 지혜는 성공하기에 유익하니라.

솔로몬은 "도끼가 무디었을 때, 그 도끼날을 갈지 않고 쓰면 힘이 더 드는 법이다. 그러나 지혜는 사람을 성공하도록 돕는다"고 말한다. 계획이 없고 준비가 없는 일은 언제든지 실패한다. 요셉은 총리가 되기 전에 보디발 가정의 총무로 수고했고, 감옥 총무로 연단을 받았다.

전 10:11. 주술을 베풀기 전에 뱀에게 물렸으면 술객은 소용이 없느니라.

솔로몬은 뱀을 부리지도 못하고, 뱀에게 물렸으면 뱀을 부린다는 그 사람은 쓸 데가 없다고 말한다. 뱀을 다루는 술객이 미리 방술을 써서 뱀을 제어하여야 할 터인데, 뱀이 방술을 쓰기 전에 술객을 먼저 물어버린다면 방술은 쓸 수도 없고, 그는 뱀의 독에 죽어야 하는 것이다(시 58:4-5; 렘 8:17).

ㄴ. 어리석은 수다를 삼갈 것 10:12-20

이 부분은 우매자가 수다를 떨고 말을 많이 하는 것을 경계한다(12-15절). 우매한 왕이 화를 받을 나라와 지혜로운 왕의 복 받을 나라를 대조한다(16-20절).

12-15절. 우매자가 말을 많이 하는 것을 경계한다.

전 10:12. 지혜자의 입의 말들은 은혜로우나 우매자의 입술들은 자기를 삼키나니.

솔로몬은 지혜로운 사람은 말을 해서 덕을 보고, 어리석은 사람은 제 입으로 한 말 때문에 망한다고 말한다. 본 절에는 지혜로운 사람과 어리석은 사람이 대조되고 있다. 이 대조는 지혜로운 마음과 어리석은 마음의 대조이다. 결국 우매자의 독설은 우선 남을 괴롭히고, 종내 자신도 삼켜 멸망시키는 것이다(잠 10:8, 21; 13:6; 15:2, 26).

전 10:13. 그의 입의 말들의 시작은 우매요 그의 입의 결말들은 심히 미친 것이니라.

솔로몬은 어리석은 자의 입에서 나오는 말은 어리석음으로 시작해서 사악한 광기로 끝난다고 말한다. 본 절에서는 그러한 우매자가 자신의 어리석은 말로 인해서 당하는 결과를 언급하고 있다. 여기 "광패"(h[;r: tWlle/h)라는 말은 문자적으로 '악하게 미치다'라는 뜻으로 우매자가 저지르는 '거만함', '악한 자랑,' 혹은 '경솔하고도 난처한 일' 등을 가리킨다. 따라서 본 절은 우매자의 어리석은 말에 의하여 종국에 벌어지는 상황이 수습하기 어려울 정도로 난처한 지경에 이르게 된다는 뜻이다(잠 18:7; 27:22, 그랜드 종합 주석).

전 10:14. 우매한 자는 말을 많이 하거니와 사람은 장래 일을 알지 못하나니 나중에 일어날 일을 누가 그에게 알리요.

솔로몬은 그런데도 어리석은 자는 말을 하고 또 계속한다. 앞으로 무슨 일이 일어날지 아는 사람은 없다. 앞으로 일어날 일을 말해 줄 수 있는 사람이 누구인가라고 말한다. 다시 말해 우매자는 수다를 떨고, 말을 하고 또 한다. 그러나 사실인즉 장래 일을 알지 못한다(3:22; 6:12; 8:7). 즉, 그는 알지도 못할 말을 많이 한다. 사람은 누구나 장래 일을 알지 못하는 것이다.

전 10:15. 우매한 자들의 수고는 자신을 피곤하게 할 뿐이라 그들은 성읍에 들어갈 줄도 알지 못함이니라(The toil of a fool wearies him, and for he does not know the way to the city.-ESV).

솔로몬은 제 집으로 가는 길조차 못 찾는 어리석은 자는 일을 해도 피곤하기만 하다고 말한다. 본 절의 해석을 두고 여러 견해가 있으나 우매자가 말이 많기 때문에 많은 말을 하느라 지치고, 곤하게 되어서, 결국은 성으로 들어갈 힘도 없어진다는 것이다. 성읍에 들어가는 길이 공개되어 있어서 사람마다 알 수 있는데도 불구하고 미련한 자는 그것도 모른다는 의미이다(박윤선). 이것은 비유이니 그 미련한 자의 어두움이 크다는 것뿐이다.

16-20절. 우매한 왕의 화 받을 나라와 지혜로운 왕의 복을 받을 나라를 대조한다.

전 10:16. 왕은 어리고 대신들은 아침부터 잔치하는 나라여 네게 화가 있도다.

본 절은 화를 받을 나라를 묘사한다. 솔로몬은 "왕은 어리고 대신들은 이른 아침부터 잔치에 빠져 있는 나라여 당신들의 나라는 저주를 받을 것이라"(사 5:11)고 말한다. 왕이 어려서 정치를 제대로 못하므로 따라서 대신들은 왕의 통제가 없어서 백성들을 제대로 돌보지 않는 나라, 먹고 마시는 데만 신경을 쓰며 향락에만 몸을 기울이는 나라는 화가 있을 수밖에 없다는 것이다(사 5:11). 여기 "아침부터"란 말은 '일찍부터 쾌락에 빠진다'는 뜻이다. 쾌락에 빠지니 나라 일을 돌보지 않는 것이다. 아무튼 '아침부터 한다'는 말은 하루 종일 향락에 빠진다는 것을 의미한다.

전 10:17. 왕은 귀족들의 아들이요 대신들은 취하지 아니하고 기력을 보하려고 정한 때에 먹는 나라여 네게 복이 있도다.

본 절은 복 받을 나라를 지적한다. 솔로몬은 "왕은 귀족 출신이고, 대신들은 취하기 위해서가 아니라, 건강을 지키려고 제 때에 먹는 나라여, 당신들의 나라는 복을 받게 될 것이라"고 말한다. "귀족들의 아들"이란 말은 '존귀한 성품의 소유자'란 뜻이다. 왕이 존귀한 성품을 가지고 있으니 정치를 잘 한다는 것이다. 그리고 대신들은 일을 잘 감당하려고 정한 때에 건강을 위하여 식사를 하는 나라는 복을 받는다는 것이다. 절제를 힘쓰면 가정도 나라도 잘 진행된다.

전 10:18. 게으른즉 서까래가 내려앉고 손을 놓은즉 집이 새느니라.

솔로몬은 게으른 자의 집은 들보가 내려앉고, 손을 게으르게 놀리면 자연적으로 지붕이 새게 마련이라고 말한다. 이스라엘 집의 지붕은 평평한데, 지붕 보수가 잘 되지 않으면 비가 올 때 지붕의 물이 새게 마련이다. 그러니까 국가나 가정이나 향락에 도취되어 살면 자연적으로 망하게 되어 있다.

전 10:19. 잔치는 희락을 위하여 베푸는 것이요 포도주는 생명을 기쁘게 하는 것이나 돈은 범사에 이용되느니라.

솔로몬은 "잔치는 기뻐하려고 베푸는 것이다. 포도주는 삶을 즐겁게 하는 것이나 돈은 만사를 해결한다"고 말한다. 망할 나라 사람들은 즐기기 위하여 잔치를 베풀고, 포도주를 즐긴다는 것이다. 그리고 돈이면 모든 것이 해결된다고 믿고 사니 망할 수밖에 없는 것이다. 즉, 황금만능 사상은 개인이나 가정, 나라를 송두리째 망하는 쪽으로 인도한다.

전 10:20. 심중에라도 왕을 저주하지 말며 침실에서라도 부자를 저주하지 말라 공중의 새가 그 소리를 전하고 날짐승이 그 일을 전파할 것임이니라.

솔로몬은 "마음속으로라도 왕을 욕하지 말며, 잠자리에서라도 존귀한 이를 욕하지 말라. 하늘을 나는 새가 당신의 말을 옮기고, 날짐승이 당신의 소리를 전할 것이니까"라고 말한다. 왕이나 부자를 욕하다가는 저주를 받는다는 것이다. 누가 들어도 듣고 상대방에게 전해준다는 것인데, 이는 이 세상에 비밀은 없다는 것을 드러내는 말이다. 우리나라 속담에 낮말은 새가 듣고 밤 말은 쥐가 듣는다는 말이 있다. 하나님께서는 우리 속에 있는 말도 다 아신다.

제 11 장

5. 인생의 허무를 극복하기 위한 교훈들   11:1-12:7

이 부분(11:1-12:7)은 인생의 허무를 극복하기 위한 교훈들을 진술한다. 현재에 충실하라고 권면하고(11:1-8), 일찍 창조자를 기억할 것을 권장한다 (11:9-12:7).

ㄱ. 현재에 충실하라   11:1-8

현재 일에 충실해야 하고, 적극적으로 대처하라고 주문한다.

<지혜로운 삶>

전 11:1. 너는 네 떡을 물 위에 던져라 여러 날 후에 도로 찾으리라.

솔로몬은 당신들은 양식을 물 위에 던지라. 그러면 여러 날 뒤에 당신들은 그것을 도로 찾을 것이다. 여기 "던져라"(שׁלּח)는 말은 '던지라'는 뜻이다. 이 낱말의 용례에 몇 가지 견해가 있다. 1) '씨를 물 위에 뿌리라'는 뜻이라는 견해(Bauer), 2) 상업적 권면으로 '물품을 배에 실어 보내라'는 뜻으로 보는 견해(Michaelis, Hahn), 3) '남을 구제하라'는 뜻이라고 하는 견해(Delitzsch, Plumtre, Knobel)로 갈린다. 이들 견해 중에 3)번의 견해가 문맥(2절)에 맞는다. 무엇을 바라지 말고 남을 구제하면 하나님께서 여러 날 후에 복을 주신다는 것이다.

전 11:2. 일곱에게나 여덟에게 나눠 줄지어다 무슨 재앙이 땅에 임할는지 네가 알지 못함이니라.

솔로몬은 이 세상에서 당신들이 무슨 재난을 만날지 모르니, 투자할 때에는 일곱이나 여덟에게 나누어 주라고 말한다. 여기 "일곱에게나 여덟에게"라는 말의 뜻을 두고 견해가 갈린다. 1) '네 떡 조각을 여러 조각으로 나누라'는 뜻이라는 견해(Hitzig). 2) '네 재산을 한 배에 실어 보내지 말라'는 뜻으로 보는 견해(Delitzsch). 3) '불의한 재물로 여러 사람을 사귀라'는 뜻으로 보는 견해(Worthworth). 4) 이를 영해하여 7은 현세, 8은 영원 세계로 보는 견해(St. Gregory). 5) 여러 사람에게 구제하라는 뜻으로 보는 견해(Barton, Lange, 박윤선, 이상근). 이들 견해 중 5)번의 견해를 취한다. 큰 재앙이 언제 닥칠지 모르니 여러 사람을 구제하라는 뜻으로 보는 것이 제일 합당한 것으로 보인다.

전 11:3. 구름에 비가 가득하면 땅에 쏟아지며 나무가 남으로나 북으로나 쓰러지면 그 쓰러진 곳에 그냥 있으리라.

솔로몬은 구름에 물이 가득 차면, 비로 변하여 땅 위로 쏟아지는 법이고, 나무가 남쪽으로나 북쪽으로 쓰러지면, 어느 쪽으로 쓰러지든지, 쓰러진 그곳에 그대로 있는 법이라고 말한다. 자연 법칙의 엄연함처럼 하나님의 심판의 엄연함을 말하면서 위의 절의 말씀을 지지하고 있다. 즉, 하나님의 심판이 이 땅에 닥치니 여러 사람에게 구제하라는 것이다.

전 11:4. 풍세를 살펴보는 자는 파종하지 못할 것이요 구름만 바라보는 자는 거두지 못하리라.

솔로몬은 바람이 자연적으로 그치기를 기다리다가는 씨를 뿌리지 못한다고 말한다. 구름이 자연적으로 걷히기를 기다리다가는 거두어들이지 못한다고 말한다. 일의 결과만을 너무 기다리다가 결단의 시기를 잃지 말라는 것이다. 그와 같이 의(義)를 위하여 하나님께 물질을 바치는데 있어서 너무 조건을 따지는 자도 마침내 그 일을 실행하지 못한다. 그 일은 모험하는 자만이 하게 된다. 그 이유는 인간은 하나님의 섭리를 잘 모르기 때문이다(박윤선).

전 11:5. 바람의 길이 어떠함과 아이 밴 자의 태에서 뼈가 어떻게 자라는지를 네가 알지 못함 같이 만사를 성취하시는 하나님의 일을 네가 알지 못하느니라.

솔로몬은 바람이 다니는 길을 당신들이 모르듯이 임신한 여인의 태에서 아이의 생명이 어떻게 시작되는지 당신들이 알 수 없듯이, 만물의 창조자 하나님이 하시는 일을 당신들은 알지 못한다고 말한다. 바람의 길을 인간이 모르고, 여인의 뱃속에서 아이가 어떻게 시작되는지 인간들이 알 수 없듯이 세상만사를 성취하시는 하나님의 섭리를 인간들이 알 수 없다는 것이다. 우리는 우리가 구제한 결과를 하나님께서 불려주시는 것을 알 수 없으니 기회가 있는 대로 구제해야 한다는 것이다.

전 11:6. 너는 아침에 씨를 뿌리고 저녁에도 손을 놓지 말라 이것이 잘 될는지, 저것이 잘 될는지, 혹 둘이 다 잘 될는지 알지 못함이니라.

솔로몬은 사람들에게 아침에도 씨를 뿌리고, 저녁에도 부지런히 일하여라. 어떤 것이 잘 될는지, 이것이 잘 될는지 저것이 잘 될는지, 혹은 둘 다 잘 될는지를, 알 수 없기 때문이라(욥 4:8; 시 125:5; 고전 9:10-11)고 말한다. 인생들은 하나님의 섭리를 알 수 없으니 부지런히 일해야 한다.

전 11:7. 빛은 실로 아름다운 것이라 눈으로 해를 보는 것이 즐거운 일이로다 (Go, eat your bread with enjoyment, and drink your wine with a merry heart; for God has already approved what you do-ESV).

솔로몬은 "빛을 보고 나날을 산다는 것은 즐거운 일이다. 해를 보고 산다는 것은 참으로 기쁜 일이라"고 말한다. 본 절은 현실에 충실할 것을 권하는 이 부분(1-8절)과 잘 어울리는 말이다. 즉, 현실에 맞게 안정되게 살라는 말이고, 현실을 낙관적으로 살라는 것을 말한다. "빛"은 생명과 복의 상징이다(욥 3:20; 시 36:9, 13; 49:19; 요 11:9, 이상근). 빛을 보는 일, 해를 보는 일은 매일같이 경험하는 일이다. 즐거운 일이 아닐 수 없다.

전 11:8. 사람이 여러 해를 살면 항상 즐거워할지로다 그러나 캄캄한 날들이 많으리니 그 날들을 생각할지로다 다가올 일은 다 헛되도다.

솔로몬은 "오래 사는 사람은 그 모든 날을 항상 즐겁게 살 수 있어야 한다. 그러나 어두운 날들이 많을 것이라는 것도 기억해야 한다. 다가올 모든 것은 다 헛되다"고 말한다. 솔로몬은 하나님께서 허락하신 삶을 즐기는 것은 인간의 당연한 의무임을 가르친다(Deane). 그러나 본 절은 "그러나"로 연결된 다음 구절의 종속절로 보아 인간에게는 반드시 생의 즐거움을 마감하게 하는 죽음의 날이 온다는 사실을 강조하기 위한 표현으로 보는 것이 타당하다. 우리가 현세에서도 즐겁게 살려면 캄캄한 날 곧 죽을 날이 올 것을 내다보고, 하나님의 말씀을 지키며 살아야 한다. 우리의 현세의 생은 우리가 하나님 말씀대로 살면서 죽음을 준비하기 위한 것이다. 그렇게 사용될 때에 하나님의 은혜를 받아 기쁘게 된다. 인생은 언제나 다만 죽음을 내다보고 살아야 한다(박윤선). 본 절에 진술된 "다가올 일은 다 헛되다"는 말은 현세에 그의 당할 장래 일들도 모두 다 지나가 버릴 것이니 그것들을 소망으로 삼을 필요는 없다는 것이다. 우리는 항상 생명이 다하는 죽음의 날이 다가온다는 사실을 염두에 두고 항상 하나님을 경외하는 삶을 살기 위해 노력해야 하는 것이다(Matthew Henry).

ㄴ. 청년의 때에 창조자를 기억하라 11:9-12:8

사람이 늙고 죽으면 아무것도 못하는 것이니 1) 청년기에 분복(分福-타고난 복)을 따라 즐겁게 살고(11:9-10), 창조자를 기억하라(12:1-8)고 권장한다. 9-10절. 청년기에 즐겁게 살아라.

<젊은이에게 주는 교훈>

전 11:9. 청년이여 네 어린 때를 즐거워하며 네 청년의 날들을 마음에 기뻐하여 마음에 원하는 길들과 네 눈이 보는 대로 행하라 그러나 하나님이 이 모든 일로 말미암아 너를 심판하실 줄 알라.

솔로몬은 젊은이여! 젊을 때에, 젊은 날들을 즐거라. 네 마음과 눈이 원하는 길을 따라 행하라. 다만, 네가 하는 이 모든 일에 하나님의 심판이 있다는 것만은 알라고 말한다. 다시 말해 인생에서 최상의 길은 하나님께서 주신

복을 따라 생을 즐기는 일임을 본서는 일관되게 주장한다(2:24; 3:12; 5:17-19; 7:14; 8:15; 9:7-9). 솔로몬은 이제 그 권면을 청년들에게 인생을 즐기고, 원하는 일을 행하라고 권한다. 그러나 전도자 솔로몬은 "그러나 하나님이 이 모든 일로 말미암아 너를 심판하실 줄 알라"고 부탁한다. 청년들에게도 하나님의 심판이 예외없이 존재한다고 말한다. 그런고로 하나님으로부터 심판을 받지 않게 즐기라는 것이다. 청년들이 당하는 심판은 현세적인 것인가 아니면 미래 종말적인 것인가. 양쪽을 다 생각해야 한다. 믿는 사람들이라면 현세에서 심판을 받아야 하고, 믿지 않는 사람들이라면 백 보좌 심판을 받을 생각을 해야 하는 것이다(고후 5:10).

전 11:10. 그런즉 근심이 네 마음에서 떠나게 하며 악이 네 몸에서 물러가게 하라 어릴 때와 검은 머리의 시절이 다 헛되니라.

솔로몬은 "네 마음의 걱정과 육체의 고통을 없애라. 혈기왕성한 청춘은 덧없이 지나가기 때문이라"고 말한다. 마음의 근심과 육체의 고통을 없애려면 죄를 멀리 해야 한다. 큰 죄를 지으면 마음에 근심이 있게 되고, 육체에 고통이 찾아온다. "어릴 때"와 "검은 머리의 시절"이란 말은 거의 동의어이다. 여기 "헛되니라"는 말은 '아주 빨리 지나간다'는 뜻이다. 여기 "어릴 때"라는 낱말 앞에는 이유 접속사(ㄱ)가 놓여 있어 청년기에 근심과 고통이 없이 즐겁게 살아야 할 이유가 진술되어 있다. 그 이유는 청년기가 빨리 지나가기 때문이라는 것이다.

제 12 장

1-8절. 창조자를 기억하라.

전 12:1. 너는 청년의 때에 너의 창조주를 기억하라 곧 곤고한 날이 이르기 전에, 나는 아무 낙이 없다고 할 해들이 가깝기 전에.

솔로몬은 당신들은 젊을 때에 당신들의 창조주를 기억하라. 고생스러운 날들이 오기 전에, 사는 것이 즐겁지 않다고 할 나이가 가깝기 전에 기억하라. 여기 "청년의 때"란 "곤고한 날이 이르기 전", "나는 아무 낙이 없다고 할 나이가 가깝기 전"을 지칭한다. 솔로몬은 아직 청년기에 있는 사람들에게 청년기가 지나가기 전에 당신들을 만드신 창조주를 기억하라고 말한다. 여기 "너의 창조자"(בּוֹרְאֶיךָ)란 말은 분사형 복수로 '위엄의 복수형'(Plural of Majesty)이다. 그러니까 "창조자"란 말을 복수형으로 쓴 것은 창조자가 많아서 그렇게 묘사한 것이 아니라 창조자가 위엄이 있으셔서, 장엄하셔서 그렇게 위엄 복수형, 장엄 복수형으로 묘사한 것이다. 여기 "기억하라"(זְכֹר)는 말은 종교 용어로(출 20:8; 신 25:17; 사 44:12) '경건하게 기억하라'는 뜻이다. 우리는 "창조자를 기억하라"는 말을 엄중하게 받아들여야 한다. 나를 창조하신 이는 보이지 않으신다는 것을 생각하여 보이지 않으시는 하나님을 기억해야 할 것이다. 그리고 하나님께서 뜻이 계셔서 나를 지으셨고, 또 구원하시기 위하여 독생자를 주셨으니 이 착한 일을 시작하신 그가 나를 구원하실 것을 확신하고 든든하게 믿어야 한다(박윤선). "곤고한 날"은 노년기를 가리킨다. 그 때에는 인생의 모든 낙이 없어지는 때이다. 우리는 그 날이 이르기 전에 청년기에 창조자를 기억하여 믿음을 준비하고 노년기와 죽음에 대비해야 할 것이다(이상근).

전 12:2. 해와 빛과 달과 별들이 어둡기 전에, 비 뒤에 구름이 다시 일어나기 전에 그리하라.

솔로몬은 해와 빛과 달과 별들이 어두워지기 전에, 비 뒤에 구름이 다시 일어나기 전에 창조자를 기억하라. "해와 빛과 달과 별들이 어두워지기 전"이란 말은 '노년기'를 설명하는 말이다. "비 뒤에 구름이 다시 일어나기 전"이란 말도 '노년기'를 뜻하는 말이다. "해와 빛과 달과 별들이 어둡기 전에, 비 뒤에 구름이 다시 일어나기 전"이란 말은 팔레스타인의 겨울 기후 현상을 가리키는 말씀이다. 팔레스타인에는 겨울철에 비가 오기 때문에 종종 겨울날이 흐리고 어둡다. 이처럼 사람이 늙으면 기쁨이 없고, 자주 흐리고 비오는 때와 같이 침울하다(박윤선).

전 12:3. 그런 날에는 집을 지키는 자들이 떨 것이며 힘 있는 자들이 구부러질 것이며 맷돌질 하는 자들이 적으므로 그칠 것이며 창들로 내다보는 자가 어두워질 것이며.

본 절부터 6절까지는 "그런 날"이 되었을 때 곧 '노인이' 되었을 때의 신체가 어떻게 될 것인가를 진술한다. 솔로몬은 당신들을 보호하는 팔이 떨리고, 정정하던 두 다리가 약해지고, 이는 빠져서 씹지도 못하고, 눈은 침침해져서 보는 것마저 힘겹게 될 것이라고 말한다.

첫째 "집을 지키는 자들이 떨 것"이란 말은 '손이 떨릴 것'이라는 말이다 (Haupt, Deane, 박윤선, 이상근). 둘째, "힘 있는 자들이 구부러질 것이라"는 말은 '정정하던 두 다리가 약해진다'는 말로 본다(Rashi, Knobel, Delitzsch, Hitzig, 박윤선, 이상근). 셋째, "맷돌질 하는 자들이 적으므로 그칠 것이라"는 말은 '이빨이 빠져서 씹지도 못한다'는 뜻으로 본다(사 47:2; 욥 31:10). 넷째, "창들로 내다보는 자가 어두워질 것이라"는 말은 '눈은 침침해져서 보는 것마저 힘겹게 된다'는 뜻이다(삿 5:28).

전 12:4. 길거리 문들이 닫혀질 것이며 맷돌 소리가 적어질 것이며 새의 소리로

말미암아 일어날 것이며 음악하는 여자들은 다 쇠하여질 것이며.

솔로몬은 귀를 먹어 바깥에서 나는 소리도 잘못 듣고, 맷돌질 소리도 희미해지고, 새들이 지저귀는 노랫소리도 들리지 않을 것이라고 말한다. 다섯째, "길거리 문들이 닫혀질 것이라"는 말은 '귀를 먹어 바깥에서 나는 소리도 못 듣게 될 것'을 묘사한 말이다. 여섯째, "맷돌 소리가 적어질 것이라"는 말은 '노인이 되면 이빨이 약해져서 음식물을 우물우물 씹어서 넘긴다'는 뜻이다. 일곱째, "새의 소리로 말미암아 일어날 것이라"는 말은 '사람이 늙으면 잠을 깊이 들지 못해 새 소리만 들려와도 깬다'는 뜻이다. 여덟째, "음악하는 여자들은 다 쇠하여질 것이라"는 말은 '노인이 되면 성대가 약해져서 힘 있게 발성하지 못할 것'을 묘사한 말이다.

전 12:5. 또한 그런 자들은 높은 곳을 두려워할 것이며 길에서는 놀랄 것이며 살구나무가 꽃이 필 것이며 메뚜기도 짐이 될 것이며 정욕이 그치리니 이는 사람이 자기의 영원한 집으로 돌아가고 조문객들이 거리로 왕래하게 됨이니라.

솔로몬은 노인이 되면 높은 곳이 무서워 올라가지도 못하고, 길에서는 넘어질까 보아 걷는 것마저도 무서워질 것이다. 검은 머리가 파뿌리가 되고, 원기가 떨어져서 보약을 먹어도 효력이 없게 될 것이다. 사람이 영원히 쉴 곳으로 가는 날에는 길거리에는 조문객들이 오가게 될 것이라고 말한다.

아홉째, 노인이 되면 "높은 곳을 두려워할 것이라"는 말은 '높은 곳을 올라갈 엄두를 내지 못할 것이라'는 뜻이다. 열째, "길에서는 놀랄 것이라"는 말은 '길 가기를 두려워할 것이라'는 뜻이다. 열한째, 노인이 되면 "살구나무가 꽃이 필 것이라"는 말은 '노인의 머리털이 백발이 될 것'을 비유한 말이다. 열두째, "메뚜기도 짐이 될 것이라"는 말은 '사람이 늙으면 자기 몸을 건사하기에도 힘들어 작은 것조차 짐이 될 것이라'는 뜻이다. 열셋째, "정욕이 그치리라"는 말은 사람이 늙으면 '식욕이 없어지고 힘이 떨어질 것이라'는 뜻이다. 여기 "이는"(כִּי)이란 말은 이유 접속사이다. 노인이 되어 여러 가지 현상이 나타나는 이유는 노인이 자신의 영원한 집으로 돌아가고 조문객들이 거리로 왕래하게 되기 때문이라는 것이다. 그래서 많은 사람들은 "나이야 멀리 가라. 나이야 멀리 떨어져라"고 노래한다. 그러나 나이가 멀리 떨어져 주지 않고 우리 가까이 붙어서 함께 간다. 그런고로 젊은 때 창조자를 기억하고 세월을 아껴 주님을 섬겨야 할 것이다.

전 12:6. 은 줄이 풀리고 금 그릇이 깨지고 항아리가 샘 곁에서 깨지고 바퀴가 우물 위에서 깨지고.

솔로몬은 은 사슬이 끊어지고, 금 그릇이 부서지고, 샘에서 물 뜨는 물동이가 깨지고, 우물에서 도르래가 부서지기 전에, 네 창조주를 기억하라고 말한다. 본 절 묘사는 모두가 죽음에 대한 묘사이다.

열넷째, "은 줄이 풀리고 금 그릇이 부서진다"는 말은 고대에 부유한 집에서 등의 기름을 저장한 금 그릇을 천장에 매달았다 할지라도 세월이 흘러 오래 되면 은줄이 풀려 결국 금 등잔이 깨어지듯 사람도 노쇠하면 결국 죽을 수밖에 없게 됨을 비유적으로 표현한 말씀이다.

그리고 열다섯째, "항아리가 샘 곁에서 깨진다"는 말은 '깊은 우물에서 두레박을 오늘날의 도르래와 같은 바퀴에 연결하여 물을 길어 올리던 팔레스타인의 풍습에서 유추한 비유로 앞 구절과 마찬가지로 노쇠하면 죽을 수밖에 없는 인간의 운명을 묘사한 말이다. 여기서 "항아리"와 "바퀴"는 각각 인간의 몸을 비유한 말씀들이다.

전 12:7. 흙은 여전히 땅으로 돌아가고 영은 그것을 주신 하나님께로 돌아가기 전에 기억하라.

솔로몬은 육체가 원래 왔던 흙으로 돌아가고, 영(숨)이 그것을 주신 하나님께로 돌아가기 전에 당신들을 만드신 창조주를 기억하라고 말한다. 본 절은 창 2:7과 관련 있는 말씀이다. 즉, 사람의 육체는 흙에서 왔으니 흙으로 돌아간다는 것이고, 인간의 영혼은 하나님께서 주신 것이니 하나님께로 돌아간다는 뜻이다. 본 절의 말씀은 인간의 구조가 두 부분으로 된 것을 말한다. 다시 말해 인간은 육신과 영혼으로 구성된 것을 말씀한다. 예수님은 마 10:28에 "몸은 죽여도 영혼은 능히 죽이지 못하는 자들을 두려워하지 말고, 오직 몸과 영혼을 능히 지옥에 멸하실 수 있는 이를 두려워하라"고 하셨다. 바울도 역시 인간이 두 부분으로 되었다고 말한다. "우리가 담대하여 원하는 바는 차라리 몸을 떠나 주와 함께 있는 그것이라"고 했다(고후 5:8).

전 12:8. 전도자가 이르되 헛되고 헛되도다 모든 것이 헛되도다.

솔로몬은 "전도자가 이르되 헛되고 헛되다. 모든 것이 헛되다"고 말한다. 본 절은 사람이 창조자를 기억하지 않고 산다면 모두 다 허사라는 것이다. 우리는 창조자를 믿고 의지하고 살아야 하겠다.

B. 전도자의 교훈을 실천하라   12:9-14

이 부분(9-14절)은 솔로몬이 쓴 전도서의 결론이다. 이 부분의 내용은 전도자의 예찬(9-12절)과 결론적인 말(13-14절)로 구성되어 있다. 어떤 학자들은 이 부분을 편집자의 첨가로 보기도 하나(예: Barton), 그럴 필요는 없다(Hahn, Delitzsch, Deane, 이상근). 이 부분에서 전도자가 제3인칭으로 묘사되어 있는데, 성경에서 저자가 3인칭으로 묘사되어 있는 경우들이 종종 있다. 그 예로는 단 1:8, 17; 요 21:24이 있다.

9-12절. 전도자의 예찬.
<사람의 본분>
전 12:9. 전도자는 지혜자이어서 여전히 백성에게 지식을 가르쳤고 또 깊이 생각하고 연구하여 잠언을 많이 지었으며.

솔로몬은 자기를 제3인칭으로 묘사하여 "전도자는 지혜로운 사람이기에, 백성에게 자기가 아는 지식을 가르쳤다"고 말한다. 그리고 그는 많은 잠언을 찾아내서, 연구하여 정리하였다고 말한다.

솔로몬은 자기를 전도자라고 말하면서 지혜자라고 주장한다. 그리고 그가 지금 하고 있는 일들을 열거한다. 첫째, 백성에게 지식을 가르쳤다는 것이며, 또 둘째, 깊이 생각하고 연구하여 잠언을 많이 지었다고 말한다. 그는 3,000개의 잠언을 말했다(왕상 4:32). 그 중에 357개가 성경 잠언에 수록되어 있다.

전 12:10. 전도자는 힘써 아름다운 말들을 구하였나니 진리의 말씀들을 정직하게 기록하였느니라(The Preacher sought to find words of delight, and uprightly he wrote words of truth-ESV).

솔로몬은 자기가 전도자로서 은혜를 끼치는 말(눅 4:22)을 찾으려고 힘썼으며, 진리의 말씀들을 찾으면 그것을 바르게 적어 놓았다고 고백한다. 여기서 전도서는 은혜를 끼치는 말씀이고, 진리의 말씀이라는 것이 드러난다.

전 12:11. 지혜자들의 말씀들은 찌르는 채찍들 같고 회중의 스승들의 말씀들은 잘 박힌 못 같으니 다 한 목자가 주신 바이니라.

솔로몬은 자기가 주고 있는 말씀들이 어떤 것인가를 증거하고 있다. 첫째, "지혜자들의 말씀들은 찌르는 채찍들 같다"고 말한다. 즉, '찌르는 채찍 같다'는 것이다. 사람의 마음을 찌르듯이 진리를 깨닫게 하는 것이라는 뜻이다. 둘째, 회중의 스승들의 말씀들은 "잘 박힌 못 같다"고 말한다. 박힌 못에 중요한 물건들을 거는 것과 같이 인생의 모든 문제들이 하나님의 말씀에 근거를 두고 해결된다는 의미이다(박윤선). 성경이야말로 잘 박힌 못이다. 따라서 결코 흔들흔들 하지 않는다. 또한 성경에서 해결 안 되는 문제가 없다. 그리고 셋째, 지혜자들의 말씀들은 "한 목자가 주신 바"라고 말한다. 즉, '하나님께서 주신 것'이다. 지혜자들이 받은 모든 말씀들은 목자 되신 하나님께서 주신 것이다.

전 12:12. 내 아들아 또 이것들로부터 경계를 받으라 많은 책들을 짓는 것은 끝이 없고 많이 공부하는 것은 몸을 피곤하게 하느니라(My son, beware of anything beyond these. Of making many books there is no end, and much study is a weariness of the flesh-RSV).

솔로몬은 나의 아이들아! 지금까지 말한 것 외에 한 마디를 더 하겠다. 조심하여라. 책은 아무리 읽어도 끝이 없고, 공부만 하는 것은 몸을 피곤하게 한다고 말해야 하겠다고 덧붙인다고 말한다. "내 아들아!"라는 말은 지혜 문학에 흔히 등장하는 말이다. 이는 스승이 제자를 부르는 말이다(잠 1:8, 10, 15; 2:1; 3:1, 11, 21; 4:1 등). 솔로몬은 제자들에게 "많은 책들을 짓는 것은 끝이 없다"고 말해준다. 세속의 책들을 쓰는 것은 끝없는 작업이라는 것이다. 아무리 많이 써도 본인에게 별로 유익이 없고, 독자들에게도 피곤을 줄 뿐이라는 것이다. 그리고 "많이 공부하는 것은 몸을 피곤하게 한다"는 말은 '많이 공부하는 것은 육체에 피곤을 주는 일이고 정신 건강에 유익이 없다'는 것이다. 어떤 이들은 가방 끈이 길다는 것을 자랑삼아 내세우나 세상 공부는 아무리 해도 몸만 피곤케 하는 것이다. 우리는 하나님 말씀 공부에 열심을 다해야 할 것이다.

전 12:13. 일의 결국을 다 들었으니 하나님을 경외하고 그의 명령들을 지킬지어다 이것이 모든 사람의 본분이니라(The end of the matter; all has been heard. Fear God, and keep his commandments; for this is the whole duty of man-RSV, ESV).

솔로몬은 "내가 지금까지 말한 것이 전도서의 결론이다. 더 이상은 없다. 결론은 이것이다". 즉, '하나님을 공경하고 두려워하라. 그리고 그분이 주신 계명을 지켜라(5:7; 잠 1:7). 이것이 바로 사람이 해야 할 전체의 의무라'고 말한다. 모든 것이 하나님을 떠나서는 헛된 것이고, 사람도 하나님을 떠나서는 무의미한 것이다.

전 12:14. 하나님은 모든 행위와 모든 은밀한 일을 선악 간에 심판하시리라(For God will bring every deed into judgment, with every secret thing, whether good or evil-RSV, ESV).

본 절 초두에는 이유 접속사(כִּי)가 나타나 본 절이 전 절의 이유를 말하고 있다. 즉, 본 절은 인생이 하나님을 경외해야 할 이유는 하나님께서 모든 것을 심판하실 것이기 때문이라는 것이다(11:9; 요 5:29; 고후 5:10). 솔로몬은 "하나님은 모든 행위를 심판하신다. 선한 것이든 악한 것이든 모든 은밀한 일을 다 심판하신다"는 것이다. 선한 일을 행한 자에게는 영생으로 하시고, 악한 일을 행한 자에게는 영벌로 심판하시는 것이다(단 12:2). 하나님의 심판이 있다는 말씀은 오늘을 사는 우리로 하여금 기뻐 뛰게 만드는 사실이 아닐 수 없다(롬 2:16; 고전 4:5; 딤전 5:24-25).

- 전도서 주해 끝 -

아가 주해

Exposition of the Song of Solomon

▪ 머리말

아가를 주해할 시간이 다가옴에 따라 필자는 두려움이 커갔다. 이유는 한마디로 아가서의 표현 자체가 비유로 되어 있어 가슴에 얼른 와 닿지 않았기 때문이다. 실제의 내용은 너무 감미로운 것이지만, 하나님의 사랑을 비유로 표현하였기에 필자의 심령에 그 내용이 얼른 다가오지 않았던 것이다. 그래서 한절 한절이 난해했다.

그러나 하나님은 성령으로 필자에게 찾아오셔서 그 크신 사랑을 한 번 엄청나게 깨닫고, 느끼도록 해주셨다. 그 후로 여러 해 동안 하나님의 사랑이 너무 큼을 느껴 새벽에 잠자리에서 일어나서 평상복으로 갈아입지도 못한 채 하나님께 감사하기에 바빴다. 지금도 하나님께 감사하는 마음은 끊임없이 이어지고 있다. 마음에 한 번도 하나님을 원망하는 때는 없었다. 하나님께는 항상 감사했고, 항상 고마움이 넘쳤다. 앞으로도 넘치는 감사를 표현할 수밖에 없을 것이다.

필자는 아가를 주해해 나가면서 그리스도를 통한 하나님의 사랑에 감탄하지 않을 수 없었다. 평소 하나님의 사랑을 알던 것보다 훨씬 더 그리스도를 통한 하나님의 사랑에 완전히 압도되고 말았다. 한 장 한 장 장수를 더해감에 따라 하나님의 사랑은 더 밀려왔다.

아가가 연애의 시(詩)라고 혹은 연애의 노래라고 주장하는 몇몇 분들의 글을 읽어 보았는데 턱도 없는 소리이다. 연애의 시를 무엇 때문에 비유로 써서 상대방에게 전달했을까. 그리고 연애의 시 혹은 연애의 노래라면 화자(話者)가 그렇게 수시로 바뀌어 가지고야 무슨 연애의 감정을 드러낼 수 있단 말인가. 문체만 보아도 연애의 시 혹은 연애의 노래는 아니었다. 필자는 아가를 주해하면서 하나님의 엄청난 사랑에 매료되어 입이 다물어지지 않게 되었다.

하나님의 사랑이 큰 산 같이 느껴졌다. 필자는 하나님의 사랑에 파묻혀 한 생애를 살면서 사람들에게 그리스도의 십자가 사랑을 전하면서 살 것이다.

　이제 이 작은 주해서가 밖으로 나가 많은 이들에게 전달되었으면 한다. 수많은 사람들이 세상을 살면서 침울함을 느끼고 우울을 느낀다고 하는데 이 아가서가 나가서 많은 이들의 가슴을 따뜻하게 했으면 한다. 세상이 하나님의 사랑으로 완전히 덮이기를 간절히 소원한다.

■ 총론

아가의 책명은 어떻게 해서 생겼나.

　　"아가"라는 책 이름은 어떻게 해서 생겼을까. 히브리어 아가의 첫 낱말이 שִׁיר הַשִּׁירִים 이기 때문에 "아가"라는 이름이 생긴 것이다. 이 히브리어의 뜻이 "노래들 중의 노래"라는 뜻이다. 그래서 아가(雅歌)라는 이름이 생긴 것이다. 영어 번역 성경들의 "솔로몬의 노래"(Song of Songs)라는 말도 1:1에 기록된 것이고, 독일어의 "높은 노래"(Das Hohelied)라는 이름도 루터(Martin Luther) 이래로 계속해서 사용되고 있다. 우리 개역개정판의 "아가", 중국어 성경 "雅歌"라는 이름도 그리고 일본어 성경 "아름다운 노래"라는 이름도 아가의 첫마디로부터 온 것이다.

아가 저자는 누구인가.

　　본서의 저자는 솔로몬이다. 그러나 본서의 솔로몬 저작설을 반대하는 견해들이 있다.

　　1) 탈무드경(Talmud)의 바바 바드라(Baba Bathra) 15a에 의하면 히스기야와 그의 동료들이 본서를 기록하였다고 전한다. 그러나 이 말은 본서의 저자가 솔로몬이라는 주장과 반대되는 주장이 아니다. 그 이유는 탈무드경의 표현 중 "기록" 또는 "저술"을 뜻하는 히브리어 "카타브"란 말이 창작만을 의미하지 않고 편집이라는 뜻을 의미할 수도 있기 때문이다.

　　2) 아가는 언어적으로 볼 때 후대의 것이라는 주장이 있다(1:12; 2:7).

　　3) 파사 시대의 언어로 보인다는 주장이 있다.

　　4) "디르사"라는 말이 예루살렘이라는 말과 함께 나타나는 것(6:4)은 이스라엘이 남북으로 갈라진 후의 기록이라(왕상 14:17; 16:23)고 주장하는 것이다.

그러나 이런 반대에도 불구하고 본서의 저작자를 솔로몬으로 보는 학설은 여전히 강하다(Ewald, Bleek, Hengsternberg, Delitzsch, Davidson, Redford, 박윤선, 이상근).

1) 그 근거로는 본서에 솔로몬의 이름이 분명히 기록된 것을 들 수 있다(1:1, 4; 3:7-11; 8:11).

2) 본서에 있는 모든 지명들이 남북국으로 갈라지기 전 시대 사람의 저작임을 연상케 한다. 다시 말해 예루살렘, 갈멜, 사론, 레바논, 엔게디와 같은 지명들은 팔레스타인 땅 전체에 관계된 이름들이다.

3) 무엇보다 솔로몬이 비범한 지혜자로서 노래를 1005수나 지었다는 사실(왕상 4:32)을 고려할 때 우리는 그가 분명 본서의 저자임을 주장할 수 있다.

4) 본서와 잠언에 유사한 절들이 있다는 것이다(아 4:11과 잠 5:3, 아 4:14과 잠 7:17, 아 4:15과 잠 5:14, 아 7:10; 잠 23:31 등).

아가는 언제 기록되었는가.

본서가 솔로몬의 저작이니 그 저작 연대는 그의 치세 중 주전 10세기의 중엽 초기였을 것으로 본다.

아가는 무슨 내용을 담고 있는가.

1) 제1부(1:1-3:5)는 솔로몬과 술람미 여인의 결혼 이전으로 두 사람의 열렬한 연애와 벅찬 그리움의 토로 등 결혼에 이르기까지의 과정을 그리고 있다.

2) 제2부(3:6-5:1)에서는 솔로몬과 술람미 여인의 장엄하고도 화려한 혼인 예식 광경과 또 혼인 예식을 마치고 초야를 맞게 된 두 연인의 기쁨이 노래로 나온다.

3) 제 3부(5:2-8:14)에서는 이제 갓 결혼한 두 사람이 겪게 된 두 사람간의 갈등이 더욱 성숙한 사랑으로 승화된 것을 기록한다. 이제 두 사람의 사랑이 그 주변으로까지 확장되는 과정을 묘사하고 있다.

아가를 성경으로 인정할 수 있는가.

본서는 구약의 성록 부분(聖錄 部分)에 본래부터 포함되어 있었으며, 유대인의 회당에서 유월절에 봉독되어 왔다. 그렇다면 아가가 하나님의 백성들에게 성경의 일부로 승복되어 내려온 것이 분명하다. 랍비 아키바(Akiba)는 1세기 또는 2세기에 걸쳐 모든 유대인 학파들의 판단을 대표하는 의미에서 미쉬나경(Mishnah)에 말하기를 "이스라엘 사람으로서 아가의 정경성을 의심한 적은 없다. ...모든 성록들이 거룩하지만 아가는 지극히 거룩하다"고 했다.

제1세기에 생존했던 유대인 조세푸스(Flavius Josephus)도 그의 정경 목록 가운데 아가를 포함시켰다(Contra Apionem 1, 8). 그리고 또 랍비 아자이(Simon Azzai)도 72장로들의 증거에 의하여 아가와 전도서를 정경이라고 의심없이 말했다. 그 뿐 아니라 아가가 탈무드경(Talmud)의 정경 목록과 멜리토(Melito)의 정경 목록에도 들어 있다.

유대인 개종자로 유명한 학자 긴스버그(C.D. Ginsburg)는 말하기를 "현대의 어떤 이들이 아가의 정경을 의심하는 것은 그들이 아가의 목적을 오해한 데서 생긴 것이다. 역사적 증거에 의하여서는 그들이 이 책의 정경성을 의심하지 못한다"고 했다(The Song of Songs and Coheleth, 1970, pp. 2-4).

아가를 모형적으로 해석하는 것은 정당한 것인가.

아가를 해석하는 데는 모형적 원리를 추종해야 한다. 그 이유는 아가의 내용인 솔로몬과 술람미 여인의 결혼이 그리스도와 교회(성도들)의 영적 연합의 모형이기 때문이다.

아가의 해석법(解釋法).

아가를 위한 해석법에는 모형적 해석법이 채택되어야 한다(Lowth, Hengsterberg, Keil, Delitzsch, Hahn). 이유는 구약에서는 솔로몬과 술람미 여인을 하나님과 이스라엘 간의 관계로 보고, 신약에서는 그리스도와 교회(성도들)와의 관계로 해석해야하기 때문이다.

아가는 그리스도를 예표하고 있는가.

아가는 솔로몬과 술람미 여인의 사랑과 결혼으로 이어지고 있는 노래인데 이는 모형적으로 그리스도와 교회 간의 사랑을 그린 것이다. 솔로몬은 그리스도의 모형으로 그리스도께서는 제2위 성자 하나님으로서 절대 초월자이시며 창조주로서의 위엄과 영광을 가지셨을 뿐 아니라 죄의 질고에 고통당하는 우리의 구속주가 되시고자 성육신 하셔서 십자가에서 구속 수난을 당하셨다. 그리스도는 우리를 십자가에서 뜨겁게 사랑하셨다.

그리고 솔로몬은 술람미 여인의 남편으로 그리스도의 모형이 되어 그리스도께서 교회(성도들)를 뜨겁게 사랑하시는 분이심을 알게 한다. 그리스도는 교회의 남편으로 성도들을 구원해주시고, 영원히 사랑해 주시는 분이시다. 그리스도는 십자가 구속 사역을 통해 구속사의 법을 이루시고 우리에게 천국에서의 영원한 구원을 주셨다.

아가의 특징은 무엇인가.

1) 아가는 여호와라는 언급이 8:6 외에는 등장하지 않는다. 2) 아가는 룻기, 잠언, 전도서, 애가 등과 함께 유대의 주요 절기에 공공장소에서 낭독되는 다섯 개의 두루마리 책(The Five Scrolls) 중의 하나로서 가장 중요한 절기인 유월절에 낭독되었다. 3) 10종의 야생 동물들과 18종의 꽃과 나무들이 두 사람의 연모의 정을 드러내기 위한 비유로 등장하고 있다는 점이다.

I. 술람미 여인이 사랑을 구하다   1:1-3:5

  A. 표제   1:1

  B. 술람미 여인   1:2-8

    1. 술람미 여인이 솔로몬에게 사랑을 구하다   1:2-4

    2. 술람미 여인이 예루살렘 여인들에게   1:5-7

    3. 예루살렘 여인들이 술람미 여인에게   1:8

  C. 솔로몬과 술람미 여인의 사랑의 교창(交唱)   1:9-2:7

    1. 솔로몬이 술람미 여인의 요구를 이루어주다   1:9-11

    2. 술람미 여인이 솔로몬의 존귀와 귀중성을 진술하다   1:12-14

    3. 솔로몬이 술람미 여인의 아름다움을 칭찬하다   1:15

    4. 술람미 여인이 솔로몬의 칭찬에 화답하다   1:16-17

    5. 솔로몬이 자신을 꽃으로 비유하다   2:1

    6. 솔로몬이 술람미 여인을 백합화로 비유하다   2:2

    7. 술람미 여인이 솔로몬으로 인한 즐거움을 표현하다   2:3-6

    8. 술람미 여인이 예루살렘 여인들에게 말을 부탁하다   2:7

  D. 술람미 여인이 독백하다   2:8-3:5

    1. 술람미 여인이 독백하다   2:8-9

    2. 솔로몬의 청혼   2:10-14

    3. 술람미 여인이 소원하다   2:15-17

    4. 술람미 여인이 솔로몬을 찾아 만나다   3:1-5

II. 술람미 여인과 솔로몬이 결혼하다   3:6-5:1

  A. 결혼의 행렬을 묘사하다   3:6-11

B. 신랑과 신부 4:1-5:1

　1. 신랑이 신부를 칭찬하다 4:1-5

　2. 신랑이 신부를 초청하다 4:6-8

　3. 신랑이 신부의 사랑에 대한 그의 기쁨을 묘사하다 4:9-15

　4. 신부가 신랑에 대한 그의 사랑을 완전히 실행하고자 하다 4:16

　5. 신랑이 신부의 초청을 받아들이다 5:1

III. 사랑의 시련(試鍊) 5:2-6:14

A. 신부가 자기의 어리석음을 한탄하다 5:2-8

B. 술람미 여인과 예루살렘 여자들 5:9-6:3

　1. 예루살렘 여인들이 질문하다 5:9

　2. 술람미 여인이 대답하다 5:10-16

　3. 예루살렘 여인들이 솔로몬이 있는 곳을 물어보다 6:1

　4. 술람미 여인이 대답하다 6:2-3

C. 신랑이 신부의 아름다움에 대하여 말하다 6:4-14

　1. 솔로몬이 다시 술람미 여인을 찬미하다 6:4-10

　2. 술람미 여인이 화답하다 6:11-12

　3. 궁녀들도 신부에게 돌아오라고 권하다 6:13-14

IV. 양편의 사랑이 성숙하다 7-8장

A. 남편과 아내 사이 7:1-8:4

　1. 신랑이 신부의 사랑을 묘사하다 7:1-9a

　2. 아내가 신랑에 대한 기쁨과 교제에 대하여 고백하다 7:9b-13

　3. 아내가 신랑과의 밀접한 교제를 원하다 8:1-3

　4. 아내가 궁녀들에게 자기들의 잠을 깨우지 말라고 하다 8:4

B. 사랑이 성숙하다 8:5-14

　1. 시골 사람들(신부의 친구들)이 질문하다 8:5a

　2. 남편이 아내에게 질문하다 8:5b

　3. 아내가 남편의 추억의 말에 대한 응답으로 자신을 간직해 줄 것을

원하다   8:6-7

4. 아내가 그의 형제들(이방 교회)을 위하여 할 일을 말하다   8:8-9

5. 이방 교회는 자기의 처지를 진술하다   8:10

6. 아내(교회)가 그리스도의 포도원에 대하여 말하다   8:11-12

7. 남편(그리스도)이 교회의 기도를 원하시다   8:13

8. 아내가 남편(그리스도)의 오심을 원하다   8:14

참고 도서

강병도편. *잠언·아가*, 호크마 종합 주석 16, 서울특별시: 기독지혜사, 1993.

그랜드 종합 주석. *욥기, 잠언, 전도, 아가*, 경기도 고양시: 성서아카데미, 2004.

김수홍. *그리스도의 말씀이 연합에 미친 영향*, 수원시: 도서출판 목양, 2011.

_____. *여호수아 주해*, 경기도 수원시: 도서출판 언약, 2016.

_____. *사사기, 룻기 주해*, 경기도 수원시: 도서출판 언약, 2016.

도날드 R. 글렌/ 잭 S. 디어. *전도서, 아가*, 전계상/홍지은 옮김, 도서 출판, 두란노, 두란노 주석시리즈 12, 1983.

박윤선. 구약주석 *전도서, 아가서*, 서울특별시: 영음사, 1985.

옥스퍼드성경원어대전. *잠언 제 25-31 장, 아가 제 1-8 장*, 서울특별시: 제자원, 2006년.

이상근. *잠언, 전도, 아가*, 대구:성등사, 1994.

트렘퍼 롱맨 3세. 권대영 옮김, *아가*, 서울특별시: 부흥과 개혁사, 2018.

Bloch, A. and Bloch, C. *The Song of Songs: A New Translation with an Introduction and Commentary*, Random House, 1995

Carr, G. Lloyd. *The Song of Solomon* (Tyndale), Inter-Varsity, 1984.

Delitzsch, Franz. *BIblical Commentary on the Song of Songs and Ecclesiastes*, T & T Clark, 1891.

Dennison J, James T. "What Should I Read on the Song of Solomon?" *Kerux* 8.2 (Sept 1993): 35-41.

Durham, James. *Song of Solomon*, Banner of Truth, 1982.

Ellsworth, Roger. *He is Altogether Lovely: Discovering Christ in the Song of Solomon*, Presbyterian & Reformed, 1998.

Falk, Marcia. *Love Lyrics from the Bible: A Translation and Literary Study of the Song of Songs* (Bible and Literature Series, 4), Almond Press, 1982.

Falk, Marcia. *The Song of Songs: A New Translation and Interpretation*, Harper & Row, 1990.

Fisch, Harold A. *Poetry with a Purpose: Biblical Poetics and Interpretation*, Indiana University Press, 1988.

Fox, Michael. *Song of Songs and Ancient Egyptian Love Songs*, University of Wisconsin Press, 1985.

Garrett, Duane A. *Proverbs, Ecclesiastes, Song of Songs* (New American Commentary, 14), Zondervan, 1993.

Ginsburg, Christian D, *Song of Songs and Coheleth*, KTAV, 1970.

Glickman, Craig S. *A Song for Lovers*, Inter Varsity, 1976.

Gordis, Robert. *The Song of Songs and Lamentations*, KTAV, 1974.

Goulder, Michael D. *Song of Fourteen Songs* (JSOT Sup, 36), Sheffield Academic.

Jacques Tournay, Raymond. *Word of God, Song of Love: A Commentary on the Song of Songs*, Paulist Press, 1988.

Keel, Othmar. *The Song of Songs* (Continental), Fortress Press, 1997.

Knight, George A. F. and Golka, Friedemann W. *Revelation of God: The Song of Songs & Jonah* (ITC), Eerdmans, 1988.

LaCocoque, Andre C. *Romance, She Wrote: A Hermeneutical Essay on Song of Songs*, Trinity Press International, 1998.

Mariaselvam, Abraham. *The Song of Songs and Ancient Tamil Love Poems: Poetry and Symbolism* (Analecta Biblica), Pontificio Istituto

Biblico, 1988.

Munro, Jill M. *Spikenard and Saffron: A Study in the Poetic Language of the Song of Songs* (JSOT Supplement, 203), Sheffield Academic Press, 1995.

Murphy, Roland. *The Song of Songs* (Hermeneia), Fortress Press, 1990.

Pope, Marvin. *Song of Songs* (Anchor), Doubleday, 1977.
Provan, Iain. *Ecclesiastes/Song of Songs* (NIV Application), Zondervan, 2001.

Redford, R. A. *Song of Solomon,* Pulpit Bible Commentary, 서울 종로구: 한국광보개발원, 1982.

Webb, Barry. "The Song of Songs: As Love Poem and as Holy Scripture," *Reformed Theological Review* 49 (1990): 91-99.

Webster, Edwin C. "Pattern in the Song of Songs," *Journal for the Study of the Old Testament* 22 (1982): 73-93.

White, John Bradley. *A Study of the Language of Love in the Song of Songs and Ancient Egyptian Poetry* (SBL Dissertation, 38), Scholars Press, 1975.

Woudstra, Sierd. "The Song of Solomon" in *The Wycliffe Bible Commentary*, The Southwestern Company, 1968: 595-604.

【 사전 】

바이블렉스 8.0

데릭 윌리엄스, *IVP 성경사전*, 이정석 외 한국기독학생회 출판부 역, 한국기독학생회 출판부(IVP), 1992,

Achtemeier, Paul J. *Harper's Bible Dictionary*, New York: A Division of Harper Collins Publishers, 1985.

Baker, David W. *Dictionary of the Old Testament: Pentateuch,* Leichester: InterVarsity Press, 2003.

Douglas, J. D. *New Bible Dictionary*, (2nd edition), Wheaton: Tyndale House Publishers, 1982.

Tenney, Merrill C. *The Zondervan Pictorial Bible Dictionary,* Grand Rapids: Regency, 1967.

Tregelles, Samuel Prideaux. *Gesenius' Hebrew and Chaldee Lexicon,* Grand Rapids: Eerdmans, 1969.

Unger, M. F. *Unger's Bible Dictionary.* Chicago: Moody, 1957.

아가 주해

아가서는 솔로몬과 술람미[7] 여인 간의 사랑의 관계를, 하나님과 이스라엘 간의 사랑의 관계로, 그리스도와 교회의 사랑의 관계를 나타내는 아름다운 노래이다. 본서의 내용은 대체로 사랑을 구애하는 일(1:1-3:5), 결혼 자체(3:6-5:1), 사랑에는 시련이 있다는 것(5:2-6:14), 사랑의 성숙(7-8장)을 그리는 부분으로 나눈다.

I. 술람미 여인이 사랑을 구하다   1:1-3:5

이 부분(1:1-3:5)은 표제에 이어 솔로몬과 술람미 여인과의 관계에 대하여 노래한 것을 기록한 것인데 먼저 술람미 여인의 입장(1:2-8)에서, 그리고 다음으로 솔로몬의 입장(1:9-2:7)에서, 그리고 술람미 여인의 독백 순서(2:8-3:5)로 되어 있다. 이 부분에 등장인물은 솔로몬과 술람미 여인과 예루살렘 여인들이다(이상근).

제 1 장

A. 표제   1:1

아 1:1. 솔로몬의 아가라.

본 절은 본서의 저자 및 성격을 제시해주는 표제이다. 본서는 솔로몬의

---

7) 술람미: 술람미 여자 (The) Shulammite. 슐람미트는 샬람(7999)에서 유래했으며, '완전한 자'나 '평화스러운 자'를 의미한다. 술람미 여자는 아가서의 주인공이다. 이것은 한 소녀의 이름 또는 호칭으로(아 6:13, 아 6:14), 다윗의 노년에 수종 들었던 수넴 여인 아비삭을 가리키는 것으로 해석한다(왕상1:1-4; 왕상 1:15). 왜냐하면 '술람미'는 '수넴 사람'과 같은 말로 간주되기 때문이다.

가장 아름다운 노래 (여자)라고 말한다. 저자는 본 절을 통하여 자신이 선왕(先王) 다윗이 구축한 정치, 군사적 평화의 토대 위에서 이스라엘 왕국 최고의 번영을 구가하였던 솔로몬이라는 사실을 밝히고 아울러 '아가'(雅歌)라는 본서 제목을 밝힘으로써 본서가 '노래 중의 노래'라는 히브리어 명칭 '쉬르 하쉬림'(שִׁיר הַשִּׁירִים)에 합당한 아름다운 서정시임을 가르쳐 준다. 이 표제는 실로 일국의 왕과 한 시골 처녀와의 아름다운 사랑이라는 주제를 아름다운 노랫말과 부드러운 선율로 노래하는 본서의 본질을 간결하고도 명료하게 제시하고 있다.

더욱이 본서에서 나타나는 솔로몬과 술람미 여인 간의 지순한 사랑은 하나님과 선민 이스라엘, 나아가 그리스도와 신약 교회와의 순수하고도 깊이 있는 사랑의 예표이기도 하기에 '솔로몬의 아가'라는 표제는 우리에게 본서가 참으로 하나님과 그 백성 간의 구속사적 사랑을 노래한 위대하고도 아름다운 노래임을 강렬히 제시하고 있다 하겠다(그랜드 종합 주석).

B. 술람미 여인 1:2-8

솔로몬과 술람미(6:13의 여인에게 사용된 용어)[8] 여인과의 관계를 진술했는데, 먼저 술람미 여인 편에서 노래한 것이다. 내용은 1) 술람미 여인이 솔로몬에게(2-4절), 2) 술람미 여인이 예루살렘 여인들에게 노래한 일(5-7절), 3) 예루살렘 여인들이 술람미 여인에게(8절) 하는 말이다.

1. 술람미 여인이 솔로몬에게 사랑을 구하다 1:2-4

먼저 술람미 여인이 솔로몬의 사랑을 원했고, 솔로몬은 술람미 여인을 침궁으로 인도하여 포도주를 나누고 또 사랑을 나눈다. 여기서 당장 모형적 해석이 등장해야 한다. 잘못된 해석가들은 이를 두고 두 남녀의 사랑가라고 말한다.

---

8) 술람미란 말은 헤르몬 산의 기슭에 있는 작은 도시이다(왕상 1:3; 왕하 4:12, 25). 이 지명은 잇사갈 지파의 고을이며, 나인의 남쪽이고, 나사렛의 동남쪽이며, 다볼의 서남쪽에 위치해 있고, 현재도 "소람"(Sawlam)이란 이름으로 남아 있는 소읍이다. 다윗이 늙었을 때 다윗의 몸을 따뜻하게 하는 역할을 하도록 뽑힌 아비삭이 술람미 여인이었다(왕상 1:3).

아 1:2. 내게 입맞추기를 원하니 네 사랑이 포도주보다 나음이로구나(Let him kiss me with the kisses of his mouth! For your love is better than wine-ESV).

술람미 여인은 솔로몬을 향하여 "당신이 입술로 나에게 입 맞춰 주세요. 당신의 사랑은 포도주보다 더 달콤하기 때문입니다"라고 말한다. "내게 입맞추기를 원한다"는 말은 술람미 여인이 솔로몬의 사랑을 갈망하는 말이다. "입맞추기를"(מִנְּשִׁיקוֹת יִשָּׁקֵנִי)이란 말은 '입맞춤으로 입맞추기를 원하니'란 간곡한 표현이다. "입맞춤"은 이스라엘과 중동 지방의 오랜 풍습으로 근친 간이나 친구 간의 애정의 표현이었다(창 29:11; 33:4; 삼상 10:1; 20:41). 남녀 간의 입맞춤은 강한 사랑의 표시였다(잠 7:13). 여기 술람미 여인은 솔로몬 왕에게 사랑의 입맞춤을 원했다. 이는 성도들이 하나님의 사랑을 갈망하는 표시이다. 다시 말해 성도들이 하나님과 연합9)되기를 원한 행위이다. "포도주"는 즐거움

---

9) 연합의 시간: 언제 연합시켰는가를 두고 크게 세 가지 견해가 있다.
바울은 말하기를 신자들이 그리스도와 함께 십자가에 못 박히고 또 부활했다고 가르치고 있다(롬 6:3-5). 그리스도와 함께 일으키심을 받았다는 것은 존재론적으로 그리스도에게 연합된 한 방면이다. 그래서 신자들의 부활이라고 하는 것은 단순히 그리스도와의 연합의 기본적인 개념을 반영하고 있는 것이다. 그러면 언제 신자들은 예수님의 죽음과 부활과 연합했는가? 이에 대하여는 세 가지 견해가 있다.
  a) 하나님 아버지께서 연합시켰다는 견해
핫지(A. A. Hodge)는 "그리스도와의 연합은 하나님의 목적과 작정 속에서 이루어졌으며 그리고 영원 전에 아버지와 아들 간의 계약 안에서 이루어졌다(요 17:2, 6; 엡 1:4)"고 언급하고 있다. 이에 관하여 렉터스(L. L. Legters)는 신자와 그리스도와 함께 영원 전에 십자가에 못 박혔다고 말한다. 그는 "우리는 예수님께서 죽으셨을 때에 존재하지 않았다. 우리는 심지어 태어나지도 않았다. 우리가 기억할 것은 그가 십자가에 못 박히고 우리를 대신해서 죽었는데 내 자신이 그 때에 있을 필요는 없었다. 하나님 아버지에 관한 한 우리는 창세 이후로 죽임을 당하신 어린 양과 함께 십자가에 못 박혔다. 곧 창세전에 그리스도 안에서 우리를 택하사 우리로 사랑 안에서 그 앞에 거룩하고 흠이 없게 하시려고"(엡 1:4)라고 말하고 있다.
펄거슨(Sinclair B. Ferguson)은 그리스도와의 연합은 창세 이전 영원 전에 되었다고 말한다. 그는 "신자들은 창세전에 그리스도 안에서 선택받았다. 그렇게 된 이유는 그들이 그리스도와의 언약적 연합(covenant union) 안에서 복을 받아 그리스도의 영광을 찬송해야 하기 때문이었다. 이 창세전의 연합의 차원은 우리의 개인적인 경험을 초월하고 또 영원 전에 세우신 하나님의 계획과 목적으로 소급해 올라가는 연합이다"라고 말한다. 아브라함 카이퍼(Abraham Kuyper)는 그리스도와의 연합이 시작하는 때에 다섯 계단이 있다고 말한다. 그는 말하기를 다섯 계단 중에 제일 첫째 단계는 하나님의 작정에서 되어진 것이고, 둘째 단계는 성육신에서 되어졌고, 셋째 단계는 신자의 중생에서 시작하고, 넷째 단계는 믿음을 최초로 가진 때에 되는 것인데, 넷째 단계는 신자의 중생으로 연합된 셋째 단계와 합치될 수 있는 것이다. 그리고 다섯째 단계는 신자의 죽음의 단계로서 그리스도 자신과의 연합이라기보다는 신자의 그리스도와의 연합의 극치라고 정의할 수 있을 것이다. 그리스도와의 연합의 때에 대하여 카이퍼는 "이

다섯 단계 중의 최초의 것은 하나님의 작정 때에 되었다. 아버지께서 우리를 그의 아들에게 주신 순간부터 우리는 참으로 그의 것들이 되었다. 그리고 그 관계는 예수님과 우리 사이에 맺어졌는데 결코 약하거나 힘이 없는 관계가 아니라 깊고 광범위해서 임마누엘과의 모든 뒤따라오는 관계들은 이 근원적인 근본관계(root-relation)로부터 임한다"고 주장한다.

b) 그리스도께서 연합시켰다는 견해

신학자들은 예수님께서 신자의 연합을 성취하신 때를 정하는데 있어서 의견이 둘로 갈리고 있다. 한 편은 예수님께서 성육신 하셨을 때에 신자들과 연합되셨다고 믿고 있다. 펄거슨(Sinclair B. Ferguson)은 "하나님의 아들이 성육신에 의해서 우리와 하나가 되셔서 우리의 성품을 취하셨다. 그는 인간과 같이 되시고(빌 2:7) 죄 있는 육신의 모양으로 오셨다(롬 8:3). 이 말들은 해석하기 어려운 말들이기는 하지만 예수님이 잉태되셨을 때 그리스도는 실제로 처녀 마리아의 몸에서 우리의 성품을 취하셨고 성령으로 그 성품을 성화시키셨으며 육체의 연약함 속에서 순종의 삶을 사셨다. 그리스도는 우리와 한 형제가 되시기 위해서 이 땅에 오셨고 우리와 같이 모든 점에서 시험을 받으셔서 연약 중에 있는 우리를 동정하신다"고 말한다.

베이커(J. P. Baker)는 예수님이 성육신 중에 육신을 취하셨을 때 신자들과 연합되셨다고 말한다. 그는 "그리스도와 우리와의 연합의 기초는 예수님께서 성육신 하셨을 때 우리의 성품과 육신을 취한 데 있다"고 주장한다.

아브라함 카이퍼(Abraham Kuyper)는 신자와 그리스도와의 연합의 때에 대한 단계에 대해서 언급하면서 "연합은 성육신 때에 된 것이다. 그 때 예수님은 우리의 육신을 취하시고 또 우리의 성품을 취하셔서 기존의 중요한 관계를 복원시키셨다...그리스도는 육체를 입고 계신 중에, 아담이 모든 사람들을 그의 육체의 허리 속에 유지했던 것처럼, 모든 신자를 그의 은혜의 허리 속에 유지하신다(carry)"고 말씀한다.

예수님께서 신자와 하나가 되신 때에 대한 또 다른 한 견해는 예수님이 십자가에서 죽으신 때에 되었다고 주장한다. 다시 말해 신자가 그리스도와 연합된 것은 십자가 위에서 예수님의 사역을 통하여 이루어졌다는 것이다. 그리스도께서 십자가에서 죽으시는 때 그는 "'다 이루었다'(요 19:30)고 하셨는데 이 말씀은 예수님께서 사역을 완료하셨다는 것을 뜻하는 말씀이고 또한 우리의 믿음의 기초를 이룩하셨다는 것을 뜻하는 말씀이다"고 주장한다. 요 19:30 ["다 이루었다"]을 주석하면서 리온 모리스(Leon Morris)는 "예수님은 그의 입술에 승리자의 함성을 지르시면서 죽으셨다. 이 함성은 패배자의 신음도 아니고 체념을 나타내는 신음 소리도 아니다. 이 함성은 예수님이 하시러 오신 일을 충분히 이루셨다는 승리의 인정(recognition)이었다"고 말한다.

렉터스(L. L. Legters)는 "그리스도 예수에 관한 거의 2,000년이 되었다. 그날은 그가 십자가에 못 박히신 날이었다. 그리고 우리를 위하여 저주가 되신 날이었다. 그 때 그는 그의 몸으로 나무 위에서 우리의 죄를 지셨다. '저희가 예수를 맡으매 예수께서 자기의 십자가를 지시고 해골(히브리말로 골고다)이라 하는 곳에 나오시니 저희가 거기서 예수를 십자가에 못 박을새...가라사대 다 이루었다 하시고 머리를 숙이시고 영혼이 돌아가시니라'(요19:17-18, 30). 그때 그는 우리를 대신해서 죄에 대하여 죽으셨고 우리는 그 때 그의 죽음 안에서 그와 연합하게 되었다"고 말한다.

c) 성령께서 연합시켰다는 견해

비록 하나님 아버지께서 연합을 이루시고 또 그리스도께서 십자가 위에서 연합을 가능케 하셨다고 해도 신자가 "성령으로 아니하고는...예수를 주시라"고 할 수 없다(고전 12:3). 이 구절을 주석하면서 앨버트 반스(Albert Barnes)는 "누구든지 성령의 매체에 의하지 않으면 예수님을 참 메시아로 인정하는 일이 일어나지 않는다"고 주장한다. 예수께서 대답하시되 "진실로 진실로 네게 이르노니 사람이 물과 성령으로 나지 아니하면 하나님 나라에 들어갈 수 없느니라"고 하신다.(요 3:5). 이 구절에서 예수님은 성령으로 나지 않은 사람은 천국에 들어갈 수 없다고을 나타내는 대명사이다. 술람미 여인은 솔로몬의 사랑이 포도주(세상 즐거움의 대명사)에 비교할 수 없다고 말한다. 오늘 그리스도인에게 있어서 하나님의 사랑은 세상 모든 즐거움에 비할 수 없는 즐거움이다(시 4:7; 합 3:17-18).

아 1:3. 네 기름이 향기로워 아름답고 네 이름이 쏟은 향기름 같으므로 처녀들이 너를 사랑하는구나.

술람미 여인은 솔로몬을 향하여 "당신의 기름은 향기롭고 아름다우며, 당신의 이름은 쏟아놓은 향기름 같으므로 처녀들(오늘날 성도들)이 당신을 사랑합니다"고 말한다는 것이다. 여기 "기름"이란 말은 성령님을 비유한다. 요일 2:27에 말하기를 "너희는 주께 받은 바 기름 부음이 너희 안에 거하나니 아무도 너희를 가르칠 필요가 없고, 오직 그의 기름 부음이 모든 것을 너희에게 가르치며 또 참되고 거짓이 없으니 너희를 가르치신 그대로 주 안에 거하라"고 했다. 솔로몬에게 있는 "기름이 향기로워 아름다웠다"는 말은 솔로몬이 왕으로서 기름 부음을 받으셨으니(삼상 16:13; 왕상 1:39) 향기로웠고 아름다웠다는

하신다. 윌리엄 헨드릭슨(William Hendriksen)은 "이 구절에서 사람이 최초로 깨끗해진 것은 죄인의 마음속에 새로운 생명이 심어졌다는 것을 의미하는 것인데 그것은 사람이 물과 성령으로 거듭나지 않으면 천국에 들어갈 수 없다고 여기서 가르침을 받는 사실에서 분명하다"라고 주장한다. 핫지(A. A. Hodge)는 "이 연합은 성령께서 그들 안에서 효과적이며 영원한 사역을 시작함으로 이루어진다"고 말한다. 연합을 위한 성령의 활동에 대하여 렉터스(Legters)는 "성령에 관한한, 그날에 우리는 주 예수를 우리의 개인의 구주로 믿었다. 그날에 우리 각자는 아버지를 향하여 '나는 예수님께서 내 죄를 나무 위에서 지셨다는 것을 믿습니다. 나는 그가 내 대신 죽으신 것을 믿습니다'하고 말했다. 그때에 성령께서는 우리를 그리스도 예수의 우리 대신한 죽음에 연합시키셨고...우리는 성령에 의하여 주 예수의 죽음 안으로(into) 세례 받아서 연합되었다"고 말한다. 이에 동의하여, 펄거슨(Sinclair B. Ferguson)은 "이 연합은 이상적인 면에 있어서는 하나님의 마음에서 미리 계획되었고 또한 시공(時空) 연속체(space-time continuum)에서는 성육신에 근거를 두고 있는 것이지만 그리스도의 영의 내주를 통하여 그리고 그와 관련된 믿음을 통하여 실현되었다"고 말하고 있다.

아브라함 카이퍼(Abraham Kuyper)는 "세 번째 단계는 우리들 스스로 우리의 출생에서가 아니라 우리의 중생에서 나타날 때 시작한다. 다시 말해 주 하나님께서 초자연적으로 우리의 영혼 안에서 일하시기 시작할 때 세 번째 단계가 시작된다. 또 다른 말로 해서 사랑의 시간에 영원한 사랑(Eternal love)이 우리 안에서 하나님의 아이를 잉태하실 때 세 번째 단계가 시작한다. 그때까지는 신비한 연합이라고 하는 것이 하나님의 작정 속에 숨겨 있으며 중보자 안에 감추어져 있으나 중생 안에서 그리고 중생에 의해서 그 사람은 나타난다"고 주장한다(김수홍의 "그리스도의 말씀이 연합에 미친 영향"pp.133-138).

것을 말한다. 이는 곧 그리스도의 향기로움을 말하는 것이다. 그리스도는 하나
님의 기름 부으심을 받으셨다(사 61:1-2; 행 4:27). 그는 왕으로(계 19:16),
대제사장으로(히 4:14), 선지자로(행 3:22-23) 기름 부음을 받으셨고, 성령의
기름을 한량없이 받으셨다(요 3:34).

그리고 "네 이름이 쏟은 향기름 같다"는 말은 '솔로몬 자신의 인격과 실상이
아름답다'는 것을 드러내는 말이다. 출 30:23-25; 시 133:2; 막 14:3; 요 12:3
참조. "이름"이란 말에 대한 성경의 개념은 이렇게 실질과 실상을 보여주는
것이다. 창 2:19-20 참조. 겔레만(G. Gerleman)도 말하기를 "이름이란 것은
언제나 그 인격의 본질을 내포한다"(Biblischer Commentar, Ruth-Das
Hohelied, 1965)고 했다. 술람미 여인이 솔로몬의 이름이 쏟은 향기름 같이
느껴 사랑했던 것처럼 오늘 교회(성도들)는 그 심령과 손과 영향력과 소유와
심지어 그 자신의 생명까지 주님에게 드리기를 기뻐할 수밖에 없다. 벧전
2:1-3에 말씀하기를 "그러므로 모든 악독과 모든 기만과 외식과 시기와 모든
비방하는 말을 버리고 갓난 아기들 같이 순전하고 신령한 젖을 사모하라 이는
그로 말미암아 너희로 구원에 이르도록 자라게 하려 함이라. 너희가 주의
인자하심을 맛보았으면 그리하라"고 했다.

그리고 "처녀들이 너를 사랑하는구나"라는 말은 '일반 성도들이 솔로몬
곧 그리스도를 사랑한다'는 뜻이다. 고후 11:2 참조.

**아 1:4. 왕이 나를 그의 방으로 이끌어 들이시니 너는 나를 인도하라 우리가
너를 따라 달려가리라 우리가 너로 말미암아 기뻐하며 즐거워하니 네 사랑이
포도주보다 더 진함이라 처녀들이 너를 사랑함이 마땅하니라.**

술람미 여인이 솔로몬 왕을 향하여 "나를 인도해 주세요. 우리가 당신을
따라 달려가렵니다. 왕께서 나를 자기 침실로 데려가십니다. 우리가 당신과
함께 기뻐하고 즐거워하며, 포도주보다 더 진한 당신의 사랑을 찬송하기 원합니
다. 처녀들이 당신을 사랑하는 것이 아주 마땅합니다"라고 말한다. 여기
"방"(חֶדֶר)이란 말은 '왕의 내실'을 지칭하는 말로 왕이 쉬기도 하고 취침하는

방을 의미한다. 이곳은 왕에게 가장 사랑받는 자만이 들어갈 수 있는 곳이다. 왕은 이곳으로 술람미 여인을 인도한 것이다. 그리고 왕과 더불어 단둘이만 가장 즐거운 시간을 갖는다.

본 절의 "너는 나를 인도하라"는 말은 술람미 여인이 왕에게 빨리 침궁으로 인도해 주기를 원하는 말이다(Hengsternberg, Lange, Redford, 박윤선, 이상근). 우리는 범사에 그리스도께서 우리를 인도해 주시기를 소원해야 한다. 기도 중에도 성령님의 인도를 바라보고 기도해야 할 것이다. 그러면 우리는 "너를 따라 달려갈 수 있게" 된다. 우리는 우리 힘으로 되는 것이 없음을 알아야 할 것이다. 예수님(성령님)의 인도가 임하실 때 우리는 "너로 말미암아 기뻐하며 즐거워하게 되는 것이다"이다. 성령님의 역사로 말미암아 우리는 한없는 기쁨에 도달하게 되는 것이다.

"네 사랑이 포도주보다 더 진함이라"는 말씀은 기도 중에 성령님의 인도로 기도해 본 성도는 놀라운 기쁨으로 인도받고 예수님의 사랑(성령님의 사랑)이 세상 그 어떤 쾌락보다 더 즐거운 사실을 알게 되는 것이다. 그래서 "처녀들이 너를 사랑함이 마땅하다"는 말을 하게 된다. 다시 말해 일반 성도들이 예수님(성령님)을 사랑함이 마땅하다고 고백하게 되는 것이다.

2. 술람미 여인이 예루살렘 여인들에게   1:5-7
술람미 여인이 예루살렘 여인들에게 자신의 검은 색을 변명한다.
아 1:5. 예루살렘 딸들아 내가 비록 검으나 아름다우니 게달의 장막 같을지라도 솔로몬의 휘장과도 같구나.
술람미 여인은 예루살렘 여인들을 향하여 "예루살렘 딸들아! 내가 검어서 예쁘단다. 게달의 장막과도 같지만 솔로몬의 휘장 같다고들 하는구나"라고 말한다. 본 절의 "예루살렘 딸들"이란 궁중의 궁녀들을 말함인데(Delitzsch), 술람미 여인의 들러리들을 말한다. 이 묘사를 보면 여기 무대는 이미 솔로몬의 궁전이라는 것을 알 수 있다.

술람미 여인은 예루살렘 딸들에게 자신의 피부색이 검은 색임을 말하면서 피부색이 검지만 아름답다는 것을 말한다. 여기 "검으나"(שְׁחוֹרָה)라는 말은 흑인이라는 뜻은 아니고 햇볕에 탔다는 것을 지칭한다.

술람미 여인은 자기가 "게달의 장막 같을지라도 솔로몬의 휘장과도 같다"고 말한다. "게달"이란 아랍의 유목 민족을 이름인데 그 장막을 검은 염소 털로 만든다고 한다. 성도는 성령에 의하여 자기를 바로 보기 때문에 자기 자신에 대해서는 소망을 가지지 않는다(렘 13:23). 그는 자기에게 있는 죄악 때문에 자기 자신을 게달의 장막같이 보며, 또한 자기가 당하는 모든 비참한 고통들 때문에도 그렇게 본다. 성도는 자기의 겉 사람이 후패한 사실을 늘 느끼고 있다. 그러나 성도는 은혜로 받은 그리스도의 의(義)를 지극히 영화로운 것으로 생각하고 즐거워한다. 따라서 그의 속사람은 날로 새로워진다(고후 4:16, 박윤선).

아 1:6. 내가 햇볕에 쬐어서 거무스름할지라도 흘겨보지 말 것은 내 어머니의 아들들이 나에게 노하여 포도원지기로 삼았음이라 나의 포도원을 내가 지키지 못하였구나(Do not gaze at me because I am dark, because the sun has looked me. My mother's sons were angry with me, they made me keeper of the vineyards; but, my own vineyard I have not kept!-ESV).

술람미 여인은 예루살렘 딸들에게 "내가 햇볕에 쬐어서 거무스름하게 그을렸다고, 나를 깔보지는 말라. 오빠들의 성화에 못 이겨서, 나의 포도원은 버려둔 채, 오빠들의 포도원들을 돌보느라고 이렇게 검게 된" 것이라고 말한다. 본 절은 술람미 여인 자신이 피부가 검게 된 이유를 설명한다.

술람미 여인이 "내가 햇볕에 쬐어서 거무스름할지라도"라는 말은 교회(술람미 여인)가 땅 위에서 핍박을 받아 상처받은 것을 지칭한다(Matthew Henry). 술람미 여인이 자신을 "흘겨보지 말라"고 말한 것은 교회가 세상에서 핍박을 받을 때에 불신자들이 교회를 업신여기기 쉬운데 교회를 업신여기지 말라고 부탁하는 말이다.

술람미 여인이 자신의 피부가 검게 된 이유가 그녀의 오빠들이 그녀에게 노하여 강압적으로 포도원을 지키게 하므로 일광에 타서 검게 된 것이지, 원래 피부가 검은 것은 아니었다는 것이다. 여기 "내 어머니의 아들들"이 누구냐를 두고 견해가 갈린다. 1) '배다른 오빠들'을 가리킨다는 견해(Umbreit, Ewald, 호크마 주석). 2) 오빠들을 이렇게 시적으로 묘사했다는 견해(Lange, Redford, 그랜드 종합 주석). 이 두 견해 중에 2)번의 견해가 더 타당한 것으로 보인다.

"나에게 노하여 포도원지기로 삼았음이라"는 말은 아마도 문맥을 보아 아버지는 일찍이 별세하고 어머니와 오빠들과 술람미 여인이 사는 중에 가정 형편이 어려워 오빠들이 술람미 여인으로 하여금 포도원을 지키도록 했다는 것이다. "나의 포도원"이란 그녀 자신의 작은 포도원으로(8:12) 그 여인은 자신의 포도원을 돌보지 못했던 것이다. 포도원 지기란 대단히 힘이 드는 일로 보통 종들이 담당했다(사 61:5). 그녀를 흘겨보지 말아야 했던 것은 궁녀들이 술람미 여인의 피부가 검기 때문에 질투의 눈으로 보았던 것으로 보인다. 본 절은 교회가 박해자들로부터 고난을 받는 그림자인 것이다.

아 1:7. 내 마음으로 사랑하는 자야 네가 양 치는 곳과 정오에 쉬게 하는 곳을 내게 말하라. 내가 네 친구의 양 떼 곁에서 어찌 얼굴을 가린 자 같이 되랴(Tell me, you whom my soul loves, where you pasture your flock, where you make it lie down at noon; for why should I be like one who veils herself beside the flocks of your companions?-ESV).

술람미 여인은 솔로몬을 향해서 내 마음으로 사랑하는 그대여! 나에게 말하여 주오. 임은 어디에서 양 떼를 치고 있나요? 정오에는 어디에서 양 떼를 쉬게 하나요. 당신 친구들의 양 떼 곁에서 어찌하여 내가 얼굴을 가린 자처럼 되어야 하느냐 라고 묻는다.

술람미 여인은 자기가 솔로몬을 찾아 함께 지내기를 간절히 바라는 소망을 드러내고 있다. 오늘 주님의 사랑을 받는 성도의 마음도 이렇듯 잠시도 주님과 떨어져 있지 않으려는 갈망으로 가득 차 있어야 하는 것이다. 주님도 우리와 함께 계실 것을 약속하셨다(마 28:20; 계 3:20-21).

한편 본 절에서 술람미 여인이 솔로몬을 향하여 "네가 양 치는 곳과 정오에 쉬게 하는 곳을 내게 말하라"고 한 곳이 어디인가 라고 물었는데 이렇게 물은 것은 술람미 여인이 목자로 비유된 솔로몬과 함께 있기 원하여 물은 것이다. 그곳은 바로 왕궁 곧 4절에서 밝힌 '침궁'이다. 우리는 예수님과 함께 있기를 소망하는 소망으로 가득 차 있어야 하는 것이다.

술람미 여인은 솔로몬을 향하여 "내가 네 친구의 양 떼 곁에서 어찌 얼굴을 가린 자 같이 되랴"고 말한다. 여기 "얼굴을 가린 자"(עֹטְיָה)란 말을 두고 해석이 갈린다. 1) 알지 못하게 얼굴을 가림(Ewald). 2) 통곡하는 자이기 때문에 얼굴을 가림(Ben Melek). 3) 이리저리 헤매는 자이기 때문에 얼굴을 가림(C.D. Ginsburg). 4) 부끄러워 얼굴을 가림(Umbreit, Hengsternberg, 그랜드 종합 주석). 이 네 개의 해석 중 4)번의 해석을 취한다. 술람미 여인은 솔로몬과 함께 있지 못할 때에 자신은 더할 나위 없이 부끄러워 비참한 자가 될 수밖에 없음을 밝혀 솔로몬에 대한 절실한 애정을 표현하고 있다. 오늘 우리도 주님과 함께 있지 않을 때는 지극한 부끄러움을 느낄 수밖에 없는 것임을 알아야 할 것이다.

3. 예루살렘 여인들이 술람미 여인에게   1:8

아 1:8. 여인 중에 어여쁜 자야 네가 알지 못하겠거든 양 떼의 발자취를 따라 목자들의 장막 곁에서 너의 염소 새끼를 먹일지니라.

예루살렘 여인들은 술람미 여인을 향해 여인들 가운데서도 빼어나게 아리따운 여인아, 네가 정말 모르겠거든, 양 떼의 발자취를 따라가라. 양치기들이 장막을 친 곳이 나오거든, 그 곁에서 너의 어린 염소 떼를 치면서 기다려 보라고 말해준다. 본 절은 앞서 술람미 여인의 말(5-7절)에 대한 예루살렘 여인들의 대답이다(Delitzsch, Lange, Redford). 왕(목자로 비유됨)이 양을 치다가 정오에 쉬는 곳에 가고 싶다는 술람미 여인에게 왕(목자)을 찾아가는 비결을 가르쳐 준 내용이다. 그 비결은 1) 그 길을 모른다면 양떼의 발자취를 따라

가서 목자이신 왕의 곁에 가서 함께 지내라는 것이다. 2) 거기서 너의 염소 새끼를 먹이라는 것이다.

본 절의 "어여쁜 자야"란 말은 술람미 여인을 두고 한 말인데 5:9; 6:1에 다시 나타난다. 여기 또 "염소 새끼"는 사랑하는 자에게 주는 선물이었다(창 38:17). 본 절은 성도들(교회)이 조용하게 은혜의 발자취를 그리스도에게 접근하여 가서, 그리스도를 대망하는 삶을 살 것을 권고하는 말이다.

C. 솔로몬과 술람미 여인 간의 사랑의 교창(交唱)   1:9-2:7

솔로몬과 술람미 여인 간의 관계를 교창하다. 내용은 1) 솔로몬이 먼저 말하다(1:9-11). 2) 술람미 여인이 화답하다(1:12-14). 3) 솔로몬이 또 말하다 (1:15). 4) 술람미 여인이 화답하다(1:16-2:1), 5) 솔로몬이 다시 말하다(2:2). 6) 술람미 여인이 화답하다(2:3-7).

1. 솔로몬이 먼저 말하다   1:9-11

아 1:9. 내 사랑아 내가 너를 바로의 병거의 준마에 비하였구나.

솔로몬은 술람미 여인을 향하여 "나의 사랑! 그대는 바로의 병거를 끄는 날랜 말과도 같구려"라고 말한다. 여기 "내 사랑아!"라는 말은 15절; 2:2; 4:1에 다시 나타난다. 솔로몬은 술람미 여인의 아름다움을 애굽 왕 바로의 병거를 모는 날랜 말에 비한다(왕상 10:28-29). 술람미 여인은 참으로 아름다웠다. 그리스도(솔로몬)께서는 그의 교회(술람미 여인)를 아주 사랑하시며 아름답게 보신다.

아 1:10. 네 두 뺨은 땋은 머리털로, 네 목은 구슬 꿰미로 아름답구나.

솔로몬은 술람미 여인을 향하여 "임의 두 볼에 땋은 머리채가 흘러내려 귀엽고, 임의 목에 구슬 목걸이가 감겨 있어 참으로 아름답구려"라고 말한다. 솔로몬은 술람미 여인의 목 윗부분이 아름다운 것을 구체적으로 묘사한다. 여기서 "땋은 머리털"은 신부의 머리가 아름다운 각종 장식으로 꾸며진 것을 묘사하는 것이다.

그리고 "구슬 꿰미"는 여러 줄로 된 보석 목걸이로서 흔히 사회적으로 지위가 높은 사람이 결혼을 앞두고 신부에게 선사하던 예물이었다(Lange, Redford).

아 1:11. 우리가 너를 위하여 금 사슬에 은을 박아 만들리라.

솔로몬은 술람미 여인을 향하여 "금 사슬에 은구슬을 박은 귀고리를 우리가 임을 위하여 만들어 주겠소"라고 말한다. 솔로몬은 아름다운 장식품을 더 만들어 술람미 여인을 장식해주기를 원한다. 솔로몬은 술람미 여인을 위하여 금 사슬에 은으로 된 별을 박아 화려한 장식품을 만든 것이다. 이 장식품을 술람미 여인에게 착용하게 하면 술람미 여인의 아름다움은 한결 더 돋보일 것이다. 이것은 그리스도께서 성도들의 의(義)의 옷을 입히시고, 또한 성도들에게 성령의 은사를 더해 주시는 것과 연관된다. 우리는 이미 가진 신앙의 미에 성령의 은사를 더해서 더 아름다운 인격이 되어야 한다.

2. 술람미 여인이 솔로몬의 존귀와 귀중성을 진술하다   1:12-14

아 1:12. 왕이 침상에 앉았을 때에 나의 나도 기름이 향기를 뿜어냈구나.

술람미 여인은 솔로몬을 향하여 "솔로몬 임금님이 침대에 앉았을 때에, 내가 내 옷에 뿌린 나도 향 기름이 향기를 내뿜었다"라고 말한다. 왕이 침상에 앉았을 때에 술람미 여인은 성장(정장) 차림으로 나도 향유를 자기 옷에 뿌려 왕 앞으로 나아왔는데, 그 나도 향기가 실내를 진동시킨 것이다. 왕 앞에서 잘 보이려는 술람미 여인의 노력이 돋보이는 부분이다. "나도"라는 향 기름은 인도산 식물의 뿌리에서 난 고가의 향유를 가리킨다(막 14:3; 요 12:3).

아 1:13. 나의 사랑하는 자는 내 품 가운데 몰약 향주머니요.

술람미 여인은 솔로몬을 향하여 사랑하는 그이는 나에게 가슴에 품은 향주머니라고 말한다. 여기 "몰약"은 팔레스타인의 특산물로서, 요단 동서의 구릉지, 특히 갈멜 산에서 많이 생장하는 물푸레나무과의 시스티스 (rock-rose)의 잎에서 분비되는 방향성 고무로 쓴 맛이 있는 향료이다. 구약 성경에서 이 단어는 창세기에서만 2회 나온다(창 37:25; 43:11, 바이블렉스에서). 히브리 여인들은 몰약을 작은 주머니에 넣어 목에 걸고 젖가슴 사이에 달고 다녔다고 한다. 술람미 여인은 그의 애인을 그의 가슴에 있던 몰약 향낭에 비했다. 그리스도는 우리의 몰약 향낭이시고 죄와 허물로 죽었던 우리를 살리시는 이시다(엡 2:1).

아 1:14. 나의 사랑하는 자는 내게 엔게디 포도원의 고벨화 송이로구나.
　　술람미 여인은 솔로몬을 향하여 사랑하는 왕은 나에게 엔게디 포도원의 고벨화 송이라고 말한다. 여기 "엔게디"는 사해 서쪽 중앙 유다 광야이며(수 15:62), 하솔 다말과 동일 지역이며(대하 20:2), 아모리 족속이 그 곳 성읍에 거하였다(창 14:7). 엔게디는 유다 지파에게 할당되었다(수 15:62). 다윗이 한 때 사울을 피하여 이곳 동굴에 숨었으며(삼상 23:29; 삼상 24:1-2), 이곳에서 다윗이 사울을 죽일 수 있었는데도 살려주었다. 유다 왕 여호사밧(B.C. 873-849) 때 모압, 암몬, 에돔 왕들이 여기 모여 유다를 치다가 패했다(대하 20:2). 에스겔의 환상 중에 엔게디가 언급되었다(바이블렉스에서).
　　여기 "고벨화"는 약 3m이상 달하는 높은 관목으로 애굽 산에서 이곳으로 수입되었고, 지금은 엔게디에만 있다고 한다. 황백색의 작은 꽃을 피우나 화방은 길고, 극히 아름답고, 또 강한 향기가 있어 토착민들은 이 꽃을 가루로 만들어 머리와 손톱 등을 적황색으로 염색한다고 한다. 그리스도는 과연 성도의 향기시다. 추한 죄인의 죄를 사유하시고, 아름답게 해주시는 고벨화이시다(이상근). .

　　3. 솔로몬이 술람미 여인의 아름다움을 칭찬하다　1:15
아 1:15. 내 사랑아 너는 어여쁘고 어여쁘다 네 눈이 비둘기 같구나.
　　다시 솔로몬의 말이 본 절에 등장한다. 솔로몬은 술람미 여인을 향하여

"아름답구나. 나의 사랑! 아름답구나"라고 말한다. 비둘기 같은 술람미 여인의 그 눈동자라고 한다. 왕은 술람미 여인의 아름다움을 칭찬하면서 여인의 눈이 "비둘기" 같다고 찬양한다. 비둘기 같다는 말은 그녀의 눈빛이 "소박하고 신뢰에 차 있다"는 뜻이다(Gesenius, Delitzsch). 본 절은 그리스도께서 성도(교회)의 그리스도를 신뢰하는 미를 칭찬하시는 것이다.

4. 술람미 여인이 솔로몬의 칭찬에 화답하다   1:16-17

아 1:16-17. 나의 사랑하는 자야 너는 어여쁘고 화창하다 우리의 침상은 푸르고 우리 집은 백향목 들보, 잣나무 서까래로구나.

이 부분(16-17절)은 신부된 교회의 구조를 묘사한다. 우리의 "침상"은 푸르다고 칭찬한다. 여기 침상이란 성도가 주님에게 기도하는 장소를 의미한다. 그것이 푸르다고 하는 말은 성도가 기도함으로 그리스도 안에서 하늘의 생명력을 공급받기 때문이다.

그리고 "우리 집은 백향목 들보, 잣나무 서까래라"는 말은 참된 교회의 구성 요소라고 할 수 있는 신자들이 백향목이나 잣나무처럼 신앙 인격에 있어서 견실한 것을 비유하는 말씀이다.

제 2 장

5. 술람미 여인이 자신을 꽃으로 비유하다 2:1

아 2:1. 나는 사론의 수선화요 골짜기의 백합화로다.

술람미 여인은 자신에 대해 "나는 샤론의 수선화요, 골짜기에 핀 백합꽃이랍니다"라고 말한다. 여기 "사론"(שָׁרוֹן)이란 말은 팔레스타인 지역의 서부, 즉 지중해 동부 연안 지역의 욥바에서 북쪽 갈멜 산 지역에 이르는 거대한 평원을 말한다. 이는 남북이 약 80여 km, 동서가 10-19km에 달하는 넓은 지역으로서 이곳에는 많은 풀들이 자라며 북부는 농경지(사 65:10), 남부는 목초지(대상 27:29)로 사용되었다(호크마 주석).

"수선화"란 사 35:1에서는 '백합화'로도 번역된 꽃으로서 가을에 심겨져 겨울을 땅속에서 지내고 봄에 꽃을 피우는 수선화과의 다년초를 가리킨다. 본 절에서는 특정한 종류의 꽃을 피우는 아네모네를 가리킨다고 한다(K.&D.). 술람미 여인은 자신을 지극히 평범하고 수수하기 그지없는 수선화와 백합화로 비유하는 겸손함을 보이고 있다.

6. 솔로몬이 술람미 여인을 백합화로 비유하다 2:2

아 2:2. 여자들 중에 내 사랑은 가시나무 가운데 백합화 같도다.

여기 다시 솔로몬이 술람미 여인을 칭찬한다. 솔로몬은 술람미 여인에 대해 여자들 중에 술람미 여인은 가시덤불 속에 핀 나리꽃, 아가씨들 가운데서도 자신의 사랑 술람미 여인이 바로 백합화 같다고 칭송한다. 여기 "가시나무"는 언제나 '죄인' 또는 '악인'을 가리키는 말이다(창 3:18; 삿 9:15). 여기 "백합화"란 말은 가시나무와 반대로 '깨끗하고 성결함'을 가리키는 꽃이다(왕상 7:19; 시 60:1). 본 절은 죄악과 박해 중에 곳곳에 서 있는 교회의 그림자이다.

인류가 타락한 이후 세상에는 가시와 같은 죄악이 관영하고(창 3:18), 그 가운데 서도 교회는 신앙을 지키는 백합화와 같이 서 있는 격이다.

7. 술람미 여인이 솔로몬으로 인한 즐거움을 표현하다 2:3-6

아 2:3. 남자들 중에 나의 사랑하는 자는 수풀 가운데 사과나무 같구나 내가 그 그늘에 앉아서 심히 기뻐하였고 그 열매는 내 입에 달았도다.

술람미 여인은 솔로몬으로 인하여 즐거워 "나의 사랑, 나의 임은 숲 속 잡목 사이에 사과나무 한 그루 같아요. 임은 남자들 가운데서도 바로 그렇다오. 그 그늘 아래 앉아서 나는 달콤한 그 열매를 맛보았어요"라고 말한다. 솔로몬은 술람미 여인을 "가시나무 가운데 백합화"라 했고, 여인은 솔로몬 왕을 "수풀 가운데 사과나무"라고 한다. 수리아 지방에서는 병자에게 사과 열매를 주어 맛보게 했다는 것이다. 솔로몬은 그리스도의 초연성의 그림자이다. 많은 위인들 중 그리스도는 초연하신 분이시다. 그 그늘 아래서 전 인류는 참된 안식을 얻는 것이다(시 19:10; 73:25; 119:97-103; 사 25:4, 이상근).

아 2:4. 그가 나를 인도하여 잔칫집에 들어갔으니 그 사랑은 내 위에 깃발이로구나.

술람미 여인은 솔로몬으로 인하여 즐거워 "임은 나를 이끌고 잔칫집으로 갔어요. 임의 사랑은 내 위에 깃발처럼 펄럭이네요"라고 말한다. 여기 "잔칫집"(בֵּית הַיָּיִן)은 '포도주의 집'(연회하는 집)이라는 뜻이다. 솔로몬은 술람미 여인을 연회하는 집으로 인도했고, 여인은 자신 앞을 인도하는 솔로몬 왕을 깃발처럼 여겼다. 본 절의 "깃발"이란 말은 영예와 보호의 상징이다. 그리스도는 성도들을 영교의 연회장으로 인도하신다. 그러면서 그리스도는 성도들의 영예와 보호가 되어주신다.

아 2:5. 너희는 건포도로 내 힘을 돕고 사과로 나를 시원하게 하라 내가 사랑하므

로 병이 생겼음이라.

술람미 여인은 솔로몬으로 인하여 즐거워 "당신들은 내게 건포도 과자를 주세요. 힘을 좀 내게요. 사과를 좀 주세요. 기운 좀 차리게요"라고 말한다. 이렇게 술람미 여인이 이것저것을 달라고 하는 이유는 내가 임금님을 사랑하다가 그만 병에 걸렸다오라고 말한다.

본 절 초두의 "너희는"이라는 말은 어떤 뚜렷한 대상을 두고 하는 말이 아니라 막연한 시적 표현일 것이다. 그리고 여기 "건포도"는 '포도로 만든 과자'를 이름이다. 이는 사과와 함께 건강 회복제로 사용되었다(삼하 6:19; 대상 16:3; 사 16:7; 호 3:1 참조).

우리는 그리스도를 열심히 사랑하는 중 큰 은혜(건포도와 사과 등)를 갈구해야 하겠다. 그것은 우리가 지치지 않기 위함이다.

아 2:6. 그가 왼팔로 내 머리를 고이고 오른팔로 나를 안는구나.

술람미 여인은 솔로몬으로 인하여 즐거워 혼잣말로 "임께서 왼팔로는 나의 머리를 고여주시고, 오른팔로는 나를 안아 주시네'라고 말한다. 본 절의 묘사는 신랑과 신부의 사랑의 포옹을 가리킨다(이상근). 본 구절은 8:3에 다시 등장한다. 우리 주님은 우리를 위하여 십자가에서 죽으시기까지 하셨다. 그는 우리를 위하여 죽으심으로 우리와 연합하신 것을 확인해 주셨다.

8. 술람미 여인이 예루살렘 여인들에게 말을 부탁하다 2:7

아 2:7. 예루살렘 딸들아 내가 노루와 들사슴을 두고 너희에게 부탁한다 내 사랑이 원하기 전에는 흔들지 말고 깨우지 말지니라.

술람미 여인이 예루살렘 여인들을 향하여 "예루살렘의 젊은 아가씨들아! 노루와 들사슴을 두고서 너희들에게 부탁한다. 우리가 마음껏 사랑하기까지는 흔들지도 말고 깨우지도 말아 다오'라고 말한다.

본 절은 3:5; 8:4에도 다시 등장한다. 이렇게 자꾸 같은 말이 반복되는 것으로 보아 본 절은 노래의 후렴구로 보인다(Lange, Redford). 본 절의 "예루살렘 딸들"이란 호칭은 '궁전에서 왕을 시중하는 궁녀들'을 지칭한다(1:5 주해 참조). 궁녀들은 궁전에 있으면서 왕과 술람미 여인 사이의 사랑을 지켜보고 있었다.

여기 "노루와 들사슴"은 아름다운 짐승들로서 이 둘은 사랑에 빠진 왕과 술람미 여인을 상징하는 동물들로 사용된 것이다. 이 두 짐승은 동물들 중에 가장 겁이 많고 소심한 동물들이라고 한다. 술람미 여인은 솔로몬과의 사랑이 깨어질 것을 염려하는 심정을 동물들 중에 가장 연약한 두 동물에 비유하여 표현하고 있는 것이다(Robinson). 술람미 여인은 지금 사랑의 기쁨 중에 잠든 왕을 깨우지 말라고 궁녀들에게 부탁하는 것이다. 술람미 여인이 자신과 왕과의 사랑의 관계가 영원하기를 바라는 마음이 대단했음을 보여준다. 우리와 주님과의 사랑의 관계도 영원히 깨어지지 않기를 위해 우리는 각종 은혜를 구해야 할 것이다.

D. 술람미 여인이 독백하다   2:8-3:5

이 부분(2:8-3:5)은 두 사람의 관계를 묘사한 것인데, 내용은 1) 술람미 여인의 독백(2:8-9), 2) 솔로몬의 청혼(2:10-14), 3) 술람미 여인이 가지고 있는 소원(2:15-17), 4) 술람미 여인의 환상(3:1-5)을 묘사하고 있다.

1. 술람미 여인이 독백하다   2:8-9

이 부분(2:8-9)은 술람미 여인의 독백으로 때는 봄철이고 장소는 산과 들에 에워싸인 어느 시골이다. 술람미 여인은 이곳에서 그의 임금을 사모하며 독백한다.

아 2:8. 내 사랑하는 자의 목소리로구나 보라 그가 산에서 달리고 작은 산을 빨리 넘어오는구나.

술람미 여인은 혼잣말로 "사랑하는 임의 목소리로구나! 저기 오시는구나. 작은 산을 넘고 언덕을 넘어서 달려오시는구나"라고 속삭인다. 본 절의 배경을 말하자면 술람미 여인은 지금 작은 산과 들에 둘러싸인 고향의 시골집에 있다.

술람미 여인은 고향집에서 솔로몬과의 첫 만남을 회상하고 있는 것이다. 술람미 여인은 솔로몬 왕이 그녀를 만나기 위해 산을 넘고 언덕을 넘어 빨리 오면서 소리를 치는 것을 들은 것이다. 본 절은 성도들이 그리스도의 말씀에 귀를 쫑긋 기울이는 모습이고 또 재림하시는 그리스도를 고대하는 교회(성도들)의 모습을 그린 것이다. 우리는 그리스도의 말씀에 항상 귀를 기울여야 하고 또 재림하시는 그리스도를 기다려야 한다.

아 2:9. 내 사랑하는 자는 노루와도 같고 어린 사슴과도 같아서 우리 벽 뒤에 서서 창으로 들여다보며 창살 틈으로 엿보는구나.

술람미 여인은 혼잣말로 "내 사랑하는 임은 노루처럼 그리고 어린 사슴처럼 빠르구나. 벌써 우리 집 담 뒤에 서서 창틈으로 기웃거리며, 창살 틈으로 나를 엿보는구나"라고 속삭인다.

술람미 여인은 자기를 찾아온 임금님의 빠름을 노루에 비하고 사슴에 비한다. 임금이 산을 넘고 언덕을 넘어오는 모습이 노루처럼 빠르고 어린 사슴처럼 빠르다는 것이다. 다시 말해 솔로몬은 산을 넘고 언덕을 넘어와서 술람미 여인의 집에 도착하여 창과 창살 틈으로 그녀를 보고 있었다. 주님은 이처럼 사랑하는 성도들에게 찾아와서 맞아주신다. 그리스도의 사랑은 형언할 길 없이 깊고 깊은 사랑으로 임하신다.

10-14절. 솔로몬의 청혼.
아 2:10. 나의 사랑하는 자가 내게 말하여 이르기를 .

본 절(10절)부터 14절까지는 두 사람이 다시 만난 자리에서 솔로몬이 술람미 여인을 향하여 자신의 사랑을 고백하며 청혼하는 내용이다. 8절이 두 사람의 첫 만남의 회상이었다면 본 절의 "나의 사랑, 내 어여쁜 자야 일어나서 함께 가자"는 말은 솔로몬이 술람미 여인에게 한 첫 번째 말의 내용이다. 여기 "말하여 이르기를"(עָנָה)이란 말은 '매우 가까이 있는 어떤 특정한 대상을 지정하여 그에게 명확한 응답을 요구하는 표현이다. 그러므로 본 절은 10-14절에 기록된 내용이 술람미 여인의 개인적인 상상이나 꿈에 의한 것이 아니라 현실에서 발생한 실제적인 상황임을 나타내는 증거가 된다 (K.&D. Redford).

"일어나서 함께 가자"는 말은 술람미 여인에 대한 솔로몬의 정식 구혼에 해당한다. 여기서 우리는 솔로몬에 대한 그리움과 사랑의 감정으로 인해 기운을 잃고 있는 술람미 여인의 모습과 그녀를 자상하게 위로하며 일으키는 솔로몬의 믿음직스러운 모습이 어우러진 아름다운 한 쌍의 남녀를 보게 된다.

아 2:11-12. 겨울도 지나고 비도 그쳤고 지면에는 꽃이 피고 새가 노래할 때가 이르렀는데 비둘기의 소리가 우리 땅에 들리는구나.

계속하여 솔로몬의 말을 술람미 여인이 혼잣말로 전하고 있다. "겨울은 지나고, 비도 그치고, 비구름도 걷혔소. 꽃 피고 새들 노래하는 계절이 이 땅에 돌아왔소. 비둘기 우는 소리, 우리 땅에 들리네요"라고 말한다. "겨울"과 "비"는 밖으로 나가지 못하게 하는 두 가지 요소이다. 또 팔레스타인에서는 겨울이 비오는 계절이기도 하다. 이제는 겨울도 지났고 또 비도 그쳤으며, 지면에는 꽃이 피고 새가 노래할 때가 이르렀으니 들로 나가기에 좋은 계절이 이른 것이다. 이제는 비둘기의 소리도 들려서 밖으로 나가기에 아주 좋은 계절이 된 것이다.

아 2:13. 무화과나무에는 푸른 열매가 익었고 포도나무는 꽃을 피워 향기를 토하는구나 나의 사랑, 나의 어여쁜 자야 일어나서 함께 가자.

술람미 여인은 혼잣말로 솔로몬의 말을 전한다. 즉, "무화과나무에는 푸른 무화과가 열려 있고, 포도나무에는 활짝 핀 꽃이 향기를 내뿜고 있네요 일어나 나오세요. 사랑하는 임이여! 나의 귀여운 그대, 어서 나와요"라고 말한다.

본 절도 역시 봄을 묘사하는 말이다. 이런 좋은 봄철에 솔로몬 왕은 술람미 여인을 독촉하여 함께 봄철의 산과 들을 산책하자는 것이다. 하늘나라에서 그리스도와 함께 하는 즐거움을 말하는 것이다(12절 참조).

아 2:14. 바위 틈 낭떠러지 은밀한 곳에 있는 나의 비둘기야 내가 네 얼굴을 보게 하라 네 소리를 듣게 하라 네 소리는 부드럽고 네 얼굴은 아름답구나.

술람미 여인은 혼잣말로 솔로몬의 말을 전한다. 즉, "바위틈에 있는 나의 비둘기여! 낭떠러지 은밀한 곳에 숨은 나의 비둘기여! 그대의 모습, 그 사랑스런 모습을 보여 주오. 그대의 목소리, 그 고운 목소리를 들려주세요"라고 말한다.

솔로몬은 이번에는 술람미 여인을 바위 틈 낭떠러지에 집을 짓고 사는 비둘기에 비한다(시 74:19; 56:1; 렘 48:28; 호 7:11). 왕은 집안에 있는 술람미 여인이 빨리 나와 여인의 아름다운 얼굴을 보고 부드러운 소리 듣기를 심히 원한다. 성도는 피난처 되신 하나님의 보호를 받을 필요가 있으며 비둘기처럼 예수님 앞에 아름답고 부드럽게 살 것이 요구된다.

2. 술람미 여인이 소원하다 2:15-17

이 부분(15-17절)은 포도원을 지키는 술람미 여인이 포도원을 해치는 여우를 잡기를 원한 말을 진술한 것이고, 또한 들판을 산책하는 솔로몬 왕의 모습을 찬양한 말이다.

아 2:15. 우리를 위하여 여우 곧 포도원을 허는 작은 여우를 잡으라 우리의 포도원에 꽃이 피었음이라.

술람미 여인은 "여우 떼를 좀 잡아 주세요. 꽃이 한창인 우리 포도원을 망가뜨리는 새끼 여우 떼를 좀 잡아주세요"라고 말한다. 본 절의 "포도원을 허는 작은 여우를 잡으라 우리의 포도원에 꽃이 피었음이라"는 말의 내용이 무엇이냐를 두고 견해가 갈린다. 1) 10-14절의 솔로몬의 말에 대한 답변으로 보는 견해(Harder, Lange), 2) 포도원을 지키고 있는 술람미 여인의 고민과 소원이라는 견해(Hengstemberg, Hahn, Poole, 박윤선, 이상근). 이 둘 중 2)번의 견해가 타당한 것으로 여겨진다. 술람미 여인은 오빠들의 강요로 포도원을 지키게 되었는데(1:6), 포도가 꽃을 피우는 중요한 시기에 여우의 습격으로 고민하게 된 것이다. 여우는 포도원을 해치는 큰 적이었다. 여기 포도원은 교회의 그림자였고(시 80:8-16; 사 5:1-7; 렘 2:21), 여우는 교회의 작은 죄악들(박윤선) 혹은 이단자들이다(Hengsternberg).

아 2:16. 내 사랑하는 자는 내게 속하였고 나는 그에게 속하였도다 그가 백합화 가운데에서 양 떼를 먹이는구나.

술람미 여인은 "임은 나의 것, 나는 임의 것, 임은 나리꽃(백합꽃) 밭에서 양을 치시네요"라고 말한다. 본 절의 말씀은 6:3; 7:10에 다시 나타난다. 술람미 여인은 솔로몬 왕을 목자로 비유하면서 찬사를 보낸다. 왕이 소박한 목자인 술람미 여인을 사랑함으로, 그녀도 왕을 목자로 비하면서 양을 치는 왕의 모습을 상상한다(Redford). 본 절은 두 사람의 사랑이 더욱 성숙하여감에 따라 점차 상대방에 중점을 두는 변화를 보이고 있다.

"그가 백합화 가운데에서 양 떼를 먹이는구나"는 말은 오직 사랑하는 사람이 있는 곳에서 참된 즐거움과 기쁨을 느낄 수 있다는 뜻으로 술람미 여인이 솔로몬을 떠나서는 자신의 존재 가치를 찾을 수 없다는 고백인 것이다. 이런 관계 의식은 오늘 우리가 그리스도를 떠나서는 생명의 존재 가치를 발견할 수 없는 성도의 모습이기도 한 것이다(요 14:6; 15:5).

아 2:17. 내 사랑하는 자야 날이 저물고 그림자가 사라지기 전에 돌아와서 베데르 산의 노루와 어린 사슴 같을지라.

술람미 여인은 "날이 저물고 그림자가 사라지기 전에, 나의 임이여, 노루처럼 빨리 돌아와 주세요 베데르 산의 날랜 사슴처럼 빨리 오세요"라고 말한다.

술람미 여인은 목자이신 솔로몬 왕이 저녁 무렵에 돌아오기를 기대한다. "날이 저물고 그림자가 사라지기 전에"라는 말은 '날이 서늘해지고 그림자가 질 때에'라는 뜻이다. 그리고 "베데르 산"('הָרֵי הַבֶּתֶר'-조각조각 쪼개진 산들)이란 말은 '조각조각 쪼개진 산들'(ESV), 혹은 '험한 산들'(RSV)이란 뜻이다. 해가 지고 밤이 찾아올 무렵 밖에 나가 계시던 솔로몬(그리스도)이 집에 돌아와 함께 사랑을 나눌 것을 기대하는 술람미 여인(교회)의 노래이다. 이는 교회가 주님을 멀리 떠났다가 뉘우치고 속히 주님을 찾기 원하는 말씀이다. 술람미 여인(교회)은 주님께서 찾아오시는 걸음이 노루와 어린 사슴의 걸음처럼(삼하 2:18; 대상 12:8) 빠르기를 소원한다(박윤선). 본 절은 성도가 주님의 재림을 기다리며, "아멘, 주 예수여 오시옵소서"(계 22:20)라고 말하는 소원의 그림자 이다(이상근).

제 3 장

3. 술람미 여인이 솔로몬을 찾아 만나다 3:1-5

이 부분은 술람미 여인이 사랑하는 임을 찾아 만나는 꿈이고, 환상을 그린 것이다.

아 3:1. 내가 밤에 침상에서 마음으로 사랑하는 자를 찾았노라 찾아도 찾아내지 못하였노라.

술람미 여인은 "나는 잠자리에서 밤새도록 사랑하는 나의 임을 찾았지만, 아무리 찾아도 그를 만나지 못하였다"고 말한다.

여기 "밤에"(לילות)란 말은 복수로 '밤마다'라는 뜻이다. 술람미 여인은 길고 지루한 밤들을 맞이해서 밤마다 침상에서 마음으로 사랑하는 자를 찾았으나 찾아내지 못했다는 것이다. 술람미 여인은 목자가 돌아오기를 기다렸으나 (2:17) 돌아오지 않으므로 기다리다가 잤다는 것이고, 또 자는 중에 목자를 찾았으나 결국 찾지를 못했다는 것이다. 오늘 우리는 그리스도의 재림을 기다리면서 살아야 한다는 것을 보여준다.

아 3:2. 이에 내가 일어나서 성 안을 돌아다니며 마음에 사랑하는 자를 거리에서나 큰 길에서나 찾으리라 하고 찾으나 만나지 못하였노라.

술람미 여인은 "이에 내가 일어나서 온 성읍을 돌아다니며 거리마다 큰 광장마다 샅샅이 뒤져서 내 마음에 사랑하는 임을 찾겠다고 마음먹고, 그를 찾아 다녔지만 만나지 못했노라"고 말한다.

팔레스타인의 성읍은 거리는 좁고, 성(城)의 입구는 광장으로 되어 있는데, 여인은 솔로몬을 찾아 성내로 들어갔고, 거리라든가 광장들을 찾아다녔으나 찾지 못했다는 것이다. 본 절의 "거리나 큰 길"은 교회의 그림자로 보는 것이다.

오늘 성도는 그리스도를 찾기 위해 애써야 함을 보여준다.

아 3:3. 성 안을 순찰하는 자들을 만나서 묻기를 내 마음으로 사랑하는 자를 너희가 보았느냐 하고.

술람미 여인은 "성 안을 순찰하는 사람들을 만나서 사랑하는 제 임을 못 보셨어요?"하고 물으며 돌아다녔다.

여기 "순찰하는 자들"은 '복음 전도자', 혹은 '예언자', 혹은 '사도들'을 지칭한다. 이들을 만나 주님을 만나보았느냐고 물었으나 즉각 만나는 것은 아니었다(시 127:1; 사 21:11; 52:8; 겔 33:7; 단 4:13, 17참조).

아 3:4. 그들을 지나치자마자 마음에 사랑하는 자를 만나서 그를 붙잡고 내 어머니 집으로, 나를 잉태한 이의 방으로 가기까지 놓지 아니하였노라.

술람미 여인은 그들, 즉 전도자 옆을 지나가다가, "드디어 사랑하는 나의 임을 만났노라. 그래서 나의 사랑하는 임을 놓칠세라 그를 꼭 붙잡고, 나의 어머니의 집으로 데리고 갔노라. 어머니가 나를 잉태하던 바로 그 방으로 데리고 갔노라"고 말한다.

본 절은 성도들이 그리스도를 만나기 위해 애쓴다고 해서 얼른 만나는 것은 아닌 것을 드러내는 말이다. 그러다가 드디어 그리스도를 만난다는 것을 알려준다. 그래서 솔로몬을 놓지 않으려고 그를 붙잡고 내 어머니의 집으로, 어머니가 나를 잉태하신 바로 그 방으로 데리고 갔다는 것이다. 본 절은 우리가 간절히 주를 찾으면 만난다는 것을 보여준다(눅 11:8-10; 18:7).

아 3:5. 예루살렘 딸들아 내가 노루와 들사슴을 두고 너희에게 부탁한다 사랑하는 자가 원하기 전에는 흔들지 말고 깨우지 말지니라.

술람미 여인은 "예루살렘의 아가씨들아! 노루와 들 사슴을 두고서 부탁한다. 우리가 마음껏 사랑하기까지는 우리를 흔들지도 말고 깨우지도 말아 다오"라고 부탁한다. 본 절 말씀은 여러 차례 반복되는 것(2:7; 8:4)을 보아 후렴구로 보인다.

II. 술람미 여인과 솔로몬이 결혼하다   3:6-5:1

솔로몬 왕과 술람미 여인의 사랑은 성숙하여 드디어 예루살렘에서 결혼식을 올린다. 이 부분(3:6-5:1)의 내용은 결혼식 행렬(3:6-11), 신랑과 신부의 관계(4:1-5:1)를 서술한다.

A. 결혼의 행렬을 묘사하다   3:6-11

솔로몬 왕이 신부인 술람미 여인을 데리고 예루살렘으로 입성하는 그 행렬의 위용을 노래한다. 결혼식의 행렬은 호화로웠고, 솔로몬의 기쁨이 눈에 띈다.

아 3:6. 몰약과 유향과 상인의 여러 가지 향품으로 향내 풍기며 연기 기둥처럼 거친 들에서 오는 자가 누구인가.

아마도 예루살렘 시민들이 몰약과 유향과 또 상인들의 온갖 향품으로 향기를 풍기며, 연기 기둥같이, 거친 들에서 올라오는 자가 누구인가라고 말한다.

예루살렘 시민들(Ewald, Delitzsch, Hitzig이 추측)이 몰약과 유향과 또 상인들의 온갖 향품으로 향기를 풍기며, 연기 기둥같이, 거친 들에서 올라오는 자는 바로 솔로몬이 술람미 여인을 데리고 이스라엘의 북방 지방으로부터 예루살렘으로 행진하는 결혼의 여행인줄 알아차린 것이다(Hengsternberg, Delitzsch, Lange, Redford). 솔로몬의 행렬은 몰약과 유향과 장사의 여러 향품들을 연기 기둥처럼(출 13:21) 피우면서 술람미 여인의 고향으로부터 거쳐 예루살렘으로 행진한 것이었다.

"몰약"에 대해 1:13주해를 참조. "유향"은 아라비아와 아프리카 동부 지방의 관목인 유향수의 진액으로 만든 것이고, 그 색이 희므로 "유향"이라고 한 것이다(출 30:34-36). 고대 왕이나 장군들의 행렬의 선발대는 이렇게 향을 피우고 전진하는 법이었다. 이 행렬은 장차 그리스도께서 그의 성도들과 함께 재림하실 때(살전 3:13; 유 1:14)의 영화롭고 향기로운 모습의 그림자이다(고후 2:14-15).

아 3:7. 볼지어다 솔로몬의 가마라 이스라엘 용사 중 육십 명이 둘러 쌌는데.

보라! 솔로몬이 탄 가마로구나. 이스라엘 장사 가운데서도 빼어난 용사 예순(육십) 명이 그를 호위하는구나.

본 절의 말씀도 역시 예루살렘 시민들의 말이다. 문장 초두의 "볼지어 다"(הִנֵּה)라는 말은 본 절이 아주 중요한 말이기 때문에 한 말이다. 다시 말해 이 결혼식 행렬 중에는 솔로몬의 가마(한 사람이 속에 타고 두 사람이나 네 사람이 메고 다니던 연을 뜻한다)가 있으니 "보라"는 것이다. 이 신부의 가마는 이스라엘 장사 가운데서도 빼어난 용사 예순 명이 그를 호위한다는 것이다. 이 신부의 가마는 60명이나 되는 친위대(삼하 10:7; 16:6; 20:7; 23:8)가 호위하고 있었으니 그 안에 타고 있는 신부는 솔로몬에게 심히 소중한 신분임을 말해주는 것이다(Redford). 오늘날 성도들은 예수님에게 심히 중요한 인물들임을 드러내는 말이다. 예수님께서 그들을 위해 대신 죽어주셨으니 말이다.

아 3:8. 다 칼을 잡고 싸움에 익숙한 사람들이라 밤의 두려움으로 말미암아 각기 허리에 칼을 찼느니라.

그 60명의 친위대를 향해 "모두들 칼로 무장했구나. 전쟁에 익숙한 군인들 이 야간 기습에 대비하여 저마다 허리에 칼을 찼구나"라고 말한다. 친위대 60명이 다 칼을 찼다는 말은 그들은 백전백승하는 사람들이란 뜻이다. 술람미 로부터 예루살렘까지는 직선으로 대략 85km 정도이므로 한국 리(里)수로 200 리가 넘으니 먼 거리임에는 틀림없다. 본 절이야 말로 그리스도께서 교회를 완전하게 보호하신다는 것을 증명해주는 실례이다.

아 3:9-10. 솔로몬 왕이 레바논 나무로 자기의 가마를 만들었는데 그 기둥은

은이요 바닥은 금이요 자리는 자색 깔개라 그 안에는 예루살렘 딸들의 사랑이 엮어져 있구나.

9-10절도 역시 예루살렘 시민들의 말이다. 그들은 말하기를 "솔로몬 왕은 그 가마를 레바논의 나무로 만들었구나. 기둥은 은으로 입혔고, 바닥은 금으로 꾸몄으며, 자리에는 보랏빛 털을 깔았구나. 그 안은 예루살렘 딸들의 사랑으로 가득히 차게 만들어 놓았구나"라고 말한다.

"레바논"은 이스라엘 북방, 베니게의 남북에 놓인 산맥으로 레바논의 나무는 백향목과 잣나무이다(왕상 5:10; 6:15; 7:2). 술람미 여인이 탄 가마는 이런 백향목과 잣나무로 만들었고 지붕을 떠받치는 기둥은 나무로 만들었고, 그 뒤를 은으로 덮었으며 바닥은 금으로 덮고 좌석은 자색 담으로 만들었다(이상근). 그리고 가마의 내부는 예루살렘 여인들, 즉 궁녀들(1:4)이 사랑을 기울여 아름답게 장식했다(Hengsternberg, Umbreit). 모든 고급 재료를 동원해서 아름답게 만들었다. 예수님께서 승천하셔서 성도들을 위해 만드신 처소가 이처럼 아름답게 꾸며진 것을 말하는 것이다.

아 3:11. 시온의 딸들아 나와서 솔로몬 왕을 보라 혼인날 마음이 기쁠 때에 그의 어머니가 씌운 왕관이 그 머리에 있구나.

여기 말하는 사람들도 역시 예루살렘 시민들일 것이다. 그들은 "시온의 딸들아! 나와서 보라. 솔로몬 왕이다. 그가 결혼하는 날, 그의 마음이 한껏 즐거운 날, 어머니가 씌워 준 면류관을 쓰고 있구나"라고 말한다.

여기 말하는 예루살렘 여자들은 예루살렘 궁녀들을 지칭하는 것이 아니라 일반 시민들일 것이다. 솔로몬과 술람미 여인의 행렬이 예루살렘에 입성했을 때 시온의 여자들이 나와서 신랑이신 왕을 보라고 외친 것이다. 고대 중동에서는 결혼식 때 신랑과 신부에게 면류관과 화관을 씌워주는 풍습이 있었다는 것이다(Delitzsch). 우리 역시 예수님께서 재림하셔서 우리와 결혼하는 날 신랑 신부의 영화로운 결혼 예식을 보여주는 의식을 예표하는 것이다(계 19:7-8).

B. 신랑과 신부   4:1-5:1

이 부분(4:1-5:1)은 결혼 예식이 원만히 진행된 것을 보여주었고, 신랑은 신부의 아름다움을 찬미했으며(4:1-15), 신부는 신랑을 초대한 것을 진술한다 (4:16). 그리고 신랑은 신부의 초대를 기쁨으로 수락한 것을 보여준다(5:1).

제 4 장

1. 신랑이 신부를 칭찬하다   4:1-6

아 4:1. 내 사랑 너는 어여쁘고도 어여쁘다 너울 속에 있는 네 눈이 비둘기 같고 네 머리털은 길르앗 산 기슭에 누운 염소 떼 같구나.

신랑 솔로몬은 신부를 두고 "내 사랑 너는 아름답고 아름답구나. 너울 속 그대의 눈동자는 비둘기 같고 그대의 머리채는 길르앗 비탈을 내려오는 염소 떼 같구나"라고 칭찬한다.

솔로몬은 신부의 눈과 머리털의 아름다움을 칭찬한다. 신랑이 신부의 미를 칭찬하는 것은 중동 지방의 결혼식에서 반드시 있는 순서라고 한다. 여기 "너울"이란 눈을 제외한 얼굴을 감싸는 천을 의미하는데, 아래는 발까지 가리고, 위로는 머리 위를 둥글게 맨다고 한다. 솔로몬이 보기에 그 너울을 통하여 여인의 눈이 비둘기 같았다는 것이다. "길르앗"은 요단 강 동편 지대의 이름으로 북은 바산에서, 남쪽은 암몬에 이르는 해발 650m의 고원의 농경 지대를 이름이다(이상근). 이곳의 염소는 그 진한 긴 털로 유명하고, 그 긴 털이 태양 빛이 비칠 때는 윤기가 나서 번쩍였다고 한다. 이는 술람미 여인의 긴 흑색 머리의 아름다움을 말하는 것이다. 아래 절들(2-5절)에 나오는 그녀의 육체미는 우리 성도들 각 부분의 미를 지적하는 것이다.

아 4:2. 네 이는 목욕장에서 나오는 털 깎인 암양 곧 새끼 없는 것은 하나도 없이 각각 쌍태를 낳은 양 같구나.

본 절도 역시 솔로몬이 술람미 여인의 육체미를 칭찬한다. 솔로몬은 "그대의 이는 털을 깎으려고 목욕하고 나오는 암양 떼 같이 희구나. 저마다 짝이 맞아서, 빠진 것이 하나도 없구나"라고 칭찬한다.

이제 솔로몬은 신부의 이(치아)의 미를 칭찬한다. 신부의 이가 양과 같다는 것이다. "털 깎인 양"은 겉보기는 좋지 못하지만 여기서는 그 흰색을 중심해서 말하는 것이다. 양은 털을 깎은 뒤 4일 후에 씻어준다고 한다(Lange). 그러면 양털이 아주 깨끗하고 희며 눈과 같이 된다는 것이다.

아울러 "쌍태를 낳은 양 같다"는 말은 술람미 여인의 치아의 완전함, 즉 치아가 상한 것이 하나도 없고 치아의 윗부분과 아랫부분이 서로 짝을 이룬 모습을 비유한 것이다. 이래서 신부의 치아가 희고 가지런함을 칭찬한 것이다. 본 절에 관하여 박윤선 박사는 "이 구절의 뜻은 결국 술람미 여인의 위쪽 이빨이 그 아래쪽 이빨과 잘 맞추어져서 한 쌍이 되어 있음이 마치 한 쌍의 양과 같다는 것이다. 그러므로 이것은 교회(신자들)의 순결함과 질서 정연함을 비유하는 것이라"고 말한다.

아 4:3. 네 입술은 홍색 실 같고 네 입은 어여쁘고 너울 속의 네 뺨은 석류 한 쪽 같구나.

신랑 솔로몬은 신부를 두고 계속해서 칭찬하기를 "그대의 입술은 홍색 실 같고, 그대의 입은 어여쁘구나. 너울 속 그대의 뺨은 반으로 쪼개 놓은 석류 한쪽 같구나"라고 말한다.

치아 다음으로 솔로몬은 술람미 여인의 입술과 입, 그리고 볼의 아름다움을 찬양한다. 술람미 여인의 입술은 홍색 실 같이 유난히 붉다는 것이고, 입은 참으로 어여쁘며, 그리고 뺨은 석류를 반 잘라놓은 반쪽자리 붉은 색이라는 것이다. 여기 "석류"란 식물은 성경에 32회 정도로 등장하고 대체로 얼굴과 관련되어 나타난다. 이는 성도들이 주님의 영적인 힘을 받아서 생기가 넘치고, 발랄함이 있음을 가리킨다.

아 4:4. 네 목은 무기를 두려고 건축한 다윗의 망대 곧 방패 천 개, 용사의 모든 방패가 달린 망대 같고

신랑 솔로몬은 신부를 두고 계속해서 칭찬하기를 "그대의 목은 무기를 두려고 만들어 놓은 다윗의 망대, 곧 천 개나 되는 용사들의 방패를 모두 걸어 놓은 망대와 같구나"라고 말한다.

다음은 솔로몬이 술람미 여인의 목의 아름다움을 칭찬하는데 있어 다윗의 망대에 비한다. 여인의 목이 늘씬하고 꼿꼿한데, 그 목에 온갖 보석 장식을 더한 모습이 참으로 아름답고도 위엄 있게 보인 모양이다. 솔로몬의 눈에는 술람미 여인의 목이 다윗의 망대, 곧 무기고 같이 보인 것이다.

다윗의 "망대"는 다윗이 백성들의 동향을 살피고, 적의 침투를 감시, 경계, 무기 저장 등의 군사적인 목적을 위해 왕궁 내에 세운 탑이다(느 3:25). 그리고 "방패가 달린 망대"란 군사적인 목적을 위해 세워진 다윗의 망대 안에는 왕과 국가를 위해 충성을 맹세하는 뜻으로 용사들이 걸어둔 많은 방패가 있었다(겔 27:10). 솔로몬 왕은 술람미 여인의 목에 걸려있는 보석 장식인 목걸이가 목의 아름다움을 더욱 부각시키고 있는 상태를 방패들에 의해 장식된 것처럼 보이는 망대에 비유하여 묘사했다. 또한 이러한 비유에는 적의 침입을 사전에 경계하는 망대와 같이 자신의 육체적, 정신적 정절을 굳게 지키는 술람미 여인의 의지를 드러내는 의미도 포함되어 있다(Lange).

아 4:5. 네 두 유방은 백합화 가운데서 꼴을 먹는 쌍태 어린 사슴 같구나.

솔로몬은 신부를 두고 계속해서 칭찬하기를 술람미 여인의 유방의 아름다움을 묘사한다. 즉, "그대의 가슴은 나리꽃밭에서 풀을 뜯는 한 쌍의 사슴 같고 쌍둥이 노루와도 같구나"라고 말한다.

솔로몬은 여인의 두 유방의 아름다움을 쌍태 노루 새끼에 비한다. "두 유방"은 '우아하고 절묘한 미'(Hitzig)의 상징이요 또 젖으로 아이를 먹이는 생명의 상징이다. "쌍태 어린 사슴"이란 두 유방을 표현하고, "백합화"는 신랑의 상징이므로(2:1), 이는 결국 그리스도 안에서의 성도들의 생명과 사랑을 지칭하는 것이다.

이상 솔로몬은 술람미 여인의 육체의 아름다움을 노래했는데, 그것은 성도들의 신앙의 아름다움을 예표하는 것이다. 눈은 순결한 자의 지혜를,

머리는 빛나는 미를, 치아는 말씀을 사모하는 모습을, 입술은 생명력을, 뺨은 순결과 겸손을, 목은 의연한 위엄을, 유방은 생명과 아름다움을 예표하는 것이다(이상근).

아 4:6. 날이 저물고 그림자가 사라지기 전에 내가 몰약 산과 유향의 작은 산으로 가리라

솔로몬은 "날이 저물고 그림자가 사라지기 전에 나는 몰약 산과 유향의 작은 언덕으로 가려 하네"라고 말한다.

여기 "날이 저물고 그림자가 사라지기 전"이란 말은 '저녁이 지나가기 전'이란 뜻이다. 결혼 예식이 끝났고 저녁이 되었으니 신랑이 신부의 방으로 가겠다는 뜻이다. 여기 "몰약 산과 유향의 작은 산"이란 말을 두고 해석이 갈라나 상징적으로 보고, 술람미 여인의 젖가슴(Ewald, Heiligst)으로 보고 이 산들은 교회의 상징으로(Hengsternberg) 보아야 하며, 신약 시대의 복음 운동을 상징하는 말씀으로 본다(박윤선). 솔로몬의 이 말씀은 하나님과 성도 간의 깊은 영교를 상징하는 것이니 복음 운동으로 보는 것이다.

2. 신랑이 신부를 초청하다   4:7-11

이 부분(7-11절)은 신부의 아름다움에 매혹되어 그의 마음을 아주 빼앗긴 것을 묘사한다.

아 4:7. 나의 사랑 너는 어여쁘고 아무 흠이 없구나.

신랑 솔로몬은 신부를 향하여 "아름답기만 한 그대, 나의 사랑, 흠잡을 데가 하나도 없구나"라고 말한다.

솔로몬은 신부의 육체와 인격의 아름다움에 사랑하는 마음이 충만해진 것이다. 솔로몬은 신부가 그저 사랑스럽기만 하다고 말한다. 예수님은 성도들이 그를 믿는 믿음을 보시고 심히 아름답게 여기시는 것이다.

아 4:8. 내 신부야 너는 레바논에서부터 나와 함께 하고 레바논에서부터

나와 함께 가자 아마나와 스닐과 헤르몬 꼭대기에서 사자 굴과 표범 산에서 내려오너라.

솔로몬은 자기의 신부를 향하여 레바논에서 나와 함께 하고 레바논에서부터 나와 함께 가자고 권한다. 솔로몬은 자기 부인을 향하여 "너는 아마나 꼭대기와 스닐과 헤르몬 꼭대기에서, 사자들이 사는 굴에서, 표범들이 사는 언덕에서 내려오너라"고 말한다.

솔로몬은 이제 결혼식이 끝났으니 술람미 여인을 향하여 "나의 신부야!"라고 부른다. 본 절의 "레바논"에 대해서는 3:9주해 참조. 그리고 "아마나"는 '안티레바논' 남부 지방의 명칭이다. 그리고 "스닐"은 '헤르몬'의 아모리 명이다. 그리고 "헤르몬"은 '레바논 산맥의 최고봉'이다. 이 세 산들은 모두 팔레스타인의 북부 지역의 험준한 산악 지대에 위치하고 있다. 술람미 여인은 결혼 전 실제로 이런 험준한 산들 중에서 살았다기보다는 결혼 전에는 아주 고생하며 살았다는 것을 말해주는 것이다. 여기 "사자 굴"과 "표범 산"이란 이름은 역시 헤르몬 산의 별칭으로 거기에 사자와 표범이 살았기 때문에 생긴 이름이다.

본 절의 해석은 몇 가지로 나뉘나 대체적으로 결혼 예식은 끝났고, 기쁨에 넘친 솔로몬은 다시 한 번 과거로 돌아가 그의 신부가 "북방에서 잘 떠나왔다"는 뜻으로 "북방에서 아주 떠나자"고 권하고 있는 것으로 말하는 것이다(Lange, Redford). 이 대답에는 결혼하기 이전에 살던 수넴의 거친 산악 지역(6:4 주해 참조)을 떠나 신랑의 거처인 왕궁에 거하게 된 신부는 이제 신랑과 일심동체를 이룬 자로서 모든 부분에 있어서 그와 연합된 삶을 살기 위해 노력해야 한다는 의미가 내포되어 있다. 한편 이러한 본문은 구속 사역을 통해 그리스도와 영적 연합을 이룬 성도가 자신의 삶의 전 영역에서 그리스도와 동일한 목적을 가지고 살아야 한다는 것을 교훈하고 있다.

아 4:9. 내 누이, 내 신부야 네가 내 마음을 빼앗았구나 네 눈으로 한 번 보는 것과 네 목의 구슬 한 꿰미로 내 마음을 빼앗았구나.

솔로몬은 신부를 향하여 "나의 누이! 나의 신부야! 오늘 나는 그대에게 마음을 빼앗기고 말았구나. 그대의 눈짓 한 번 때문에, 목에 걸린 구슬 목걸이 때문에, 나는 그대에게 마음을 빼앗기고 말았구나"라고 말한다.

솔로몬은 자기의 신부를 향하여 "나의 누이야! 나의 신부야!"라고 부른다. 솔로몬은 많은 후빈들(본 부인들) 중에서 그녀를 특별한 존재로 친밀감 있게 그리고 왕적 지위를 가진 존재로 높이고 있는 것이다. 솔로몬은 자기의 신부에게 자신의 "마음을 빼앗았다"고 말한다. 그리고 "네 눈으로 한 번 보는 것과 네 목의 구슬 한 꿰미로 내 마음을 빼앗아 버렸다"고 말한다. 이는 성도들이 주님을 믿는 것만으로 주님께서 성도들을 심히 사랑하신다는 것을 드러내는 말이다. 우리는 그리스도를 굳게 믿고 순종하는 삶을 살아야 할 것이다.

아 4:10. 내 누이, 내 신부야 네 사랑이 어찌 그리 아름다운지 네 사랑은 포도주보다 진하고 네 기름의 향기는 각양 향품보다 향기롭구나.

솔로몬은 신부를 향해 "나의 누이야! 나의 신부야! 달콤한 그대의 사랑이여! 그대의 사랑은 포도주보다 더 나를 즐겁게 하는구나. 그대가 풍기는 향내보다 더 향기로운 향기름이 어디 있을까"하고 말한다.

솔로몬은 자기 신부의 사랑에 완전히 빠지고 말았다. 신부의 사랑은 신랑을 심히 취하게 하고 말았다. 여기 "네 기름의 향기"란 말은 '네 자신의 향기'라는 뜻이다. 성도의 그리스도에 대한 사랑은 그리스도에게 기쁨이 된다는 것을 보여준다.

아 4:11. 내 신부야 네 입술에서는 꿀 방울이 떨어지고 네 혀 밑에는 꿀과 젖이 있고 네 의복의 향기는 레바논의 향기 같구나.

솔로몬은 신부를 향하여 "나의 신부야! 네 입술에서는 꿀이 떨어지고, 네 혀 밑에는 꿀과 젖이 고여 있구나. 네 옷자락에서 풍기는 향내는 레바논의 향기와 같구나"라고 말한다.

여기 "네 입술에서는 꿀 방울이 떨어진다"는 말은 그녀의 말은 꿀 방울이 떨어짐같이 달콤한 것임을 말한다(잠 16:24). 우리 성도의 신앙 고백은 그리스도를 심히 기쁘시게 하는 것을 보여준다. 그리고 "네 혀 밑에는 꿀과 젖이 있다"는 말은 '네 마음에는 달콤함이 있다'는 말이다. 그리고 "네 의복의 향기는 레바논의 향기 같다"는 말은 '신부의 행실은 레바논 향기 이상이란 것을 뜻한다. 성도들의 신앙 고백 한마디, 그리고 성도들의 마음씨와 바른 행실은 그리스도를 심히 기쁘시게 한다는 것을 뜻한다.

3. 신랑이 신부의 사랑에 대한 그의 기쁨을 묘사하다   4:12-15

아 4:12. 내 누이, 내 신부는 잠근 동산이요 덮은 우물이요 봉한 샘이로구나.

솔로몬은 신부가 지극한 사랑을 하는 것을 보고 신부를 향하여 "나의 누이! 나의 신부는 문 잠긴 동산이요 덮어놓은 우물이며, 막아 봉한 샘이라"고 찬양한다.

여기 세 가지(잠근 동산, 덮은 우물, 봉한 샘) 묘사는 모두 소유주에게 독점되어 있는 것들로서 신부의 정조를 지칭하는 말이다. "잠근"이란 말이나 "덮은"이란 말이나 "봉한"이란 말들은 신부의 정조가 오직 신랑에게만 열려 있고, 세상 다른 이들에게는 아주 성별된 존재임을 보여주는 말이다. 이는 오늘날 교회(성도들)가 그리스도에게만 충성해야 함을 보여준다. 교회는 세상의 악한 풍조에 문을 열어놓지 말고, 오직 그리스도와만 통해야 한다는 것을 보여준다. 교회는 그리스도로부터 받은 은혜를 오로지 그리스도를 위해서만 사용해야 한다.

아 4:13-14. 네게서 나는 것은 석류나무와 각종 아름다운 과수와 고벨화와 나도풀과 나도와 번홍화와 창포와 계수와 각종 유향목과 몰약과 침향과 모든 귀한 향품이요.

신랑은 이 부분(13-14절)에서 잠근 동산(12절)에서 생산되는 각종 과목이며 향품을 열거한다. 즉, "그대의 동산에서는 석류나무와 각종 맛있는 과일과 고벨 꽃과 나도 풀, 나도와 번홍 꽃, 창포와 계수와 온갖 향나무, 몰약과 침향

같은 온갖 귀한 향료가 나는구나"라고 말한다.

　여기 "석류나무"는 이스라엘에서 많이 재배되는 식물로 꽃이 아름다우며, 열매가 많으며, 또 그 열매는 강장제로 애용되었다(출 31:5). "각종 아름다운 과수"는 석류의 각종 열매일 것이다. "고벨화"에 대해서는 1:14 참조. "나도풀"에 대해서 1:12 참조. "번홍화"는 사론 평야(2:1)에 많으며, 늦은 가을에 자색의 아름다운 꽃을 피우고, 주민들은 이 꽃을 몸의 장식품으로 삼기도 하고 또 식물의 염료로도 사용한다고 한다. 그리고 "창포"는 고대로부터 존중시 되었던 식물로 이스라엘과 인도 아라비아 등지에서 생산되었다. 그 중에 아라비아산이 최고급으로 인정되었다. 그리고 "계수"는 세이론 섬에서 나는 꽃으로 특별히 향기가 대단히 좋아 존중히 여겨졌다. 그리고 "유향목"에 대해 3:6 참조. 그리고 "몰약"에 대해 1:13 참조. "침향"은 인도산 식물, 향기로운 나무에서 채취하여 만든 향료로 몰약과 함께 존중시되었다. 솔로몬은 자기의 신부를 향품들이 가득한 동산과 비교한 것이다. 모든 미덕을 갖추고 있다는 것을 드러내는 말이다. 여기 열거된 각종 실과나무와 꽃과 향품은 성도의 심령에 갖추고 있어야 할 거룩한 은혜를 비유한다(박윤선).

아 4:15. 너는 동산의 샘이요 생수의 우물이요 레바논에서부터 흐르는 시내로구나.

　솔로몬은 신부를 향하여 그대는 동산에 자리 잡은 샘이요 생수가 솟는 우물이며 레바논으로부터 흘러내리는 시냇물이라고 말한다. 솔로몬은 본 절에서 신부를 동산의 각종 식물(13-14절)을 기르는 물로 비한다. 물은 식물만 아니라 사람에게 절대적으로 필요한 요소이다. "레바논의 시내"는 레바논의 눈이 녹아 흐르는 시내로 차가운 물인데, 여기에서는 시원한 물을 지칭한다(렘 18:14). 이 물들은 교회가 소유하고 있는 성결의 무한하신 능력을 상징하는 성령을 보여주고 있다(요 4:14; 7:37-39 참조).

　　4. 신부가 신랑에 대한 그의 사랑을 완전히 실행하고자 하다 ... 4:16

아 4:16. 북풍아 일어나라 남풍아 오라 나의 동산에 불어서 향기를 날리라 나의 사랑하는 자가 그 동산에 들어가서 그 아름다운 열매 먹기를 원하노라.

본 절은 신부인 교회의 말이다. 다시 말해 신랑의 찬사(1-15절)에 대한 신부의 응답이다(Delitzsch, Lange, Redford, 박윤선, 이상근). 즉, "북풍아! 일어나라. 남풍아! 불어오너라. 나의 동산으로 불어서 그 향기를 풍겨라. 사랑하는 나의 임이 이 동산으로 와서 맛있는 과일을 즐기게하라"는 것이다.

여기 "북풍과 남풍"을 거론한다. 폭풍우를 동반하는 동풍(창 41:6; 사 27:8)이나, 비를 몰고 오는 서풍(눅 12:54)을 말하지 않고, "북풍과 남풍"을 거론하는 것을 볼 수 있다. 북풍은 구름을 몰아내어 하늘을 맑게 하는 바람이고, 남풍은 기후를 따뜻하게 하는 바람이다. 그리고 또 이 바람들이 나무에 불면 향목들에게서 향기가 날린다. 신부는 자기가 향기라 했으니 이제 신랑이 와서 그 향기를 날려달라는 것이며, 또 자신을 동산의 각종 "아름다운 과목"이라 했으니(13절) 이제는 신랑이 그 동산에 들어와서 "그 아름다운 실과"를 먹으라는 것이다. 교회의 소원은 "사랑하는 자", 곧 '주님'께서 오셔서 성령의 아름다운 각종 열매를 즐겨주시기를 원한다.

제 5 장

5. 신랑이 신부의 초청을 받아들이다   5:1

아 **5:1.** 내 누이, 내 신부야 내가 내 동산에 들어와서 나의 몰약과 향 재료를 거두고 나의 꿀송이와 꿀을 먹고 내 포도주와 내 우유를 마셨으니 나의 친구들아 먹으라 나의 사랑하는 사람들아 많이 마시라(I come to my garden, my sister, my bride, I gathered my myrrh with my spice, I ate my honeycomb with my honey, I drank my wine with my milk. Eat, friends, and drink, and be drunk with love!-ESV).

신랑 솔로몬이 신부의 초청(4:16)을 받아들인다. 즉, "나의 누이! 나의 신부야! 나의 동산으로 내가 찾아와서 몰약과 향료를 거두고, 나의 꿀과 꿀 송이를 따먹고, 내 포도주와 내 젖도 마셨다. 내 친구들아! 먹어라, 마셔라, 친구들아! 사랑에 흠뻑 빠지라"고 말한다.

신랑은 신부의 동산에 들어가 그녀의 몰약과 향 재료를 만끽하고 그녀의 꿀을 먹으며 포도주와 젖(4:1-15)을 마신 것이다. 다시 말해 신랑은 신부와 실컷 즐거움을 누렸다.

여기 "나의 친구들아 먹으라 나의 사랑하는 사람들아 많이 마시라"는 말에 대해서는 해석이 갈린다. 1) 연석에 참여한 자들이 신랑과 신부에게 준 격려로 보는 견해(Hitzig). 2) 신랑 솔로몬이 신부에게 주는 격려로 보는 견해(Hengsernberg, Hahn). 3) 술람미 여인이 솔로몬에게 준 격려로 보는 견해(Weissbach). 4) 신랑이 그의 친구들에게 먹고 마시며 즐기라는 권면으로 보는 견해(창 29:28; 삿 14:12; 계 19:7, Redford, 그랜드 종합 주석, 옥스퍼드 원어 성경 대전, 호크마 주석, 이상근). 이 견해들 중에 4)번이 가장 합당하게 보인다. "나의 누이"란 말에 대하여는 4:9의 같은 말 주해를 참조하라.

III. 사랑의 시련(試鍊) 5:2-6:14

　신랑과 신부의 결혼 생활이 시작되고 난 후 세월이 지나 시련이 일어난 것이다. 신부는 잠들어 신랑을 거부했고, 신랑은 신부의 곁을 떠나간 것이었다. 이 부분의 내용은 A) 신부가 자기의 어리석음을 한탄하다(5:2-8). B) 신랑이 떠난 후 신부와 예루살렘 여인 간의 대화가 진행된다(5:9-6:3). C) 신랑 솔로몬이 신부에게 돌아온다(6:4-14).

　A. 신부가 자기의 어리석음을 한탄하다 5:2-8

　신부가 두 번째(3:1-4에 이어) 꿈속에서 환상을 본다. 두 꿈 사이에는 유사점이 있고, 차이점이 있다. 먼저, 유사점은 다 같이 신부가 솔로몬을 찾는다는 것이고, 차이점은 전자는 결혼 전이고, 후자는 결혼 후라는 점이다. 둘째, 전자에서는 여인이 왕을 찾으러 나갔으나 후자에서는 왕이 찾아 나섰다는 점이다. 셋째, 전자에서는 여인이 왕을 만나 집으로 데리고 왔으나 후자에서는 신부가 거절했으므로 신랑은 떠나갔고, 그 후 신부는 찾아왔으나 신랑을 만나지 못했다는 점이다. "여기 두 번째 환상은 그들의 결혼 생활 초기에 있었던 일이다"(Delitzsch).

아 5:2. 내가 잘지라도 마음은 깨었는데 나의 사랑하는 자의 소리가 들리는구나 문을 두드려 이르기를 나의 누이, 나의 사랑, 나의 비둘기, 나의 완전한 자야 문을 열어 다오 내 머리에는 이슬이, 내 머리털에는 밤이슬이 가득하였다 하는구나.

　신부는 "나는 자고 있었지만 나의 마음은 깨어 있었다. 저 소리 곧 나의 사랑하는 자의 소리가 들리는구나. 문 열어다오! 나의 누이, 나의 사랑, 티 없이 맑은 나의 비둘기야! 내 머리가 온통 이슬에 젖었고, 머리채가 밤이슬에 흠뻑 젖었다고 사랑하는 이가 말했다"는 것이다.

　자면서도 마음만은 깬 상태인 신부는 신랑의 소리를 들었다는 것이다. 그 소리는 신부의 애칭을 부르면서 문을 열어달라고 애원하는 소리였고, 밤길을

찾아오느라 그의 머리가 이슬에 젖었다는 것이다. "나의 누이, 나의 사랑,
나의 비둘기"라는 말에 대해서 2:14; 4:9 주해 참조. 그 소리에 "나의 완전한
자야!"라는 새로운 애칭이 더해진 것이다. 결혼 후에 붙여진 애칭이니까 이런
애칭이 붙여진 것이다. 여기 신랑은 "그의 머리털에 밤이슬이 가득했다"고
말한다. 본 절은 성도들이 그리스도를 믿은 후 믿음의 잠을 자므로 그리스도를
거부하는 것을 지칭하고(마 25:5), 그리스도는 성도들의 마음 문을 두드리시고
참고 계심을 가리킨다(계 3:20, 이상근).

**아 5:3. 내가 옷을 벗었으니 어찌 다시 입겠으며 내가 발을 씻었으니 어찌
다시 더럽히랴마는.**

신부는 신랑의 소리를 듣고 일어나 맞이하지는 않고, 안에서 일어나지
못하겠다고 말한다. 즉, "아! 나는 벌써 옷을 벗었는데, 다시 입어야 합니까?
발도 씻었으니 어찌 다시 흙을 묻혀야 합니까"라고 말한다. 신부는 놀랍게도
그녀가 옷을 벗은 사실과 발을 씻었기에 다시 발을 더럽힐 수 없다는 핑계를
댄다. 아무튼 신부는 마땅히 일어나 신랑에게 문을 열어주어야 했으나 두
가지 사실(이미 잠자기 시작했으니 다시 옷을 입고 맞이하기가 어렵다는 사실,
다시 일어나려면 발을 다시 더럽혀야 하니 일어날 수 없다는 사실)을 들어
밤에 찾아온 신랑을 맞이하지 못한다고 말했다. 이것은 신부의 참으로 큰
실수였다. 본 절은 성도가 예수님을 영접한 후 그리스도에 대한 첫사랑을
저버리고(계 2:3-5), 나태하고 불손하게 주님을 거부하고 영혼이 잠자는 것을
예표하고 있다.

아 5:4. 내 사랑하는 자가 문틈으로 손을 들이밀매 내 마음이 움직여서.

신부는 "내 사랑하는 자가 문틈(문구멍)으로 손을 들이밀 때에, 설레는
나의 마음을 어찌하랴"라고 말한다.

여기 "내 마음이 움직였다"(מֵעַי הָמוּ)는 말은 '내 창자가 끓었다'는 뜻이다.
신랑의 간절한 동작에 신부의 마음이 끓는 것 같은 느낌을 받은 것을 뜻한다.

신랑의 동작은 출입문을 통하여 들어오려는 것이었는데, 그에 앞서 간절한 동작을 보인 것이다. 이는 그리스도께서 우리 밖에서 우리 안으로 들어오시려고 문을 두드리시는 그림자이다(계 3:20).

아 5:5. 일어나 내 사랑하는 자를 위하여 문을 열 때 몰약이 내 손에서, 몰약의 즙이 내 손가락에서 문빗장에 떨어지는구나.

신부가 일어나 사랑하는 신랑을 위하여 문을 열어줄 때 몰약에 젖은 손으로, 몰약의 즙이 뚝뚝 떨어지는 손가락으로 문빗장을 잡았다(1:3; 5:1 주해 참조)고 회고한다. 여기 "몰약"이 누가 준비한 몰약이냐를 두고 견해가 갈린다. 1) 신부 자신이 신랑을 맞기 위해 바른 것이라는 견해(Ewald, Lange, Vaihinger), 2) 신랑이 문틈으로 넣은 몰약이라는 견해(Delitzsch, Redford, Robinson, Meier). 이 두 가지 견해 중에 문맥으로 보아 2)번의 견해가 더 타당한 것으로 보인다. 여기 신부가 일어나서 신랑을 맞이하는 것은 성도가 죄를 자복하고 주님을 기쁨으로 맞이하는 것의 그림자이다.

아 5:6. 내가 내 사랑하는 자를 위하여 문을 열었으나 그는 벌써 물러갔네 그가 말할 때에 내 혼이 나갔구나 내가 그를 찾아도 못 만났고 불러도 응답이 없었노라.

신부는 "사랑하는 이를 맞아들이려고 문을 열었으나 내 임은 이미 몸을 돌이켜 가 버리셨네. 한 발 늦은 것이었지. 임의 말에 넋을 잃고 그를 찾아 나섰으나, 가버린 그를 찾을 수 없었네. 불러도 대답이 없네"라고 말한다.

"내 혼이 나갔구나"라는 말은 신부가 기절할 정도로 놀라고 당황했다는 말이다. 그녀가 신랑을 잃은 것은 전부를 잃은 것이었다(시 22:1-2; 27:9; 30:7). 우리가 진심으로 죄를 자복하고 그리스도를 다시 맞아들이면 다시 기쁨을 얻을 수 있는 것이다(사 54:7-8; 렘 29:10-13; 애 3:22-33).

아 5:7. 성 안을 순찰하는 자들이 나를 만나매 나를 쳐서 상하게 하였고 성벽을

파수하는 자들이 나의 겉옷을 벗겨 가졌도다.

신부는 성읍을 순찰하는 야경꾼들한테 맞아서 상처를 입고, 성벽을 지키는 파수꾼들한테 자신의 웃옷을 빼앗겼다고 말한다.

본 절에서 신부가 성 안을 순찰하는 자들로부터 상하게 얻어맞고 겉옷까지 빼앗긴 것을 두고 실수한 교인에 대한 교회의 책벌이라고 주장하는 견해가 있으나 열심히 주님을 믿고 나서 성도가 당하는 박해로 보는 것이 더 합당한 견해이다.

아 5:8. 예루살렘 딸들아 너희에게 내가 부탁한다 너희가 내 사랑하는 자를 만나거든 내가 사랑하므로 병이 났다고 하려무나.

신부는 예루살렘 성 안의 딸들에게 부탁하는 말을 한다. 즉, "너희에게 하나 부탁하자, 예루살렘의 딸들아, 너희가 내 임을 만나거든, 내가 사랑 때문에 병들었다고 말해주려무나"라고 말한다.

여기 "예루살렘 딸들"은 '궁전에서 왕을 시중하는 궁녀들'을 지칭한다(1:5 주해 참조). 본 절 주해를 위하여 2:7주해를 참조하라. 본 절은 성도가 주님을 사랑하되 몸에 병이 나기까지 사랑한 것을 보여주는 것이다.

B. 술람미 여인과 예루살렘 여자들 5:9-6:3

이 부분(5:9-6:3)은 신부와 예루살렘 궁녀들과의 대화이다. 즉, 궁녀들이 먼저 반문하고(9절), 신부가 대답하며(5:10-16), 궁녀들이 두 번째로 물으면서 제안한다(6:1). 그리고 신부가 대답한다(6:2-3).

1. 예루살렘 여인들이 질문하다 5:9

아 5:9. 여자들 가운데에 어여쁜 자야 너의 사랑하는 자가 남의 사랑하는 자보다 나은 것이 무엇인가 너의 사랑하는 자가 남의 사랑하는 자보다 나은 것이 무엇이기에 이같이 우리에게 부탁하는가.

예루살렘 여인들이 신부에게 "여인들 가운데서도 빼어나게 예쁜 여인아,

너의 임이 다른 임보다 무엇이 더 나으냐? 너의 임이 어떤 임이기에, 네가 우리에게 그런 부탁을 하느냐'고 질문한다.

예루살렘 궁녀들은 신부에게 반문한다. 술람미 여인이 신랑을 사랑하여 병이 낫다고 하니 도대체 그 신랑이 무엇이 그렇게 뛰어나서 병이 낫다는 것이냐고 묻는다. 예루살렘 궁녀들이 이렇게 반문하는 것은 그냥 묻는 말이었다. 사실 궁녀들도 솔로몬 왕을 사랑했는데 그것은 예의적으로 사랑한 것이지 신부처럼 병들고 죽고 할 그런 정도는 아니었기에 이렇게 거의 형식적으로 물은 것이었다. 이것은 성도와 그리스도 간에 맺어진 신앙의 깊이란 일반인에게는 물론, 형식적 신자들에게는 이해가 안 되는 것임을 말하는 것이다. 궁녀들 같은 방관적 신자들에게 그리스도는 그저 세계 4대 성인 중에 하나일 뿐이다.

2. 술람미 여인이 대답하다 5:10-16

9절에 예루살렘 궁녀들이 술람미 여인에게 "너의 남편 솔로몬이 남의 사랑하는 자(남편)보다 나은 것이 무엇이기에"라는 조소 비슷한 질문에 술람미 여인은 용기를 내어 신랑의 장점을 지적한다. 이 부분(10-16절)은 신랑의 아름다운 외모와 신부를 찬미한 고결한 인격을 기리는 노래이다. 특히 10절과 16절은 남편을 "내 사랑하는 자"로 불러 솔로몬이야말로 술람미 여인에게 없어서는 안 될 소중한 남편임을 드러내고 있다. 이 부분은 우리 성도들이 그리스도를 진심으로 사랑해야 되는 것임을 보여주는 그림자다.

아 5:10. 내 사랑하는 자는 희고도 붉어 많은 사람 가운데에 뛰어나구나.

술람미 여인은 자기의 남편을 지칭하여 내 사랑하는 남편은 깨끗한 살결에 혈색 좋은 미남이요, 만인 가운데 뛰어난 사람이라고 말한다. 여기 "희다"(j~x)는 말은 흰 것을 넘어 아주 '눈부신 것'을 뜻한다. 변화산의 변모된 그리스도의 모습(마 17:2))을 연상케 하는 것이다. 그리고 "붉다"는 말은 그리스도께서 하신 일, 즉 그가 붉은 보혈을 흘려 만민을 대속하신 것을 말하는 것이다(사 53:5, 11; 히 9:28). 그리고 "뛰어나다"(lWgD")는 말은 '깃발을 높이 든다'는 뜻이다. 본 절은 그리스도께서는 순결하시고, 만민을 대속하셨으며 만민 위에 초연하신 분이심을 보여주고 있다.

아 5:11. 머리는 순금 같고 머리털은 고불고불하고 까마귀 같이 검구나.

술람미 여인은 자기 남편의 머리는 정금 같고, 머리털은 고불고불해서 까마귀같이 검다고 말한다.

남편의 머리가 "정금 같다"는 것이다. "금"은 '완전'의 상징으로 그리스도의 지혜와 경륜이 완전하심을 가리킨다(신 32:4; 시 19:9; 21:3). 그리고 머리털이 "고불고불하고 까마귀 같이 검다"는 말은 '아름답고도 젊다'는 뜻으로 예수 그리스도는 노쇠하심이 없음을 말한다. "까마귀"는 '검은 색'을 대언하는 말이고, "검은 머리"는 젊음을 묘사하는 말이다. 히 13:8에 "예수 그리스도는 어제나 오늘이나 영원토록 동일하시니라"고 말씀한다. 이 묘사는 예수님의 아름다움과 젊음이 영원불변 하시다는 것이다.

아 5:12. 눈은 시냇가의 비둘기 같은데 우유로 씻은 듯하고 아름답게도 박혔구나.

술람미 여인은 자기 남편의 두 눈은 흐르는 물가에 앉은 비둘기 같은데 우유로 씻은 듯하고 아름답게 박혔다고 말한다.

남편의 두 눈이 "비둘기" 같다는 말은 '눈빛이 온유하고 겸손하며 성결한 성품'을 드러내기 위한 표현이다(Luther, Lange). 또한 여기서 "아름답게 박혔다"는 말은 '눈의 위치가 얼굴과 전체적인 조화를 이루며 보석처럼 영롱하게 빛나는 모습'을 연상하게 한다. 우리는 본 절에서 그리스도의 눈을 통하여 드러나는 그리스도의 온유하시고 인자하시며 겸손하신 성품을 엿볼 수 있다(마 11:28-30).

아 5:13. 뺨은 향기로운 꽃밭 같고 향기로운 풀언덕과도 같고 입술은 백합화 같고 몰약의 즙이 뚝뚝 떨어지는구나.

술람미 여인은 자기 남편의 두 볼은 향기 가득한 꽃밭 같고, 향기를 풍기는 풀언덕과도 같으며, 그의 입술은 몰약의 즙이 뚝뚝 떨어지는 백합꽃이라고 말한다.

술람미 여인은 자기 남편의 뺨과 입술에 대해 묘사한다. 솔로몬의 뺨을 향기로운 꽃밭과 향기로운 풀언덕 같다고 말한다. 술람미 여인이 자기 남편의 뺨이 향기로운 꽃밭과 향기로운 풀언덕 같다고 한 것은 남편의 뺨에 아름다운 수염이 나 있는 것을 말함일 것이다(Hengsternberg, Delitzsch). 그리고 "입술이 백합화 같고(2:1 주해 참조) 몰약의 즙이 뚝뚝 떨어진다"는 말은 솔로몬의 입에서 지혜의 말씀이 나오는 것을 가리킬 것이다(왕상 10:3). 이는 그리스도의 얼굴이 온유하시고 은혜로우신 모습을 가리키며, 그의 말씀이 진리이심을 가리키는 것이다(마 5:2; 12:19-21; 눅 4:22).

아 5:14. 손은 황옥을 물린 황금 노리개 같고 몸은 아로새긴 상아에 청옥을 입힌 듯하구나(His arms are rods of gold, set with jewels. His body is polished ivory, bedecked with sapphires-ESV).

솔로몬의 아내 술람미 여인은 자기 남편의 손이 보석으로 장식된 금팔찌 같고, 그의 몸은 청옥을 입혀 아로새긴 상아와 같다고 말한다.

술람미 여인은 자기 남편의 손과 몸에 대해 묘사한다. "손"은 황옥을 물린 황금 노리개 같다고 말한다. 여기 "황옥"이란 황색 또는 금색의 투명한 보석을 지칭한다. 그리고 "손"은 행위를 가리킴으로 이는 그리스도의 사역의 완전성을 말하는 것이다.

그리고 "몸"(מֵעָיו)이 무엇이냐를 두고 견해가 갈린다. 1) 정맥이라고 보는 견해(Delitzsch). 2) '허리'라고 해석하는 견해(공동번역). 3) 배 또는 내장(긍휼)이라고 보는 견해(Hengsternberg, 박윤선). 4) '몸'이라고 보는 견해(NIV, NRSV, RSV, ESV, Lange, Redford, 개역판 성경, 개역 개정판 성경, 바른 성경, 이상근). 이 여러 견해 중에 4)번이 가장 타당한 견해로 보인다. 술람미 여인은 자기 남편의 몸이 아로새긴 상아에 청옥을 입힌 듯하다고 설명한다. 여기 "상아"란 아주 깨끗한 것으로 거기에 조각한 것은 불멸의 업적을 말한다.

그리고 "청옥"(sapphires)은 맑은 하늘 색, 투명한 보석으로 금강석 다음으로
강도가 있고 고귀한 것이다. 그것은 그리스도의 몸, 즉 그리스도의 인격의
고귀성을 말하는 것이다.

**아 5:15. 다리는 순금 받침에 세운 화반석 기둥 같고 생김새는 레바논 같으며
백향목처럼 보기 좋고.**

솔로몬의 아내 술람미 여인은 자기 남편의 두 다리는 순금 받침대 위에
선 대리석 기둥 같다고 말한다. 남편의 생김새는 레바논처럼 늠름하고, 백향목
처럼 훤칠하다고 말한다.

술람미 여인은 이제 남편의 다리를 설명한다. 여기 "순금 받침대"는 '발'을
지칭하는 말이다. 그 발을 "전금 받침"으로, 그 위의 다리는 "화반석 기둥"에
비한다. "화반석"은 대리석을 말한다. 황금 받침 위에 순백색의 대리석 기둥이
서 있는 모양이라는 것이다. "다리"는 용기와 능력을 지칭한다(시 147:10).
여기 "머리"(11절), "손"(14절), "발" 등, 노출된 부분은 모두 "황금"으로 표시
한 것도 주목된다(이상근).

그리고 이런 다리 위에 서 있는 몸 전체의 모습은 "레바논"같고, 레바논의
"백양목" 같다고 한다. "백향목"은 모든 나무들 위에 솟아 있는 가장 좋은
나무이다(겔 31:3-9; 암 2:9). 그가 심판의 보좌에 앉을 때는 백설을 이고 있는
레바논 같고(단 7:9), 그가 적과 더불어 싸울 때는 백향목처럼 초연하고 늠름하
다는 것이다(사 42:13). 다시 말해 본 절은 역시 그리스도의 초연성과 전능하심
의 그림자이다.

**아 5:16. 입은 심히 달콤하니 그 전체가 사랑스럽구나 예루살렘 딸들아 이는
내 사랑하는 자요 나의 친구로다.**

술람미 여인은 "남편의 입속은 심히 달콤하니 그 전체가 사랑스럽구나.
예루살렘의 궁녀들아! 이는 내 사랑하는 자요, 나의 친구로다"라고 말한다.

여기 입이 달콤하다는 말을 두고 해석이 갈린다. 1) 남편과의 입을 맞출

때 달콤했다는 견해(Magnus). 2) 신랑의 말이 듣기에 아주 달콤하다는 견해 (RSV, Delitzsch, Redford, Meek, 박윤선, 이상근). 두 견해 중에 2)번의 견해가 더 타당하다. 이는 그리스도의 말씀이 은혜롭다는 것을 뜻하는 말이다.

"그 전체가 사랑스럽구나"란 말은 11-15절 전체를 말하면서 '그 전체가 아름답고 그 어디 하나 빠짐없이 아름답'고 말하는 것이다. "예루살렘 딸들아 이는 내 사랑하는 자요 나의 친구로다"는 말은 술람미 여인이 예루살렘 궁녀들에게 내 남편이 다른 남자들보다도 훨씬 더 월등하지 않느냐는 것이다. 여기 "나의 친구로다"라는 말은 자기의 반려자가 월등하다는 뜻이다. 예수님께서도 일반 성도들의 친구가 되시는 것이다(요 11:11; 15:15).

제 6 장

3. 예루살렘 여인들이 솔로몬이 있는 곳을 물어보다   6:1

아 6:1. 여자들 가운데에서 어여쁜 자야 네 사랑하는 자가 어디로 갔는가 네 사랑하는 자가 어디로 돌아갔는가 우리가 너와 함께 찾으리라.

예루살렘 궁녀들이 술람미 여인을 향하여 "여인들 가운데서도 빼어나게 아리따운 여인아! 너의 임이 간 곳이 어디냐? 너의 임이 간 곳이 어딘지 우리가 함께 너의 임을 찾아 나서리라"고 말한다. "여자들 가운데에서 어여쁜 자야"란 말의 주해를 위해 5:9주해 참조.

예루살렘 궁녀들은 술람미 여인의 신랑이 다른 남자들보다 월등한 분이라면 그가 어디로 갔는지 알려주면 우리가 도울 터이니 함께 찾으러 가자고 제안한다. 예루살렘 궁녀들, 곧 피상적으로 주님을 따르던 자들이 이제 술람미 여인으로 비유된 진실한 신자의 증거하는 말을 듣고 자기들도 주님을 가까이 따르겠다는 것이다(박윤선). 인간은 그리스도에 대하여 참 중인의 말을 듣는 것이 절대로 필요하다. 인간은 그리스도의 말씀을 들음으로 주님의 영광을 깨닫게 된다. 언제든지 성령의 감동은 진실한 신자들의 증거 운동에 의하여 임하는 법이다. 고전 12:3에 "하나님의 영으로 말하는 자는 누구든지 예수를 저주할 자라 하지 아니하고 또 성령으로 아니하고는 누구든지 예수를 주시라 할 수 없느니라"고 말한다(박윤선).

4. 술람미 여인이 대답하다   6:2-3

"네 사랑하는 자가 어디로 갔는가"(1절)라는 궁녀들의 질문에 술람미 여인은 "향기로운 꽃밭에 이르러서 동산 가운데에서 양 떼를 먹이며 백합화를 꺾는다"고 대답한다.

아 6:2. 내 사랑하는 자가 자기 동산으로 내려가 향기로운 꽃밭에 이르러서 동산 가운데에서 양 떼를 먹이며 백합화를 꺾는구나.

술람미 여인은 "내 임은, 자기 동산으로 내려가 향기 가득한 꽃밭에 이르러서, 그 동산에서 양 떼를 치면서 백합꽃을 꺾고 있겠지"라고 대답한다.

여기 솔로몬 왕은 실지로 자기 동산으로 가서 양을 먹이고 또 쉬었다 (Delitzsch). 아무튼 그 "향기로운 꽃밭"은 술람미 여인 자신을 가리키는 말이다. 여기 솔로몬이 자기 동산에서 양떼를 먹이고 백합화를 취하는 행동은 성도들의 목자 되신 그리스도께서 교회를 보호하시며, 성도들을 양육하시며, 충성된 성도들의 믿음과 선한 행위들을 기뻐하시는 모습을 보여주고 있다(요 10;10-11; 골 1:9-12).

아 6:3. 나는 내 사랑하는 자에게 속하였고 내 사랑하는 자는 내게 속하였으며 그가 백합화 가운데에서 그 양 떼를 먹이는도다.

본 절은 2:16의 반복이다(주해 참조). 또 끝부분은 전 절의 반복이기도 하다.

C. 신랑이 신부의 아름다움에 대하여 말하다 6:4-14

한 동안 없어졌던 신랑은 신부에게로 돌아와 신부를 찬양하고(4-10절), 신부는 신랑의 찬미에 화답하며(11-12절), 궁녀들도 신부에게 돌아오라고 권면한다(13-14절).

1. 솔로몬이 다시 술람미 여인을 찬미하다 6:4-10

이 부분(4-10절)은 신랑이 신부에 대해 찬미하고(4-7절), 솔로몬은 모든 왕후 비빈들 중에 그녀가 으뜸인 것을 말하며(8-9절), 군대의 기치(깃발)와도 같은 그녀의 엄위를 높이 올린다(10절).

4-7절. 신랑이 신부에 대해 찬미하다.

아 6:4. 내 사랑아 너는 디르사 같이 어여쁘고, 예루살렘 같이 곱고, 깃발을 세운 군대 같이 당당하구나.

솔로몬이 신부를 향하여 "나의 사랑아! 그대는 디르사 같이 어여쁘고, 예루살렘같이 곱고, 깃발을 앞세운 군대처럼 장엄하구나"라고 찬미한다.

솔로몬이 술람미 여인을 만나 세 가지로 찬미한다. 먼저 술람미 여인의 아름다움을 디르사 같다 하고, 예루살렘 같다고 칭찬한다. 디르사나 예루살렘은 고대 도시들 중에서 가장 아름다운 도시들이었다. "디르사"(תִּרְצָה)란 말은 '아름답다' 혹은 '즐겁다'는 뜻으로 이스라엘 왕들이 별궁을 두었던 곳이라고 한다(왕상14:17; 16:23). 1852년에 나불루스(Nablus) 북방의 산줄기 위에서 그 옛터가 발견되었고 현재는 '툴루자'(Tulluzah)라고 불린다고 한다. 그러므로 "너는 디르사 같이 어여쁘다"는 말은 그리스도께서 교회를 보고 아름답다고 하신 말씀이다.

예루살렘은 세계적으로 가장 오랜 도시의 하나로 이스라엘 분국 후에는 남 왕국 유다의 수도였다. 이 예루살렘은 '완전한 미'의 도시였다(시 48:2, 50:2; 애 2:15). 아무튼 이 아름다운 두 도시는 교회의 그림자로 예수님께서 교회를 보시고 아름답다고 하신 것이다.

또 본 절에 솔로몬은 신부를 "깃발을 세운 군대 같이 당당하구나"라고 찬미한다. 이런 군대는 위엄성 있는 늠름한 미를 말하는 것(4:4 주해 참조)으로 교회의 엄위한 권위를 말하는 것이다. 이 말은 술람미 여인의 아름다움이 정복력을 지녔다는 것을 말함인데, 이는 신부로 비유된 교회의 위엄을 비유한다. 교회는 세상에서 끊임없이 죄악으로 더불어 싸워 이기고 있다. 구약 시대에 광야 생활을 하던 이스라엘도 하나님의 영광을 위하여 계속적으로 하나님의 원수들과 전쟁해서 승리했다. 진정한 교회의 능력은 마침내 음부를 이긴다. 마 16:18 참조(박윤선).

아 6:5. 네 눈이 나를 놀라게 하니 돌이켜 나를 보지 말라 네 머리털은 길르앗 산 기슭에 누운 염소 떼 같고,

솔로몬은 자기 신부의 눈이 자신을 놀라게 하니 그 눈을 자기에게서 돌려
자신을 보지 말아달라고 당부했고, 신부의 머리채는 길르앗 비탈을 내려오는
염소 떼 같다고 말한다.

본 절은 신부의 눈과 머리털에 대해 말한다. 솔로몬은 앞서 신부의 눈을
비둘기 같다고도 했고(4:1), 또 그녀가 한 번 보는 것으로 마음을 빼앗겼다고도
했으나(4:9), 이제 여기서는 그 눈이 자기를 놀라게 한다고 한다. 역시 그녀의
매혹적인 눈길을 말하는 것이다(Delitzsch). 이것은 성도가 신앙을 가지고 주님
을 바라보는 것을 가리키는 것이다. 그리스도께서는 신자의 신앙과 사랑을
보시고 매우 기뻐하신다. 그리스도께서는 백부장의 믿음을 보시고 놀라신 일이
있으셨다(마 8:10). "네 머리털은 길르앗 산 기슭에 누운 염소 떼 같다"는
말에 대하여는 4:1 하반절 주해 참조.

**아 6:6. 네 이는 목욕하고 나오는 암양 떼 같으니 쌍태를 가졌으며 새끼 없는
것은 하나도 없구나.**
솔로몬은 신부의 이에 대해 칭찬한다. 즉, "그대의 이(치아)는 털 깎으려고
목욕하고 나오는 암양 떼 같이 희구나. 저마다 짝이 맞아서 빠진 것이 하나도
없구나"라고 말한다. 본 절 주해를 위해 4:2 주해를 참조하라.

아 6:7. 너울 속의 네 뺨은 석류 한 쪽 같구나.
솔로몬은 신부의 뺨을 칭찬한다. 즉, "너울 속 그대의 볼(뺨)은 반으로
쪼개어 놓은 석류 같구나"라고 말한다. 본 절 주해를 위해 4:3 주해를 참조하라.

8-9절. 모든 왕후 비빈들 중에 그녀가 으뜸 되는 것을 말하다.
아 6:8. 왕비가 육십 명이요 후궁이 팔십 명이요 시녀가 무수하되.
왕비가 60명이요, 후궁이 80명이요, 궁녀도 수없이 많다고 말한다. 성경의
기록과 차이가 있다. 왕상 11:3에는 "왕은 후궁이 700명이요 첩이 300명이라"
고 말한다. 이 기록은 본 절의 기록과 배치되고 있다. 그런데 솔로몬이 아가를

집필할 때는 통치 초기였고 왕상 11:3의 시기는 보다 늦은 시기였기 때문에 숫자상의 큰 차이가 생긴 것으로 이해하여 본 절을 받으면 될 것 같다. 본문의 뜻은 왕비나 비빈들이 많았으나 왕의 참 사랑의 대상은 술람미 여인 한 사람인 것을 말하는 것이다. 오늘날 교회도 똑같이 참과 거짓이 공존하여 많은 교인들이 있으나 참 성도는 소수라는 것을 말하는 것이다(마 13:24-30).

아 6:9. 내 비둘기, 내 완전한 자는 하나뿐이로구나 그는 그의 어머니의 외딸이요 그 낳은 자가 귀중하게 여기는 자로구나 여자들이 그를 보고 복된 자라 하고 왕비와 후궁들도 그를 칭찬하는구나.
솔로몬은 "나의 비둘기, 온전한 나의 사랑은 오직 하나뿐, 어머니의 외동딸, 그를 낳은 어머니가 귀엽게 기른 딸, 아가씨들이 그를 보고 복되다 하고, 왕비들과 후궁들도 그를 칭찬하는구나"라고 말한다.

본 절은 솔로몬의 많은 왕후와 비빈들 중에 술람미 여인이 으뜸인 것을 말한다. "나의 비둘기, 나의 완전한 자"에 대해 2:14; 4:7; 5:2 주해를 참조하라. 그리고 본 절에서 "내 비둘기, 내 완전한 자는 하나뿐이라"고 말한 것은 신자들의 숫자가 하나뿐이라는 의미가 아니고, 다만 가장 성결한 신자들의 대표자로서 한 사람을 들어 말한 것이다(고전 9:24-25 참조). 그리고 왕의 신부가 "그 어머니의 외딸이라"고 말하는 것은 신부의 독특성을 지적하는 말이다. 여기 "그의 어머니"란 말이나 "그 낳은 자"란 말은 신약 교회의 모체라고 할 수 있는 이스라엘 교회를 비유한다(박윤선).

그리고 "여자들이 그를 보고 복된 자라하고 왕비와 후궁들도 그를 칭찬하는구나"란 말은 일반 신자들("여자들")이 성결 면에 있어서 특수한 신자를 부러워하고 천사들("왕후와 비빈")도 성결 면에 있어서 특수한 신자를 흠모한다는 뜻이다(박윤선).

10절. 솔로몬은 신부의 엄위를 높인다.
아 6:10. 아침 빛 같이 뚜렷하고 달 같이 아름답고 해 같이 맑고 깃발을 세운

군대 같이 당당한 여자가 누구인가.

　　본 절의 발언자가 누구인가에 대해서 견해 차이가 있다. 그 견해들은 1)
왕후와 궁녀들이란 견해(Redford). 2) 솔로몬으로부터 영향을 받은 사람들이란
견해(Ewald, Hitzig). 3) 솔로몬이라는 견해(Rosenmueller, Delitzsch, 박윤선,
이상근)이다. 위의 세 견해 중에 3)번의 견해가 타당한 견해로 보인다. 이
말씀도 신랑으로 비유되신 그리스도께서 신부로 비유된 교회(성도들)를 칭찬
하는 말씀이다. 즉, "새벽처럼 밝고, 보름달처럼 흰하고, 해처럼 눈부시고,
깃발을 앞세운 군대처럼 장엄한 이 여인이 누구인가"라고 말한다.

　　여기 세 가지 빛들(아침 빛, 달빛, 햇빛)은 모두 신부를 묘사한 것이다.
"깃발을 세운 군대"란 이미 언급한 바대로(4절 주해 참조) 교회의 엄위한
권위를 말하는 것이다. 이 말은 술람미 여인의 아름다움이 정복력을 지녔다는
것을 말함인데, 이는 신부로 비유된 교회의 위엄을 비유한다.

　　2. 술람미 여인이 화답하다　6:11-12

　　이 부분(11-12절)은 솔로몬의 칭찬(4-10절)에 대한 술람미 여인의 화답이며
해명이다(Delitzsch, Redford). 이 부분의 발언자가 누구인지가 문제가 된다.
혹자는 솔로몬이라고 주장하나 술람미 여인으로 보는 것이 대체적인 경향이다.

**아 6:11. 골짜기의 푸른 초목을 보려고 포도나무가 순이 났는가 석류나무가
꽃이 피었는가 알려고 내가 호도 동산으로 내려갔을 때에.**

　　술람미 여인은 "골짜기에서 돋는 푸른 초목을 보려고, 포도나무 꽃이 피었
는지, 그리고 석류나무 꽃송이들이 망울졌는지 살펴보려고, 내가 호도나무
숲으로 내려갔을 때에"라고 말한다. 푸른 초목, 포도나무의 순, 석류나무의
꽃 등은 모두 솔로몬과 술람미 여인 사이의 사랑의 증거를 상징한다. 즉, 술람미
여인은 솔로몬과의 사랑이 아직도 생생하게 지속되고 있음을 확인하기 위해
호도 동산, 곧 솔로몬이 있는 동산(2절)으로 내려간 것이다.

아 6:12. 부지중에 내 마음이 나를 내 귀한 백성의 수레 가운데에 이르게

하였구나.

술람미 여인은 "나도 모르는 중에, 나는 어느덧 나의 마음이 시키는 대로 왕자들이 타는 병거에 올라앉아 있게 되었네"라고 말한다.

여기 "내 귀한 백성의 수레 가운데"는 복수형으로 '내 귀족들의 수레들'이란 뜻이다. 아마도 왕의 수레들, 왕후의 수레들, 궁녀들의 수레들을 지칭하는 말이었을 것이다. 술람미 여인은 자기도 모르는 중에 이런 수레들에게 접근했던 것이다. 술람미 여인은 왕을 사모하여 귀족들의 수레에 접근했을 것이다.

3. 궁녀들도 신부에게 돌아오라고 권하다   6:13-14

신부를 찬양하던 예루살렘 여자들(솔로몬 왕의 시녀들)이 술람미 여인을 향해 돌아오라고 권한다. 여기 이 두 절(13절, 14절)은 히브리 원전에서는 7:1에 포함되어 있고 흠정역(AV)에서는 6:13에 기록되어 있다.

아 6:13. 돌아오고 돌아오라 술람미 여자야 돌아오고 돌아오라 우리가 너를 보게 하라. 너희가 어찌하여 마하나임에서 춤추는 것을 보는 것처럼 술람미 여자를 보려느냐.

예루살렘 여자들이 술람미 여인을 향하여 "돌아오고 돌아오라. 술람미 여인아! 돌아오고 돌아오라. 눈부신 너의 모습을 우리가 좀 볼 수 있게 하라, 돌아오라, 돌아오라. 술람미 여인아!"라고 말한다.

여기 "술람미"(שׁוּלַמִּית)란 말이 최초로 나타난다. 이 말은 헤르몬 산의 기슭에 있는 작은 도시이다(왕상 1:3; 왕하 4:12, 25). 이 지명은 잇사갈 지파의 고을이며, 나인의 남쪽이고, 나사렛의 동남쪽이며, 다볼의 서남쪽에 위치해 있고, 현재도 "소람"(Sawlam)이란 이름으로 남아 있는 소읍이다. 다윗이 늙었을 때 다윗의 몸을 따뜻하게 하는 역할을 하도록 뽑힌 아비삭이 술람미 여인이었다(왕상 1:3).

"돌아오고 돌아오라"는 말은 '신앙이 약해진 술람미 여인을 향해 다시 돌아오라'는 말로 보아야 한다. 회개하기만 하면 주님은 물론 천사들도 그를 극히 환영한다. 마 9:12-13; 눅 15:7 참조(박윤선).

"너희가 어찌하여 마하나임에서 춤추는 것을 보는 것처럼 술람미 여자를 보려느냐"(Why should you look upon the Shulammite, as upon a dance before two armies?-ESV)는 말에 대해 혹자는 솔로몬의 말로 보기도 하고(Hooglied), 또 혹자는 술람미 여인의 말로 보기도 하나(Redford), 13-14절을 한 절로 읽는 것을 보아 본 절도 전 절처럼 궁녀들의 말로 보는 것이 옳을 것이다. 본 절은 "그대들은 어찌하여 마하나임 춤마당에서 춤추는 술람미의 아가씨를 보려 하는가"라고 말한다고 볼 수 있다. 즉, 이 말은 솔로몬의 말로서 술람미 여인의 아름다움을 칭찬하는 말이다.

"마하나임"은 '천사의 두 무리'란 뜻이다(창 32:1-2). 천사의 '춤추는 것'이란 말은 고상하고도 아름다움을 말함인데, 솔로몬 보기에 술람미 여인의 아름다움이 그와 같다는 것이다. 술람미 여인으로 비유된 신자들의 회개는 하나님 보시기에 천사들의 춤추는 것처럼 고상하고도 아름답다. 천사들도 그것을 보고 즐거워한다. 눅 15:10 참조(박윤선).

아 6:14. 없음(13절에 포함됨).

제 7 장

IV. 양편의 사랑이 성숙하다 7-8장
　이 부분(7-8장)은 아내와 남편, 즉 부부 관계가 깊어지고, 성숙해져가고 있는 것을 진술한다. 이 부분은 A. 남편과 아내(7:1-8:4), B. 서로 간의 사랑이 성숙되어 가고 있는 것(8:5-14)을 진술한다.

　A. 남편과 아내 7:1-8:4
　이 부분(7:1-8:4)은 1. 남편이 아내의 아름다움을 묘사하고(7:1-9a), 2) 신부가 신랑에 대한 기쁨과 교제에 대하여 고백하며(7:9b-8:3), 3. 신부가 궁녀들에게 자기들의 잠을 깨우지 말라고 부탁하는 말이다(8:4).

　1. 신랑이 신부의 아름다움을 묘사하다 7:1-9a
　이 부분(1-9a)은 남편이 아내의 신체의 각 부분의 아름다움을 찬미한다. **아 7:1. 귀한 자의 딸아 신을 신은 네 발이 어찌 그리 아름다운가 네 넓적다리는 둥글어서 숙련공의 손이 만든 구슬 꿰미 같구나**(How beautiful are your feet in sandals, O noble daughter! Your rounded thighs are like jewels, the work of a master hand-ESV**).**
　1-5절의 화자(話者)가 누구냐를 두고 견해가 갈린다. 1) 솔로몬과 술람미 여인의 결혼 예식에 참석했던 친구들이라는 견해(G. Loyyd Car), 2) 예루살렘 궁녀들이라는 견해(K.&D., Redford, 그랜드 종합 주석), 3) 솔로몬 왕이라는 견해(Wycliffe, Lange, Robinson, 박윤선, 이상근, 호크마 주석, 카리스 종합 주석)으로 나누어진다. 이 견해들 중에 3)번의 견해가 가장 문맥에 맞는 것으로 보인다. 4:1-5; 6:4-10 등을 근거로 볼 때 3)번의 견해가 가장 타당한 것으로

보인다.

남편 솔로몬은 신부의 신체 각 부분의 아름다움을 찬미하는 중에 먼저 발과 넓적다리의 아름다움에 감탄한다. 즉, "귀한 집 딸아! 신을 신은 너의 발이 어쩌면 그리도 예쁘냐? 너의 넓적다리는 둥글어서 숙련공이 공들여 만든 구슬 꿰미 같구나"라고 찬미한다.

여기 "귀한 자의 딸아"(O noble daughter)란 말은 '귀인의 딸'이란 뜻으로 결혼식 날에 신부를 부른 이름이라고 한다. 이 말은 여기서 만왕의 왕이신 하나님의 자녀로 거듭난 신자를 뜻하는 말이다. 신랑은 "신을 신은 신부의 발"이 아름답다고 감탄한다. 여기 "발의 신"은 '평화의 복음'을 상징한다(사 52:7; 엡 6:15).

그리고 "넓적다리는 둥글어서"(חַמּוּקֵי יְרֵכַיִךְ)라는 말은 '넓적다리들의 관절들'이란 뜻이다. 이는 신부로 비유된 교회의 단결을 비유한다(Matthew Henry). 이 부분은 다리와 골반이 연결되는 허벅지 윗부분을 의미하는 것이다 (창 32:25-32; 46:26). 그리고 "구슬 꿰미"란 말은 금 또는 은, 보석들로 꾸민 장식들을 의미하며(잠 25:12; 호 2:13) 술람미 여자가 아름답게 보이기 위해 장식한 것을 말한다. 예표론적인 관점에서 볼 때 넓적다리가 '힘'을 상징하는 바(출 29:22, 27) 술람미 여자로 예표된 성도들은 영적으로 전신갑주로 무장하여(엡 6:14-17) 주님 영광을 드러내는 사역에서 강건한 자가 되어야 함을 시사한다.

아 7:2. 배꼽은 섞은 포도주를 가득히 부은 둥근 잔 같고 허리는 백합화로 두른 밀단 같구나.

솔로몬은 신부를 두고 "너의 배꼽은 섞은 포도주가 가득히 고여 있는 둥근 잔 같고, 너의 허리는 백합화로 두른 밀단 같구나"라고 말한다.

여기 "배꼽"은 그 모양이 둥글기 때문에 둥근 잔에 비하고, 그 잔에 향료를 섞은 포도주를 부었다는 것이다. 배꼽은 보통 마음을 상징하고, 술을 부은 마음은 성령의 부음을 받은 심령을 비유하는 것으로 본다(행 2:4, 13). 다시 말해 이는 하나님의 사랑과 은혜를 가득히 받은 교회의 처지를 비유한 말씀이다. 시 23:5 참조.

솔로몬은 "허리"의 아름다움을 밀단에 비한다. 허리가 밀단으로 비유되었으니 신부로 비유된 교회에 많은 영적 열매가 맺혀야 할 것을 말한다. 요 15:16 참조

아 7:3. 두 유방은 암사슴의 쌍태 새끼 같고.

솔로몬은 신부의 두 유방이 암사슴의 쌍태 새끼 같다고 말한다. 본 절 주해를 위하여는 4:5의 주해를 참조하라.

아 7:4. 목은 상아 망대 같구나 눈은 헤스본 바드랍빔 문 곁에 있는 연못 같고 코는 다메섹을 향한 레바논 망대 같구나.

솔로몬은 술람미 여인의 목과 눈, 그리고 코의 아름다움에 대해 말한다. 즉, 너의 목은 상아로 만든 탑 같고, 너의 눈은 바드랍빔 성문 옆에 있는 헤스본 연못 같고, 너의 코는 다메섹 쪽을 살피는 레바논의 망대 같다고 말한다.

솔로몬은 신부의 목이 상아 망대 같다고 말한다(4:4 주해 참조). 4:4의 "다윗의 망대"가 본 절에서는 "상아 망대" 같다고 바뀌어 표현한다. 아마도 망대를 상아로 장식했기 때문일 것이다.

그리고 신부의 눈이 "헤스본"의 맑고 깊은 못과 같다고 한다. "헤스본"은 요단 강이 사해로 주입되는 지점에서 동방으로 약 40km에 있다. 이곳은 그 비옥한 땅과 투명하고 깊은 못으로 유명했다. 신부의 눈이 맑아서 진리를 밝히 분변함을 비유한다. "바드랍빔"은 '많은 딸'이란 뜻으로 분주한 거리이다. 바드랍빔은 그 거리의 문 곁에 있던 못이었다. 코가 못 같다고 하는 것은 코가 냄새를 분변하는 것처럼 진리를 바로 분변할 뿐 아니라 원수의 사상을 정확히 파악하고 그것을 막거나 공격해야 할 것을 가르친다(박윤선).

그리고 그녀의 "코는 다메섹을 향한 망대 같다"고 한다. 다메섹은 예루살렘

북방 260km 지점에 위치한 수리아의 수도였다. 이곳은 갈대아 지방에서 팔레스타인과 애굽에 이르는 교통의 요충지였다. 여기 코가 "레바논 망대 같다"는 말은 헤르몬 산 동편, 또는 안디 레바논의 동편 고지에 세워진 군사용 망대(삼하 8:6))이거나, 단순히 다메섹의 경관을 전망하는 전망대였을 것이다. 그녀의 코가 우뚝하고 균형 잡혀 있어서 우아했던 모양이다. 교회는 진리를 바로 분변할 뿐 아니라 원수의 사상을 정확히 파악하고 그것을 막거나 공격해야 될 것을 가르친다.

아 7:5. 머리는 갈멜 산 같고 드리운 머리털은 자주 빛이 있으니 왕이 그 머리카락에 매이었구나(Your head crowns you like Mount Carmel. Your flowing looks are like purple; a king is held captive by its tresses-ESV).

솔로몬은 술람미 여인을 향하여 "그대의 머리는 갈멜 산 같고, 늘어뜨린 머리채는 자주 빛이 있으니 삼단 같은 그대의 머리채에 임금님도 반했다"고 말한다.

솔로몬은 그녀의 머리를 갈멜 산에 비한다. 갈멜 산은 성지에서 레바논 산맥 다음으로 높은 산으로 정상은 둥글고, 수목이 아주 우거진 산으로 머리와 머리털을 비유한 것이다(5:11과 비교하라). 술람미 여인의 "자주 빛" 머리털은 왕이 택하는 고귀한 빛을 가리킨다. 그리고 왕이 "그 머리카락에 매이었다" 함은 솔로몬 왕이 술람미 여인의 머리카락의 아름다움에 이끌렸다는 뜻이다. 그리스도께서는 신자들의 머리털까지 다 세시듯이 그들을 철저히 사랑하신다 (마 10:30, 박윤선).

아 7:6. 사랑아 네가 어찌 그리 아름다운지, 어찌 그리 화창한지 즐겁게 하는구나.

신부의 머리털까지 묘사한 후 이제는 신랑이 신부의 아름다움에 감탄의 말을 한다(2:7; 5:8; 8:6-7). 즉, "오! 나의 사랑, 네가 어찌 그리 아름다운지, 어찌 그리 그대는 그리도 아리땁고 고운가"라고 말한다.

신부는 아름답고 화창하여 신랑의 마음을 기쁘게 한다는 것이다. 신랑이 이렇게 말하는 것은 성도의 신앙적인 미가 그리스도를 기쁘시게 하는 것을 가리키는 말이다. 계 19:8에는 교회의 성결을 "깨끗한 세마포"로 비유하고 있다. 그것은 하나님께서 이루어주신 것이다.

아 7:7. 네 키는 종려나무 같고 네 유방은 그 열매송이 같구나.

솔로몬은 신부의 키와 유방에 대하여 찬미한다. 즉, "그대의 늘씬한 키는 종려나무 같고, 그대의 유방은 그 종려나무 열매 송이 같구나"라고 말한다.

솔로몬은 신부의 키를 종려나무에 비한다. 신부의 키가 곧고 커서 늘씬하다는 것이다. 이는 참된 교회는 하늘 높이 하나님만 향하여 곧게 살고자 하는 것을 가리킨다(롬 6:11). 이는 참된 교회의 방향성이란 하나님만 향하여, 이 세상의 가치는 추구하지 않는다는 것을 뜻한다. 그리고 솔로몬은 신부의 유방이 종려나무 열매송이(its clusters-ESV) 같다고 묘사한다. 여기서 "유방"은 교회의 교역자들을 비유한다. 그들이 열매를 많이 맺는다는 의미에서 "그 열매송이 같다"고 말한다. 교회의 교역자들은 말씀의 열매를 수없이 맺어야 하는 것이다.

아 7:8. 내가 말하기를 종려나무에 올라가서 그 가지를 잡으리라 하였나니 네 유방은 포도송이 같고 네 콧김은 사과 냄새 같고.

솔로몬은 신부를 향하여 "내가 이 종려나무에 올라가서 가지들을 휘어잡아야 하리라 했나니 그대의 가슴은 포도송이 같고 그대의 코에서 풍기는 향내는 사과 냄새 같구나"라고 말한다.

솔로몬은 이제는 옆에서 아내를 감상만 하지 않고 그 나무에 올라가서 그 가지를 잡겠다고 말한다. 아내와 포옹하기를 원하는 것이다(이상근). 솔로몬은 여기서 다시 아내의 "유방이 포도송이 같다"고 말한다. 그리고 솔로몬은 아내의 콧김(숨결)이 "사과 냄새 같다"고 말한다. 이는 그리스도께서 성도와의 연합의 영적 즐거움을 말씀하시는 것이다. 진실한 성도에게서 나타나는 영적 향기는 주님께 향기로움을 드린다.

아 7:9a. 네 입은 좋은 포도주 같을 것이니라.

　　솔로몬은 아내를 향하여 "그대의 입은 가장 좋은 포도주 같을 것이니라"고 말한다.

솔로몬이 아내의 입은 좋은 포도주 같을 것이라고 말한 것은 아내의 입에서 나오는 말(Delitzsch)이 포도주같이 감미롭고 신랑을 도취하게 만든다는 것이다. 이는 성도의 기도가 그리스도에게 기쁨이 되는 것을 말한다.

　　　　2. 아내가 신랑에 대한 기쁨과 교제에 대하여 고백하다 7:9b-13

아 7:9b. 이 포도주는 내 사랑하는 자를 위하여 미끄럽게 흘러내려서 자는 자의 입을 움직이게 하느니라.

　　9절 하반절부터 13절까지의 말씀이 신랑의 말인지 혹은 신부의 말인지 견해가 갈린다. 1) 신랑 솔로몬의 말이라는 견해(Redford, Meek), 2) 신부 술람미 여인의 말이라는 견해(Delitzsch, Ryrie, 박윤선, 이상근, 그랜드 종합 주석, 호크마 주석). 이 두 견해 중에 2)의 견해를 취한다. 한편 본 구절에서 아내는 앞으로 사랑에 충분히 보답하며 신랑에게 더욱 기쁨을 안겨주는 삶을 살겠다고 약속한다(K.&D., Lange, Robinson). 즉, 신부는 남편을 향하여 "이 포도주는 내 사랑하는 자를 위하여 부드럽게 흘러 잠든 이의 입술을 움직이게 하는구나"라고 말한다.

　　여기 "이 포도주"란 말은 신랑이 말한바 포도주(복음)와 같은 나의 말은 신랑을 위하여 미끄럽게 흘러내리고 잠자는 자도 깨어 말하게 한다는 것이다. 이는 교회의 찬미를 그리스도께서 기쁘게 받아주시고, 또 교회는 복음을 통하여 잠자던 영혼들이 깨어 하나님을 찬미하게 된다는 것이다(이상근).

아 7:10. 나는 내 사랑하는 자에게 속하였도다 그가 나를 사모하는구나.

　　신부가 "나는 내 사랑하는 이의 것이니 그가 나를 사모하는구나"라고 말한

다. 2:16; 6:3에도 본 절과 매우 유사한 표현이 기록되어 있다. 그곳 주해들을
참조하라.

아 7:11. 내 사랑하는 자야 우리가 함께 들로 가서 동네에서 유숙하자.

　　신부는 신랑을 향하여 "나의 사랑하는 자여, 우리 함께 들로 나가 마을에서
밤을 지냅시다'라고 말한다. 여기 "동네에서 유숙하자"는 말은 신부로 비유된
교회가 한적한 곳에서 그리스도를 모시기 원하는 것을 가리킨다. 신자들은
때로 혼잡한 환경을 피하여 한적한 곳에 가서 그리스도에게 기도함으로 은혜를
받는다(박윤선).

**아 7:12. 우리가 일찍이 일어나서 포도원으로 가서 포도 움이 돋았는지, 꽃술이
퍼졌는지, 석류 꽃이 피었는지 보자 거기에서 내가 내 사랑을 네게 주리라.**

　　신부는 "우리가 일찍 일어나 포도원으로 가서, 포도나무에 싹이 났는지
포도 꽃술이 퍼졌는지, 석류나무에 꽃이 피었는지 함께 살펴봅시다. 거기서
그대에게 나의 사랑을 드리겠습니다"라고 말한다.

　　여기 포도원이 있는 시골은 술람미 여인의 옛날 집이 있던 곳인 듯하다
(Lange). 신부는 신랑에게 제안하기를 우리가 일찍이 일어나서 포도원으로
가서 포도 움이 돋았는지(2:13 참조), 꽃술이 퍼졌는지 석류 꽃이 피었는지(4:13
주해 참조) 보자(6:11 주해 참조)고 제안한다. 거기서 신부는 즐거워 나의
사랑을 표시하며 신랑을 어루만져 주리라고 한다.

　　본 절은 조용한 안정된 곳에서 신랑과 자기만의 시간을 갖고 싶어 하는
신부의 심정, 즉 신랑 되시는 예수님과 연합하는 기쁨 누리기를 사모하는
성도들의 소망을 피력한다.

**아 7:13. 합환채가 향기를 뿜어내고 우리의 문 앞에는 여러 가지 귀한 열매가
새 것, 묵은 것으로 마련되었구나 내가 내 사랑하는 자 너를 위하여 쌓아
둔 것이로다.**

신부는 "합환채가 향기를 내뿜고 있는데, 우리의 문 앞에는 새 것, 묵은 것, 온갖 좋은 과일들이 마련되어 있으니, 이것은 내가 내 사랑하는 자, 곧 당신을 위해 쌓아 놓은 것입니다" 라고 말한다.

여기 합환채(הַדּוּדָאִים)[10]란 '연기자'라고도 불리는 식물로 '사랑의 꽃'이란 뜻이다. 이 꽃은 갈릴리 지방과 지중해 연안에서 성장하고 줄기는 짧고, 잎은 담배 잎 같고, 뿌리는 한국의 인삼처럼 두 갈래 혹은 세 갈래로 갈라지며, 꽃은 단색으로 진한 자주색이고, 짙고 향기로우며 열매는 5월경 맺는데, 자두 정도의 크기에 누런색으로 역시 향기롭다. 신부의 동리에는 이와 같이 합환채와 그 외 여러 실과들(2:5; 4:13-14)의 새것과 묵은 것을 신랑을 위해 미리 비축해 두었다는 것이다.

본 절은 성도들이 그리스도의 향기요, 성령으로 말미암아 각종 열매를 맺어 주님을 기쁘시게 하는 것을 예표 하는 것이다(고전12:4-7; 갈 5:22-23, 이상근). 이 합환채가 향기를 토하는 것처럼 성도는 그리스도에게 향기를 토해 드려야 한다(박윤선).

---

10) 합환채는 도드(דּוֹד, 사랑, 사랑하는 자)와 관련이 있는 듯하며, '만드레이크(mandrake)'로 번역하며, 한글개역은 '합환채'로 번역한다. 아베 마리티(Ahbe Mariti)는 합환채는 상치와 같이 낮에 자라고 그 잎사귀는 색깔이 검푸른 것 외에는 상치와 아주 닮고 꽃은 자주 빛이며 뿌리는 대부분 두 갈래로 되었고 열매는 5월 초순에 익으며 크기는 작은 사과만하고 향기가 매우 좋다고 한다. 이 합환채를 맥추 때에 르우벤이 그 어머니 레아에게 가지고 왔다. 이때는 갈릴리에서 5월이며 합환채는 열매 맺는 것이다(TSK). 성적 욕구를 돋우는 일종의 강장제로 알려졌다. 구약성경에서 이 단어는 7회 나오며, 1회를 제외하고 모두 합환채를 가리킨다(바이블 렉스에서).

제 8 장

3. 신부가 신랑과의 밀접한 교제를 원하다   8:1-3

**아 8:1. 네가 내 어머니의 젖을 먹은 오라비 같았더라면 내가 밖에서 너를
만날 때에 입을 맞추어도 나를 업신여길 자가 없었을 것이라.**

신부가 신랑에게 "아! 임께서 내 어머니 젖을 함께 빨던 내 오라버니였더라
면, 내가 밖에서 임을 만나 입 맞추어도 아무도 나를 업신여기지 않았을 갓"이라
고 말한다.

술람미 여인은 지금 한참 솔로몬 왕의 총애를 입고 있는 것은 사실이지만
그래도 자신이 시골 처녀이므로 어딘지 왕을 대하기가 어려웠던 것이다. 그래서
솔로몬 왕이 자기의 친 오라버니였더라면 참 좋았을 것이라고 말해본다. 그랬더
라면 밖에서 자기의 오라버니와 입맞춤을 한다고 해도 이웃 사람들이 자신을
자연스럽게 볼 것은 당연한 일이고, 업신여기지도 않을 것이라는 말이다.

이는 그리스도의 성육신이 필요하다는 말이다. 그리스도께서 우리와 똑같
은 사람 몸을 입으시고 이 땅에 오신다면 우리는 그 분을 자연스럽게 대할
수 있을 것이란 기대가 섞인 말이다(요 3:14; 20:17; 롬 8:29; 엡 3:12; 히
2:11, 14, 18).

**아 8:2. 내가 너를 이끌어 내 어머니 집에 들이고 네게서 교훈을 받았으리라
나는 향기로운 술 곧 석류즙으로 네게 마시게 하겠고**(I would lead you and
bring you into the house of my mother—she who used to teach me. I would
give you spiced wine to drink the juice of my pomegranate-ESV).

신부는 신랑 솔로몬이 자신의 친정 오라버니라면 좋았을 것이라는 기대를
또 발표한다. 즉, "신랑이 내 오라버니였더라면 우리 어머니 집으로 그대를

이끌어 들이고, 내가 태어난 어머니의 방으로 데리고 가서, 어머니께서는 평소 하시던 대로 나를 교훈하셨을 것이며, 또 나는 향기로운 술, 나의 석류즙을 그대에게 드려도 되었을 것이라"고 말한다.

여기 "내 어머니 집"이란 말은 참된 교회, 곧 "위에 있는 예루살렘"이다(사 2:2; 갈 4:26; 히 12:22; 계 3:12; 21:2, 10). "위에 있는 예루살렘"이란 '하늘에 있는 예루살렘으로(히 12:22-24) 모든 기독교인들이 자녀로서 생활하고 있는 신령한 도성'을 말한다. 모든 기독교인들이 자녀의 신분으로 생활하고 있는 신령한 도성, 곧 교회가 하늘에 있다는 말은 교회가 영적으로 하나님께 속했다는 뜻이다(빌 3:20; 계 3:12; 21:3, 10, 김수홍의 갈라디아서 주해에서).

"교훈을 받았으리라"는 말은 신자가 그리스도로 말미암아 진리의 가르침을 받았을 것이란 뜻이다. 눅 10:39; 요 6:44-45 참조. 그리고 또 "석류즙으로 네게 마시게 하겠다"는 말은 '교회가 마음을 열어 하나님 말씀을 순종하므로 그리스도를 기쁘시게 함에 대한 비유'이다. 행 16:14; 계 3:20 참조.

아 8:3. 너는 왼팔로는 내 머리를 고이고 오른손으로는 나를 안았으리라.
본 절 주해를 위해 2:6 주해를 참조하라.

4. 아내가 궁녀들에게 자기들의 잠을 깨우지 말라고 하다 8:4
아 8:4. 예루살렘 딸들아 내가 너희에게 부탁한다 내 사랑하는 자가 원하기 전에는 흔들지 말며 깨우지 말지니라.
본 절 주해를 위하여 2:7; 3:5 주해를 참조하라.

B. 사랑이 성숙하다 8:5-14
첫사랑 다음에 찾아온 시련이 끝난 후 사랑이 회복되어 사랑이 무르익어 간다는 것을 진술한다. 이 결론(5-14절)은 상호 간의 대화로 진행되고 있다. 이 부분(5-14절)의 문제점은 발언자가 누구이냐를 두고 의견이 분분하나 대체로 다음과 같이 풀어나가는 것이 좋을 것이다. 1) 시골 사람들이 질문한 것(5a)

으로, 남편이 아내에게 질문한 것(5b)으로, 아내가 남편의 추억의 말에 대한 응답으로 자신을 간직해 줄 것을 원하는 것(6-7절)으로, 아내가 그의 형제들(이 방 교회)을 위하여 할 일을 말하는 것(8-9절)으로, 이방 교회가 자기의 처지를 진술하는 것(10절)으로, 아내(교회)가 그리스도의 포도원에 대하여 말하는 것 (11-12절)으로, 남편(그리스도)이 교회의 기도를 원하시는 것(13절)으로, 아내 가 남편(그리스도)의 오심을 원하시는 것(14절)으로 보면 무난할 것이다.

1. 시골 사람들(신부의 친구들)이 질문하다 8:5a

아 8:5a. 그의 사랑하는 자를 의지하고 거친 들에서 올라오는 여자가 누구인가.
　　시골 사람들(신부의 친구들)은 묻기를 "사랑하는 이에게 몸을 기대고, 거친 벌판에서 이리로 오는 저 여인은 누구인가"라고 묻는다.
　　본 절과 어세가 유사한 3:6의 주해를 참조하라. 3:6에서는 솔로몬이 신부를 데리고 예루살렘으로 입성하는 결혼의 행렬이었고, 본 절에서는 솔로몬이 예루 살렘에서 신부의 고향(신부의 친정)으로 신혼여행을 하는 행렬이다. 여기 발언 자가 누구냐를 두고 견해가 갈린다. 1) 저자인 솔로몬이라고 하는 견해 (Umbreit, Aalders, 박윤선), 2) 예루살렘의 궁녀들이라는 견해(Weissbach), 3) 시골 사람들, 즉 신부의 친구들이라는 견해(Delitzsch, Ryrie, C.D. Ginsburg, 이상근, 옥스퍼드원어 성경 대전, 호크마 주석). 3)번을 취한다.
　　"사랑하는 자를 의지하고"란 말은 신자가 그리스도를 의지하는 신앙을 말한다. 신자가 그리스도를 의지하게 된 동기는 그리스도께서 신자를 사랑하시 는 사실을 신자가 깨달았기 때문이다. 그리스도께서 먼저 신자를 사랑하셨기 때문에 신자도 그리스도를 사랑하게 된 것이다(요일 4:10-19, 박윤선).

2. 남편이 아내에게 질문하다 8:5b

아 8:5b. 너로 말미암아 네 어머니가 고생한 곳 너를 낳은 자가 애쓴 그 곳 사과나무 아래에서 내가 너를 깨웠노라.
　　여기 하반절의 발언자도 신부라는 견해가 있으나(Lange, G. Loyyd Carr),

신랑인 솔로몬이라고 주장하는 편이 많고(Hitzig, Wycliffe, Delitzsch, Redford, Ryrie, 그랜드 종합 주석) 문맥에도 더 합당한 것 같다. 즉, 남편은 신부에게 "임의 어머니가 거기에서 임을 낳았고, 임을 낳느라고 거기에서 산고를 겪으셨던 곳, 즉 사과나무 아래에서 잠든 임을 내가 깨워 드렸지요"라고 말한다.

여기 "네 어미"란 말은 '위에 있는 예루살렘' 곧 참된 교회를 가리키는 것으로 본다(갈 4:26). 그리고 "사과나무"는 여기서 그리스도를 비유하고(2:3), "너를 깨웠노라"라는 말은 '거듭나게 했다'는 뜻이다. 이 말씀은 허물과 죄로 죽었던 인생(엡 2:1)이 그리스도의 복음을 들을 때에 살아나는 것을 말하는 것이다(엡 5:14, 박윤선).

3. 아내가 남편의 추억의 말에 대한 응답으로 자신을 간직해 줄 것을 원하다   8:6-7

아 8:6. 너는 나를 도장 같이 마음에 품고 도장 같이 팔에 두라 사랑은 죽음 같이 강하고 질투는 스올 같이 잔인하며 불길 같이 일어나니 그 기세가 여호와의 불과 같으니라.

본 절이 아내의 말인 것에 대해서는 이의가 없다. 아내는 남편의 추억의 말(5b)에 대한 응답으로 자신을 인장과 같이 소중하게 간직해줄 것을 소망한다. 즉, "도장 간직하듯 임의 마음에 나를 품어주세요 그리고 도장을 팔에 새기듯, 임의 팔에 나를 새겨 주세요 사랑은 죽음처럼 강한 것, 사랑의 시샘은 저승처럼 잔혹한 것, 사랑은 타오르는 불길같이 일어나니 아무도 못 끄는 거센 불길이라오"라고 말한다.

여기 "사랑은 죽음 같이 강하다"고 함은 '한 번 사랑하면 아무도 그들을 뗄 수 없는 것'을 뜻한다. 여기 "질투"(קִנְאָה)란 말은 '투기 혹은 불같은 사랑'을 뜻한다(잠 6:24; 27:4). "스올"이란 말은 '죽음'을 뜻한다(잠 1:12 주해 참조). 여기 "질투"는 '사랑'이란 말과 똑같은 뜻이다. 그러니까 질투의 불은 여호와의 불과 같은 것이다. 아무튼 여기 부부 간의 사랑은 죽음 같이 강한 것임을 밝히는 것이다. 그것은 그리스도와 교회 간의 사랑의 모형인 것이다. 그리스도께서 십자가에서 성도들을 위하여 죽으셨으니 성도들도 그리스도를 생명을 다해 그리스도께 사랑으로 응답해야 할 것이다(롬 5:5-8; 고후 5:14-15).

아 8:7. 많은 물도 이 사랑을 끄지 못하겠고 홍수라도 삼키지 못하나니 사람이 그의 온 가산을 다 주고 사랑과 바꾸려 할지라도 오히려 멸시를 받으리라.

신부는 말하기를 "바닷물도 이 사랑의 불길을 끄지 못하겠고, 홍수라도 이 불길을 잡지 못합니다. 남자가 자기 집 재산을 다 바쳐서 사랑과 바꾸려 할지라도 얻을 수 있을까요? 오히려 웃음거리만 되고 말겠지요"라고 말한다.

계속하여 사랑은 강하다는 것을 말한다. 사랑은 여호와의 불과 같은 것이므로 많은 물이나 홍수라도 끄지 못하고 침몰시키지 못한다는 것이다. 사랑은 가장 고상한 것이기 때문에 세상의 어떤 보화와도 바꾸려 해서는 안 된다는 것이다. 이렇게 그리스도의 사랑이 영원하시니 그리스도의 사랑에 대한 사랑도 영원해야 하는 것이다.

4. 아내가 그의 형제들(이방 교회)을 위하여 할 일을 말하다 .. 8:8-9
이 부분(8-9절) 말씀은 술람미 여인이 어렸을 때 그의 오라비들이 한 말이다 (Ewald, Delitzsch, G.C. Aallders, Redford, Ryrie, 박윤선, 이상근).
아 8:8. 우리에게 있는 작은 누이는 아직도 유방이 없구나 그가 청혼을 받는 날에는 우리가 그를 위하여 무엇을 할까.

신부는 자기 오라비들이 우리 누이가 아직 어려서 유방이 없는데, 청혼이라도 받는 날이면, 누이를 위해서 우리가 무엇을 해야 하나 하고 걱정을 한 것을 술람미 여인이 기억한 것이다. 그 오라비들이 누이가 청혼을 받을 때 우리가 그 아이를 위하여 무엇을 할까 라고 했는데, 이는 누이의 순결을 지켜주고 누이를 행복한 길로 인도하기 위해 우리들은 오라비의 입장에서 무엇을 할 수 있을 것인가 하고 걱정 했던 것이다. 여기 어린 누이는 그리스도의 승천 이후 처음으로 교회에 들어온 유대인과 이방인들로 본다(Beza, Hengsternberg).

아 8:9. 그가 성벽이라면 우리는 은 망대를 그 위에 세울 것이요 그가 문이라면
우리는 백향목 판자로 두르리라(If she is a wall, we will build on her battlement
of silver. But If she is a door, we will enclose her with boards of cedar-ESV).

신부의 오빠들은 누이가 우아한 성벽이라면 우리가 은으로 망대를 세워
주고, 누이가 아름다운 성문이라면 우리가 백향목 널빤지로 입혀 주겠다고
말한다. 다시 말해 신부가 성벽이라면 우리는 오빠 된 입장에서 은(銀) 망대를
그 위에 세울 것이라고 하고, 만일 신부가 문이라면 우리는 오빠의 입장에서
누이를 백향목 판자로 두르겠다고 다짐하는 것이다.

누이가 "성벽"(הֹמָה)11)이란 말은 '성벽 꼭대기에 활 쏘는 구멍이 있는
견고한 성벽'이란 뜻으로 신부의 처녀성을 상징한다는 것이다. 그러니까 누이
가 성벽이라면 오빠들은 그 성벽 위에 은(銀)으로 된 원형 망대가 되어 누이를
지켜 준다는 것이다.

혹시 누이가 개방적이어서 "문일진대"(많은 사람이 여닫는 문이라면)12)
오빠들은 그녀의 순결을 잃을 수 있는 위험에서 막아주기 위해 백향목 판자로
그 문 앞을 둘러서 누이를 안전하게 보호해 주겠다는 포부를 말한 것이다.
여기 누이는 그리스도의 교회, 그 오라버니들은 이스라엘의 교회(성령 받은
예루살렘 초대교회)로 보고 그리스도의 교회가 신앙의 순결을 견고히 지킬
때와 또 신앙의 순결을 지키지 못할 때 이스라엘 교회가 그들의 보호가 되어준
다는 뜻으로 이해된다(이상근).

5. 이방 교회가 자기의 처지를 진술하다   8:10

아 8:10. 나는 성벽이요 내 유방은 망대 같으니 그러므로 나는 그가 보기에
화평을 얻은 자 같구나.

---

11) "성벽"이란 말은 작은 누이(8절, 이방 민족)가 회개하고 성벽과 같이 든든하게 진리를
파수하게 되면 "우리" 곧 이스라엘 교회(성령 받은 초대 교회)가 그로 하여금 "은(銀) 망대"와
같이 원수를 잘 살피도록 해주겠다는 뜻이다(박윤선).
12) "문일진대": 이것은 이방 교회가 그 받은 은혜와 진리를 피수하지 못할 경우를 비유한다.
이런 경우에 "백향목 판자로 두른다 함"은 이스라엘 교회(초대 교회)가 새로 태어난 이방 교회로
하여금 그 받은 은혜를 굳게 보수하도록 해주겠다는 뜻이다(박윤선).

술람미 여인은 오라버니들의 걱정하는 말을 받아 대답하며 모든 자에게
해명한다. 오라버니들이 "성벽일진대, 혹은 문일진대"하는 걱정의 말에 술람미
여인은 자신은 단연코 "나는 성벽이요, 나의 가슴은 망대 같습니다. 그래서
그(솔로몬 왕)가 나를 그토록 좋아합니다"라고 말한다.

술람미 여인은 오라버니들에게 자기는 자신의 순결을 지키고 있다고 말한
다. 또 "우리 누이는 아직도 유방이 없구나"라고 걱정하는 오라버니들의 말에
그녀는 말하기를 그녀의 유방은 성숙하여 그 성읍의 망대처럼 되었다고 말한다.
그녀가 성숙한 여성이 되었기에 솔로몬 왕은 그녀를 사랑하고 그 사랑에서
평안을 누린다는 것이다. 본 절의 비유는 교회가 성숙해져서 그리스도에게
기쁨과 평안을 드린다는 것을 말하는 것이다.

오늘 우리 이방 교회는 하나님의 말씀을 성벽같이 잘 파수하는 처지가
되어야 하겠고, 이방 교회의 교역자들(유방으로 비유되었음)은 젖과 같은 말씀
이 풍부해서(살전 2:7; 벧전 2:2) 교회의 성도들로 하여금 말씀을 잘 섭취하게
하므로 성도들이 마귀의 궤계를 잘 식별하며 이단을 잘 물리칠 수 있도록
해야 하겠다.

6. 아내(교회)가 그리스도의 포도원에 대하여 말하다 8:11-12

**아 8:11. 솔로몬이 바알하몬에 포도원이 있어 지키는 자들에게 맡겨 두고
그들로 각기 그 열매로 말미암아 은(銀) 천을 바치게 하였구나.**

술람미 여인(교회를 비유)은 말하기를 "솔로몬은 바알하몬[13])에 포도밭
이 있는데, 그가 그 포도원을 소작인들에게 주어 도지(賭地)로 은 천(1,000)
세겔씩 바치게 하였습니다"라고 말한다. 본 절은 솔로몬이 왕으로서 누리
고 있는 지극한 영화의 한 단면을 구체적인 예증을 통해 묘사하고 있는
부분이다.

본 절의 "솔로몬"은 그리스도를 비유하고, "포도원"은 교회(Calon,

13) "바알하몬": '많은 무리 중의 주'라는 뜻이다. 이 지역에 관해서 그 동안 많은 학설이
있었지만 최근에 와서는 잇사갈 지파의 영역 남쪽에 위치한 곳, 다시 말해 수넴에 인접한
지역인 것으로 알려지고 있다(K.&D. Lange, Redford)

Michaelis)를 비유한다. 사 5:2 참조. 그리고 "지키는 자들"이란 말은 교회의 교역자들을 비유한다(마 20:1-2; 21:33). 그리고 "은(銀) 천(1,000)을 바치게 하였다" 함은 교역자들로 하여금 심판 때에 그리스도 앞에서 회계 보게 함을 가리킨다. 마 25:14-30; 히 13:17 참조(박윤선).

아 8:12. 솔로몬 너는 천을 얻겠고 열매를 지키는 자도 이백을 얻으려니와 내게 속한 내 포도원은 내 앞에 있구나.

술람미 여인(교회)은 말하기를 "나에게도 내가 받은 포도밭이 있는데요. 솔로몬 임금님, 천 세겔은 임금님의 것이고 이백 세겔은 그 밭을 가꾼 이들의 것입니다"라고 말한다.

본 절은 교회가 발언하는 것이고, 또 화답은 그리스도께서 비유적인 언사로 나타내신 것이다. 포도원(교회를 비유함)의 주인이신 그리스도께서 교회의 모든 활동에서 영광을 받으셔야 한다는 것을 드러내는 말씀이며(마 25:19; 롬 14:7-8; 고전 3:21-23), "지키는 자들"이란 말은 '교회의 교역자들'을 뜻하는 말로서 그들은 그 봉사의 노력대로 하나님이 갚아 주심을 받아야 된다는 것이다 (고전 3:8).

"내게 속한 내 포도원은 내 앞에 있다"는 말은 솔로몬(그리스도를 비유함)의 화답의 말이다. 이 포도원(교회)이 자기 앞에 있다고 했으니 이는 그가 친히 교회를 아시며(계 2:2, 9, 13, 19; 3:1, 8, 15), 그 교회를 관할하신다는 뜻이다(계 1:13, 박윤선).

    7. 남편(그리스도)이 교회의 기도를 원하시다   8:13

아 8:13. 너 동산에 거주하는 자야 친구들이 네 소리에 귀를 기울이니 내가 듣게 하려무나.

남편 된 솔로몬(그리스도)이 말하기를 "동산 안에서 사는 그대들아! 동무들이 귀를 기울이니 그대의 목소리를 들려주오"라고 말씀한다. 여기 "동산에 거주하는 자"란 말은 교회에 속해 있는 신자들을 부르는 말이다. 그리고 "친구들"이란 말은 그리스도의 친구들이니 천군 천사들을 뜻한다. 천사들도 성도들의 기도와 찬송 듣기를 원한다는 것이다(벧전 1:12). 그러니 그리스도께서는 성도들의 기도와 찬송 소리를 더욱 들으시기를 원하신다(마 18:20; 요 1:48; 롬 8:26).

8. 아내가 남편(그리스도)의 오심을 원하다 8:14

아 8:14. 내 사랑하는 자야 너는 빨리 달리라 향기로운 산 위에 있는 노루와도 같고 어린 사슴과도 같아라.

신부(교회)는 남편(그리스도)을 향하여 "임이시여! 노루처럼 빨리 오세요. 향내 그윽한 이 산의 어린 사슴처럼, 빨리 오세요"라고 말씀드린다.

본 절은 교회의 탄원으로 사랑하는 자, 곧 그리스도의 재림을 간원하는 말이다(계 22:7, 12, 20). 여기 "향기로운 산"이란 높은 산이란 뜻으로, 성결한 하늘나라를 비유한다(계 21:10). 주님은 지극히 높은데 계시지만 지극히 낮은 신자들(마음이 겸손하고 낮아진 신자들)을 찾아오신다. 사 57:15; 66:1-2; 빌 3:20-21 참조. 그러므로 오늘 우리의 진정한 기도와 외침은 항상 "주 예수여! 오시옵소서"여야 할 것이다.

-아가 주해 끝-

잠언 · 전도서 · 아가 주해

2020년 6월 15일 초판 1쇄 인쇄
2020년 6월 25일 초판 1쇄 발행
지은이 | 김수흥
발행인 | 박순자
펴낸곳 | 도서출판 언약
주　소 | 수원시 영통구 중부대로 271번길 27-9, 102동 1303호
전　화 | 070-7518-9725
E-mail | kidoeuisaram@naver.com
등록번호 | 제374-2014-000006호

　정가 24,000원

ISBN : 979-11-952332-0-5 (04230)(세트)
ISBN : 979-11-89277-14-7 (04230)